労働基準法

〔第5版〕

下井隆史 著

有斐閣法学叢書

第 5 版　はしがき

　この10年ほどで，現代世界はすべての変化が加速する時代に入ったといわれる。本書の第4版は2007年に出されたが，それから今日までの約10年間，わが国の労働法も絶え間なく変化してきた。2007年には労働契約法の制定とパート労働法の大改正など，2009年には育児介護休業法の大改正など，2012年には労働契約法・労働者派遣法・高齢者雇用安定法に重要な法制度を創設する改正など，2015年には労働者派遣法の抜本的改正などがあった。そして，昨年の6月に，「働き方改革を推進するための関係法律の整備」と銘打たれた労働基準法・労働契約法・労働者派遣法等の改正法が成立した。また，この間，いくつもの最高裁判例を含む多数の労働関係裁判例が出されている。

　このような状況の下で本書の4回目の改訂をさせてもらった。本書のタイトルは『労働基準法〔第5版〕』であるが，その「労働基準法」とは「実質的意義における労働基準法」(初版「はしがき」)であり，より精確には「実質的意義における労働基準法・労働契約法・労働者派遣法・男女雇用機会均等法等々の法規と判例・裁判例等からなる個別的労働関係法」というべきであろう。本書は，この個別的労働関係法のほぼ全体を対象として，法解釈論的アプローチを中心としながら，法政策論的考察もときには交えながら，制度と理論に関する体系的な解説と重要論点についての私見の展開を試みたものである。

　本書第4版に加筆・修正をする原稿を筆者が書き始めたのは2013年の5月頃であったから，その完成までに6年近くもかかる始末となってしまった。もっとも，刊行が大きく遅れたことで，2018年6月1日の重要な2つの最高裁判決に関しても，また前記の「働き方改革法」についても，本書において何とか説明と論評をすることができたのであり，これは悪いことではなかったと筆者は思っている。なお，労基法の条文配列順にほぼ従うという初版以来の章・節等の構成が，本書を読みにくくし，参照が面倒なものにしているのであるが，それを改めることは今回の改訂でもできなかった。ただ，主として重要論点と思われる事柄について，「注」ではなく「コラム」として，別タイトルをつけて記述をすることにし，また，事項と判例の索引をより詳細で使いやすいもの

にすることを編集部にお願いした。さらに，第4版までは縦書きであったものが横書きになったが，それで多少とも読みやすくなっているかもしれないと考えている。

筆者は，10年ほども以前に大学や大学院で講義やゼミをすることから退いている。現在は，弁護士や社会保険労務士や企業の人事労務の方々との勉強会に月に4回ほど出るという生活をしている。そのような現役バリバリの人たちと労働法の議論をする機会があることで，「老残」の筆者にも本書の改訂のような仕事ができたのであろう。また，そうした実務の方々との交わりのゆえもあって，この10年ほどの間にいくつかの訴訟に関して意見書を裁判所に提出した。とくに，パナソニックプラズマディスプレイ事件（最2小判平21.12.18）と学校法人専修大学事件（最2小判平28.2.19）については，筆者なりに相当に「勉強」をし，また思考を重ねて意見書を作成した。原判決を破棄した最高裁の判決文を読むと，筆者の見解に一応は耳を傾けてくれたようだと思っている。これらの労働法実務との関わりから得たものを本書において少しでも生かしたいと考えながら改訂作業を行ったが，実際には如何であろうか。読者の方々による評価・批判をお願いしたいと思う。

近年は，かつてにも増して大学等の研究者や実務家による労働法の著書・論文が数多く出されている。それらのものから筆者が教示を受けて本書における論述に生かさせて貰っていることはいうまでもない。しかし，本書では筆者が読ませてもらった文献のすべてを記すことはしていない。本書における学説等の文献の引用は，そこで示された見解に筆者が賛成し，もしくは従ったものだけにすることを原則とし，ただ筆者と異なるもので批判を述べておく必要があると考えた見解については多少とも詳細に内容を記す，ということにした。このような筆者のやり方を読者の方々が諒解して下さることを期待したい。

今回の本書の改訂においては，弁護士の木村一成氏（弁護士法人淀屋橋・山上合同）に非常に大きな助力を頂いている。同氏は上記の私が常時出ている勉強会のメンバーの1人であるが，まず，2015年の5月頃に本書第4版および筆者が一応書き終えた第5版の「第1次原稿」の全体を熟読され，百か所以上に

わたって誤り・疑問・不適切なところを指摘され，より適切・妥当な記述を提案して下さり，次に，第2次原稿と第3次原稿を経て2018年に漸く出来上がった初校ゲラを通読して，再び何か所もの誤り・疑問・不適切なところを見出して下さった。さらには，本書の章・節等の構成に不適切なところがあるための読みづらさを和らげるための事項索引の整備について，編集部と協力して種々の工夫を考えて頂いている。筆者より40歳も若い同弁護士の助けを得られなかったならば，本書第5版が日の目を見ることはなかったであろう。

　第4版に引き続いて，今回の本書改訂においても，有斐閣京都編集室の一村大輔氏を初めとするスタッフの方々に大いにお世話をして頂いた。とりわけ，改訂原稿に少なからず見られたミスのチェック，適切なものといえない文章表現の補正，文献・法令・裁判例等の照合等々をきわめて精密・適確にして下さった。心より深く感謝申し上げたいと思う。

　「法学叢書」シリーズの『労働基準法』の執筆を今から30数年前に筆者にお誘い下さったのは，有斐閣編集部の故大橋祥次郎氏であった。筆者よりも2歳年上であった同氏は，一昨年までの年賀状にいつも本書の新版を頑張って出せと書いてくださっていた。同氏の墓前に本書を捧げたい。

　　2019年3月

　　　　　　　　　　　　　　　　　　　　　　　　　下　井　隆　史

第4版　はしがき

　時代の空気と筆者の加齢のゆえでもあろうが，月日はまことに速く過ぎ去っていく。本書の第3版が出てから6年が経過してしまった。この間，世界も日本も社会が激しく揺れ動くなかで，労基法を中心とする雇用関係法（個別的労働関係法）は以前にも増して絶え間なく変化の波に洗われてきた。立法の動きだけを見ても，個別労働紛争解決促進法と労働審判法の制定，労基法と労働者派遣法と男女雇用機会均等法の改正などがあった。そして，本年の通常国会では短時間労働者法と雇用対策法の改正法が成立し，労働契約法案と労基法改正法案と最低賃金法改正法案が上程されて継続審議になっている。裁判例には目新しいケースなど注目すべきものが少なからず見られるし，研究者や実務家による著書・論文も斬新なタイトルのものなどが数多く出されている。

　このような状況の下で本書の3回目の改訂をさせて貰った。これまで以上に多量の加筆・修正を行ったので，改訂作業に相当な長時間を要するとともに，ページ数が第3版よりも2割増しのものになるという結果になった。筆者なりに煩雑さを避けて多少とも読みやすくするように努力したが，実際にはどうであろうか。読者からのご批判・ご叱正が頂ければ幸いである。

　なお，労基法の条文配列順にほぼ従うという章・節等の構成は初版以来のものである。そこで，たとえば労働者派遣に関する説明等が配転・出向等が論じられる章・節でなされるといった「すわりが悪い」ところが少なくない（本書第3版「はしがき」参照）が，その点は今回の改訂でも変えることができなかった。そのための読みにくさ，参照の面倒さを多少とも和らげるために，今回の改訂でかなり数を増やした脚注の多くにゴシックのタイトルをつける，巻頭の目次をより詳細なものにする，事項と判例の索引を詳細で使いやすいものにする，ということを編集部にお願いした。いくらかでも不都合が除去されていることを期待したいと思っている。

　筆者は近年，弁護士や社会保険労務士や企業の人事・労務担当者の人たちとの研究会等をいくつか持っている。そこでの議論等から教えられたこと，示唆を受けたこと，私見への批判等を本書において少しでも生かしたいと，改訂作業を行うにあたって考えていた。また2つのロースクールで授業をしたが，そのなかで労働法の制度・ルール・理論の説明の仕方に関して気づかされたところが多々あり，それも本書での叙述にいくらかは役立たせてあるつもりである。この点についてもご批判等をお願いしたい。

　今回の改訂においては，有斐閣京都編集室の一村大輔氏にお世話になった。筆者の畏友・故安枝英訷教授のゼミ生であった同氏は，長時間を要した改訂作業の完了を待って絶えず励ましを下さり，本年の通常国会での新法制定や法改正に関わる情報提供などのご助力を与えられ，また改訂原稿にあった少なからぬミスのチェック，文献・法令・裁判例等の照合等をすべてして下さった。目次と索引をより詳細なものにするという，前

記の筆者からのお願いも認めて頂いている。同氏に心より厚く御礼を申し上げたい。

2007 年 8 月 13 日

下 井 隆 史

第 3 版 はしがき

　わが国の労働法制，なかでも労基法を中心とする雇用関係法（個別的労働関係法）は，男女雇用機会均等法が制定された 1985 年から今日まで，新法制定と法改正のラッシュといえる状態にある。とりわけ，本書の第 2 版が出された 1996 年以降においては，基本原理の転換といっても過言でない内容を持つ法改正が行われている。1997 年の男女雇用機会均等法改正，1998 年の労基法改正，1999 年の職安法および労働者派遣法の改正が，それであった。さらに，2000 年五月には労働契約承継法が成立している。

　これは，わが国の社会そのものが大きく変革されつつあり，労働法制も第 2 次大戦終了後の発足時以来の屈折点にあることを物語っているのであろう。裁判例を見ても，時代の動きを映したものが多数現われている。学説においても，「新しい波」と称してよい注目すべき理論が少なからず登場している。

　このような状況認識を持ちながら本書第 2 版の改訂を行ったのであるが，はじめに考えていたよりも大幅加筆・補正をせざるを得なかった。そのため，改訂作業に相当な長時間を要し，刊行が予定よりもかなり遅れる結果になった。それでも，筆者としては改正法，新裁判例，新学説等にできるかぎりの目配りをして本書に取りこみ，それらを私見とつき合わせながら考察して叙述したつもりである。読者のご批判・ご叱正をいただければ幸いである。

　ただ，島田教授による「いくつか論点が座りが悪い」という指摘（島田陽一「労働基準法から雇用関係法へ——個別的労働関係法テキストを読む」〔日本労働研究雑誌 477 号〔平 12〕16 頁）については，もっともであると思って考えてみたが，よいアイディアが浮かばなかった。結局，時間の余裕がなかったせいもあって，今回は改めることをしていない。今後，さらに考えてみたいと思っている。

　今回の改訂にあたっては，有斐閣京都編集室の田顔繁実氏にお世話いただいた。同氏には，長期間を要した私の作業の終了を待っていただき，また本書のコンパクトさを保つための工夫をしていただくなど，大変ご厄介になった。それから，同志社大学大学院博士課程の衣笠葉子さんには，改訂原稿を読んでもらって種々のミスがないかをチェックし，また文献・法令・裁判例等を照合するという面倒な仕事をお願いした。ご両人に対し，心より感謝の言葉を申し上げたいと思う。

2000 年 9 月

下 井 隆 史

第2版　はしがき

　本書の初版が刊行されてから六年になるが，この間のわが国雇用関係法における変化は相当に大きなものであった。主要な法制改革だけを見ても，育児休業法の制定と改正による育児・介護休業制度の創設（平成3年・7年），法定労働時間の短縮等を行う労基法の再度の改正による労働時間制度の改革（同5年），高齢者雇用安定法の改正による60歳定年制の法的義務化（同6年）がある。最高裁判決をはじめとして，重要度の高い裁判例もかなり多数出された。さらには，いくつもの新たな立法政策上の問題が現れている。

　このような状況認識を持ちながら本書の改訂を行ったのであるが，当初の予定よりも大幅な加筆・修正をする結果になった。コンパクトを旨とした初版での記述と不調和にならないように努めたつもりであるが，どうであろうか。ご批判・ご叱正をいただければ幸いである。

　今回も，奥村邦男氏からは絶え間なく激励を受け，大変お世話になった。心より感謝申し上げる。また，引用文献・法令・裁判例等の照合をお願いした神戸大学大学院博士課程の木村仁君にもお礼を申し上げたい。

　1996年3月

著　　者

初版　はしがき

　労働基準法（労基法）をもっとも主要な制定法源とするいわゆる個別的労働関係法の内容は，つぎの2つの部分に大別することができよう。
(1)　労基法をはじめとする多数の労働者保護法規によって定められる労働条件の最低基準
(2)　主として判例によって形成される個別的労働関係に関する法的ルール
(1)は，労働条件が「人たるに値する生活を営むための必要を充たすべき」（労基法1条）ことの法による保障を目的とし，(2)は，(1)を前提としつつ個別的労働関係をめぐるトラブルをより合理的に解決することを志向するものといえる。
　本書は，この(1)・(2)のほぼ全体を対象として，解釈論的アプローチを中心としながら，立法論的考察もときには交えつつ，制度と理論に関する体系的な解説と重要論点についての私見の展開を試みたものである。タイトルの『労働基準法』とは，「形式的意義における労働基準法」ではなく「実質的意義における労働基準法」，あるいは筆者が提案している用語法による「雇用関係法」（本文2頁参照）を意味することになる。船員に関

しては本書では扱わないこととし，ほんのわずかな言及にとどめた。

　労基法を中心とするわが国の個別的労働関係法制は，第2次大戦後の新たな発足から今日に至るまでの，最低賃金法や労働安全衛生法等の制定や労災保険制度の発展等，さらには近年の男女雇用機会均等法や労働者派遣法の制定，労働時間法制の変革を主要内容とする労基法の大改正等を経て，充実の度を増したとはいえ，かなり複雑・多岐な内容のものと化した。また，個別的労働関係法の諸問題に関して判例が形成した法的ルールも，最高裁判例が相当に多数出されるようになったこともあって，質・量とも豊富・多彩と評しうる状態になりつつある。それらの全体について万遍なく論述しようとすれば，大変に多量の紙数を要することになるであろう。しかし，本書に予定された頁数には一定の限界があり，そうでなくても筆者は，本書のような本もできるだけコンパクトであることが好ましいと考えている。そこで本書では，たとえば法規や命令の条文，あるいは通達等の文言を読めば明らかになると思われる場合は，たとえ実務上は重要な事柄であっても，その条文等の内容を一々記さないこととした。また，重要論点に関しても，判例・学説の状況の説明は本書の性格もあってもちろん行っているが，それはできるだけ簡潔にして（とくに学説について），筆者の考え方の展開により多くのスペースを用いるように心がけた。読者の方々には，必要に応じて，本書のそれぞれの個所に掲げた法令・行政解釈・学説等に直接あたられる労をお願いしたいと思う。

　「法学叢書」シリーズの『労働基準法』を書いてみないかというお誘いを有斐閣の大橋祥次郎氏から頂いたのは1985年の秋であり，同京都支店の奥村邦男氏の激励と叱咤の下で本書の執筆を始めたのは86年の夏であった。当初は87年内に脱稿するという意気込みであったが，それよりも，1年半ほど完成が遅れるという結果になった。300頁を超える本を書き下ろす作業がいかに大変なことかが身にしみて判った，というのが現在の実感である。本書には，筆者の非力ゆえの誤りや考察不十分な点が多々含まれていると思われる。それらについては，読者の方々からの指摘をいただいて，今後少しずつでも改めていくようにしたい。ご批判・ご叱正をお願いする次第である。

　本書執筆中の88年春には，筆者の『雇用関係法』が有斐閣から刊行されている。これと本書は，内容的にはかなりの部分が重なり合っている。しかし，いわば執筆のスタンスは違っているつもりである。すなわち，前者は「法学教室」に連載したものをベースとし，大学の法学部や経済学部等の専門課程に上がってきたばかりの学生を主たる読者に想定して書いたものであった。本書では，もちろん学生を読者として予定してはいるが，その「学生」は，法の制度・理論あるいは労働問題についてある程度の知識を有している者というように考えている。また，労働関係の法律実務に携わっている人々，企業の人事・労務管理の担当者や労働組合の役員・組合員の方々を，読者として意識して本書を書いた。このような狙いが，実際にどの程度，あるいは適切に達成されている

かについては，読者の評価を待つほかないであろう。なお，本書において展開した私見には，以前に筆者が著書・論文等で述べた見解とは異なっているものがいくらかある。その場合は，筆者が改説したのであるとご理解いただき（筆者は「改説」することがやや多い方であると自覚している），その改説のしかたをご批判下さるようにお願いしたい。

　本書が，同学あるいは隣接・関連の領域の研究者の方々の業績に負うところ大であることはいうまでもない。また，とくに近年，筆者は労働法・労働関係の実務に身をおく方々から貴重な示唆を頂くことが多いが，本書においても，それを生かすように心がけたつもりである。このような研究・教示等のすべてについて，本書では一々の引用等までは行っていない。紙上を借りてお礼を申し上げるのみに留めることをお許し願いたいと思う。
　前記のように，有斐閣の大橋祥次郎氏，奥村邦男氏には大変お世話になった。とくに奥村氏は，何度も神戸に来られて筆者を励まされるとともに，本書執筆によるストレスの解消に協力してくださった。両氏に対して，心より感謝の言葉を捧げたい。
　　1989年10月

　　　　　　　　　　　　秋たけなわの神戸・六甲台にて

　　　　　　　　　　　　　　　　　　　　下　井　隆　史

目　次

第1章　総　論

第1節　労働基準法の意義・目的 ―――――――――――――2
　Ⅰ　労基法の意義と沿革 ……………………………………………2
　　1　意　義 (2)　　2　沿　革 (3)
　Ⅱ　労基法の改正と関係法令等 ……………………………………5
　　1　改　正 (5)　　2　関係法令等 (7)
　Ⅲ　労基法の目的と実効確保 ………………………………………10
　　1　目　的 (10)　　2　実効確保 (10)
　Ⅳ　個別労働紛争の解決制度 ………………………………………15
　　1　労使紛争の解決制度 (15)　　2　個別労働紛争解決促進法 (16)
　　3　労働審判 (18)

第2節　労働基準法等の適用対象 ―――――――――――――23
　Ⅰ　労働基準法 ………………………………………………………23
　Ⅱ　労働契約法 ………………………………………………………25
　Ⅲ　「労働者」 ………………………………………………………26
　　1　問　題 (26)　　2　労働者性の判断基準 (28)　　3　労働者性判断の方法 (31)
　Ⅳ　「使用者」 ………………………………………………………35
　　1　労基法・労契法上の「使用者」 (35)　　2　使用者概念の拡張 (36)

第3節　労働憲章 ―――――――――――――――――――48
　Ⅰ　均等待遇 …………………………………………………………48
　　1　差別的取扱いの禁止 (48)　　2　労基法3条の「労働条件」 (51)
　　3　思想・信条による差別的取扱い (53)　　4　パート労働者と均等待遇原則 (54)
　Ⅱ　雇用における男女平等 …………………………………………64
　　1　男女雇用平等の法 (64)　　2　男女同一賃金の原則 (66)　　3　男女雇用平等の法的ルール (68)　　4　男女雇用機会均等法 (70)
　Ⅲ　中間搾取の排除等 ………………………………………………81
　　1　強制労働の禁止 (81)　　2　中間搾取の排除 (82)　　3　公民権行使

の保障（82）　4　寄宿舎における私生活の自由等（83）

第2章　労働契約

第1節　労働契約の意義・期間等 ―――――――――――――86
I　労基法・労契法における労働契約 …………………………86
1　労働契約の概念（86）　2　労働契約の法制度（88）
II　労働契約の成立 ………………………………………………89
1　成立要件（89）　2　雇入れに対する法規制（91）　3　労働条件の明示（93）　4　損害賠償予定の禁止（96）　5　前借金相殺の禁止（100）　6　強制貯金の禁止および任意貯金の規制（101）
III　労働契約の期間 ………………………………………………101
1　契約期間の制限（101）　2　有期労働契約の中途解約（104）　3　有期労働契約の黙示更新（106）　4　無期労働契約への転換（106）　5　更新拒否（雇止め）からの保護（110）　6　有期契約であることによる不合理な労働条件の禁止（118）

第2節　採用内定・試用期間 ――――――――――――――――129
I　採用内定 ………………………………………………………129
1　問題（129）　2　判例理論（129）　3　採用内定と労働契約（131）
II　試用期間 ………………………………………………………135
1　問題（135）　2　判例理論（136）　3　試用労働関係の法的性質（138）

第3節　配転・出向・派遣その他 ―――――――――――――141
I　配転 ……………………………………………………………141
1　問題（141）　2　配転の法的性質（142）　3　配転命令と権利濫用（147）
II　出向・転籍 ……………………………………………………150
1　問題（150）　2　出向命令権とその濫用（151）　3　出向中の労働契約関係（154）　4　出向元への復帰（157）　5　転籍（158）
III　労働者派遣 ……………………………………………………160
1　労働者派遣法の制定と改正（160）　2　労働者派遣の意義等（161）　3　労働者派遣事業（167）　4　労働者派遣契約（170）　5　派遣労働者の保護（171）　6　労基法等の適用関係（176）　7　労働者派遣契約

の解約と解雇・雇止め等 (177)

　Ⅳ　昇格・降格等 …………………………………………………………180
　　① 昇格・昇進請求権の問題等 (180)　② 降　格 (182)

第 4 節　解雇・退職等ーーーーーーーーーーーーーーーー185
　Ⅰ　解　　雇 ……………………………………………………………185
　　① 解雇の自由と解雇権濫用法理 (185)　② 普通解雇と懲戒解雇 (191)
　　③ 変更解約告知 (195)　④ 整理解雇 (199)　⑤ 労基法による解雇
　　制限 (210)
　Ⅱ　定　　年 ……………………………………………………………215
　　① 定年制の適法性・合理性 (215)　② 60 歳以上定年の義務 (216)
　　③ 65 歳までの雇用確保 (217)
　Ⅲ　退職・解散・事業譲渡等 …………………………………………220
　　① 退　職 (220)　② 解散・事業譲渡等 (229)　③ 会社分割 (233)

第 5 節　労働者・使用者の権利・義務ーーーーーーーーー241
　Ⅰ　労働契約上の権利・義務 …………………………………………241
　Ⅱ　就労請求権 …………………………………………………………245
　　① 裁判例の状況 (245)　② 労働契約関係と就労請求権 (247)
　Ⅲ　業務命令 ……………………………………………………………248
　　① 業務命令の意義 (248)　② 業務命令の拘束力 (249)
　Ⅳ　休　　職 ……………………………………………………………254
　　① 休職の意義等 (254)　② 傷病休職 (256)　③ 事故欠勤休職
　　(261)　④ 起訴休職 (261)
　Ⅴ　兼職禁止・競業避止・秘密保持 …………………………………263
　　① 兼職禁止の適法性 (263)　② 競業避止義務 (264)　③ 秘密保持
　　義務 (269)

第 3 章　賃　　金

第 1 節　賃金の法的保護ーーーーーーーーーーーーーーー272
　Ⅰ　賃金法制，賃金に関する法的問題 ………………………………272
　　① 賃金保護の法規定 (272)　② 賃金に関する法的問題，合意による賃
　　金減額の適法性 (275)
　Ⅱ　賃金支払いの原則 …………………………………………………281
　　① 通貨払いの原則 (281)　② 直接払いの原則 (281)　③ 全額払い

の原則 (282)　④　一定期日払いの原則 (284)

　Ⅲ　最低賃金法 ……………………………………………………………284
　　　①　最低賃金制度の概要 (284)　②　最低賃金の決定方式 (286)
　Ⅳ　賃金支払確保法 ………………………………………………………287
　　　①　賃確法の概要 (287)　②　未払賃金の立替払い (288)

第2節　休業と賃金 ――――――――――――――――――――――289
　　　①　休業と賃金請求権 (289)　②　労基法26条の「使用者の責に帰すべき事由」(290)　③　休業手当と賃金請求権の関係 (292)　④　中間収入の償還・控除 (296)

第3節　退職金・賞与 ――――――――――――――――――――――298
　Ⅰ　退 職 金 ………………………………………………………………298
　　　①　退職金をめぐる法的問題 (298)　②　退職金支払いの権利義務 (300)
　　　③　退職金の不支給・減額 (301)
　Ⅱ　賞　　与 ………………………………………………………………304
　　　①　賞与支給の権利義務 (304)　②　賞与支給の請求権 (306)　③　支給日在籍要件の効力 (307)

第4節　賃金カット ―――――――――――――――――――――――309
　　　①　意　義 (309)　②　賃金カットの時期 (309)　③　賃金カットの範囲 (310)

第4章　労働時間

第1節　労働時間法制 ――――――――――――――――――――――314
　Ⅰ　労働時間の法規制 ……………………………………………………314
　Ⅱ　労働時間法制の改革 …………………………………………………314

第2節　労働時間・休憩・休日 ―――――――――――――――――――317
　Ⅰ　法定労働時間 …………………………………………………………317
　　　①　「1週40時間・1日8時間労働」の原則 (317)　②　零細企業等の特例 (318)
　Ⅱ　労働時間の概念 ………………………………………………………319
　　　①　「労働時間」の意義 (319)　②　判例における労働時間性の判断 (320)
　　　③　労働時間性の判断方法 (324)
　Ⅲ　労働時間の「みなし」制 ……………………………………………328
　　　①　事業場外労働の「みなし」時間制 (328)　②　裁量労働の「みなし」

時間制 (332)

　Ⅳ　休憩時間 …………………………………………………………… 336

　　　① 休憩時間の原則 (336)　② 自由利用の原則 (337)

　Ⅴ　休　　日 …………………………………………………………… 339

　　　① 週休制の原則 (339)　② 変形週休制，休日の振替え (340)

　Ⅵ　労働時間・休憩・休日原則の適用除外 …………………………… 341

　　　① 趣　旨 (341)　② 管理監督者等 (343)　③ 監視・断続労働の従
　　　事者 (346)

　Ⅶ　変形労働時間制，フレックスタイム制 …………………………… 347

　　　① 法定労働時間の弾力化 (347)　② 変形労働時間制 (348)　③ フ
　　　レックスタイム制 (353)

第3節　時間外・休日労働 ─────────────────── 357

　Ⅰ　時間外・休日労働への法規制 ……………………………………… 357

　Ⅱ　非常事由による時間外・休日労働 ………………………………… 359

　Ⅲ　労使協定による時間外・休日労働 ………………………………… 360

　　　① 時間外・休日労働協定（三六協定）(360)　② 労働者の時間外・休
　　　日労働義務 (362)　③ 時間外・休日・深夜労働に対する割増賃金 (365)

第4節　年次有給休暇 ─────────────────────── 375

　Ⅰ　年休制度の趣旨等 …………………………………………………… 375

　Ⅱ　年休権の成立 ………………………………………………………… 376

　　　① 年休権の法的性質 (376)　② 年休権の成立要件 (377)　③ 年休
　　　の日数等 (381)

　Ⅲ　年休の時期の特定 …………………………………………………… 382

　　　① 労働者の時季指定権 (382)　② 使用者の時季変更権 (383)

　Ⅳ　計画年休 ……………………………………………………………… 388

　Ⅴ　年休の利用目的 ……………………………………………………… 390

　　　① 年休自由利用の原則 (390)　② 年休と争議行為 (391)

　Ⅵ　年休に関わる諸問題 ………………………………………………… 392

　　　① 年休の繰越し等 (392)　② 年休取得と不利益取扱い (393)

第5章　就業規則・懲戒

第1節　就業規則の意義と法的性質 ─────────────── 396

　Ⅰ　就業規則の意義 ……………………………………………………… 396

Ⅱ　就業規則の法的性質 …………………………………………………397
　　　　1　問題の所在（397）　　2　「契約説」と「法規説」（397）　　3　判例理
　　　　論（398）　　4　私　見（401）
　第2節　就業規則の作成・内容・効力―――――――――――――――――404
　　Ⅰ　就業規則の作成手続 ……………………………………………………404
　　　　1　作成・届出の義務（404）　　2　意見聴取義務（406）　　3　周知義務
　　　　（406）
　　Ⅱ　就業規則の内容・効力 …………………………………………………407
　　　　1　記載事項（407）　　2　労働契約成立時の就業規則の効力（407）
　　　　3　法令・労働協約に反する就業規則（412）　　4　就業規則の最低基準効
　　　　（414）
　　Ⅲ　就業規則の不利益変更 …………………………………………………415
　　　　1　就業規則の変更についての判例理論等（415）　　2　労働条件の不利益
　　　　変更と労働契約・就業規則（420）
　第3節　懲戒処分――――――――――――――――――――――――――433
　　Ⅰ　懲戒処分の意義と根拠 …………………………………………………433
　　　　1　懲戒処分の意義（433）　　2　懲戒権の根拠（433）
　　Ⅱ　懲戒処分の種類 …………………………………………………………437
　　　　1　懲戒処分の諸形態（437）　　2　戒告・譴責・訓戒（437）　　3　減
　　　　給・降格等（438）　　4　出勤停止等（439）　　5　懲戒解雇（440）
　　Ⅲ　懲戒処分の事由 …………………………………………………………441
　　　　1　懲戒事由の諸相（441）　　2　職務懈怠・業務妨害等（442）　　3　経
　　　　歴詐称（443）　　4　業務外行為（445）　　5　「内部告発」行為（447）
　　Ⅳ　懲戒権の濫用 ……………………………………………………………451
　　　　1　相当性の原則（451）　　2　平等取扱い，適正手続の原則等（452）

第6章　年少者・妊産婦等の保護，育児介護休業

　第1節　概　　説――――――――――――――――――――――――――456
　第2節　年少者の保護――――――――――――――――――――――――457
　　Ⅰ　最低年齢等 ………………………………………………………………457
　　Ⅱ　年少者の労働条件保護 …………………………………………………457
　　　　1　就業制限（457）　　2　労働時間・深夜業の規制（458）　　3　未成年
　　　　者の労働契約と賃金請求権（458）

第3節　妊産婦等の保護 ———461
- Ⅰ　女性保護から母性保護へ …………………………………461
- Ⅱ　危険有害業務への就業制限等 ……………………………462
- Ⅲ　産前・産後の女性の保護 …………………………………462
  - ① 産前産後の休業（463）　② 軽易業務への転換（465）　③ 変形労働時間制の適用制限，時間外・休日・深夜労働の禁止（465）　④ 育児時間（466）　⑤ 生理日の休暇（466）

第4節　育児・介護休業 ———468
- Ⅰ　育介法 ………………………………………………………468
- Ⅱ　育児休業 ……………………………………………………469
- Ⅲ　介護休業 ……………………………………………………471
- Ⅳ　看護休暇，介護休暇 ………………………………………472
  - ① 子の看護休暇（472）　② 介護休暇（472）
- Ⅴ　時間外労働・深夜業の制限，勤務時間の短縮等の措置，転勤等についての配慮 ………………………………………473

第7章　労働災害

第1節　安全衛生 ———476
- Ⅰ　労働災害と安全衛生 ………………………………………476
- Ⅱ　労安衛法の概要 ……………………………………………477
  - ① 安全衛生の責任者等（477）　② 安全衛生管理体制（478）　③ 危険または健康障害防止の措置（480）　④ 機械等および有害物の規制（480）　⑤ 安全衛生教育・健康管理・就業制限等（481）

第2節　労災補償 ———484
- Ⅰ　労災補償制度の意義・性格 ………………………………484
  - ① 労災補償の意義・沿革等（484）　② 労災法の発展・変化（485）
- Ⅱ　業務災害の補償 ……………………………………………489
  - ① 業務災害の意義（489）　② 「業務上」判断の一般理論（490）　③ 業務上の災害（492）　④ 業務上の疾病（494）　⑤ 業務災害と使用者の解雇権（503）
- Ⅲ　通勤災害の保護 ……………………………………………512
  - ① 労災補償と通勤途上災害（512）　② 通勤災害の意義（513）
- Ⅳ　労災補償の内容等 …………………………………………515

1　療養補償 (515)　　2　休業補償 (516)　　3　障害補償 (517)
　　4　遺族補償・葬祭料 (517)　　5　打切補償・傷病補償年金 (518)
　　6　介護補償給付 (519)　　7　給付額の算定 (519)　　8　給付制限 (520)　　9　併給調整 (520)　　10　給付請求権の発生・消滅時効等 (521)

第3節　労働災害と損害賠償 ——————————————524
　　1　労災補償と損害賠償の関係 (524)　　2　使用者等の損害賠償責任 (525)

判例索引　539

事項索引　559

略 語 一 覧

〈文　献〉

荒木　　　荒木尚志『労働法〔第3版〕』（有斐閣，2016年）
荒木編著・有期　　荒木尚志編著『有期雇用法制ベーシックス』（有斐閣，2014年）
荒木ほか・労契法　　荒木尚志＝菅野和夫＝山川隆一『詳説 労働契約法〔第2版〕』（弘文堂，2014年）
有泉　　　有泉亨『労働基準法』（有斐閣，1963年）
大竹ほか　　大竹文雄＝大内伸哉＝山川隆一編『解雇法制を考える〔増補版〕』（勁草書房，2004年）
下井　　　下井隆史『労働契約法の理論』（有斐閣，1985年）
下井古稀　　西村健一郎＝小嶌典明＝加藤智章編集代表『新時代の労働契約法理論〈下井隆史先生古稀記念〉』（信山社，2003年）
下井・労使関係　　下井隆史『労使関係法』（有斐閣，1995年）
白石編著　　白石哲編著『労働関係訴訟の実務〔第2版〕』（商事法務，2018年）
菅野　　　菅野和夫『労働法〔第11版補正版〕』（弘文堂，2017年）
土田　　　土田道夫『労働契約法〔第2版〕』（有斐閣，2016年）
中嶋還暦　　中嶋士元也先生還暦記念編集刊行委員会編『労働関係法の現代的展開〈中嶋士元也先生還暦記念論集〉』（信山社，2004年）
西谷　　　西谷敏『労働法〔第2版〕』（日本評論社，2013年）
山川　　　山川隆一『雇用関係法〔第4版〕』（新世社，2008年）
山川・労働紛争　　山川隆一『労働紛争処理法』（弘文堂，2012年）
渡辺　　　渡辺弘『労働関係訴訟』（青林書院，2010年）

現代講座1～15巻　　日本労働法学会編『現代労働法講座（第1巻～第15巻）』（総合労働研究所，1980～1985年）
講座21世紀1～8巻　　日本労働法学会編『講座 21世紀の労働法（第1巻～第8巻）』（有斐閣，2000年）
争点　　　土田道夫＝山川隆一編『労働法の争点〈ジュリスト増刊〉』（有斐閣，2014年）
注釈労基上・下　　東京大学労働法研究会編『注釈労働基準法（上巻・下巻）』（有斐閣，2003年）
注釈労働時間　　東京大学労働法研究会『注釈労働時間法』（有斐閣，1990年）
労基局上・下　　厚生労働省労働基準局編『労働基準法（上・下）〔平成22年版〕』（労務行政，2011年）

労災部 　　厚生労働省労働基準局労災補償部労災管理課編『労働者災害補償保険法〔7訂新版〕』（労務行政，2008年）

〈判例集・雑誌〉
民集 　　　最高裁判所民事判例集
刑集 　　　最高裁判所刑事判例集
下民集 　　下級裁判所民事裁判例集
労民集 　　労働関係民事裁判例集
判時 　　　判例時報
判タ 　　　判例タイムズ
労経速 　　労働経済判例速報
労判 　　　労働判例

季労 　　　季刊労働法（労働開発研究会）
ジュリ 　　ジュリスト（有斐閣）
法協 　　　法学協会雑誌（有斐閣）
民商 　　　民商法雑誌（有斐閣）
労協 　　　日本労働協会雑誌（日本労働協会）
労研 　　　日本労働研究雑誌（労働政策研究・研修機構）
労旬 　　　労働法律旬報（旬報社）
労働法 　　日本労働法学会誌（日本労働法学会）

〈法令・通達等〉
　　法令・通達等の表記については，一般の慣例に従う。

第1章 総　論

第1節　労働基準法の意義・目的

Ⅰ　労基法の意義と沿革

1　意　　義

　今日のわが国労働法は4つの領域，すなわち，①雇用関係法（個別的労働関係法），②労使関係法（集団的労働関係法），③雇用政策法，④公務員等労働法からなる。①と②が主要部分であり，③はいわば周辺領域の法，④は特別労働法である。

> ■労働法の各領域の名称
> 　労働法の主要部分が，一般には「雇用関係」，「労働関係」，「労使関係」とよばれる社会関係，つまり employer と employee を当事者とする関係を対象とすることは当然である。そこで，上記の①と②が労働法の中心部分を占めることになる。①については「個別的労働関係法」のほかに「労働保護法」等，②については「集団的労働関係法」のほかに「労働団体法」等の呼称があるが，筆者は「雇用関係法」と「労使関係法」という言葉を用いたいと考えている。③の領域は，職業安定法（職安法），雇用保険法，職業能力開発促進法等を主要な制定法源とし，労働関係そのものでなく，そこに入ることを「予定」した関係を主要な対象としている。いわば「縁辺」労働法であるけれども，その重要性が増してきていることに疑いはない（諏訪康雄「雇用政策法の構造と機能」労研423号［1995年］4頁以下参照）。家内労働法もこの領域の法規と見ておくべきであろう。④の領域の法規としては，国家公務員法（国公法），地方公務員法（地公法），「行政執行法人の労働関係に関する法律」，「地方公営企業等の労働関係に関する法律」等のほかに，船員法，船員保険法などがある。

　労働基準法（労基法）は，上の①における最も主要な制定法源であり，②の中心にある労働組合法（労組法）と並んで，現行のわが国労働法の支柱をなす法規である。それは，同法1条1項・2項に示される理念によりながら労働関係のほぼ全体をカバーする法典といってよいものである。もっとも，今日では労働契約法（労契法），労働安全衛生法（労安衛法），最低賃金法（最賃法）等，労基法以外の法規が①の領域に数多く存在している。また，たとえば採用内定や出向に関するものなど，しばしば法的解決を要する紛争が発生するにもかか

わらず，労基法が何らの定めもおいていない問題は多数ある。労基法の比重が小さくなっていることは否定できず，この領域における判例・裁判例が形成した理論の占める位置は相当に大きい。その判例理論の一部を成文法化したものが，2007（平 19）年制定の労働契約法（労契法）である。現在の雇用関係法（個別的労働関係法）は，労基法をはじめとするいくつかの法規と，判例・裁判例によって設定された多数の雇用関係法のルールによって構成されているといえる。

　本書の対象は上の雇用関係法の全体であるから，本書のタイトルである『労働基準法』とは雇用関係法（個別的労働関係法），つまり「実質的意義における労働基準法」等とよばれ得るものを意味する。本章の各節内の見出しの「労働基準法」・「労基法」と「労働契約法」・「労契法」も概ね同じである。これに対し，本書の各章節の叙述のなかでは，「労基法」・「労契法」という用語は労働基準法・労働契約法そのもの，つまり「形式的意義における労働基準法・労働契約法」を指すものとして用いられている。

2 沿　革

　近代社会における労働法は，労働条件の最低基準を定める労働者保護のための法規が発端となり，次第に独自の法分野としての雇用関係法（個別的労働関係法）が形づくられ，さらに労働者の団結権等を保障して労使の実質的対等の場を設定しようとする労使関係法（集団的労働関係法）が生みだされるという流れのなかで形成されてきた。そして，労働者保護法規は一般に，女性・年少者が工場において劣悪な労働条件の下で酷使されていることに対処するために長時間労働や深夜業を制限・禁止し，また業務上の傷病等からの救済を図るものから始まり，それから賃金や解雇や労働時間等の労働条件にも規制を拡大し，やがて成年男性労働者をも含むすべての労働者の労働条件の最低基準を定めるものになるという経過をたどって発展してきた。

　わが国においても，労働法の形成は女性・年少者の保護を主な内容とする工

---

1) 上記④の領域においても，「公務員・船員の雇用関係法」が相当な部分を占めている。労基法等は，後にも述べるように（→24頁），現業国家公務員および現業・非現業の地方公務員には大部分の規定が，船員には一部の規定が適用される。また，国公法，地公法，船員法には雇用関係（個別的労働関係）に関わる多数の規定があり，それらをめぐる裁判例も少なくない。しかし，本書の対象は公務員・船員以外の，すなわち一般私企業における雇用関係法に限定されている。

場法の制定によってスタートした。同法は1911（明44）年に成立し1916（大5）年から施行されたが，当時においては，労組法のようなものがなかったのはもちろんであるのみならず，治安警察法（1900［明33］年）や労働争議調停法（1926［大15］年）など，労働組合運動の抑圧のために利用され得る内容の法規が存在していた。工場法は，常時15人以上（1923［大12］年に「常時10人以上」となる）の「職工」を使用する工場および「事業ノ性質危険ナル」または「衛生上有害ノ虞アル」工場を適用対象として，①女子・年少者（保護職工）について，最低年齢（12歳。1923［大12］年に14歳となる），最長労働時間（1日12時間。1923［大12］年に11時間となる），休日（月2回），休憩時間，深夜業の禁止，危険有害業務への就業制限等を定め，②職工一般について，安全衛生のための行政官庁の臨検・命令の権限，業務上の傷病・死亡についての本人と遺族への扶助制度等を定めた。さらに，1916（大5）年に制定され1926（大15）年に改正された工場法施行令には，賃金の毎月1回以上の通貨払い，違約金・損害賠償予定の禁止，貯蓄金管理の許可制，解雇予告または予告手当，就業規則の作成・届出，産前・産後の女子の休業等の規定が設けられた。この工場法のほかにも，職業紹介法（1921［大10］年），労働者災害扶助法（1931［昭6］年）等も制定されている。しかし，戦時体制に入ってからはこれらの法規もほとんど機能し得なくなり，工場法も1943（昭18）年に停止された。

　第2次世界大戦の終了は工場法等の法規の復活をもたらしたが，新憲法体制の下，団結権等の保障の上に立つ労組法（旧労組法は1945［昭20］年，現行労組法は1949［昭24］年に成立）と並ぶ新たな，より高い水準の労働者保護のための法規を制定することは当然の課題であった。もっとも，労働者保護法制に関しては，わが国は戦前においてすでに一応整備された段階に達していたといえる。労基法は1947（昭22）年に成立し，同年の9月と11月から施行されたのであるが，同法は，工場法をはじめとする戦前の諸法規とそれらに関する多数の行政解釈等の遺産を継承し，それを新しい理念の下で発展させたものであった（広政順一『労働基準法』［1979年］10頁参照）。

Ⅱ　労基法の改正と関係法令等

1　改　　正

　労基法は，これまでに40数回にわたって改正されている。規定内容の大きな変更があったのは，以下の10回の改正であった。すなわち，①貯蓄金管理，賃金の一部控除等に関する改正（1952［昭27］年），②職業訓練法（現職業能力開発促進法）の制定による同法への労基法の関係部分の発展的吸収（1958［昭33］年），③最賃法の制定にともなう労基法29条〜31条の削除（1959［昭34］年），④労安衛法が制定されたことによる労基法43条〜55条の削除（1972［昭47］年），⑤「雇用の分野における男女の均等な機会及び待遇の確保等女子労働者の福祉の増進に関する法律」（均等法）の制定にともなう女性保護規定の変更（1985［昭60］年），⑥「週40時間制の段階的実施」をはじめとする労働時間制度の重要部分の改革（1987［昭62］年），⑦法定労働時間の短縮等を行う労働時間制度の再度の改革（1993［平5］年），⑧均等法の改正にともなう労働時間に関する女性保護規定の撤廃（1997［平9］年），⑨労働時間と労働契約・就業規則に関する十数項目にわたる制度改革（1998［平10］年），⑩解雇権濫用禁止の明文化と労働契約期間の上限変更等（2003［平15］年）である。以上のなかでも⑤・⑥・⑦・⑧・⑨・⑩は重要部分を大きく改変するものであった。

　そして，2018（平30）年の通常国会において，「働き方改革を推進するための関係法律の整備に関する法律」（以下，「働き方改革法」という）が成立し，それによって，①時間外労働の時間数の上限設定（→359頁），②「高度プロフェッショナル制度」の創設（→345頁），③年次有給休暇のうち5日の使用者の指定義務化（→376頁）を主内容とする労基法改正がなされることとなった。

　このように，労基法は近年，顕著な制度的変化のなかにあった。また，以下は労基法を主柱とする雇用関係法の内容を改めるものである。すなわち，①労働者災害補償保険法（労災法）の制定（1947［昭22］年）と改正（1965［昭40］年・1969［昭44］年・1973［昭48］年等），②障害者の雇用の促進等に関する法律（障害者雇用法）の制定（1960［昭35］年）と改正（1987［昭62］年・2013［平25］年等），③労働安全衛生法（労安衛法）の制定（1972［昭47］年）と改正（1988

[昭63] 年・1999 [平11] 年・2014 [平26] 年等), ④均等法の制定 (1985 [昭60] 年) と改正 (1997 [平9] 年・2006 [平18] 年等), ⑤「労働者派遣事業の適正な運営の確保及び派遣労働者の保護等に関する法律」(派遣法) の制定 (1985 [昭60] 年) と改正 (1999 [平11] 年・2003 [平15] 年・2012 [平24] 年・2015 [平27] 年等), ⑥「高年齢者等の雇用の安定等に関する法律」(高年齢者雇用法) の制定 (1986 [昭61] 年) と改正 (1990 [平2] 年・1994 [平6] 年・2004 [平16] 年・2012 [平24] 年等), ⑦「育児休業等に関する法律」・「育児休業, 介護休業等育児又は家族介護を行う労働者の福祉に関する法律」(育介法) の制定 (1991 [平3] 年・1995 [平7] 年) と改正 (2001 [平13] 年・2004 [平16] 年・2009 [平21] 年等), ⑧「労働時間等の設定の改善に関する特別措置法」(労働時間等設定改善法) の制定 (1992 [平4] 年) と改正 (2005 [平17] 年等), ⑨「短時間労働者の雇用管理の改善等に関する法律」(パート労働法) の制定 (1993 [平5] 年) と改正 (2007 [平19] 年等), ⑩「会社分割に伴う労働契約の承継等に関する法律」(労働契約承継法) の制定 (2000 [平12] 年) と改正 (2005 [平17] 年等), ⑪「個別労働関係紛争の解決の促進に関する法律」(個別労働紛争解決法) の制定 (2001 [平13] 年) と改正 (2014 [平26] 年等), ⑫労働審判法の制定 (2004 [平16] 年), ⑬公益通報者保護法の制定 (2004 [平16] 年), ⑭労働契約法 (労契法) の制定 (2007 [平19] 年) と改正 (2012年 [平24] 等), ⑮「働き方改革法」制定による労基法・労契法・派遣法・労安衛法等の改正 (2018 [平30] 年)。

　わが国労働法の基本的な枠組みが形成されてから70年が経過しているが, この間の社会・経済, 産業構造, 国際環境等における変化がきわめて顕著であったことはいうまでもない。そして, わが国の社会は「国際化」・「高度情報化」・「サービス経済化」等といわれる巨大な変動の渦のなかにあり, 雇用労働は「高年齢化」・「女性化」・「高学歴化」の度を強め, 「非正規雇用」が顕著に増加している。そして, 長期雇用と年功主義的処遇によって特徴づけられる「日本的雇用システム」は変容を余儀なくされている。労基法を中心とする雇用関係法における近年の変動は当然のことであろうし, その全領域にわたる見直しの必要性には誰しも異論をさしはさむことができないと思われる。もちろん, 法制度の改革が思わざる結果をもたらすことはしばしばあり, 雇用関係への法的・行政的介入が過剰となることは避けられるべきである。それゆえ法改正は, 実態からの遊離を回避すべく十分に配慮しつつ進められなければならな

いし，新たな事態への労使自身による対処が尊重されるべきであろう。

2 関係法令等

　今日の雇用関係法の領域には，前述のようにいくつもの労働者保護法規があり，またそれぞれの法規について多数の施行令・施行規則がある。主要な法規としては，すでにふれた労安衛法，最賃法，均等法等のほかには，労基法と同時に制定・施行された労災法がある。労安衛法，最賃法等は，かつて労基法のなかにあった関係規定に大きな変更が加えられつつ分離・独立した法規である。これに対し労災法は，現在も労基法に規定がある使用者の災害補償責任を公的保険制度によって担保しようとするものである。今日では，労基法の災害補償の規定にはほとんど名目的な存在意義しかない（→485頁）ので，労災法の実際上の重要性はきわめて大きい。均等法は労基法が対象としつつも規制が不十分であった雇用関係法上の事柄に関する法規ということになろうか。また派遣法は，労基法が予定していなかったタイプの雇用関係の規制を意図するものといえる。それから，高年齢者雇用法や障害者雇用法は，労基法には存在しない性質の労働者保護を目的としている。施行規則等の主要なものとしては，労働基準法施行規則（労基則），労働安全衛生規則（労安衛則），女性労働基準規則（女性則）等がある。なお，労基法をはじめとする労働者保護法規については，それらが特別の監督機関によって実効確保が図られること（→14頁以下）もあって，行政解釈が大量の通達によって示されている。行政解釈は労基法等の適用の統一的・効率的な実施のために発せられるのであるが，雇用関係の実務において果たしている機能は相当に大きく，裁判所の法解釈にもかなりの影響を与えている。

　今日の雇用関係においてしばしば争いの対象となるにもかかわらず，労基法が何の規定もおいていないような問題が数多くあること，それらに関して判例・裁判例が多数の法的ルールを設定していることは前に一言した（→3頁）。このことは，とくに労働契約法（実質的意義の）とよぶのが適当であろう分野において顕著である。すなわち採用内定，試用期間，配転・出向，解雇，就業規則，懲戒等に関して，この現象が目立つ。もっとも，賃金や労働時間等，他の分野にも少なからず例がある。近年，最高裁判例がかなり多数だされているので，雇用関係法の判例法が形成されているといえよう。このような法的ルー

ルのなかには，強行法規的なもの（たとえば「就業規則等に定めがなければ懲戒解雇等の処分はできない」というルール［→435頁］）と任意法規的なもの（たとえば「採用内定により労働契約が成立する」というルール［→129頁］）がある。そして，雇用関係法に属するが労働者保護法規ではない労契法（形式的意義の）は，判例法の一部（重要度の高い部分であるが）を成文法としたものである。労働契約承継法も，労働者保護法規ではない雇用関係法の成文法である。

以上のほか，民法の「雇用」の規定（623条～631条）が今なお雇用関係法の基礎的部分の一部をなしていること，労使慣行の存否や効力が雇用関係において問題となる場合があることに注意しておくべきであろう。

■民法の「雇用」と労働契約，2017（平29）年改正民法における雇用規定

「労働契約」と「雇用」は契約類型としては同一と見るべきであるから（→86頁以下），民法の雇用の規定と労基法等の労働者保護法規や労契法・労働契約承継法とは，いうまでもなく一般法と特別法の関係に立つ。また，双務契約や意思表示に関するものなど，雇用関係上の問題処理の基準となり得る民法総則・債権法の規定は少なくない（たとえば休業時の賃金請求権についての民法536条，退職の意思表示についての民法93条など）。

2017（平29）年5月に民法の債権（契約）関係の規定を大幅に変更する改正法が成立した。施行期日は2020年4月1日である。この改正の法案は，2009（平21）年11月から始められた法制審議会・民法（債権関係）部会での検討，2011（平23）年4月の「論点整理」の公表，2013（平25）年2月の「中間試案」の決定，2014（平26）年8月の「要綱仮案」の決定，2015（平27）年2月の「要綱」の成立等を経て，同要綱にもとづく「民法の一部を改正する法律案」として2015（平27）年3月に国会に提出されたものである。労働契約に関しては，さまざまな点に関して論議がされたようであるが（→87頁，104頁注19），212頁注25）等），当面は現行の民法623条以下の「雇用」の規定は原則として維持することとなり，以下の3点の法改正がなされた。①使用者の責めに帰し得ない事由により労働従事が不能となったとき，または雇用が履行の中途で終了したときは，労働者はすでにした履行の割合に応じて報酬を請求できる，との規定を設ける（624条の2）。②期間の定めのある雇用の解除に関する規定（626条）を，(i)「期間が5年を超え，又はその終期が不確定であるときは，当事者の一方は，5年を経過した後，いつでも契約を解除することができる」（同条1項），(ii)この解除をしようとするときは，使用者は3か月前に，労働者は2週間前に予告をしなければならない（同条2項），と改める。③期間の定めのない雇用の解約に関する規定（627条）について，期間をもって報酬を定めた場合には，「使用者からの」解約申入れは次期以降についてすることができるが，その申入れは当期の前半（6か月以上の期間で報酬を定めたときは3か月前）にしなければならない（同条2項・3項），と改める。

■労使慣行の意義・効力等

　雇用関係においては慣行，つまり労働契約や就業規則の定めにもとづかず，実際に繰り返して行われることによってルール化したものが大きな役割を果たしている。わが国の企業において，それはとくに顕著であるといってよいであろう。その意義や効力等を定めた法令の規定は存しない（慣行一般に関する規定として民法92条［事実たる慣習］と法の適用に関する通則法3条［慣習法］があるのみ）が，今日の裁判例や学説には「労使慣行」という用語が定着している。それは，人事や労働条件等に関わる個別的労働関係上の慣行のみでなく，団体交渉や組合活動等に関わる集団的労働関係上の慣行をも含む概念である。その意義については，就業規則等の定めにもとづかずに労働関係の現場において継続的に行われている一般的取扱い，としておけばよいであろう。

　労使慣行の存否や効力は，①その慣行が労働契約の内容になるか，として問題になる場合が多いが，ほかにも，②その慣行が就業規則等の定めの解釈基準になるか，③その慣行と異なる使用者の行為等が権利濫用あるいは不当労働行為になるか，として問題になる場合がある。それから，④使用者は労使慣行を就業規則の合理的変更によって破棄できるかという問題もある（→431頁以下）。

　上記①の場合について，近年の裁判例では，労働契約の内容になり得る労使慣行とは，(i)同種の行為または事実が一定の範囲において長期間反復され継続していること，(ii)労使双方が明示的に排除・排斥していないこと，(iii)労使双方の規範意識により支えられていること，という3つの要件をみたすものとされている。このルールを最初に示したのは商大八戸の里ドライビングスクール事件＝大阪高判平5.6.25労判679号32頁であったが，同判決は上告審において維持されている（最1小判平7.3.9労判679号30頁）。その後も，同旨をいう裁判例はかなり多数みられ，これらの要件をみたすことによって「事実たる慣習」として労働契約内容になる（日本大学事件＝東京地判平14.12.25労判845号33頁），というようにも説明されている。会社が労働契約の内容とする意思を有していなかったから，労使双方の規範意識に支えられた労使慣行にはなっていないとしたものもある（ANA大阪空港事件＝大阪高判平27.9.29労判1126号18頁）。

　以前の最高裁判例には，スト期間中につき家族手当等をカットする措置を「労働慣行」にもとづく適法なものとした三菱重工業長崎造船所事件＝最2小判昭56.9.18民集35巻6号1028頁，賞与を支給日不在籍者には支払わない慣行には法的効力があるとした大和銀行事件＝最1小判昭57.10.7労判399号11頁等があったが，それらの判例においては労使慣行の成立要件といったことについての説示はされていない。

　近年の裁判例には，労使慣行が労働契約内容となるためには，多くの裁判例がいう上記(i)および「使用者と労働者の双方に対して事実上の行為準則として機能する」ことを要するとしたものが見られる（JALメンテナンスサービス事件＝東京地判平22.4.13判タ1356号166頁）。そこでは，上記(ii)と(iii)のようなことはいわれていない。確かに，この(ii)と(iii)の要件をみたすということは，要するに「事実上の行為準則として機能していた」ことにほかならない。とすれば，「規範意識」などという，意味を明確に理解することが難しい概念ではなく，より法律論になじむ「行為準則」という概念を用いて，労使慣行が労働契約内容となり得る場合の要件を考えるほうがベターであろう。

それから，労働契約の内容になっている労使慣行を変更することは労使の合意によるのであれば問題はないが（労働者が「確定的に」，あるいは「真意」により合意したかという問題はある［→424頁］），使用者が一方的に，しかも労働者の不利益に労使慣行を変更する場合は，就業規則変更におけるのと同じく，「合理性」と「周知」の要件（労契10条）をみたすものでなければならない（立命館事件＝京都地判平24. 3. 29労判1053号38頁）。

Ⅲ　労基法の目的と実効確保

1　目　的

労基法の目的は，「労働者が人たるに値する生活を営むための必要を充たすべき」労働条件の基準を，「最低のもの」として「法律で定める」ことである（1条）。労安衛法，労災法，最賃法，賃金の支払の確保等に関する法律（賃確法）等の労働者保護法の目的・理念も同じである。²⁾現代の労働法制は，形式的には労使対等だが実質的には支配・従属の関係を含む今日の労働関係において，労働条件が不当に低下することなどによって労働者の生活と人権が侵害されることを防止するために，一方では労働者が自ら団結して団体交渉をなし労働協約を締結するための制度を用意し，他方では，国が直接的に労働関係に介入して労働条件の基準を定めたり，労働者に対する不当な処遇の防止を図るための法システムを設ける。わが国においては，そのことが憲法によって，つまり憲法28条における団結権等の保障と，27条2項の「賃金，就業時間，休息その他の勤労条件に関する基準は，法律でこれを定める」という規定によって，国の基本政策として位置づけられているのである。

2　実効確保

(1)　強行的・補充的効力

労基法13条は，同法が設定する基準を下回る労働条件を定める労働契約，つまり，そのような内容の個別的な取決めの効力を否定し（片面的強行性），無効部分は法定の基準によって補充されることを定める。労働者保護法は一般に，

---

2)　これに対し，労契法は「労働契約に関する基本的事項を定めること」により，「労働者の保護を図りつつ，個別の労働関係の安定に資すること」を目的としている（1条）。

かつては取締法規として公法的効力を持つのみであったのが，次第に私法上の権利義務関係をも規制するものに発展してきた（たとえば工場法には労基法13条のような規定はなかった）。最低労働条件の設定という法目的の実現のために，労基法13条は適切な規定といえる。同条後段の補充的効力の定めがなければ，労働者の保護が不十分であるのみでなく，法律関係がきわめて錯綜したものになるであろう。

労基法等の労働者保護法の各条項は原則的には私法上の効力法規である。したがって，労基法等の規定に違反する使用者の法律行為（たとえば労基法19条1項違反の解雇）は無効となる。[3] さらに労基法13条とも相まって，労働者が使用者に対して労基法等の規定にもとづき一定の給付の請求権を有する場合もあることになる（たとえば労基法26条による休業手当請求権）。

■任意法規である労働法の規定

労基法等の労働者保護法の規定は原則的には強行法規であるが，現代においては任意法規である労働法の規定の存在意義は小さくないと思われる（内田貴『契約の時代』［2000年］6頁以下，荒木尚志「労働市場と労働法」労働法97号［2001年］79頁参照）。この点に関し，労働者保護法の規定のなかには適用除外（たとえば労基41条1号〜3号）や労使協定による例外（たとえば労基36条）を認めたものがあり，それらは「半強行規定」と見ることができるが，さらに立法論としては「任意規定」とすべきもの（たとえば労基16条）があるといわれている（大内伸哉「従属労働者と自営労働者の均衡を求めて──労働保護法の再構成のための一つの試み」中嶋還暦63頁）。また，労働契約の規制方法の1つとして，「労働者・使用者間の合意（およびその他の要件）が存在しない場合に労働契約の内容を規律する規範」（default rule）の可能性を論じ，非正規雇用や労働時間の法規制について「誘導型任意法規」を用いることの検討を行った研究がある（坂井岳夫「労働契約の規制手法としての任意法規の意義と可能性──"default rules"をめぐる学際的研究からの示唆」労研607号［2011年］87頁）。ともに示唆に富むものといえよう。

(2) 罰　則

労働者保護法は罰則を設けていることが多い。労基法においても，ほとんど

3）　なお，たとえば満15歳未満の者との労働契約は労基法56条に違反し無効であるが，現実に行われた労働に対する賃金・割増賃金や労災補償等の請求権が発生しないということはない。それは，労基法は「労働契約の有効・無効とは関係なく，現実に展開された労働関係に適用される」ものゆえ当然のことである（荒木69頁）。このことについて，継続的契約関係においては契約の無効・取消しの効果は将来に向かってのみ生じるのであって，既往の契約関係は「事実的契約関係」として法的保護の対象になる，と説明することも可能であろう。

すべての規定についての違反につき，悪性の程度に応じて罰則を設定する方式により刑罰を科すことが定められている（117条～120条）。刑罰の責任主体は同法各条により義務を課せられている「使用者」であるが，その使用者は事業主のみならず，「その事業の労働者に関する事項について，事業主のために行為をするすべての者」を含む（労基10条）。このような「行為者処罰主義」は適切なものといえよう（工場法は「事業主処罰主義」であった）。事業主（企業主たる個人または法人）は，違反行為者が使用人等の「従業者」である場合には，違反防止に必要な措置をしたと認められないかぎり罰則の適用を受ける（労基121条1項）。いわゆる両罰規定である。また，場合によっては行為者として罰せられる（労基121条2項）。使用者以外の者が罰せられることもある（労基6条・58条・59条・118条1項・120条1号参照）。なお，両罰規定を除いて労基法には過失犯を罰する定めがないので，処罰対象となるのは故意犯のみである。

■罰則なし，あるいは努力義務の労働法

　今日，労働者保護法の規定であるにもかかわらず，罰則のないものが多数みられる。均等法や育介法やパート労働法などには罰則規定が皆無である。労安衛法にすら，事業者の義務を定めながら違反者を罰する規定を欠くものがある（たとえば労安衛12条の2・29条の2）。さらに，とくに近年の労働法の規定に多く見られる事業主等の努力義務を定めるものは，いうまでもなく刑罰とは全く無関係である。

　労働法における努力義務規定に関する以下のような整理・分析は的確と思われる（荒木尚志「労働立法における努力義務規定の機能」中嶋還暦19頁以下）。労働法における努力義務規定には，①「実効性確保が問題とならない訓示的・抽象的」なもの（労基1条2項，育介4条，個別労働紛争解決2条等），②「実効性確保がまさに議論の焦点となる具体的」なもの（1997［平9］年改正前の均等7条・8条，1994［平6］年改正前の高年齢者雇用4条等）という2つの類型がある。この②は，「強行的義務規定ないし禁止規定によって規制することが可能であるにもかかわらず，そのような法規制の立法化の合意が得られなかったために，あるいは，強行的規制が時期尚早で漸進的アプローチが妥当であるとの判断から，努力義務を課すに留められた規定である。それらの具体的努力義務規定は，私法上は具体的効果をもたらさないが，公法上は行政指導の根拠規定となり，その実効性を担保するために行政措置が用意されることによって，漸進的に従来の価値観の転換および新たな価値観の定着を図ってきたのである」。

4）　ただし，実際に刑事手続が行われることは多くないようである。労働者と使用者という私人間の関係を規律対象とする労基法等に関しては，法違反に対し罰則をもって臨むよりは被害の迅速な救済を図るほうが望ましく，刑事制裁は重大な違反や是正の求めに応ぜず違反を繰り返す者に対してなされるほうが効果的と考えられる（山川隆一「『違法労働』と労働政策」労研654号［2015年］77頁）から，それでよいのであろう。

なお，昭和シェル石油事件＝東京高判平19. 6. 28労判946号76頁は，均等取扱いの努力義務を定めた均等法旧8条について，「単なる訓示規定ではなく，実効性のある規定であること」を法が予定しているのであって，その趣旨は不法行為の成否についての違法性判断の基準に含まれるとする。このような法解釈は支持に値するものであろう。

(3) 付加金

使用者に労基法を遵守させるための特殊な制度として，付加金がある。すなわち，使用者が解雇予告手当（労基20条），割増賃金（労基37条）等の支払いを怠った場合には，裁判所は労働者の請求により，未払金に加えて同額の付加金を支払うように命ずることができる（労基114条）。労働者に対する損害填補という副次的目的もあるといえよう。労働者の請求について2年の除斥期間がつけられている（同条但書）。裁判所は付加金の支払いを命ずることが「できる」のであり，請求が適法でも事情によっては命じるべきでない場合がある。[5]

■付加金支払義務の発生時期
　使用者の付加金支払義務が発生するのは，①付加金請求の訴訟提起時か，それとも②裁判所が支払いを命じたときか。①であれば，その後の訴訟継続中に使用者が未払いの割増賃金等を支払っても付加金の支払いは命じられるべきことになる。これに対し，②であれば逆になる。判例の立場は②であり，付加金の支払義務は労働者の請求により裁判所が支払いを命ずることによって初めて発生するから，その支払いを裁判所が命ずるまで（事実審の口頭弁論終結時まで）に使用者が未払いの割増賃金等を支払って義務違反の状態が消滅したときは，もはや裁判所は付加金の支払いを命ずることはできないとしている（細谷服装事件＝最2小判昭35. 3. 11民集14巻3号403頁，甲野堂薬局事件＝最1小判平26. 3. 6労判1119号5頁）。近年の裁判例はすべて同じ考え方である（三和交通事件＝札幌高判平24. 2. 16労判1123号121頁等）。判決確定の前に未払賃金を供託しても，それが事実審の口頭弁論終結後であれば付加金支払義務の発生に影響しないとしたものもある（日本興和事件＝東京地判平28. 10. 14労判1157号59頁）。
　労基法114条の付加金については，これはアメリカ法の「付加賠償金」をモデルとする

---

[5] 近年の裁判例では，法定時間外労働に対する割増賃金が未払いである場合に使用者に付加金の支払いを命じるべきかが問題となっている。不払いの違法性の程度は低いとして（日新火災海上保険事件〔控訴審〕＝東京高判平12. 4. 19労判787号35頁），あるいは法違反の程度・態様，労働者の受けた不利益の性質・内容，違反に至る経緯，その後の使用者の対応などの諸事情を考慮して（京都銀行事件＝大阪高判平13. 6. 28労判811号5頁，乙神社事件＝福岡地判平27. 11. 11判時2312号114頁），付加金の支払いを命じる必要がないとしたものがある。また，未払割増賃金の「半額」の支払いを命じたもの（日本マクドナルド事件＝東京地判平20. 1. 28労判953号10頁），未払いの割増賃金と解雇予告手当の「3割」の限度で付加金請求を認容したもの（H会計事務所事件＝東京高判平23. 12. 20労判1044号84頁）もある。

もので，労働者が訴訟を提起して権利実現をする誘因となり，使用者には一種の民事制裁となって自発的な支払いを促すことを制度趣旨とするものとされ，それゆえ支払義務は訴訟提起時に当時点での未払額をもって発生するから，その後の訴訟継続中に支払いがされても裁判所は付加金の支払いを命じるべきである，とする上記①の考え方もある（有泉 60 頁以下，萩野電機商会事件＝東京地判昭 34. 6. 20 労民集 10 巻 3 号 612 頁）。判例の上記②の立場について，付加金制度の趣旨・性質を空虚・形骸化する等として厳しく批判する学説もある（水町勇一郎「訴訟継続中の未払割増賃金の支払と付加金支払命令の可否」ジュリ 1500 号［2016 年］158 頁）。確かに，そのようにも考えられよう。しかし，付加金というのは，休業手当や割増賃金の未払いがあると，故意・過失を要件とすることなく，遅延賠償に加えて未払金と「同一額」の賠償金を支払わせるものであって，過大ともいえる責任を使用者に負わせるものである。そうであるゆえに，判例・裁判例は違法性の程度は低いから付加金支払いを命じるべきでないとか，（労基法 114 条は「同一額」と定めるにもかかわらず）半額あるいは 3 割の限度で付加金の支払いを命じる，といった処理をすることが少なくないのであろう。結局，判例の立場が妥当・適切と筆者は考える。それから，時間外・休日労働の割増賃金の額については「125％説」と「25％説」があり，前者が通説であるが筆者は後者がベターと考えている（→367 頁）。「25％説」であると，付加金は未払金と「同一額」である（労基 114 条）から，割増賃金が未払いであるときに支払いが命じられる付加金の額は「通常の賃金」の 125％ あるいは 135％ 以上ではなく，25％ あるいは 35％ 以上ということになる。

(4) **監督機関**

以上の(1)，(2)，(3)は，いわば労基法違反に対する事後的救済である。労基法等の実効確保のためには，違反行為の防止を目的として使用者を指導・監督する専門的行政機関が設置されている必要がある。そこで労基法は，第 11 章（97 条～105 条）において監督機関について定める。

監督機関の組織は労基法 97 条，各機関の指揮系統は同法 99 条以下に定められている。各機関に配置されて監督実務を担当する労働基準監督官は，資格・任免につき一般の国家公務員とは異なる特別の取扱いを受け（労基 97 条 3 項等），特別の権限（臨検その他の行政上の権限と司法警察職員の職務権限等）を与えられている（労基 101 条～103 条）。他方，守秘義務も課されている（労基 105 条）。労基

---

6) もっとも，労安衛法では行政処分により直接的に違法行為を中止させる権限を労働基準監督官が持つ場合がある（労安衛 98 条 1 項の使用停止命令など）が，労基法では，たとえば同法 101 条にもとづく臨検・尋問といっても，違反事実の存否を調査するための手続であって違反が発覚したときに強制的に是正させる権限ではないから，労働基準監督官の権限は強力というほどのものではないともいえる（興津征雄「労働者のために，行政は何をしてくれるのか」大内伸哉編著『働く人をとりまく法律入門』［2009 年］134 頁以下参照）。実際には，法違反に対して行政庁が

法はさらに，労働者は同法等に違反する事実を監督機関に申告することができ[7]，使用者はこの申告を理由とする解雇その他の不利益取扱いを禁止される旨を定める（104条1項・2項）。

(5) 使用者の諸義務

労基法は，同法の実効確保のために，使用者に対し罰則付きで，法令・就業規則の周知義務（106条），労働者名簿の調製義務（107条），賃金台帳の調製義務（108条），記録の保存義務（109条），報告・出頭義務（104条の2）を課する。

Ⅳ 個別労働紛争の解決制度

1 労使紛争の解決制度

第2次世界大戦後にスタートしたわが国の労働法制は，労働組合と使用者の間に生じる紛争（集団的労使紛争）については特別の公的な解決制度を用意した。それは専門的紛争解決機関としての労働委員会を設置して，これに労働争議の調整と不当労働行為の救済をする権限を付与するものであった。他方，個々の労働者と使用者の間に生じる紛争（個別労働紛争[8]）に関しては，特別の専門的

行政指導の形式で是正を求める「是正勧告」が，労基法等の実効確保において大きな役割を果たしているのである（山川・前掲注4）82頁，山川隆一「労働法の実現方法に関する覚書」『労働法と現代法の理論〈西谷敏古稀記念〉上』［2013年］82頁参照）。これは肯定的に評価してよいことであろう。

7) この申告が監督機関の職務上の作為義務を発生させるとは解し得ないであろう（東京労基局長事件＝東京高判昭56. 3. 26労経速1088号17頁）。では，監督機関が監督実施を怠ったために労働者が受けた損害について国は賠償責任を負うのであろうか。この点について，監督機関による監督権限の行使が社会通念上きわめて強く要請され，かつ期待される特殊例外的な場合を除いては国の責任は生じない，とした裁判例がある（大東マンガン事件＝大阪高判昭60. 12. 23労判466号5頁等）。しかし，判例は，公務員による規制権限の不行使による損害についての国の賠償責任に関し，その不行使が許容される限度を逸脱して著しく合理性を欠くと認められるときは違法になると解している（最2小判平元. 11. 24民集43巻10号1169頁，最2小判平7. 6. 23民集49巻6号1600頁）。そして，国が鉱山保安法上の権限を行使して粉じん防止策の普及・実施を図っていれば石炭鉱山におけるじん肺の被害拡大を避け得たとして，じん肺防止法の成立以降における権限不行使につき賠償責任を認めた判例がある（筑豊炭田事件＝最3小判平16. 4. 27労判872号5頁）。

8) これは「個別的労使紛争」といわれることが多いが，個別労働紛争解決促進法では「個別労働関係紛争」（1条），労働審判法では「個別労働関係民事紛争」（1条）という用語なので，「個別

解決機関が必要であるという考え方はとられず，その公的な解決は一般の裁判システム，すなわち民事訴訟の通常手続または仮処分手続によるものとされていた。

しかし，近年において集団的労使紛争が減少し，個別労働紛争が増加する傾向が顕著になるなかで，後者を解決するための，法律にもとづく特別の機関を設置する必要が広く認識されるようになった。1998（平10）年の労基法改正では，当面の対応として，都道府県労基局長による労働条件に関する助言・指導の定めが設けられた。そして，2001（平13）年に個別労働紛争解決促進法が制定され，2004（平16）年に労働審判法が制定されて2006（平18）年4月に施行されている。

2 個別労働紛争解決促進法

個別労働紛争解決促進法は，国が都道府県労働局における相談・情報提供および紛争調整委員会によるあっせんを行うことを定め，また地方公共団体が自治事務として労働委員会等による個別労働紛争の解決援助をなし得るとしている（20条1項）。

(1) 法の対象・目的

対象となるのは「個別労働関係紛争」，すなわち労働条件その他の労働関係に関する個々の労働者と事業主の間の紛争で，募集・採用に関するものも含む（個別労働紛争解決1条）。法の目的は，個別労働紛争について「実情に即した迅速かつ適正な解決を図ること」である（同条）。

労働紛争」という言葉がよいと思われる。なお，集団的労使紛争と個別労働紛争といっても，その区別を必ずしも明確にできない場合がある。たとえば，労働組合の結成等を理由に解雇された労働者が使用者に解雇の撤回を求めている場合は，「個別労働紛争」なのか「集団的労使紛争」なのか（山川隆一「労働関係紛争」労研633号［2013年］54頁参照）。そのような不明確さがあることを承知した上で，労使紛争解決制度のあり方等を考えるべきなのであろう。

9) もっとも，労基法の監督制度（→14頁以下）は同法制定当初から存したのであり，監督機関が法違反の是正を使用者に求めて紛争解決をすることは少なくなかった。また，都道府県の労政担当部局（労政事務所等）が労働問題の相談やあっせん等によって紛争解決をするということもあったようである。

10) 「事業主」であって「使用者」ではないから，法人もしくは個人事業主ということになるが，「事業」を行う者というよりは労働契約の当事者である使用者（労契2条2項）と考えてよい（山川・労働紛争57頁）と思われる。

(2) 労働局による相談，助言・指導

まず，都道府県労働局や労働基準監督署等に「総合労働相談コーナー」を設けて，個別労働紛争の予防と自主的な解決のための情報提供・相談等を行う（個別労働紛争解決3条）。

次に，当事者の双方または一方から解決のための援助を求められた場合には必要な助言または指導がなされる（個別労働紛争解決4条1項）。均等法およびパート労働法に関わる紛争については，個別労働紛争解決促進法が定める助言・指導ではなく，これらの法律が定める都道府県労働局長による助言・指導および勧告がなされることになっている（均等16条・17条，パート労働23条・24条）。それから，この紛争解決援助を求めたことを理由とする解雇その他の不利益取扱いは許されない（個別労働紛争解決4条3項，均等17条2項，パート労働24条2項）。

(3) 紛争調整委員会によるあっせん

さらに，当事者の双方または一方から申請があった場合には紛争調整委員会による個別労働紛争のあっせんが行われる（個別労働紛争解決5条）。紛争調整委員会は各都道府県労働局に置かれ，学識経験者から任命される委員3名以上12人以内で組織される（個別労働紛争解決6条・7条）。あっせんは，事件ごとに指名される3人のあっせん委員により行われることになっている（個別労働紛争解決12条1項）が，手続の一部を1名が担当できることとされ（個別労働紛争解決則7条1項），実際には1名の委員によることが多いようである。このあっせんは募集・採用に関する紛争を対象とすることができない（個別労働紛争解決5条1項括弧書）。あっせんの申請をしたことを理由とする不利益取扱いは禁止されている（同条2項）。

均等法・障害者雇用法・パート労働法・育介法に関わる紛争については，個別労働紛争解決促進法が定めるあっせんではなく，これらの法律が定める紛争調整委員会による調停が行われることになっている（均等16条・18条～27条，障害者雇用74条の5・74条の7・74条の8，パート労働23条・25条～27条，育介52条の3・52条の5・52条の6）。調停申請を理由とする不利益取扱いは許されない（均等18条2項，障害者雇用74条の7第2項，パート労働22条2項，育介52条の5第2項）。

このあっせんは，委員が当事者の間に立って話合いを促進する非公式の調整手続であり，当事者が出席を強制されるものではない。委員は事件の解決に必要なあっせん案を当事者に提示することができる（個別労働紛争解決13条）。あっせん案に沿って当事者間に合意が成立すれば，一般には民法上の和解契約が成立したものと扱われることになる。紛争解決の見込みがない場合，委員は手続を打ち切ることができる（個別労働紛争解決15条）。

③ 労働審判

　個別労働紛争解決法の制定・施行によって個別労働紛争の解決のための行政システムが整備された後の課題は，個別労働紛争を解決する司法システムの改革，すなわち労働裁判所を持つヨーロッパ諸国に見られるような，労働紛争に対する「専門的司法による大量迅速処理のシステム」（菅野和夫「新たな労使紛争処理システム」ジュリ1275号〔2004年〕9頁）を構築することであった。1999（平11）年に，裁判を国民に身近で利用しやすいものにすることを目指して司法制度改革審議会が設けられたが，労働関係紛争に関する司法システムのあり方も同審議会において検討された。そして，同審議会の最終報告を受けて設置された司法制度改革推進本部のなかの労働検討会が論議を重ねて労働審判制度を創設するとの結論に達し，2004（平16）年に労働審判法が制定され，2006（平18）年4月から施行されている。

(1) 労働審判委員会

　労働審判手続は，地方裁判所に設置される労働審判委員会が行う（労働審判2条・7条）。同委員会は，裁判官である労働審判官1名と労働関係について専門的な知識経験を有する労働審判員2名によって組織される（労働審判7条・9条2項）。労働審判員は非常勤で（労働審判9条3項），事件ごとに裁判所が指定する（労働審判10条）。労働審判員は中立かつ公正な立場において職務を行うものとされる（労働審判9条1項）。労働者側・使用者側の利益を代表するものでは決してないのである。審判手続の指揮は労働審判官が行う（労働審判13

---

11) 運用上，審判員が労使のいずれの出身であるかは当事者には明らかにされず，期日外に当事者と接触して紛争解決への合意に向けた説得等をすることはないといわれている（山川・前掲注8）54頁）。実際にも，労働審判員は中立・公平（インパーシャル）な立場を保持しつつ職務

条）が，決議は審判員を含む3名のうちの過半数の意見によって行う（労働審判12条1項）。

(2) **労働審判の対象**

労働審判は，「労働関係に関する事項」について個々の労働者と事業主の間に生じた民事の紛争（個別労働関係民事紛争）を対象とする（労働審判1条）。労働組合が当事者になるようなケースは対象外であり，いわゆる利益紛争も同じ[12]ということになる。[13]

■労働審判法の対象となる「労働関係」
　大阪高決平26.7.8判時2252号107頁は，労働審判法1条にいう「労働関係」とは，労働契約にもとづくものに限らず事実上の使用従属関係から生じる関係を含み，その関係の有無については，労働審判手続により紛争の解決を図ることが適当と考えられる状況の存在について一応の根拠が明らかにされれば足りる，とする。そして，「業務委託契約」を締結して委託者の事業場で業務に従事していた者からの労働審判申立てについて，労働審判手続による解決を求めることが許容される蓋然性を否定できないとして，申立てを却下した原決定を取り消した。労働審判の申立人の「労働者」性（労基9条，労契2条1項等）に争いがあることは少なくないと思われるが，そのような場合でも不適法として申立てが却下される（労働審判6条）ことはほとんどないといわれる（竹内［奥野］寿「労働審判事例の分析」ジュリ1480号［2015年］64頁）。それでよいのであろう。なお，募集・採用に関する紛争は対象になり得ないが，採用内定による労働契約の成立を前提に権利主張がされている場合は対象になる（山川・労働紛争158頁），と解すべきである。

　を行っていると見てよいと思われる（山川隆一ほか「座談会・現場から見た労働審判の10年」ジュリ1480号［2015年］43頁以下参照）。もっとも，労働審判が大企業の規範で運用されているという不満が，とくに小規模企業の使用者にあるようだともいわれている（高橋陽子＝水町勇一郎「労働審判制度利用者調査の分析結果と制度的課題」労働法120号［2012年］45頁）。
12）　もっとも，組合活動のゆえに解雇されたという申立てでも，労働者個人が申立人になっている場合は労働審判手続の対象となり得る（山川・労働紛争157頁）。
13）　労働審判に異議が申し立てられれば通常訴訟に移行するのであるから，後者の対象となり得ない「利益紛争」（「当事者間の権利義務をどのように設定するかをめぐる紛争」［荒木543頁］）を労働審判の手続の対象にできないという原則は否定できない。しかし，たとえば就業規則変更の効力についての争いは，実際は利益紛争にほかならないにもかかわらず，労働契約における権利義務関係の問題として構成されて司法判断が行われている（→421頁以下）。それゆえ，利益紛争も「実定法上の整序の仕方によっては，十分労働審判制度が活用できる」（荒木尚志ほか「座談会・労働審判制度の創設と運用上の課題」ジュリ1275号［2004年］55頁〔荒木〕）ことになるのであろう。

(3) 手続の開始・進行

　労働審判手続は当事者の一方の申立てによって開始され（労働審判5条）[14]、相手方が正当な理由なく出頭しないときは過料に処せられる（労働審判31条）。手続は迅速に進行すべきものであり（労働審判15条1項）、特別の事情がある場合を除き、3回以内の期日において審理を終結させなければならない（同条2項）[15]。なお、労働審判手続は原則として非公開である（労働審判16条）。

　労働審判においては、調停の成立による解決の見込みがあれば調停を試み、それによる解決ができない場合に審判を行うことになっている（労働審判1条）。これは、調停が不調に終わった後でなければ審判手続は進められないという意味ではなく、手続終了に至るまで可能性があるかぎり調停が試みられることとされる[16]。調停が成立すると調書に記載されるが、その記載は裁判上の和解（すなわち確定判決）と同一の効力を有する（労働審判29条2項、民事調停16条）。

　労働審判委員会は職権で事実調査をし、申立てまたは職権で証拠調べをすることができる（労働審判17条1項）。なお、労働審判手続の申立てがあった事件につき訴訟が係属しているときには、受訴裁判所は審判事件が終了するまで訴訟手続を中止することができる（労働審判27条）。

(4) 労働審判

　調停による解決ができない場合には労働審判がなされるが、それは「当事者間の権利関係を踏まえつつ事案の実情に即した解決をするために必要な審判」

---

[14] 労働審判では、当事者間でなされた交渉などの「申立てに至る経緯の概要」を申立書・答弁書に記載することを要する（労働審判規則9条1項3号・16条1項6号）。近年、裁判所は事前交渉の重要性を強調するとのことである（渡邊徹「労働審判制度のこれまでとこれから——施行から10年を経て」自由と正義68巻2号［2017年］54頁）。

[15] 労働審判手続の実際の運用では、第1回期日において心証形成に至るまでの審理の重要部分がすでに終わっていることが多く、また、期日においては口頭での主張のやり取りや事情聴取が大きな役割を果たし、そのため、第1回期日に向けての有効な申立書・答弁書の作成や、あるいは争点整理や審尋に向けての周到な準備が大きな意味を持つことになる、といわれている（中山慈夫「労働訴訟をめぐる動きと弁論実務の課題」ジュリ1474号［2014年］35頁、菅野和夫ほか「座談会・労働審判創設10年——労働審判制度の評価と課題」ジュリ1480号［2015年］26頁以下等参照）。なお、最近は第1回または第2回の期日で解決する事件が多数といわれている（渡邊・前掲注14)56頁）。

[16] なお、労働審判事件の約70％は調停で終結している（菅野ほか・前掲注15)32頁、渡邊・前掲注14)57頁）。そして、取下げ（労働審判24条の2）が約10％、24条終了（労働審判24条1項）が5％ほど、審判がされるのが17％ほどである（渡邊・前掲注14)57頁）。

（労働審判1条）であり，そこにおいては「当事者間の権利関係を確認し，金銭の支払，物の引渡しその他の財産上の給付を命じ，その他個別労働関係民事紛争の解決をするために相当と認める事項を定めることができる」（労働審判20条2項）。このように，当事者間の権利関係を踏まえることは必要であるが，紛争解決のために相当と認められる内容のものであれば，「権利関係を離れた審判が可能」（荒木552頁）なのである。

■解雇の金銭解決をする審判の可否
　労働契約上の地位確認の申立てがされ労働審判委員会が解雇無効と判断した場合に，地位確認はせずに使用者に金銭補償をさせる審判は，「相当」（労働審判20条2項）なものと認められるか。これを肯定的に解する立場が有力である（荒木552頁，山川・労働紛争168頁，渡辺279頁以下等）。解雇が無効とまではいえないが法的に問題があることは確かであるとして一定額の金銭支払いを命じる審判も許容される，とする見解もある（山川・労働紛争169頁）。他方，解雇を争う労働者が金銭解決を許容していることが窺われる場合には相当な内容の範囲にとどまる（竹内［奥野］・前掲65頁），裁判所が決定をすれば当事者は異議までは申し立てないという消極的な同意の可能性を委員会が手続の経過によって認める場合に限って可能と解する（笠井正俊「労働審判手続」争点227頁），という考え方もある。なお，解雇無効として地位確認等を求める申立てがされたが解決金を支払えとした労働審判について，それは地位確認請求訴訟を排斥したものではないとして，地位確認請求は訴権の濫用に当たらないとした裁判例がある（X学園事件＝さいたま地判平26．4．22労経速2209号15頁）。

　労働審判に不服がある当事者は2週間以内に異議申立てをすることができる（労働審判21条1項）。その場合には，労働審判が効力を失う（同条3項）とともに，労働審判申立ての時点において労働審判がなされた地方裁判所に訴えの提起があったものとみなされる（労働審判22条1項）。異議申立てがなかった場合は，労働審判は裁判上の和解と同一の効力を有する（労働審判21条4項）。[17]
　労働審判委員会は，事案の性質上，審判手続を行うことが紛争の迅速・適正な解決のために適当でないと認めるときは労働審判を行うことなく事件を終了

17）　労働審判に対し異議申立てがあって訴訟に移行した場合，その労働審判は「前審の裁判」（民訴23条1項6号）に当たらないので，労働審判官であった裁判官が当該訴訟を担当しても差し支えないとされている（小野リース事件＝最3小判平22．5．25労判1018号5頁）。もっとも，労働審判と後続訴訟との可及的切離しの必要性等からすれば，別の裁判官が担当するという運用が望ましい（笠井正俊「労働審判手続と民事訴訟の関係についての一考察」法学論叢162巻1～6号［2008年］169頁）のは確かであろう。

させることができ(労働審判24条1項)[18]、その場合にも審判手続の申立てのときに訴えの提起があったものとみなされる(同条2項)。

---

18) 深見敏正「労働審判事件における審理の実情と課題」判タ1364号［2012年］6頁は、労働審判手続に適さないゆえに労働審判法24条1項による終了を検討することになる場合として、差別的取扱いが違法と主張されているものや就業規則の不利益変更の効力が争われているものなど、争点が多岐にわたり、限られた期日で審理を終えることが難しい紛争、他への波及を懸念して個別事件についてのみ解決することが困難な事件、原理原則を譲れない事件をあげている。

第2節　労働基準法等の適用対象

I　労働基準法

　労基法の適用の有無は，当事者が「労働者」・「使用者」に当たるか否か，および適用除外事業に当たらないかどうかによって決まる。

■労働事件の国際裁判管轄
　国際裁判管轄に関しては近年まで長く法規定が存在しない状態であったが，2011（平23）年の民訴法改正によって，現行の同法第2章第1節「日本の裁判所の管轄権」の定めが設けられた。スカイマークほか2社事件＝東京地判平24. 11. 14労判1066号5頁は，出向元も労働者も外国籍で，雇用契約書に外国の裁判所を専属合意管轄裁判所とする旨が記されていた事案であったが，当該の専属管轄は甚だしく不合理で公序に反し無効であるとし，わが国で裁判を行うことが当事者間の公平や裁判の適正・迅速を期するという理念に反する特段の事情も見当たらないとして，国際裁判管轄はわが国にあるとしている。上記の改正された現行法では，個別労働関係民事紛争に関する労働者からの訴えは労務提供地（または雇入れ事業所の所在地）が日本にあれば日本の裁判所に提起できるものとされ（民訴3条の4第2項），国際裁判管轄についての合意は原則として有効である（民訴3条の7第1項）が，個別労働関係民事紛争に関しては，将来において生じる紛争を対象とする国際裁判管轄であって，労働契約終了時の労務提供地がある国の裁判所に訴えを提起できる旨の合意である場合か，労働者が進んで合意の効力を援用した場合に限って，効力が認められることになっている（民訴3条の7第6項）。ただし，当事者間の衡平を害する等の特別の事情があるときには訴えは却下され得る（民訴3条の9）。上記スカイマークほか2社事件＝東京地判平24. 11. 14は，2011（平23）年民訴法改正前の判例（ローヤル・インターオーシャン・ラインズ事件＝最3小判昭50. 11. 28民集29巻10号1554頁，マレーシア航空事件＝最2小判昭56. 10. 16民集35巻7号1224頁，ファミリー事件＝最3小判平9. 11. 11民集51巻10号4055頁）に従ったものであるが，現行法の下でも同一の判断になったと思われる。

　労基法の旧8条は同法の適用を受ける17種類の事業を掲げていたが，同条は1998（平10）年の法改正によって削除され，現行労基法では，旧8条の1号～15号に列記されていた事業が別表第1に掲げられている（これは各種事業についての労働条件基準の特例を定める際の便宜のためのものである）。これで，事業の種類・規模にかかわりなく労基法の適用を受けることが明確になった。「事業」とは業として継続して行われるものであるから，労働関係が存在しても労基法

の適用がない場合はある。一個の事業であるか否かは主として場所的観念によって決せられるが，場合によっては同一事業場内の異種の部門が別個の事業として扱われる（労基局上111頁以下参照）。

　以上の原則につき，同居の親族のみを使用する事業[2]と家事使用人[3]は適用除外[4]とされ（労基116条2項），また船員については大部分の規定が不適用で船員法に委ねられている（同条1項）。前者の例外は，家族関係にある者の労働関係への法の介入は好ましくないこと，法規制あるいは監督が困難であることを理由とする。

　公務員に関しては，労基法には国や地方公共団体にも同法を適用する旨の規定があるが（112条），労働協約を締結できない一般職の国家公務員は全面適用排除である（国公附則16条）。ただ，国公法と人事院規則に反しないかぎりで労基法が準用されることになっている（国公第1次改正法［昭23法222号］附則3条1項）。他方，労働協約を締結できる現業職員（行政執行法人労働関係2条2号）には労基法が適用される（行政執行法人労働関係37条1項1号参照）。地方公務員は，いわゆる非現業職員も含んで労基法の適用下にあるが，いくつかの適用除外規定がある（地公57条・58条3項等）。なお，労基法以外の労働者保護法（以下では「労基法等」という）の適用範囲は労基法のそれと基本的に同一である。

---

1) 旧8条は，労基法が企業単位ではなく事業単位で適用されることを明らかにする意義をも有していたが，同条の削除により事業単位適用でなくなったのではなく，「労働者」・「使用者」を定義する同法9条・10条から見ても，事業単位適用の原則に変更はないと解される。
2) 労働者が外国で勤務している場合，労基法等による公法的規制（刑罰や行政監督）は，就労場所である国外の支社・支店等が独立の事業としての実態をそなえているときは，その事業は国外に存することになるので，属地主義の原則によって適用されない。しかし，独立の事業とみなし得ない出張所等で就労しているような場合は，実際には国内の事業の一部への従事であるから労基法等が適用される。ただし，外国で労基法等に違反する行為をした者があった場合，刑法1条の属地主義により，行為者に罰則を適用することはできない（昭25. 8. 24基発776号，労基局下1043頁以下等参照）。なお，海外勤務者への労災法の適用について→488頁以下。
3) そこで，同居する親族以外の者を1人でも雇用している事業は，労基法等は適用除外されない。国・甲府労基署長事件＝甲府地判平22. 1. 12労判1001号19頁は，同居する父親の事業で働く左官を「労働者」に当たるとして，労災保険の不支給処分を違法としている。
4) 労基法等を適用除外される「家事使用人」であるか否かは，従事する作業の種類・性質を勘案して労働者の実態から判断すべきものとされている（労基局下1042頁）。裁判例では，施設に住み込んで介護業務をするヘルパーについて（福生ふれあいの友事件＝東京地立川支判平25. 2. 13労判1074号62頁），法人代表者の居宅で勤務するベビーシッターについて（医療法人衣明会事件＝東京地判平25. 9. 11労判1085号60頁），労基法の適用除外となる家事使用人には当たらないとされている。いずれも妥当な判断であると思われる。

II 労働契約法

　労契法の適用の有無も当事者が「労働者」・「使用者」か否かによって決まるが，適用が除外される「事業」というものはない。ただし，国家・地方公務員は，公務員法による任用関係で労働契約関係にはないということで，同法を適用されない（労契22条［平30改正後21条］1項）。また，同居の親族のみを使用する場合の労働契約には適用されない（同条2項）。労基法は同居の親族のみを使用する事業と家事使用人を適用除外とするが，労契法が家事使用人を適用除外にしなかったのは，同法は労基法等のように公法的規制をするものではない民事法規であり，家事使用人の労働契約に関する紛争の発生もあり得ると考えられたゆえであろう。

■労働契約に関する準拠法
　外国勤務の労働者への労基法等の適用の問題（→注2参照）とは別に，国内外の外国企業に日本人が雇用された場合や外国人が日本企業に雇用された場合について，労働契約関係の私法ルールはいずれの国のものが適用されるのかという，国際私法の「準拠法」の問題がある。これに関しては，2006（平18）年制定の「法の適用に関する通則法」が，以下のような内容の新たなルールを定めている。①法律行為の成立・効力については，当事者が準拠法を選択でき（7条），選択がない場合は法律行為の当時において最も密接な関係にある地の法によることを一般原則とする（7条・8条1項）。②しかし，労働契約においては，準拠法が使用者の有利に選択されて労働者の保護に欠ける恐れがあるため，準拠法は次のように決められるものとする（12条各項）。(i)当事者が最も密接な関係のある地の法を選択した場合は，それが準拠法となる。(ii)最も密接な関係のある地以外の法が選択された場合は，その法に加えて，最も密接な地の法の中の特定の強行規定を適用すべき旨を労働者が使用者に意思表示したときには，その強行規定も適用される。(iii)最も密接な関係のある地の法は，常居所地法（8条2項）ではなく，労務提供地法と推定される。なお，不法行為については加害行為の結果発生地の法が準拠法となる（17条本文）。それから，「絶対的強行法規」もあると考えられ，それが何かは解釈に委ねられているとされている（荒木561頁）。

Ⅲ 「労働者」

1 問　題

　労基法等はすべての事業に適用されるが、法規制が、そこにおける労働関係、つまり労働者と使用者を当事者とする関係のみを対象とすることはいうまでもない。そこで労基法は、9条・10条に「労働者」・「使用者」の定義規定をおく。労契法も、2条の1項・2項において「労働者」・「使用者」を定義して同法の対象を定めている。これらのうちの「労働者」が、労働法の適用範囲を画定するための中核概念といえよう。どのような判断基準（あるいは判断枠組み）によって「労働者」性の有無を決定するべきであるのか。これは、労基法・労契法を中心とする今日の雇用関係法（個別的労働関係法）における最も重要かつ困難な問題の1つである。産業構造の変化にともなう雇用・就業形態の多様化・複雑化等の事情によって、労働者と非労働者の限界領域にあると思われる場合が著しく多くなったからであろう。また、労使関係法（集団的労働関係法）においても同じ問題が生じているので、労働法の「総論」に属する最重要問題の1つともなっている。

■労組法上の「労働者」
　労組法3条によれば、「労働者」とは「賃金、給料その他これに準ずる収入によって生活する者」である。労基法9条や労契法2条1項とは違って、事業や使用者に「使用される」ことは要しないが、賃金等によって「生活する」者ということになっている。そこで、労組法上の「労働者」に当たるか否かも「使用従属関係」の有無で決せられるが、その判断は団結権・団体行動権保障の趣旨に照らしてなされるべきものゆえ、労基法等や労契法上の「労働者」より広い範囲のものと解しなければならないと一般に考えられている。
　労組法上の「労働者」をめぐっては、とりわけ近年、企業外組織である労働組合との団体交渉を使用者が拒否したことを不当労働行為とする労働委員会命令の適法性について判断した裁判例が数多く出され、学説においても盛んな論議がされている。今日の労働委員会命令の考え方は、以下の諸要素が充足されているか、あるいは相当程度に充足されているかによって、労組法上の「労働者」への該当の有無が決まるというものとされる（山川隆一「労働者概念をめぐる覚書」月刊労委労協2010年7月号12頁以下）。①事業主の組織に組み込まれているか。②契約内容が事業主によって一方的に決定されているか。③報酬が労務供給の対価といえるか。④業務の発注に対し諾否の自由があるか。⑤業務遂行の日時

や場所について拘束があり，作業の態様について指揮監督を受けているか。⑥事業主に専属的に労務供給をしているか。⑦独立の事業者としての性格があるか。これらのうち，①・②・③が労組法上の「労働者」の中心的判断要素であり，④・⑤・⑥・⑦は補完的判断要素である。

　近年までの裁判例では，労組法上の「労働者」か否かも労基法上の「労働者」と同じ基準で判断すべきであるとか，「法的な指揮命令，支配監督関係の有無」により判断すべきである等として，上記のような考え方に立って労組法上の「労働者」性を肯定する判断をした中労委命令が取り消されていた（国・中労委［新国立劇場運営財団］事件＝東京高判平21. 3. 25労判981号13頁，国・中労委［INAXメンテナンス］事件＝東京高判平21. 9. 16労判989号12頁等）。しかし，それらの高裁判決の判断を覆して労組法上の「労働者」性を肯定する3つの最高裁判決が出された（国・中労委［新国立劇場運営財団］事件＝最3小判平23. 4. 12民集65巻3号943頁，国・中労委［INAXメンテナンス］事件＝最3小判平23. 4. 12労判1026号27頁，国・中労委［ビクター］事件＝最3小判平24. 2. 21民集66巻3号955頁）。これらの最高裁判決は，一般論を示さず事例判断の形をとっているが，「労組法上の労働者性の判断方法としては，①組織への組み込み，②契約内容の一方的決定，③報酬の労務対価性を中心的な判断要素としつつ，使用従属性の他の判断要素を加えて判断する，という判断枠組みを採用し」たものと解されている（菅野和夫「業務委託契約者の労働者性──労組法上の労働者の範囲に関する最高裁二判決」ジュリ1426号［2011年］8頁）。

　この3つの最高裁判決は，労組法上の「労働者」とは何かという問題に関する「労働委員会と裁判所との対立に，実務上一応の決着をつけたもの」であり，労働委員会でも裁判所でも，3判決が示した上記①〜③の判断要素に照らして労組法上の「労働者」性が判断されるべきことになった（水町勇一郎「労働組合法上の労働者性」ジュリ1426号［2011年］10頁）のであろう。その後の裁判例としては，メッセンジャーにつき労組法3条の労働者に当たるとした中労委命令は相当であるとした国・中労委（ソクハイ）事件＝東京地判平24. 11. 15労判1079号128頁等がある。筆者は，まず「指揮命令下の労働とそれへの対価の支払い」の関係が存在するか否かをみて，それが多かれ少なかれ存在すると認められたならば，次に労組法の適用による団体行動の保護（組合活動・争議行為への民刑事免責，不当労働行為制度，労働協約制度等）を与えるべき関係の有無をみることによって，労組法の「労働者」か否かの判断をなすべきである，というように考えている（水町・前掲20頁がいう「使用従属関係準拠説」）。

　これまでの裁判例・行政解釈において労基法等あるいは労契法の「労働者」に当たるか否かが問題となった職種には，きわめて多種多様なものがみられる。順不同で列挙すると，傭車運転手，バイシクル・メッセンジャー，ガス配送員，NHKの地域スタッフ[5]，証券外務員，経営コンサルタント，取締役兼務従業員，

5）　NHK神戸放送局（地域スタッフ）事件＝大阪高判平27. 9. 11労判1130号22頁，NHK堺営業センター事件＝大阪高判平28. 7. 29労判1154号67頁は，受信契約や集金を行う「地域ス

一人親方大工，映画撮影技師，劇場合唱団員，介護ヘルパー，ベビーシッター，シルバーセンター会員，公認会計士，クラブのホスト・ホステス[6]，芸能プロダクション専属歌手[7]，弁護士，僧侶・神職[8]，受験予備校講師，臨床研修医，手話通訳，レースライダー，プロ野球審判，相撲協会の力士[9]，フリーランス記者，コンビニ店長，パソコン教室店長，外国人研修生などである．テレワークや在宅勤務やオンコールワークをする者あるいはプロスポーツ選手，労働者協同組合員を「労働者」として扱うべきか否かも，監督行政の実務において問題になっている．学生のインターンシップ実習について，「労働者」性を肯定し得る場合を示した行政解釈もある（平9．9．18基発636号）．

他方，適用の可否が争われる事柄はさまざまであるが，①労基法等の労働者保護規定および労契法の規定，②判例が形成した法的ルール，③就業規則の条項，というように整理できよう．

2 労働者性の判断基準

労基法9条によれば，「労働者」とは同法の適用事業に「使用される者」で「賃金を支払われる者」をいう．他の労働者保護法の「労働者」も同じことで

　タッフ」について，時間的・場所的拘束性が低く，報酬は出来高払いであり，第三者への業務再委託も可能であること等から労働契約ではないとして，契約期間中途での解約に「やむを得ない事由」（労契17条1項）は不要としている．
6) 近年の裁判例に，クラブのホストについて，収入は売上げに応じて決定され，出勤時間は客の都合が優先されて時間的拘束が強くないなどとして，自営業者であるから「労働者」ではないとしたものがある（Y社事件＝東京地判平28．3．25判タ1431号202頁）．
7) X社事件＝東京地判平28．3．31判タ1438号164頁は，芸能プロダクションと期間2年の「マネジメント専属契約」を結んでCD制作や路上ライブ等を行い，月額8万円程度の報酬を得ていた歌手は「労働者」ゆえ労基法附則137条が適用されるから，契約締結後1年を経過すればいつでも退職できる，とする．J社ほか1社事件＝東京地判平25．3．8労判1075号77頁も，「専属芸術家契約」を結んでモデル等の活動をして報酬を全く得ていなかった者を労基法・最賃法上の「労働者」に当たるとしている．
8) 僧侶・神職に関しては，何らの給与を受けず奉仕する者等は労基法上の労働者ではないとする行政解釈がある（昭27．2．5基発49号）．裁判例には，神職が神社の指揮監督下で労務を提供し，その対価として賃金を支払われていたから，労基法および労契法上の労働者に当たるとしたものがある（乙神社事件＝福岡地判平27．11．11判時2312号114頁）．
9) 日本相撲協会事件＝東京地判平25．3．25労判1079号152頁は，「無気力相撲」で解雇された幕内力士について，「労働契約そのもの」ではないが，契約解消は懲戒処分として行われているので，その事由・手続が規則等に明記されている必要があり，また当事件の処分は相当性に疑問があるとして，地位確認・賃金支払いの請求を認容している．

ある。労契法2条1項も「使用されて労働し、賃金を支払われる者」とする。これについて、使用者の指揮監督下で労働をなし、その労働自体への対価である賃金を受けとる者と解することにはほとんど異論がない。それは一般に「使用従属関係」とよばれ、労働法の適用対象を画定するための基本的メルクマールとされている。

とはいえ、具体的事例における判断は容易ではない。監督行政上の処理においては、「使用従属関係」を基本にすえながらも、それ以外の要素を加味して判断されているようである。たとえば傭車運転手の労働者性は肯定されたり否定されたりしているが、判断基準は「時間的・場所的拘束性」、「労務給付の方法への規制の程度」、「他企業での就業制限の有無」、「業務諾否の自由の有無」、「専属性の度合」、「補助者使用の有無」、「報酬の性格（経費を含むかなど）」、「収入額（とくに一般従業員との対比）」、「所有車の価額」等、きわめて多岐にわたっている（労働省労働基準局編『労働基準法の問題点と対策の方向』[1986年] 63頁以下参照）。在宅就労者に関する判断方法もほぼ同じである（同67頁以下参照）。これらの限界領域にある者に関しては、「指揮監督下の労働」と「賃金支払い」という要素が一般の場合に比して量的・質的に弱いために、「使用従属関係」のみで明確な結論を出すことが不可能に近く、そこで「専属性の度合」や「収入額」など、「使用従属関係」のメルクマールとはいい難い基準を加えた「総合判断」が行われるのである。

---

10) 労安衛法（2条2号）、最賃法（2条1号）、賃確法（2条2項）は、労基法9条の「労働者」の定義によると明記する。職安法、派遣法、均等法、高年齢者雇用法、育介法には規定はないが、労基法9条の「労働者」に等しいと解して問題はない。労災法にも労働者の定義規定はないが、同法の「労働者」は労基法のそれと基本的に同一とした最高裁判例があり、それでよいと考えられる（→488頁）。雇用保険法の被保険者は適用事業に雇用される労働者で適用除外者を除く者である（4条1項・6条）、近年の裁判例（大阪西職安所長［日本インシュアランスサービス］事件＝福岡高判平25.2.28判時2214号111頁）は、その「労働者」とは指揮監督下で労務を提供して生計を維持する者で同法の保護を与えるに相当する関係が存する者であるという（なお、同判決については→30頁）。健康保険法（3条）、厚生年金保険法（9条）の被保険者の定義における「使用される」の意義は、労基法9条のそれと基本的に同一である。それから、「身元保証ニ関スル法律」の「被用者」（1条）等、商法・会社法の「使用人」（商26条、会社15条等）、さらには憲法28条の「勤労者」も、労基法9条の「労働者」と基本的には同一の意義を有する。また、特許法35条にいう「従業者」（労基121条1項にも、この言葉がある）についても同様に解してよいであろう（→244頁）。以上と異なるのは家内労働法2条2項の「家内労働者」であり、それは「使用従属関係」を要素とする概念ではない。

11) 平19.9.27基発0927004号は、バイシクル・メッセンジャー等は「総合的に判断すると労

裁判例を見ると，以前の最高裁判例に，外務員につき委任ないし委任類似であって雇用契約の関係ではないから労基法の適用はないとしたもの（山崎証券事件＝最 1 小判昭 36. 5. 25 民集 15 巻 5 号 1322 頁），技術指導等をしていた嘱託員につき労働契約関係にあるとして解雇権濫用法理の適用を肯定したもの（大平製紙事件＝最 2 小判昭 37. 5. 18 民集 16 巻 5 号 1108 頁）があった。これらのものと古い時期の下級審裁判例では，判断はほぼ「指揮監督下の労働」とそれに対する「賃金支払い」の面からのみなされていた。しかし，その後の裁判例では，「専属性の度合」，「収入額」，「報酬と生計の関係」など，さまざまな要素を加えた「総合判断」から結論を導くという方法が用いられている。横浜南労基署長（旭紙業）事件＝最 1 小判平 8. 11. 28 労判 714 号 14 頁は，傭車運転手について，自己の危険と計算の下で運送業務に従事していたもので特段の指揮監督が行われていたといえず，時間的・場所的拘束の程度も一般従業員と比較して著しく緩やかであったとして，その労働者性を否定した原審の判断を是認している。関西医科大学研修医事件＝最 2 小判平 17. 6. 3 民集 59 巻 5 号 938 頁は，大学病院の臨床研修医について，指導医の指導の下に医療行為に従事することを予定し，それに対し奨学金等として金員が支払われているとして，労基法 9 条・最賃法 2 条の労働者に該当するとしている。[13]

働基準法第 9 条の労働者に該当するものと認められる」としている。

[12] 「労働者」か否か（労働契約関係か否か）が主要争点となった近年の裁判例は多数あるが，以下のものなどはやや独自で，後述の私見（→33 頁）に近い考え方をしているようにも見える。①受験予備校の非常勤講師について，出講契約は「一律」に労働契約とは認められないが，当事件の原告については労働契約と認められるとして，雇止めは不法行為に当たるとされた（河合塾事件＝福岡地判平 20・5・15 労判 989 号 50 頁）。②バイシクル・メッセンジャーで営業所長であった者について，バイシクル・メッセンジャーとしては労働者でないが，所長としては労働者に当たるとして，所長解任は解雇権濫用で無効とされた（ソクハイ事件＝東京地判平 22. 4. 28 労判 1010 号 25 頁）。それから，③前掲注 10）大阪西職安所長（日本インシュアランスサービス）事件＝福岡高判平 25. 2. 28 では，雇用保険法の趣旨に照らして保護を与えるに相当な関係が存すれば足りるのであり，また社会保険制度の保障があるものと信頼して契約関係に入ったことも考慮されるべき事情であるとして，雇用保険法上の「労働者」であることが肯定されている。なお，③の裁判例は，雇用保険法上の労働者は指揮監督下の労働への対価により「生計を維持する」者であるとして，労基法上の労働者より範囲が限定されているもののように解しているが，これは「雇用保険法にいう労働者と被保険者を混同した結果と思われ」（中益陽子「雇用保険法上の労働者の意義——国・大阪西公共職業安定所長事件」ジュリ 1480 号［2015 年］125 頁），妥当でないのは確かである。

[13] この最高裁判例は，仮に研修医が金員を得ていなかったとしても労働者性は肯定されるのか，「賃金支払い」は必ずしも「労働者」の要件ではないのか，という問題を意識させるものであ

近年は，労組法における「労働者」の問題が，従来の裁判例と異なる判断枠組みを示した最高裁判例が出されたこともあって（→27頁），盛んな論議の対象になっているが，労基法・労契法等における「労働者」性の有無を判断した裁判例も多数みられている。そこでは概ね，基本的メルクマールである「使用従属関係」の存否は「指揮監督下の労働」と「報酬の労務対償性」から判断されるが，具体的には，時間的・場所的拘束性，労務給付への規制，業務諾否の自由，報酬の性格・額，その他の諸事情を総合勘案して決するべきものとされている（ソクハイ［契約更新拒絶］事件＝東京地判平25．9．26労判1123号91頁〔労働者性を否定〕，東陽ガス事件＝東京地判平25．10．24労判1084号5頁〔労働者性を肯定〕，前掲注5）NHK神戸放送局［地域スタッフ］事件＝大阪高判平27．9．11〔労働者性を否定〕等）。そして，労組法上の労働者に当たるか否かは団体交渉による問題解決が適切な関係にあるかの判断であるのに対し，労基法・労契法上の労働者への該当性は労働者保護の規定を適用すべきかの判断であるから，同一の者が前者の労働者には当たらないが後者では労働者に当たることはあり得るという説示もされている（前掲ソクハイ［契約更新拒絶］事件＝東京地判平25．9．26）。[14]

③　労働者性判断の方法

　指揮監督下の労働をなし，それへの対価たる賃金を受けとる者を「労働者」とし，その労働者が当事者となる関係を労基法等の適用対象であるとする枠組み自体は，使用「従属」関係という用語は捨て去るほうがよいとしても，維持されるべきものと思われる。次のように説明できるであろう。[15] 労働関係とは労

　　った。賃金の合意がなくても就労実態が指揮命令下の労働と評価されれば「労働者」に当たるとする見解もある（土田53頁以下）が，次のように考えるのが妥当であろう。全く報酬支払いが約定されていない場合に労働者性を肯定することは困難であるが，賃金支払いの要件が欠けているにもかかわらず労働者性を肯定すべき場合もあり得ないわけではなく，それは就労実態からみて賃金支払いが通常であるにもかかわらず無報酬で労働が強制されたような場合である（荒木58頁）。

14)　前記（→27頁）のように，国・中労委（ソクハイ）事件＝東京地判平24．11．15ではメッセンジャーは労組法3条の労働者であるとされたが，ソクハイ［契約更新拒絶］事件＝東京地判平25．9．26は，同一会社のメッセンジャーが労組法3条・7条所定の労働者に当たるからといって直ちに労基法上の労働者に当たることにはならないとしている。

15)　荒木53頁注22は，「使用従属性」という言葉を用いると，労働者性は「指揮監督下の労働」のみで決まるのであって「報酬の労務対償性」は不要であると誤解されかねないという。そのとおりであろう。

働力の売買関係ゆえ，労働の結果ではなく労働そのものが目的であり，労働力の買い手である使用者に労働力処分権としての指揮命令権が生じ，報酬は労働の成果でなく労働そのものに対して支払われる。このような社会関係，つまり市場経済社会の賃労働関係が労基法等と労契法の主要対象であり，その法形態が「労働契約」であり，その当事者が「労働者」と「使用者」である[16]。また，この関係は原則的には民法 623 条の「雇用」に当たる（民法の雇用等の契約類型と労働契約の関係については→86 頁以下）。

　しかし，この枠組みによる具体的処理にはしばしば困難がともなう。その理由は以下の点にある。第 1 は，「使用従属関係」の相対性とでもいうべきことである。すなわち「指揮監督下の労働」といっても，現実にはさまざまな強弱・深浅・広狭の度合いの差異を帯びて存在している。たとえば，家内労働者にも他人の指揮監督に服するという面があるし，他方，「労働者」であることに疑いのない職種においても業務遂行につき大幅な裁量権を与えられている者が少なくない。とくに，近年は後者の労働者が増加する一方であるため，「指揮監督下の労働」か否かの判断が困難な場合がますます多くなっている。また，労務供給に対する報酬が「賃金」であるか否かの判断も，理論的にはともかく実際には容易でない場合が少なくない[17]。さらに契約類型としても，雇用と請負・委任との混合契約が実際には数多く見られる。

　第 2 は，適用すべきかどうかが問題となる制度・理論の多様性である。前述のように（→28 頁），たとえば一方では解雇権濫用法理の適用の可否が争われるが，他方では退職金を支給する旨の定めの適用の有無が問われる。視野を集

---

16)　なお，労働経済学者による次のような説明がある。労働者性とは使用者の指揮・命令に従うことを余儀なくされることであり，この使用者の裁量は，事前に契約で約束できないという不完備性とよばれる性質から発生する。労働法の労働者性という概念と，経済学の不完備性という概念はきわめて親和的である（江口匡太「労働者性と不完備性――労働者が保護される必要性について」労研 566 号〔2007 年〕42 頁）。

17)　労務供給に対する報酬が「賃金」かどうかは，「指揮監督下の労働」そのものへの対価かどうかで決まる。したがって，「指揮監督下の労働」と「賃金の支払い」の両者は「相関的に同時にきまって来る」（有泉 47 頁）関係にある。たとえば，傭車運転手に支払われる報酬が「賃金」かどうかが問題となる場合がある。それが請負代金と出来高払賃金（労基 27 条参照）のいずれであるかは，理論的には「仕事の結果」に対する報酬（民 632 条参照）であるのか，それとも「労働に従事すること」への報酬（民 623 条）または「労働の対償」（労基 11 条），つまり労働そのものへの対価の額が労働成果の評価を基準として決定されたものであるのかによって決まる。しかし，判断が困難な場合が実際には少なくないであろう。

団的労働関係法の領域にも広げれば、団交権の主体となり得るか否か、不当労働行為制度の保護を受け得るのかといった問題がある。労基法等の労働者保護法や労契法の諸規定、判例・裁判例が形成した多数の法的ルール、就業規則等の諸条項、法的効力を認められる労使慣行のすべては、それぞれ多種多様な趣旨・目的を有している。そこで、「使用従属関係」の指標のみにより、つまり、「指揮監督下の労働」と「賃金の支払い」の関係が存在しているか否かの判断のみによって「労働者」性の有無を決定しようとすれば、場合によっては合理性を欠く結果となり、あるいは結果は妥当でも強引な理由づけをともなうことになる。

　それでは、いかなる方法を用いるべきか。労働監督行政における処理の仕方は、前述のように（→29頁）、「使用従属関係」を主要な基準としながら「労働者性の判断を補強する要素」をも加味してなす「総合判断」である。これに対し、筆者がとってきた考え方は、「使用従属関係」ないし雇用関係（労働契約関係）たる性格が多かれ少なかれ存在することを前提とし、当該の場合に適用の可否が問われている制度・ルール等の目的・趣旨との関連において、いわば相対的に「労働者」性の有無を判断する方法が最も妥当であろうというものである（詳しくは下井47頁以下参照）。これで十分に解決可能な場合は少なくないし、裁判による問題解決を中心に考えるならば、この方法に落着せざるを得ないと筆者は考えている。しかし、労基法等の監督行政の観点からすれば、これはとり入れることのできないものであろう。労働関係の実務にとっても、この方法による煩雑さは耐え難いであろうことは十分に理解できる。また、学説からは労働者概念の統一性を損なうとする批判を受けている（鎌田耕一「契約労働の法的問題」同編著『契約労働の研究』[2001年] 123頁以下等）。[18]

---

18) これに対し、「相対的」な判断方法はグレーゾーンに属するケースの柔軟な処理を可能とする解釈論として「再評価」されるべきものとする見解もある（土田57頁）。また、個々の立法の各規定ごとに判断すべきであるという点は別にして、個々の立法について、その趣旨・目的を踏まえて労働者性を判断すべきであるという主張は近年の学説においては多数の支持を得ている、ともいわれている（竹内［奥野］寿「労働組合法上の労働者」季労235号［2011年］236頁）。それから、労契法は刑罰法規ではないから類推適用は禁止されないので、同法上の「労働者」に該当しなくても労働者類似の者に同法の保護を類推適用することは可能であるとされる（荒木60頁）。妥当な見解で賛成であるが、これは筆者には「相対的」な判断の考え方のように見える。前記（→30頁注12））の近年のいくつかの裁判例についても、同じことがいえそうである。さらに、労働政策論の観点から、労働者性は労働者か否かのデジタル的取扱いでな

■取締役兼務従業員の労働者性

　これについては,「相対的」判断方法で十分であろう。裁判例には, 取締役兼務従業員が就業規則にもとづく退職金の支払いを求めたケースなどが相当数みられる。前田製菓事件＝大阪高判昭53.　8.　31下民集29巻5～8号537頁は, 取締役を辞任すると同時に従業員としての地位を失った者への退職金支給規程の適用を肯定したが, この判断は同事件の上告審＝最2小判昭56.　5.　11判時1009号124頁によって是認されている。近年のものには, 勤務の実質は従業員であっても業務遂行の上で指揮監督を受けるという「法的従属性」が認められないとして, 取締役兼務経営企画部長の労働者性を否定したもの（三菱スペース・ソフトウエア事件＝東京地判平23.　3.　3労経速2105号24頁）などがある。また, 取締役であった支店営業部長につき代表者の指揮監督下で労働者として処遇されていたとした上で, 取締役からの解任には正当理由があるゆえに損害賠償請求はなし得ず, 企業情報の漏洩行為を理由とする懲戒解雇も有効であるとしたものがある（アンダーソンテクノロジー事件＝東京地判平18.　8.　30労判925号80頁）。代表取締役および代表権を有する役付取締役は別として, 勤務の実態から「労働者」性が肯定されるべき場合は少なくないであろう。しかし, その場合でも労基法等や労契法の制度・理論が一般的に適用されることはあり得ず, 個々の制度・理論の趣旨・目的を考慮して適用の可否を決するほかはない。契約関係の性質は雇用（労働契約）と委任の併存と解すればよい。なお, 労働者を他会社の取締役に出向させた場合は,「出向元との労働契約」と「出向先との委任契約」が同一労働者につき併存することになる。

　結局, 次のように考えるほかないであろうか。労基法等の労働者保護法に関しては,「使用従属関係」（「指揮監督下の労働」・「賃金の支払い」）と「労働者性を補強する要素」の有無・程度等からの総合判断によって適用の可否を決する。労契法や判例・裁判例によって形成された法的ルール, 就業規則条項や労使慣行についても一般には同様の方法によるべきであるが, 場合によっては適用の可否が問題となっている制度・ルール等の趣旨・目的を考慮して適用の可否を決定する。

　とはいえ, 業務遂行に当たって幅広い裁量を認められる労働者が増加しつつある現状からすれば, 労働関係法の規定やルールの適用の可否を当事者の意思あるいは慣行に委ねる場合もあるというような,[19] 労基法や労契法等の適用対象

　　く, その程度に応じた段階的・重層的な政策対応をするべきであると説くものがある（浅尾裕「『労働者』性と多様な働き方, そして労働政策」労研566号［2007年］63頁）。
19)　柳屋孝安『現代労働法と労働者概念』［2005年］347頁以下は, 労働法の適用を回避する当事者の意思形成に合理的理由が認められる等の一定の客観的条件がみたされれば, 当事者意思を尊重して, 労働法の適用対象から外す場合があってもよい, という。裁判例には, 労基法上の労働者かどうかの区分が困難な場合は「無理に単純化することなく, できるだけ当事者の意図

画定方法に関する新しい考え方の是非も検討すべきであろう。それから,「労働者」概念を相対的に解するとか,それを「経済的従属性」が認められる者も含むというように拡大する解釈論には疑問があるとして,「契約労働者」を立法によって設定して報酬支払いや社会・労働保険の適用や差別的取扱いの禁止等々の保護の対象にすることを提案する見解があるが, これは傾聴に値するものといえよう。[20]

Ⅳ 「使 用 者」

1 労基法・労契法上の「使用者」

労基法10条は,同法の各規定が定める義務と責任の主体である「使用者」を定義する。罰則との関係は前述した(→12頁)。「事業主」以外の者を含むのは,職場において実際に労務管理を担当する者の行為をも規制しようとする趣旨である。企業内では,たとえば賃金,労働時間,安全衛生等に関して指揮命令の権限を与えられている者が事項に応じて別になっていることが多い。そこで,労基法上の「労働者」である者が特定事項については同法上の「使用者」となる場合が少なくない。このように,「使用者」性の有無が問題事項との関係で相対的に決まることに疑問の余地はない。なお,建設事業が数次請負で行われる場合,災害補償については元請負人が「使用者」とみなされる(労基87条1項,労基則48条の2)。労契法においては,労働契約の他方当事者が「使用者」(労契2条2項参照)である。

を尊重する方向で判断するのが相当」としつつ,当該ケースでは労働者として扱わないことが双方,とくに傭車運転手の真意に沿うと判断して労働者性を否定する結論を導いたものがある(横浜南労基署長[旭紙業]事件＝東京高判平6.11.24労判714号16頁)。ただし,同判決の当事者意思を尊重する旨の判示部分は,同事件上告審(最1小判平8.11.28労判714号14頁)には記載されていない。また,このような立場は力関係に差のある当事者間の合意に委ねることになりかねず適切でない,という批判がある(荒木58頁)。

20) 鎌田・前掲125頁以下。この「契約労働者」は「労働者と自営業者の中間に位置するカテゴリー」で,「家内労働法や労災保険の特別加入制度の存在に鑑みると」,現行法と「親和的である」(注釈労基上149頁〔橋本陽子〕)といえよう。これは,非労働者への労働法による保護について,労働者概念の拡張によらずに,一定の場合に保護を拡張する制度を用意するという対応をしようとするもの(荒木60頁)である。

2 使用者概念の拡張

これは労契法上の「使用者」に関する問題ということになるが,使用者の概念を「拡張」すべき場合,つまり労働契約の当事者ではない者にも使用者としての義務と責任を負わせるべき場合が存在する。[21] 労使関係法(集団的労働関係)上も,労組法7条の「使用者」に関して概念が拡張されるべき場合がある。

■労組法7条の「使用者」
　労組法7条は,使用者は同条各号の行為(不当労働行為)をしてはならないと定める。同法には労基法10条や労契法2条2項のような「使用者」を定義した規定はないが,それを「現に労働契約の当事者である者」のみと解するならば,団結権等の保障の趣旨に反する結果がもたらされることが少なくない。たとえば,解雇の違法・無効を主張して争っている者が加入している労働組合からの団体交渉の申入れに解雇をした企業が応じなかった場合,あるいは派遣労働者が加入する労働組合からの団体交渉の申入れに派遣先企業が応じなかった場合に,それらの企業が「使用者」ではないという理由で不当労働行為に当たらないとすることは多くの場合に妥当性を欠くであろう。労組法7条の「使用者」とは「労働契約の当事者および実際上それに準ずる地位にある者」をいう(菅野954頁は「労働契約関係に近似ないし隣接する関係」にある者とする)と解して,このような場合については原則として「使用者」に当たるゆえに不当労働行為になるとすべきである(なお,下井・労使関係243頁および朝日放送事件＝最3小判平7．2．28民集49巻2号559頁参照)。このように,労組法上の「使用者」も労働契約の当事者より「広い」範囲のものと解されなければならない。とはいえ,この概念が歯止めなく「拡張」されてよいわけではない。かつて,労組法7条の「使用者」とは「労働関係上の利益に何らかの影響力を与え得る地位にある一切の者」をいうとする考え方があり,それが多くの労働委員会命令の立場でもあったようである。しかし,そのような開放的な概念は労使関係の安定を害する結果を招く恐れを含むものである(下井・労使関係106頁参照)。そのことを認識しておくことも忘れてはならないであろう。

派遣法は,派遣元を使用者としながらも,派遣先にも労基法等にもとづく義務と責任を負わせている。また,労働者が出向した場合,出向先にも使用者としての権利義務と責任が一定範囲で属することになる。これらについては労働

---

[21] この場合として,これまでの裁判例には,解散した子会社に解雇された労働者に対する親会社の責任の有無が争われたものが多数みられた(→38頁以下)が,最近,グループ会社の従業員のためにコンプライアンス相談窓口を設けている親会社は子会社の労働者からの相談に対応すべき義務を負うか否かが争われ,2審(名古屋高判平28．7．20労判1157号63頁)では義務ありとされたが,上告審(イビデン事件＝最1小判平30．2．15労判1181号5頁)は義務なしとしたものがあった。

者派遣および出向の項において論ずる（→171頁以下，155頁以下）。それから，使用者による「労働法上の義務違反」について取締役などの役員が労働者に対し損害賠償責任を負うことがある。以下では，「子会社・子会社等」（以下，「子会社」という）の労働者と「親会社・親会社等」（以下，「親会社」という）の関係，社外労働者と受入企業の関係における「使用者概念の拡張」について考察しておく。

■取締役等の労働者に対する責任

会社役員等が職務を行うについて悪意または重大な過失があったときは第三者に生じた損害を賠償する責任を負う（会社429条1項）。近年，この定めにもとづいて，会社の代表取締役等は安全配慮義務の懈怠などの「労働法上の義務違反」から生じた損害の賠償責任を負うとした裁判例が少なからず見られる。すなわち，業務上疾病による死亡について，安全配慮義務は代表取締役の業務執行を通じて実現されるべきであったのに重過失によって任務懈怠をした（おかざき事件＝大阪高判平19. 1. 18労判940号58頁），代表取締役は労働者の生命・健康を損なうことがないように体制を構築すべき義務を負っていたのに悪意または重過失により任務懈怠をした（大庄ほか事件＝大阪高判平23. 5. 25労判1033号24頁），として取締役に損害賠償義務ありとしている。ほかにも，割増賃金の不払いについて代表取締役と監査役の賠償責任を認めたもの（昭和観光事件＝大阪地判平21. 1. 15労判979号16頁），解雇権濫用に当たる解雇と割増賃金の不払いが代表取締役と事実上の取締役の不法行為を構成するとしたもの（甲総合研究所取締役事件＝東京地判平27. 2. 27労経速2240号13頁）などがある。他方，解雇は無効であるが代表取締役は合理的理由の欠如を認識できたとは解し得ないので故意・過失はなく，したがって会社法429条1項の責任は否定すべきであり，仮処分決定があったにもかかわらず未払賃金が支払われなかったことには悪意があったから代表取締役の責任は肯定されるが，労働者が使用者に対する賃金債権を有しているので相当因果関係のある損害は生じていないけれども，賃金仮払いの不履行により労働者が被った精神的苦痛のすべてが慰謝されたことにはならないとして，慰謝料の請求のみを認容したものがある（A式国語教育研究所代表取締役事件＝東京高判平26. 2. 20労判1100号48頁）。

会社法429条が定める取締役等の対第三者責任（会社法制定［2005（平17）年］前は，旧商法266条の3第1項と旧有限会社法30条の3に取締役の「第三者に対する責任」の定めがあった）は，次のような趣旨等のものとされている。①取締役等は，会社に対する善管注意義務ないし忠実義務に違反して第三者に損害を被らせても第三者に対して当然に損害賠償義務を負うものではないが，第三者保護の立場から，取締役等が直接に第三者に対し責任を負うことを定めた（特別の法定責任）。②取締役等の任務懈怠と第三者の損害との間に相当因果関係があるかぎり，取締役等は賠償責任を負う。③第三者は，任務懈怠につき取締役等の悪意・重過失を立証すれば，自己に対する加害についての故意・過失を立証しなくても責任を追及できる（最大判昭44. 11. 26民集23巻11号2150頁，神田秀樹『会社法〔第20版〕』［2018年］267頁等参照）。そして，第三者が取締役に対し直接に損害の賠償を求め

るためには,会社から債権の満足を受けられないことが確定したか,または支払いを受けることが客観的に著しく困難になったことを要するとした裁判例がある（東京高判昭54.4.17判タ388号156頁）。

　使用者による「労働法上の義務違反」,とりわけ安全配慮義務の不履行について任務懈怠があったとして取締役等の会社役員に損害賠償責任を課することは,「労働法規のコンプライアンス問題としても,注目され」（荒木262頁）,十分に有意義なことと考えてよいであろう。ただ,上記の裁判例の多くには,「悪意・重過失」と「任務懈怠と損害の相当因果関係」の判断において緩やかに過ぎるところがあり,また取締役の賠償責任の「補充性」というべき点が軽視されているようにも思われる。

(1) 子会社の労働者に対する親会社の責任

(i) 解散した子会社から解雇された労働者が親会社もしくは別の子会社に対して雇用関係の存在を主張し,あるいは未払賃金の支払いを請求した事例は,以前から裁判例に少なからず見られ,近年はかなり多くなっている。[22]

　親会社とは,ある株式会社の議決権総数の過半数を有するなど,その株式会社（子会社）の経営を支配している株式会社・持株会社等をいう（会社2条3号・3号の2・4号・4号の2,会社則3条1項～3項参照）。その親会社が,子会社の労働者に対して労働契約上の責任を負うことは原則としてないのは当然であるが,法人格否認の法理の適用を受けて,子会社の労働者が親会社に対し責任を問うことが可能な場合はある。「法人格否認の法理」については,一般には次のように解されている。それは,特定の事案につき会社の法人格の独立性を否定し,会社とその背後の株主とを同一視して事案の衡平な解決を図る法理であり,親子会社間の法人格の異別性を否認する形でも適用され得るものである（江頭憲治郎『株式会社法〔第7版〕』[2017年]41頁以下参照）。そして,同法理が適用されるのは,①法人格が濫用されている場合,または②法人格が形骸化している場合である（最1小判昭44.2.27民集23巻2号511頁）。このうちの①は,法人格が株主により意のままに道具として支配されていること（「支配」の要件）に加え,支配者に違法または不当な目的がある（「目的」の要件）場合をい

---

22) 親会社が支配力を及ぼしている子会社を解散させ,その子会社の労働者が解雇されたという場合には,①親会社が別の子会社（既存もしくは新設の別の子会社）に事業を引き継がせているものと,②親会社がそのようなことをしていないもの（親会社が子会社の事業を引き継ぐことも引き継がないこともあろう）とがある。そして,子会社の解散が労働組合を壊滅させるなどの違法・不当な目的でなされた場合には,親会社あるいは別の子会社は解雇された労働者に対し労働契約上の責任を負うのか否かが問題となるのである。

う。②は，法人とは名ばかりであって実質的には株主の個人営業である状態，または子会社が親会社の営業の一部門にすぎない状態をいう（江頭・前掲44頁以下等参照）。

　同法理が適用されるべきか否かが問題となった裁判例を見ると，かつては肯定したものが多く見られた（船井電機〔徳島船井電機〕事件＝徳島地判昭50．7．23労民集26巻4号580頁，布施自動車教習所〔長尾商事〕事件＝大阪高判昭59．3．30労判438号58頁等）。近年は否定するものが多くなっている（大阪空港事業事件＝大阪高判平15．1．30労判845号5頁，大阪証券取引所事件＝大阪高判平15．6．26労判858号69頁等）が，肯定したものもある（第一交通産業〔佐野第一交通〕〔仮処分保全抗告〕事件＝大阪高決平17．3．30労判896号64頁，同〔本案控訴〕事件＝大阪高判平19．10．26労判975号50頁等）。適用を肯定したものでも，法人格の「形骸化」が肯定されることは稀で，ほとんどの裁判例では法人格が「濫用」された場合に当たるとされている。[23]

　解散にともなって解雇された子会社の労働者に対する親会社の責任を肯定した裁判例のうちの，親会社が別の子会社に事業を引き継がせることをしていない事例に関するものを見ると，子会社による解雇は親会社に対する関係で無効になるとして，労働契約上の地位がそのまま親会社に承継されるとしたものもある（前掲船井電機〔徳島船井電機〕事件＝徳島地判昭50．7．23）。これに対し，違法・不当な目的によるものであっても真実解散の意思によりなされた場合，つまり偽装解散ではないのであれば解散決議は有効であるから，解散を理由とする解雇を無効とは解し得ないとして，親会社は子会社による未払賃金の支払い以外の責任を負わないとしたものがある（前掲布施自動車教習所〔長尾商事〕事件＝大阪高判昭59．3．30）。後者が裁判例における一般的な立場を示すものと考えてよいであろう。

　親会社が解散した子会社の事業を別の子会社に引き継がせている場合で，法人格の濫用に当たるとした裁判例においては，親会社および別の子会社の責任について次の相対立する2つの考え方が存在する。第1の考え方は，親会社が

---

23) 法人格の形骸化が認められるためには，経営の完全な支配があるだけでは足らず，株主総会・取締役会の不開催，業務・財産の混同などがあることを要すると解されている（江頭・前掲45頁参照）ので，子会社の法人格の形骸化が肯定されることがほとんどないのは当然であろう。「形骸化」を認めたものとしては，子会社の従業員であった労働者への退職金不払いの責任が親会社にあるとした黒川建設事件＝東京地判平13．7．25労判813号15頁がある。

解散した子会社と労働者の間の労働契約を承継するというものである。次のようにいう。親会社が子会社を支配している状況で，違法・不当な目的により子会社の解散がなされ，かつ，子会社の解散が偽装解散である場合には，子会社の従業員は，法人格の濫用の程度が顕著かつ明白であるとして，親会社に対して，子会社の解散後も継続的・包括的な雇用契約上の責任を追及できる（前掲第一交通産業［佐野第一交通］〔本案控訴〕事件＝大阪高判平19.10.26）[24]。第2の考え方は，別の子会社に労働契約が承継されるとするもので，次のようにいう。既存債務については親会社も責任を負うが，雇用契約の主体としての責任の有無は解散が真実か否かによる。真実解散であれば，法人格を濫用して行われたのであっても，解散後は継続的・包括的な雇用の主体としての責任が属するとはいえない。偽装解散の場合は，子会社の労働者は当該の事業体で就労できるから，雇用契約は当該事業体との間でなお消滅していないか，あるいは新たな事業体が創設された時点で復活すると解される。この場合，雇用契約の主体は継続して事業を行っている事業体であるから，子会社の従業員に対して継続的・包括的責任を負うのは新たに事業を行っている別の子会社である。親会社は，解散が真実か偽装かにかかわりなく不法行為責任のみを負う（前掲第一交通産業［佐野第一交通］〔仮処分保全抗告〕事件＝大阪高決平17.3.30）。

(ii) 筆者は以下のように考える。子会社の労働者に対して親会社が労働契約上の責任を負うことは原則としてないが，法人格否認の法理を適用して責任があると解すべき場合はある。では，子会社の解散によって解雇された労働者に対する親会社の責任が肯定されるのはいかなる場合か。

まず，法人格の「濫用」に当たるとされて親会社が責任を負うのは，子会社の解散が偽装解散であると認められる場合でなければならない。違法・不当な目的による解散であっても，その決議が会社存続を真に断念した結果であれば，それは営業の自由にもとづく行為であって無効とはなし得ず，したがって解散を理由とする解雇は有効と解するほかないからである。次に，「形骸化」に当たるとされて法人格が否認される場合は，子会社が親会社の営業の一部門に過ぎない状態なのであるから，偽装解散でなくても親会社が子会社の労働者につき労働契約上の責任を負うと考えてよいようにも見える。しかし，事業の存続

---

[24] なお，同事件は上告棄却・不受理で確定している（最1小決平20.5.1判例集未登載）。

を真に断念した結果である解散決議を無効とはなし得ないことからすれば，この場合も「濫用」の場合と同じく偽装解散でないかぎり，親会社の責任は存在し得ないと解すべきである。[25] そこで，解散を理由に解雇された子会社等の労働者に対し親会社等が労働契約上の責任を負うべきであるのは，子会社の解散が偽装解散であって，その解散による解雇について親会社が「支配」と「目的」の要件をみたすことにより法人格を濫用したと認められる場合にほとんど限られるといえよう。[26]

では，以上のような法人格濫用の要件がすべて充足された場合には，どのような内容の責任を親会社は解散した子会社の労働者に対して負うのか。未払いの賃金・退職金を支払う責任があるのは当然である。また，法人格を濫用して子会社の労働者の雇用機会を失わせたとして，不法行為による損害賠償責任を負うことになるであろう。それでは，解散した子会社に解雇された労働者との間に労働契約が存在することを認める責任もあると考えるべきか。

まず，前述のように，親会社が解散した子会社の事業を別の子会社に引き継がせることをしていない場合について，裁判例には，労働契約上の地位が親会社に承継されるとしたものもあるが，偽装解散でなければ解雇を無効とは解し得ないから親会社は子会社による未払賃金の支払い以外の責任を負わないとするものが多い。筆者は後者の立場が妥当と考える。法人格否認の法理とは，法人格制度の必然的な結果であるところの，企業の危険と責任が分散され限定さ

---

25) いずれにせよ，「形骸化」ゆえの法人格の否認はごく慎重にされなければならない。法人格の「形骸化」を肯定すると，論理的には法人の存在自体を否定する結果となり，特定事案につき会社等の法人格の独立性を否定して衡平な解決を図ろうとする法人格否認の法理の基本観念に矛盾するともいえるからである。
26) 「偽装解散」とは，解散後に設立された新企業が旧企業と実質的に同一と認められる場合に，その解散が労働組合の壊滅その他の違法・不当目的によって行われたのであれば，解散による解雇が不当労働行為に当たる等の違法性のゆえに無効とされるものである。そのような解散による解雇が不当労働行為意思をもってなされたと認められるときには，労働委員会は事業を承継する実質的に同一の企業に対し，行政上の事実上の措置として，従業員としての取扱いを命令することができる（菅野和夫「会社解散と雇用関係——事業廃止解散と事業譲渡解散」『友愛と法〈山口浩一郎古稀記念〉』［2007年］159頁参照）。しかし，私法上も解雇が違法となって解雇権濫用ゆえ無効とされるためには，法人格否認の法理にいう「支配」と「目的」の要件がみたされて，法人格の濫用があったと認められる場合でなければならない。その「支配」の要件がみたされるには，親子会社の場合であれば子会社の法人格が親会社の意のままに道具として使われている状態である必要があり，さらに「目的」の要件がみたされること，すなわち親会社が違法または不当目的を有していなければならないのである。

れるという原則について，それを衡平の原理の実現のために特定の事案について例外的に否定しようとする法的ルールである。このような同法理の基本的な性格に照らすならば，解散した子会社の労働者による親会社との間に雇用関係ありという請求が認容されるのは，ごく限定された場合でなければならないであろう。[27]

次に，親会社が解散した子会社の事業を別の子会社に引き継がせている場合については，前記のように，2つの対立する考え方，すなわち親会社が労働契約を承継するというものと別の子会社が承継するというものがある。筆者は後者をとるべきものと考え，次のようにいう見解に賛成である。労働契約の承継問題に関しては，別の子会社が承継するという立場を原則とすべきである。法人格否認の法理は，法人格を濫用した主体に制裁を科すためのものではなく，法人格の違いによる法的責任の遮断を許さず妥当な解決を図る法理である。実質的に同一の業務を承継した別の子会社が不当解雇の責任を法人格の違いゆえに遮断されることは否定すべきであるが，親会社については，その不法行為責任が問題になるけれども，それは包括的労働契約を承継する責任とは区別すべきである（荒木66頁）。

(2) 社外労働者に対する責任

（i）今日の多数の企業では，他の使用者に雇用されている労働者が当企業の組織・施設内において業務に従事している。すなわち，他企業からの出向労働者，労働者派遣契約の相手方企業（派遣元）からの派遣労働者，業務請負契約の相手方企業（請負人）からの労働者等である。そのような「社外労働者」との関係で，「受入企業」（出向先・派遣先・注文者）が使用者としての責任を負うべき場合はあるのか。出向，労働者派遣，業務請負における使用者の権利義務と責任については，それぞれの項で述べる（→154頁以下，162頁，171頁以下）が，以下では，派遣先と注文者が「使用者」に当たる場合はあるのかという問題について論ずる。

---

27) 次のような考え方に筆者はほぼ賛成である。子会社従業員が親会社に対し継続的・包括的な労働契約関係の存在を主張することは，子会社の法人格が全く形骸化しており，しかも組合を壊滅させることを目的とする解散のような法人格の明白な濫用性が認められるケースでのみ問題となり得る。そのあたりが，法人格による責任の分離（リスクの分散）の基本原則と団結権の基本政策との適切な調和点と考えられる（菅野・前掲注26)143頁）。

派遣法が制定されたのは1985（昭60）年であるが，それ以前から実際には労働者派遣は行われていた。その時期に，「事実的労働契約関係」論などによりつつ，派遣先企業と労働者の間に黙示の労働契約が成立しているとする学説と裁判例があった。しかし，「使用従属関係」，すなわち指揮命令下の労働をなし賃金を得る関係の存在は「労働者」性の中心要素であるが（→31頁以下），そのことと労働契約の当事者である「使用者」が誰であるかとは別問題である。当時のある裁判例は以下のようにいう。派遣元が企業としての独自性を有しないとか，派遣先の労務担当の代行機関と同一視し得るものであるなど，その存在が形式的・名目的なものにすぎず，かつ派遣先が派遣労働者の賃金その他の労働条件を決定しているような場合には派遣労働者と派遣先との間に黙示の労働契約が締結されたと認められる余地があり，使用従属関係が成立しているときには使用者として負うべき安全配慮義務が課せられることになる（サガテレビ事件＝福岡高判昭58．6．7労判410号29頁）。これは適切な説示であり，派遣法施行後にも妥当し得る考え方であった。[28]

　業務請負は，請負人である使用者が労働者を注文者の事業場において労働させるもので，他人の事業場で業務に従事させる点では派遣と変わらないが，派遣とは違って自己の指揮命令下で労働させるものである。この違いから，業務請負には派遣法は適用されないことになる（→162頁）。しかし，原則として注文者が労働者に対し使用者としての責任を負わないのは当然であるが，注文者と労働者の間に黙示の労働契約が成立していると認められる場合もあることに関しては，労働者派遣におけるのと同じように解することができよう。[29]

---

[28]　この考え方によりつつ黙示の労働契約の成立を肯定した裁判例がある（センエイ事件＝佐賀地武雄支決平9．3．28労判719号38頁等）。また，看護婦等紹介所から派出されて病院で勤務していた労働者について，紹介所による雇用は形式にすぎず実質的には病院の指揮監督下で労務を給付し受領されていたのであるから，労働者と病院の間に「客観的に推認される」黙示の労働契約を締結する意思があったと認められるとしたものがある（安田病院事件〔原審〕＝大阪高判平10．2．18労判744号63頁。同判決は上告審〔最3小判平10．9．8労判745号7頁〕で維持されている）。しかし，多くの裁判例は，派遣労働者と派遣先使用者との間に黙示の労働契約が存したとは認められないとしている（伊予銀行・いよぎんスタッフサービス事件＝高松高判平18．5．18労判921号33頁，日建設計事件＝大阪高判平18．5．30労判928号78頁等）。

[29]　黙示の労働契約の成立を肯定した裁判例もある（ナブテスコ事件＝神戸地明石支判平17．7．22労判901号21頁）が，多くの裁判例では否定されている（前掲大阪空港事業事件＝大阪高判平15．1．30，テレビ東京事件＝東京地判平元．11．28労判552号39頁等）。

(ii) いわゆる偽装請負，すなわち業務請負の法形式をとりながら実際は労働者を注文者の指揮命令下で労働（業務従事）させるものについて，業務請負の注文者と労働者の間に黙示の労働契約が成立していたことを認める裁判例があった（松下プラズマディスプレイ［パスコ］事件＝大阪高判平20．4．25労判960号5頁）[30]。最高裁は，同判決の不法行為責任を肯定したところ以外の部分を破棄して，次のように判示している（パナソニックプラズマディスプレイ［パスコ］事件＝最2小判平21．12．18民集63巻10号2754頁）。①請負人ではなく注文者が労働者に指揮命令をしている場合は請負契約とは評価できず，その場合に注文者と労働者の間に雇用契約が締結されていなければ，それは「労働者派遣」であって「労働者供給」に該当する余地はない。本件において労働者派遣法違反があったことは否定できないが，特段の事情がないかぎり，そのことだけによって派遣労働者と派遣元の間の雇用契約が無効になることはない。②本件の請負人による労働者の採用，給与等の決定，就業態様の決定等の事情から見て，労働者と注文者の間に当初から雇用契約が黙示的に成立していたとは解し得ない。③本件の労働者・注文者間の雇用契約は一度も更新されていない上，注文者の更新拒絶の意図は明らかにされていたから，雇止めに合理的理由を要する場合には当たらない。④注文者が労働者にのみ当該作業をさせたのは労働局への申告に対する報復等の動機によるものであり，雇止めに至った行為も申告を理由とする不利益取扱いに当たる。

「偽装請負」における派遣元・労働者間の労働契約の効力，派遣先・労働者間の黙示の労働契約の存否という問題[31]に関し，上記の松下プラズマディスプレ

---

30) この事件は，業務請負契約の請負人に雇用されて注文者の指揮命令下で業務に従事し，その後に注文者に期間を定めて雇用されたが雇止めをされた労働者が，注文者に対して，雇用契約の存在確認，賃金支払い，損害賠償を請求したものである。大阪高判平20．4．25は，以下のように判示して労働者の請求をほぼすべて認容した。①注文者・請負人間の労働者供給契約および請負人・労働者間の労働契約は，職安法44条に違反するもので公序に反し無効である。②労働者・注文者間には使用従属関係があり，労働者が請負人から受ける賃金額は実質的に注文者により決定されており，注文者・労働者間の実体関係を根拠づけ得るのは黙示の雇用契約である。③注文者による労働者の雇止めは解雇権濫用で無効である。④注文者が労働者に対し雇止めをし，さらに有期雇用後は過酷な作業を命じたことは不法行為を構成する。

31) 上記パナソニックプラズマ（パスコ）ディスプレイ事件＝最2小判平21．12．18以後は，「偽装請負」ゆえに「違法派遣」ではあるが，労働者と派遣先の間に黙示の労働契約が存したとは認められないとする裁判例が多数みられる（日本電信電話ほか事件＝京都地判平22．3．23労経速2072号3頁，三菱電機ほか事件＝名古屋高判平25．1．25労判1084号63頁，DNPフ

イ（パスコ）事件＝大阪高判平 20. 4. 25 を高く評価する見解が学説には多いようであった。しかし，それは納得し難い法解釈論であるように思われる。[32] [33]

まず，派遣法の規定に違反する業務請負契約と請負人（派遣元）・労働者間の労働契約を当然に無効とはいえない（→166 頁）が，仮に無効とされるべきであるとしても，そのことは注文者（派遣先）・労働者間に黙示の労働契約が成立しているかどうかとは無関係である。ある契約が私法上の効力を持ち得ないことは，その契約にもとづくと考えられる当事者の権利義務が法的に存在しないことを意味し，契約の当事者であった者は原状回復と不当利得返還の権利義務を負うことになるが，別の当事者との間の契約を締結する意思があったと推認されることになるとは考えられない。

次に，事実上の「使用従属関係」が存するゆえに注文者（派遣先）・労働者間に黙示の労働契約が成立するといわれている。しかし，指揮命令下で労働がなされるかどうかは「労働者」性の有無の判断における中心要素である（→28 頁以下）が，労働契約の当事者である「使用者」が誰であるかとは全く別の問題である。直接の労務指揮を行わない使用者の存在を否定すること（つまり派遣や出向を法的に認めないこと）はできない以上，使用従属関係の存在を根拠として労働者派遣における派遣先や業務請負における注文者と労働者の間に労働契約の存在を認めることは不可能である。「直接雇用の原則」なるものによって，使用従属関係の存在から黙示の労働契約の成立をいうことも無理というほかはない。

ァインオプトロニクスほか事件＝東京高判平 27. 11. 11 労判 1129 号 5 頁等）。黙示の労働契約の成立を認めた裁判例としては，パナソニックプラズマディスプレイ（パスコ）事件＝最 2 小判平 21. 12. 18 の上記判旨の①がいう「特段の事情」が当該のケースでは存するとしたものがある（マツダ防府工場事件＝山口地判平 25. 3. 13 労判 1070 号 6 頁）。

32) もっとも，派遣法による規制の回避潜脱を策する派遣先企業に対し，派遣労働者を雇用する義務を課する制度を設ける立法の必要性は十分に考えられることであった。2012（平 24）年の同法改正によって，「派遣先による派遣労働者への直接雇用申込みみなし」の定めが創設されたが（40 条の 6 第 1 項），これにより，「偽装請負」（同条 1 項 4 号）を行った派遣先は派遣労働者に対し労働契約の申込みをしたとみなされることになっている（→174 頁以下）。

33) なお，ここでは「黙示の労働契約の成否」の問題についてのみ論じているが，他の「派遣法に違反する労働者供給契約・派遣労働契約の効力」，「派遣先の直接雇用義務」，「派遣先の不法行為責任」等の問題については，労働者派遣の項において説明し考察する（→174 頁以下）。

■「直接雇用の原則」について

　これは,「偽装請負」などでは業務請負の注文者（派遣先）と労働者の間に黙示の労働契約が存すると解すべきことの根拠として,学説によっていわれているものである。すなわち,使用者は雇用する労働者を自らの指揮命令下で労働させねばならないのであって,雇用する労働者を他人の指揮命令下で労働させることは原則として違法であり,その場合は当該労働者との間に黙示の労働契約が存在すると解すべきである,という。この「原則」の根拠については,労働者供給事業の原則禁止を定める職安法44条があげられることが多いようである。しかし,同条が禁止するのは労働者供給事業であって,労働者供給そのものではない（→165頁）。派遣法は,派遣元と労働者の間に雇用関係が存在する場合は「労働者供給」に当たらないことを明記した上で,そのような「労働者派遣」の事業を原則として適法なものとしている（→165頁）。職安法44条や派遣法の規定から「直接雇用の原則」を導き出すことは不可能である。

　他方,この「原則」を定めるのは民法623条・625条であるとする見解もある（毛塚勝利「偽装請負・違法派遣と受入企業の雇用責任」労判966号［2008年］9頁）。労働契約は,「使用されて労働」（「労働に従事」）することと賃金の支払いを労働者と使用者が合意して成立する（労契6条,民623条）。この場合の「労働」であるが,それが通常（契約当事者が異なることの合意をしたのでなければ）,契約当事者である使用者の指揮命令下での労働であるのは当然である。使用者が労働者の同意を得ることなく他人の指揮命令下で労働させることができないことは,いうまでもない。民法625条1項が,一般的には債権譲渡は債務者の同意なしで可能であるにもかかわらず,雇用契約にもとづく労務給付請求権については労働者の承諾なしには譲渡は不可能と定めているのは,そのような趣旨である。「他人の指揮命令下での労働」を労働契約にもとづく労働者の債務とするには,労働者との合意が不可欠なのである。そのような意味においてならば,「直接雇用」は1つの原則といえよう。しかし,それ以上のもの,つまり出向や労働者派遣のような「他人の指揮命令下での労働」を内容とする契約は原則として違法・無効になるというような「原則」は,現行法に存在するとは全く考えることができない。

　では,労働者に支払われる賃金は注文者が決定しているといわれる点はどうか。そこでは,賃金は業務請負料として注文者から請負人に支払う金員から利益を控除したものを基礎とするものであり,その額を実質的に決定しているのは注文者である,と説かれている。「偽装請負」は,「業務請負」の形式をとるが真実は「労働者派遣」であるが,その労働者派遣において,派遣元が労働者に支払う賃金の額が派遣先から支払われる派遣料の額を基礎として決め得ることは当然である。「偽装請負」でない業務請負でも事情は変わらないであろう。それゆえ,そのようなことをもって黙示の労働契約の存在を認めるならば,すべての労働者派遣あるいは業務請負において（それらが適法に行われている場合

においても），労働者は派遣先あるいは注文者の企業に対し労働契約が存在するとして賃金の請求をなし得ることになる。それは労働者派遣あるいは業務請負を法的に否定することにほかならず，容認し得ないことはいうまでもないであろう。

　一般に，労働者派遣における派遣先あるいは業務請負における注文者と労働者との間に，黙示の労働契約が成立していると認めるべき場合があり得ることは否定できない。それは，派遣先あるいは注文者が賃金をはじめとする労働条件を決定していた，労働者の募集・採用は派遣先あるいは注文者が行っていた，労働者は自らが派遣先あるいは注文者の従業員でないことを理解していなかった，などの事実が存した場合にのみ認められることである。[34]

　そして，そのような事実が認められる場合というのは，派遣元あるいは請負人が企業としての独自性を有しないとか，派遣先あるいは注文者の労務代行機関と同一視し得る形式的・名目的なものである場合であろう。つまり，派遣元と派遣先の間あるいは請負人・注文者の間に，法人格否認の法理が適用され得る関係（→38頁）があるか，それに近い関係が存すると認められる場合と解すべきである。[35]

---

[34]　水町勇一郎『労働法〔第7版〕』（有斐閣，2018年）77頁は，社外労働者と派遣先あるいは注文者の間に黙示の労働契約の成立が認められる要件として，①当該企業の指揮命令下で働き，②その対価として当該企業から報酬（賃金）の支払いを受けていたこと，③これらの点について両当事者に共通の認識（意思表示の合致）があったことを立証することを求められる，という。妥当・適切なルールの提示といえよう。

[35]　前掲パナソニックプラズマディスプレイ（パスコ）事件＝最2小判平21.12.18以後の裁判例には，注文者（派遣先）・労働者間の労働契約の成立を否定したものが多い（前掲注31）日本電信電話ほか事件＝京都地判平22.3.23，三菱電機ほか事件＝名古屋高判平25.1.25および同事件1審＝名古屋地判平23.11.2労判1040号5頁，DNPファインオプトロニクス事件＝東京高判平27.11.11等）が，労働者と派遣元との間の労働契約を無効と解すべき特段の事情があり，派遣先が就業条件・賃金の決定を実質的に行い，これに労働者が対応して労務提供をしていたとして，黙示の労働契約の成立を肯定したもの（前掲注31）マツダ防府工場事件＝山口地判平25.3.13）もある。

第3節　労働憲章[1]

Ⅰ　均　等　待　遇

1　差別的取扱いの禁止

　労基法3条は，憲法14条の「法の下の平等」原則を労働関係について定めたものである。同旨の定めとしては，ほかにも職安法3条や国公法27条等がある。労基法3条は国籍・信条・社会的身分による差別的取扱いを禁じており，憲法14条と職安法3条等にはある「性別」が欠けている。また，近年の立法によって，年齢差別を規制する規定と障害者差別を禁止する規定が設けられることとなった。

■年齢差別への規制──労働施策推進法9条
　近年までは，たとえば高年齢者の雇用問題には定年年齢の上限を定める（→217頁）などの労働政策的な対応がなされ，「定年制を年齢差別禁止法によって原則禁止するアメリカ」（櫻庭涼子「雇用差別禁止法制の現状と課題」労研574号［2008年］12頁）におけるような，「年齢」を禁止されるべき差別的取扱いの事由とすることは，わが国ではほとんど考えられていなかった。しかし，中高年齢者や年長若年層の就職難の状況下で企業が求人対象を40歳未満に限るなどとすることが問題視されて，募集・採用について「年齢にかかわりなく均等な機会を与える」ことが，雇用対策法（2018［平30］年の「働き方改革法」により「労働施策の総合的な推進並びに労働者の雇用の安定及び職業生活の充実等に関する法律」［労働施策推進法］に改題）の2001（平13）年改正によって事業主の努力義務とされ，それが同法の2007（平19）年改正によって法的義務となった（9条［2018（平30）年改正前の10条］）。もっとも，均等な機会を与える義務があるのは「労働者がその有する能力を有効に発揮するために必要であると認められるときとして厚生労働省令で定めるとき」に限られ（同条），この定めを受けた同法施行規則1条の3は，例外的に合理的理由があるものとして募集・採用につき年齢制限を設けることが許される6つの場合を列挙し，それら以外の場合において年齢制限は許されないとしている。これは，労働施策推進法9条による年齢差別への規制が「雇用政策の性格を失っていないこと」を示すものといわれて

---

1)　労基法第1章の1条～7条は，労働者の人権保護の定めとして「労働憲章」とよばれることが多い。もっとも，同法第2章の16条～18条の趣旨は労働者の人権保護である。そして，均等法は労働関係における男女平等を基本理念とする法であり，パート労働法には均等待遇等の定めがある。本書では，この第1章第3節において労基法3条～7条関係，均等法関係，パート労働法関係その他を扱い，労基法16条～18条関係については第2章第1節で論じることにしている。

いる（櫻庭・前掲 13 頁）。また，「『エイジ・フリー社会』を目指すと言いつつ，定年制を軸とする長期雇用システムはそのまま維持する」という法政策と評されている（荒木尚志＝大内伸哉＝大竹文雄＝神林龍編『雇用社会の法と経済』［2008 年］67 頁）。なお，同法 9 条違反には罰則はないが，行政上の助言・指導・監督はあり（33 条），職業安定所等の求人票不受理（職安 5 条の 5［2017（平 29）年改正後は同 5 条の 5 第 1 項但書］）もあり得る。民事法上の効果は不法行為責任の発生にとどまるのであろう。定年制を公序違反とする論拠として労働施策推進法 9 条を援用しても，その主張を補強する効果はほとんど認められないであろう（櫻庭・前掲 13 頁）といわれるが，そのとおりと思われる。

■障害者差別の禁止──障害者雇用法 34 条・35 条

　障害者の雇用問題についても，以前はもっぱら，「雇用率制度を中心に据えて，障害者の雇用促進（量的改善）を図」る（永野仁美「障害者雇用政策の動向と課題」労研 646 号［2014 年］5 頁）という労働政策的な対応がなされてきた。しかし，障害者基本法の 2011（平 23）年改正による障害者差別禁止の明文化（4 条），2006（平 18）年に国連総会で採択された「障害者権利条約」への署名を経て，2013（平 25）年に障害者雇用法が大きく改正され，障害者に対する差別の禁止が明文をもって定められることになった。すなわち，①募集・採用について，事業主は障害者に対し障害者でない者と均等な機会を与えなければならず（34 条），②賃金の決定，教育訓練の実施，福利厚生施設の利用その他の待遇について，事業主は障害者であることを理由として障害者でない者と不当な差別的取扱いをしてはならない（35 条）のである。これまでの裁判例にも，障害者に対し必要な勤務配慮を行わないことは憲法 14 条の趣旨に反して公序ないし信義則違反となる場合があるとして，椎間板ヘルニア手術後の後遺症があるバス運転手への勤務配慮を取りやめたことを違法としたもの（阪神バス事件＝神戸地尼崎支決平 24. 4. 9 労判 1054 号 38 頁）等があった。2013（平 25）年の障害者雇用法改正は，「日本の障害者雇用政策……の在り方を大きく転換することとなる」（永野・前掲 5 頁）ものであったが，とりわけ 34 条・35 条の「差別禁止」は，36 条の 3 の「合理的配慮の提供義務」（→93 頁）とともに，「障害者の雇用の『質的改善』の視点を組み込んだ，非常に重要な法改正」（永野・前掲 6 頁）であった。この差別禁止は，障害者でない者との「不当な」差別的取扱いを禁止するものであるから，障害者を有利に扱うことを違法とはしない「片面的差別禁止」と解される（永野・前掲 9 頁）。以前の裁判例にも，期間 6 か月の嘱託契約の後に正社員となることが予定された障害者枠制度について，障害者であることのみを理由に差別するものではなく合理性が認められるとしたものがあった（日本曹達事件＝東京地判平 18. 4. 25 労判 924 号 112 頁）。もっとも，障害者は嘱託としてのみ採用されているような場合は「不当な」差別的取扱いと見るべきであろう。また，同一職務の障害者と障害者でない者の間に賃金等の処遇に相違がある場合，それが労働能力に差があるゆえに「不当な」差別的取扱いに当たらないかの判断は容易でないことが少なくないと思われる。近年の裁判例には，障害等級 2 級の労働者を主事にさせなかったことについて，昇格要件をみたさなかったためであって差別的取扱いには当たらないとしたものがある（S 社［障害者］事件＝名古屋高判平 27. 2. 27 労経速 2253 号 10 頁）。それから，障害者雇用法が禁止する差別は直接差別であって，「間接差別」は含まないもの

とされている（障害者差別禁止指針［平27厚労告116号］第2）。また，禁止されるのは「障害者」に対する「不当な」差別的取扱いであるから，能力に応じた異なる取扱い，積極的差別是正措置，合理的配慮措置は禁止されていない（同指針第3の14のイ・ロ・ハ）。

「国籍」による差別的取扱いに関しては，本籍・氏名の虚偽申告を理由とする在日朝鮮人に対する内定取消しを労基法3条に違反する解雇ゆえ無効とした裁判例があった（日立製作所事件＝横浜地判昭49．6．19労民集25巻3号277頁）。また，外国人の技能実習生から日本人従業員よりも高額の住宅費を徴収していたことを労基法3条違反としたものがある（デーバー加工サービス事件＝東京地判平23．12．6労判1044号21頁）。他方，外国人は無期でなく有期の労働契約を結んで雇用していることについて，専門職であり賃金も高額であることなどをあげて，国籍もしくは人種を理由とする差別的取扱いには当たらないとしたものがある（ジャパンタイムズ事件＝東京地判平17．3．29労判897号81頁）。また，地方公共団体が日本国民である職員に限って管理職に昇任させる措置をとることは合理的理由にもとづくもので労基法3条・憲法14条に違反しない，とされている（東京都管理職選考受験資格事件＝最大判平17．1．26民集59巻1号128頁）。それから，労働災害にあった不法就労の外国人の逸失利益の算定基礎は，退職後の就労可能期間については日本での収入等であるが，以後の期間については母国での収入等であるとされている（改進社事件＝最3小判平9．1．28民集51巻1号78頁）。これらの裁判例は，いずれも概ね妥当な考え方をしていると評価してよいであろう。

■外国人労働者の就労，労基法等の適用
　日本国籍を持たない労働者が日本国内で適法に就労するためには，「出入国管理及び難民認定法」（入管法）が就労を認める在留資格（入管別表第1の1・2・5）を得ている必要がある。在留資格の「永住者」「日本人の配偶者等」「永住者の配偶者等」「定住者」は，日本国内における活動に制限がないので，どのような職種等についても就労が可能である。「特別永住者」も就労活動において何らの制限も受けない（入管特例2条・3条）。これら以外の外国人は在留資格において認められている活動のみをすることができる。就労が認められるのは，「外交」「教授」「芸術」「報道」等の公共性が高い活動の在留資格，「高度専門職」「経営・管理」「法律・会計業務」「医療」「研究」「教育」「技術・人文知識・国際業務」「企業内転勤」「興行」等の専門性が高い活動の在留資格である。2016（平28）年11月に成立した改正入管法は，介護福祉士の資格保有者を対象とした新たな在留資格

「介護」を創設している。それから，後述の「技能実習」という在留資格がある。「特定活動」（法務大臣が活動内容を指定するもの）によって就労が認められることもある。また，許可を得て資格外活動をすることも一定範囲で認められる（「留学」の在留資格の一定時間に限られた就労など）。

労基法・最賃法・労安衛法・労災法等の労働者保護法は，日本において就労する外国人労働者にも当然に適用される（公法の属地適用）。それは外国人労働者が「不法就労者」（資格外活動と不法残留）であっても変わるところはない。労働者保護法は現実に展開される労働関係に対して保護を与えるものだからである。裁判例には，外国人技能実習生につき労働者に該当するとして最賃法の適用があるとしたもの（三和サービス事件＝名古屋高判平22．3．25労判1003号5頁等）などがある。日本の労働関係法令は原則として適用される（早川智津子「外国人労働者の法政策」争点17頁），といってよいであろう。ただし，労働契約関係の私法ルールについては国際私法の準拠法の問題がある（→25頁）。

外国人を就労が認められない「研修」の在留資格で企業が受け入れることは以前から行われ，かつては業務に従事する実務研修は労働ではないから労働関係法令の適用はないものとされていたが，実際には外国人を低賃金の単純労働力として利用するなどのことが数多くあった。1993（平5）年には，研修終了後に雇用契約を締結して実践的に技術等を習得する「技能実習制度」が設けられたが，外国人研修・技能実習制度の悪用が横行する事態が改められることはなかった。そこで，2009（平21）年に入管法が改正され，実務研修をともなう外国人研修・技能実習は原則として雇用契約を締結した上で実施すべきものとして，実務研修中の研修生には労働関係法令が適用されることになった。在留資格は，実務研修と技能実習をともに行うことができる「技能実習」という新たなものである。この技能実習制度についても，人権侵害，賃金未払い，長時間労働等が少なからず見られ，監督体制を強化すべきことが課題となった。そして，2016（平28）年に「外国人の技能実習の適正な実施及び技能実習生の保護に関する法律」が制定されている（施行は2017［平29］年11月）。同法は，技能実習生ごとの実習計画の認定制，技能実習の届出制，監理団体の許可制等の制度を新設し，技能実習生に対する人権侵害行為を罰則付きで禁止することなどを定めている。

「信条」による差別，「社会的身分」による差別に関しては，項を改めて論じることにする（→53頁以下，54頁以下）。

2　労基法3条の「労働条件」

使用者が均等待遇を義務づけられる「労働条件」については，「労働契約関係における労働者の待遇の一切」（菅野229頁）というように解されている。[2]で

---

2) 労基法・労契法における「労働条件」の意義は各条ごとに考えるほかない（→94頁，122頁，420頁等）が，労基法3条と同法1条・2条の「労働条件」については広範なものと解すべきである。

は，雇入れ（採用）も労働条件に含まれるのかというと，判例は否定している。すなわち，政治活動歴等に関する入社時の虚偽申告ないし秘匿を理由とする試用期間経過後の本採用拒否の効力が争われたケースに関して，大法廷判決（三菱樹脂事件＝最大判昭48．12．12民集27巻11号1536頁）は次のようにいう。使用者は憲法によって保障された経済活動の自由にもとづき，特定の思想・信条を有する者に対し，そのゆえをもって雇入れを拒んでも当然に違法ではなく，労基法3条も雇入れ後における労働条件について規制するもので雇入れそのものは制約しない。その後，これと異なる考え方を示した裁判例は見られない。

　採用時の差別的取扱いは，機会均等の実現を妨げる点で最も好ましくないとも考えられよう。他方，労働契約の締結における相手方選択の自由は企業活動にとって重要であり，そこへの法の介入にはさまざまな弊害がともなう恐れも否定できない。労基法9条の「労働者」とは現に特定の使用者と労働契約関係にある者を指すことから考えても，同法3条は雇入れ拒否には適用がないと解するほかないであろう。とはいえ，均等法は制定当初から努力義務ではあるが募集・採用における均等待遇を定めているし，それが1997（平9）年改正によって事業主の法的義務となっている（→71頁）。また，労働施策推進法には募集・採用について年齢にかかわりなく均等な機会を与えるべきことをいう定めがある（→48頁）。2013（平25）年改正後の障害者雇用法には，募集・採用について障害者に対し障害者でない者と均等な機会を与えなければならないことが規定されている（→49頁）。それから，前掲三菱樹脂事件＝最大判昭48．12．12の「採用自由」論はわが国企業における長期雇用慣行を前提としたものであるから，パート労働者等の「非正規雇用」については通用するものでないとも考えられる。雇入れ（採用）を均等待遇原則が適用されない「聖域」と解することは妥当性を失いつつあるといえよう。

　雇入れ後に関しては，前掲三菱樹脂事件＝最大判昭48．12．12も使用者の解雇の自由が労基法3条により制約されることを明言する。同判決は，「特定の信条を有することを解雇の理由として定めること」は労働条件に関する差別的取扱いに当たるという。これは，解雇の事由が就業規則等に定められている場合にのみ同条の労働条件になるという考え方にも見える。しかし，上記のように労基法3条の「労働条件」は労働者の待遇の一切と解すべきであるから，解雇そのものが同条の労働条件であるという意味に解するほうがよいであろう。

思想・信条等を理由とする解雇等の差別的取扱いを受けたと労働者が主張する多くの場合において，使用者側が主張する解雇等の合理的理由との競合が生ずる。これについては一般に，労組法7条1号に関する競合問題と同じように，労使が主張する事柄のいずれが決定的理由であったかを明らかにすることによって処理するほかないであろう。労基法3条違反の解雇・配転・懲戒処分等は強行法規違反で無効となる。賃金差別については格差に相当する額の損害賠償を請求できることになる。人事考課や福利厚生施設の利用における差別的取扱いには，不法行為として損害賠償責任が発生し得る。

③　思想・信条による差別的取扱い

　労基法3条の「信条」とは，特定の宗教的または政治的な信念であるが，政治的意見ないし政治的所属関係も含むのは当然というべきであろう。もっとも，労働者の思想・信条とそれにもとづく行動とは法的には別個の評価を受けるから，特定の思想・信条にもとづく行動が解雇あるいは懲戒処分の合理的理由になる場合はある。この点に関連して，「政治活動」を禁止する就業規則の定めの効力ないし合理性の有無という問題があるが，それについては「休憩時間の自由利用」原則の項において若干の考察をする（→337頁以下）。

　前掲三菱樹脂事件＝最大判昭48．12．12の原判決（東京高判昭43．6．12労民集19巻3号791頁）は，入社試験の応募者に思想・信条に関係ある事項を申告させることは公序に反するとした。これに対し最高裁判決は，企業が労働者の採否決定に当たって思想・信条を調査することは違法ではないとする。他人の思想・信条の自由を尊重することはきわめて重要であるから，この考え方には疑問がある。ただし，思想・信条に「関係」のある事項を問うことは一切許されないとすると，いわゆる人物判断も不可能という非現実的な結果になる。職業的適格性の有無を判断するための調査等が思想・信条との関連性を持つ場合は，違法ではないというべきであろう。

　■思想調査の適法性
　　前掲三菱樹脂事件＝最大判昭48．12．12で問題となったのは採用時の思想調査であったが，採用後の思想調査に関する損害賠償請求の事例もある。関西電力事件＝最3小判平7．9．5労判680号28頁は，特定政党員に対する監視やロッカー無断開扉等の行為を不法行為としている。前掲三菱樹脂事件＝最大判昭48．12．12は，この点に関しては何も

ふれていないが，雇入れの前後で労基法3条の適用を峻別する考え方からすれば，使用者の従業員に対する思想調査は原則として許されず，労働者は一般に使用者からの思想・信条に関連のある質問への回答や書面要求等に応ずる義務を負わないと解すべきことになろう。ただし，特定の思想・信条にもとづく行動が「使用者の利益を害する行為をしない義務」という労働契約上の「付随義務」の1つ（→241頁）に反することになる場合はあり，そのような事態に対処する措置を講じる権限が使用者にあることは否定できない。政治的性格の行動に関して他の労働者に対してなされた事情聴取に対する非協力を理由とする懲戒処分を違法・無効とした富士重工業事件＝最3小判昭52．12．13民集31巻7号1037頁は，労働者は一般に調査協力の義務を「労務提供義務を履行する上で必要かつ合理的であると認められ」る場合にのみ負うとしている。また，東京電力塩山営業所事件＝最2小判昭63．2．5労判512号12頁は，企業秘密の漏洩に関する調査に際し使用者が労働者に対して特定政党員でない旨の書面交付を求めたことについて調査の必要性・合理性を肯定し，「企業内においても労働者の思想，信条等の精神的自由は十分尊重されるべきである」としながらも，当該のケースにおける調査は社会的に許容される限界を超えて労働者の精神的自由を侵害した違法行為ではないとしている。この両判決が示したルールが妥当なところであろう。

　思想・信条を理由とする解雇等の不利益取扱いも，「傾向事業」においては一般に合理性を持つ。「傾向事業」とはドイツにおける Tendenzbetrieb の概念をとり入れたものであるが（花見忠「傾向経営」石川吉右衛門＝山口浩一郎編『労働法の判例〔第2版〕』［1978年］38頁），裁判例では，「事業が特定のイデオロギーと本質的に不可分であり，その承認，支持を存立の条件とし，しかも労働者に対してそのイデオロギーの承認，支持を求めることが事業の本質からみて客観的に妥当である場合」とされている（日中旅行社事件＝大阪地判昭44．12．26労民集20巻6号1806頁）。「傾向事業」の要件をみたす企業では，思想・信条による採用拒否はもとより，使用者の思想・信条との対立の事実のみを理由とする解雇も違法・無効とはならない。さらに，労働者に対して特定信仰への帰依を求めることや思想・信条にもとづく行動規制や思想調査も，合理的範囲内のものであれば許されることになろう。

④　パート労働者と均等待遇原則[3]

(1) パート労働者の差別禁止等

　労基法3条の「社会的身分」とは，「自己の意思によっては逃れることのできない……社会的分類」（荒木84頁）であり，「門地」等の生来的なもののみで

なく,「受刑者」等の後天的なものも含むと解される。「パートタイマー」・「契約社員」等と呼称される「非正規雇用」労働者であることは,「契約によって取得し,また変更可能な地位」(同前)であるから,それが「社会的身分」に当たると解することはできない。とはいえ,今やわが国の「非正規雇用」労働者は雇用労働者の約4割を占め,その労働条件等の処遇における「正規雇用」労働者との間に存する顕著かつ大なる差異は,それへの法規制を必然のものとしている。そこで,1993(平5)年にパート労働法が制定され,同法の2007(平19)年改正によって,パート労働者の「均等待遇」(差別禁止)の義務と「均衡処遇」の努力義務等を定める規定が創設され(2014[平26]年改正前の8条~11条。現行の9条~12条),さらに2014(平26)年改正により,通常の労働者とパート労働者の待遇の相違は不合理なものであってはならないとする規定(8条)が新設されたのである。

2016(平28)年以降,政府主導の下で,「正規・非正規」労働者間の賃金等の処遇格差を是正すべく「同一労働同一賃金」を実現することが「世論」のごときものになった。2018(平30)6月に成立した「働き方改革法」は,パート

---

3) パートタイム労働者については多様な定義があるが,①国の「労働力調査」では1週間の平均就業時間が35時間未満の者を「短時間雇用者」とし,②パート労働法は1週間の所定労働時間が「通常の労働者」(「正規雇用のフルタイム労働者」の意味であろう)よりも短い者を「短時間労働者」とする(2条)が,③企業において「パートタイマー」等と呼称されている者という定義も可能である。③のなかには,所定の労働時間も労働日数も「通常の労働者」と同一の者(「フルタイムパート」,「疑似パート」)も含まれる。本書では,「短時間労働者の雇用管理の改善等に関する法律」(2018[平30]年改正後は「短時間労働者及び有期雇用労働者の雇用管理の改善等に関する法律」)を「パート労働法」(同じく「パート・有期雇用労働法」)とし,同法2条(同じく2条1項)がいう「短時間労働者」を「パート労働者」としている。

4) 本書では,「正規雇用」労働者とは無期労働契約によって使用者に直接雇用されているフルタイムの労働者であり,それ以外の労働者が「非正規雇用」労働者であると解して,これらの言葉を用いている。

5) パート労働法の2014(平26)年改正は以下のようなものであった。①差別的取扱いが禁止される「通常の労働者と同視すべき」労働者の範囲を拡大する(9条)。②パート労働者の「待遇の原則」規定を新設する(8条)。③パート労働者の納得性を高めるための措置として,(i)雇入れ時における事業主による説明義務(14条2項)と,(ii)パート労働者からの相談に対応するための事業主による体制整備の義務(16条)を定める。④実効確保のための措置として,(i)違反事業主名の公表(18条2項)と,(ii)虚偽報告等に対する過料(30条)を定める。このうちの③(i)の説明義務は,以前はパート労働者が求めた場合に限られていたのを改めて,労働者の要請がなくても行うべき義務とされた。また④に関しては,以前から国の助言・指導・勧告の権限が定められていたが,雇用管理改善措置規定に違反する事業主が是正勧告に従わない場合には事業主名を公表できることになった。

労働法・労契法・派遣法を改正し（施行は 2020 年 4 月。ただし，中小企業にはパート労働法の一部・労契法の改正規定の適用を 2021 年 4 月とする），①同一の企業内における正規雇用者との不合理な待遇の禁止に関し，個々の待遇ごとに当該待遇の性質・目的に照らして適切と認められる事情を考慮して判断されるべきこと，②有期雇用労働者についても，正規雇用者と職務内容・配置の変更範囲が同一である場合には差別的取扱いは禁止されること，③短時間労働者・有期雇用労働者・派遣労働者について，正規雇用労働者との待遇差の内容・理由等に関する説明を義務化すること等を定めている。

(2) 通常労働者と同視すべきパート労働者の差別禁止（均等待遇）

　制定時のパート労働法は，パート労働者の処遇に関しては，均衡のとれた待遇を確保する努力を事業主に求めるにとどまっていた。それが 2007（平 19）年改正によって大きく変わり，2014（平 26）年改正で若干修正された。すなわち，事業主は「通常の労働者と同視すべき短時間労働者」に対し，賃金決定・教育訓練・福利厚生その他すべての待遇において，「短時間労働者であることを理由として」差別的取扱いをしてはならない（2014［平 26］年改正前の 8 条 1 項・2 項。現行の 9 条）のである。この「通常の労働者と同視すべき労働者」に当たるか否かは，①「職務の内容」（業務内容と当該業務にともなう責任の程度），②「人材活用の仕組み」（雇用終了までの全雇用期間を通じた人事異動の有無と範囲）について，通常の労働者と比較して判断されることになっている（平 19. 10. 1 雇児発 1001002 号参照）。以前は，①・②に加えて③「契約期間」（無期契約または反復更新により無期契約と同視すべき有期契約）があったが，それは 2014（平 26）年改正で削除された。

　このパート労働法 9 条による差別禁止は，画期的なものではあった。しかし，事業主が均等待遇を義務づけられるパート労働者は，「職務内容」（上記①）における通常労働者との同一性のみではなく，「人材活用の仕組み」（上記②）における同一性（2014［平 26］年改正前は上記③の「契約期間」における同一性もあった）を有する者とされ，差別的取扱いの禁止という法規制の対象が「正社員並パート」（櫻庭・前掲 11 頁）に限定されている。これでは実際に差別禁止の対象となる者はごく少数にならざるを得ず，同条は有意義なものでないとも考えられよう[6]。

もっとも，均等待遇の対象者について，「職務内容」における通常労働者との同一性のみでなく「人材活用の仕組み」といったことの同一性をも要件とすることには，法政策的な妥当性が十分にある。なぜなら，わが国企業の「正規雇用」労働者（その大多数は無期労働契約で雇用され，フルタイムで勤務し，長期雇用を予定した教育訓練を受け，頻繁な人事異動があり，超過勤務を命じられることが多い）と「非正規雇用」労働者（その相当多数は有期労働契約で雇用され，パートタイムで勤務し，長期雇用は予定されておらず，人事異動は少なく，超過勤務を命じられることは少ない）との間の労働条件等の待遇における差異には合理性が存するからである。[7] パート労働者であることは契約で取得し変更可能な地位であるゆえに「社会的身分」に当たらないこと（→55頁）も，このような均等待遇の対象限定が妥当であることの理由になると考えられよう。[8]

　先にも述べたが，パート労働法の2014（平26）年改正は，「契約期間」の要件（上記③）を削除した。この要件は，不均等な処遇が違法となる場合をより明確にすべく設けられたのであろうが，これでは実態に即したパート労働者の保護に欠けることになる恐れがあるし，差別禁止の対象となる労働者が実際には極端に少数となってしまう。[9] この改正は適切なものであった。

---

[6]　パート労働法の差別禁止（旧8条・現9条）への違反を認めた裁判例には次の2つがあるが，いずれも「正社員並パート」のケースである。すなわち，ニヤクコーポレーション事件＝大分地判平25. 12. 10労判1090号44頁は，所定労働時間が正社員より1時間短い「準社員」のトラック運転手について，職務内容は正社員と全く同一で，転勤・出向や役職等への任命の点でも大きく異なるところはないとして，賞与の額に大幅な差があり，週休日数が異なるために割増賃金額が違うことは差別的取扱いであるとしている。また，京都市立浴場運営財団ほか事件＝京都地判平29. 9. 20労判1167号34頁は，正規職員と比し1日の勤務時間が30分，1週の出勤日が1日少ない「嘱託職員」について，職務内容が正規職員と全く同一で，全期間において職務内容と配置変更の範囲も同一と見込まれるから，正規職員に支給される退職金が嘱託職員には支給されないことは違法な差別的取扱いに当たるとしている。なお，後者の事件では，経費削減のために正規職員を採用せず嘱託職員に置き換えることがなされて，全職員の約70％が嘱託職員という状態になっていたので，正規職員との労働条件の差異が違法とされたのは当然であるといえよう。

[7]　櫻庭・前掲11頁は，平等原理は「等しからざる」者に対しては異なる取扱いを要求するのであって，「等しからざる」者の等しい取扱いは平等原理に逆らうというが，そのとおりであろう。

[8]　富永晃一「企業内賃金格差をめぐる法学的考察——正規労働者と非正規労働者の均等待遇を中心に」労研670号［2016年］19頁以下は，「人権的な差別禁止」について正当化される例外は狭く厳格に限定されなければならないが，「政策的な差別禁止」については，差別禁止の趣旨・目的に照らして差異が合理的と判断されるかぎりで差別の正当化は緩やかに認められるという。

[9]　職務内容と人材活用の仕組みでは「正規雇用」労働者と同一だが有期労働契約によって雇用されている「非正規雇用」労働者が，無期労働契約でないということだけで，パート労働者の差別禁止という法的保護を受け得ないことになる。これはどう見ても不合理であろう。

パート労働法 9 条は，差別的取扱いを禁止する（均等待遇を義務づける）ものゆえ民事上の効力を有する強行規定であり，同条に違反する法律行為（解雇・配転等）は無効となり，事実行為は不法行為責任を発生させることになる。[10]では均等処遇，すなわち差別的取扱いの是正を請求する権利を労働者は有するのであろうか。これを肯定する学説の見解（西谷 460 頁等）もあるが，否定されるべきであろう。[11]パート労働法には，法違反の労働契約への補充的効力を定める労基法 13 条のような規定が存在せず，無効とされた後の労働契約の内容となるべき具体的な基準が定められてはいないからである。前掲（57 頁注 6 ））ニヤクコーポレーション事件＝大分地判平 25．12．10 は，パート労働法旧 8 条（現 9 条）に違反する差別的取扱いがあったとしながらも，正社員と同一の待遇を受ける労働契約上の地位にあることの確認請求は不可能とする。[12]また，前掲（57 頁注 6 ））京都市立浴場運営財団ほか事件＝京都地判平 29．9．20 は，パート

10）　もっとも，均等待遇がされていなくても「合理的理由」があれば許容されることはすべての差別禁止についていえるのであるから，通常労働者と同視すべきパート労働者に対する差別的取扱いが合理的理由の存在ゆえに例外的に適法とされることはあろう。櫻庭・前掲 12 頁は，労働時間の短きゆえに整理解雇の対象に選定することは違法であるが，勤続年数を昇給基準に取り入れている企業において，パート労働者については所定労働時間に比例して勤続年数を計算してよいかは問題であるという。このような問題は現実には少なからず存在すると思われる。

11）　菅野 256 頁は，募集・採用・配置・昇進・教育訓練等は多様な事実行為の集積として行われ，それらにおける差別的状態の積極的是正措置は，厳格な民事訴訟手続に裏打ちされた請求権として制度化することは困難であり，専門的行政機関による柔軟性を持った働きかけに委ねるのに適しているという。

12）　同判決は，確認の対象である権利義務の内容が明らかでなく，パート労働法旧 8 条 1 項（現 9 条）は差別的取扱いの禁止を定めるものであるから，パート労働者は正規労働者と同一の待遇を受ける権利を有しないという。同事件の会社では，正社員の運転手は無期労働契約で雇用され，準社員の運転手は有期労働契約で雇用されて反復更新し，準社員の所定労働時間は若干短く，賞与の支給額等において相当な差があった。判決は，この差に合理的理由があるとは認められないから不法行為に当たるとして，賞与額の差に相当する額の損害賠償請求を認容している。なお，同事件の使用者側は，正社員には就業規則に転勤・出向の定めがあるが準社員については定めがなく，準社員には職種転換はなく役職につくこともないこと等をあげて，準社員は「通常の労働者と同視すべき短時間労働者」に該当しないと主張したが，判旨は，実際には正社員でも転勤・出向や事務職への転換等は皆無に近かった等として，そのような主張を斥けている。これは，パート労働法による差別的取扱いの禁止の対象について，いわば要件を厳格でなく柔軟に解したということであると思われる。行政解釈も，「通常の労働者と同視すべき労働者」についての「職務の内容」が「同一の範囲」かどうかは「実質的に同一」か否かで判断されるとしている（前掲・雇児発 1001002 号）。筆者は，少なくとも，パート労働者と通常労働者の待遇における差異は不合理なものであってはならないとする定め（現 8 条）が存在する 2014（平 26）年改正法の施行後においては，そのような判断は支持に値すると考える。

労働法には労基法13条のような補充的効果を定めた規定がないので，嘱託職員への退職金不支給はパート労働法旧8条（現9条）に違反するが，そこから直ちに退職金請求権が発生するとは認められないとしている。このように，パート労働法9条にもとづく均等待遇の請求権は原則として否定するほかないであろう。もっとも，無効とされた後の労働契約は「合理的・補充的解釈」（荒木517頁）によって内容が定まるのであるから，パート労働者が通常労働者と同じ処遇をするように請求する権利を有する場合が少なからずあろうとは考えられる。[13]

(3) パート労働者の均衡処遇

「通常の労働者と同視すべき短時間労働者」には該当しないパート労働者に関しては，事業主は，通常の労働者との均衡を考慮しつつ，賃金の決定および教育訓練の実施をする努力義務を負う（パート労働10条・11条2項）。また，通常労働者に対する職務遂行の能力を付与するための教育訓練を，「職務内容同一短時間労働者」（業務の内容および当該業務にともなう責任が通常労働者と同一のパート労働者）にも実施しなければならず（パート労働11条1項），通常労働者に利用させている福利厚生施設の一定のものをパート労働者にも利用させるように配慮しなければならない（パート労働12条）。これらのパート労働法の規定も，2007（平19）年改正によって新たに設けられたものである。

このようなパート労働者に対する均衡処遇の努力あるいは配慮を事業主が怠っていた場合，不法行為責任は生じ得るのであろうか。パート労働法制定前の裁判例で，「正社員」と同じラインで働き労働時間も勤務日数も同じで2か月の有期労働契約を反復更新して長期にわたり雇用されていたが，賃金は全く異なる方法と基準によって支払われていた「臨時社員」について，均等待遇の理念から見て賃金格差が公序に反する場合に該当するとして，使用者は正社員の

---

13) これは，労基法4条に違反した場合の賃金を請求する権利の有無という問題（→68頁），均等法5条～7条に違反する差別的取扱いの是正を請求する権利の有無という問題（→69頁以下）に関するのと同じ考え方をするということにほかならない。前掲注6)ニヤクコーポレーション事件＝大分地判平25．12．10も，前掲注6)京都市立浴場運営財団ほか事件＝京都地判平29．9．20も，無効とされた後の「合理的・補充的契約解釈」を否定する考え方ではないと思われる。なお，両裁判例とも差別的取扱いが不法行為に当たることは肯定し，前者では賞与および休日の割増賃金における差額請求が，後者では退職金相当額の支払請求が，それぞれ認容されている。

賃金の8割との差額について臨時社員に対し損害賠償責任を負うとしたものがあった（丸子警報器事件＝長野地上田支判平8.3.15労判690号32頁）。同事件の「臨時社員」がパート労働法9条の「通常の労働者と同視すべき短時間労働者」に当たるとすれば、現行法の下では不法行為が成立して臨時社員は正社員の賃金との差額を請求できることになる。同条のパート労働者に当たらないのであれば、同法10条の賃金決定における均衡処遇の努力がなされていないことになるが、不法行為責任は生じ得るのかどうか。事業主に課せられているのは努力義務にすぎないから、不法行為の成立もあり得ないと解すほかないとも考えられよう。しかし、通常労働者とパート労働者が同一業務に従事し責任もほとんど変わらないにもかかわらず、両者の間に労働条件等の待遇において軽微ではない格差が存するような場合には、不法行為は成立し得ると解すべきであろう。裁判例にも、均衡処遇の原則に照らして不法行為を構成する余地があるとしたものがある（京都市女性協会事件＝京都地判平20.7.9労判973号52頁）。[15]

■丸子警報器事件＝長野地上田支判平8.3.15の評価

　同判決については賛否両論があったが、筆者は次のように考えて同判決を肯定的に評価していた（本書〔第4版〕〔2007年〕47頁以下）。すなわち、同一労働を行う者を同一の労働条件等によって処遇すべきことは、異なる労働条件等による処遇をするには合理的理由を要するという意味において現行法における公理に準ずるルール（「公準」というべきか）であり、このルールに反することが明らかな場合には、使用者に不法行為責任を課さなければならない。また、そのように解することによって、「疑似パート」（丸子警報器事件の「臨時社員」も実質は疑似パートであったと思われる）に関しても使用者の不法行為責任を肯定することが可能となろう。通常労働者とパート労働者の待遇の相違は不合理であっては

---

14)　同事件の「臨時社員」の勤務時間は午前8時20分から午後5時までで「正社員」と同じであるが、ただし午後4時45分から15分間は残業扱いとするとされていたので、現在であればパート労働法が適用される「短時間労働者」（パート労働2条）であったと考えられよう。もっとも、この労働時間の差異は全く形式的なものであったので、パート労働法の適用対象ではないことになるのかもしれない。そうであると、正社員は無期労働契約であったが臨時社員は有期労働契約であるから、現行法の下であれば、有期労働契約であることによる不合理な労働条件の禁止（労契20条）に反していないか（→118頁以下）が問われることになろう。

15)　同判決は、「嘱託職員」と一般職員の賃金差額相当の賠償請求を認めなかったのであるが、同一価値労働であることが認められるのに賃金が相応の水準に達していないことが明らかで、その差額を具体的に認定し得る特段の事情がある場合には、均衡処遇の原則に照らして不法行為を構成する余地があるという。同事件の控訴審判決（大阪高判平21.7.16労判1001号77頁）は1審判決を維持したが、同一（価値）労働であるにもかかわらず許容できないような著しい賃金格差が生じている場合には、均衡の理念にもとづく公序違反として不法行為が成立する余地があるとしている。

ならないこと（パート労働8条），通常労働者と同視すべきパート労働者に対する差別的取扱いをしてはならないこと（パート労働9条），パート労働者の賃金は通常労働者との均衡を考慮しつつ決定するように努めるべきこと（パート労働10条）等が明文の法規定となった現在では，以上のように解すべきことがより説得的になったといえよう。

(4) パート労働者の不合理な待遇の禁止

先にも多少ふれた（→55頁，57頁）ように，2014（平26）年改正後のパート労働法8条は，パート労働者の待遇を通常労働者と異なるものとする場合においては，その相違は「職務の内容及び配置の変更の範囲その他の事情を考慮して，不合理と認められるものであってはならない」とする。この定めは，労契法の2012（平24）年改正により設けられた同法20条と内容がほぼ同一であり，立法趣旨にも違うところはないであろう[16]。

2007（平19）年改正で新設されたパート労働法の旧8条（現9条）は，前記のように，①「職務内容」と②「人材活用の仕組み」と③「契約期間」において通常労働者と同一であるパート労働者について，事業主は差別的取扱いをしてはならないとしていた。すなわち，これらの3つの要件をすべてみたしたパート労働者のみが差別禁止の対象となるものであった。これは，均等待遇の原則の射程範囲をごく狭くするものであるし，事業主が3つの要件のいずれかをみたさないように図ることで均等待遇の義務を免れる（「ネガティブ・チェックリスト」）ことを許しかねないものである。労契法20条は，パート労働法が「3つの要件……をすべて満たした場合に差別禁止を定めてきたことの，ある意味で反省を踏まえて，規定されたもの」（荒木507頁）といえよう。

その労契法20条によれば，有期契約労働者と無期契約労働者における労働条件の相違は，(i)業務の内容および業務にともなう責任の程度（「職務の内容」），(ii)職務の内容と配置の変更の範囲，(iii)その他の事情を考慮して，不合理なものであってはならない。ここでは，パート労働法9条あるいは労基法4条や均等

---

16) なお，労契法20条は有期契約労働者の労働条件が「同一の使用者」と無期労働契約を締結している者の労働条件と相違している場合に不合理であってはならないとするが，パート労働法8条はパート労働者の待遇が「当該事業所に雇用される」通常労働者の待遇と相違するものとする場合に不合理であってはならないとする。この点について，厚労省労働政策審議会・同一労働同一賃金部会「同一労働同一賃金に関する法整備について」（2017〔平29〕年6月9日）は，非正規雇用労働者が店長で同一事業所に正規雇用労働者がいないケースもあるので，同一の「使用者」に雇用される正規雇用労働者を比較対象とすることが適当である，としている。

法6条等におけるように「差別的取扱いが禁止される」のではなくて，労働条件の相違が「不合理なものであってはならない」とされるのである。また，パート労働法9条はすべての「待遇」における差別的取扱いを禁止するが，労契法20条は「労働契約の内容である労働条件」における相違が不合理なものであってはならないとする。そして，パート労働法9条では上記の①・②（旧8条では①・②・③）が差別禁止の「要件」となっているが，労契法20条では，(ⅰ)・(ⅱ)は「要件」ではなく「考慮事項」であり，その考慮事項には(ⅰ)・(ⅱ)に加えて(ⅲ)「その他の事情」がある。

　2014（平26）年改正後のパート労働法8条のタイトルは「短時間労働者の待遇の原則」となっている。その内容は上記のように労契法20条とほぼ同じであるが，労契法20条が「労働契約の内容である労働条件」の相違が不合理であってはならないとするのに対し，パート労働法8条は「待遇」[17]が不合理であってはならないとしている。そこで，解雇，配転・出向，昇格・昇進，懲戒処分等において有期契約者と無期契約者を異別に扱うことは原則として労契法20条による規制を受けないが（→123頁），パート労働者と「通常の労働者」（フルタイム労働者）を解雇等において異別に扱う場合は不合理であってはならないことになる。もっとも，「不合理と認められるものであってはならない」のであって，労契法10条におけるように「合理的」なものであることを要するというのではないから，不合理性を基礎づける事実の主張・立証責任は労働者側にあると解される。[18]

　パート労働法9条は職務内容が同一であることを均等待遇の「要件」としているが，同法8条では（労契20条と同じく）職務内容は待遇の相違が不合理か否かの判断における「考慮要素」となっている。それゆえ，通常労働者と職務内容が「同一」ではないが「類似」しているパート労働者についての待遇の相

---

17) この「待遇」は，「雇用管理」（パート労働1条）よりは狭いが，募集・採用を除く労働者に対する取扱いが広く含まれ，たとえば退職勧奨も含むと解される（櫻庭涼子「公正な待遇の確保」ジュリ1476号［2015年］26頁）。

18) 労契法20条に関して，不合理性を基礎づける事実については労働者が，不合理性の評価を基礎づける事実については使用者が，それぞれ主張立証すべきものと解されている（→124頁）。パート労働法8条に関しても同様であるのは当然である。この点に関連するが，2018（平30）年6月成立の「働き方改革法」による改正パート・有期雇用労働法は，事業主は短時間・有期雇用労働者に対し通常の労働者の間の待遇の相違の内容・理由等について説明をする義務を負うとしている（14条2項）。

違が不合理と認められて，違法になることもあると解される。要するに，パート労働者が通常労働者より不利な待遇をされている場合について，上記の労契法20条におけるのと同様の(ⅰ)・(ⅱ)・(ⅲ)の諸要素を考慮した「不合理」性の総合判断がなされるのである。

ここでは，均等待遇（差別禁止）が義務づけられているのではなく，待遇の相違が不合理でないことを求められているのであるから，パート労働者が通常労働者よりも高く処遇されていても構わないし，より低い処遇をされていても不合理ではないものとして許容されることもあり得る。また，不利益取扱いの禁止（労組7条1号，労基104条2項等）でもないから，パート労働者であるゆえに不利な待遇をされていれば直ちに違法となるわけではない。上記の考慮要素の(ⅲ)（「その他の事情」）としては，残業や休日出勤の義務があるか否か，遠隔地や海外への転勤があり得るのか，待遇の相違が労働組合との交渉・協議を経て決められたものかどうか，といったことが考えられよう。

パート労働法8条は，パート労働者と通常労働者の待遇の相違を禁止するのではなく，待遇の相違が不合理なものであってはならないとするが，同条は私法上の強行規定であると考えるべきであろう[19]。そこで，不合理な待遇の違いを定めた就業規則等は無効と解されるが，その場合にパート労働者は当然に通常労働者と同一の待遇を請求する権利を有することになるとは解し得ない。労働者保護法規の補充的効力を明記する労基法13条のような規定が，労契法におけるのと同じく，パート労働法には存しないからである。この点はパート労働法9条違反があった場合と同じである（→58頁）。無効となったところは合理的意思解釈によって内容が定まるべきこと，不法行為が成立可能であるのは当然であることも同じである。

(5) パート労働者のフルタイム労働者への転換等

パート労働者をフルタイム労働者（「通常労働者」）へ転換させるために，事業主は以下の諸措置のいずれかを講じなければならない（パート労働13条）。①

---

19) 櫻庭・前掲17)25頁は，パート労働法8条の効力をめぐる政府担当者の説明は明瞭でなく，同条のタイトルが「待遇の原則」であって「禁止」でないこと等から「単に理念を定めるもの」にも読めるが，規制対象を広くとって不合理性を審査するという労契法20条と同じ判断枠組みが，私法上の効力を含めてパート労働法8条にも基本的に妥当すると解しておきたいとしている。そのように考えればよいのであろう。

通常労働者を募集する場合，募集内容を雇用するパート労働者に周知する。②通常労働者の配置について社内公募する場合，雇用するパート労働者に応募機会を与える。③パート労働者から通常労働者への転換試験制度等の転換推進措置を講ずる。

これは「非正規から正規への転換」の制度であり，同趣旨のものが有期労働契約について労契法の2012（平24）年改正によって設けられている（労契18条）。ただし，労契法の「有期からの無期への転換」は労働者に無期転換申込権を付与するもので（→107頁），いわば強行的なものであるが，こちらの「パートからフルへの転換」は事業主に上記①・②の措置のいずれかを選択させるものである。

事業主は，パート労働者を雇い入れた場合は，速やかに，パート労働法9条から13条までの定めにより措置を講ずべきものとされている事項に関し，講ずることとしている措置の内容について，パート労働者に説明をしなければならない（パート労働14条1項）。パート労働者から求めがあった場合は，パート労働法6条・7条および9条から13条までの定めにより措置を講ずべきものとされている事項の決定に当たって考慮した事項について説明しなければならない（同条2項）。また，パート労働者の相談に適切に対応するために必要な体制を整備しなければならない（パート労働16条）。

II　雇用における男女平等

1　男女雇用平等の法

前述のように（→3頁以下），労働法は一般に女性と年少者の労働条件保護から始まり，すべての労働者に適用される労働条件基準が定められるようになっても，女性に対する特別保護の制度は残されることが多かった。労基法も，1997（平9）年の改正までは産前・産後休業等の母性保護規定とともに時間外・休日労働の制限と深夜業禁止の規定をおいていた。そして，そのことのゆえもあって，「性別」は雇用における均等待遇の原則の対象外と考えられ，労基法には賃金について女性の差別的取扱いを禁ずる4条があるにすぎなかった。しかし，高度経済成長のなかでの女性雇用労働の量的拡大と質的変化を背景と

して，賃金以外の点における男女平等の確保あるいは女性に対する差別的取扱いの禁止が重要な社会的課題となり，そのことが1960年代以降における男女別定年制の効力等に関する多数の裁判例の登場となって現れた。他方，労働関係における性別による差別的取扱いに対する法規制が世界各国において行われるようになり，1970年代から80年代にかけて多数の国が男女雇用平等立法を行い，1979（昭54）年には国連が女性差別撤廃条約を採択した。わが国は1980（昭55）年に同条約に署名し，かなりの曲折を経たものの1985（昭60）年に勤労婦人福祉法を改正するかたちで男女雇用機会均等法（均等法）が制定され，同時に女性保護の諸規定を変更する労基法改正も行われた。

制定時の均等法は，企業において最も明瞭に男女の差別的取扱いがされてきた募集・採用，配置，昇進，教育訓練，福利厚生に関して，事業主に均等待遇の努力を求めるか，あるいは限定された事項について差別的取扱いを禁止するものにすぎなかった。にもかかわらず，法施行後しばらくの間は少なからぬ企業が強い関心を示し，「男女不問」の求人募集をしたり，女性にも「総合職」を選ぶ機会を与えるなどの具体的な反応が見られた。そして何よりも，男女雇用平等の理念をわが国社会に定着させる上で同法の制定は大いに役立ったといえよう。とはいえ施行後10年が経過して，法規制が甚だしく微温的であるゆえの同法の限界は疑いのないものになっていた[20]。また，少子高齢社会の到来による女性雇用労働の重要性の高まり，労務・人事管理における個人の能力・実績を重視する傾向などが，より徹底した男女雇用機会平等の法制化に説得力を与えることになった。かくて，努力義務規定の強行規定化，差別的取扱いの限定的禁止の全面禁止化，セクシュアル・ハラスメント防止規定の新設など，旧法を大きく変更する均等法の改正が1997（平9）年に行われた。そして，同法を女性差別だけでなく男性差別をも禁止するものに移行させ，いわゆる間接差別の禁止を明記する等の法改正が2006（平18）年に行われている。2016（平28）年には，いわゆるマタニティ・ハラスメント防止の規定を設ける法改正があった。

それから，近年においては，女性の職業生活における活躍の推進のための立

---

20) 櫻庭・前掲「雇用差別禁止法制の現状と課題」6頁によれば，制定時の均等法は，統計的差別（ある属性の者に一般的に当てはまる傾向を理由として，その属性の者を不利益に取り扱うこと）を容認し，また女性差別のみを禁じる片面的規制をなすものであった。

法が進展している。すなわち，1999（平11）年に男女共同参画社会基本法，2003（平15）年に次世代育成支援対策推進法，2015（平27）年に「女性の職業生活における活躍の推進に関する法律」（女性活躍推進法）[21]が制定された。

2 男女同一賃金の原則

労基法4条は，女性であることを理由として賃金について男性と差別的取扱いをすることを禁ずる。「均等待遇」が使用者に義務づけられているのであるから，賃金に関して女性を男性より有利に扱うことも許されない。

同条を「同一労働（もしくは同一価値労働）・同一賃金」の原則を定めたものと考えれば，同一（価値）労働への従事が違反の要件となる。しかし，そうではなく，これは「いかなる形であれ性別を賃金決定基準として用いることを禁じた規定であり，職務の客観的内容や難易度を基準として同一（価値）労働に従事する男女に同一賃金を支払うことを命じるものではない」（注釈労基上102頁以下〔両角道代〕）と解すべきであろう。裁判例も，賃金表の男女別適用について違法な差別的取扱いの存在が推定されるとし（秋田相互銀行事件＝秋田地判昭50. 4. 10労民集26巻2号388頁，内山工業事件＝広島高岡山支判平16. 10. 28労判884号13頁），世帯主である労働者に家族手当を支給するとして，夫婦とも所得税の扶養控除額を超える収入がある場合には夫を世帯主とすることを違法としている（岩手銀行事件＝仙台高判平4. 1. 10労判605号98頁）。これらのケースでは男女が同一労働を行っていたか否かは問題とされていない。他方，男女が同一（価値）労働に従事しているのに賃金格差がある場合については，当然のことながら差別的取扱いに当たるとされている（日ソ図書事件＝東京地判平4. 8. 27労判611号10頁等）。

■「世帯主」条項の効力
　家族手当・住宅手当等も通常は労基法11条の「賃金」であるから（→273頁），それらを男性にのみ支給することは当然，労基法4条違反になる。しかし，その受給資格を「世帯主」とすることには合理性を認めることができよう。一般には1つの「世帯」に与えられるものという性格を有する家族手当等を「世帯主」にのみ，とくに主たる生計維持者と

---

21) 同法は，自社における女性の活躍の状況把握と課題分析を行い，それを踏まえて行動計画を策定して労働者に周知させ，また女性の活躍状況に関する情報を公表することなどを，常時雇用する労働者の数が301人以上の事業主の義務（労働者数が300人以下の事業主については努力義務）としている。

しての「世帯主」にのみ支給するという措置については，共働き夫婦につき世帯主を夫とみなす運用がされていないかぎり適法と考えてよいと思われる（住友化学工業事件＝大阪地判平13. 3. 28労判807号10頁は同じ考え方を示す）。しかし，1つの「世帯」に対するものという性格を持たない基本給のような賃金について，大多数の共働き夫婦において夫がなっていることが公知の事実である住民票上の「世帯主」にのみ支給するという措置は，「女性であることを理由として」賃金につき差別的に取り扱うものゆえ違法と解すべきである。

　労基法4条が禁止するのは「女性であることを理由」とする「賃金について」の差別的取扱いであるから，性別以外の理由，すなわち職種・職務，年齢・勤続，成績，責任等における相違にもとづく賃金格差は同条違反にはならない。しかし，女性は一般に能力が劣る，勤続年数が短い，主たる生計維持者でないといった理由で不利益な賃金支払いをすることは，いうまでもなく同条に違反する（前掲秋田相互銀行事件＝秋田地判昭50. 4. 10，前掲岩手銀行事件＝仙台高判平4. 1. 10等）。女性が男性と異なった基準・手続により採用され，あるいは別個の方式で昇格等の処遇をされて賃金格差が生じている場合も，実際には男女が同一の職務についているのであれば同条違反となろう（前掲日ソ図書事件＝東京地判平4. 8. 27，社会保険診療報酬支払基金事件＝東京地判平2. 7. 4労判565号7頁等）。
　では，いわゆるコース制，すなわち男女別の基準・手続により採用され，職務内容も昇格等の処遇も男性と異なっていて，その結果，賃金格差が存在している場合はどうか。あるいは，職能資格制度（職務遂行能力を格付けして賃金を決定するもの）の下で，昇格について女性が差別的取扱いをされて賃金格差が生じている場合は，労基法4条違反になるのか。均等法の1997（平9）年改正後の裁判例を見ると，職能資格の格付けにおける差別的取扱いは労基法4条に直ちに違反するものではないが，男性が事務職であっても高い格付けをされていたのに女性は一貫して一般事務職に限定されていたことは違法であるとしたもの（昭和シェル石油事件＝東京高判平19. 6. 28労判946号76頁），男女のコース別採用・処遇は直接労基法4条に違反するものではないが，職務内容や困難度を截然と区別できないほどに同質性ありと推認される男女の相当な賃金格差には合理的理由が認められず，性の違いによって生じたものであって違法であるとしたもの（兼松事件＝東京高判平20. 1. 31労判959号85頁），職能資格制度の

下でほとんどの女性が男性より低額の賃金であったが，男性にも昇格・昇進が遅い者もが少なくなく，女性には管理職就任を敬遠する傾向があった等の事実から女性差別は認められないとしたもの（中国電力事件＝広島高判平25．7．18労経速2188号3頁）などがある。ほぼ妥当・適切な問題処理がなされていると見てよいであろう。

　労基法4条違反には刑事罰が科される（労基119条1号）。違反する内容の法律行為は無効となり，不法行為が成立し得ることはいうまでもない。労働契約上の差額賃金の請求権は認められるのか。労基法4条は賃金についての差別的取扱いを禁止するが，それに違反して無効となった後の契約内容を規律する客観的基準を定めていないから，同条には「補充的効力」（労基13条後段）はないと解するほかない。そこで，「客観的補充基準を確定できる場合に限り，労基法4条と13条の趣旨や類推適用によって，差額賃金請求権を根拠づけ得る」（荒木94頁）と解するのが妥当ということになろう。裁判例でも，就業規則等により適用すべき基準が明らかである場合には差額賃金請求権があるとされ（前掲秋田相互銀行事件＝秋田地判昭50．4．10，前掲岩手銀行事件＝仙台高判平4．1．10），無効となった部分を補充すべき賃金規定の内容が明確でない場合には差額賃金請求権が否定されている（前掲日ソ図書事件＝東京地判平4．8．27等）。

③　男女雇用平等の法的ルール

　前述のように（→65頁），均等法が制定されるまでの約20年間に，わが国企業に古くから存在した女性に対する差別的取扱いに関する多数の裁判例が見られ，多くの場合にそれらが私法上は原則として違法であるとされた。問題となった差別的取扱いの形態は結婚退職制，男女別定年制，出産退職制，女性を対象とする整理解雇基準等であった。それらの多数の裁判例によって，「男女雇用平等の法的ルール」というべきものが形成され，それを1985（昭60）年制定の均等法が引き継いだということができよう。

(1)　男女別定年制の違法性等

　結婚退職制を定める念書・慣行・就業規則等が法的拘束力を持ち得ないことは当然であった（住友セメント事件＝東京地判昭41．12．20労民集17巻6号1407頁等）。出産退職制についても同様である（三井造船事件＝大阪地判昭46．12．10労

民集22巻6号1163頁)。定年制に関しては，たとえば女性の定年を30歳とするような女性若年定年制と男性58歳・女性55歳というような男女別定年制が均等法施行前の裁判例に現れている。前者を有効とした裁判例は見られない。後者については，次のようにいう最高裁判決によって，それが男女雇用機会均等法の制定以前においても原則として違法であることが明らかにされた。すなわち，企業経営上の観点から定年年齢において女子を差別しなければならない合理的理由は認められず，女子の定年年齢を男子より低く定めた就業規則はもっぱら女子であることのみを理由とする不合理な差別的取扱いを定めたもので，民法90条により無効と解される（日産自動車事件＝最3小判昭56. 3. 24民集35巻2号300頁）。

(2)　「昇格請求権」の問題

　裁判例には，採用・配置・昇格等における男女の不均等処遇の適法性が問題となったものが少なからずあり，そこでは昇格（さらに昇進も）したものとして扱われるべきであると労働者側が請求していることが多い。そのような「昇格請求権」を認めることはできるのか。

　昇格請求権を否定する裁判例では，使用者による決定なしに昇格したものと扱うには特別の根拠を要するが労基法や均等法の規定は根拠たり得ない（前掲社会保険診療報酬支払基金事件＝東京地判平2. 7. 4)，人事考課により決定される昇格は使用者の意思表示がなくては効果を生じない（商工中金事件＝大阪地判平12. 11. 20労判797号15頁)，昇格決定についての使用者の裁量の判断は尊重されねばならず発令行為のない段階で「あるべき昇格」を認めることは困難である（野村證券［男女差別］事件＝東京地判平14. 2. 20労判822号13頁)，といわれている。

　これに対し，男性は年功で課長職まで昇格し係長まで昇進するが女性は課長職までは昇格せず昇進には無縁というケースについて，1審は就業規則の定めと労使慣行を根拠とし，2審は「労働契約の本質」と労基法13条の類推適用ということで，女性労働者は労働契約上の権利として昇格請求権を有する（昇進の請求権は否定）とした裁判例がある（芝信用金庫事件＝東京地判平8. 11. 27労判704号21頁，同事件控訴審＝東京高判平12. 12. 22労判796号5頁)。

　労働者の昇格請求権を一般的に肯定することは，たとえ信条や性別による差

別的取扱いがあったと認められる場合についてであっても，法解釈論として妥当ではないと考えられる（昇進に関してはより強く同じことがいえる）。昇格は，「人事」のうちでも使用者の裁量権を尊重する必要性が大きく，法による過剰な介入が避けられるべき事柄であろう。また，昇格が使用者による意思表示を待って効果を生じることは否定すべくもない原則である。それゆえ，昇格請求権は例外的に認められるべきものであり，就業規則や確立した労使慣行により昇格が制度的に保障されていれば要件をみたした者は当然に昇格したことになる，と解するのがよいと思われる。[22]

④ 男女雇用機会均等法

(1) 制定と改正

均等法は，1972（昭47）年制定の旧勤労婦人福祉法の改正法として1985（昭60）年に制定されたが，前述のように（→65頁），1997（平9）年に大きく改正されている。同改正では，法律の名称から「女性労働者の福祉の増進」という文字が削除され，さらに目的と理念（1条・2条）に関する条文の文言も同じ趣旨で改められた。これは，同法を雇用における男女平等のための法として進化発展させるという改正の意図を示すものであり，そのような趣旨において，女性労働者のために男女差別に対する規制を強化し拡充する等の制度改革をなしたものであった。また，この改正と同時に労基法の女性保護規定の多くが削除された（→5頁，461頁）。このような両法の改正は，労働法において女性の特別保護がほぼ存在しなくなるという画期的変化をもたらしたのである。

そして，2006（平18）年にも均等法のかなり大きな改正が行われた。その主

---

22) 上記の芝信用金庫事件では，性別・信条等を理由とする労働条件の差別的取扱いをしないとする条項が就業規則にあった。これが直ちに昇格請求権を発生させるとはいえないが，使用者が就業規則の定めによって均等待遇を自らに課しているわけであるから，性別等を理由とする差別的取扱いがあった場合の昇格請求権を認める重要な根拠をなすものと考えることはできる。そして，同事件の企業では男性には職能資格制度が年功主義的に運用されて，そのほぼ全員が一定のところまでは昇格することが長期間継続して行われていた。これを1審判決は労使慣行が確立されていたと解し，それを女性に適用しないことは就業規則の定めに反するし，現行法秩序にも反するとしている。「労使慣行」と評価できる事実の存在が認められる場合は，それを労働契約の内容をなすもの，あるいは労働契約の解釈基準になるものと解すべき場合が少なくない（→9頁）。このように就業規則の定めと労使慣行の存在を主要な根拠としながら昇格請求権の存在を肯定した判旨は，筆者には十分に納得がいくものであった。

要内容は以下のようなものであった。①募集・採用，配置，昇進，教育訓練，一定の福利厚生，定年・解雇についての差別的取扱いは，女性であることを理由とするもののみでなく，男性であることを理由とするものも禁止される（5条・6条）。②禁止される差別的取扱いに降格，職種および雇用形態の変更，退職の勧奨，労働契約の更新を加え，配置には業務の配分および権限の付与が含まれることを明確にする（6条1号・3号・4号）。③間接差別，すなわち「実質的に性別を理由とする差別となるおそれがある」措置として省令で定めるものは，業務遂行・雇用管理上でとくに必要であるなどの合理的理由がある場合を除いて禁止される（7条）。④妊娠・出産を理由とする解雇の禁止に加え，妊娠・出産・産前産後休業をしたことなど省令で定めるものを理由とする解雇その他の不利益取扱いを禁止し，妊娠中および産後1年以内に行われた解雇は原則として無効とする（9条）。⑤セクシュアル・ハラスメント，すなわち「職場における性的な言動に起因する問題」について，事業主は「雇用管理上必要な措置」を講じなければならないものとする（11条）。

　均等法の内容は，事業主による性別を理由とする差別的取扱いの禁止等，機会均等のために事業主が講ずべき措置（セクシュアル・ハラスメント対策等），行政機関による援助などの紛争解決の諸規定に大別できる。このなかで最初のものが最も重要であることはいうまでもない。

(2) **性別を理由とする差別の禁止**
(i) 事業主は，労働者の募集・採用について，その性別にかかわりなく均等な機会を与えなければならない（均等5条）。募集・採用における均等待遇が事業主の努力義務から法的義務になったのは1997（平9）年改正後であるが，2006（平18）年改正によって，「女性に対して男性と」ではなく「性別にかかわりなく」均等な機会を与えるべきことになった。2006（平18）年改正法の性差別禁止規定に関しては，厚生労働大臣が「事業主が適切に対処するために必要な指針」を定めるものとされている（均等10条1項）。改正法の公布後に出された指針[23]は，「募集」・「採用」の意義を述べた上で禁止される事業主の措置を例示している。その措置とは，募集・採用の対象から男女のいずれかを排除

---

23) 「労働者に対する性別を理由とする差別の禁止等に関する規定に定める事項に関し，事業主が適切に対処するための指針」（平18. 10. 11厚労告614号）。

すること，募集・採用の条件を男女で異なるものにすること，選考において能力・資質の判断等の方法・基準を男女で異なるものにすること，募集・採用に当たり男女のいずれかを優先すること，求人内容等の情報提供において男女で異なる取扱いをすることとされ，それぞれについて複数の具体例があげられている（平18．10．11厚労告614号第2・2・(2)）。

(ⅱ) 事業主は，労働者の配置（業務の配分および権限付与を含む）・昇進・降格・教育訓練について，労働者の性別を理由として差別的取扱いをしてはならない（均等6条1号）。以前は配置・昇進における均等待遇は努力義務であったが，1997（平9）年改正によって明確に差別的取扱いを禁止されるものとなり，さらに2006（平18）年改正によって「性別」を理由として差別的取扱いをしてはならないものになった。

この規定についても，前記の指針が違法となる事業主の措置を列挙し，それぞれにつき複数の具体例をあげている。すなわち，配置について禁止される措置とは，一定の職務への配置に当たって対象から男女のいずれかを排除する，その条件を男女で異なるものにする，能力・資質の判断等の方法・基準を男女で異なるものにする，男女のいずれかを優先するといったこと，業務配分・権限配分に当たって男女で異なる取扱いをすること，配転に当たって男女で異なる取扱いをすることである（前掲平18厚労告614号第2・3・(2)）。昇進に関しては，一定の役職への昇進に当たって対象から男女のいずれかを排除する，条件を男女で異なるものにする，能力・資質の判断等の方法・基準を男女で異なるものにする，男女のいずれかを優先するといった措置が禁止される（前掲平18厚労告614号第2・4・(2)）。降格（昇進の反対のものと昇格の反対のものの双方）では，降格に当たって対象から男女のいずれかを排除する，条件を男女で異なるものにする，能力・資質の判断等の方法・基準を男女で異なるものにする，男女のいずれかを優先する，といったことが禁止される措置である（前掲平18厚労告614号第2・5・(2)）。教育訓練では，教育訓練に当たって対象から男女のいずれかを排除する，条件を男女で異なるものにする，内容について男女で異なる取扱いをする措置が禁止される（前掲平18厚労告614号第2・6・(2)）。

(ⅲ) 事業主は，福利厚生について労働者の性別を理由として差別的取扱いをしてはならない（均等6条2号）。ただし，規制対象となるのは住宅資金の貸付けその他これに準ずるもので労働省令が定めるものに限定されている。省令で

は，生活資金・教育資金等の貸付け，定期的金銭給付，資産形成のための金銭給付，住宅貸与があげられている（均等則1条）。生活資金貸付け等を受ける資格が「世帯主」とされている場合は，家族手当等の賃金に関するのと同じルール（→66頁以下）によって処理すればよいであろう。前記の指針は，福利厚生に関し禁止される措置について具体例をあげている（前掲平18厚労告614号第2・7・(2)）。

(iv) 事業主は，職種と雇用形態の変更について労働者の性別を理由として差別的取扱いをしてはならない（均等6条3号）。「職種」とは「営業職」・「技術職」の別や「総合職」・「一般職」の別などをいい，「雇用形態」とは「正社員」・「パートタイム労働者」・「契約社員」の区別などをいうとされている（前掲平18厚労告614号第2・8・(1)，第2・9 (1)）。禁止される措置としては，1つの管理区分において変更の対象から男女のいずれかを排除すること，男女で異なる条件や評価方法を用いること，男女のいずれかを優先すること等が考えられる（前掲厚労告614号第2・8・(2)，第2・9・(2)）。

(v) 事業主は，退職勧奨・定年・解雇・労働契約の更新について，労働者の性別を理由として差別的取扱いをしてはならない（均等6条4号）。禁止される措置としては，募集・採用，配置，昇進等に関するものとほぼ同じようなことが考えられる（前掲平18厚労告614号第2・10・(2)，第2・11・(2)，第2・12・(2)），第2・13・(2)）。

(vi) 前記の指針は，募集・採用，配置，昇進について性別による差別的取扱いが「法違反とならない場合」を提示している。それは一定の職務や特別の場合，すなわち芸術・芸能の分野で男女いずれかのみに，あるいは防犯上の要請から男性のみに従事させる必要がある職務，労基法の規定（61条1項等）により女性を就業させることができない場合，保健師助産師看護師法の規定（3条）により男性を就業させることができない場合等である（前掲平18厚労告614号第2・14・(2)）。

(vii) 上記(i)～(v)の差別禁止への違反は，都道府県労働局長による助言・指導・勧告（均等17条），紛争調停委員会による調停（均等18条以下），厚生労働大臣による報告要求・助言・指導・勧告・企業名公表（均等29条・30条）の対象となる。また，報告をせず，または虚偽の報告をした者に対しては過料の制裁がある（均等33条）。これらは公法上の効果であるが，均等法5条・6条は

第3節 労働憲章 73

私法上の強行規定と解されるから，違反の法律行為は無効となり，また不法行為となって損害賠償責任を生じさせ得る。

■均等待遇請求の可否
　性別による差別的取扱いを受けている労働者が事業主に対して均等待遇の請求（たとえば女性にも男性と同じ管理職研修を受講させよという請求）をすることは可能か。就業規則や労働協約等の規定にもとづく措置等に関しては，それらが男性または女性の一方についてのみ行われる旨を定めていても，そのような定めについては性別による差別の部分のみが無効となるので，原則的には請求権の存在が肯定されなければならない。もっとも，昇格・昇進のような，使用者の裁量権を尊重せざるを得ないために請求権の存在は例外的にのみ肯定されるべきもの（→181頁以下）に関しては，原則として請求は不可能と解すべきである。そして，就業規則等の規定にもとづかない措置等に関しては，労基法13条に当たる規定が設けられていない以上，請求権の存在は否定するほかないであろう。

　(viii)　事業主は，上記の(i)～(v)に掲げられた措置であって「性別以外の事由を要件とするもののうち」，諸事情から見て「実質的に性別を理由とする差別となるおそれがある措置」として厚生労働省令で定めるものについては，その実施がとくに必要であるなどの「合理的な理由」がある場合でなければ，そのような措置を講じてはならない（均等7条）。これは「間接差別」に関する定めである。省令は，募集・採用について身長・体重・体力に関する事由を要件とするもの（均等則2条1号），募集・採用または昇進・職種変更について住居の移転をともなう配転に応じ得ることを要件とするもの（同条2号），昇進について勤務するところと異なる事業場に配転された経験があることを要件とするもの（同条3号）が禁止されるとしている。そして，前記の指針は，この「間接差別」となる3つのものについて，それぞれの意義と具体例および「合理的な理由」を認められない場合の例などを示している（前掲平18厚労告614号第3・1～4）。

　均等法7条の「間接差別」については，①性別以外の事由を理由とする措置であって，②他の性の構成員と比較して，一方の性の構成員に相当程度の不利益を与えるものを，③合理的な理由がないときに講ずること，と定義されている（前掲平18厚労告614号第3・1・(1)）。ただし，この①・②に該当する場合を省令が上記のように限定列挙して定めている（均等則2条1～3号）ので，現行法では間接差別は「ごく限定的に禁止」（菅野259頁）されているに過ぎない。

とはいえ，省令が定める上記の3つのもの以外にも，間接差別ゆえ違法で不法行為が成立する場合は少なからずあると考えるべきであろう。[24]

(ix) 均等法5条〜7条の性別による差別的取扱いを禁止する定めは，雇用平等の支障となっている事情を改善するために事業主が行う女性労働者に関する措置を妨げるものではない（均等8条）。これは「ポジティブ・アクション」，すなわち女性労働者に対して行われる優遇措置が例外的に許容されることを示したものである。前記の指針は，募集・採用，配置，昇進，教育訓練，職種・雇用形態の変更に関しポジティブ・アクションとして法違反にならない措置をあげている。たとえば，女性労働者が相当少ない役職への昇進に当たって昇進のための試験の受験を女性にのみ奨励したり，昇進基準をみたす労働者のなかから男性より女性を優先して昇進させたりすることなどである（前掲平18厚労告614号第2・14・(1)）。また，国は相談等の援助を行うことができるものとされている（均等14条）。

(3) 婚姻・妊娠・出産等を理由とする不利益取扱いの禁止

事業主は，女性労働者について婚姻・妊娠・出産したことを退職理由として予定する定めをしてはならず，婚姻したことを理由として解雇してはならず，妊娠・出産・産前産後休業など省令が定めるものを理由として解雇その他の不利益取扱いをしてはならない（均等9条1項〜3項，均等則2条の2）。妊娠中および産後1年を経過しない女性労働者に対する解雇は，それが妊娠・出産等を理由とする解雇でないことが証明されないかぎり無効となる（均等9条4項）。前記の指針は，不利益取扱いを禁止される理由のうちの「その他」について，契約更新の拒否，降格，派遣労働者の役務提供の拒否などを例示している（前掲平18厚労告614号第4・3・(2)）。この妊娠・出産を理由とする不利益取扱いの禁止は労働者派遣の派遣先事業主にも適用される（派遣47条の2）。

---

24) 櫻庭・前掲「雇用差別禁止法制の現状と課題」9頁は，衆議院厚生労働委員会の附帯決議において省令が定める以外のものでも司法判断で間接差別法理により違法とされる可能性がある旨を周知すべしとされたこと，直接差別と間接差別の境界が明確ではあり得ないことを踏まえると，省令が定めるもの以外の間接差別を認める可能性を否定すべきではないとする。そして，世帯主基準による家族手当の支給について，間接差別を定めた均等法7条の趣旨に徴して，業務遂行上・雇用管理上とくに必要であることを使用者が示さないかぎり違法と解することになろうとしている。

■均等法9条の強行規定性，妊娠・出産等を理由とする不利益取扱いの違法性判断

均等法9条の強行規定性について以前はやや不明確であったが，2006（平18）年改正で創設された同条3項・4項は強行規定と解するほかないものであろう。広島中央保健生協（C生協病院）事件＝最1小判平26.10.23民集68巻8号1270頁は，均等法9条3項は強行規定として設けられたものであり，妊娠・出産等を理由とする解雇その他の不利益取扱いは違法・無効である旨を明言している。

妊娠・出産，産前産後休業，育児休業等を理由とする不利益取扱いの違法性について，以前の裁判例は，労基法や育介法等が認める権利の行使を抑制して法の趣旨を実質的に失わせるものであれば公序に反し違法・無効であるとしていた（→463頁以下，470頁以下）。これに対し，上記の広島中央保健生協（C生協病院）事件＝最1小判平26.10.23は次のようにいう。①均等法の目的・基本理念および同法9条3項の趣旨・目的に照らせば，妊娠中の軽易業務への転換を契機として降格させる事業主の措置は，原則として同項が禁止する不利益取扱いに当たるものであり，②(i)労働者が軽易業務への転換と上記措置により受ける有利な影響および不利な影響の内容や程度，事業主による上記措置に係る説明の内容その他の経緯や労働者の意向に照らして，労働者が自由な意思にもとづいて降格を承諾したと認めるに足る合理的な理由が客観的に存在するとき，または(ii)労働者につき降格の措置をとることなく軽易業務へ転換させることに円滑な業務運営や人員の適正配置の確保などの業務上の必要性から支障がある場合で，その業務上の必要性に照らして上記措置につき同項の趣旨・目的に実質的に反しないと認められる特段の事情が存在するときは，同項が禁止する不利益取扱いに当たらない。③(i)上記の承諾に係る合理的な理由に関しては，有利または不利な影響の内容や程度の評価に当たって，措置の前後における職務内容の実質，業務上の負担の内容や程度，労働条件の内容等を勘案し，労働者が措置による影響につき適切な説明を受けて十分に理解した上で諾否を決定し得たか否かという観点から存否を判断すべきであり，(ii)上記特段の事情に関しては，業務上の必要性の有無および内容・程度の評価に当たって，労働者の転換後の業務の性質や内容，転換後の職場の組織や業務態勢および人員配置の状況，労働者の知識や経験等を勘案するとともに，有利または不利な影響の内容や程度の評価に当たって，措置に係る経緯や労働者の意向等をも勘案して存否を判断すべきである。

そして，事案は妊娠中の軽易業務への転換を契機とする降格の効力を争うものであったが，同判決は，労働者が自由な意思にもとづいて降格を承諾したと認めるに足る合理的な理由が客観的に存在するとは認められず，均等法9条3項の趣旨・目的に実質的に反しないと認められる特段の事情の存在も認め得ないとして，均等法9条3項が禁止する不利益取扱いに当たらないとした原判決を破棄している。差戻審（広島高判平27.11.17労判1127号5頁）では，最1小判平26.10.23がいう上記②(i)と②(ii)の例外の場合に本件は該当せず，使用者には「労働法上の配慮義務違反」があったとされている。

この最高裁判決は，妊娠・出産・育休等を理由とする不利益取扱いの違法性について，新たな考え方（判断枠組み）を示したものといえよう。上述のように，以前の裁判例は均等法等による権利保障の趣旨を実質的に失わせるものは公序に反し違法としていたが，本判決では，不利益取扱いは「原則として」違法・無効であり（上記①），労働者が自由な

意思で承諾したと認められる合理的理由が存するとき（上記②(i)）または均等法9条3項の趣旨・目的に実質的に反しないと認められる特段の事情が存するとき（上記②(ii)）に「例外」として適法・有効になるとしている。従来のように公序違反となるような事情の有無が問われるのではなく，降格等は原則として均等法9条3項が禁止する不利益取扱いに当たるのであるから，例外として許される場合であるための諸事情の主張・立証責任は使用者側に課せられることになる（水町勇一郎「妊娠時の軽易業務への転換を契機とした降格の違法性」ジュリ1477号［2015年］106頁）。

　同判決によって，均等法9条3項は強行規定であり，妊娠・出産等を理由とする不利益取扱いは原則として違法・無効であることが明確になったことは肯定的に評価されるべきであろう。ただし，例外として不利益取扱いが許される場合について説示されているところには，とりわけ理論的な疑問がある。

　まず，「例外」の第1のもの（上記②(i)）であるが，強行規定である法規が禁止する違法行為が「承諾」のゆえに有効になることはあり得ないのではないか。たとえば国籍・信条を理由とする解雇が労働者により容認されたことで適法・有効になるとは考えられないであろう。「自由な意思にもとづいて降格を承諾したと認めるに足る合理的理由が客観的に存在するとき」というのは，相殺契約による賃金の一部控除は全額払原則（労基24条1項）の例外として許容されるとした最高裁判決（日新製鋼事件＝最2小判平2.11.26民集44巻8号1085頁）を「踏襲するもの」（富永晃一「妊娠中の軽易業務転換を契機とする降格の均等法9条3項（不利益取扱い禁止）違反該当性」季労248号［2015年］179頁）のようである。しかし，労働者の同意があれば賃金控除は労基法違反を免れるとする法解釈には疑問があり，他方，賃金の一部控除も労働者代表との書面協定があれば許されるのであるから，個別合意（相殺契約）による賃金の一部控除を禁止する必要はないとも考えられる（→283頁）。いずれにせよ，妊娠・出産等を理由とする不利益取扱いの違法性について，それを賃金の一部控除の適法性についてと同一の方法で判断するというのは納得し難いもののように思われる（水町・前掲106頁は「問題の局面が異なる」という）。

　また，妊娠中の労働者のニーズは多様であり，軽易業務転換では個別事情に応じて本人の意向に沿った処遇が望ましいので，自由意思にもとづく同意を得てなされた降格は均等法9条3項が禁止する不利益取扱いに当たらないとする見方もある（両角道代「妊娠中の軽易業務転換を契機とする降格の適法性」ジュリ1494号［2016年］114頁）。傾聴に値する見解であるといえよう。

　次に，上記③(i)の「合理的理由」の考慮要素としての諸事情を見ると，容易なことでは「自由な意思にもとづく承諾と認められる合理的理由が客観的に存在する」ことになり得ないのではないかと考えられる。そして，当事件の降格処分については，(a)有利な影響の内容・程度が不明であり，(b)地位・給与上の不利な影響があり，(c)復帰を予定しない降格で労働者の意向に反するもので，(d)復帰の可能性等について適切な説明がなく，十分に理解して諾否を決定し得ないものであったとして，自由な意思にもとづいて承諾したと認められる合理的理由の存在を否定している。これは随分と厳しい判断であり，これらの(a)～(d)について逆である旨を主張・立証できれば「自由な意思にもとづく承諾」と認められることになるが，それは至難のわざというほかないであろう。

では，例外の第2のもの（上記②(ii)）はどうか。こちらは，企業施設内での無許可のビラ配布に関して，就業規則の定めに形式的に違反していても実質的に秩序を乱す恐れのない特別の事情があるときは懲戒処分し得ないとした最高裁判決（目黒電報電話局事件＝最3小判昭52．12．13民集31巻7号974頁，倉田学園事件＝最3小判平6．12．20民集48巻8号1496頁）を想起させる（富永・前掲季労248号180頁は「表現」が「近い」という）。これも，懲戒権の濫用（労契15条）とされるべき場合を妊娠・出産等を理由とする不利益取扱いに例外的に当たらない場合と同一に扱おうとすることであって，やや「場違い」であるように思われる。そして，当事件の降格処分については，(e)降格せずに軽易業務に転換させる必要性があったか否かは不明であり，(f)業務上の負担軽減が図られたか否か不明であり，(g)地位・給与上の不利益があり，(h)復帰を予定しない降格で労働者の意向に反するものであったから，均等法9条3項の趣旨・目的に実質的に反しない特段の事情は認められないとしている。これまた厳しい判断であり，これらの(e)～(h)につき逆であることの主張・立証はきわめて困難であろう。
　このように，本最高裁判決が示した新たな考え方（判断枠組みとその適用のあり方）には疑問があることを否定できない。しかし，これまでの裁判例等におけるように，人事権の濫用に当たるものではないか，均等法等の趣旨を失わせるもので公序に反しないか等の観点から適法か否かを判断するのではなくて，「原則禁止・例外許容」という明確な基本ルールによって違法か否かを決するというのであるから，紛争当事者にとって予測可能性がより高いこともあって，こちらのほうが妥当・適切ということもできよう。ただ，「例外許容」のハードルが高きに失するようでもあり，そこのところが修正されることが望ましいと筆者は考える。なお，本判決後に，最高裁判決を踏まえて均等法9条3項の解釈を一部改める旨の通知が出されている（平27．1．23雇児発0123第1号〔改正男女雇用機会均等法および改正育児・介護休業法施行通達の一部改正〕）。

■妊娠中・産後1年未満の労働者の解雇
　均等法9条3項が妊娠・出産を「理由として」なされる不利益取扱いを禁じるのに対し，同条4項は妊娠中および出産後1年を経過しない女性労働者の解雇はいわば常に無効であるとし，ただし妊娠・出産等を理由とする解雇でないことを証明した場合は別とする。そこで，解雇が妊娠，出産等を理由とするものでないことの証明責任は事業主側にあることになる（平18．10．11雇児発1011002号等）。また，前掲広島中央保健生協（C生協病院）事件＝最1小判平26．10．23を受けて出された改正通達（前掲平27雇児発0123第1号）は，妊娠・出産等を「契機として」解雇その他の不利益取扱いを行った場合は「理由として」いると判断され，その「契機として」とは基本的には時間的に近接して不利益取扱いがなされたか否かで判断する，としている。ネギシ事件＝東京高判平28．11．24労判1158号140頁は，妊娠中であることを知っていながら「社員としての適格性がない」等を理由になされた女性労働者の解雇について，就業規則の解雇事由に該当するためになされたもので妊娠したことを理由とするものでなことは明かであるとして，解雇権濫用に当たらず有効としている。この判決については，これでは均等法9条3項を「さらに強化する，均等法に特有の」同条4項の「存在意義はないに等しい」ことにならないか，という

批判がされている（中窪裕也「妊娠中の女性労働者に対する解雇の効力」ジュリ1515号［2018年］126頁）。筆者も同感である。

(4) **機会均等のために事業主が講ずべき措置（セクシュアル・ハラスメント対策等）**

(i) 事業主は，職場における性的言動への対応によって労働者が労働条件につき不利益を受け，または性的言動によって労働者の就業環境が害されることがないように，労働者からの相談に応じて適切に対応するための体制を整備するなど，雇用管理上必要な措置を講じなければならない（均等11条1項）。セクシュアル・ハラスメントについては1997（平9）年改正によって初めて規定が設けられ，そこでは「女性」が性的言動によって労働条件につき不利益を受けるなどのことがないように事業主が雇用管理上必要な配慮をすべきものとされていた。2006（平18）年改正は，それを男性に対するセクシュアル・ハラスメントをも対象とし，事業主は「配慮」にとどまらず具体的な「措置」を講じる義務を負うものと改めた。事業主が講ずべき措置については指針で定めるものとされ（均等11条2項），その指針[25]は，まず職場におけるセクシュアル・ハラスメントを「対価型」と「環境型」に分け，さらに「職場」・「性的な言動」等の定義をした上で典型例を示す。そして，「方針の明確化と周知・啓発」，「相談（苦情を含む）に応じて適切に対応するための体制整備」，「事後の迅速かつ適切な対応」，「併せて講じられるべき措置」に分けて，それぞれについて事業主が講ずべき措置を列挙して多数の具体例をあげている。この義務も労働者派遣の派遣先事業主に適用されることになっている（派遣47条の2）。

セクシュアル・ハラスメントに関わる措置を講じる事業主の義務は，厚生労働大臣の行政指導と企業名公表（均等29条・30条）および都道府県労働局長による紛争解決援助等（均等16条）の対象となる。このような義務の懈怠が直ちに私法上の履行請求権や損害賠償請求権を発生させるとは考えられない。しかし，セクシュアル・ハラスメントの被害者は加害者および事業主に対し不法行為ないし債務不履行の責任を問うことができる。これは当然のことであろう。

■ **セクシュアル・ハラスメントと私法上の責任**

均等法の制定・施行時から今日までの間には，膨大な数の「相手の意に反する性的言

---

[25] 「事業主が職場における性的な言動に起因する問題に関して雇用管理上講ずべき措置についての指針」（平18. 10. 11厚労告615号）。2013年，2016年に一部改正されている（平25. 12. 24厚労告383号，平28. 8. 2厚労告314号）。

動」（山﨑文夫「セクシュアル・ハラスメント」争点30頁）に関わる裁判例が見られている。その大多数は，女性労働者がセクシュアル・ハラスメントについて上司等および事業主に対して損害賠償を請求した事例であるが，近年はセクシュアル・ハラスメントをしたゆえに解雇もしくは懲戒処分をされた労働者が処分の無効を主張して争ったものが少なくない（海遊館事件＝最1小判平27．2．26労判1109号5頁等）。また，派遣労働者が派遣元に損害賠償を請求した事例もある（→173頁）。

　これまでの数多くの裁判例では，部下の女性に対する男性上司による性的行為の強要，異性関係に関する悪評の流布，性的行為の拒絶に報復する不利益取扱い等，あるいは男性の上司や一般従業員による女性の身体に接触したり卑猥な言葉をかけるなどの行為が，被害者の性的自己決定権などの人格的利益あるいは働きやすい職場環境のなかで働く利益等を侵害するゆえに不法行為を構成するとされている（株式会社乙田事件＝最2小判平11．7．16労判767号14頁，横浜セクハラ事件＝東京高判平9．11．20労判728号12頁等）。不法行為の成否について，裁判例は次のような判断枠組みを示しているといわれる（山﨑・前掲30頁）。①強制わいせつ等の刑罰法規違反の行為は違法とし，②それ以外の身体接触・言辞等については，当事者の関係，行為の場所・時間，態様・程度，相手の対応等の諸事情を総合的に考慮して，社会的相当性を超えるときは違法なものとなり，③個々の行為に違法性がないものでも，相手の明示的または黙示的な意思に反して反復的・継続的に行われるなど，社会的相当性を超えるときは不法行為を成立させる。

　前掲海遊館事件＝最1小判平27．2．26は，使用者らの損害賠償責任ではなく，懲戒処分と降格の効力の有無が争われたものであるが，判決は，職場におけるセクシュアル・ハラスメント，とくに管理職者のそれに対する厳しい見方を示し，また使用者によるセクシュアル・ハラスメント防止の取組みの重要性を説示している。すなわち，同事件の原審はセクシュアル・ハラスメントの被害者が明白な拒否姿勢を示さなかったこと等から処分は重きにすぎるとしたが，最高裁判決は，セクシュアル・ハラスメントの被害者は著しい不快感や嫌悪感があっても職場の人間関係の悪化等を懸念して加害者への抗議や使用者への申告を差し控えることが多いとし，また，管理職者はセクシュアル・ハラスメント防止に関する会社の方針・取組みを当然に認識すべきである等として，原審の判断は是認され得ないとしている。職場におけるセクシュアル・ハラスメントについての，このように容易には許容されるものでは決してないとする立場は肯定的に評価されるべきであろう。セクシュアル・ハラスメントの被害者は職場における上下関係や同僚との関係を保つために抗議等をしないのが一般であるとしつつ，不法行為責任を肯定したものとして知られる裁判例がある（前掲横浜セクハラ事件＝東京高判平9．11．20）。

　セクシュアル・ハラスメントについての事業主，つまり企業自体の責任は，大多数の裁判例では民法715条の使用者責任とされているが，職場環境配慮義務（労働契約上の付随義務）の違反として不法行為（民709条）ないし債務不履行（民415条）の責任が問われ得るとするものも少なくない（京都セクハラ事件＝京都地判平9．4．17労判716号49頁等）。均等法の1997（平9）年改正の施行以後はセクシュアル・ハラスメント防止のために適切な措置を講じることが一層強く要請されるとしつつ，職場環境整備義務違反の不作為がセクシュアル・ハラスメントの一因になったとして事業主の不法行為責任を認めたものもあ

る（下関セクハラ事件＝広島高判平16.9.2労判881号29頁）。民法715条1項但書は使用者が免責される場合を定めているが，この免責は一般にはほとんど認められていない（内田貴『民法Ⅱ・債権各論〔第3版〕』［2011年］484頁・496頁等参照）。そうすると，セクシュアル・ハラスメントについて事業主は無過失責任を負うことになりかねないが，それは妥当なことではないであろう。均等法11条2項にもとづく「指針に従った雇用管理上の対応を十分にしていれば」事業主は使用者責任を免れる（菅野262頁），と解してよいのではないか。十分なセクシュアル・ハラスメントの防止対策を講じるインセンティヴを使用者に付与するためにも免責を認めるべきであるとの見解（山川隆一「セクシュアル・ハラスメントと使用者の責任」『労働関係法の国際的潮流（花見忠古稀記念）』［2000年］26頁）は傾聴に値する。それから，事業主の損害賠償責任について，いわゆる代位責任である使用者責任（民715条）とするか，それとも自己責任，すなわち事業主自身の不法行為（民709条）もしくは債務不履行（民415条）の責任とするかであるが，後者がベターであろう。前者は加害者の不法行為の成立を前提とするため，加害者の特定が困難であるなど被害者が立証の困難を免れ得ない（荒木110頁）からである。

(ⅱ) 事業主は，職場における女性労働者に対する妊娠・出産・育児休業等に関する言動により就業環境が害されることがないように，雇用管理上必要な措置を講じなければならない（均等11条の2，均等則2条の3）。前記の広島中央保健生協（C生協病院）事件＝最1小判平26.10.23は「マタハラ判決」などとよばれるが[26]，この定めはいわゆるマタニティ・ハラスメントに関わるものとして，2016（平28）年の均等法改正によって新設されたのである（施行は2017〔平29〕年1月）。「マタハラ指針」も出されている（平28.8.2厚労告312号）。

(ⅲ) 事業主は，妊娠中および出産後の女性労働者の健康管理に関して厚生労働省令が定めるところにより措置を講じなければならない（均等12条・13条）。この定めも派遣先事業主に適用される（派遣47条の2）。

Ⅲ　中間搾取の排除等

①　強制労働の禁止

「強制労働の禁止」を定める労基法5条は，憲法18条の趣旨を労働関係のな

---

[26] 近年の裁判例には，妊娠したことを告げて業務の軽減を希望した女性労働者に「マタハラ」的な言動をするなどの対応をした上司と使用者の不法行為責任を認めたものがある（ツクイほか事件＝福岡地小倉支判平28.4.19労判1140号39頁〔→465頁，528頁〕）。

かに具体化した規定である。暴行・脅迫・監禁はそれら自体が犯罪を構成するが（刑208条・220条・222条），強制労働と結びつく場合には反社会性がより強度となるので刑法よりも厳しく，また労基法違反行為として最も重い処罰の対象となる（労基117条）。しかも暴行・脅迫・監禁に至らなくても，「不当」に精神または身体の自由を拘束して労働を強制すれば同条違反になる。いわゆる経済的足止め策も労基法5条（および労基16条）の違反になり得るとして，「サイニングボーナス」を返還させる約定を公序に反し無効とした裁判例がある（日本ポラロイド事件＝東京地判平15. 3. 31労判849号75頁）。

②　中間搾取の排除

　労基法6条は，何人も「法律に基いて許される場合」を除き業として他人の就業に介入して利益を得てはならないと定める。労使以外の第三者が営利目的で労働関係の成立と存続に関与する事業を行うことを，とくに許された場合を除いて禁止する趣旨である。

　労基法6条のタイトルは「中間搾取の排除」であるが，そこに定められているのは「就業介入営利事業の禁止」にほかならない（馬渡淳一郎「職業紹介事業・労働者派遣事業の規制緩和」労研446号［1997年］34頁・40頁）。つまり，職安法による職業紹介事業等への規制に反すれば同時に労基法違反となるが，他方，職安法の規定にもとづき許可を得て行われる有料職業紹介事業等は労基法6条にいう「法律に基いて許される場合」に該当することになる。なお，「業務請負」・「労働者派遣」は，労働者が請負人・派遣元と労働契約を締結するのであって，注文者・派遣先と労働者の間に契約は存しないものであるから（→161頁，162頁），「他人の就業に介入」するものではなく，労基法6条の「中間搾取」には該当しない。

③　公民権行使の保障

　労基法7条は，使用者は労働者が公民としての権利の行使または公の職務の執行のための時間を請求した場合には拒否してはならないと定める。「公民としての権利」とは，公職選挙をはじめとする国または公共団体の公務に参加する権利で，被選挙権もこれに入るが他人の選挙運動への協力や訴権行使は含まれず，「公の職務」とは国または公共団体の公務にたずさわる義務で，議員，

労働委員会委員，裁判や労働委員会の証人としての職務等をいうものとされている（昭63．3．14基発150号）。

公民権行使の保障に関連して，労働者が公職に就任した際に使用者のとる措置の是非が問題となる場合がある。使用者の承認なく公職選挙に立候補し，あるいは公職に就任した者は懲戒解雇する旨の就業規則の定めを労基法7条の趣旨に反し無効とした最高裁判例がある（十和田観光電鉄事件＝最2小判昭38．6．21民集17巻5号754頁）。しかし，同判決も傍論で認めているように普通解雇が許される場合はあり得る（社会保険新報社事件＝東京高判昭58．4．26労民集34巻2号263頁等）。一般には休職とすることが多いと思われるが，その場合でも公職就任が職務遂行と両立し得ないことを必要とすると解しなければならない（森下製薬事件＝大津地判昭58．7．18労民集34巻3号508頁）。

④ 寄宿舎における私生活の自由等

労基法には，寄宿舎における労働者の私生活の自由を保護し，また寄宿舎施設の安全衛生を確保するための規定がおかれている（94条～96条の3）。諸外国には同種の立法例はないようで，かつて多く見られた労働者の寄宿舎生活への使用者による不当な干渉を排除しようとする趣旨である。細部の事項は事業附属寄宿舎規程と建設業附属寄宿舎規程に定められている。

法規制の対象とされるのは「事業の附属寄宿舎」である。それゆえ社宅のように居住する労働者がそれぞれ独立して生活しているもの，少人数の労働者が事業主の家族と生活をともにする「住込」などは，ここでの寄宿舎に当たらない（昭23．3．30基発508号参照）。事業に「附属」するかどうかは，その事業が通勤距離内から労働力を充足できるか否かなどの諸事情を総合して判断される（同前）。

使用者は寄宿舎における労働者の私生活の自由を侵してはならない（労基94条1項）。私生活の自由を侵す使用者の行為としては，外泊・外出につき承認を受けさせること，教育・娯楽などの行事への参加を強制すること，特別な場合を除き面会の自由を制限することなどがあげられる（事業附属寄宿舎規程4条）。このほか，私信の検閲や帰郷の制限などがあろう。使用者はまた，寄宿舎における役員選任に干渉してはならない（労基94条2項）。寄宿舎における私生活の自由が保障されねばならない以上，そこでの共同生活の秩序は寄宿す

る労働者たちの自治によって維持されるほかはない。役員選任への干渉は，寄宿舎生活の自治に対する最も明白な侵害行為として禁止されなければならない（昭23. 6. 3 基収1844号）。

　事業の附属寄宿舎に労働者を寄宿させる使用者は，起床・就寝，外出・外泊，行事，食事，安全衛生，建物管理等の諸事項について，寄宿労働者の過半数を代表する者の同意を得て寄宿舎規則を作成し，労基監督署に届け出なければならない（労基95条1項〜3項）。規則を変更する場合も同じである（同前）。また使用者は，事業の附属寄宿舎について換気，採光，照明，保温，防湿，清潔，避難，定員の収容，就寝に必要な措置など，労働者の健康，風紀，生命の保持に必要な措置を講じなければならない（労基96条）。

第 2 章 労働契約

第 1 節　労働契約の意義・期間等

Ⅰ　労基法・労契法における労働契約

1　労働契約の概念

　「労働契約」という言葉は労基法の 2 条，第 2 章（13 条～23 条），58 条，93 条，労契法の多くの条および労組法の 16 条に見られる。これを定義した規定は労基法・労組法にはないが，労契法 6 条は労働契約の意義を定めたものと見ることができよう。同条のタイトルは労働契約の「成立」であるが，同法 2 条の「労働者」・「使用者」の定義と相まって労働契約の概念定義をしたものと解することができる。労働契約という言葉はやや多義的な使われ方をしているが[1]，最も一般的には，労働法上の労働者と使用者（これらの意義については→26 頁以下）を当事者とする関係，つまり労働関係を成立せしめ，さらにそれを維持し具体的に展開させていく契約であり，したがって他人の指揮監督下で労働への従事が行われ，労働従事そのものに対して対価が支払われる関係の法的形態であるといえばよいであろう。

　この労働契約は，民法 623 条以下に定めのある雇用契約とはいかなる関係に立つのか。かつての学説では，労働契約は「労働の従属性」を本質的特徴とするところの，雇用契約とは峻別されるべき独自の概念であるとする考え方が有力であった。また，新たな視点から雇用と労働契約は異なるものとする見解もある（村中孝史「労働契約概念について」『京都大学法学部創立百周年記念論文集・第 3 巻』［1999 年］458 頁以下等）。

　この点について，筆者は以下のように考えている。契約類型としての「雇用」は，労働そのものを目的とする点で労働の結果を目的とする「請負」と異なり，また使用者の指揮命令下で労働に従事する点で，受任者が自らの裁量に

---

[1]　すなわち，労働関係を成立・維持させる合意を意味したり，就業規則や労働協約や慣行によって内容が形成される労働関係そのものをとらえる概念であったり，労働者と使用者の個別的な合意を指すものとして（つまり就業規則や労働協約に対するものとして）使われたりしている。筆者は，この多義的な用語法にはプラス面もあると考えて，より厳密な定義づけなしで，この言葉を使うことにしている。

よりそれをなす「委任」および請負人が自主的にそれをなす「請負」と区別される。わが国の民法における雇用は、「労働に従事すること」と「これに対してその報酬を与えること」が約される（民623条）契約関係である。それは資本主義社会における賃労働関係の法的表現にほかならない。それゆえ労働契約も契約類型としては雇用契約と同一のものと解するのが正しい[2]。もっとも、民法の雇用の規定は労働者の生活保護という理念（労基1条・労契1条）を含まず、団結権等の保障により労働関係が団体交渉や労働協約に規制されることなどを全く予定していない。その意味では、今日の労働者と使用者の契約関係には「労働契約」という名称を付するのが適切であるといえよう[3]。

そして、民法の雇用の規定と労契法を統合する立法を考えなくてはならないと思われる。なお、労基法と労契法には適用除外の定めがあり（→24頁、25頁）、民法の雇用にはそれがないが、それゆえに雇用契約と労働契約が契約類型として異なることになるわけではない。

■雇用規定と労契法の統合

前記（→8頁）のように、2017［平29］年5月に民法の債権（契約）関係の規定を大幅に変更する改正法が成立したが、623条以下の「雇用」の規定については、当面は原則として維持されることになっている。しかし、「雇用」と「労働契約」の両概念に意味のある違いがないのであれば民法の雇用と労契法を統合することに理論的な障害はなく、同じ法律関係を規律する私法ルールが分散して微妙に異なる用語が使われている状態は国民に分かりやすくない（内田貴『民法改正のいま――中間試案ガイド』［2013年］191頁）のは確かである。いずれは両者の統合を行わなければならないであろう。「統合」のあり方とし

---

2) わが民法においては、委任が無償に限られるゆえに雇用契約（Dienstvertrag）を「従属的」（abhängig）なそれと「非従属的」（unabhängig）なそれに分けて前者を「労働契約」（Arbeitsvertrag）と観念せざるを得なかったドイツの場合とは違って、ドイツにおける非従属的雇用が有償委任に含まれることになるため（民648条1項参照）、雇用と労働契約の契約類型としての差異を論じる意味はないのである（下井3頁以下・39頁以下・48頁以下等参照）。

3) 筆者は、民法の雇用も指揮命令下の労働に対して報酬が支払われる関係をいうと解するゆえに労働契約と雇用契約は契約類型として同一と考えるのであるが、労働法の適用対象かどうかの判断が微妙な場合が今日ますます増え（→27頁以下）、雇用と請負や委任の混合契約あるいはそれらが併存していると解される労務供給関係が実際には少なからず存在していることを考えると、労働契約とは契約類型として雇用・請負・委任のいずれであるかを問わず、労働法上の使用者と労働者を当事者とする関係のすべてを指すと解するのが、より簡明で適切であるといえよう。近年の裁判例には、当該の関係を雇用契約ないし労働契約とみるべきか否かが争われたものが少なからずあるが、そのように解する立場のものが多いように思われる（福生ふれあいの友事件＝東京地立川支判平25. 2. 13労判1074号62頁、東陽ガス事件＝東京地判平25. 10. 24労判1084号5頁等）。

ては，労契法の規定を民法の雇用の章に移すか，雇用の規定を労契法に移すかが考えられるが，後者がベターであると思われる。

② 労働契約の法制度

　労基法の第2章「労働契約」には，労働契約の締結と終了について若干のことが定められている。労働契約に関わるさまざまな紛争，すなわち採用内定，試用期間，配転・出向・転籍，解雇・定年・退職，就業規則，懲戒処分等をめぐって生じる紛争は，労基法が施行されてから今日まで，判例・裁判例を中心として形成されたルール（「労働契約法理」というべきもの）によって法的に処理されてきた。「実質的意義の労働契約法」が存在してきている，ということができよう。

　労働契約に関する法制度を整備・改革し，実質的意義の労働契約法を「形式的意義の労働契約法」として明文法化することが1980年代から問題とされるようになり，具体的にはまず，1998（平10）年と2003（平15）年に労基法第2章の規定の改正があった。そして，2007（平19）年に労契法が制定された。1998（平10）年の労基法改正は必要な改正の多くが先送りされた感じを免れないものであったが，2003（平15）年の改正は，労働契約の期間は1年を超え得ないという長らく維持された原則を改め，法規定の上では基本原則であった「解雇の自由」を，判例では基本ルールであった解雇権濫用法理の明文化によって修正したもので，労働契約法制の決して些細ではない改革をしたものであった。なお，2000（平12）年には，会社分割制度の創設に際し，「会社分割に伴う労働契約の承継等に関する法律」（労働契約承継法）が制定されている。

　労契法は，2004（平16）年から厚労省の「今後の労働契約法制の在り方に関する研究会」が調査・研究を行い，労・使・公益代表からなる労働政策審議会における審議を経て，2007（平19）年に制定され，2008（平20）年3月1日に施行された。同法は，実質的意義の労働契約法の「広範な領域の中から，立法過程において関係者のコンセンサスが得られた比較的少数の（しかし重要な）事項を抜き出して制定されたもの」（土田2頁）で，実質的意味の労働契約法（労働契約に関する民事上のルール全体）とは必ずしもいえないもの（山川隆一「労働契約法の制定——意義と課題」労研576号［2008年］6頁）である。しかし，「労働契約に関する最初の本格的立法」であり，労基法・労組法と並んで「労働法

の基本法に位置する」もの（土田2頁）ではある。労働契約をめぐる基本的な民事上のルールを定め，労基法とは別の実施システムが初めて登場したわけで，今や労基法・労組法・労働関係調整法（労調法）に労契法が加わって「労働四法」になっている（山川・前掲6頁），ともいえる。今後は，民法（債権法）の改正も関連しつつ（→8頁，87頁等），判例・裁判例の「労働契約法理」がより多く労契法の規定として明文化されることを期待してよいであろう。もっとも，労契法は2012（平24）年に些細ないし軽微ではない改正がされているが，それは有期労働契約の規制を強化する趣旨のもので，「労働契約法理」の明文化では全くないもの（とくに労契法18条の「無期労働契約への転換」）を少なからず含むものであった（→106頁以下，112頁以下，118頁以下）。

■労契法の性格

　労契法の「目的」は，「合理的な労働条件の決定又は変更が円滑に行われるように」，「労働契約に関する基本的事項を定めること」である（1条）。この「基本的事項」とは労働契約に関する権利義務関係が中心となるから，労働条件の最低基準を定める労基法等と性格が異なることは明らかであり，それゆえに刑罰による法を実現するシステムは用いられず，労基署による監督指導はなされないことになっている（山川・前掲6頁）。この点に関し，労契法は厚労省所管の取締法規ではないかと見紛うような詳細な通達が出ているが，同通達は労働訴訟や労働審判の審理に影響を与えるものではないとの指摘がある（中町誠「労働契約法の制定過程と今後の展望」労研576号［2008年］30頁）。これには筆者も同感である。それから，民事上の権利義務関係を定めたものとはいえない理念規定，あるいは「できるかぎり……するものとする」といった努力義務の一種とみられる規定が少なからず設けられているが，このような不徹底な規定は見直されるべきであるといわれている（山川・前掲7頁）。確かに，そのとおりであろう。

II　労働契約の成立

1　成 立 要 件

　労働契約は「指揮命令下の労働」と「賃金支払い」の合意によって成立する（労契6条，民623条）。諾成契約であるから契約書の作成などは必要ではなく，

---

4)「労働契約法の施行について」（平20. 1. 23基発0123004号）。なお，同通達は労契法の2012（平24）年改正にともなって廃止され，新たに「労働契約法の施行について」（平24. 8. 10基発0810第2号）が発せられている（平24. 10. 26に一部改正）。

黙示の合意によることも可能である。労基法15条は労働契約の締結時に使用者は労働条件を明示すべきものとし，労契法4条1項は労働契約の内容について労働者の理解を深めるようにするものとしている。しかし，労働条件が明示されなかったために，あるいは労働契約内容についての十分な説明がなかったゆえに，労働契約が不成立になるということはない（→94頁）。労働契約は，「抽象的な労務提供と賃金支払いの合意」（菅野148頁）があれば成立するのである。

■黙示の合意による労働契約

労働契約は労働者と使用者の合意によって成立する（労契6条）が，黙示の合意による成立があり得ることはいうまでもない。安田病院事件＝最3小判平10. 9. 8労判745号7頁は，看護婦等紹介所から派出されて病院で勤務していた労働者について，紹介所による雇用は形式にすぎず，実質的には病院の指揮監督下で労務が受領されていたのであるから，労働者と病院の間には「客観的に推認される」黙示の労働契約を締結する意思があったと認められるとした原判決（大阪高判平10. 2. 18労判744号63頁）の判断を是認している。近年の裁判例としては，客観的な事実関係から推認し得る合理的な意思解釈として，形式上の出向先と労働者の間に黙示の労働契約の成立が認められるとしたもの（ウップスほか事件＝札幌地判平22. 6. 3労判1012号43頁）などがある。なお，指揮命令関係の存在という事実から黙示の労働契約成立を導き出す見解がかつての裁判例・学説に見られ，また近年の「偽装請負」につき注文者（派遣先）の企業に使用者としての責任を負わせようとする裁判例・学説が同旨の考え方を示している（→45頁）。それは筆者にはおよそ納得できない法解釈論であるが，パナソニックプラズマディスプレイ（パスコ）事件＝最2小判平21. 12. 18民集63巻10号2754頁以降の裁判例は筆者と同一の考え方に立っているように思われる（→44頁）。

■労働契約内容の理解促進

労契法4条1項・2項の趣旨・目的は，労働契約は労働者と使用者が対等の立場においてなした合意によって成立し，または変更されるという「合意原則」（労契1条）・「対等決定原則」（労契3条1項）の実質化および労働契約内容の明確化による紛争防止にあると解される（荒木270頁）。労基法15条1項は一定事項の書面明示を使用者の義務とするが（→94頁），労契法4条1項・2項は対象を限定していないので，たとえば福利厚生に関する事項についても労働者の理解を促進するものとされ，できるかぎり書面によって確認するものとされることになる。また，理解促進と書面確認は労働契約の締結時のみでなく，たとえば労働条件を変更する際にもなされるべきことになる。そして，「理解を深めるようにする」（同条1項）のであるから，使用者は労働契約内容を明示するだけでなく，労働者に対して説明することを求められることになろう。ただし，理解を深める「ようにするものとする」（1項）のであり，「できる限り」書面で確認する（2項）のであるから，

これらは当事者に対する訓示規定であって，請求権などの法律効果を生じさせるものではない（菅野147頁）。もっとも，使用者が理解を深める措置（労働契約内容についての説明など）を行っていない場合には，その事実は当該の労働契約の解釈において斟酌されるべきことになろう（荒木271頁）。また，採用時あるいは労働条件変更時の説明が不十分であったことで，使用者が不法行為責任を負うべき場合があり得る（荒木ほか・労働法91頁）。N社事件＝東京地判平26. 8. 13労経速2237号24頁は，採用決定通知と労働契約書に記された職務内容が異なるなどのことがあり，労働内容についての説明義務の懈怠があったとして損害賠償が請求されたものであるが，労契法4条1項は訓示規定で使用者の説明義務を生じさせるものではないとしている。

2 雇入れに対する法規制

労働契約の締結，すなわち雇入れについては労基法3条も適用がないと一般に解されてきた（→52頁）。労働契約における契約締結の自由（使用者にとっての「採用の自由」）は労働法による修正があまりされていない領域といえる。しかし，1997（平9）年改正以降の均等法では募集・採用についても男女に均等な機会を与えることが事業主の義務となっている（→71頁）。また，障害者雇用法は1976（昭51）年改正からは法定率以上の障害者雇用を法的義務として事業主に課している。一定の場合には採用時の年齢差別をしないようにすることを事業主の義務とする2007（平19）年以降の雇用対策法（2018［平30］年改正後の労働施策推進法）の定めもある。さらには，2004（平16）年改正後の高年齢者雇用法は65歳未満の定年後の継続雇用を事業主に義務づけており（→217頁以下），2003（平15）年改正後の派遣法は一定の場合の派遣労働者への雇用申込みを派遣先に義務づけている（→174頁）。そして，2012（平24）年の派遣法，労契法，高年齢者雇用法の改正（→174頁，112頁，219頁）は，「採用の自由を直接的に制約し，雇用強制を正面から認める規定を導入している」（大内伸哉「雇用強制についての法理論的考察——採用の自由の制約をめぐる考察」『労働法学の展望〈菅野和夫古稀記念〉』［2013年］94頁）。今日のわが国労働法は，雇用政策の推進あるいは差別的取扱いの禁圧を目的として，雇入れに対する規制を加速度的に強めつつあるように見える。もっとも，これが今後も続いていくことであるのかは明らかではないし，「採用の自由や合意原則との抵触度」（荒木325頁）が合理性の範囲内にあるか否かの検討がなされるべきであろう。

■「調査の自由」について
　使用者には「採用の自由」があるから，労働者をいかなる方法（公募か縁故募集かなど）で募集するか，どのような基準で採用するかは原則的には使用者の自由ということになる。そして，採否に必要な個々の応募者についての調査をすることができるといってよい。しかし，この「調査の自由」が応募者の人格権・プライバシーとの関係において相当の制約を受けることを忘れてはならない。その点で，採否決定に当たって労働者の思想・信条を調査することは違法でないとする三菱樹脂事件＝最大判昭 48. 12. 12 民集 27 巻 11 号 1536 頁の考え方（→53 頁）は支持できず，職業的適格性の判断のためとはいえないような調査は違法と解すべきである。同判決については，試用期間の趣旨について「調査」による最終決定の留保であると解するところにも疑問がある（→139 頁以下）。それから，調査の対象事項においてのみでなく，調査の手段・方法においても社会通念上の妥当性を欠くものであれば違法となる。裁判例には，採用決定の前に本人の同意なしにウイルス検査等を行ったことがプライバシー侵害に当たるとしたものがある（B 金融公庫事件＝東京地判平 15. 6. 20 労判 854 号 5 頁）。

■障害者雇用の法制
　1960（昭 35）年制定の身体障害者雇用促進法は，政令で定める雇用率以上の障害者を雇用することについて，国・地方公共団体等には採用計画を作成することを義務づけ，民間企業の雇用主にも一定率以上の障害者を雇い入れる努力義務があるものとした。同法は 1976（昭 51）年に大きく改正され，国・地方公共団体のみでなく民間企業も障害者雇用を法的義務として課せられることになった。それは，常時雇用する労働者を雇用する事業主は，その雇用する障害者である労働者の数が，その雇用する労働者の数に障害者雇用率を乗じて得た数以上であるようにしなければならない，とした（障害者雇用 43 条 1 項）。雇用義務の対象者を身体障害者または知的障害者としたのは 1987（昭 62）年改正法であり，法律の名称も「障害者の雇用の促進等に関する法律」（障害者雇用法）に変更されている。同法は，その後も頻繁に改正されている。2002（平 14）年には，障害者の概念について，また障害者雇用率について法改正が行われた。さらに，2005（平 17）年には精神障害者を各事業主の雇用率の算定対象とすることを可能とする改正，2008（平 20）年には労働時間が 20 時間以上 30 時間未満の短時間労働者の雇用率への算入を可能とする改正が行われた。そして，この間に障害者雇用率は徐々に引き上げられ，制度発足時に民間企業で 1.1％ であったのが 2013（平 25）年 4 月からは 2.0％ になった。この法定雇用率は少なくとも 5 年ごとに政令で定められ，2018 年（平 30）4 月からは民間企業で 2.2％ となっている。同法における「障害者」とは，「身体障害，知的障害，精神障害（発達障害を含む……）その他の心身の機能の障害……があるため，長期にわたり，職業生活に相当の制限を受け，又は職業生活を営むことが著しく困難な者」をいう（2 条 1 号）。同法は「障害者雇用調整金」および「障害者雇用納付金」の制度を定めている（49 条・50 条・53 条等参照）。なお，前述のように（→49 頁），2013（平 25）年の法改正は「差別禁止」と「合理的配慮提供義務」という新たな法規制をするもので，わが国における障害者雇用政策のあり方を大きく転換することになるものであった。

それから，事業主は障害者である労働者が職業人として自立しようとする努力に対して協力する責務を有し，労働者の能力を正当に評価して雇用の安定を図るように努めるべきものとされる（障害者雇用5条）。この点に関し，障害者である労働者もまた自ら能力の開発・向上を図って職業人として自立するよう努める義務を負う（障害者雇用4条）として，障害等級3級の認定を受けていた者で作業中のミスを重ね指導されても改善を図らず失敗を隠蔽した労働者に対する雇止めを適法とした裁判例がある（藍澤證券事件＝東京高判平22．5．27労判1011号20頁）。

■障害者への合理的配慮の提供義務

2013（平25）年改正の障害者雇用法（施行は2018［平30］年4月）は，以下のように障害者に対する事業主の合理的配慮の義務を定めている。

①労働者の募集・採用においては，障害者からの申出により，当該障害者の特性に配慮した必要な措置を講じなければならない（障害者雇用36条の2）。②採用後においては，雇用する労働者の障害の特性に配慮した職務の円滑な遂行に必要な施設の整備，援助を行う者の配置その他の必要な措置を講じなければならない（同36条の3）。③ただし，これらの措置を講じることが事業主に対して過重な負担を及ぼすことになるときは，この限りではない（同36条の2但書・36条の3但書）。④合理的配慮の実施に当たっては，障害者の意向を十分に尊重しなければならない（同36条の4第1項）。これらの義務の違反については，厚生労働大臣による助言・指導・勧告がなされ（同36条の6），個別紛争解決促進法にもとづく紛争調整委員会による調整が行われ得る（同74条の7第1項）。そして，これらの規定は「強行規定や請求権の根拠規定にはならない」が，「解雇や人事に係る権利規定……の解釈において考慮されうる」（石﨑由希子「障害者差別禁止・合理的配慮の提供に係る指針と法的課題」労研685号［2017年］23頁）ことになろう。

これらの規定の解釈適用には難しい問題が多々あろうと思われる。たとえば，障害者への合理的配慮として軽易業務へ配置換えがされ，それによって従前よりも低い処遇となった場合は障害者に対する差別的取扱い（障害者雇用34条・35条）には当たらないのか。「障害者差別禁止指針」（平27厚労告116号）は，合理的配慮に係る措置の結果として健常者と異なる取扱いになっても差別に当たらないとする（第3の14ハ）。しかし，そのような措置が差別的意思をもってなされた場合は違法とすべきであろう。また，職務内容を限定して雇用された労働者が就労後に障害者となった場合，別種の職務につかせることは上記③の「過重な負担」に当たるのか。「合理的配慮指針」（平27厚労告117号）は「過重な負担」でないと解しているようである（第4の1(2)ロ）。「過重な負担」ゆえ事業主は障害者を別職務につかせなくても構わないのであれば，中途障害者の解雇あるいは雇止めが適法・有効とされやすいことになるが，それでよいかは疑問であるように思われる。

③ 労働条件の明示

労基法14条〜18条は労働契約の締結に関連する規制を定める。このうち14

条は後のⅢ「労働契約の期間」(→101頁以下) で見ることにし，ここでは15条～18条を説明する。

　労働契約は，指揮命令下の労働とそれへの賃金支払いの合意があれば成立するのであるが，労働条件についてあらかじめ明示されて合意することが望ましいことはいうまでもない。そこで，労基法は制定時から「労働条件の明示」を罰則付きで使用者の義務とし (15条1項・120条1号)，その後の改正によって規制を強化している。また，労契法は前述のように (→90頁) 労働契約内容の理解促進と書面化に努めるべきものとしている。

　労基法は，かつては賃金に関してのみ書面によるべきものとしていたが，1998 (平10) 年の改正以後は，就業の場所・業務，労働契約の期間，労働時間，退職の諸事項についても，昇給関係を除いては書面により明示すべきものとしている (労基15条1項後段, 労基則5条2項・3項)。明示すべき事項も，労働契約の期間 (労基則5条1項1号)，有期労働契約を更新する場合の基準 (同項1号の2)，所定労働時間を超える労働の有無 (同項2号)，休職に関する事項 (同項11号) が加えられている。パート労働者については，労基法15条1項後段が掲げる諸事項のほかに，賃金に関する事項として省令が定めるもの (昇給・退職手当・賞与の有無) を文書交付など，省令が定める方法によって明示することが事業主の義務となっている (パート労働6条)。また，労働者派遣の派遣元事業主は派遣先の就業条件 (業務の内容，事業所の名称・所在地，指揮命令者，期間，就業日，就業時間，安全衛生に関する事項等) を書面交付により明示すべきものとされている (派遣34条, 派遣則26条)。なお，労働条件明示の義務は公共職業安定所，職業紹介事業者にも課されている (職安5条の3)。

　労働条件の明示は「労働契約の締結に際し」，すなわち採用時に行われなければならない (労基15条1項前段)。そこで，労働契約は採用内定によって成立したと解される場合 (→129頁以下) には，使用者は内定時に労働条件を明示しなければならないことになる。ただし，上記のように指揮命令下の労働とそれへの賃金支払いの合意があれば労働契約は成立するのであるから，内定時に労働条件が明示されなかったことによって労働契約が不成立ないし無効となるわけではない。[5]

---

[5]　行政解釈は，労基法15条の趣旨は就業規則等の周知を使用者の義務とする同法106条と同様であるから，労働条件が明示されなかったとしても労働契約自体は有効に成立するという (労基

労働契約締結時に使用者が示したものが採用後の実際の労働条件と相違する場合には，労基法15条1項違反になるとともに，労働者は労働契約を即時に解除することができ（同条2項），使用者は帰郷旅費を負担しなければならない（同条3項）。もっとも，この労働者の即時解除権および帰郷旅費請求権は今日では実際の意味をあまり持たないであろう。では，労働者は労働契約締結時に示された労働条件による処遇を使用者に求めること，とくに採用時に示された賃金額と実際の支給額の差額支払いを請求することはできるか。

　労働者の募集から採用決定までの，すなわち求人（労働契約締結交渉）の過程で使用者が労働者に提示した労働条件が労働契約内容となるかは，「基本的には，合理的意思解釈の問題」（荒木332頁）である。労働者が採用時に示された賃金額と実際の支給額の差額支払いを使用者に請求し得るか否かは，当該の労働者と使用者は賃金額を確定した上で指揮命令下の労働とそれへの賃金支払いの合意をしたと解釈し得るか否かで決まるというほかはない。そして，そのような意思解釈をすることが不可能な場合でも，労働契約の締結過程における使用者による情報提供と説明の必要性は重視されるべきであるから[6]，信義則違反もしくは契約締結上の過失があったとして不法行為責任が生じることが少なくないと考えるべきであろう。

　■求人票記載の労働条件と労働契約
　　職安に出された求人票や募集広告等に記載された労働条件が労働契約の内容になっているかが争われることは少なくないようである。裁判例を見ると，賃金の「見込額」が記載されていたのだから労働者は記載額の賃金を請求し得ないとしたもの（八州測量事件＝東京高判昭58．12．19労判421号33頁）もあるが，求人票等には「退職金あり」と記されていたのに退職金が支給されなかった場合について，使用者は退職金支払いの労働契約上の義務を負うとしたもの（丸一商店事件＝大阪地判平10．10．30労判750号29頁），「雇用期間の定めも定年もなし」と記されていたのに期間1年の有期契約として処遇された場合に

局上234頁）が，そのように解してよいと思われる。これに対し，日本ニューホランド（再雇用拒否）事件＝札幌地判平22．3．30労判1007号26頁は，賃金の額は雇用契約の本質的要素ゆえ賃金額が不明なままでは再雇用契約は成立しないとしている。これを妥当な考え方とはいえないであろう。

[6]　大内伸哉「労働法と消費者契約」ジュリ1200号[2001年]92頁以下は，契約締結過程における当事者間の情報格差・交渉格差は労働契約に関してもきわめて重要であり，労働者の職業選択を合理的なものにするには労働条件明示だけでは不十分であって，明示が義務づけられている事項についての情報提供や説明を使用者の信義則上の義務とすることが望ましいという。そのとおりであると思われる。

ついて，期間の定めも定年もない労働契約が成立しているとしたもの（福祉事業者Ａ苑事件＝京都地判平29．3．30労判1164号44頁）がある。他方，求人票には「正社員」と記されていたが，面接を経て1か月後に雇用期間を5か月とする「契約社員」の労働契約が締結された場合について，求人票でなく，契約書記載の内容での労働契約成立と解したもの（前掲藍澤證券事件＝東京高判平22．5．27）がある。

　一応，次の2つの考え方があるといえよう。すなわち，①当事者間の別段の合意など特段の事情がないかぎり，求人票記載のものが労働契約の内容となる（千代田工業事件＝大阪高判平2．3．8労判575号59頁，前掲丸一商店事件＝大阪地判平10．10．30，前掲福祉事業者Ａ苑事件＝京都地判平29．3．30）。②労働者に著しい不利益をもたらすなど特段の事情がないかぎり，求人票記載とは異なる合意の内容が優先する（前掲藍澤證券事件＝東京高判平22．5．27）。この①と②は相反する立場では必ずしもないけれども，契約解釈の基準としては②がベターであろう。ただし，労働者募集から採用決定までの過程において使用者が信義に反する言動をすることは少なくないと思われ，それが存したと認められる場合には，求人票記載の労働条件が労働契約内容になることは肯定され得ないとしても，使用者に契約締結上の過失ないし不法行為の責任を課すべきものと考えられる（そのような処理をしたものとしては日新火災海上保険事件〔控訴審〕＝東京高判平12．4．19労判787号35頁，わいわいランド事件〔控訴審〕＝大阪高判平13．3．6労判818号73頁，ユタカ精工事件＝大坂地判平17．9．9労判906号60頁等）。

4　損害賠償予定の禁止

　使用者は，労働契約の不履行について違約金を定め，または損害賠償の額を予定する契約をしてはならない（労基16条）。この禁止の趣旨について，一般には退職の自由の確保，すなわち労働者が自己の意思に反して雇用関係の継続を強制されることの排除といわれている[7]。他方，これは労働者・使用者間の交渉力格差の現実に鑑みて，損害賠償額の予定を当事者の自由とする民法420条1項への特別法を設けたものという説明もされている（荒木75頁）。

　労基法16条違反の成否に関わる裁判例には，①所定の期間内に退職した労働者は「就職支度金」・「サイニングボーナス」等の返還義務を負うかが争われたもの，②使用者は修学・研修の費用の返還を所定の期間内に退職した労働者に請求できるかが争われたもの，がある。さらに，③退職後の守秘・競業避止義務に反した者への違約金の支払いを請求できるかが争われたものも，これらの義務違反を「労働契約の不履行」と解すれば労基法16条に関わる裁判例と

---

[7]　注釈労基上285頁〔藤川久昭〕，労基局上240頁，土田85頁等。筆者も，本書の〔第4版〕〔2007年〕（86頁）までは同様の説明のみをしている。

いうことになろう。

①の裁判例としては，「サイニングボーナス」を意思に反する労働を強制するものゆえ無効として返還義務を否定したもの（日本ポラロイド事件＝東京地判平15．3．31労判849号75頁），「就職支度金」は賃金的性格を有するものゆえ貸付金として返還請求し得ないとするもの（東亜交通事件＝大阪高判平22．4．22労判1008号15頁）などがある。裁判例の大多数は②のケースであるが，労働契約と区別された消費貸借契約の有無，研修等参加の任意性・自発性，研修等の「業務」性の程度，返還免除基準の合理性等の要素に着目した総合判断によって労基法16条違反の成否を決しているが，とくに業務性の程度が重視されるといわれている（荒木76頁）。③としては，労働者側が労基法16条違反を主張しなかったケースで，競業避止義務違反の態様や労使に生じ得る不利益等を考慮するならば約定された額の全部を違約金として認めることはできない，としたものがある（ヤマダ電機事件＝東京地判平19．4．24労判942号39頁）。

労働契約の不履行について損害賠償の予定をしてはならないのは何ゆえであろうか。労基法16条は，労働者の使用者への身分的隷属をもたらす「封建的労働慣行」の根絶を目的とした旧工場法施行令24条を受けたものといわれる（労基局上240頁）。そこで，退職の自由の確保が同条の趣旨であるとされ，使用者が負担した修学・研修等の費用を一定期間内の退職者から返還させる約定も，「労働契約の不履行」についての「損害賠償の予定」という文言には該当しないにもかかわらず，労働者から退職の自由を制約するようなものであれば労基法16条に違反して無効になると解されてきた。もっとも，労基法16条違反か否かは前述のように「業務性の有無」を中心とする諸要素に着目した総合判断によって決まるとされ，とくに近年は労働者に返還義務があるとする裁判例が多くなっている。

■修学・研修の費用返還に関する裁判例の考え方

これについては次のように整理できよう。①費用返還義務は研修等の終了後の勤務に関わりなく存在するが，一定期間の勤務をなした労働者は返済義務を免除されるというものであれば，それは免除特約付きの消費貸借契約が労働契約とは別個に締結されているのであるから，労基法16条に違反しない。②これに対し，費用返還義務の有無や範囲が研修等終了後の退職時期に左右されるものであれば，使用者が労働者に研修費用を与えた上で一定期間の継続勤務を義務づけ，その義務を履行しなかった労働者から一定額の損害賠償をとることを予定しているのであるから，労基法16条に違反する。個々のケースが①・

②のいずれに属するかは，研修等が労働者の業務遂行に必要なものかどうか，その費用は本来使用者が負担すべきものかどうかによって決まる。①に当たるとしたものは長谷工コーポレーション事件＝東京地判平9．5．26労判717号14頁，野村證券（留学費用返還請求）事件＝東京地判平14．4．16労判827号40頁，前掲東亜交通事件＝大阪高判平22．4．22等，②に当たるとしたものはサロン・ド・リリー事件＝浦和地判昭61．5．30労判489号85頁，新日本証券事件＝東京地判平10．9．25労判746号7頁，和幸会事件＝大阪地判平14．11．1労判840号32頁，医療法人K会事件＝広島高判平29．9．6労経速2342号3頁等である。

　使用者が退職する労働者に対して修学・研修の費用の返還を請求した場合についての，これまでの裁判例における処理は概ね妥当な結果にはなっている。しかし，修学・研修等の「業務性の程度」ないし「業務遂行上の必要性」が損害賠償の予定か否かの判断において最も重要とされることには疑問がある。そこでは，職務上必要な資格取得のための研修には業務関連性があるから費用は使用者が負担すべきであって退職者に返還を請求できないが，留学には一般に業務関連性がないゆえに費用を使用者が負担すべきものではないから退職者に返還請求できる，というように考えられているのであろう。しかし，留学費用の使用者負担も長期的視点から従業員の能力養成を目指すものであるから，業務性の程度が低いとか，業務との関連がないとはいえないであろう。また，使用者が「本来」負担すべき費用か否かの判断によって労働者の返還義務の有無を決することが妥当とは思われない。[8]

　労基法16条の趣旨に関しては，現実の交渉力・情報の格差に鑑みた労使の損害賠償予定の禁止とする理解が妥当・適切といえよう。民法420条1項は，とくに同項後段の定め（なお，この定めは2017［平29］年改正民法では削除されている）によって「当事者の合意を極めて強く尊重」している（内田貴『民法Ⅲ・債権総論・担保物権〔第3版〕』［2005年］172頁）が，労基法16条はいわば真逆に，労働者保護のために損害賠償予定の合意をすべて無効としているのである。利息制限法4条や消費者契約法9条と同一趣旨のものということができよう。そ

---

[8]　弁済に要する費用は別段の取決めがなければ債務者負担が原則である（民485条）から，労働という弁済に要する費用である資格取得のための研修における入学金・授業料等，通勤や出張における交通費・宿泊費等は，就業規則や労働契約の定めや法的効力を認められる慣行等で使用者負担とされているもの以外は，労働者が負担すべきものというほかはない。それゆえ，修学・研修等の費用につき使用者が「本来」負担すべきものゆえ退職者に返還請求し得ない，と考えることはできないのである。

れゆえ、修学・研修費用の退職者への返還請求には、「労働契約の不履行」について「損害賠償を予定する」ことを禁止する労基法16条は適用の余地はないと解すべきである。修学・研修の費用負担と返還に損害賠償予定の禁止というような強い法規制が課されることになると、企業が教育訓練投資のインセンティヴを持たず、労働者が教育訓練の機会を失う結果になる恐れがあること（山川隆一＝荒木尚志「労働判例この1年の争点」労研461号〔1998年〕33頁〔荒木〕）にも留意する必要があろう。

ただし、退職者に修学・研修費用の返還を義務づける約定が公序に反し無効とされるべき場合、あるいは返還義務を定める就業規則の条項が合理性を欠くゆえに労働者を拘束し得ない場合（労契7条・10条）は決して少なくないであろう。[9]

「就職支度金」・「サイニングボーナス」等を所定期間内に退職した労働者から返還させる約定は、労基法16条に違反するもので無効というほかはない。[10] もっとも、同条は損害賠償の予定を全面的に禁止するもので、いわば強すぎる[11]法規制をするものと考えられる。法の趣旨は交渉力格差ゆえの契約自由の制限

---

[9] たとえば、研修のための派遣先は大学等でなく使用者が決めた関連企業であるもの、研修中に労働者が企業に帰るように命じられることもあるようなもの、費用返還が免除されるまでの所要の勤務継続期間があまりに長いものなどは、公序違反で無効なもの、あるいは合理性を欠く就業規則の定めによるものであって労働者を拘束しないもの、ということになろう。前掲医療法人K会事件＝広島高判平29.9.6は、正看護師の資格取得のために3年間修学した後は6年間の勤務をしなければ費用を全額返還すべきものとすることについて、返還免除のための就労期間は労働契約期間の上限である3年（労基法14条）の2倍で、要返還額も基本給月額の約10倍であるから、退職自由を制約する効果は非常に大きく、それゆえ労基法16条に違反し無効であるとしている。

[10] 前掲東亜交通事件＝大阪高判平22.4.22は、「就職支度金」は賃金的性格を有するので「貸付金」として返還させることは信義則上許されないとする。また、コンドル馬込交通事件＝東京地判平20.6.4労判973号67頁は、「事前交付金」は給与の前渡しであるから不当利得返還請求できないとする。「労働の対償」（労基11条）であるものを一定期間内に退職する者から返還させる約定は、労働契約の不履行につき損害賠償を予定するものにほかならず、違法・無効というべきである。

[11] 立法趣旨において共通のところがある利息制限法4条1項は一定率を超える利率の損害賠償予定につき超過部分を無効とし、また消費者契約法9条も同条各号に定める消費者契約の損害賠償予定を無効としている。これに対し、労基法16条は労働契約の不履行について損害賠償の予定をすること自体を無効としている。前掲の日本ポラロイド事件＝東京地判平15.3.31について、高給労働者に労基法16条による保護が必要かどうかに疑問があるとの指摘があった（村中孝史＝中窪裕也「労働判例この1年の争点」労研532号〔2004年〕8頁〔村中〕）が、筆者も同感である。

なのであるから，この規定の射程範囲を限定的に解して，労働契約の不履行についての損害賠償予定ではあるが同条に抵触するものではない場合を認めてもよいと考えられる。[12]

では，退職後の守秘・競業避止義務違反についての違約金も違法・無効と解すべきか。筆者は，これは「労働契約の不履行」についての損害賠償予定に当たらないから労基法16条の適用対象ではないと考える。退職後の守秘・競業避止義務を労働者に課する約定については，当事者意思の「合理的限定解釈」をして労働者が不当に利益侵害を受けないようにすべきであるが（→265頁以下），労基法16条の適用による規制をすることは適当ではないと思われる。[13]

なお，労基法16条が禁止するのは損害賠償の「予定」をすることであって，現実に生じた損害の賠償請求が可能であることはいうまでもない。ただ，労働者の義務違反から生じた損害につき使用者は常に全損害の賠償を労働者に求めることができる，と考えるべきではないであろう（→241頁以下）。

5 前借金相殺の禁止

労基法17条は，使用者が前借金等の労働者に対する債権と賃金を相殺することを禁ずる。立法趣旨は強制労働の排除と退職の自由の確保であり，かつてのわが国に広く見られた慣行に対する反省に由来する。賃金債権を受働債権とする相殺には原則として1支払期の賃金額の4分の1までという制限があるが（民執152条1項2号・2項，民510条参照），本条は前借金等による相殺について一律かつ全面的に禁止したのである。[14] 相殺が禁じられる「労働することを条件

---

12) 試論であるが，使用者との間に交渉力の格差が存すると見るのは妥当でない労働者が，労働契約の締結時に相当な高額の「就職支度金」・「サイニングボーナス」等と称する金銭を支給され，その金銭を一定期間内に退職した場合は使用者に返還するという約定をしていた場合は，その期間が長期に過ぎるものでなければ適法・有効で労働者を拘束すると解してよいのではないか。
13) 退職後の守秘・競業避止義務を課する約定にも労基法16条が適用されることになると，義務違反をした者は受領した退職金の返還すべきことを定める約定（たとえば三晃社事件＝最2小判昭52.8.9労経速958号25頁のケース）は常に全部が違法・無効になると解するほかないが，それは妥当・適切とはいえないであろう（→268頁）。
14) 強度の拘束をともなう前借金契約はそれ自体が公序に反し無効で，使用者は貸金の返還も請求できない（最2小判昭30.10.7民集9巻11号1616頁参照）。賃金債権を自働債権とする相殺および相殺契約も本条に違反すると解すべきである。なお，本条による相殺禁止と労基法24条1項の賃金全額払原則との関係については後に述べる（→283頁）。

とする前貸の債権」を文言どおりに解すれば，たとえば貸し付けた住宅建設資金を以後の賃金からの控除により分割返済させることも許されない（いわゆる給料の前借りも同じ）。しかし一般には，融資金額，返済の期間と方法等から見て返済前の退職の自由を奪うようなものでなければ本条に違反しないと解されている（昭63.3.14基発150号）。

6 強制貯金の禁止および任意貯金の規制

労基法18条は強制貯金の禁止と任意貯金の規制を内容とする。使用者が労働者に賃金の一部を貯蓄させたり，あるいは労働者の貯蓄金を管理することは，わが国においては古くから広く行われてきた。それが労働者の福祉にプラスとなる面を有したことは否定できないが，かつてはしばしば退職の自由を制約したといわれ，また事業不振に陥った場合に企業経営上の危険を労働者に負担させる結果をもたらす。同条1項の「労働契約に附随して」貯蓄させるとは，労働契約の締結または存続の条件として労働者に貯金させることであり，それを許さないことが強制貯金の禁止を意味する。使用者が労働者の「委託を受けて」貯蓄金を管理する任意貯金の場合でも，企業の経営難の際に預金の払戻しが不可能となって企業危険が労働者に転嫁される危険性には変わりがない。そこで同条2項以下は，任意貯金に対するかなり厳重な規制を行っている。

III 労働契約の期間

1 契約期間の制限

わが国の現行法においては，労働契約に期間を付するかどうかは当事者の自由であるが[15]，使用者は期間に関する事項を書面により明示しなければならない（労基15条1項，労基則5条2項・3項）。期間の定めが書面により示されていな

---

15) これに対し，ヨーロッパ諸国では，雇用期間を定めることは客観的事由がある場合にのみ可能とする法制になっていることが多い（荒木477頁等参照）。それから，神戸弘陵学園事件＝最3小判平2.6.5民集44巻4号668頁は，労働者の適性判断のために労働契約に期間が定められた場合は原則として契約の存続期間ではなく試用期間を定めたものと解される，と説く。これは労働契約に期間を付する自由を制約する意味を持つことになるが，妥当・適切な法解釈論とはいえないであろう（→138頁）。

いことで，その労働契約が期間の定めのないものになるということはない（→90頁）。今日，期間の定めのある労働契約は一般に「有期労働契約」とよばれる。そして，2003（平15）年の労基法改正，2007（平19）年の労契法制定，2012（平24）年の労契法改正によって，わが国の有期労働契約法制はかなり大きく改変されている。

　労基法は，制定時から2003（平15）年改正までの間，期間の定めは原則として1年を超えてはならないとしていた。改正後の現行法にもある「一定の事業の完了に必要な期間を定めるもの」という例外（労基14条1項柱書）は，たとえば工期2年のダム建設のために技術者を2年間雇用する場合であり，一定期間事業所を設置して終了時に閉鎖するものというように厳格な要件の下でのみ認められるものと解されている（労基局上213頁等）。民法にも5年を超える雇用期間は当事者を拘束しない旨の規定がある（626条1項）が，労基法が労働契約の期間に上限を設ける規制をした趣旨は人身拘束の事態が生じる危険の防止であるとされている。もっとも，上限を超えない期間を定めた労働契約の期間満了時に合意により契約を更新すること，さらに当事者の一方からの異議がないかぎり自動的に契約が更新される旨を約定することが適法であることに異論はない。

　労働契約の期間の上限を原則1年とすることの見直しは早くからいわれていたが，1998（平10）年の労基法改正によって，特定の場合について3年を上限[16]とする期間設定が認められることになった。しかし，これはごく限定された場合にのみ3年までの長さの期間を設けることを認めたもので，労使による現実の利用を期待できるような制度改革ではなかった。労働契約の期間に関する原則の変更は2003（平15）年の労基法改正によって実現した。これによって，雇用期間を定める場合の上限は原則として3年となり（14条1項），「高度」で「専門的な知識等を有する労働者」として厚生労働大臣が定める基準に該当する者（同項1号）[17]と「満60歳以上の労働者」（同項2号）についての雇用期間は

---

16)　国公私立の大学教員については，1997（平9）年制定の「大学の教員等の任期に関する法律」が一定の場合に任期を定めることができるものとした（同法4条1項1号〜3号，5条1項）ので，労働契約の期間の長さの上限がないことになる。ただし，1年経過後は教員がその意思により退職することを妨げ得ないものとされている（同法5条5項）。

17)　ただし，その者が「当該高度の専門的知識を有する業務に就」く者に限られる点には注意が必要である（荒木編著・有期32頁〔桑村裕美子〕）。

5年を上限とすることになった。5年までの期間とすることができる者のうちの前者は，1998（平10）年改正法が定めていた2つの場合を1つにまとめて要件をかなり緩和したものである。労働契約の期間に関する基本ルールが労基法制定から60年の後に変更されたのであり，有意義な制度改革であったと評価できよう。もっとも，必要な措置を講じるまでの間，3年までの期間を定めて雇用された労働者（上限5年の特例を認められる者を除く）は，期間初日から1年経過後はいつでも労働契約を解約して退職することができるものとされている（労基附則137条）。これは制度改革を不徹底なものにするものであって（荒木編著・有期34頁〔桑村〕参照），速やかに廃止されるべきものであろう。

■上限を超える契約期間を定めた労働契約

　法定の上限を超える期間（たとえば4年）の有期労働契約はどのようなものになるのか。期間の上限が1年であった時期の裁判例では，労基法13条の強行的・補充的効力によって期間が1年の労働契約となり，1年を過ぎても雇用関係が継続しているときは黙示更新（民629条1項）により期間の定めのない労働契約になるとされ（旭川大学事件＝札幌高判昭56．7．16労民集32巻3＝4号502頁，読売日本交響楽団事件＝東京地判平2．5．18労判563号24頁等），それが通説であった。そこで，2003（平15）年改正以後は，3年を超える期間を定めたもの，特例の場合に当たるが5年を超える期間を定めるものは，それぞれ3年あるいは5年の期間を定めた労働契約として扱われ，それらの期間が経過した後も労働関係が継続しているときは黙示更新によって無期労働契約になったものと推定され，使用者は合理的理由がなければ解雇し得ないことになる（荒木482頁等）。筆者は以前，これとは異なる考え方をしていた（本書〔第2版〕〔1996年〕66頁等）が，現在は上記の判例・通説の考え方が妥当と考えている。

　労働契約の期間の「上限」を定めて罰則付き・強行法的に規制する必要は存在するのであろうか。今日のわが国において，雇用期間の長さのゆえに身分的な支配従属関係が生じるとはほとんど考えられないであろう。労働契約に期間を設ければ退職の自由が制約されるのは確かであるが，もとより期間の定めをするには労働者の同意が必要である。また，法的には労働者は「やむを得ない事由」があれば期間の途中において労働契約を解約して退職できるし，理由なく退職してしまった場合でも労働者が負うのは損害賠償責任のみである（民

18）　X社事件＝東京地判平28．3．31判タ1438号164頁は，芸能プロダクションと期間2年の専属契約を結んだ者は労基法附則137条を適用されるので，1年後にはいつでも契約を解約できるとする。

628条）。もっとも，労働契約に期間の定めがあるために労働者が特定使用者に長期にわたって拘束されていることが不合理と思われる場合はあり得る。そこで，労働契約の期間を定めた場合でも5年を超えて継続雇用されたときはいつでも解約され得るという，民法626条1項が定める原則が雇用期間の設定に関する労使自治への介入としては妥当なところではないであろうか。これを労契法に定めて罰則付きでないが強行規定とするのが，最もバランスのとれた法規制であろうと筆者は考える。[19]

2 有期労働契約の中途解約

　民法628条は，期間の定めがある雇用契約は「やむを得ない事由」があるときには直ちに解除できるが，その事由が過失によって生じたものであれば損害賠償しなければならないとする。労契法制定前の裁判例には，期間の中途に「やむを得ない事由」がなくても解雇する旨の就業規則等の定めがある場合の解雇の効力が争われたものがあった。そして，ある裁判例（ネスレコンフェクショナリー関西支店事件＝大阪地判平17. 3. 30労判892号5頁）は，期間途中の解除を困難にする約定は無効であるが容易にするものは有効である，という考え方を示した。筆者は，このような民法628条についての解釈論に賛成で，同条を「片面的強行法規」と解するのは無理であると考えていた（本書〔第4版〕〔2007年〕96頁）。しかし，「この点の解釈に決着をつけるため」（荒木編著・有期39頁〔桑村〕），労契法17条1項は「やむを得ない事由」がある場合でなければ使用者は期間満了前に労働者を解雇できないとした。同項が強行規定であることはいうまでもない。なお，労働者が期間中途に「やむを得ない事由」がなくても退職できる旨の就業規則の定め等を無効と解する必要はないであろう。

■不必要に短い契約期間としない配慮
　労契法17条2項は，使用者は必要以上に短い期間を定める労働契約を反復更新するこ

---

19) 民法626条については，かねてから労基法に期間の上限が定められているので削除の当否を検討すべきであるとされていたが，2017（平29）年改正民法では，626条は次のように改められている。①「雇用の期間が5年を超え，又はその終期が不確定であるときは，当事者の一方は，5年を経過した後，いつでも契約を解除することができる」（1項）。②解除の予告期間は使用者については3か月，労働者については2週間とする（2項）。これは，内容の合理性に疑いがあった旧1項但書を削除して，本文の規定を適正なものに改めたものである（潮見佳男『民法（債権関係）改正法の概要』〔2017年〕310頁）。

とがないよう配慮しなければならないとする。この条項が「必要な」期間を定めることを使用者に義務づけていると解するのは無理であるから,「必要以上に短い」期間の定めは無効となって「必要な」期間に修正されるという効果があると解することはできない。もっとも,必要以上に短い期間を定めた労働契約の雇止めが,そのような労働契約が更新される期待には合理的な理由が認められるとされて(労契19条2号),労働者からの更新申込みに対して使用者は合理的理由なしには承諾したものとみなされる(同条柱書)ことが少なくないであろう(荒木ほか・労契法173頁参照)。

　そこで,民法628条と労契法17条1項における「やむを得ない事由」の意義は同一と解すべきことになる。それは,期間の定めのない労働契約における解雇に求められる「客観的に合理的な理由」(労契16条)よりも限定されたところの,契約期間の満了を待たずに直ちに雇用関係を消滅させざるを得ないほどの事由ということになろう。[20] 使用者は「やむを得ない事由があるとき」に労働契約を解除できる(民628条)のであり,「やむを得ない事由がある場合でなければ」労働者を解雇できない(労契17条1項)のであるから,期間中途に解雇するための「やむを得ない事由」の立証責任が使用者側に存することは明らかである。[21]

---

20) 近年の裁判例には,契約期間4年の高校校長に対する契約締結から約1年後の不適切発言等を理由とする解雇につき「やむを得ない事由」が存しなかったとしたもの(学校法人東奥義塾事件＝仙台高秋田支判平24・1・25労判1046号22頁),契約期間は1年で当初の6か月を試用期間として雇用された証券アナリストに対する約2か月後の能力不足等を理由とする解雇を適法としたもの(リーディング証券事件＝東京地判平25・1・31労経速2180号3頁)などがある。これらの裁判例には,労契法17条1項は同法16条の合理的理由に「加えて」やむを得ない事由を要するとしたものとする説示がある。しかし,これは適当なものではないであろう。労契法16条は,期間の定めのない契約の解約自由というルール(民627条1項)を解雇に関して修正したものであり,労契法17条1項は,期間の定めのある契約(有期労働契約)はやむを得ない事由があれば解約可能というルール(民628条)を解雇に関して修正したものだからである。それから,上記のリーディング証券事件＝東京地判平25・1・31は,有期労働契約で試用期間がある場合の中途解雇(留保解約権の行使)は「特別の重大な事由」が存する場合にのみ適法とするが,これも疑問のある考え方である(→137頁)。

21) それから,民法628条はやむを得ない事由があれば「直ちに」契約を解除できるとするが,労基法20条1項但書に定められた除外事由が存する場合でなければ使用者は即時解雇をできない(労基20条1項)。使用者はやむを得ない事由があれば期間中途で労働者を解雇できる(労契17条1項)のであるが,その「やむを得ない事由」が労基法20条1項但書に定められる除外事由に当たるものでなければ,使用者は解雇予告をしなければならない(予告なしの解雇の効力については→212頁)。とくに,「やむを得ない事由」は存するが「労働者の責に帰すべき事由」(労基20条1項但書)ありとは認められない場合は少なくないであろう。

3 有期労働契約の黙示更新

　民法629条1項によれば，期間満了後も労働者が勤務を続けており，それを使用者が知りながら異議を述べないときは，労働契約が同一の条件をもって更新されたものと推定される。そして，黙示更新後において当事者は同法627条1項が定める解約申入れをすることができる。

　民法629条1項がいう同一の「条件」について，それが賃金・労働時間等を指すことは当然であるが，契約期間の定めは含まれないと解するのが通説とされている（荒木484頁）。すなわち，黙示更新によって有期労働契約が期間の定めのない労働契約に転化し，以後においては，使用者は期間経過をもって労働契約の不存在を主張し得ず，解雇権濫用法理（労契16条）に律される解雇をして労働契約関係の終了させることができ，労働者はいつでも労働契約を解約して退職できるが，期間経過までは原則として解雇され得ないと主張することはできない，とされるのである（裁判例としては学校法人矢谷学園ほか事件＝広島高松江支判平27. 5. 27労判1130号33頁等）。

　これに対し，期間の定めも同一の「条件」に含まれるとする見解がある。それは，民法629条1項の趣旨は労働契約が黙示更新されても当事者に解約の自由を与えようというもので，解雇権濫用法理と雇止め法理が存している今日では，有期労働契約の黙示更新の場合にも前契約と同一の期間を付した契約になるとする（裁判例としてはタイカン事件＝東京地判平15. 12. 19労判873号73頁）。期間を定めて雇用した労働者を期間経過後も雇用し続けると「一挙に……『期間の定めのない労働契約』に転化してしまうというのは雇用の実態にそぐわない」（菅野326頁）ことでもあり，こちらのほうが妥当な解釈であろうと筆者は考えている。

4 無期労働契約への転換

(1) 5年無期転換ルール

　同一の使用者と締結した2つ以上の有期労働契約の期間を通算した期間（「通算契約期間」）が5年を超える労働者が，当該の使用者に対して無期労働契約の締結の申込みをしたときは，使用者は申込みを承諾したものとみなされる（労契18条1項前段）。この5年無期転換ルールは2012（平24）年の労契法改正

で創設されたものである。その趣旨は，有期労働契約においては一般に，労働者には使用者から雇止めをされる可能性が常にあって地位が不安定であり，対等の立場で権利行使や労働条件改善要求等をすることが困難であるので，使用者が5年を超えて有期契約の労働者に対する優越的地位を利用し続けることは濫用に当たると評価して，無期転換の権利（「無期転換申込権」）を労働者に付与したものとされている（荒木485頁以下等[23]）。[22]

■5年無期転換ルールの特例

労契法の2012（平24）年改正後，特例を設ける次の2つの立法がなされた。(1)「研究開発システムの改革の推進等による研究開発能力の強化及び研究開発等の効率的推進等に関する法律」および「大学の教員等の任期に関する法律」を改正し，科学技術（人文科学も含む）研究者，技術者，大学教員については無期転換のための通算契約期間は10年を超える期間とする（2014［平26］年4月施行）。(2)「専門的知識等を有する有期雇用労働者等に関する特別措置法」により，①5年を超える期間内の完了が予定されている業務につく高度専門的知識等を有する年収1075万円以上の有期雇用労働者，②定年後に有期契約で継続雇用される労働者については，無期転換のための通算契約期間を延長し，①については期間内に完了予定の業務につく上限10年の期間とし，②については定年後に継続雇用されている期間は通算期間に算入しないとする（2015［平27］年4月施行）。

(2) 無期転換申込権の発生

無期転換申込権は，「同一の使用者」の下での通算契約期間が5年を超える場合に発生する。そこで，現在の使用者との契約期間と以前の使用者との契約期間が通算されることはないが，契約更新時等に事業場が変わっていても使用者が同一であれば契約期間は通算される。派遣労働者の使用者は派遣元であるから，派遣先が変わっても派遣元との労働契約期間が通算契約期間となる。ただし，転換申込権の発生を免れる意図で形式的に使用者を変えた場合は，「同一の使用者」との労働契約が継続していると解すべきものとされる（「労働契約法の施行について」平24.8.10基発0810第2号等）。合併や会社分割があった場

---

[22] なお，職務への適性の有無を判断する目的で有期労働契約により採用し，勤務成績が良好であれば期間経過後に無期労働契約に移行させることを就業規則等に定める「無期転換」が少なからぬ企業に存するようである。福原学園事件＝最1小判平28.12.1労判1156号5頁は，そのような制度に関わるものである。

[23] 労契法18条は2013（平25）年4月1日に施行されたが，施行日以後の日を初日とする有期労働契約に適用し，施行日前の日が初日である同契約の契約期間は「通算契約期間」には算入されない（平24改正附則2項）。

合は，労働契約は包括承継されるのであるから（→230頁，233頁），旧使用者との契約期間と新使用者との契約期間は通算されることになる。事業譲渡や派遣先の「直接雇用みなし」の場合は労働契約が包括承継されるのではないから（→231頁，175頁），当然に旧使用者との契約期間と新使用者との契約期間を通算されるのではなく，当事者間に雇用関係を承継する合意があったのかどうかを基準に判断すべきことになろう（荒木491頁）。

　無期転換申込権の発生には，「2以上」の有期労働契約の通算期間が「5年を超える」ことを必要とする。そこで，1つの労働契約が5年を超える期間のもの（労基法14条1項の「一定の事業の完了に必要な期間を定めるもの」としてあり得る）であっても，無期転換申込権は発生しない。産前産後休業，育児休業，休職等で勤務しなかった期間も通算契約期間にカウントされる。

　ある有期労働契約と次の有期労働契約の間に労働契約が存しない期間がある場合には，その空白期間がどれほどの長さであれば有期労働契約の期間を通算しないことができるかが問題となる。この通算しないことができる空白期間は「クーリング期間」とよばれるが，それは原則として6か月以上であり，空白期間前の契約期間が1年未満である場合は省令が定める期間以上である（労契18条2項）。なお，クーリング期間は当該使用者との関係で問題となるのであり，空白期間中に他の使用者に雇用されていたか等は無関係である（荒木495頁）。

(3) **無期転換申込権の行使**

　無期転換申込権は，当該契約期間中に通算契約期間が5年を超えることになる有期労働契約の期間の初日から終了日までの間に行使することができる（労契18条1項）。そこで，たとえば期間3年の有期労働契約であれば更新されたときに通算契約期間が5年を超えることになるので（申込権は，通算期間が5年を超えた時点ではなく，通算期間が5年を超えることになる有期労働契約の期間が開始した時点に発生する），更新の直後から無期転換申込権の行使が可能となる。もっとも，有期労働契約が無期労働契約に転換されるのは更新後の契約期間満了時である。通算契約期間が5年を超えることになる有期労働契約の期間内に無期転換申込権を行使しなかった場合，その申込権は消滅するが，さらに有期労働契約が更新されたときは新たに無期転換申込権が発生し，その契約期間中に

申込権を行使できることになる（荒木492頁）。

　無期転換申込権を権利発生後に放棄すること（事後の放棄）は可能であるから，労働者が自由な意思にもとづいて放棄したのであれば申込権は消滅することになる。権利発生前にあらかじめ放棄すること（事前の放棄）は，「無期転換ルール」を設けた法の趣旨に反するゆえに公序に反し無効と解すべきものとされる（前掲平24基発0810第2号等）。もっとも，有期雇用ゆえに高額報酬が約定されて無期転換申込権が放棄されるというようなものは公序違反でなく有効と認めてよいと思われる（荒木編著・有期60頁〔原昌登〕参照）。

　無期転換申込権が行使されると使用者は承諾したものとみなされ，両当事者間で無期労働契約が締結されたことになる。労働者の無期転換権は形成権なのである。ただし，無期転換の申込みをしたときに有期労働契約が無期労働契約に変わるのではなく，有期労働契約が契約期間の満了まで存続し，労働者が無期転換の申込みをしたときに，就労始期を有期労働契約の期間満了時とする無期労働契約が成立することになる（労契18条1項）。

(4) 無期転換と労働条件等

　転換後の無期労働契約における労働条件は，別段の定めがないかぎり，転換前の有期労働契約と同一とされる（労契18条1項後段）。この無期転換ルールは，「有期契約労働者をその職務や契約内容と無関係にいわゆる正社員扱いすることを求めるものではない」（荒木495頁）のである。そこで，使用者は「別段の定め」により転換前とは異なる労働条件とすることができ，それが労働者の不利益になる変更ではあれば当然に無効というようなことはない。ただし，変更は就業規則の改定によることが多いであろうが，その場合には変更が「合理的なもの」でなければならない（労契10条）。有期契約から無期契約に転換して

---

24) 有期雇用者と無期雇用者に別々の就業規則がある企業において，無期転換がされた労働者には当然に無期雇用者用の就業規則が適用される，とはいえないであろう。労契法18条1項は転換後の労働条件，すなわち労働契約の内容は原則として転換前のそれに同一としているからである。しかし，適用されるとするのが当事者の合理的意思に沿うと解される就業規則の規定も少なからずあると考えられる。

25) この場合について，転換後の無期労働契約は転換申込みにより成立するのであるから労契法7条が適用される（それゆえ無期転換で労働条件が低下したか否かは問題にならない）とする考え方もあるが，無期転換は純然たる新規採用ではなく，労契法18条は同一労働条件を原則としていること等から考えて，同法10条を適用（ないし類推適用）するのが妥当であろうと

安定雇用になるのだから労働条件引下げとなってもやむを得ないとして，不利益変更の合理性が認められることも少なくないであろう。労働者との契約（個別合意）による不利益変更であれば合理的なものであることを要せず，それは就業規則の不利益変更に労働者が個別に同意した場合も同じである（→421頁）。もっとも，個別合意の認定は厳格になされなければならず，安易に「黙示の合意」が認められたりするべきではない（→422頁以下）。

　無期転換後においては，解雇は合理的理由を欠き社会通念上相当と認められなければ無効となる（労契16条）。転換申込みがされた後の期間満了による労働契約の終了通知は，すでに就労始期つきの無期労働契約が成立しているのであるから，雇止めではなく解雇である。ただし，原則として無期転換後も労働契約内容は転換前と変わらないのであるから，たとえば勤務地や職務が限定されているために整理解雇の際に使用者が解雇回避努力を求められる度合いが小さいというようなことはあろう（荒木編著・有期68頁〔原〕参照）。

5　更新拒否（雇止め）からの保護

(1)　「雇止め法理」の形成

　期間の定めのある契約は期間満了により終了するものであるから，有期労働契約も所定の期間が経過した時点において当然に，すなわち「合理的理由」がなくとも終了するのが原則である。しかし，わが国の企業には有期労働契約を反復更新して長期にわたり同一使用者に雇用され続ける多数の労働者が存在するが，それらの者に対する契約更新の拒否（雇止め）について，解雇におけるような規制を全く受けないないとすることは著しく公正・妥当を欠くというべきであろう。そのような労働者は，かつては「臨時工」等，今日では「パートタイマー」・「契約社員」等とよばれる「非正規雇用」の労働者のうちの相当多数を占めており，その少なからぬ部分は「正規雇用」の労働者とほとんど同じ職務につきながら，より低い労働条件の下にある。そこで，判例によって「雇止め法理」とよばれる労働者保護のルールが形成されることになったのである。それは，有期労働契約の更新拒否に解雇権濫用法理を類推適用し，合理的理由のない更新拒否を違法として，労働者が雇用関係の存続を主張し得るとするも

いわれている（荒木495頁，荒木編著・有期66頁以下〔原〕）。

のであった。

　まず，東芝柳町工場事件＝最1小判昭49．7．22民集28巻5号927頁は，雇用期間を2か月とする「基幹臨時工」の労働契約が反復更新された後に雇止めされたケースについて，以下のように述べて労働契約関係の存在を認める原判決を支持した。当事件の労働契約は期間満了ごとに更新を重ねて実質上期間の定めのない契約と変わらない状態にあり，使用者は期間満了という理由で雇止めをせず，労働者もこれを期待するという関係で労働契約関係が存続・維持されてきたのであるから，経済事情の変動により剰員を生じるなど従来の取扱いを変更することがやむを得ないと認められる特段の事情が存しないかぎり，期間の満了を理由として雇止めをすることは許されない。

　次に，「臨時員」が期間2か月の労働契約を5回にわたり更新された後に雇止めされた場合についての日立メディコ事件＝最1小判昭61．12．4労判486号6頁は，当事件の労働契約が反復更新によって期間の定めのないものに転化したとか，期間の定めのない労働契約と実質的に異ならない関係になったとはいえないが，季節的労務や臨時的作業のために雇用されたのではなく，雇用関係のある程度の継続を期待されていたもので，また5回も契約更新がなされたのであるから，期間満了による雇止めには解雇に関する法理が類推され，解雇であれば無効となるような事実関係の下に新契約が締結されなかった場合は期間満了後の法律関係は労働契約が更新されたのと同様なものになるとした。ただし，同判決は，この雇用関係は簡素な採用手続で締結された短期的有期契約を前提とするものゆえ，雇止めの効力を判断すべき基準は終身雇用の期待の下に期間の定めのない「本工」を解雇する場合とは合理的な差異があるべきで，人員削減の必要性があったこと等から考えて，雇止めを不当・不合理ということはできないとしている。

　この2つの最高裁判決の間には次のような違いがあると考えられる。東芝柳町工場事件＝最1小判昭49．7．22では，有期労働契約の反復更新によって実質的には期間の定めのないものと異ならない状態になった場合には雇止めを解雇と同視するといわれている。これは，有期労働契約が反復更新によって期間の定めのない契約に「転化」するというものに近い考え方であろう。日立メディコ事件＝最1小判昭61．12．4は，反復更新により期間の定めのない労働契約が存在するのと同じ関係が生じるのではないとして，「転化」を明確に否定

している。こちらは，当該ケースの具体的事情から雇用継続の期待が合理的なものであった場合に解雇権濫用法理を類推適用するという考え方といえよう。

「偽装請負」の請負人（派遣元）企業に雇用された労働者と注文者（派遣先）の企業との間の労働契約成立を否定したパナソニックプラズマディスプレイ（パスコ）事件＝最2小判平21．12．18民集63巻10号2754頁のケースは，注文者（派遣先）が労働者を有期労働契約によって雇用してから更新拒否したものであった。判決は，原審が更新拒絶は解雇権濫用で無効としたことを否認したのであるが，以下のような一般論を述べている。「期間の定めのある雇用契約があたかも期間の定めのない契約と実質的に異ならない状態で存在している場合，又は，労働者においてその期間満了後も雇用関係が継続されるものと期待することに合理性が認められる場合には，当該雇用契約の雇止めは，客観的に合理的な理由を欠き社会通念上相当であると認められないときには許されない」。これは，東芝柳町工場事件＝最1小判昭49．7．22と日立メディコ事件＝最1小判昭61．12．4によって確立され，多数の下級審裁判例が依拠してきた雇止め法理を集大成ないし定式化したものということができよう。すなわち，有期労働契約の更新拒否に解雇権濫用法理（労契法16条）を類推適用すべきであるのは，1つは期間の定めのない契約と実質的に異ならない状態が存していると認められる場合，もう1つは期間満了後の雇用継続への労働者の期待が合理的と認められる場合，ということである。

このような「雇止め法理」によれば，更新拒否が解雇権濫用法理を類推適用されるべき場合に合理的理由が欠けていれば期間満了にもかかわらず雇用関係は存続するのであるから，それは有期労働契約が自動的に更新されることにほかならない。これは「判例による一種の法定更新制度であった」（菅野328頁）。更新された労働契約は，黙示更新の場合（→106頁）と同じく，期間の定めのないものではなく更新前と同一の期間を定めた有期労働契約であるとされている（前掲日立メディコ事件＝最1小判昭61．12．4等）。

(2) **労契法19条──雇止め法理の成文化**

2012（平24）年改正により創設された労契法19条は，「パナソニックプラズマディスプレイ（パスコ）事件判決の類型化に倣いつつ，雇止め法理の成文化を図った」（荒木編著・有期72頁〔池田悠〕）ものである。同条によれば，①有期

労働契約が雇止め法理を適用され得るものである場合に，②労働者からの契約の更新または締結の申込みがあり，③その申込みを使用者が拒絶し，④その拒絶が合理的理由を欠き社会通念上相当と認められないときは，⑤使用者が従前の契約と同一の労働条件で申込みを承諾したとみなされる。当事者である使用者の意思にかかわりなく契約更新が擬制されるのであるから，有期労働契約に関する法定更新の制度ということができよう。

　まず，上記①はいわば雇止め法理適用の第1の要件であるが，それは(ⅰ)「実質無期型」と(ⅱ)「期待保護型」のいずれかに当たることである。この(ⅰ)と(ⅱ)は，前掲パナソニックプラズマディスプレイ（パスコ）事件＝最2小判平21.12.18が，雇止めに解雇権濫用法理が類推適用されるべき場合として定式化した2つの類型に当たる。

　(ⅰ)の「実質無期型」の要件は，反復更新された有期労働契約を終了させることが，無期労働契約を解雇により終了させることと社会通念上同視できると認められることである（労契19条1号）。これは前掲東芝柳町工場事件＝最1小判昭49.7.22が雇止めを解雇と同視すべき場合としたものと同一である。「反復更新」については，それは(ⅱ)の「期待保護型」では要件でなく，実際にも反復更新されていないのに雇止めが「解雇と社会通念上同視される」ものになるとは考えられないから，それは(ⅰ)の「実質無期型」では独立の要件と解すべきであろう（荒木編著・有期74頁〔池田〕）。[26]

■無契約期間が介在する場合の雇止め保護
　有期労働契約を多数回にわたって締結していても，各契約の間に空白期間があるときは，「反復更新」ではないゆえに労契法19条は適用されないのであろうか。A農協事件＝東京高判平27.6.24労判1132号51頁は，16年間にわたって毎年3月下旬と9月下旬に期間3か月の労働契約を締結していた労働者が雇止めされたケースのものであった。同判決は，労契法19条2号の類推適用をするためには，従前の労働契約と後の労働契約が連続していて，その間に全く空白のないことまでは求められないが，その空白期間は従前の有期労働契約が法定更新によって継続されると評価できるものにとどまることを要すると

---

[26]　ただし，裁判例を見ると，多数回の更新で長期間雇用されていても，期間満了のつど労働契約を締結しなおしていたから，労契法19条1号の「実質無期型」に該当しないとしたものが少なくない（日本レストランエンタプライズ事件＝東京高判平27.6.24労経速2255号24頁〔2号の「期待保護型」該当は肯定〕，シャノアール事件＝東京地判平27.7.31労判1121号5頁〔2号該当も否定〕，三洋電機事件＝鳥取地判平27.10.16労判1128号32頁〔2号該当は肯定〕）。

して，当事件のケースでは継続雇用への合理的期待があるとは認められないとしている。労契法19条1号は，「反復更新」を適用要件とするが，労働契約の「連続」を求めてはいないので，無契約期間が存することで当然に同条不適用と考えるべきではないであろう。ただ，その空白期間が不相当に長期のものであるなどの事情から（労契18条2項の「5年無期転換ルール」における「クーリング期間」の定めの存在〔→108頁〕も参考になる），契約不更新が解雇による労働契約の終了と「社会通念上同視できる」とは認められない（労契19条1号），あるいは契約更新の期待について「合理的な理由があるもの」とは認められない（同条2号）ということで，雇止め保護の対象とすべきではない場合は少なくないと考えられよう（荒木編著・有期75頁・79頁〔池田〕，荒木尚志「有期労働契約法理における基本概念考——更新・雇止め・雇用継続の合理的期待」『労働法と現代法の理論〈西谷敏古稀記念〉上』〔2013年〕397頁以下参照）。

(ⅱ)の「期待保護型」の要件は，有期労働契約が更新されるという労働者の期待に合理的理由があると認められることである（労契19条2号）。こちらは，前掲日立メディコ事件＝最1小判昭61．12．4が雇止めに解雇に関する法理が類推されるべき場合としたものに等しい。「反復更新」を要件としないので，初回の不更新の事例にも適用され得る[27]。更新による雇用継続の合理的期待は「契約期間の満了時」（労契19条2号）に存することを要するのであるが，その有無は雇用の全期間における事情を総合的に勘案して判断するほかないものであろう（荒木編著・有期80頁〔池田〕）。

■不更新条項と「合理的期待」
　不更新条項，すなわち有期労働契約の更新はしない，あるいは更新するが回数または更新による雇用継続の期間に限度を設ける旨の約定（就業規則，労働契約書の定め等）がある場合は，雇用継続への合理的期待は存しないことになるのか。従来の裁判例では，最初の労働契約締結時に不更新が約定されたのであれば合理的期待は否定されるとするものが多い（近畿建設協会〔雇止め〕事件＝京都地判平18．4．13労判917号59頁等）。しかし，最初に示された雇用期間の上限を超える継続を期待させる使用者の言動があったとして，解雇

---

[27]　2012（平24）年労契法改正以前の裁判例には，最初の期間経過時になされた更新拒否でも継続雇用が期待される雇用であれば雇止めには相当事由が必要としたもの（龍神タクシー事件＝大阪高判平3．1．16労判581号36頁），無期雇用から有期労働契約への転換後の初回の更新時になされた雇止めについて，継続雇用への労働者の期待は合理的であったから解雇権濫用法理が類推適用されるとしたもの（医療法人清恵会事件＝大阪地判平24．11．16労判1068号72頁）があった。労契法19条の下では，これらの事例の場合は「実質無期型」（同条1号）には当たらないが，「期待保護型」（同条2号）に当たるゆえに，雇止めは初回の更新時であろうとも合理的理由を要することになるのであろう。

権濫用法理が類推適用されるとしたものもある（カンタス航空事件＝東京高判平13. 6. 27労判810号21頁）。労契法19条2号は「契約期間の満了時」に合理的期待が存する必要ありとしているのであり，契約締結から期間満了時までの過程において雇用継続の期待が形成されることもあり得るので，最初から不更新条項がある場合には雇用継続の合理的期待は当然に否定されると解すべきではないであろう。有期労働契約が何回か更新された後の更新時に不更新あるいは更新の回数や雇用継続期間に限度を設ける約定がされた場合については，多くの裁判例は雇用継続への合理的期待が当然に失われるとは解し得ないとする（報徳学園事件＝神戸地尼崎支判平20. 10. 14労判974号25頁，立教女学院事件＝東京地判平20. 12. 25労判981号63頁等）。就業規則を改めて満50歳を超えたときは原則として契約更新しないと定めて，有期労働契約を反復更新して20年間勤務していた者に対し雇止めをした事例について，そのことにより契約更新についての期待に合理的理由があるとの判断は左右されない，としたものがある（市進事件＝東京高判平27. 12. 3労判1134号5頁）。他方，当該の労働契約は解雇権濫用法理を類推適用されるべきものであるが，不更新条項を含む契約により期間満了後に労働契約を終了させる合意があったから，もはや雇用継続の合理的期待は存しないとしたものもある（近畿コカ・コーラボトリング事件＝大阪地判平17. 1. 13労判893号150頁等）。また，次回以後は更新されないことを労働者が真に理解して不更新条項に合意したのであれば，雇用継続への合理的期待は放棄されたのであるから解雇権濫用法理は類推適用されないとしたものがある（本田技研工業事件＝東京高判平24. 9. 20労経速2162号3頁）。

　何回かの契約更新がされた後の不更新の約定は，いったん形成された合理的期待を消滅させるものであって，労働者に雇用継続の期待利益を放棄させるものともいえる。それゆえ，この約定は労働者と合意したものでなければならない。就業規則に規定するだけでは「合理的」なものとして労働者を拘束することはできず（労契10条），個々の労働者による不更新の約定をすることへの同意を必要とすると解すべきであろう。日本郵便（期間雇用社員ら・雇止め）事件＝東京地判平27. 7. 17労判1153号43頁は，雇止め自体は解雇権濫用法理によって違法・無効とされる場合でも，更新の上限を定める就業規則の規定があれば，それは別の雇用契約終了事由と解すべきであるから雇止めは適法になるというが，この考え方には疑問を禁じ得ない。そして，その同意が意思の欠缺あるいは瑕疵のゆえに無効もしくは取り消し得るものであることは少なくないと思われる（前掲本田技研工業事件＝東京高判平24. 9. 20参照）。近年の判例によれば，そのような少なからぬ不利益をもたらす労使間の合意は，労働者の自由な意思にもとづいてされたものと認められるに足りる合理的理由が客観的に存在するのでなければ無効，ということになるのであろう（→422頁以下）。

　次に，上記②は雇止め法理適用の第2の要件であり，労働者から雇用継続中ならば契約更新の申込み，期間満了後であれば契約締結の申込みがなされることである。これは，判例の雇止め法理では明確に適用要件とされていなかったことである。もっとも，「申込み」といっても，雇止めの意思表示に対する労

働者による何らかの反対の意思表示が使用者に伝わることで足りるとされている（前掲平24基発0810第2号）。期間満了後の申込みは遅滞なくされなければならない（労契19条柱書）のであるが，雇止めを承認したとみなされる程度の期間を経過した場合に「遅滞」があったと解すべきで，この期間は「遅滞なく」という語感よりも長い期間を許容するものと考える（荒木502頁）のが妥当であろう。

　そして，上記③の労働者の申込みに対する使用者の拒絶も雇止め法理適用の要件（第3の要件）であるが，労働者からの申込みがあったが契約更新はされず雇止めになった事実が存在すれば十分であろう。変更解約告知に類する雇止め，すなわち使用者が労働条件を変更して更新をすると申し入れたが労働者は受け入れず契約更新に至らなかった場合（→195頁以下）も，更新の申込みが使用者により拒絶されたものとして雇止め法理を適用されることになる。

　以上の①・②・③は雇止め法理の適用要件であるが，次の④は雇止めが客観的に合理的理由を欠き社会通念上相当と認められないことであるから，いわば雇止め法理適用の効力要件（第4の要件）である。判例の雇止め法理では解雇権濫用法理を「類推」適用して効力を判断すべきものとされていたが，ここでは「端的に労契法19条によって」（荒木503頁）雇止めの効力が判断されるのである。

　ただし，労契法19条は判例の雇止め法理を成文化したものであるから，両者の「内容」に相違があると考えることはできない。そこで，余剰人員の整理のために行われた雇止めの合理的理由は，人員整理のための解雇の合理的理由よりも緩やかに有無の判断がされてよいと考えることができよう。前掲の日立メディコ事件＝最1小判昭61.12.4は，人員削減のために更新拒否されたケースであったが，雇止めの効力判断の基準は無期労働契約を締結している場合とは差異があるとして，正規従業員に先立って臨時員を整理対象とすることには合理性があり，雇止めの前に正社員から希望退職を募集する必要もなかったと判断されている。前掲の東芝柳町工場事件＝最1小判昭49.7.22においても，経済事情の変動により剰員を生じるなどやむを得ないと認められる場合には更新拒否は許されるという趣旨のことがいわれている。また，「整理解雇法理」によれば臨時雇用者等を解雇対象に選定することは一般に合理的とされ，雇止めをすることが解雇回避努力の措置として評価されることが多い（→206

頁以下）。このように，「雇止めからの保護」と「解雇からの保護」の間に，いわば強弱・厚薄の程度における差異があり得ることに関して，労契法19条は判例の雇止め法理を「変更」しているとはいえないと思われる。

　上記⑤は，以上の①・②・③・④の要件がいずれも充足された場合の効果として，使用者が労働者からの申込みを承諾したとみなすものとする。「従前の有期労働契約の内容である労働条件と同一の労働条件」（労契19条柱書）で承諾したとみなすのであるから，無期労働契約が締結されたことになるのではない。「実質無期型」であれ「期待保護型」であれ，有期労働契約が①・②・③・④の要件を満たすことによって無期労働契約に「転化」するわけではないのである。

(3) 更新・雇止めに関する基準等

　2003（平15）年の労基法改正は，労働契約の期間の上限を1年から3年に改めるものであった（→102頁）が，さらに有期労働契約の締結時と期間満了時における労使紛争を予防するために基準を定めて行政指導を行う旨の規定を新たに設けている（労基14条2項・3項）。2003（平15）年に出された告示（平15.10.22厚労告357号「有期労働契約の締結，更新及び雇止めに関する基準」）は，有期労働契約の締結に際し期間満了時における更新の有無および更新するか否かの判断基準を明示すること，1年を超えて継続勤務している者に対し契約更新をしない場合は期間満了日の30日前までに予告をすること，更新しない場合に労働者から請求があれば理由についての証明書を遅滞なく交付すること，1回以上の更新をし，または1年を超えて継続勤務している者について更新する場合は，契約期間をできるかぎり長くするように努めること等を定めている。2007（平19）年制定の労契法には，労働者と使用者は労働契約内容をできるかぎり書面により確認すべきものであり，それには有期労働契約に関する事項も

---

28) 日本郵便（苫小牧支店）事件＝札幌高判平26.3.13労判1093号5頁は，人件費削減のためとして6か月の有期労働契約を8回更新していた「時給制契約社員」を雇止めしたことについて，それが許されるには整理解雇に準じる要件をみたす必要があるが，必要性も回避努力も肯定でき，手続の不相当もなく，時間短縮に応じた者を雇止めの対象から除外したことは合理的な人選であったとして，雇止めを適法としている。雇止めを無効としたものとしては，正社員の整理解雇とは異なるとしても人選の合理性に欠けるとした安川電機八幡工場事件＝福岡地小倉支判平16.5.11労判879号71頁などがある。

含まれること（4条2項），使用者は必要以上に短い期間を定めて反復更新することがないように配慮しなければならないこと（17条2項）が規定されている。2012（平24）年改正時には，上記告示にあった契約締結時の明示事項の部分が省令の定めとされた（労基則5条1項1号の2）。

6 有期契約であることによる不合理な労働条件の禁止

(1) 労契法20条の趣旨

労契法20条は，労働契約が有期か無期かで労働条件に相違がある場合，その相違は職務内容（業務内容と責任の程度），職務内容と配置の変更の範囲，その他の事情を考慮して不合理と認められるものであってはならない，とする。

「非正規雇用」と「正規雇用」の労働者間の労働条件格差への法規制は，以前は主として「差別禁止」（均等待遇）あるいは「均衡処遇」の考え方にもとづいてなされた。2007（平19）年制定の労契法は労働契約の締結・変更に際し均衡を考慮すべきものとしたが（3条2項），同年にパート労働法が大きく改正され，「通常の労働者と同視すべき」パート労働者に対して事業主は賃金決定その他すべての待遇において差別的取扱いをしてはならないとされ，その他のパート労働者には通常労働者との均衡を考慮して賃金決定等をするように努めるものとされた（9条・10条。→56頁，59頁）。また，2012（平24）年の派遣法改正により，派遣元事業主は派遣先労働者の賃金水準との均衡を考慮して派遣労働者の賃金を決定するよう配慮すべきことが定められている（派遣30条の3）。

2012（平24）年改正が創設した労契法20条は，「差別禁止」（均等待遇）によってではなく，「不合理な労働条件の禁止」によって，正規・非正規労働者間の労働条件格差への規制をしようとするものである。差別禁止を定めたパート労働法9条は，職務内容と異動の有無・範囲と契約期間の3点のすべてが通常労働者と同一であるパート労働者について，事業主に均等待遇を義務づけるものであった（→56頁）。この定めへの「ある意味で反省を踏まえて」（荒木507頁），労契法20条が設けられたとされている。すなわち，この3要件をみたすパート労働者は現実にはきわめて少数であること（菅野358頁参照），また，使用者が3要件のいずれかをみたさないようにすることで規制が回避され得るものであることから，労契法20条は職務の内容・責任と異動の有無・範囲を「要件」ではなく「考慮要素」とし，さらに「その他の事情」を加えているの

である。なお，2018（平30）年6月に成立した「働き方改革法」は，労契法20条を削除し，パート労働法を改名したパート・有期雇用労働法8条で「不合理な待遇の禁止」を定めるが，不合理と認められるか否かの判断において考慮すべき事情については，現行の労契法20条と全く同一の定めとなっている。

(2) 正規・非正規の待遇相違と「同一労働同一賃金」

「同一労働同一賃金」とは元来，人権保護（人種・性別・信条・社会的身分による差別の禁止）のための原則である。欧米，とくにヨーロッパ諸国では男女間の賃金格差の是正のために，この原則の重要性・不可欠性がいわれてきた。わが国でも，労基法3条・4条が同法制定時からあり，1985（昭60）年の均等法制定後は同法5条・6条がある（→71頁以下）。さらに，障害者基本法には障害者差別禁止の定めがあり（4条），2013（平25）年改正後の障害者雇用法34条・35条は障害者の処遇における不当な差別的取扱いを禁止している（→49頁）。そこで，わが国の現行法では「同一労働同一賃金」が原則であると考えても，必ずしも間違いではない。しかし，労働条件等の待遇を雇用形態等で異別にすることは許されないという意味の「同一労働同一賃金」が，現行法上の原則ないし規範として存在するものでないことは明らかである。

ただし，2007（平19）年のパート労働法改正で新設された同法旧8条（現9条）は，「通常の労働者と同視すべき短時間労働者」について，パート労働者であることを理由とする待遇における差別的取扱いを禁止するもの（→56頁以下）であるから，いわば「人権保護」にとどまらない趣旨による差別禁止をす

---

29) ハマキョウレックス事件＝最2小判平30.6.1民集72巻2号88頁（長澤運輸事件＝最2小判平30.6.1民集72巻2号202頁も同旨）によれば，労契法20条は，「有期契約労働者と無期契約労働者との間で労働条件に相違があり得ることを前提に」，職務の内容等を「考慮」して，その相違が「不合理と認められるものであってはならない」とするものであり，職務の内容等の違いに応じた「均衡のとれた処遇」を求める規定である。

30) 前掲長澤運輸事件＝最2小判平30.6.1によれば，労契法20条は，労働条件の相違が不合理性か否かの判断に際し考慮する事情として「その他の事情」をあげているところ，その内容を職務の内容および変更の範囲に限定すべき事情は見当たらず，有期契約労働者が定年退職後に再雇用された者であることは，「『その他の事情』として考慮されることとなる事情に当たる」。

31) これを明言する裁判例として，丸子警報器事件＝長野地上田支判平8.3.15労判690号32頁，京都市女性協会事件〔控訴審〕＝大阪高判平21.7.16労判1001号77頁，メトロコマース事件＝東京地判平29.3.23労判1154号5頁等がある。

第1節　労働契約の意義・期間等

るものといえる。もっとも，同条による差別禁止の対象は「職務の内容」・「配置の変更」等において同一という「要件」をみたす者であるので，実際にはパート労働者のごく一部について均等待遇を命じるものであり，また，使用者が「要件」のうちの1つでも欠けるようにすることで違法扱いを免れることを可能にするものである（→56頁）。

　これに対し，労契法20条は「職務内容」と「職務内容と配置の変更の範囲」と「その他の事情」を「考慮」して「不合理と認められるもの」であってはならないとするのであるから[33]，どう見ても「差別禁止」を定めるものではない。判例（前掲注29)ハマキョウレックス事件＝最2小判平30.6.1，長澤運輸事件＝最2小判平30.6.1）も，労契法20条は「差別禁止」ではなく職務の内容等の違いに応じた「均衡のとれた処遇」を求めるものと解している。2014（平26）年改正で設けられたパート労働法8条も労契法20条と同旨の内容のものであり[34]，「差別禁止」をする法規定ではない[35]。

　筆者は，「有期か無期か」や「パートタイムかフルタイムか」といったことによる労働条件等の労働者の待遇における相違について，これを差別禁止の法によって規制することには不賛成である。人種・性別・障害等の「自己の意思によって逃れ得ない社会的地位」ではなく，有期契約労働者であるとかパート労働者であるという「契約によって設定された社会的地位」にある者を，人権保護の原理である差別禁止の対象とすることは妥当でないと思うからである。

　また，労働条件等の待遇における相違について，それは①「合理的なもので

---

32)　2018（平30）年6月成立の「働き方改革法」により改正されたパート・有期雇用労働法9条も，「通常の労働者と同視すべき短時間・有期雇用労働者」について差別的取扱いを禁止している。

33)　「働き方改革法」により改正されたパート・有期雇用労働法8条も，業務の内容および業務にともなう責任の程度，職務の内容と配置の変更範囲，その他の事情を考慮して「不合理と認められる相違」を設けてはならない，としている。

34)　パート・有期雇用労働法8条も同じである。

35)　前掲長澤運輸事件の1審＝東京地判平28.5.13労判1135号11頁は，パート労働法9条の差別禁止は待遇の相違が不合理なものか否かを問わないことに鑑みると，職務内容と職務内容・配置変更が同一である有期労働者と無期労働者の賃金額に相違を設けることは，その相違の程度にかかわらず原則として不合理との評価を免れない，という。これは，パート労働法9条は「差別禁止」の定めであるが労契法20条とパート労働法8条は「不合理排除」の定めであり，労契法には「差別禁止」の定めは設けられていないことを認識しないままで，あるいは労契法には規定が欠けている「同一労働同一賃金」が法原則であるという考え方で，労契法20条の解釈適用を行ったということであろう。

なければならない」とするのでなく，②「不合理なものであってはならない」とするのがよいと考える。この①であると，待遇の相違が合理的なものであることを基礎づける事実は使用者側が主張立証しなければならないことになる。しかし，それは望ましくないことであろう。わが国の企業では，今日では変化もかなり見られるとはいえ，一般的にはなお，使用者は業務内容を特定ないし限定せずに労働者を雇い入れ（「就職」でなく「就社」），「仕事」基準ではなく「人」基準で賃金を支払っている（「職能給」が多く「職務給」は容易には普及せず，近年は「役割給」が少なくなく，「年齢給」・「生活給」も見られる）からである。欧米では，使用者は業務内容を特定ないし限定して労働者を雇用し，賃金は職種ごとに額や基準が異なる「職務給」であるのが普通であろうから，雇用形態で業務が異なることや労働者間の労働条件の相違が合理性を有することの立証が困難という事情は一般には存在しないであろう。これに対し，わが国においては，待遇の相違が業務の違いによるもので合理性を有することの立証は多くの場合に難事であり，それは使用者に重きに過ぎる負担を課すものとならざるを得ない。

　このように，「同一労働同一賃金」が労働条件決定の基本原則であるとして，有期・無期あるいはフルタイム・パートタイムの労働条件等の相違について，差別禁止ないし均等待遇の立場から法規制をすることは妥当・適切ではない。現行の労契法20条・パート労働法9条の内容の基本は改変されるべきではない。[36] 有期契約労働者やパート労働者等の「非正規雇用者」の処遇改善あるいは「正規雇用者」との処遇格差の是正は，同一労働同一賃金ないし差別禁止という考え方ではなく，[37] 社会的公正・公平の可能なかぎりでの完全実現という考え方で行われるべきである。そこで，有期契約労働者についての「不合理な労働条件相違の禁止」（労契20条）および「無期労働契約への転換」（労契18条），

---

36) 「働き方改革法」により改正されたパート・有期雇用労働法は，現行の労契法20条・パート労働法9条の基本を変えるものではない（→119頁）。

37) 筆者は，「差別禁止」のパート労働法8条は削除したほうがよいし，労契法に同条のような定めがないことは妥当であると考えてきた。それゆえ，「働き方改革法」により改正されたパート・有期雇用労働法9条が「パート・有期雇用労働者」であるゆえの差別的取扱いの禁止を定めたことについては肯定的に評価できない。ただ，パート労働法9条による法規制の対象となる者がごく少数の「正社員並みパート」である（→56頁）のと同じく，パート・有期雇用労働法9条による差別的取扱いの禁止の対象となる有期契約労働者は実際にはごく少数に限られることになろう。

パート労働者についての「不合理な労働条件相違の禁止」(パート労働8条) および「通常の労働者への転換」(パート労働13条) について、それぞれの法制度の妥当・適切な運用が求められるところであろう。[38]

もっとも、「同一労働同一賃金」について、それが「働き方改革」のキーワードとして社会一般から肯定的に受け取られており、それはいわば歓迎すべき事態であることを軽視すべきではないであろう。[39] 労契法20条やパート労働法9条やパート・有期雇用労働法8条の解釈適用も、そのことを十分に踏まえて行われる必要があると筆者は考える。

(3) 有期・無期による労働条件の相違

労契法20条は、同一の使用者と労働契約を締結する有期契約者と無期契約者の労働契約の内容である労働条件の相違が不合理なものであってはならない[40]とする。

「同一の使用者」とは、同法18条におけるものと同じく (→107頁)、労働契約の当事者が同一ということである。もっとも、18条では無期転換権発生のための契約期間の通算について同一使用者か否かが問題になるが、20条では、同一使用者に雇用される有期契約労働者と無期契約労働者に存する労働条件の相違が不合理でないかが問題になる、という違いはある。

「労働契約の内容である労働条件」は、労基法2条・3条や労契法7条〜10

---

38) 「働き方改革法」による改正法では、パート・有期雇用労働法8条・13条と労契法18条の法制度となる。
39) 今日、非正規労働者が全雇用者の約40%を占め、女性の雇用者は約45%となり、高年齢者 (65歳以上) の約20%が就業をし、外国人労働者も増加するという、「雇用におけるダイバーシティ」(山田久『同一労働同一賃金の衝撃』[2017年] 82頁以下参照) が見られ、それは今後において増進するであろう。そうした状況の下、「正規・非正規」という雇用形態による労働条件等の処遇の大きなギャップ (賃金額の多寡のような「量」の差異のみでなく、福利厚生の厚薄のような「質」の違いも小さくない) について、これは公正・公平にもとるという認識が広まり、また相当に強いものになっていると思われる。
40) これは、労働条件の相違が期間の定めの有無に「関連して」生じたということで、使用者が期間の有無を「理由として」労働条件の相違を設けたということではない。前掲ハマキョウレックス事件=最2小判平30.6.1は (前掲長澤運輸事件=最2小判平30.6.1も同旨)、有期契約労働者と無期契約労働者の労働条件が相違しているだけで労契法20条を適用することはできず、その相違が期間の定めの有無に関連して生じたものであることを要する、という。労契法20条の趣旨・目的は「差別禁止」ではなく「不合理な労働条件の禁止」であるから (→120頁)、このように解すべきなのである。

条の「労働条件」と同じく，広義のものと解すべきことは当然であろう。すなわち，賃金や労働時間・休日・休暇の基準のみでなく，解雇・配転・出向の基準・手続，服務規律・懲戒の基準・手続，安全衛生・災害補償の基準，福利厚生給付の内容等も，労契法20条の「労働条件」に含まれる。なお，解雇や配転・出向，昇進・昇格・降格，懲戒処分などの個別的な措置も「労働条件」に含まれると解することは妥当でない。[41]

「相違する」とは，文言では有期を無期より有利な労働条件とすることをも含むが，労契法20条は「差別禁止」をするものではないから，有期を無期より不利な労働条件とすることだけを意味すると解すべきである。しかし，労働条件の違いが有利か不利かは明瞭でないことが少なくなく，不利であることの立証は有期契約の労働者に負担を強いることになるので，「外形的にみて労働条件が期間の定めにより異なる場合には相違要件を満たす」と考える（荒木編著・有期112頁〔櫻庭涼子〕）のがよいであろう。[42]

(4) 労働条件の相違の不合理性

労契法20条によれば，有期・無期による労働条件の相違は「不合理と認められるものであってはならない」[43]。就業規則の定めが労働契約の内容となる場

---

[41] これらの個別的措置において有期・無期で異なる取扱いがされ，その相違が合理性を欠くと認められる場合には，解雇権や配転命令権や懲戒権の濫用があったとして当該措置が違法・無効になることはあり得る。また，解雇・配転・懲戒につき有期・無期で異なる扱いが定型的になされていることによって，そのような扱いが「労働契約の内容である労働条件」になっていると合理的に解釈されることもあると思われる（荒木ほか・労契法233頁参照）。

[42] 無期契約の労働者が，有期契約者よりも不利な労働条件（たとえば遠隔地への転勤があり得ること）について，労契法20条を根拠として違法・無効と主張することは可能か。同条の趣旨・目的に照らして，それは不可能と解すべきであろう（荒木編著・有期112頁〔櫻庭〕等）。また，通算して5年を超えて雇用された有期契約の労働者が転換権（労契18条1項）を行使して無期契約となったときに，労働条件は転換前と同じでも特段の事情がないかぎり構わないとされる（→109頁）ので，以前からの無期契約者よりも不利な労働条件であっても，それが不合理ゆえ違法とされることは原則としてはないことになる。

[43] この労働条件の相違が不合理かどうかを問題とする場合，労働条件を比較する対象である無期契約者の範囲を限定する必要があることが少なくないであろう。そして，どのように範囲限定をするかが不合理な労働条件の相違かどうかの結論に影響する（小西康之「労契法20条の不合理性判断と同条違反の場合の救済方法・内容」ジュリ1512号〔2017年〕5頁）と思われる。日本郵便（東京）事件＝東京地判平29.9.14労判1164号5頁は，無期契約者のうちの，担当業務や異動が限定されている「一般職」（他に「総合職」と「地域基幹職」があった）の労働条件と比較して相違の不合理性の有無判断をしている。

合（労契 7 条・10 条）のように合理的であることを要するのではないから，合理的とはいえないが不合理とまではいえない相違は許容されることになる[44]。そこで，「不合理と認められるもの」とは労働条件が単に低いだけではなくて，労契法 20 条の趣旨に照らして「法的に否認すべき内容ないし程度で不公正に低いもの」（菅野 338 頁，学校法人大阪医科薬科大学［旧大阪医科大学］事件＝大阪地判平 30. 1. 24 労判 1175 号 5 頁）をいうと解するのがよいであろう。また，不合理性を基礎づける事実については労働者が，不合理性の評価を妨げる事実については使用者が，それぞれ主張・立証すべきことになる（荒木 510 頁，前掲ハマキョウレックス事件＝最 2 小判平 30. 6. 1 等）。

■労契法 7 条・10 条の「合理的」と 20 条の「不合理」でないの異同
　労契法 7 条・10 条における「合理的と認められるものでなければならない」とは，使用者が一方的に作成した就業規則が労働者との合意によるのが基本原則である労働契約の内容となるためには合理的なものであることを要する，との意味である。これに対し，同法 20 条の「不合理と認められるものであってはならない」とは，労使の個別合意，合理的なもので労働者に周知されている就業規則，労働組合と使用者の合意による労働協約によって定められる労働契約の内容（労働条件）において，有期契約者のものと無期契約者のものとの間に不合理な相違が存してはならないということである。後者においては，「合理的とはいえないが，不合理とまではいえない」ものがあり得るのである。

　その不合理性の有無は，①労働者の業務の内容および当該業務に伴う責任の程度（「職務の内容」），②当該職務の内容および配置の変更の範囲，③その他の事情を考慮して判断されることになっている（労契 20 条）。この①・②は，差別的取扱いを禁止するパート労働法 9 条では「要件」であるが，不合理な労働条件を禁止する労契法 20 条では「考慮要素」である。パート労働法 9 条では「職務の内容」が通常労働者と「同一」であることを要するが，それは労契法 20 条では要件とされていない。それは，前者の目的が「差別禁止」であるのに対し，後者は「不合理の排除」を趣旨とするものだからである。さらには，[45]

44）　前掲ハマキョウレックス事件＝最 2 小判平 30. 6. 1（前掲長澤運輸事件＝最 2 小判平 30. 6. 1 も同旨）によれば，労契法 20 条の「不合理と認められるもの」とは「合理的でないもの」と同義ではなく，「飽くまでも労働条件の相違が不合理と評価されるか否かを問題とするもの」である。

45）　前掲ハマキョウレックス事件＝最 2 小判平 30. 6. 1 は，正社員（無期）と契約社員（有期）の職務内容は同じであるが，職務内容および配置の変更の範囲に関しては，正社員は全国規模

パート労働法9条にはない「その他の事情」の考慮もある。要するに，労契法20条では，有期・無期による労働条件の相違が不合理なものか否かは上記①・②・③に照らして「総合判断」されるのである。[46]

■**個々の労働条件ごとの不合理性判断**

　この不合理性判断は「個々の労働条件ごと」にすべきものとされている（平24. 8. 10基発0810第2号等）。前掲長澤運輸事件＝最2小判平30. 6. 1は，賃金が複数の項目から構成されている場合は項目ごとに趣旨が異なるので，労働条件の相違が不合理か否かの判断において考慮すべき事情や考慮の仕方は異なり得るから，有期契約労働者と無期契約労働者の賃金の総額を比較するのみでなく，「当該賃金項目の趣旨を個別に考慮すべきもの」という。

　もっとも，労働条件の個別項目に，いわば考慮対象を限局して不合理か否かの判断をすべきではないであろう。たとえば賃金項目Aでの相違の高い（あるいは低い）合理性が賃金項目Bでの相違の不合理性を弱める（あるいは強める），というようなことが考えられるからである。前掲長澤運輸事件＝最2小判平30. 6. 1では，正社員（無期）には基本給・能率給・職務給，嘱託乗務員（有期）には基本賃金・歩合給が支給されていたが，後者の歩合給が前者の能率給よりも高い係数で算定されていたことなどの諸事情を総合考慮すると，両者における労働条件の相違は労契法20条にいう不合理とは認められない，とされている。また，ある賃金項目の有無・内容が他の賃金項目の有無・内容を踏まえて決定される場合があり，そのような事情も労働条件の相違が不合理と認められるか否かの判断に当たり考慮されるという。

　そこで，安全管理や通勤手当や食堂利用など，上記の①・②とは直接の関係がないところでの相違も不合理であってはならないとされる（前掲平24基発

　　の広域異動の可能性があり，職務遂行能力に見合う等級役職への格付けを通して会社の中核を担う人材として登用される可能性があるのに対し，契約社員は就業場所の変更や出向は予定されず，中核人材として登用されることも予定されていないという違いがあるとした上で，住宅手当を契約社員に支給しないことは不合理でないが，皆勤手当・無事故手当・作業手当・給食手当・通勤手当の支給における相違は不合理であるとする。また，前掲長澤運輸事件＝最2小判平30. 6. 1は，正社員（無期）と嘱託乗務員（有期）は職務内容および職務内容と配置の変更範囲において相違はないが，嘱託乗務員が定年退職後に再雇用された者であることは「その他の事情」として考慮されるとした上で，正社員には基本給・能率給・職務給であって嘱託乗務員には基本賃金・歩合給であることは不合理とは認められず，正社員に支給される住宅手当・家族手当・役付手当・賞与が嘱託乗務員に支給されないことは不合理と認められないが，精勤手当の嘱託乗務員への不支給および同手当を時間外労働の割増賃金の算定基礎に含めないことは不合理であるとする。
46) なお，労働条件に相違が存することは不合理でないが，その「相違」が過大であるゆえに不合理と認められるべき場合もあると考えられよう。

0810第2号等)。①の「当該業務に伴う責任」に関しては,権限の範囲,成果への期待の程度,トラブル発生時の対応を求められる程度等における相違が問題となり,②については,転勤・昇進等の人事異動や役割変化等の有無・範囲の相違が,将来の可能性も含めて考慮されることになる(前掲平24基発0810第2号等)。この②のところでの有期・無期による労働条件の相違が,不合理なものとまではいえないことは少なくないと考えられよう。③の「その他の事情」としては,勤続年数,所定労働時間の長さ,時間外・休日労働をする義務の有無,遠隔地や海外への転勤があり得るかなどの事情があげられよう。労働条件の設定手続,すなわち不合理な相違を生じさせている当該の労働条件が労働組合や従業員集団との交渉・協議を経たものか否かも,考慮されるべき事情であるといわれている(荒木ほか・労契法238頁等)。

■定年後継続雇用の有期契約者における労働条件の相違

　平24. 8. 10基発0810第2号は,定年の前後で職務の内容・責任および職務・配置の変更範囲は異なるのが一般的であることを考慮すれば,定年後再雇用の有期契約者と定年前の無期契約者との労働条件の相違は特段の事情がないかぎり不合理ではないとする。では,職務の内容・責任および職務・配置の変更範囲は定年前と同一であるが労働条件は異なるという場合は,有期契約者であることによる不合理な労働条件の相違ゆえ違法ということになるのか。

　前掲長澤運輸事件＝最2小判平30. 6. 1の1審判決(前掲注35)東京地判平28. 5. 13)

---

47) 前掲ハマキョウレックス事件＝最2小判平30. 6. 1は,給食手当が正社員にのみ支給されること,通勤手当が正社員と契約社員とで支給額が異なることについて,不合理な労働条件の相違であるとしている。

48) 前掲ハマキョウレックス事件＝最2小判平30. 6. 1は,契約社員(有期)は就業場所の変更は予定されていないので,正社員(無期)にはある「住宅手当」がなくても不合理ではないとする。また,前掲長澤運輸事件＝最2小判平30. 6. 1は,家族を扶養するための生活費補助を趣旨として正社員(無期)に支給される「住宅手当」・「家族手当」が,定年後再雇用の嘱託乗務員(有期)に支給されなくても不合理ではなく,正社員に対して月例賃金とは別に支給される「賞与」が支給されなくても,嘱託乗務員は定年退職時に退職金の支払いを受け,老齢厚生年金の支給も予定されるなどの事情を考慮するならば,この相違が不合理なものとは認められないとしている。それから,日本郵便(休職)事件＝東京地判平29. 9. 11労判1180号56頁は,正社員(無期)にはある休職制度が期間雇用社員(有期)には設けられていないことについて,労働者の職務内容その他の事情を考慮すれば不合理な相違ではないとする。なお,法定のものを上回る割増率の時間外労働等の割増賃金を無期契約労働者にのみ支給することは,不合理な労働条件の相違というほかないものであろう(前掲注31)メトロコマース事件＝東京地判平29. 3. 23)。

49) 前記注45)のように,前掲長澤運輸事件＝最2小判平30. 6. 1は,当事件の嘱託乗務員(有期)が定年退職後に再雇用された者であることは「その他の事情」に当たるとしている。

は，定年前と全く同じ立場で同じ業務に従事させつつ賃金水準を低く設定して，定年後再雇用制度を賃金コスト圧縮の手段として用いることまでもが正当とは解し得ず，それは不合理なもので労契法20条に違反するとした。これに対し，同事件の2審判決（東京高判平28.11.2労判1144号16頁）は，高年齢者の継続雇用において賃金が引き下げられるのは通例であり，定年到達者の継続雇用によるコストの増大を回避する必要があること，在職老齢年金や賃金低下を緩和する高年齢雇用継続給付の制度があることなどを考慮すると，定年後継続雇用者の賃金を定年時より引き下げることを不合理とはいえず，定年後再雇用者の賃金が2割前後の減額になることも不合理とは認められず，賃金の差を縮小する努力もされ，定年後再雇用者の労働条件について組合と交渉・協議していることも考慮されるべき事情であるから，労働条件の相違は不合理なものとは認められない，とした。

　上告審判決（前掲長澤運輸事件＝最2小判平30.6.1）は次のようにいう。定年制の下における無期契約労働者の賃金体系は定年退職までの長期間雇用を前提として定められるが，定年退職者を有期労働契約により再雇用する場合は長期間雇用は通常予定されていない。また，定年退職後に再雇用される有期契約労働者は，定年退職するまで無期契約労働者として賃金の支給を受けてきた者であり，一定の要件をみたせば老齢厚生年金を受けることが予定されている。このような事情は，定年退職後に再雇用される有期契約労働者の賃金体系のあり方を検討するに当たって，その基礎になるものである。

　定年後継続雇用（再雇用）は，定年を65歳未満とする事業主が講じるべき措置として高年齢者雇用法に定められ（→213頁以下），賃金減額への補塡をする補助金制度も用意されているが，継続雇用された者の労働条件については同法に何らの定めもなく，それが定年前より低水準のものであっても違法ではないと解される（→220頁）。それゆえ，定年後継続雇用の有期契約者と定年前の無期契約者の間の労働条件の相違を「不合理と認められるもの」とするのは妥当でない。あるいは，上記の上告審判決のように，有期契約者が定年後継続雇用であることを「その他の事情」と見て，労働条件の相違が不合理でないことの理由と解するのもよいであろう。同判決は，正社員（無期）にはある「住宅手当」・「家族手当」が嘱託乗務員（有期）にないことについて，幅広い世代の労働者が存する正社員には生活費を補助することには相応の理由があり，正社員として勤続した後に定年退職し老齢厚生年金の受給が予定されているなどの事情がある嘱託乗務員に住宅手当等を支給しないことを不合理な相違とは認められないという。そして，賞与が支給されないことに関しても，嘱託乗務員は定年退職時に退職金を受けるほか，老齢厚生年金の支給予定や同年金の報酬比例部分の支給開始までは会社から調整金を受給するなどの事情があり，また，再雇用者採用条件によれば嘱託乗務員の賃金（年収）は定年退職前の79％程度になることが想定されているとして，不合理な労働条件の相違ではないとしている。

　ただし，次のようには考えておく必要があろう。このような定年前の無期契約労働者と定年後の有期契約労働者との労働条件の相違が「過大」であることから，「不合理と認められるもの」であって違法とされるべき場合はある。九州惣菜事件＝福岡高判平29.9.7労判1167号49頁は，60歳定年後の再雇用は有期・パートで賃金は約75％減という労働条件の適法性が争われたものであるが，高年齢者雇用法9条1項2号の継続雇用制度では労働条件の決定は事業主の裁量に委ねられているけれども，きわめて不合理で高年齢者

の希望・期待に著しく反し，到底受け入れ難いような労働条件を提示することは違法であるとして，使用者は慰謝料支払いの責任を負うとしている。

(5) **労働条件の相違が不合理である場合の効果**

労契法 20 条は，そのタイトルが「期間の定めがあることによる不合理な労働条件の禁止」とされることで，「行為規範であるのみならず私法上も強行的規範であることが明らかに」されたといわれる（荒木 511 頁）。不合理なものとされた労働条件の定めは無効となり[50]，不法行為として使用者が損害賠償責任を負うことにもなる[51]。無効とされた有期労働契約の内容は就業規則等の合理的解釈により補充されると考えればよいであろう[52]。無効とされた契約部分に対応する無期労働契約の内容が補充されることになる場合は少なくないであろう。しかし，後者が当然に前者を補充する（「直律的効力」）と解することは，労基法 13 条のような補充的効力を定める法規定が労契法に欠けているので無理というほかはない[53]。

---

50) 前掲ハマキョウレックス事件＝最 2 小判平 30. 6. 1 は（前掲長澤運輸事件＝最 2 小判平 30. 6. 1 も同旨），労契法 20 条は私法上の効力を有し，有期労働契約のうち同条違反の労働条件は無効となるが，同条の効力により有期契約労働者の労働条件が無期契約労働者と同一のものになるのではないから，労働条件の相違が違法であっても契約社員（有期）が正社員（無期）と同一の権利を有する地位にあることの確認を請求することはできず，その地位にあることを前提とする賃金請求もできないという。

51) 前掲ハマキョウレックス事件＝最 2 小判平 30. 6. 1 は，契約社員（有期）への無事故手当等の不支給等は不法行為に当たるとし，前掲長澤運輸事件＝最 2 小判平 30. 6. 1 は，嘱託乗務員（有期）への精勤手当等の不支給等は違法であり，使用者に過失があったとして不法行為に当たるとしている。

52) この場合，たとえば基本給が同額でないことが不合理であるときは差額を損害とすればよいが，たとえば無期契約者に支給される住居手当が有期契約者に全く支給されないことは不合理であるけれども，同額が支給されるべきとまではいえないときは，賠償されるべき損害はどのようなものになるのか。前掲注 43) 日本郵便（東京）事件＝東京地判平 29. 9. 14 は，民訴法 248 条に従って相当額を認定すべきであるとして，住居手当の 6 割（年末年始手当については 8 割）を賠償されるべき損害としている。かつて「社員」の賃金の 8 割との差額を「臨時社員」が受けた損害とした裁判例があったが（前掲注 31) 丸子警報器事件＝長野地上田判平 8. 3. 15 [→60 頁]），このような問題処理のあり方は支持に値すると筆者は考える。

53) 前掲ハマキョウレックス事件＝最 2 小判平 30. 6. 1（前掲長澤運輸事件＝最 2 小判平 30. 6. 1 も同旨）は，正社員（無期）と契約社員（有期）の就業規則が別個独立のものであることに鑑みれば，両者の労働条件の相違が労契法 20 条に違反する場合に，正社員就業規則が契約社員に適用されると解することは「就業規則の合理的な解釈としても困難である」とする。

第2節　採用内定・試用期間

Ⅰ　採用内定

1　問　　題

　わが国の多くの企業は，毎年定期的に「正規雇用」の従業員となる者を新規学卒者から雇い入れる。その際，学校卒業前の在学中に採用を「内定」して卒業後に「正式採用」するというのが通常のやり方である。もっとも，近年は「中途採用」を行う企業が少なくないし，また新卒者の「通年採用」あるいは「第二新卒」の採用なども見られる。

　採用内定に関して労基法・労契法には何らの規定もないが，これまでの裁判例に現れた紛争の大部分は企業側からの内定取消しをめぐるものであった。そこで内定取消しに解雇権濫用法理を適用し得るかどうかが問題となるため，採用内定の法的性質がまず論じられた。1980（昭和55）年頃に最高裁判例が出されて，法的性質と取消しに関する基本的ルールが形成された。それらの裁判例は新学卒者の「定期採用」に関するものであったが，その後は「中途採用」やヘッド・ハンティングによって採用内定された者の取消し，新規学卒者に関する「採用内々定」の取消しの事例が見られる。さらには，「内定辞退」に関わるケースの裁判例も現れている。

2　判例理論

　裁判例では，公務員の事件を除く多数の事例について，採用内定によって労働契約が成立したとされている。リーディングケースは大日本印刷事件＝最2小判昭54.7.20民集33巻5号582頁である。卒業の前年に内定通知を受けて誓約書を提出した後に取り消された大卒者が地位確認等を請求したケースで，次のようにいわれている。採用内定の法的性質は事実関係に即して判断されるべきであるが，当事件では内定通知により就労始期を卒業直後とし誓約書記載の事由にもとづく解約権が留保された労働契約が成立したと解される。内定者の地位は試用期間中のそれと基本的に異ならないから，使用者による留保解約

権の行使は社会通念上相当として是認し得る場合にのみ許される。したがって採用内定の取消事由は，内定当時知ることができず，また知ることが期待できないような事実で，これを理由とする取消しが解約権留保の趣旨・目的に照らして客観的に合理的と認められるものに限られる。最高裁判例としては，さらに電電公社近畿電通局事件＝最2小判昭55．5．30民集34巻3号464頁がある。ここでも内定通知により労働契約が成立したと解されているが，当事件における取消しは社会通念上相当なものとされた。

　中途採用者に関する裁判例においても，採用内定による労働契約の成否については定期採用者の採用内定に関する考え方が基本的には踏襲されている（わいわいランド事件〔控訴審〕＝大阪高判平13．3．6労判818号73頁等）。ただし，中途採用者については，労働契約を成立させる「採用内定」があったとはいえないと判断されることが多いようである。就職勧誘において示された労働条件は大雑把な内容で書面作成も行われていないなどの事情から，雇入通知書の交付を受けていない労働者については雇用契約の成立は認められないとしたものがある（わいわいランド事件〔1審〕＝大阪地判平12．6．30労判793号49頁）。もっとも，労働契約の成立は否定されるほかない場合でも，使用者には契約締結上の過失もしくは信義則違反による損害賠償責任が生じる場合は少なくないであろう。

　定期採用者に関しては，原則として採用内定により労働契約が成立すると解されていると見てよい（近年の例としてはX社事件＝東京地判平24．12．28労経速2175号3頁）。では，「採用内々定」の通知があった後に取り消された場合はどうか。裁判例では労働契約の成立は否定されている（新日鐵事件＝東京高判平16．1．22労経速1876号24頁，コーセーアールイー事件＝福岡高判平23．2．16労経速2101号32頁等）。そこでは，企業は新卒者が他企業へ流れることを防ごうとして内々定の通知をしたのであって，確定的な採用の意思表示をしたとは解し得ないとされている（前掲コーセーアールイー事件＝福岡高判平23．2．16）。もっとも，労働契約締結過程における信義則に反し期待利益を侵害するものとして，慰謝料請求が認容されている（同前）。

■内定取消しと損害賠償
　採用内定による労働契約の成立が認められる場合には，違法な内定取消しは不法行為に

当たるとして損害賠償の請求が可能なことは少なくないであろう。前掲の大日本印刷事件＝最2小判昭54. 7. 20の原判決（大阪高判昭51. 10. 4労民集27巻5号531頁）は，内定を取り消されて他に就職できなかったことによる精神的苦痛は賃金相当額の支払いを受けても完全には治癒されないとして慰謝料請求を認容しているが，この判断は上告審で是認されている。労働契約の成立が認められない場合でも，使用者の損害賠償責任が肯定されることがあり得る。とくに内々定については，労働契約の成立が肯定されることは多くないであろうが，労働者が損害賠償を請求できる場合は少なくないと思われる。前掲のコーセーアールイー事件＝福岡高判平23. 2. 16は，労働契約の成立が認められなかった労働者について，契約締結に至る過程において当事者は信義則の適用を受けるものであり，当事件の内々定取消しは信義則に反し労働者の期待利益を侵害するもので不法行為を構成するとしている。内々定取消しが債務不履行または不法行為に該当しないとした裁判例もある（ケン・コーポレーション事件＝東京地判平23. 11. 16労経速2131号27頁）。中途採用者については内定による労働契約の成立が認められ難いのであるが，使用者の不法行為責任を肯定した裁判例は少なからず見られる（前掲わいわいランド事件〔控訴審〕＝大阪高判平13. 3. 6，パソナ・ヨドバシカメラ事件＝大阪地判平16. 6. 9労判878号20頁等）。採用内定を辞退した者に対する使用者の損害賠償請求を認容しなかった裁判例もある（→132頁注1））。

3 採用内定と労働契約

(1) 採用内定の法的性質

　学説には，裁判例と同じの立場のほかに，採用内定から「入社」して勤務につくまでの一連の手続全体が労働契約の締結過程であるとする見解（有泉94頁以下）がある。これは，公務員の採用内定に関する判例において取り入れられている（東京都建設局事件＝最1小判昭57. 5. 27民集36巻5号777頁等）。

　前掲大日本印刷事件＝最2小判昭54. 7. 20がいうように，採用内定の法的性質は個々のケースの具体的事実に即して判断されるべきことである。「採用内定」がなされていても労働契約締結過程の一段階にすぎないと解するのが妥当な場合も存在する。しかし，いわば典型的な採用内定，すなわち学卒予定者もしくはそれに準ずる者の卒業期日以前の採用内定については，原則として労働契約を成立させる性質のものと解すべきである。内定時に選考試験が面接や健康診断を含めて行われた後には試験等は実施されないのが一般的であるから，この時点以降における企業と内定者の意識の通常のあり方から考えても，労働契約が成立していると解するのが妥当である。中途採用者に関しても，基本的には同じように考えてよいであろう。ただし，中途採用者の採用内定に関して

は，いわば原則的に労働契約が成立すると考えることが可能な度合いは定期採用者の採用内定に比べて低いと思われる。

■内々定の取消しと契約締結過程における信義則
　近年は裁判例のケースにもなっている「内々定」は，一般的には労働契約締結過程の一段階と解されるべきものであろう。しかし，他社との接触を禁止するなどの強い拘束が加えられている場合には，労働契約の締結があったものと見ることができる。また，労働契約の成立は認められない場合でも，「内定」に至らなかったことにつき企業側に非難されるべきところがあれば，使用者が契約締結上の過失もしくは不法行為よる損害賠償責任を負うべきことになる。前掲コーセーアールイー事件＝福岡高判平23．2．16は次のようにいっている。契約当事者は，締結交渉の開始時から信頼関係に立って共同目的に向かう協力関係にあるから，契約締結過程に至る過程は契約上の信義則の適用を受けると解すべきであり，そのことは労働契約締結過程においても異ならない。

　採用内定により労働契約が成立するといっても，労働契約の主要内容をなす指揮命令下の労働と賃金支払いの権利義務が，学校卒業直後の時期の「入社」あるいは「正式採用」まで発生しないことは当然である。この点に関し，前掲大日本印刷事件＝最2小判昭54．7．20は「就労始期つき」契約とするが，前掲電電公社近畿電通局事件＝最2小判昭55．5．30は「効力始期つき」契約とする。いずれをとるかによる実際上の差異はそれほど大きくないが，後者のほうが妥当であろう。採用内定による労働契約成立の時期は，両最高裁判決によれば内定通知の発信時になる。募集が申込みの誘引で応募が申込みと解されているからである。これに対して，被採用者側の承諾通知の発信時とする考え方もあり得る。筆者は，労働者側の選択の自由を尊重すべく，また「重複内定」が少なくない実態を考慮して後者の考え方をとりたい。[1]

---

[1] 「内定辞退」，すなわち採用内定がされた後の「正式採用」の前に労働者が入社しない旨を告げた場合，使用者は損害賠償請求をすることができるか。前掲X社事件＝東京地判平24．12．28は，労働者はいつでも労働契約を解約できる（民627条1項）のであるから，内定辞退が債務不履行または不法行為を構成するには信義則違反の程度が一定のレベルに達していることを要するとしている（当事件では労働者の損害賠償責任を否定）。そのように考えればよいのであろう。ただし，同判決は，採用内定により学校卒業を停止条件として労働契約が成立し，内定辞退は条件成就を不可能もしくは困難にするものゆえ違法な場合もあるとするが，これには筆者は賛成し得ない。新学卒者の定期採用における内定では，学校を卒業し得なかったことは内定取消し，つまり解雇（留保解約権の行使）の合理的理由に，ほぼ当然に該当すると考えるほうがよいと思われる。

■「就労始期つき」か「効力始期つき」か

　「就労始期つき」とすれば就業規則が適用され，内定者もたとえば企業秘密保持の義務を負い，またレポート提出などが業務命令として出され得ることになる。「効力始期つき」と見れば，これらはすべて否定される。内定者は通常，学校在学中であることを思えば，原則としては「効力始期つき」と解するほうがよいと筆者は考える。裁判例には，論文審査の終了を条件とする大学院修了者の採用内定は入社日を効力始期とする労働契約の成立であるとし，それゆえ使用者は入社日前の研修等を命ずることはできないとしたものがある（宣伝会議事件＝東京地判平17．1．28労判890号5頁）。また，前掲X社事件＝東京地判平24．12．28も，入社日が効力始期であるとし，したがって入社前の研修は業務命令により実施されるものではあり得ず，入社前研修における成績等を理由に黙示の内定取消しや辞退の強要をすることは許されないとしている（ただし，当事件では使用者の損害賠償責任を否定）。

(2) 内定取消しの合理的理由

　採用内定により労働契約が成立すると見れば，その取消しは解雇であるから合理的理由を欠くときは権利濫用で無効となる（労契16条）。では，その合理的理由の有無はどのようにして判断されるべきか。

　多くの裁判例は，内定期間中は使用者の解約権が留保されているという。内定取消しに特有の，解雇を合理的ならしめる理由があるという趣旨であろう。内定期間中は労働関係が現実には展開されないから，労働義務の不履行や服務規律違反等が解雇理由になることはあり得ない。解雇の合理的理由として考えられるのは，労働能力や従業員としての適格性を疑わせる重大事実の発見または明確化，人員削減の必要性等の経営上の理由であろう。いずれにせよ，内定取消しの解雇としての効力判断がかなり特殊なものであることは間違いがない。裁判例における「内定当時知ることができず……」といった取消事由の限定も，その意味で妥当なものといえる。誓約書や内定通知書に記載されている取消事由の法的意味は場合により異なると考えなければならない。

■「解約権留保」という構成

　これは，労働契約において使用者は解約権を持たないが内定中は別であるという意味ではあり得ず，「正式採用」後の解雇には合理的理由を要するが内定中は不要であるという意味とも考えられない。結局，内定者は試用期間中と同じ地位にあると説かれているところからみて，一般の場合にはない理由による解雇が可能という意味に解される。このような法的構成は一般にはさしたる実際の意味を持たないであろうが，次のような事例では十

分に意味を持つことになるのであろう。すなわち，人材派遣会社から「準内定」の通知を受け派遣先での研修に参加した労働者が，派遣元と派遣先の間の業務委託契約が不成立となったために不採用とされたケースについて，採用内定の一態様として解約権留保付の労働契約が成立したと解されるが，客観的に労働者を就労させることが不可能となった場合にも労働契約を存続させる意思を使用者が有していたとは考えられないから，留保解約権にもとづく採用内定の取消しとして適法・有効であるとされた（前掲パソナ・ヨドバシカメラ事件＝大阪地判平16・6・9）。

■誓約書等に記された取消事由について

前掲の大日本印刷事件＝最2小判昭54.7.20は，内定取消しは誓約書に記された事由にもとづくことを要するとしているが，当該事例における誓約書の内定取消事由の記載は限定列挙ではなかった。これに対し，前掲電電公社近畿電通局事件＝最2小判昭55.5.30では誓約書は提出されず，内定通知書には再度の健康診断における異常の発見のみが取消事由として記されていたところ，判旨は使用者の解約権留保を右の場合に限定することはできないとした。両判決に基本的な考え方の差異があるわけではないであろう。誓約書等に記載されている取消事由には，公序違反で無効あるいは単なる例文とみるべきものが少なからずあると思われる。

(3) 採用内定と労働条件

「正式採用」後の労働条件が採用内定時に「見込み」として提示されたものを下回ることは，内定が「入社」前のかなり早い時期に行われ，また経済事情の変動可能性が高い今日では稀でないであろう。そのような場合には，①労基法15条の労働条件明示義務に違反しないか，②労働者が賃金差額等の請求権を有するか，という問題が生じる。

まず，①の点であるが，労基法15条1項は「労働契約の締結に際し」明示しなければならないとするので，労働条件は採用内定時に「明示」されねばならず，したがって「見込み」ではなく確定された契約条項が提示される必要があるようにも見える。しかし，採用内定により原則として労働契約が成立すると解すべきであるのは，主として内定取消しから内定者の法的地位を保護するためである。労働契約そのものは指揮命令下の労働とそれへの賃金支払いの合意があれば成立するのである（→89頁以下）。それゆえ，内定時に労働条件が確定していなければならないと解する必要はない。内定時に労働条件，とくに賃金額が確定していることを要すると考えると採用内定による労働契約の成立を認めることが困難になり，かえって不都合であろう。

では，②の点はどうか。採用内定時に確定した労働条件を示さなくても違法

ではなく，「見込み」から具体的内容を持つ請求権は発生しないから，労働者は常に必ず差額請求権を有すると考えることはできない。しかし，信義則違反と評価し得るほどに「見込み」と実際が相違する場合には，労働者はその格差（たとえば賃金の「見込額」と「確定額」の差額）に相当する損害賠償を請求し得ると解しなければならない（八州測量事件＝東京高判昭58．12．19労判421号33頁参照）。なぜなら，内定者は一般に「見込み」を大きく下回らない労働条件を期待し，その期待がみたされないと知れば他企業への就職の途を選ぶはずで，この期待と選択の利益は法によって保護するに値するからである。[2]

Ⅱ 試 用 期 間

1 問　題

　わが国の企業では，正規雇用の従業員については「正式採用」の後，すなわち勤務開始の後に数か月の試用期間を設け，その経過後に「本採用」とする旨が就業規則等に定められていることが多い。

　この制度に関係する法規定としては解雇予告に関する労基法21条4号がある。[3]これまでの裁判例に現れた紛争の大部分は，試用期間中の解雇および期間後の「本採用拒否」，とくに後者の効力を争うものであった。そこで試用労働関係の法的性質が問題とされたが，三菱樹脂事件＝最大判昭48．12．12民集27巻11号1536頁が示したところが判例・通説となっている。

　労働者が試用期間経過後に「本採用拒否」されることは稀にしかないようである。「試用期間の有名無実化」（小嶌典明「試用期間の現状と将来」下井古稀137頁）が実態であるといえよう。試用期間についての判例・通説も，そのような実態に即応する内容のものであった。しかし，中途採用者の雇用においては

---

[2]　裁判例には，中途採用者に関して「新卒同年次定期採用者」と同額の賃金を支給するという約定があったかどうかが争われたものがあった。このケースでは，1審判決はそのような約定の存在は認められないとしたが（日新火災海上保険事件＝東京地判平11・1・22労判759号45頁），2審では使用者には損害賠償責任があると判断されている（同事件控訴審＝東京高判平12．4．19労判787号35頁）。

[3]　このほかにも，試用期間中を平均賃金の計算基礎から除外する労基法12条3項5号，試用期間中の者が最低賃金の適用除外の対象となり得る旨を定める最賃法7条2号等がある。

「有名無実」でない試用期間が設けられることも少なくないと思われる。それから，障害者・中高年齢者・若年者等の就職を国が支援するための「トライアル雇用」(試行就業)，派遣就業の終了後に派遣先に職業紹介することを予定して行う「紹介予定派遣」(→169頁)などもある。今後，判例・通説における試用期間の考え方が変容を余儀なくされることは十分に考えられるであろう。

2 判例理論

前掲三菱樹脂事件＝最大判昭48. 12. 12は次のようにいう。試用労働契約の法的性質は就業規則の規定や処遇の実情等から判断されるべきであるが，当事件の会社では大学卒の新採用者について本採用しなかった事例が過去になかった等の実態からすれば，本採用拒否は留保解約権の行使，すなわち解雇に当たる。試用期間中の解約権留保の趣旨は，採否決定時には適格性の有無に関する調査や資料収集が不可能なため，後日の調査や観察にもとづく最終決定を留保することにある。この留保解約権の行使には通常の解雇におけるよりも広い範囲の自由が認められるが，解約権留保の趣旨・目的に照らして客観的に合理的な理由が存し社会通念上相当として是認され得る場合にのみ許される。

このような試用制度の法理論は以後の裁判例によって踏襲されている[4]。労基法3条違反あるいは不当労働行為該当の成否が争われたものもあり，従業員としての適格性を欠くという解雇理由の当否が問題となった事例も少なくない。適格性の有無の判断につき使用者が裁量権を有することは当然であるが，合理的とはいえない適格性判断は裁量権濫用と評価されて，本採用拒否等が違法なものとされることになる。試用期間の長さやその延長の合理性の有無が問題と

---

[4] 近年のものとしては日本基礎技術事件＝大阪高判平24. 2. 10労判1045号5頁等。試用期間の終了を待たずにする解雇には「より一層高度の合理性と相当性が求められる」としたものもある（ニュース証券事件＝東京高判平21. 9. 15労判991号153頁）。従来の裁判例のケースとは異なるタイプの試用期間に関するものとしては，高給の管理職として中途採用された者の試用期間中の解雇について，業務能力の把握と適性判断のために試用期間を設ける合意は合理的であるとしつつも，本採用拒否は合理性に欠けるので解雇無効としたもの（オープンタイドジャパン事件＝東京地判平14. 8. 9労判836号94頁），最初の14日間（労基21条但書参照）を試用期間とすることは違法でなく合理的であるとして，採用後2日目までの派遣先での勤務状況を理由とする解雇を有効としたもの（フジスタッフ事件＝東京地判平18. 1. 27労経速1933号15頁）がある。

[5] ブラザー工業事件＝名古屋地判昭59. 3. 23労判439号64頁は，「見習」と「試用」を合わせて最長2年間を経過した後に「正社員」となる制度に関して，労働能力や勤務態度等について評

なったもの，さらには有期労働契約で試用期間が設けられていた事例もある。

■有期労働契約の試用期間，試用期間途中の解雇等
　リーディング証券事件＝東京地判平 25．1．31 労経速 2180 号 3 頁は，契約期間 1 年・試用期間 6 か月として雇用された者が 2 か月後に解雇された事例のものであった。判旨は，労契法 17 条 1 項は同法 16 条に加えて「やむを得ない事由」を要するとしている（この解釈は適切でない。→105 頁注 20））ので，有期労働契約に試用期間があるときの解雇は「特別の重大な事由」が存しなければ違法・無効であって，事実上，試用期間中の解雇はほとんど認められないという。同事件では結局，解雇有効とされたのであるが，有期労働契約に試用期間がある場合の期間途中の解雇についてとくに厳しく規制する判旨の考え方は筆者には理解し難い。試用期間が設けられることによって使用者に解約権が留保されている以上，より緩やかな基準によって試用期間中の解雇の効力判断がされて構わないからである。それから，試用期間の中途での解雇は期間経過後の解雇（本採用拒否）と違って特別の事情がないかぎり無効とすると考え方もある（西谷 148 頁，前掲注 4) ニュース証券事件＝東京高判平 21．9．15 等）。たしかに，所定の試用期間が経過する前の解雇が適格性の欠如ではなく他の不当な理由によるものと疑われて無効とされるべき場合はあり得よう。しかし，不適格性が早期に判明した場合に留保解約権の行使が妨げられるべきではないから，期間中途での解雇は特別の事情がある場合にのみ許されるとまではいえないであろう。前掲注 4) 日本基礎技術事件＝大阪高判平 24．2．10 は，試用期間が 6 か月であった労働者に対する 4 か月経過時の解雇を有効としている。

　神戸弘陵学園事件＝最 3 小判平 2．6．5 民集 44 巻 4 号 668 頁では，労働契約に付された期間を試用期間と雇用期間のいずれと解すべきかが問題となった。判旨は以下のようにいう。期間を設けた目的が労働者の適性を評価・判断するためのものであるときは，特段の事情が認められる場合を除いて契約の存続期間ではなく試用期間であると解される。試用期間中の者が他の労働者と同じ職務に従事し，本採用時に契約書作成の手続がとられない場合は解約権留保付雇用契約と解され，その解約権行使は客観的に合理的な理由があり社会通念上相当として是認される場合にのみ許される。
　同判決の事案は，契約期間を一応 1 年とするが勤務状態を見て再雇用するか否かを決めると告げて採用したというものであり，契約書に「試用」の文字はなく「雇用期間」とのみ記載されていた。そこで，これを試用期間であって労

値判断を行うのに必要な合理的範囲を超えた長期の試用期間は公序に反し無効としている。試用期間は使用者に留保解約権を付与するものであるから，あまりに長い試用期間は公序に反し無効とされることになろう（荒木 339 頁）。

働契約の期間ではないとすることは難しいであろう。適性の評価・判断のために期間を付した労働契約を締結した場合は原則として雇用期間ではなく試用期間が定められたと解される，とすることにも疑問がある。結局，この判決がいっているのは，設けられた期間がトライアル雇用としては長きに失するから「試用労働契約」と解することはできず，また期間を通じて労働者は通常職務を行うことになっており，しかも期間設定は交渉を経たほどのものではなかったから，労働契約の期間が定められたものと見ることはできず，したがって使用者は合理的理由がなければ労働契約の解約（解雇）をなし得ないということであろう。

■適性判断のための期間設定
　福原学園事件＝最1小判平28. 12. 1労判1156号5頁は，期間1年の労働契約を2度更新した後に労働者が期間の定めのない契約になることを希望し，それを使用者が受容したときは無期労働契約に移行すると就業規則に定められていたところ，労働者が移行を欲したにもかかわらず雇止めされたというケースのものであった。原審は，労働契約に期間を設けた目的が適性の評価・判断にあるときは原則として契約存続期間ではなく試用期間と解されるとして，雇止めを無効とした。これに対し，上告審は，有期契約から無期契約への移行の可否は勤務成績を考慮してなされる使用者の判断に委ねられているとして，無期労働契約への移行があったとは認められないとしている。原審は，前掲神戸弘陵学園事件＝最3小判平2. 6. 5の上記の説示に依拠して解釈・判断をしたのであろう。それを上告審は否認したのであり，この問題に関する判例の立場は変更されたとみても差し支えなく，それは妥当・適切なことであったといえよう。

3　試用労働関係の法的性質

　試用制度の存在理由をいわば理念型的にとらえれば，労働関係の「確定的」な成立の前に一定期間，試験的に実際に勤務につかせて従業員としての適格性の有無を判断するためということになる。そのような文字どおりの試用制度（前述の「トライアル雇用」はこれである）に関しては，期間中は本採用後の労働契約とは別個の，試用労働契約とでも称すべき特別の契約が締結されていると解すべきである。その場合は，本採用拒否は労働契約の締結拒否であって解雇権濫用法理の適用を受けないことになる（ただし期間が14日を超えれば，労基法21条但書により解雇予告が必要となる）。
　しかし，従来のわが国企業における試用制度の大部分は次のようなものであ

る。試用期間は3〜6か月で期間中と本採用後の労働の種類・態様も労働条件もほとんど同じであり，試用期間終了時に能力評価のためのテスト等が行われることは稀であって，大多数の者が自動的に本採用される。「試用＝適格性判断のための労働」というよりは「見習＝教育訓練のための労働」という面が強い場合も少なくない。とはいっても，労働者の勤務態度や能力の観察による従業員としての適格性の有無の判断が全く行われないわけではない。このような制度下の労働関係については，すでに労働契約は成立しているが試用期間中という特別の状態にあるものととらえるのが適切である。もっとも，わが国企業における人事管理のあり方が変化するなかで，「試用」の名にふさわしい制度として評価されるべきケースが増加することは十分に考えられよう。[6]

　試用期間に関する判例・通説の考え方は，わが国企業における制度の一般的な状況に即したものとして基本的に妥当なものである。ただし，解約権留保という理論構成にはそれほどの意味はないようにも思われる。そこでは，留保解約権の行使には通常の解雇よりも広い範囲の自由が認められるが客観的に合理的な理由を要すると説かれている。要するに，使用者は不適格性判断にもとづく解雇の権限を有するという意味であろう。しかし，本採用後といえども，従業員としての適格性を欠くことを理由とする解雇は原則的に適法である。とすれば，試用期間中または期間満了時における従業員として不適格という理由による解雇の効力判断が本採用後における判断とは異なった面を有することを認識しておけば足りるであろう。[7] さらに，前掲三菱樹脂事件＝最大判昭48. 12. 12が，解約権留保の趣旨は試用期間中の「観察」のみでなく「調査」にもとづく最終決定の留保にもあるとする点には疑問がある。採用内定以後，本採用

---

[6] わが国企業の試用制度において「適格性判断のための試験的労働」という要素が稀薄であるのは，企業が一般に，新規学卒者を白紙の労働者として雇い入れた上で能力養成をするという方法をとっているからであろう。これが中途採用者の増加等に見られるように変化しつつあり，そこで「試用」の名にふさわしい制度の比重が高まり，法的にも試用労働契約として構成すべき場合が増えることが考えられる。古い裁判例ではあるが，EC委員会駐日代表部事件＝東京高判昭58. 12. 14労民集34巻5＝6号922頁のケースは，本採用拒否は試用労働契約の期間満了時の雇入れ拒否であったと解してもよいものであった。同判決は，解約権留保つきの雇用契約が成立しているとした上で，ただし雇用形態として能力主義が採用され，とくに高給与の職員の雇入れに際しては適格性の審査を十分に行うために試用期間が設けられていたことを考えると，解約権留保につき一般の場合よりも強い合理性が認められ解雇自由の幅もある程度広く認められると論じて，本採用拒否は有効という結論を導いている。やや回りくどい理屈ではあるが，了解可能である。

に至るまで「身元調査補充期間」が続くと解することは，労働者の地位を長期にわたって不安定にするものゆえ妥当性に欠けると思われる。

7) たとえば採用時の経歴詐称を理由とする試用期間中の解雇または本採用拒否が可能な場合はあるが，これを留保解約権の行使とみると，「重要」ならざる経歴の詐称も解雇の合理的理由と解されてしまう恐れがある（経歴詐称については→443頁以下）。経歴詐称にかぎらず，「実際に労働させたところ明らかとなった不適格性」以外の解雇理由については，本採用後と同一の基準によって合理性の有無が判断されなければならない。

第3節　配転・出向・派遣その他

I　配　　転

1　問　　題

　配転とは配置転換の略語である。労基法・労契法にこの言葉はないが[1]、多数の企業において就業規則等により制度化されている。それは従業員の職務内容または勤務場所の変更を意味するが、より厳密に定義しようとすれば「相当の長期間にわたって変更」すること（菅野684頁）としなければならない[2]。企業における一般的な呼称に従って、同一事業場内の配転を「配置換え」、他の事業場へのそれを「転勤」とよぶのが適当であろう。

　配転は、わが国の企業では以前からかなり頻繁に行われていたが、労働契約法の重要問題の1つとなったのはそれほど古いことではない。かつてはほとんど管理職養成の手段でしかなかった配転が、企業活動の規模が飛躍的に拡大するなかで大量に行われ、また出向とともに雇用調整の主要な手段として用いられるようになり、さらに労働者が配転命令に不服従の態度をとる場合が生じたのである。

　配転に関する裁判例は相当な数に達している。大多数の事件は、配転命令への不服従を理由とする解雇または懲戒処分の効力が争われたものであるが、命令自体の効力が争われることも少なくない。そこで、配転に関しても議論は法的性質論から始まったが、以下で見るように一応の決着がつけられている。

---

1)　2001（平13）年改正後の育介法には、使用者は「配置の変更」に際し労働者の育児・介護の状況に配慮すべき旨の定めがある（26条）。また、均等法は2006（平18）年改正により妊娠等を理由とする不利益取扱いを禁止する定めを設けている（9条）が、その不利益「取扱い」には「配置の変更」が含まれることとされている（平18. 10. 11厚労告614号）。

2)　企業では、通常は一時的にもしくは短期間、勤務場所や職務内容が変更されることが稀でない（「配置換え」・「転勤」とはいわれず、「応援」・「職務変更」等とよばれる）。これについては、「配転」ではなく「業務命令」（→248頁以下）と解して法的問題を処理するほうがよい。この点は、配転命令の法的性質をどのように考えるかという問題にも関連している。

■配転を求める権利，配転を行うべく配慮する義務

　裁判例のケースのほとんどすべては，労働者側が配転命令に従う義務がないことを主張するものである。しかし，配転が行われないことにより労働者に不利益が生じることも実際には稀ではないから，使用者が労働者に配転を命ずる義務を負っていると解すべき場合もあると思われる。裁判例には，ある地域の支店への配転をする人事発令を求める請求について，そのような配転をするという合意があったとは認められず，また労働者には就労を求める権利はないとして棄却したもの（NTT 東日本［配転請求等］事件＝福島地郡山支判平 14. 11. 7 労判 844 号 45 頁）がある。それから，病気のために命じられた業務をなし得ない労働者に対する賃金不払いが問題となったケースの裁判例では，使用者は労働者が配置される現実的可能性のある他の業務を考えて勤務させるべきであるという趣旨のことがいわれている（片山組事件＝最 1 小判平 10. 4. 9 労判 736 号 15 頁）。配転を行うべく配慮する義務の存在を認めるべき場合があることを示唆するものといえよう（同判決については→192 頁，259 頁以下）。

2　配転の法的性質

(1)　学説の諸見解

これまでの学説の見解を整理すれば以下のようになろう。

(i)　**包括的合意説**　次のように説く。使用者は一般に労働契約の締結により労働力の包括的処分権を取得し，それにもとづき労働の種類・場所を決定できる。配転命令とはこの決定にほかならず，その性質は形成行為である。ただし，この使用者の権限は濫用を厳しく戒められなければならない（本多淳亮「配置転換・転勤をめぐる法律問題」『労働法と経済法の理論〈菊池勇夫六十年祝賀記念〉』[1960 年] 478 頁以下）。

(ii)　**特約説**　この説によれば，使用者が労働者に対して配転を命じ得るのは労働者が使用者に労働の種類・場所の決定および変更の権能を委ねる旨の特約がある場合に限られる（吾妻光俊「労働者の権利・義務」石井照久＝有泉亨編『労働法大系 5』[1963 年] 48 頁以下）。もっとも，合理的範囲内で配転命令権を認めることが一般に労働契約締結時に黙示合意されているともいわれている（石井照久『労働法の研究Ⅱ』[1967 年] 209 頁）。

(iii)　**労働契約説**　次のようにいう。配転は労働契約において予定された範囲内のものであれば契約の履行過程であり，配転命令は労務指揮の一態様にすぎないから労働者は服従しなければならないが，予定された範囲を超えるものであれば契約内容の変更申入れとなるから労働者の同意なしには拘束力を持た

ない。ただし契約の予定範囲内の配転命令であっても，権利濫用に当たるときには労働者は服従義務を負わない（萩澤清彦「配置転換の効力停止の仮処分」成蹊法学2号［1970年］10頁以下）。

(iv) **配転命令権否認説**　この説によれば，職種・労働場所を変更する配転はあらゆる意味で労働契約内容の変更申入れであり，したがって労働者の個別的な明示・黙示の合意を得てのみ効力が実現される（渡辺章「配置転換と労働契約」労働問題研究4号［1971年］79頁以下）。

(i)の「包括的合意説」と(iii)の「労働契約説」は鋭く対立しているように見える。しかし，(i)によれば配転は労働力の包括的処分権にもとづき使用者により一方的に命じられるのであるが，明示または黙示の合意もしくは慣行により労働の種類・場所が具体的に労働契約の内容となっている場合は労働者の同意なしには配転命令は拘束力を持たない。また(iii)は，労働契約の履行過程にすぎない配転の場合でも，使用者の労務指揮権の濫用に当たれば労働者は服従義務を負わないとする。配転命令の拘束力の有無を判断するための枠組みとしては両説の間に差異はあまりないといえる。

(ii)の「特約説」も，一般に雇入れ時に配転命令権が黙示合意されていると解するのであれば(i)とも(iii)とも実質的な差異はないに等しいが，(i)とはいわば発想において基本的な違いがある。また(iii)と対比すると，予定された範囲内の配転は契約履行過程にすぎないと考えるのでなく，労働の種類・場所の一方的な変更はすべて合意にもとづくべきであるとする。つまり，(iii)においては配転のなかに事実行為にすぎないものが含まれるのに対し，(ii)では労働契約の要素の変更に当たるもののみが配転であるとされる。そのように両説の間には「配転」概念の違いが存在している。(iv)の理論構成は基本的には(ii)と同じであるが，(ii)のように使用者の配転命令権を認める雇入れ時の黙示合意などは認めないから，配転命令の拘束力判断の枠組みとして他の諸説と決定的に異なる。

(2) 裁判例の立場

裁判例では，当該の労働契約関係においては包括的な労働力処分権ないし一般的な配転命令権が使用者に属するとされることが多い。そこでは，雇入れ時に労働の種類・場所について何らの取決めもなされていないこと，就業規則あるいは労働協約に業務上必要ある場合には配転を命ずる旨の定めがあること，

会社の配転命令に応ずる旨の誓約書が採用時に提出されていること等の事実があげられて，使用者は労働の種類・場所を決定する権限を有するとされ，したがって配転命令は労働契約上の根拠にもとづくものゆえ労働者は原則的に服従義務を負うとされる。1970（昭和 45）年以降に数多く出された裁判例の大多数ではこのような理論構成であったが，配転に関するリーディングケースである東亜ペイント事件＝最 2 小判昭 61．7．14 労判 477 号 6 頁でも同一の立場がとられている。[3]

このような判例の立場は「包括的合意説」のようにも見えるが，そうではないと考えるべきである。「包括的合意説」は，使用者には一般に包括的な労働力処分権が委ねられていると説く。これに対し前掲東亜ペイント事件＝最 2 小判昭 61．7．14 等は，就業規則等の配転条項の存在や雇入れ時の勤務地等に関する合意の欠如などから使用者の配転命令権を導き出す。それゆえ，当該の労働契約の意思解釈によってまず配転命令の効力を判断しようとする「労働契約説」あるいは「特約説」と同一の考え方をするものといえる。

これは以下のような事情によるのであろう。わが国では雇入れ時に職種や職場を限定する合意がなされることは少なく，逆に配転命令には必ず従う旨の誓約書が提出されることが多く，就業規則には通常，業務の都合による配転があり得る旨の定めがある。そこで，「労働契約説」も「特約説」も，多くの事例において使用者に包括的な労働力処分権が属するという帰結に達することになる。配転命令の拘束力の有無は，「配転命令権否認説」をとらないかぎり，あるいは職務内容もしくは勤務場所についての雇入れ時の合意が認定され得る場合でなければ，使用者が配転命令権を有することを前提として権利濫用等の成否によって決せられることになるのである。

筆者は，配転の法的性質について以下のように考えてきた。職務内容または勤務場所の変更には指揮命令権の行使にすぎないものもあれば労働契約の要素の変更に当たるものもあるが，「配転」とは後者，つまり企業において一般に「人事異動」と総称され「転勤」あるいは「配置換え」とよばれているものを

---

[3] この事件は転勤拒否を理由とする懲戒解雇の効力が争われたものである。判旨は，労働協約と就業規則に転勤条項が存在すること，労働者が転勤を頻繁に命じられる大学卒の営業担当社員であること，労働契約成立時に勤務地限定の合意がなされなかったことなどをあげて，使用者は「個別的同意なしに……勤務場所を決定し，これに転勤を命じて労務の提供を求める権限」を有するとしている。

指すと解するのが適切である。配転は企業における必要不可欠な人事管理の手段であるが，労働者にとっては不利益をもたらす可能性も大きいとはいえ，一般的にはさまざまな職種・職場を経験することによって職業的能力をのばし，あるいは環境変化に耐える適応性を養う機会を与えるものでもある。また雇用調整の主要手段という機能もある。このような多面性を持つ配転については，労働者の意思が関与し得る可能性を含んだ理論構成をすることが望ましいから，特約を根拠として命じられ得るものと考えるべきである。しかし，雇入れ時に職種や職場を限定する合意はなされることが少なく，就業規則に業務の都合による配転があり得る旨の規定が設けられているわが国企業の労働関係においては，多くの場合に使用者は合理的範囲内での配転命令権（労働契約の要素である職務内容と勤務場所を変更する形成権）を有しているという解釈にならざるを得ない。このような考え方にたって，裁判例に多く見られる前述の理論構成を支持することができよう。

■配転の法的性質・補論
　就業規則に業務の都合により配転を命じる等の規定があれば当然に使用者が包括的な配転命令権を持つことになるわけではない。当該労働契約においては職種もしくは勤務地が限定されていると解される場合には，そのような就業規則規定があっても限定された職種・勤務地外への配転は労働者の同意がなければ命じることができない。ただし，労働契約により職種または勤務地が限定されているにもかかわらず，配転を命じることに「強い合理性」が認められるために労働者の不同意が「同意権の濫用」に当たる場合もあり得る。客観的に必要と認められる経営合理化措置から生じた剰員処理のための配転については，そのような場合に当たることが多いのではないかと思われる。
　就業規則に包括的な配転命令権の定めがなく，しかも労働契約により職種・勤務地が限定されている場合の配転は，労働者の同意を得て行うほかはない。その際に「変更解約告知」，すなわち内容を改めた新労働契約を締結する申込みをともなった解雇を行うことがあるが，そのような場合には，使用者による新契約締結の申込みが，労働者による承諾拒否を解雇の合理的理由とするに足るほどの業務上の必要性にもとづくものか否かによって，解雇の効力が左右されることになろう（→195頁以下）。

とはいえ，「当該労働契約にもとづく労働力処分権」論にせよ，「特約にもとづく配転命令権」説にせよ，それは一般には長期雇用を予定する正規雇用の労働関係にのみ妥当するものである。非正規雇用の労働者に対する配転命令の効力が問題となった場合には，多くの場合にいわば純粋の労働契約説または特約説によるべきことになろう。正規雇用の労働者でも「勤務地限定社員」などの

場合であれば同じことになる。さらには長期雇用の正規雇用労働者に関しても，いわゆる専門職化が進行し労働条件を労使の個別交渉によって決定する傾向が強まることによって，配転は労働者の個別的同意を要すると解すべきケースが増加してくることになろう。そのようなことをも考慮に入れつつ，配転命令の法的性質については，労働者の意思が関与し得る可能性を含んだ構成である「特約説」がベストと筆者は考えるのである。

■職種・勤務地の限定について
　近年，職種あるいは勤務地の限定の有無が争われるケースが少なくない。裁判例では，職種限定の合意は容易に認めるべきではないと考えられているようである。放送局のアナウンサー（九州朝日放送事件＝最 1 小判平 10. 9. 10 労判 757 号 20 頁〔情報センターへの配転〕），新聞社の編集部員（日本経済新聞社事件＝東京地判平 14. 3. 25 労判 827 号 91 頁〔資料部への配転〕），児童福祉施設の指導員（東京サレジオ学園事件＝東京高判平 15. 9. 24 労判 864 号 34 頁〔調理員への配転〕），航空会社のフライトアテンダント（ノース・ウエスト航空事件＝東京高判平 20. 3. 27 労判 959 号 18 頁〔地上職への配転〕）といった労働者についても，職種限定の合意はなかったとされている。自動車メーカーで機械工の募集に応じて 20 年ほども機械工として勤務してきた者が組立工に配転されたケースについて，職種限定の明示または黙示の合意が存したとまでは認められないとした最高裁判例もある（日産自動車村山工場事件＝最 1 小判平元. 12. 7 労判 554 号 6 頁）。職種限定を認めたものには，損害保険の契約募集等を職務とする者について原則として配転を命じ得ないとしたもの（東京海上日動火災保険事件＝東京地判平 19. 3. 26 労判 941 号 33 頁）などがある。勤務地の限定に関しては，大阪の店舗マネージャー職から東京の営業部への配転について，黙示にせよ勤務地限定の合意が認められるが，仮に認められないとしても勤務地が関西地区に限定されるように，できるかぎり配慮すべき信義則上の義務があるとしたもの（日本レストランシステム事件＝大阪高判平 17. 1. 25 労判 890 号 27 頁）などがある。
　労働契約における職種・勤務地の限定，とくに職種限定の合意は厳格な基準によって認められるべきであるとする考え方には，筆者は疑問を持つ。それは，わが国労働関係における契約意識の変化を考慮に入れないものに思われる。現に，かなり多くの企業に，職種・勤務地・労働時間限定の「正社員」が存在するとされている（厚生労働省『「多様な形態による正社員」に関する研究会報告書』〔2012 年〕参照）。それゆえ，職種・勤務地限定の合意の存在は緩やかに認められるべきであろう。ただし，限定合意を緩やかに認めることになると，多くの場合に使用者が配転を命じることが難しくなり，そこで経営上の理由による解雇の合理性をより緩やかに認めなければならなくなるであろう。裁判例は一般に，「勤務地や職種の限定を容易に認めない一方で権利濫用法理によって利益調整を行うという手法」（山川隆一＝大内伸哉「労働判例この 1 年の争点」労研 484 号〔2000 年〕33 頁〔大内〕）をとっている。これはやむを得ないところとも思われるが，筆者は，職種・勤務地の限定はより緩やかに認めるようにし，他方で経営上の理由による解雇（「整理解雇」）に対する厳格な法規制（→199 頁以下）を見直すべきであると考える。それから，職種・勤

務地限定の合意がより緩やかに認められても，使用者は変更解約告知（→195頁以下）をすることで，解雇を回避しつつ労働者の職種・勤務地を適法に変更できるではないか，というようにも考えることができよう。なお，この問題については，次の「配転命令と権利濫用」の項においても多少の言及をしている。

3 配転命令と権利濫用

　前述のように，わが国では使用者が配転命令権を持つと解される場合が大多数であり，また職種・勤務地が労働契約において限定されていることは容易には認められない。そこで，労働者が配転に応じないために生ずる紛争の法的解決は，使用者による配転命令権の行使が具体的ケースにおける動機と状況のゆえに権利濫用に当たるか否かの判断によってなされることになる。

　前掲東亜ペイント事件＝最２小判昭61．7．14は，「転勤命令権」は濫用を許されないとして，次のような一般的な判断基準を示す。①業務上の必要性がない場合はもちろん，必要性がある場合でも権利濫用となる場合がある。②権利濫用になるのは「特段の事情が存する場合」であるが，それは(i)他の不当な動機・目的をもってなされたとき，(ii)労働者に対し通常甘受すべき程度を著しく超える不利益を負わせる場合，(iii)その他である。③「業務上の必要性」については，当該異動が「余人をもっては容易に替え難い」といった高度の必要性に限定するのは相当でなく，「企業の合理的運営に寄与する点が認められる限り」存在するものと解すべきである。

　配転における権利濫用の成否は，個々の配転命令の業務上の必要性・合理性と労働者が受ける不利益の，それぞれの有無・程度の比較考量を中心に動機・目的に不当性がないか等をも考慮に入れつつ判断するほかないであろう。東亜ペイント事件＝最２小判昭61．7．14の論旨も，そのような意味と解される。「業務上の必要性」の有無の判断は，主として「人事異動の合理性」と「人選の妥当性」について行われることになろう。前者は特殊な場合を除いて肯定されることが多いと思われる。そこで後者がしばしば問題となるが，東亜ペイント事件＝最２小判昭61．7．14が示した基準は支持できるものである。配転における人選の妥当性は法的判断になじまない面を有するし，前述のように配転には労働者の職業的利益に資する面および不況時に雇用調整の手段として用いられて解雇を回避させる機能がある。配転における「業務上の必要性」，とく

に「人選の妥当性」に関して，使用者の人事管理のあり方に強度の制約を課すような内容の判断基準を設定することは妥当ではない。

■不当な動機による配転

「不当な動機・目的」ゆえに配転命令権の濫用で無効になる場合としては，まず労基法3条，労組法7条1号，均等法6条1号・9条3項，育介法10条・23条の2に違反するものが考えられよう。しかし，近年の裁判例を見ると，いわば配転の本来の目的と矛盾するような動機によるものが濫用で無効とされたものが目につく。すなわち，配転が退職勧奨に応じなかったことへの報復と不合理な大幅賃下げの正当化であったゆえに濫用とされたもの（新和産業事件＝大阪高判平25．4．25労判1076号19頁），内部通報等の行為に反感を抱いて業務上の必要とは無関係にされた配転であって人事権の濫用とされたもの（オリンパス事件＝東京高判平23．8．31労判1035号42頁），ノルマ未達成を理由とするものなどである。

「労働者の不利益」には，いわば「生活上の不利益」と「職業上の不利益」があると考えられる。生活上の不利益に関しては，労働者にある程度の不利益を与える配転命令は権利濫用になる，というような考え方をするわけにはいかないであろう。個々の従業員の生活事情は千差万別であるが，そのような個別的あるいは「私的」な事柄が企業における人員配置のあり方を大きく左右することは，企業経営の合理性の観点からのみでなく，労働者の職業的な利益という面から見ても適切・妥当とはいえないからである。従業員の個別的な生活事情の如何にとらわれすぎた配転は人事の「公正」を害するといってよい。とすれば，東亜ペイント事件＝最2小判昭61．7．14のいう「通常甘受すべき程度を著しく超える不利益を負わせるものであるとき」という基準はリーズナブルなものと考えてよいであろう。

■降格・賃金減額等をともなう配転

近年の裁判例には，給与等級の引下げや賃金減額等の不利益をともなう配転命令の効力が問題となったものが少なからず見られる。前掲東亜ペイント事件＝最2小判昭61．7．14のケースなどにおける配転は，一般に年功制賃金の下でのものであったから，配転が労働者の生活上の不利益をもたらすことはあっても，降格や賃金減額をもたらすことはほとんどなかった。これに対し，職能資格制や職務等級制，役割等級制とよばれる制度の下での配転は降格や賃金減額等という労働者の不利益をもたらすことが多いのであろう。

職能資格制の下では，営業成績や勤務評価にもとづく降格を予定した就業規則の定めがあるか，その旨を労働者と合意しているのでなければ，配転命令は有効で労働者が拒否し

得ない場合であっても，原則として降格と賃金減額は無効になると解すべきである（アーク証券事件＝東京地判平12．1．31労判785号45頁）。「職能」とはストックとしての職務遂行能力であり，それが減少することは通常は考えられず，それゆえ職能資格の引下げは「本来予定されていなかった」（荒木416頁）と考えられるからである。コナミデジタルエンタテインメント事件＝東京高判平23．12．27労判1042号15頁は，産休・育休後に短時間勤務についた者が「役割グレード」の引下げと賃金減額をされたことにつき，賃金を不利益に変更するもので，就業規則等に明示の定めがなく労働者との合意もないので人事権の濫用に当たり無効である，とした。妥当な判断といえそうではあるが，当事件は職能資格制度ではなく職務等級ないし役割等級制度の下でのもののようであるから，職務変更が不当なものでなければ等級引下げも賃金減額も人事権の濫用に当たらないと考えられる。もっとも，産休・育休後に短時間勤務についた者に対する措置ゆえ不利益取扱い（均等9条3項，育介10条・23条の2）に当たる，そうでなくても賃金減額が大幅に過ぎて公序に反する，ということで人事権の濫用に当たると考えるべきかもしれない。

　裁判例には，配転と賃金は法的には相互に関連せず有効な配転命令といえども契約上の賃金を一方的に減額させる根拠にはならないとするものがある（マンナ運輸事件＝神戸地判平16．2．27労判874号40頁等）が，これは妥当な考え方ではない。労働者が配転命令に従うべき場合に賃金額等がどうなるかは個々の労働契約の意思解釈によって決まるというほかないのである。もっとも，賃金減額等の労働条件変更が労働者にとって「通常甘受すべき程度を著しく超える不利益」（前掲東亜ペイント事件＝最2小判昭61．7．14）に当たるために，そのような結果をもたらす配転命令が権利濫用ゆえに無効とされるべき場合は決して稀ではないであろう。なお，「降格」には一応，①職位を下げるもの（昇進の逆），②職能・職務・役割の資格等級を下げるもの（降級），③懲戒処分としてなされるもの，という3種があると考えられ，配転にともなうことがあるのは①と②である（③については→438頁）。

　もっとも，2001（平13）年改正以後の育介法26条によって，就業場所の変更をともなう配置の変更により子の養育または家族の介護が困難となる労働者についての配慮が事業主に求められている。「その配慮の有無程度は，……配転命令権の行使が権利の濫用となるかどうかの判断に影響を与える」（ネスレ日本事件＝大阪高判平18．4．14労判915号60頁），という考え方には説得力がある。労働者のいわゆるワークライフバランスが一般に良好でなく，企業による労働者の育児・介護への支援が強く要請されている今日のわが国の状況に照らし，そのような考え方が配転に関わる法解釈論においても不可欠になっているといえよう。

　東亜ペイント事件＝最2小判昭61．7．14の前記判旨②・(iii)の点から配転命令が権利濫用に当たるとした裁判例には，使用者が労組と交わした確認書にあ

った配転をしない努力義務に反することを考慮に入れて濫用としたもの（前掲ノース・ウエスト航空事件＝東京高判平20．3．27），配転の必要性や配転先での勤務形態や復帰の予定等について説明を尽くしていなかったことを考慮して濫用としたもの（前掲日本レストランシステム事件＝大阪高判平17．1．25）などがある。労契法が「労働契約の原則」として信義則を明記し（3条4項），また労働契約内容の理解促進（4条1項）を謳っていること（→90頁）からも，このような権利濫用の成否判断がなされる場合が多くなるのであろう。それは肯定的に評価してよいことであると思われる。

II　出向・転籍

1　問　題

　労働者の職務内容あるいは勤務場所の変更は「人事異動」であるが，それは企業内と企業外の異動に分けることができる。前者が配転であり，後者に属するのが出向と転籍である。企業外人事異動の形態は多様で，実際に用いられる名称もさまざまであるが，法的なアプローチの際には，「出向」と「転籍」という2つのカテゴリーに整理して，次のように定義しておくのがよいであろう。すなわち，出向とは従業員たる地位を保持したままで相当な長期間にわたり他企業で業務に従事するものを指し，転籍は他企業で業務に従事するために従業員たる地位を移すものをいう。出向・転籍に関して，労基法には何らの定めもないが，労契法には出向命令権の濫用を無効とする規定が設けられている（14条）。

　■企業外勤務の諸形態
　　企業外での勤務には，「応援」,「長期出張」,「派遣」,「社外勤務」,「出向」,「転属」,「転籍」,「移籍」等，さまざまなものがある。このうち「応援」,「長期出張」等とよばれるものは一時的な短期間の社外勤務であり，法的概念としての「出向」には含まれないものと考えておくべきである（それゆえ，出向は「相当な長期間にわたる」ものと定義される）。ただ「長期出張」,「社外勤務」等と称されているが出向と見るべき場合もあり，逆に「出向」という名の一時的な社外勤務もあることに注意する必要がある。「派遣」とよばれる出向はしばしば見られ，これは「労働者派遣」（→160頁以下）とは異なる。それから「在籍出向」と「移籍出向」，あるいは「一時出向」と「退職出向」という用語もよく使われ

ている。しかし、「出向」とは在籍出向・一時出向を指し、移籍出向・退職出向を「転籍」とよぶ用語法が一般化しており、それでよいであろう。なお、転籍が「移籍」、「転属」という名称で行われる場合も少なくない。今日の複雑・多彩な企業内外への人事異動に関わる法的問題を考えるにあたっては、「配転」・「出向」・「転籍」を基本類型として、さまざまな形態と名称の人事異動はこれらの3つのいずれか、あるいはそれぞれの中間・混合・変種であると理解するのがよいと思われる。

　出向と転籍、とくに前者は中規模以上の大多数の企業において就業規則等により制度化され、ごく日常的に行われている。目的は関連企業間の人事交流や業務提携、従業員の教育訓練、余剰人員問題処理のための雇用調整等である。出向・転籍は今日では社内制度として広く普及しているが、かつては幹部従業員による系列・関連会社の技術指導や管理業務の援助等のためにのみ行われていた。現在では一般従業員を対象とするものも含むようになり、さらには雇用調整策の手段としても用いられている。

　出向は、出向元・出向先・出向労働者による三者関係を成立させるため、複雑で難しい問題を発生させる。「労働者派遣」との異同も後述のように（→162頁以下）難問である。法解釈上の問題は一応、①出向命令権の存否と濫用、②出向者の労働契約関係、③出向者の復帰、④出向者と労使関係（集団的労働関係）に整理できよう。以下では、①・②・③を論ずる。

2　出向命令権とその濫用

(1)　出向命令権の存否

　出向に関する裁判例は、大部分が出向命令の拒否を理由とする解雇あるいは懲戒処分の効力が争われたものであるが、出向命令の無効確認が請求されたものもある。いずれにせよ、まず問題となるのは出向命令権の存否である。おそらくは最初の裁判例であった日立電子事件＝東京地判昭41．3．31労民集17巻2号368頁は、民法625条1項と労基法15条の趣旨を強調しつつ、「当該労働者の承諾その他これを法律上正当づける特段の根拠なくして」は出向は命じ得ないとする。この一般論は、その後の多くの裁判例により踏襲されている。ただし、初期には労働者の「承諾」があったかどうか等についての判断はかなり厳格になされたが、後には入社時の包括的合意にもとづく関連企業への出向命令の拘束力を認めるなど、より緩やかな考え方がされるようになっている。

最高裁判例では，使用者は就業規則や労働協約の定めにもとづき労働者の個別的同意なしに子会社への出向を命じることができるとされている（新日本製鐵［日鐵運輸］事件＝最2小判平15．4．18労判847号14頁）。[4]

裁判例は一般に，一定の条件をみたすならば，「業務の必要があるときは従業員に出向を命じる」といった就業規則等の包括的規定にもとづいて使用者は労働者に出向を命じることができるが，出向を命ずる権利の濫用は許されないという考え方をしている。その「一定の条件」とは，出向先が出向元と密接な関係を有する企業等であること，出向によって労働条件等における不利益が生じないようにする措置がとられていることなどである（ゴールド・マリタイム事件＝大阪高判平2．7．26労判572号114頁，前掲新日本製鐵［日鐵運輸］事件＝最2小判平15．4．18等）。

学説には，出向について，配転理論における「包括的合意説」のような考え方をする見解はない。筆者は，配転をも労使間の特約を根拠とする労働契約内容の変更と見るのであるから（→144頁以下），出向命令については当然，使用者と労働者の合意を根拠としてのみ拘束力を持つと解する。そして出向は，労働の種類・場所・態様のいずれをも全面的に，しかも指揮命令権の帰属者の移動をともないつつ変更するものゆえ，その命令の根拠となる特約の存否の判断は相当な厳格さをもって行うべきであると考える。したがって，配転に関するように出向命令権が使用者に属する旨の合意を一般的に認めることはできない。民法625条1項の趣旨も，そのような意味に解されるべきであろう。

---

4) 同判決は次のようにいう。当事件における出向命令は，委託された業務に従事していた労働者に在籍出向をさせるものであって，就業規則と労働協約には業務上の必要によって社外勤務をさせることがある旨の規定があり，社外勤務協定には出向労働者の利益に配慮した詳細な規定があるという事情の下では，使用者は労働者の個別的同意なしに業務委託を受けた子会社での勤務を命じることができる。また，出向期間の長期化が当初から予想されていたが，出向元との労働契約関係が存続する点で転籍と本質的に相違を有する在籍出向なのであるから，出向期間の長期化をもって転籍と同じように個別的同意を要するものとすることはできない。

近年の裁判例では，出向を命じるには労働者の同意などの明確な根拠を要するが，同意がなくても明確かつ合理的な根拠があれば出向命令権が認められるとし，就業規則に出向を命じることがあると定められ，さらに出向先における労働条件および処遇に配慮することを定めた規程があることから，使用者は労働者に出向を命じ得るとしたものがある（リコー［子会社出向］事件＝東京地判平25．11．12労判1085号19頁）。

■民法625条1項と出向

　民法625条1項については、使用者側の契約当事者が変わる場合にのみ適用があると解されることが多いようである。そうであると同項は転籍にのみ適用され、出向には無関係となる（もっとも、だからといって直ちに出向には労働者との合意は不要という結論になるわけではない）。債権譲渡は多くの場合に当事者の地位をも移転させるであろうが、そうでない譲渡もあり得る。後者につき民法625条1項が適用されないと解するのは、労務給付請求権は賃借権と同じく債権の譲渡人と譲受人の合意のみでは移転しないとする同条項の立法趣旨に照らして妥当でない。同項の射程距離はより広く、転籍のみならず出向にも及ぶと解すべきである。

　それでは、いかなる場合に出向に関する合意があった、あるいは出向命令権を発生させる特約があったと見ることができるのか。緩やかに解すれば、就業規則に出向を命じる旨の規定があれば十分である。逆に厳しく考えれば、特定企業への出向に関する「そのつど」の合意を要することになろう。筆者は以下のように解する。就業規則の定めにもとづき出向を命ずるためには、それが出向先企業を特定し（複数企業でもよい）、基本的な労働条件および出向元企業への復帰に関する事項を明記したものでなければならない。つまり、そのような内容のもであるときにのみ、出向を命じる旨の就業規則の定めが「合理的」なものとして労働契約内容となるのである（労契7条・10条参照）。入社時もしくは入社後における労働者の包括的合意も、これらの事項が明示された上でなされたものでないかぎり、出向命令の根拠とはなり得ないと解すべきである。以上の場合のほかは、「そのつど」の労働者の合意を要する。ただし就業規則に出向に関する一般的な定めがある場合、入社時に出向先の特定等なしで出向に応ずる旨の合意をした場合、あるいは出向命令に応ずる旨の慣行の存在が明確に認められる場合において、出向拒否が信義則違反と評価されて解雇の合理的理由となることが少なからずあると思われる。とくに雇用調整策として行われる出向に関しては、その可能性がより大になると考えてよいであろう。

■実質的には配転である出向など

　今日の企業において実際に行われる出向は多種多様である。たとえば出向先は同一企業グループ内の他企業で、職務の内容も場所も同一で労働条件の変化もなく、短期間のうちに出向元へ復帰することになっているものもあれば、逆に長期間にわたり出向先で勤務することになっていて出向元への復帰は明確に予定されてはいないものもある。前者のような出向は実質的に配転であり、後者のような出向は転籍と同じと解することもできよう。

そこで，前者については使用者が命令できる場合を広く認め，後者については逆に就業規則等に規定があっても労働者の同意なしにはなし得ないと考えることが可能かもしれない。少なくとも，出向拒否を理由とする解雇の効力判断はそのようなことを考慮に入れてなされるべきであろう。

(2) 出向命令権の濫用

出向命令が権利濫用であるゆえに無効となるのは，業務上の必要性が存在しない，出向させる者の人選が合理性に欠ける，出向を命ずる動機・目的に不当なものがある，出向先での労働条件が著しく劣悪である，出向した労働者が職業上・生活上の著しい不利益を受ける，出向の際の手続に関する労使協定が遵守されていない，などの場合とされている（前掲ゴールド・マリタイム事件＝大阪高判平 2. 7. 26，前掲新日本製鐵［日鉄運輸］事件＝最 2 小判平 15. 4. 18，前掲注 4）リコー［子会社出向］事件＝東京地判平 25. 11. 12 等）。労契法 14 条は，これを成文法化して，「その必要性，対象労働者の選定に係る事情その他の事情に照らして」権利濫用と認められる場合には出向命令は無効と定めたのである。

配転が権利濫用ゆえに無効とされる場合と比較すると，出向では労働条件が引き下げられる等の不利益が生ずることが多いので，その点が問題となることが少なくないであろう。近年の裁判例では，配転における権利濫用の成否判断のものでも見られた（→148 頁）が，動機・目的の不当性のゆえに出向が権利濫用とされたもの（前掲ゴールド・マリタイム事件＝大阪高判平 2. 7. 26 等），とりわけ，退職勧奨に応じなかった者を自主退職に追い込むことを目的とした出向命令であるから無効としたもの（前掲リコー［子会社出向］事件＝東京地判平 25. 11. 12）が目につく。妥当・適切な判断をすることが相当に困難なケースが増えているのであろうと思われる（退職勧奨については→226 頁以下）。

③ 出向中の労働契約関係

出向元，出向先，出向者（労働者）の三者の関係，とりわけ出向先と出向者の法的関係はどのように解されるべきか。具体的には，出向者に対する賃金支

---

5) 同判決は，子会社に業務を委託した経営判断は合理性を欠くものではなかったし，出向措置の対象となる者の人選基準には合理性があって具体的人選にも不当性はなく，出向した労働者が労働条件や生活条件において著しい不利益を受けたともいえないから，出向命令は権利濫用には当たらないとしている。

払いや年休付与等の義務や懲戒処分の権限等が誰に，どのように帰属するのかという問題である。

　この問題に関する考え方は次のように整理できよう。①出向先と労働者の間には労働契約関係は存在せず，使用者である出向元が労働契約にもとづいて有する指揮命令権を出向先に「委譲」し，労働者は出向先の指揮命令下の労務給付を出向元に対する義務の履行として行う。②労働者は出向元のみならず出向先との間にも労働契約関係を持つ。後者の②は次の２つにわかれる。すなわち，(i) ２個の労働契約が「重複的」に存在する。(ii) １個の労働契約が内容的に２つに割れて，出向元と出向先のそれぞれに「配分」されて存在する。筆者は②(ii)の考え方（同旨，秋田成就「企業間人事移動に伴う法的問題」労働法63号［1984年］22頁）が妥当であると思う。②(i)のように解すると，労働者は出向元と出向先のいずれかを選んで従業員たる地位の存在を主張でき，また賃金支払い等の請求もなし得るが，逆に双方から解雇も懲戒処分もされることになる。そのような内容の法律関係は労働者・出向元・出向先間の明確な合意によってのみ成立可能で，実際にはごく稀にしか存在しないであろう。①説をとると，たとえば出向先が賃金を支払っている場合は代理支払いが行われていることになる。実務では出向者の労働条件等の取扱いはさまざまで，労働時間・休憩・休日・休暇の管理は出向先が行うのが普通であり，賃金や休業手当の支払いや就業規則の作成も出向先が行う例が少なくないようである。それゆえ，出向者は出向元のみならず出向先との間にも労働契約関係を有するというのが無理のない考え方といえる。派遣法の制定により出向と「労働者派遣」を区別する必要が生じ，それを労働者と「先」との労働契約関係の存否によって行うほかないという事情（→162頁）も，①ではなく②(ii)説をとらざるを得ない理由になっている。

　では，出向先と出向労働者の間の労働契約関係はどのようにして成立するのか。それは，出向元が労働者の代理人たる地位に立って出向先と労働契約を締結すると考えるほかはない。つまり，出向命令は労働者との合意にもとづき拘束力を持つのであるが，この合意には出向元との労働契約の内容変更のみでなく，出向先との労働契約を成立させるための授権行為が含まれていると解するのである。この出向元・労働者間の「基本労働契約」と出向先・労働者間の「出向労働契約」との間の契約内容の「配分」は，各ケースによりさまざまな態様となろう。すなわち，①基本労働契約は出向者が出向元企業の従業員たる

地位を有することのみを内容とし，他はすべて出向労働契約の内容になるものと，②出向労働契約は出向者が出向先の指揮命令下で労務給付することのみを内容とし，他はすべて基本労働契約の内容になるものとが対極をなし，①は転籍と，②は労働者派遣と境を接するものといえる。実際に行われる出向の大部分は，この両者の中間のさまざまなところに位置づけられるものであろう。賃金，労働時間，懲戒等に関する権利義務の帰属のありようは，当事者間の取決めによって定まる。実際には，出向元と出向先の間の出向労働者派遣契約とでも称すべき約定，出向元・出向先の就業規則，出向者が所属する労働組合が締結した労働協約等の規定にもとづき，また慣行をも考慮にいれて判断されることになろう。

■出向労働関係における権利義務の「配分」

この点について，次のような一般的なルールを考えることができよう。①原則として，解雇権は出向元に属し，退職意思表示の相手方は出向元であり，定年も出向元の基準による。②懲戒処分の権限は出向元と出向先に「配分」される，もしくは「配分」されていると合理的に解釈されるところに従って，出向元または出向先により行使されることになる。通常は，労務給付における規律違反に対しては出向先が，それ以外の秩序違反については出向元が懲戒処分をなし得ることになろう。懲戒解雇の権限は原則として出向元に属する。同一の事由により出向元と出向先の双方が懲戒処分をした場合は，どちらかの処分が懲戒権の濫用となる可能性が高いであろう（→453頁）。なお，労働者は出向中においては出向先に対し守秘義務・競業避止義務を負う（長谷エライブネット事件＝東京地判平23. 6. 15労経速2119号3頁）。③賃金（休業手当，時間外・休日労働の割増賃金を含む）の支払義務者および支払基準は当事者間の取決めによって決せられる。休業手当が支払われるべき「使用者の責に帰すべき事由」（労基26条）の有無は出向先の事情によって判断される。前掲注6）スカイマークほか2社事件＝東京地判平24. 11. 14は，当件では出向元に基本給と契約終了ボーナスの支払義務があり，出向先に賃金の一部としての諸手当の支払義務があるとしている。④労働時間，休憩，休日，年休が出向元の基準によっていても構わないが，取決めがなければ出向先の基準によるものと解され，これらに関して労基法の規定を遵守する責任は通常，出向先にある。年休の時季変更権を発生させる「事業の正常な運営を妨げる場合」（労基39条5項但書）に当たるか否かも出向先の事情によって決まる。⑤労災補償責任，安全配慮義務，労安衛法上の事業者としての責任等は原則として出向先が負うが，出向元が責任を負うべき場合もある。裁判例には，出向元も「予見可能性及び回避可能性が肯定できる範囲」で安全配慮義務を負うとしたものがある（ネットワークイン

---

6) スカイマークほか2社事件＝東京地判平24. 11. 14労判1066号5頁は，出向先と出向労働者の間には，出向元と出向労働者の間の「基本的労働契約関係」を前提とした「部分的な労働契約関係」が成立しているという。

フォメーションセンターほか事件＝東京地判平 28. 3. 16 労判 1141 号 37 頁)。なお，労契法に任意規定を設けて「出向労働関係のルール化」をすることが望まれる（荒木 426 頁）のは確かである。

4　出向元への復帰

　出向は通常，一定期間後の出向元への復帰を予定して行われるが，そうでないものも少なくない。このいずれであるかは出向者の利害に大きく関係する。前述（→153 頁）のように，就業規則等の定めが出向命令の根拠となるには復帰に関する事項の明示を要すると考えるべきであるし，復帰が予定されていない出向は労働者の「そのつど」の同意なしには命じられ得ないものと解すべきであろう。

　出向者の復帰に関しては，使用者がいつまでも復帰させない場合や復帰後に出向前とは異なる職務につけた場合には紛争になりやすいが，復帰命令に出向者が従わないケースも生ずるようである。古河電気工業・原子燃料工業事件＝最 2 小判昭 60. 4. 5 民集 39 巻 3 号 675 頁は次のようにいう。在籍出向において使用者が労働者に出向元への復帰を命ずるについては，特段の事由がないかぎり当該労働者の同意を得る必要はない。けだし，通常の在籍出向は労働者と出向元の当初の雇用契約における合意に何らの変容を及ぼさず，復帰命令はその当初の雇用契約において合意されていた出向元での労務提供を命ずるものだからである。右の「特段の事情」とは，復帰させないことを予定して出向が命じられた結果，出向元で再び労務提供することはない旨の合意が成立したと見られる事情等である。

　復帰も出向それ自体と同じように労働契約の変更ゆえ一方的には命じられ得ないとする考え方もあろう。しかし，復帰を予定しない出向を別とすれば，出向によって一時的に内容変更された出向元と労働者の間の労働契約が出向期間の経過時に出向前の内容に戻ると考えるほうが適切である。この最高裁判決が示したルールでよいと思われる。

■出向の期間と復帰等
　少し細かく考察すれば，以下のようになろう。①出向期間が定められている場合は，出向先と出向者の間の労働契約の終期（民 135 条 2 項）が定められていることになるから，期間満了により出向元と労働者の間の労働契約は出向前の状態に戻る。出向元は直ちに労

働者を復帰させなければならない。期間満了前に復帰命令を出すことは原則として可能であるが（民136条1項参照），労働者の利益を害する場合は別である（同条2項参照）。②出向期間が定められていない場合でも，復帰を予定しない旨の合意があったと認められないかぎり，相当期間経過後に出向元へ復帰することが予定されていると解される。すなわち出向元は，相当期間の経過後に労働者を代理して出向先との労働契約を解約する権限を有するが，同時に，この権限を行使して労働契約を出向前の状態に戻すべき義務を労働者に対して負っている。ただし，出向労働関係の解消が信義則違反と評価されて復帰命令が拘束力を持たない場合もあろう。③在籍出向でありながら出向元への復帰が予定されていない特殊なものの場合には，復帰は労働者の同意を要する。復帰は予定外の契約内容変更ゆえ合意を根拠としてのみ可能だからである。この場合は，出向元が有する出向先との労働契約に関する代理権には解約権限が含まれていないことになる。

5 転　籍

　転籍は「移籍出向」・「退職出向」等と称されることもあるが，出向とは違って他企業で業務に従事するために従業員たる地位を移すものである。事業譲渡や会社分割などの企業変動が盛んであるためもあって，転籍は出向に劣らず多数の企業において行われている。

　法的には，①転籍元との労働契約が合意解約されて転籍先との新たな労働契約が締結される，②転籍元から転籍先へ労働契約上の使用者たる地位が譲渡される，という方法のいずれかによるべきことになる。実際に行われた転籍が①と②のいずれであるかは当該の場合の意思解釈によることになるが，一般には①であると解するのが妥当な場合が多いであろう。いずれにせよ，転籍には労働者との合意が必要である。①において労働者の同意を必要とすることは当然であるが[7]，②の方法による場合も原則的には同様である（民625条1項参照）。

　転籍を行うには使用者は労働者による「そのつど」の同意を得なければならないことが基本ルールであって，これは「柔軟」でなく「厳格」に適用されるべきである。その点，出向についての適用とはやや違うと考えておかなければ

---

[7]　なお，労働者が使用者に対し転籍を承諾したが転籍先から採用を拒否されたような場合，労働契約上の地位が移転したとか，転籍元との労働契約が合意解約されたと解することはできない。生協イーコープ・下馬生協事件＝東京地判平5．6．11労判634号21頁は，労働者の転籍元への退職意思表示は転籍先との雇用関係の成立が条件であり，条件が未成就であれば転籍元との雇用関係が存続する，としている。それから，転籍することへの同意が意思表示の瑕疵のゆえに無効もしくは取り消し得るものである場合もあろう。

ならない。入社時などにおける事前の転籍への合意（包括的合意）や「転籍を命じることがある」と定める就業規則等の定めにもとづく転籍命令は，労働者を拘束しないと解すべきである。ただし，出向についても述べたこと，すなわち転籍拒否が信義則違反と評価されて解雇の合理的理由となる場合が，とくに雇用調整策として行われる転籍に関してあり得るとは考えられる。

■包括的合意にもとづく転籍

　三和機材事件＝東京地決平 4. 1. 31 判時 1416 号 130 頁は，就業規則の規定による転籍命令権を否定する。これに対し日立精機事件＝千葉地判昭 56. 5. 25 労判 372 号 49 頁は，入社時の包括的合意と就業規則の「異動を命ずることがある」との規定を根拠に転籍命令を適法としている。後者の裁判例の考え方には疑問があるが，採用の際に転籍があり得ると説明されて労働者が同意し，社内配転と違わないものとして転籍が長年行われてきたという事情から，労働者による転籍の拒否を信義則違反と評価できないでもないであろう。次のようにいう学説がある。事前同意等による転籍が可能とは新労働契約の締結による場合には考えにくいが，使用者の地位の譲渡による場合については，就業規則等の定めが転籍先を明示した明確なもので，一定期間後の復帰が予定されていて，実質的に労働者の不利益がないのであれば認められる（菅野 693 頁）。これが最もバランスのよい考え方といえよう。

　転籍者の転籍元への復帰についても，出向者の出向元への復帰の場合とはまさしく反対に，転籍者の同意を要するのが原則であることは当然である。もっとも，前述のように復帰を予定しない出向が少なくないのとはいわば逆に，復帰を予定する転籍も実際には珍しくないようである。[8] 転籍者の復帰が明確に予定されている場合は，所定の期間もしくは相当な期間が経過した後には転籍元は転籍先を退職した労働者を再雇用する義務を負い，また転籍者も転籍先との労働契約を解約して転籍元と再び労働契約を締結することを義務づけられることになる。すなわち，労働契約を再締結することを約した双務予約が存在するわけである。それゆえ，転籍元の使用者も転籍者である労働者も復帰を拒否すれば債務不履行の責任を負わなければならない。そして，労使とも原則として予約完結権を有していることになる（民 556 条 1 項・559 条参照）。もっとも，そ

---

8) 実質的には配転と違わない出向があり，また復帰の予定がなく長期にわたるので転籍に等しい出向があるように（→153 頁），復帰が明確に予定されているゆえに出向と同じといってもよい転籍もある。出向を拒否する者や転籍に同意しない者の解雇について，こうしたことを考慮に入れて合理的理由の有無を判断することは許されるであろう。

れを労働者が行使したときは転籍元との労働契約が成立したことになるが，労働者が復帰を拒否して転籍先から退職しないときに，使用者の完結権行使によって転籍元との労働契約が存在するに至っていると解することはできないであろう。

Ⅲ　労働者派遣

1　労働者派遣法の制定と改正

　一般には人材派遣会社とよばれる労働者派遣事業は，わが国では1960年代に初めて現れ，1970年代後半以降に拡大して今日に至っている。それは，あらかじめ一定数の労働者を雇用しまたは登録させておき，他企業からの注文に応じて必要な労働者を必要な期間にわたって派遣し，派遣先企業の事業場において業務に従事させることを業とするものである。

　制定時（1985［昭60］年）における派遣法の立法趣旨は次のようなものであった。労働者派遣事業が職安法44条によって原則的に禁止される「労働者供給事業」に当たることは否定できないが，産業構造の変化と就業形態の多様化が進むなかで，労働の需要側と供給側のニーズに適合したシステムである同事業を全面的に否定・禁止することは非現実的な法政策というほかはない。そこで，対象業務を専門的な知識・技術あるいは特別の雇用管理を要するものに限定し，一定の資格要件をみたすことにより許可を得たか届出を済ませた者に労働者派遣事業を行うことを認め，また派遣労働者の保護のために派遣元・派遣先の事業主（以下，「派遣元」・「派遣先」という）が講じるべき措置および労基法等の適用関係を定める。

　派遣法の制定・施行後においては，臨時的・一時的な労働需要への対応あるいは雇用形態を多様化する人事政策の実施等のために派遣労働者を受け入れようとする企業が増加し，また就労意識が変化して積極的に派遣という雇用形態を望む労働者も多くなるなかで，人材派遣市場は拡大した。そして，労働者派遣事業の対象業務を原則として自由とする規制改革が求められ，また派遣労働者の保護を強化する必要性もいわれて，1999（平11）年と2003（平15）年に小規模ではない法改正があった。

近年においては，派遣労働者の保護と人材派遣事業への規制の強化に向けた論議が盛んとなり，2012（平24）年にかなり大幅な派遣法の改正が行われた。それは，同法の名称と1条（目的）に「派遣労働者の保護」を入れ，「日雇派遣の原則禁止」，「違法派遣の場合の派遣先による労働契約申込み」等の新たな規定を設けるものであった。そして，2015（平27）年9月に次のような内容の改正法が成立した。①一般労働者派遣事業と特定労働者派遣事業の区別を廃止して，すべての派遣事業について許可制とする。②業務単位の派遣可能期間の制限を廃止し，派遣先の事業所ごとの期間制限と同一の派遣労働者に係る期間制限を設ける。③派遣元は，派遣労働者に対して計画的な教育訓練等を実施し，派遣可能期間の上限に達する見込みのある派遣労働者に対しては雇用の安定を図る措置を講じなければならず，派遣先は，賃金の情報提供，教育訓練の実施，福利厚生施設の利用に関して配慮しなければならないものとする。
　そして，2018（平30）年6月に成立した「働き方改革法」により，派遣元は派遣先に雇用される通常の労働者と待遇について不合理な相違を設けてはならず，また正当な理由なく通常の労働者に比して不利なものとしてはならないと定める等の派遣法改正がされている。

2 労働者派遣の意義等

(1) 「労働者派遣」の意義

　派遣法は，基本的には人材派遣事業に対する規制を目的とする法律ではあるが，同法には33条等のような効力規定もあり，とくに2012（平24）年の改正以後は労働契約上の重要な権利義務を創設する規定を含むものとなっている。同法では人材派遣は「労働者派遣」とよばれ，派遣元の事業主が雇用関係を維持したままで労働者を派遣先の指揮命令下で労働させるもので，派遣先と労働者の間に雇用関係が存在するものを含まないと定義されている（2条1号）。
　この定義に関し，法制定時に次のような説明がされた。①派遣元が労働者との間に雇用関係を有することにより，職安法上の「労働者供給」から除外される（職安4条7項）。②派遣元でなく派遣先が労働者に対する指揮命令権を有する点において，労働者供給に当たらない「請負」とも異なる。③労働者が派遣先とは雇用関係を持たないことで出向から区別される。

■業務処理請負と労働者派遣

　いわゆる業務処理請負は労働者派遣に近い実態のものが少なくないが，これは請負ないし受託をした一定業務の処理のために雇用する労働者を注文者ないし委託者の事業場で自ら指揮命令をして勤務させるものであるから，職安法が禁止する「労働者供給」を行っているのではないし，派遣法による規制を受ける「労働者派遣」にも該当しないものである。職安法施行規則 4 条 1 項は次のように定める。労働者を提供して他人の指揮命令下で労働させる者（派遣法により労働者派遣事業を行う者を除く）は，契約形式が請負であっても以下に掲げる 4 事項のすべてに該当する場合でなければ労働者供給事業を行う者とする。①作業の完成について事業者としての財政上・法律上の全責任を負うこと，②作業に従事する労働者を指揮監督すること，③労働者に対し使用者としての法律に規定されたすべての義務を負うこと，④自ら提供する機械・設備・材料等を使用し，または企画もしくは専門的な技術・経験を要する作業を行うもので，単に肉体的労働力を提供するものでないこと。そして，この「4 要件」を基礎にして，「労働者派遣」ではなく「請負」であると認められるためには，雇用する労働者の労働力を自ら直接利用するものであり，請け負った業務を自己の業務として契約の相手方から独立して処理するものでなければならない，とする告示が出されている（昭 61. 4. 17 労告 37 号）。近年の裁判例には，業務を受託した会社の従業員が委託した会社の事業場で勤務していたが，「コア業務」（委託会社の従業員が従事）以外の逐一指示を要しない業務に従事し，勤怠管理はもっぱら受託会社が行っていた等のことから，適法な業務委託であり偽装請負には当たらないとしたもの（DNP ファインオプトロニクスほか事件＝東京高判平 27. 11. 11 労判 1129 号 5 頁）などがある。

　これに対し，(i)派遣においても出向と同じように派遣先との間に雇用関係が存する，(ii)出向でも派遣でも雇用関係は派遣元との間にのみ存在する，とする考え方がある。(i)をとれば，派遣労働者は派遣先に対しても従業員たる地位や賃金支払いなどを求め得ることになる。(ii)に立つと，派遣法は出向にも派遣にも適用されなければならない。これらは結局，派遣も出向も法的性格は同一ゆえ異なる扱いをすべきでないとする考え方である。しかし，企業外人事異動である「出向」と人材派遣としての「労働者派遣」に対する法的規制を異なったものとすることには合理性が認められよう。やはり，派遣は「元」との雇用関係（労働契約関係）を前提として労働者が「先」の指揮命令下で労働するもの，出向は「先」との間にも雇用関係を有するものとして両者を区別し，出向には派遣法を適用しないこととするのが妥当である。

■労働者派遣と出向の差異

　わが国企業において行われている労働者派遣と出向については，次のような差異がある

といえよう。①前者が専門的・技術的あるいは臨時的・一時的な業務などをアウトソースする目的で行われるのに対し，後者は企業間の業務提携や雇用調整等のために実施される。②対象となる労働者は，前者では主として特定企業に継続的に勤務することを予定しない者であるのに対し，後者では多くの場合，長期雇用が予定されている「正規雇用」者である。③前者の大部分はそれを業とする企業によって行われるのに対し，後者を業とすることは実際にはほとんど考えられない。このような差異は当然，労働条件の内容や決定方法あるいは労働者の管理のあり方における違いをもたらす。そこで，派遣と出向については，それらを業としてなすことが許される要件を設定する場合であれ，使用者としての責任の所在・内容や労基法等の適用関係を定める場合であれ，両者を区別して扱って別種の法規制の対象とすることに十分な合理性が存する。この「先」との雇用関係の有無による区別には「区別のための区別」という面があることを否定できないが，実務において区別が曖昧ということは皆無に近いであろうから，一般には実際に不都合が生じることはないと思われる。もっとも，雇用する労働者を他企業へ出向させる事業を行っている企業も存在するようである。出向が「労働者供給」（職安4条7項）に当たることは否定できず，また前述のように「労働者派遣」とは異なる。そこで，許可を得た労働組合以外の者が労働者を出向させることを「業として」，すなわち一定の目的を持って反復継続して行うことは許されない（職安44条・45条）。派遣法の諸規定を回避潜脱しようとする脱法行為として違法であるともいえよう。

「労働者派遣」の法律関係は，次のように構成することができよう。①それは，派遣元の使用者が労働者と結んだ労働契約にもとづく雇用関係を維持したままで，労働者の同意を得て，派遣先の指揮命令下で労働に従事させるものであり，労働者と派遣先の使用者との間には雇用関係は存在しない。②派遣元は，内容について法の規制を受ける「労働者派遣契約」を派遣先と締結しなければならず（派遣26条），この「当事者の一方が相手方に対し労働者派遣をすることを約する契約」（派遣26条1項）によって，派遣元から派遣先に指揮命令権の行使が委任されることになる。

■二重派遣・多重派遣
　派遣先企業が派遣を受けた労働者をさらに別の派遣先に派遣することは，最初の派遣先と派遣労働者の間に雇用関係が存しないために「労働者派遣」の概念に適合せず，「労働者供給」に該当するので事業として行うことは禁止されている（労務行政研究所編『労働者派遣法』［2013年］117頁）。それから，労働者派遣を求められた派遣業者が他の業者に労働者派遣を委託し，さらには別の業者に再委託され，その別の業者が労働者を派遣して業務に従事させるものは，上記の意味の「二重派遣」とは異なる。しかし，そのような「多重派遣」は，労働契約上の使用者が誰であるかが不明確になりやすく，派遣代金に対する多重的な中間搾取が行われやすい点で，弊害の多い派遣の形態であるから，派遣法が

適法化した「労働者派遣」には該当しない違法なものと見るべきであろう。

(2) 「偽装請負」の法的問題

いわゆる偽装請負，すなわち「業務請負」の形式をとりながら実際は「労働者派遣」であるものについて，注文者（実は派遣先）と労働者の間に黙示の労働契約が成立しているとする考え方があるが，それは支持し難いものであることは「使用者概念の拡張」の項で述べた（→44頁以下）。

■職安法44条違反となる偽装請負

「業務請負」の形式をとりながら実は「労働者供給」であるもの，すなわち「労働者派遣」（派遣2条1号）に該当せず，職安法施行規則4条がいう「4要件」をみたさないもの（→162頁）も，「偽装請負」である。これを事業として行うことや同事業からの労働者を受け入れることは，職安法44条に反する違法な行為となる。これに対し，形式は「業務請負」だが実は「労働者派遣」である「偽装請負」は，労働者派遣法に違反するところはあるが，職安法44条に違反するところはないのである。

このような「偽装請負」には，許可・届出なしで労働者派遣の事業をしている（→168頁），派遣期間の上限を超えて労働者を派遣している（→170頁），派遣元・派遣先の事業主に課せられる義務を履行していない（→171頁以下）などの，派遣法の諸規定に反するところがある。そこで，偽装請負は「労働者供給」に当たるとする見解が裁判例と学説に見られることになった[9]。しかし，偽装請負とは形式は業務請負であるが真実は労働者派遣であるものにほかならないが，それについては職安法が「労働者供給」から除外されることを定め（4条7項），また，請負形式によるものが労働者供給に当たらないための要件を定める前記（→162頁）の職安法施行規則4条も，労働者派遣事業を行う者を対象から除外している。職安法における労働者供給事業の禁止および派遣法の立法趣旨から見ても，派遣法に違反するところがあるものは「労働者派遣」に

---

9) パナソニックプラズマディスプレイ（パスコ）事件＝最2小判平21. 12. 18民集63巻10号2754頁の原審（大阪高判平20. 4. 25労判960号5頁）は，職安法施行規則4条所定の適法な派遣型請負もしくは派遣法に適合する労働者派遣でなければ「労働者供給」に該当する，としている。これと同一と思われる学説の見解は，労働者派遣と労働者供給とは内容的に同一で区別できない（萬井隆令『労働契約締結の法理』［1997年］335頁等），法的に正当化できない第三者労働力の利用形態はすべて労働者供給に含まれる（毛塚勝利「偽装請負・違法派遣と受入企業の雇用責任」労判966号［2008年］7頁），という。

当たるものでも職安法にいう「労働者供給」であるとすることが，現行法の妥当な解釈であるとは考えようがないであろう。判例も，注文者が労働者に直接具体的な指揮命令をしていて労働者と雇用契約を締結していない場合は，注文者・請負人・労働者の三者の関係は派遣法2条1号にいう「労働者派遣」に該当するというべきで，それが職安法4条7項にいう労働者供給に該当する余地はないとしている（前掲注9)パナソニックプラズマディスプレイ［パスコ］事件＝最2小判平21.12.18)。

■労働者供給事業の禁止と労働者派遣

　職安法44条による労働者供給事業の原則的禁止は，継続的に自らの支配下においている労働者を他人に使用させる事業を営むことが許されるならば，強制労働，中間搾取，使用者責任の不明確化などの弊害が生じる恐れがあることを趣旨とするものであった。前記（→162頁）の職安法施行規則4条は，そのような労働者供給事業の禁止を請負契約の形式をとることによって潜脱・回避することを抑止するために設けられたものである。雇用する労働者を他人の指揮命令下で労働させる「労働者派遣」は，「労働者供給」の一形態であったから，派遣法が制定されるまでの間は，それを事業として行うことも同事業から労働者を受け入れることも職安法44条に反する違法行為であった。

　派遣法は，労働者派遣事業の適正な運営の確保，派遣労働者の就業条件の整備等を目的として（1条)，1985 (昭60) 年に制定された。そこでは，「労働者派遣」とは派遣元の事業主が雇用関係を維持したままで労働者を派遣先の指揮命令下で労働させるもので，派遣先と労働者の間に雇用関係が存するものを含まないと定義され（2条1号)，その労働者派遣を業として行うものが「労働者派遣事業」とされている（2条3号)。そして，労働者派遣事業が原則として禁止されないものとなったため，事業として行うことが禁止される「労働者供給」の意義を定める職安法4条7項に，派遣法2条1号にいう「労働者派遣」は含まれないと明記された。もともと職安法による労働者供給事業の禁止は，強制労働や中間搾取をともなう恐れがある労働関係への第三者の介入を排除して労働者の自由意思にもとづく労働を保障しようとしたものである（工藤誠爾『職業安定法解説』［1948年］170頁参照)。事業者と労働者が労働契約を締結している場合には「第三者の介入」は存在せず，合意にもとづいて労働者を他人の下で労働させるものであるから，それを禁止する必要はないと考えられる。派遣法が制定され，「労働者派遣」は「労働者供給」には当たらないと職安法に定められたのは，そのことを明らかにしたものである。

　それから，「偽装請負」は派遣法に違反するものであるから，注文者（派遣先)・請負人間の業務処理契約は無効であり，したがって請負人（派遣元)・労働者間の労働契約は無効であるとする所説もあるが，これまた妥当でない法解釈というほかないものである。上記のパナソニックプラズマディスプレイ（パ

スコ）事件＝最2小判平21.12.18も，派遣法の趣旨および取締法規としての性質，さらには派遣労働者を保護する必要性等にかんがみれば，派遣法に違反する労働者派遣が行われた場合においても，特段の事情がないかぎり，そのことだけによって派遣労働者と派遣元との間の雇用契約が無効となることはない，としている。

　この点は以下のように考えればよいであろう。派遣法には，効力法規であることが明らかな規定も少なからず存在する（派遣27条〜29条・33条・40条の4〜40条の9など）。それらの規定に反することが労働者派遣契約や派遣労働契約に定められてあっても，私法上の効力を持たないのは当然である。しかし，そのようなもの以外の規定は効力法規ではないから，それらの規定の定めに違反している場合は処罰あるいは行政監督の対象にはなるが，そのような違反に関わる労働者派遣契約や派遣労働契約が当然に無効となることはない。派遣法の個々の規定が効力法規であるか否か，あるいは規定の定めに反する内容の契約等が公序に反して無効なものかどうかは，それぞれの規定の趣旨・目的に照らし，さらには効力の有無が問われる契約等における「違反」の態様を勘案して決せられるべきである。そして，取締法規への違反行為を無効とすることは契約当事者の私的自治・契約の自由に対する制約になるから，そのような制約が過度にわたることは許されないことに留意する必要があろう。

　「偽装請負」は，形式は請負で実際は労働者派遣というものであるから，請負人（派遣元）・注文者（派遣先）間の契約および請負人（派遣元）・労働者間の契約において，派遣法の効力法規である規定に抵触するものが存し得ることは間違いがない。それらの契約部分が無効であることは当然である。しかし，それゆえに当該の労働者派遣契約と派遣労働契約そのものが当然に効力のないものになることはあり得ない。現行法では，労働者派遣事業が一律に禁止されているわけではないし，労働者派遣をすること自体の禁止も存しないからである。これらの契約自体を強行法規あるいは公序に反し無効とすることは，私的自治・契約の自由に過度の制約を加えるものとして不適切ともいえる。あるいは，次のようにもいえようか。「偽装請負」とは，真実は労働者派遣であるのに業務処理請負の形をとって法の適用を回避しようとするものであるから，必要なのは当事者間の関係を違法なものから法の規律に従った適法なものに改めることであって，当事者を全く関係のないものにすることではない。それゆえ，取

締法規の目的を実現するために違反行為を無効とすることが必要不可欠な場合に当たらないことは明らかである。

　以上のように，「偽装請負」は職安法44条が禁止する労働者供給事業の禁止に抵触する，それは派遣法違反であるから請負契約も労働契約もすべて無効となる，そこで注文者（派遣先）と労働者の間には当然に黙示の労働契約が存する，というように説く法解釈論に妥当性を認めることはできない。とはいえ，「偽装請負」における注文者（派遣先）が労働者に対して不法行為責任を負うべき場合は少なくないであろう。上記パナソニックプラズマディスプレイ（パスコ）事件＝最2小判平21.12.18は，「偽装請負」を労働局に申告した労働者に過酷な作業を命じたのは報復等を動機とするものであり，同労働者を雇止めしたことも同じであるとして，注文者（派遣先）の不法行為責任を認めた原審の結論を是認しているが，それは適切・妥当なことであったといえる。[10]また，2012（平24）年の法改正以後においては，偽装請負などの違法行為をした派遣先は派遣労働者に対して労働契約の申込みをしたものとみなされることになる（→174頁以下）。

③　労働者派遣事業

(1)　対象業務

　1999（平11）年改正前の派遣法は，港湾運送・建設の業務と政令で定められた業務（警備保安業）を適用除外とした上で，専門的な知識・経験あるいは特別の雇用管理を要するものとして政令により定められた業務についてのみ労働者派遣事業を行うことができるとしていた。法施行時に指定された業務は13種類であったが，その後の2度にわたる業務の追加によって26種類（「専門26業務」）となった。それが，1999（平11）年の法改正によって，港湾運送業務と建設業務および「警備業法……その他……派遣労働者に従事させることが適当

---

10) その後の裁判例にも，派遣先と労働者間の黙示の労働契約は否定しながらも，派遣先は派遣労働者の雇用の維持または安定につき一定の配慮をすることを要請されているとして，派遣先による労働者派遣契約の中途解約等が違法であったとして不法行為責任を肯定したもの（三菱電機ほか事件＝名古屋高判平25.1.25労判1084号63頁）などがある。もっとも，派遣法違反の事実があったからといって直ちに不法行為法上の違法があるとはいい難いとして，派遣労働者の派遣先に対する慰謝料請求を認めなかったものもある（日本トムソン事件＝大阪高判平23.9.30労判1039号20頁）。

でないと認められる業務として政令で定める業務」については労働者派遣事業を行ってはならないという定めになり（派遣4条1項1号～3号），これら以外の業務については労働者派遣事業をすることが可能という制度になる。「原則禁止・例外許容」（ポジティブリスト）から「原則自由・例外禁止」（ネガティブリスト）への転換であった。

2015（平27）年の法改正により，業務単位の派遣可能期間の制限が廃止されて，派遣期間の上限は事業所単位・個人単位で規制されることになった（→170頁）。そのため，労働者派遣の対象が専門26業務か否かは大きな意義を持たないことになり，労働者派遣事業に関わる対象業務の種別は，上記の禁止業務と日雇派遣の禁止（→171頁）においてのみ意味を持つことになったのである。[11]

(2) 労働者派遣事業の許可制等

労働者派遣事業，すなわち労働者派遣を業として行う（派遣2条3号）[12]ためには，厚生労働大臣の許可を受けなければならない（派遣5条1項）。この許可に関しては，事業の適正運営を確保する趣旨により，事業主としての欠格事由と許可基準が設定されている（派遣6条・7条）。

■無許可者からの派遣受入れの禁止

派遣先，すなわち労働者派遣を受ける者は，「派遣元事業主」（派遣2条4号括弧書）以外の労働者派遣事業を行う者から労働者派遣の役務提供を受けてはならない（派遣24条の2）。つまり，許可を得ていない派遣業者から労働者派遣を受け入れることは禁止されている。そのようなことが行われた場合，派遣元は罰則の適用を受ける（派遣59条2号）。派遣先には行政指導が行われ（派遣48条1項），公表等の措置がとられることもある（派遣49条の2）。また，無許可の派遣事業者から労働者派遣を受けた者は，善意無過失を証

---

11) 1999（平11）年の労働者派遣法改正に際して，物の製造を「当分の間」派遣禁止業務とし（附則4項），医業（医師・歯科医・薬剤師・看護師など）を派遣禁止業務とすることが定められた。物の製造を労働者派遣業務の対象とすることの禁止は2003（平15）年の法改正で解除されている。

12) 以前は，常時雇用する労働者のみを派遣する場合は「特定労働者派遣事業」として届出をし，それ以外の「一般労働者派遣事業」を行うときは許可を受ける必要があるものとされていた。一般労働者派遣事業では，登録をしていた労働者が派遣のつど労働契約を締結して派遣先で就労するものが一般的であったから「登録型」とよばれ，他方，特定労働者派遣事業は「常用型」とよばれていた。2015（平27）年の派遣法改正によって，このような事業の区別が廃止され，すべての労働者派遣事業について許可制となったのである。

168　第2章　労働契約

明しないかぎり，派遣労働者に対して労働契約の申込みをしたものとみなされる（派遣40条の6第1項2号。→174頁）。

　いわゆる「専ら派遣」，すなわち「労働者派遣の役務を特定の者に提供すること」を目的とする事業は，雇用する労働者の3割以上が他の事業主の事業所を60歳以上の定年で退職した後に雇い入れられた者でないかぎり，許可されない（派遣7条1項1号，派遣則1条の3）。また，「専ら派遣」に対しては，必要があれば厚生労働大臣が目的・内容の変更を勧告できる（派遣48条2項）。さらに，グループ企業内の派遣会社が当該グループ企業（「関係派遣先」）に派遣する割合を全体の8割以下になるようにしなければならないことになっている（派遣23条の2）。許可基準としては，ほかにも適正な雇用管理能力，個人情報の適正管理，的確な事業遂行能力などが定められている（派遣7条1項2号〜4号）。

　許可の有効期間は3年で，期間満了後にも事業を行おうとする者は許可の更新を受けなければならない（派遣10条1項〜3項）。更新後の有効期間は5年である（同条4項）。許可を得た事業主が許可条件に反したとき等には許可が取り消され，事業の一部または全部の停止が命じられる（派遣14条1項・2項）。許可を得て労働者派遣事業を行う者（「派遣元事業主」[派遣2条4号括弧書]）は，自己の名義をもって他人に労働者派遣事業を行わせてはならない（派遣15条）。

(3) 紹介予定派遣

　紹介予定派遣は，かつては職業紹介と労働者派遣が混同して行われて派遣元の雇用責任が不明確になるという理由で認められないものとされていた。それが，許可基準の一部改正による許容を経て，2003（平15）年改正によって正面から認められるものになっている。それは，派遣就業を開始する前または後に派遣元が許可を受けて，職業紹介を行うか行うことを予定して労働者派遣をするものであり，その職業紹介によって派遣先に雇用されることが派遣就業の終了前に派遣労働者との間で約されるものを含む（派遣2条4号）。紹介予定派遣を行うためには，労働者派遣契約に関係事項を定めなければならず（派遣26条1項9号），その旨を雇入れに際し派遣元が労働者に明示しなければならない（派遣32条）が，重要なのは派遣労働者の特定を目的とする行為をしない努力

義務の定めが，紹介予定派遣には適用されないこと（派遣26条6項）である。

4　労働者派遣契約

　派遣元の事業主は，派遣先と労働者派遣契約を締結し，派遣労働者が従事する業務の内容，就業の場所，派遣の期間，就業時間，安全衛生，苦情処理，雇用安定を図るための措置等の事項について定め，また各事項の内容の差異に応じた派遣労働者の人数を定めておかなければならない（派遣26条1項）。派遣先は，労働者派遣契約の締結に際し，派遣労働者の特定を目的とする行為をしないように努めなければならない（同条6項）。その行為とは，派遣に先立って労働者の面接を行ったり履歴書を提出させたりすることのほか，派遣労働者を若年者に限ることなどを指すものとされている。この定めが紹介予定派遣に適用されないことは前述した。

■労働者派遣の可能期間

　かつての派遣対象が専門26業務のみであった（→167頁）ときには，3年を超えて同一の場所・業務に同一の労働者を派遣しないという行政指導が行われていた。1999（平11）年の派遣法改正によって対象業務は原則自由になったが，専門26業務以外の業務は派遣期間を1年以内に限定すべきものとされていた。そして，2003（平15）年の法改正により，専門26業務の労働者派遣の期間についての行政指導は廃止され，それ以外の業務の労働者派遣では期間を制限されるが，派遣先が事業場労働者の過半数代表者の意見を聴いて1年を超え3年までの「派遣可能期間」を定めることができ，その定めをしない場合は期間が1年となることになっていた。派遣可能期間の規制をする趣旨は派遣労働による「常用労働の代替防止」といわれている。

　2015（平27）年の法改正は，従前のような「業務」によって派遣可能期間が異別となる規制を廃止し，「派遣先事業所単位」と「派遣労働者個人単位」での派遣可能期間の規制を行うこととしている（小西康之「『期間』規制と労働者派遣のこれから」ジュリ1487号［2015年］20頁）。すなわち，①派遣先は，事業所ごとの業務について3年を超えて労働者派遣を受け入れてはならない（派遣40条の2第1項・2項）。ただし，期間満了の1か月前までに派遣先の過半数労働組合等の意見を聴取し（同条4項），その過半数労働組合等が異議を述べたときには延長の理由等を期間満了の前日までに説明すれば（同条5項），期間を3年間延長することができる（同条3項）。延長した期間の経過後に，さらに延長する場合も同じである（同項）。②派遣元は，派遣先の事業所における同一の組織単位（課など）の業務について，3年を超える期間継続して同一の派遣労働者を派遣してはならない（派遣35条の3）。派遣先は，派遣可能期間が延長された場合（派遣40条の2第3項）には，事業所における同一の組織単位の業務について，3年を超える期間継続して同一の派遣労働者を受け入れてはならない（派遣40条の3）。③無期雇用者，60歳以上の者等の労

働者派遣には期間制限は適用されない（派遣40条の2第1項1号〜5号）。なお，以上の①・②の派遣期間の制限に違反した場合，派遣先は善意無過失でないかぎり派遣労働者に直接雇用の申込みをしたとみなされることになる（派遣40条の6第1項3号・4号）。

それから，「日々又は30日以内の期間を定めて雇用する」労働者派遣は原則として禁止されるが，「適正な雇用管理に支障を及ぼすおそれがないと認められる業務」および「雇用機会の確保が特に困難」な場合等で政令が定めるものについては許容される（派遣35条の4）。これは2012（平24）年の法改正により新たに設けられたもので，「日雇派遣」はきわめて短期の雇用と就業を労働者にさせるものゆえ派遣元・派遣先の雇用管理責任が果たされ難い，というのが趣旨であろう。

派遣先は，派遣労働者の国籍等を理由として労働者派遣契約を解除してはならない（派遣27条）。派遣元は，派遣先が法令に反したときには派遣の停止または派遣契約の解除をなすことができる（派遣28条）。

5 派遣労働者の保護

(1) 派遣元が講ずべき措置等

派遣元事業主は，派遣労働者の雇用安定（派遣30条），派遣労働者のキャリアアップ（派遣30条の2），派遣先の労働者との均衡を考慮した待遇確保（派遣30条の3），派遣労働者の福祉増進（派遣30条の4），適正な派遣就業の確保（派遣31条）のために，必要な措置を講じ，配慮をしなければならない。そして，派遣元事業主は，派遣労働者として雇用しようとする者に賃金額の見込みなどの待遇に関する事項を説明しなければならず，労働者から求めがあれば派遣先の労働者との均衡を考慮した待遇の確保につき考慮した事項について説明しなければならない（派遣31条の2第1項・2項）。また，派遣労働者であることの明示等（派遣32条），就業条件の書面による明示（派遣34条），派遣労働者の氏名等の派遣先への通知（派遣35条），派遣可能期間の遵守・通知（派遣35条の2），派遣元責任者の選任（派遣36条），派遣元管理台帳の作成（派遣37条）等が，派遣元事業主に対して義務づけられている。それから，派遣元事業主は，雇用する（または雇用しようとする）派遣労働者あるいは派遣先（または派遣先となろうとする者）との間で，正当な理由なく，派遣先との雇用関係の終了後に直接雇用されることを禁ずる旨の契約を締結してはならない（派遣33条1項・2項）。

2018（平30）年の「働き方改革法」による派遣法改正は，以下のような定めを新たに設けている（施行は2020年4月）。①派遣先になろうとする者は，労働

者派遣契約の締結に当たっては，あらかじめ派遣元に対し，派遣労働者が従事する業務ごとに，比較対象労働者の待遇に関する情報を提供しなければならない（改正後派遣26条1項7号）。②「比較対象労働者」とは，派遣先に雇用される通常の労働者で，業務の内容と業務に伴う責任の程度，職務の内容と配置の変更の範囲が派遣労働者と同一と見込まれるもの等，派遣労働者と待遇を比較すべき労働者として厚労省令が定めるものをいう（同8号）。③派遣元は，派遣先となろうとする者から情報の提供がないときは，その者との間で派遣労働者が従事する業務に関する労働者派遣契約を締結してはならない（同9号）。

■派遣労働者の均等・均衡待遇
　2012（平24）年改正後の派遣法は，派遣元は，派遣先労働者の賃金水準との均衡を考慮しつつ，同種業務の一般労働者の賃金水準または当該労働者の職務の内容・成果等を勘案して，派遣労働者の賃金を決定するように配慮すべき義務を負うものとし，教育訓練の実施など派遣労働者の円滑な就業確保のため必要な措置を講じるように配慮すべきものとする（30条の3第1項・2項）。しかし，「不合理な労働条件の禁止」（労契20条，パート労働8条）あるいは「差別的取扱いの禁止」（パート労働9条）のような定めはなかった。
　2018（平30）年の「働き方改革法」による派遣法改正は，以下のように，「均衡を考慮した待遇の確保」（30条の3）に代えて「不合理な待遇の禁止等」その他の規定を新設している（施行は2020年4月）。①派遣元は，派遣労働者の待遇のそれぞれについて，派遣先に雇用される通常の労働者の待遇との間において，両者の職務の内容，職務の内容と配置の変更の範囲その他の事情のうち，待遇の性質と目的に照らして適切と認められるものを考慮して，不合理と認められる相違を設けてはならない（改正後30条の3第1項）。②派遣元は，職務の内容が派遣先に雇用される通常の労働者と同一の派遣労働者で，労働者派遣契約と派遣先における慣行等の事情からみて，派遣就業が終了するまでの全期間において，その通常の労働者の職務内容と配置の変更の範囲と同一の範囲で変更されることが見込まれるものについては，正当な理由がなく，待遇のそれぞれについて，通常の労働者に比して不利なものとしてはならない（同条2項）。③派遣元は，労働者の過半数を組織する労働組合（それがない場合は労働者の過半数を代表する者）との書面協定により，雇用する派遣労働者の待遇（教育訓練・福利厚生施設等を除く）について所定の事項を定めたときは，その待遇が当該協定の定めによるとされる派遣労働者については，不合理な待遇の禁止の定め（上記①）を適用されない（改正後30条の4第1項）。

■派遣元の適正就業確保の配慮義務，派遣法違反の私法上の効果
　派遣法31条の趣旨は，派遣元は派遣先での労働者の就業に関し法違反がないように配慮すべきことを明確にしたものとされている（労務行政研究所編『労働者派遣法』[2013年] 368頁）。そして，同法の違反があった場合については，罰則はなく民事上特段の効力が生ずるものではないが，法の趣旨を実質的に担保するために，同法28条は派遣先に法違

反があった場合には派遣元は派遣の停止または派遣契約の解除ができるものとしたとされている（同前）。東レエンタープライズ事件＝大阪高判平25．12．20労判1090号21頁は，労働者が派遣先でのセクハラ被害につき派遣元に賠償請求した事例であるが，派遣元には派遣先がセクシュアル・ハラスメントに関する義務を遵守して適正な派遣就業が行われるように連絡体制の確立，関係法令の周知等の適切な配慮をすべき義務があるとして，当事件では被害防止のための体制整備義務は果たされているが，被害発生時の適正対処の義務は履行されていなかった等として，派遣労働者からの賠償請求を一部認容している。

　派遣法違反の私法上の効果については，前述もしたが（→166頁），効力法規であると解すべき規定への違反でなければ労働者と派遣元との労働契約が無効になることは原則としてないと考えられ，前掲パナソニックプラズマディスプレイ（パスコ）事件＝最2小判平21．12．18は，その旨をいう。また，日本S社事件＝東京地判平26．4．23労経速2219号3頁は，派遣法が定める派遣先の常用労働者の雇用安定を目的とした行政的取締規定（派遣受入期間の制限等）に違反することがあっても，そのことのみで派遣労働者に対する派遣先・派遣元の不法行為が成立するものではない，としている。これも妥当な考え方といえよう。しかし，上記の東レエンタープライズ事件＝大阪高判平25．12．20におけるように派遣労働者保護の規定への違反があったときは，派遣元に不法行為責任が生じ得ると解すべきであろう。あるいは，派遣労働契約は労働者に契約当事者ではない派遣先の下での労働を義務づけるものであるから，派遣元は労働契約にもとづく付随義務の1つとして，派遣先での適正就業に配慮する義務を負うと考えることもできよう。そのように解した場合は，労働者は適正就業確保の配慮を懈怠している派遣元に対して，安全配慮義務（労契5条）違反の場合（→525頁以下）と同じく，履行請求することは原則として不可能としても，債務不履行による損害賠償請求権を有することになる。ただし，派遣元の適正就業確保の配慮義務は，他人である派遣先での就業が適正に行われるように配慮するという，いわば間接的・補充的な性格のものであることを考慮に入れつつ損害賠償責任の有無判断をする必要があると思われる。

(2) **派遣先が講ずべき措置等**

　派遣先は，労働者派遣契約に定められた就業条件に反することがないように適切な措置を講ずること（派遣39条），派遣労働者からの苦情申出について遅滞なく適切な処理を図ること（派遣40条1項），派遣元の求めに応じ同種業務につく直接雇用者の業務遂行に必要な能力付与のための教育訓練を派遣労働者へも実施するように配慮すること（同条2項），直接雇用者が利用する福利厚生施設の利用機会を与えるように配慮すること（同条3項）を義務づけられている。また，派遣先責任者を選任し，派遣先管理台帳を作成しなければならない（派遣41条・42条）。前記のように（→170頁以下），派遣先は派遣可能期間を超えて労働者派遣を受け入れてはならない（派遣40条の2・40条の3）。それから，

派遣先は，その派遣先企業を離職してから1年を経過していない者（60歳以上の定年で退職した者を除く）を派遣労働者として受け入れてはならないことになっている（派遣40条の9，派遣則33条の10第1項）。

(3) **派遣先の雇入れの努力，直接雇用の申込義務，直接雇用の申込み「みなし」**

派遣終了後に労働者を雇い入れるときは当該業務に従事していた派遣労働者を雇い入れるように努めなければならないという定め（派遣旧40条の3）は，1999（平11）年改正により設けられたものであった。

2003（平15）年改正は，さらに派遣先は派遣労働者に対して直接雇用の申込みをすべきことを定めた。すなわち，派遣可能期間に制限がある業務に関しては，派遣先が同一業務に引き続き派遣労働者を使用するときは派遣先に雇用されることを希望する当該派遣労働者に対し期間満了日までに労働契約の申込みをしなければならず（派遣旧40条の4），派遣可能期間に制限のない「専門26業務」に関しては，3年を超える期間継続して同一の派遣労働者を受け入れていた派遣先が3年経過後において当該同一業務について労働者を雇い入れようとするときは当該派遣労働者に労働契約の申込みをしなければならない（派遣旧40条の5），とした。[13]

2012（平24）年改正は，1999（平11）年改正が定めた雇入れの努力義務や2003（平15）年改正が設けた直接雇用の申込義務では派遣労働者の保護が不十分であるとして，違法派遣の場合について派遣先による直接雇用の申込みの「みなし」という制度を創設した。それは一定の違法行為，すなわち①禁止業務への派遣受入れ（派遣4条3項違反），②無許可・無届けの派遣事業者からの派遣受入れ（派遣24条の2違反），③派遣可能期間の制限を超えた派遣受入れ（派遣40条の2第1項違反），④偽装請負（法の適用を免れる目的で労働者派遣以外の

---

[13] このような労働契約の申込みを派遣先がしない場合は，指導・助言や是正勧告や改善命令，企業名公表等の行政監督の措置（派遣48条・49条・49条の2）がとられることになる。しかし，当然に派遣先と派遣労働者との間に労働契約関係が存在することになる，あるいは派遣労働者から雇用されることを承諾する申入れがあれば労働契約が成立する，と考えることはできない（パナソニックプラズマディスプレイ［パスコ］事件＝第一審＝大阪地判平19. 4. 26労判941号5頁，日本精工（外国人派遣労働者）事件＝東京地判平24. 8. 31労判1059号5頁等）。派遣先による直接雇用申込みの制度趣旨は，派遣先による派遣可能期間の制限への違反を未然に防止すること，派遣労働者が希望するであろう直接雇用への機会を設けることにあり，派遣先の労働契約申込みの義務は公法上の義務と解するほかないものだからである。

名目による派遣受入れ)のいずれかを派遣先が行った場合には,派遣先は派遣労働者に直接,その時点における当該派遣労働者に係るものと同一の労働条件を内容とする労働契約の申込みをしたものと「みなす」ものである(40条の6第1項・同項1号~4号)。ただし,違法派遣であることにつき派遣先が過失なく知らなかったときは別である(同項但書)。派遣先は,当該申込みに係る行為(上記①~④)が終了した日から1年を経過する日までの間,この申込みを撤回することはできない(派遣40条の6第2項)。

　上記のように,派遣先の申込義務による直接雇用においては,派遣労働者に対して現実に直接雇用の申込みがされなかった場合には両者間に労働契約が締結されたことにならない。これに対し,派遣先による申込みの「みなし」による直接雇用においては,上記の①~④の違法行為が終了してから1年後以降に派遣先によって申込みが撤回されるまでの間,派遣先が派遣労働者を直接雇用する労働契約の申込みをしたものとみなされ,この間に派遣労働者が申込みを承諾することにより両者間に労働契約が締結されたこととなって,派遣労働者は派遣先に直接雇用される労働者となるのである。

---

14) 派遣先が申込みをしたとみなされる労働契約は,違法行為時における派遣労働者・派遣元の労働契約と同一の労働条件のものであって,派遣先に直接雇用されている労働者と同一の労働条件のものである必要はない。派遣元との労働契約が有期であったときには,派遣先が申込みをしたとみなされる労働契約も有期になる。そこで,前者の期間途中において派遣先が労働契約の申込みをしたとみなされる場合には,後者の契約期間は前者における残余期間か,それとも前者における期間全体と同一なのかが問題となる(本庄淳志「改正労働者派遣法をめぐる諸問題——施行後の抜本的再検討に向けて」季労237号[2012年]25頁,富永晃一「改正労働者派遣法とその解釈上の課題——派遣労働者の保護(派遣先関係)」ジュリ1446号[2012年]60頁参照)。また,派遣元との有期労働契約が雇止めに解雇権濫用法理が適用されるべきもの,すなわち「実質無期契約型」(労契19条1号)もしくは「期待保護型」(同2号)に該当するものであった場合(→113頁)には,そのことは派遣先が直接雇用の申込みをしたとみなされる労働契約にも引き継がれるのか,という問題もある(富永・前掲参照)。
15) なお,厚生労働大臣は,派遣先または派遣労働者からの求めに応じて,派遣先の行為が派遣法40条の6第1項各号が掲げる違法行為に該当するかどうかについて必要な助言をすることができる(派遣40条の8第1項)が,違法行為に当たる旨の助言がなされた場合には派遣先は違法派遣についての善意無過失を主張し得なくなると解されている(荒木539頁等)。
16) 派遣先がしたとみなされる直接雇用の申込みに対し,派遣労働者が承諾をしないか,あるいは不承諾の意思表示をし,他社への再就職や失業等給付の受給をもした後になって,派遣先が申込みの撤回をなし得ない期間内に承諾をした場合,その承諾の意思表示は有効と認められるのか。この点については,承諾権が労働者により放棄されたと見て効力なしとも考えられるが,そのような承諾は信義則違反ゆえ無効と解されるべきことが多い(富永・前掲注14)61頁)と思われる。

■直接雇用「みなし」と私的自治
　派遣先による直接雇用申込み「みなし」には，労働契約は労働者と使用者の合意によって成立し，あるいは変更されるという自明の法原則（労契1条・3条・6条・8条）に抵触するところがある。このような「私的自治を大きく修正するペナルティー」を派遣先に科すことの「実質的正当性」が欠如していることを詳細に論ずる見解（本庄・前掲注14）30頁以下）は，十分に説得的であるように思われる。あるいは「採用の自由や合意原則との抵触度」（荒木325頁）が過大ではないかという疑いがある。ただ，派遣労働者が派遣先との間に労働契約関係が存することを主張し得る場合について，それを「違法派遣」が行われている4つの場合として，いわば限定列挙して明示したことに意義が認められるのかもしれないと筆者は考える。

　2015（平27）年改正後は，派遣可能期間が「業務」ではなく「事業所」と「労働者個人」の単位で制限されることになった（→170頁）ので，上記の(i)「雇入れの努力義務」と(ii)「直接雇用申込みの義務」は，それぞれ重要部分が修正されて以下のようになった。すなわち，(i)派遣先は，派遣元から継続して1年以上の期間同一の「特定有期雇用派遣労働者」（派遣30条1項）に係る役務の提供を受けた場合において，引き続き同一業務に従事させるために労働者を雇い入れようとするときは，当該派遣労働者を雇い入れるように努めなければならない（派遣40条の4）。(ii)派遣先は，その同一の事業所において派遣元から1年以上の期間継続して同一の派遣労働者を受け入れている場合には，当該事業所における労働について通常の労働者の募集を行うときは，当該募集に係る事項（募集の内容と労働条件）を当該派遣労働者に周知しなければならない（派遣40条の5第1項）。また，派遣先事業所の同一組織単位の業務について継続して3年間派遣労働に従事する見込みのある「特定有期雇用派遣労働者」については，派遣可能期間の制限のない場合を除き，労働者の募集を行うときは当該募集に係る事項を当該派遣労働者に周知しなければならない（同条2項）。そして，(iii)「直接雇用の申込み『みなし』」については，上記（→174頁）③の「派遣可能期間の制限を超えた派遣受入れ」が，「事業所単位での同期間の制限または同一派遣労働者の組織単位での同期間の制限に抵触しての派遣受入れ」に改められた（派遣40条の6第1項3号・4号）。

6　労基法等の適用関係

　派遣に関する労基法等の適用についての派遣法の定めの概要は，以下のとお

りである。①労基法3条・5条等は，派遣元のみでなく派遣先にも適用される（派遣44条1項）。②労働時間，休憩，休日等，派遣労働者の実際の就業に関連する規定については派遣先が労基法上の使用者としての責任を負う。ただし，変形労働時間制等の定めあるいは労使協定（労基32条の2〜32条の4）と時間外・休日労働の労使協定（労基36条）の締結・届出は，派遣元が行う（派遣44条2項）。③労安衛法等の規定にもとづく安全衛生に関する諸措置は原則として派遣先が講じなければならないが，一般健康診断や雇入れ時の安全衛生教育のような雇用期間中に継続的に実施されるべきものは派遣元が責任を負うなど，事項の性質により派遣元のみ，あるいは派遣元と派遣先の双方に使用者としての責任が課せられる（派遣45条）。④均等法については，セクシュアル・ハラスメントを防止する雇用管理上の措置および妊娠中と出産後の健康管理に関する措置等についての事業主の義務を定める規定（均等9条3項・11条1項等）は派遣元と派遣先の双方に適用されるが，他の規定は派遣元にのみ適用される（派遣47条の2）。

　要するに，基本的には派遣元が使用者としての責任を負わねばならないが，派遣労働は派遣先の指揮命令下で行われる以上，労働安全衛生の面での使用者の義務は原則として派遣先に課せられ，また労働時間等に関する労基法の諸規定の遵守についても，変形労働時間制等や時間外・休日労働の枠組みを設定することを除いては派遣先が責任を負わなければならないのである。なお，最低賃金については，派遣先における地域別最低賃金が適用される（最賃13条）。

7　労働者派遣契約の解約と解雇・雇止め等

　派遣先は，派遣労働者を差別扱いする労働者派遣契約の解除をしてはならない（派遣27条）。しかし，同契約の解約（派遣29条参照）あるいは不更新について，労働契約における解雇のように合理的理由が欠けていれば無効もしくは違法となる（労契16条），というようなことは考えられない。では，労働者派遣契約が解約されたことを理由とする派遣元による派遣労働者の解雇の効力はどうなるのか。あるいは，労働者派遣契約が期間満了時に更新されなかったことを理由とする雇止めが違法とされる場合はあり得るのか。

■派遣法27条違反と解雇の適法性

　トルコ航空ほか1社事件＝東京地判平 24. 12. 5 労判 1068 号 32 頁は，派遣先による労働者派遣契約の解除が派遣法 27 条に違反する無効なものであるときは，派遣元による派遣労働者の解雇は無効であるとする。これに関して，派遣元には予見可能性の欠如ということもあり，解雇が当然に無効となるかは問題であるとする見方がある（本庄淳志「派遣労働者の雇用喪失に対する救済法理」季労 241 号［2013 年］138 頁）。派遣先が労働者派遣契約を解約した場合，その理由を問われれば派遣労働者の思想信条や労働組合活動等とは別のことをいうのが一般であろうし，派遣元は解約が無効となるような「真」の理由について不知であることも少なくないであろう。それゆえ，派遣先による労働者派遣契約の解除が違法・無効であれば，派遣元による派遣労働者の解雇も当然に無効と解すべきでないのは確かである。この問題は，不当労働行為における「第三者の強要による不利益取扱い」に関するのと同じような考え方で処理すべきものではないかと思われる。すなわち，派遣労働者の正当な組合活動を嫌悪する派遣先の意思が派遣元の意思内容を形成したとみるべき場合であれば（山恵木材事件＝最 3 小判昭 46. 6. 15 民集 25 巻 4 号 516 頁参照），派遣元による派遣労働者の解雇は違法なものになる，と考えてはどうであろうか。

　まず，無期労働契約によって派遣元に雇用されている「常用型」の派遣労働者については，派遣先から労働者派遣契約を解約されたことが当然に解雇の合理的理由にならないことはいうまでもない。近年の裁判例には，整理解雇の必要性に欠け解雇回避の努力が不十分であったとして解雇無効としたもの（ジョブアクセスほか事件＝東京高判平 22. 12. 15 労判 1019 号 5 頁）などがある。もっとも，派遣先が派遣労働者の勤務懈怠などを理由として解約したのであれば，解雇権濫用に当たらず解雇有効となることが多いであろう。

　派遣元と有期労働契約を結んでいて契約更新を重ねている労働者が雇止めされた場合については，「常用代替防止」という労働者派遣法の「立法趣旨」に言及しつつ，派遣労働者の継続雇用の期待に合理性は認められないなどとして，「雇止め法理」（労契 19 条。→110 頁以下）による保護を否定して更新拒否を適法とした裁判例が少なからず見られる（伊予銀行・いよぎんスタッフサービス事件＝高松高判平 18. 5. 18 労判 921 号 33 頁，前掲トルコ航空ほか 1 社事件＝東京地判平 24. 12. 5 等）。しかし，これは疑問の多い考え方をするものというべきである。派遣法には派遣可能期間の制限（→170 頁）など，派遣労働が常用化して「正規雇用」を縮小させることの抑止が目的と見られる規定が存在するが，それらは同法の度重なる改正によって次第に撤廃・縮減されており，常用代替防止が法の「目的」の 1 つとはもはや考えられない。少なくとも，そのようなことのゆ

えに派遣労働者として雇用される者は期間を定めて雇用される労働者に与えられる継続雇用の期待についての保護を受け得ないというのは，著しくアンフェアなことといわなければならない。[17]

　次に，派遣元に登録をしておいて派遣のつど，派遣期間だけの労働契約によって雇用される「登録型」の派遣労働者については，派遣期間の中途で派遣先から労働者派遣契約を解約されたことを理由とする解雇は，有期労働契約の解約ゆえ「やむを得ない事由」を要する（民628条，労契17条1項）ので，別の派遣先へ行かせることができないのであれば，あるいは派遣労働者の勤務懈怠などによって解約されたのでなければ，使用者の責めに帰すべき事由による労務給付の履行不能として派遣元は賃金・休業手当の支払義務を負う（→289頁）ことになる。「登録型」ではあるが労働者派遣契約も派遣労働契約も反復更新されている場合には，上記の有期労働契約を重ねて更新してきた「常用型」派遣の場合と同じく，「雇止め法理」（労契19条）が適用されなければならない。

■「自動終了条項」の有効性
　労働者派遣契約が解約された場合は派遣労働契約も当然に終了するとの約定（就業規則の定めまたは労使の個別合意）については，労契法17条の「やむを得ない事由」の要求に照らし原則として無効（荒木535頁注132），あるいは「解雇法理の潜脱」に当たり妥当でない（水町勇一郎「派遣業務の消滅による派遣労働者の労働契約の終了」ジュリ1422号[2011年]145頁），というように解されている。これに対し，派遣先での就労継続の困難時に派遣労働契約を終了させることには一定の合理性があるとして，「自動終了条項」を全面的に無効とする必然性はないとする見解もある（本庄・前掲季労241号142頁）。前掲トルコ航空ほか1社事件＝東京地判平24．12．5は，派遣先の都合により労働者派遣契約が終了したときは期間の途中でも労働契約を解除または終了させると合意されていた事例であるが，このような契約条項も契約自由の限界を超えているとはいえないが，この条項を根拠とする解雇が当然に有効とはいえないとしている。難問であるが，派遣労働契約における「自動終了条項」が適法・有効と認められる場合はあり得ると考えてよいであろう。

■労働者派遣における休業と賃金・手当の請求権
　浜野マネキン紹介所事件＝東京地判平20．9．9労経速2025号21頁は，派遣期間の中

---

[17]　上記の伊予銀行・いよぎんスタッフサービス事件＝高松高判平18．5．18は，最高裁により上告不受理とされた（最2小決平21．3．27労判991号14頁）が，同決定における今井功裁判官の反対意見は，長期にわたって雇用契約の更新を繰り返されてきた者には派遣労働者であっても雇止めの法理が適用される場合があり得る，としている。筆者も，そのように考えるべきであると思う。

途で派遣先とのトラブルで就労できなくなった場合について，使用者の責めに帰すべき事由によるものとして労働者は賃金請求権を有するという。他方，三都企画建設事件＝大阪地判平 18. 1. 6 労判 913 号 49 頁は，派遣期間の中途で派遣先から就労拒否された場合について，労働者に賃金請求権が存するとはいえないが，平均賃金 60％ の休業手当の請求権はあるという。この後者の裁判例の考え方にも一理あると思われる。しかし，派遣元も派遣先も派遣労働者の雇用の安定を図るべき義務を負っているのであるから（派遣 26 条 1 項 8 号・29 条の 2・31 条），労働者に帰責事由がある場合は別であるけれども，派遣労働者の就労不能については派遣元に民法 536 条 2 項の帰責事由を認めて賃金請求権を肯定するという考え方（荒木 535 頁注 133）が妥当と思われる。

派遣労働者への賃金支払義務を負うのは派遣元であるから，民法 536 条 2 項の「債権者の責めに帰すべき事由」も労基法 26 条の「使用者の責に帰すべき事由」も，それらの存否は派遣先でなく派遣元について問題となることである。しかし，たとえば派遣先が不可抗力により休業した場合には派遣元は休業手当も賃金も支払う必要はないが，派遣先が操業短縮の必要があって休業した場合には派遣元は少なくとも休業手当の支払義務があると解すべきである。つまり，一般的には，派遣先における休業についての帰責事由の存否によって派遣元の休業手当あるいは賃金の支払義務の有無が左右される。そこで，労働者派遣契約を解約された（あるいは反復更新されてきた労働者派遣契約の更新が拒否された）場合も，派遣労働者の就労を派遣先から拒否された（あるいは就労不能となった）場合も，派遣先に帰責事由があったか否かによって派遣元の賃金・休業手当の支払義務の有無が決せられることになるのである。

Ⅳ　昇格・降格等

1　昇格・昇進請求権の問題等

わが国企業に広く見られる「職能資格制度」は，一般的には以下のようなものと理解すればよいであろう。それは，長期雇用を予定している従業員に職務遂行能力のランクとして類型化された「資格」（および資格内での「等級」）のいずれかを付与した上で，賃金のうちの基本給の全部もしくは相当部分を資格（および等級）にリンクさせて決定し，また管理職等の「職位」に登用されるには一定以上の資格を要するものとする。この職能資格制度における資格の上昇が「昇格」であり（等級の上昇が「昇級」），その決定は一般に人事考課（査定）によって行われる[18]。とはいっても，実際には中位の資格までの昇格については

---

18) 人事考課（査定）が適正に行われたどうかが争われたケースの裁判例も少なからず見られる。使用者には公正ないし適正な査定を行う義務を負うとする学説の見解もあるが，差別的取扱い

年功的に運用され，年齢・勤続年数を基準として決定されている企業が多い。もっとも，この制度の本来の趣旨である能力主義を強めた運用に改める企業も近年は少なくない。それから，職能資格制度ではなく「職務等級制度」あるいは「役割等級制度」によって人事管理を行う企業が増えているようである。

　昇格・昇級に関しては，不当労働行為制度との関連で問題が生じるほかには[19]，性別や思想信条による差別的取扱いが問題となる。特定の労働者を昇格・昇級させないことが違法な差別的取扱いと認められる場合には労基法3条あるいは均等法6条違反となり，また不法行為が成立して使用者が損害賠償責任を負うことになる。

　職能資格制度の下で昇格・昇級について性別による差別的取扱いがあったとして，使用者に差額賃金もしくは慰謝料の支払いを命じた裁判例は相当に多数みられる（→67頁以下）。では，そのように昇格・昇級について違法な処遇があったと認められる場合（性別や思想信条による差別的取扱いのほか，裁量権を濫用した人事評価による不昇格・不昇級もあろう），労働者を一定資格に昇格・昇級したものとして扱うことを使用者に命じる法的救済をなすべきであるのか。これが昇格請求権の有無という問題である。裁判例は一般に，昇格・昇級に関する使用者の裁量権は十分に尊重されるべきであり，発令行為なくしては昇格・昇級すべき地位を労働者に認めることはできないとして消極的に解している（社会保険診療報酬支払基金事件＝東京地判平2.7.4労判565号7頁等）。ただし，昇格請求権を認めたものもある。そこでは，就業規則の定めにより均等待遇を求める労働契約上の権利が認められる（芝信用金庫事件＝東京地判平8.11.27労判704号21頁），労働契約の本質および労基法13条の類推適用により昇格したのと同一の法的効果を求める権利が認められる（同事件控訴審＝東京高判平12.12.22労判796号5頁），という説示がされている。学説では，就業規則や慣行上，

と不当労働行為の禁止（労基3条・4条，均等6条，パート労働8条，労組7条等）に違反しないかぎり，査定について使用者は広い裁量権を有していると考えるべきであろう。そこで，たとえば評価対象期間外における言動等を問題とするなど（マナック事件＝広島高判平13.5.23労判811号21頁），明らかに裁量権逸脱と評価されるべき場合にのみ使用者は不法行為責任を負うと解するのが妥当である。
[19] 昇格させないことが労組法7条1号の不利益取扱いに当たる場合に，使用者に対し昇格の措置をとるように命ずることは労働委員会の裁量の範囲内として許されるものとされている（菅野1071頁）。

勤続年数や試験への合格などの客観的要件の充足のみによって昇格が行われる場合などにおいて昇格請求権が認められるとされている（菅野681頁等）。筆者も同じように考えることは，昇格・昇級における性別による差別的取扱いに関して述べたとおりである（→70頁以下）。

職能資格制度の下では，一定以上の資格にある者が管理職等の「職位」に登用されることになっていることが多い。これを含めて管理職等の地位につくことが「昇進」である。昇進に関しても，性別等による差別的取扱いが労基法3条あるいは均等法6条違反になり，あるいは労組法7条1号の不利益取扱いになり得るが，昇進請求権が認められる場合はきわめて例外的にのみあり得ると解すべきであろう[20]。昇進については，昇格にも増して使用者の裁量的判断を尊重すべきだからである。

2 降　　格

近年の裁判例において数多くみられる「降格」には，①昇進の反対，つまり管理職等の役職ないし職位の引下げと，②昇格・昇級の反対，すなわち職能資格制度の下での資格ないし等級の引下げとがある。これらは人事異動の措置として行われるものであるが，さらに③懲戒処分としての降格がある。いずれの場合でも，降格によって賃金，とくに基本給が相当な減額になることが多い。それから，懲戒処分としての降格（③）は就業規則に明確な定めが存することを要し，懲戒権の濫用に当たり無効とされることが少なくない（→438頁）。

役職・職位の引下げである降格（①）は，労基法3条や均等法6条等[21]の違反

---

[20] 前掲芝信用金庫事件＝東京地判平 8. 11. 27 も，職位付与は使用者の専権事項に属し，それについての労使慣行は特段の事情が認められる場合でないかぎり存する余地がないとして，男性に関しては一定職位まで年功的に昇進させていたことを否定できないとしながらも，女性労働者からの昇進請求には理由がないとしている。同事件控訴審＝東京高判平 12. 12. 22 は，当該企業における人材登用が職務遂行能力，管理職としての適格性という観点から行われていたことについて疑問を払拭できないとしつつも，昇進させるか否かは使用者のきわめて実践的な経営判断，人事政策に属する事項ゆえ男女差別にもとづくものと断ずることはできないとしている。昇格の場合とは違って，昇進させないことが不当労働行為である「不利益取扱い」に当たる場合でも，使用者に昇進を命ずることは労働委員会の裁量の範囲外と考えるべきであろう（菅野679頁等）。

[21] 広島中央保健生協（C生協病院）事件＝最1小判平 26. 10. 23 民集 68 巻 8 号 1270 頁は，妊娠時の軽易業務への転換を契機とする降格について，それは原則として均等法9条3項が禁止する不利益取扱いに該当するが，労働者が自由な意思にもとづいて降格を承諾したと認めるに

もしくは不当労働行為に当たるものでなく，あるいは著しく妥当性を欠くゆえに裁量権の範囲を逸脱するようなものでなければ，就業規則等に根拠規定が存在しなくても，使用者の人事権行使として違法とされることはない。裁判例も一般に，そのように解している（近年のものとして東京都自動車整備振興会事件＝東京高判平21. 11. 4労判996号13頁）。人事権濫用であって無効とされたものとしては，婦長から一般看護婦への2段階降格（医療法人財団東京厚生会事件＝東京地判平9. 11. 18労判728号36頁），部長から係長への降格（明治ドレスナー・アセットマネジメント事件＝東京地判平18. 9. 29労判930号56頁）などがある。

　職能資格の引下げである降格（②）については，それが行われ得ることが就業規則に定められているか，労働者との合意がなければ，使用者はなし得ないものと解すべきである。裁判例でも，そのように考えられている（アーク証券事件＝東京地判平12. 1. 31労判785号45頁等）。その理由は，職能資格制度における職能とはストックとしての能力（技能経験の蓄積の結果としての職務遂行能力）であって通常は減少する性格のものではなく，職能資格の引下げは本来予定されていない（荒木416頁）と考えればよいであろう。役職・職位を引き下げる（①）とともに職能資格をも引き下げる（②）降格については，前者（①）としては人事権行使としてなされ得るが，後者（②）としては就業規則の定めか労働者との合意がなくてはなされ得ないことになろう。

　それでは，「職能資格」ではなく「職務等級」あるいは「役割等級」と見るのが適当な制度（→182頁）の下での降格についても，それをなすには就業規則の明確な定めか労働者の合意を要すると解すべきであろうか。「役割グレード」が引き下げられて「役割報酬」が減額となったことについて，賃金額を不利益に変更するものであるから就業規則等の明示的な根拠もなく労働者の合意もないままに行うことは許されない，とした近年の裁判例がある（コナミデジタルエンタテインメント事件＝東京高判平23. 12. 27労判1042号15頁）[22]。しかし，

　　足る合理的理由が客観的に存在するとき，または，降格なしでの軽易業務への転換には業務運営上の必要性から支障があり，降格措置が均等法9条3項の趣旨・目的に実質的に反しないと認められる特段の事情が存在するときは別である，としている（→76頁）。
[22]　同事件の被告会社では，各労働者について業務内容と職責を示す「役割グレード」が定められ，給与は役割グレードに応じて年額が決まる「役割報酬」と成果の評価によって年額が決まる「成果報酬」の総和を基本としていた。原告の労働者は，産前産後休業・育児休業を取得した後に育児短時間勤務をすることになったところ，会社は原告について担務変更をして役割グ

職務等級制や役割等級制の人事・賃金制度の下では,「職務」や「役割」が変更されることで「等級」は上昇（昇格）もしくは下降（降格）し,それによって賃金も増額もしくは減額となるのが制度の趣旨に合致するから,降格・賃金減額があり得ることの就業規則への明記または労働者との合意を要するとは考えられない。そして,降格・賃金減額をなす使用者の権限の濫用は戒められるべきであるから,人事権濫用と評価されるような降格・賃金減額は違法・無効と解すべきであろう。[23]

レードのランクを下げ,役割報酬を減額し成果報酬をゼロとする措置を講じた。1審（東京地判平23. 3. 17労判1027号27頁）は,担務変更も役割グレードの引下げも人事権濫用とはいえず,役割報酬は変更後の役割グレードに対応する額が支給されるのが当然であるが,労働者に帰責事由がない事態における役割グレードの変更であるから,使用者は不利益を緩和する考慮をすべきであるところ,「調整報酬」が支給されているので役割報酬の減額は人事権の濫用に当たらないとした（成果報酬のゼロ査定については裁量権濫用の違法があるとした）。これに対し2審は,上記のように賃金額の不利益変更ゆえ明記された根拠を要するとして,役割報酬の減額は人事権の濫用であって無効としたのである。

23) この人事権濫用の成否は,配転における権利濫用（→147頁）と同じく,降格・賃金減額をする業務上の必要性・合理性と労働者が受ける不利益の,それぞれの有無・程度の比較考量を中心に,動機・目的に不当性がないか等をも考慮に入れつつ判断されるほかはない。降格に関しては,手続における妥当性の欠如が権利濫用との判断を導くことが少なくないであろう。前掲コナミデジタルエンタテインメント事件＝東京高判平23. 12. 27では,動機・目的に不当なところはなかったか（育介10条・23条の2参照）,適切な説明をして納得を得るように努めたかを問題とすべきであり,人事権濫用に当たる可能性は小さくなかったと考えられよう。

第4節　解雇・退職等

I　解　　雇

1　解雇の自由と解雇権濫用法理

(1)　解雇の自由

　労働契約関係は，契約期間の満了，定年や労働者の退職や当事者の消滅等によっても終了するが，多くの紛争を発生させる最も重要な終了原因はいうまでもなく解雇，すなわち使用者による労働契約の解約である。その解雇について，2003 (平15) 年の労基法改正により，客観的に合理的な理由を欠き社会通念上相当と認められない解雇は権利濫用として無効であると定める同法旧18条の2が新たに設けられ，それが2007 (平19) 年の労契法制定時に同法16条に移行した。この2003 (平15) 年労基法改正の施行時まで，わが国労働法の解雇法制は以下のように説明できるものであった。

　労基法には，特定の場合の解雇を禁止し (19条・104条2項)，あるいは規制する (20条・21条) 規定がおかれている。労基法3条は差別的解雇を禁ずるものと解される (→52頁)。また，均等法には性別を理由とする解雇を禁止する定めがあり (6条4号)，育介法にも解雇禁止の規定がある (10条等)。そして，労組法7条1号は不当労働行為に当たる解雇を禁止し[1]，労働協約の解雇条項に違反する解雇は効力を否定されることが多い[2]。さらに，退職時に労働者が使用者に請求できる証明書の記載事項および就業規則の絶対的必要記載事項の1つである「退職に関する事項」には，解雇理由が含まれることになっている (労

---

[1]　そのような解雇は「当然に無効」と解すべきであるとされ (医療法人新光会事件＝最3小判昭43. 4. 9民集22巻4号845頁)，今日に至るまで裁判例はすべて同じ立場に立っている。学説においても，少なくとも結論を異にする見解は見られない。

[2]　わが国の労働組合と使用者が結ぶ労働協約には，解雇に関わる条項が含まれていることが少なくない。そのなかで，解雇事由を限定列挙するものは規範的効力 (労組16条) を有するので，それらの事由に該当しない解雇は無効となる。では，解雇には労働組合の同意あるいは協議を要するとする条項に反する解雇はどうなのか。そのような条項が規範的効力を有するゆえに解雇は無効と解することは無理であるが，多くの場合に解雇権濫用で無効ということになるであろう。

基22条1項・89条3号)。

このように,使用者の解雇権に制約を加える法規定は少なからず存在していた。しかし,労働契約の解約には正当事由を必要とするというような定めはなかった。それゆえ,期間の定めのない雇用契約の解約は「いつでも」可能であり (民627条1項),期間の定めがあるときは「やむを得ない事由」がある場合に解約できる (民628条) というのが,解雇に関する法規上の基本ルールであった。わが国の多数の雇用関係では期間の定めがされないから,労基法等の強行規定もしくは労働協約の定めに抵触せず公序に反するところがなければ,使用者はいかなる理由によって労働者を解雇しても法的責任を負わないのが建前であった。これが「解雇の自由」の法的意味である。

(2) **解雇権濫用禁止の法的ルール**

今日では広く一般に知られているように,わが国の労働法においては,半世紀近く前から「解雇権濫用法理」と称されるものが判例法として確立されている。それは,合理的理由によらない解雇は権利濫用に当たり違法・無効であるとする法的ルールである。これが1970 (昭45) 年頃までに下級審裁判例のなかに定着し,日本食塩製造事件＝最2小判昭50. 4. 25民集29巻4号456頁によって確認された。[3] 同判決では,「使用者の解雇権の行使も,それが客観的に合理的な理由を欠き社会通念上相当として是認することができない場合には,権利の濫用として無効になる」とされている。そして,この法的ルールは就業規則に定められた事由にもとづく解雇 (裁判例に現れる解雇事件の大多数はこれである) にも適用されることが,高知放送事件＝最2小判昭52. 1. 31労判268号17頁によって明らかにされた。同判決は次のようにいう。就業規則に定められた解雇事由に当たる場合でも,「当該具体的な事情のもとにおいて,解雇に処することが著しく不合理であり,社会通念上相当なものとして是認できないときには」解雇権濫用として無効となる。

---

[3] なお,この判決以前にも,常用的臨時雇用者への契約更新拒否および試用期間満了時の本採用拒否について,それらを解雇または解雇に準ずるものと見て合理的理由にもとづくもののみが適法であるとした最高裁判例があった (東芝柳町工場事件＝最1小判昭49. 7. 22民集28巻5号927頁 [→111頁],三菱樹脂事件＝最大判昭48. 12. 12民集27巻11号1536頁 [→136頁])。また,少し後になるが,採用内定の取消しに関して同様のことを説いたものがある (大日本印刷事件＝最2小判昭54. 7. 20民集33巻5号582頁 [→129頁以下])。

■違法解雇の効力

　違法な解雇の「無効」は論理必然ではない。諸外国の法制度の下では，解雇が不公正あるいは社会的に不相当と判断されても使用者は補償金の支払い等により労働関係を解消できるようになっていることが多い（山川隆一「日本の解雇法制」大竹文雄＝大内伸哉＝山川隆一編『雇用法制を考える〔増補版〕』〔2004年〕10頁以下等参照）。しかし，わが国では，前述（→185頁）のように不当労働行為に当たる解雇は無効と解され，解雇権濫用法理を確立した前掲の日本食塩製造事件＝最2小判昭50. 4. 25と高知放送事件＝最2小判昭52. 1. 31も，社会通念上相当なものとして是認できない解雇は無効であるとしている。労基法旧18条の2も労契法16条も，裁判例の文言そのままに「権利を濫用したものとして，無効とする」というものになっている。

　2003（平15）年の労基法改正によって新設された同法旧18条の2は，このような判例の解雇権濫用法理を文言もほぼそのままで法規定にしたものであった。解雇法制のあり方に関する議論では，就職から定年までの単一企業における雇用保障ではなく，労働市場を通じて雇用を保障する体制への移行が必要であり，解雇された労働者を復職させるよりは再就職支援や金銭補償をすることを主眼とすべきであるという見解も有力であった。しかし，労契法制定に向けての論議では，労働者のみでなく経営者も，それぞれを代表するものとされる団体は，こうした見解に賛成ではなく，むしろ反対であった。そこで，「現行の解雇権濫用法理を（強化も緩和もせず）そのまま法制化する」（荻野勝彦「現場からみた労基法改正」労研523号〔2004年〕40頁）という結果になったとされている。そして，原案にあった「解雇の自由」をいう本文の部分を削除する修正が加えられ[4]，それが労基法旧18条の2と労契法16条になったのである。また，労契法には，有期労働契約の期間中途に労働者を解雇できないとする定めがさ

---

4) 解雇権濫用法理の立法化の過程では以下のようなことがあったとされている。すなわち，政府法案では，「使用者は，この法律又は他の法律の規定によりその使用する労働者の解雇に関する権利が制限されている場合を除き，労働者を解雇することができる。ただし，その解雇が，客観的に合理的な理由を欠き，社会通念上相当であると認められない場合は，その権利を濫用したものとして，無効とする」となっていた。これが国会審議において論議の対象となり，とくに解雇自由が原則であるというアナウンス効果が発生する恐れありとされ，また解雇の合理的理由の主張・立証責任を実際上は使用者に負わせている訴訟実務を変える恐れがあるとされて，最終的には政府法案の本文部分を削除して但書の部分のみとする修正法案が国会を通過する結果となった。さらに，解雇の合理的理由の主張・立証責任に関しては，衆参両院の厚生労働委員会が，「解雇権濫用の評価の前提となる事実のうち圧倒的に多くのものについて使用者側に主張立証責任を負わせている現在の裁判上の実務を変更するものではないという立法者の意思及び本法の精神の周知徹底に努めること」という附帯決議をしている。

れた (17条1項)。

(3) 解雇に対する法規制のあり方

解雇権濫用法理については，それは労働契約を含む継続的契約関係に内在する普遍的法規範であるとする考え方（土田道夫「解雇権濫用法理の法的正当性」労研491号［2001年］12頁）が，わが国においては支配的であるように思われる。これに対し，筆者は，期間の定めのない継続的契約関係は「いつでも」，すなわち当事者の一方からの解約意思表示によって解消できるものであり，その際に特段の理由を要することはないという契約法のルール（民617条・627条）を基本において，次のように考えてきた。

解雇権濫用禁止の法的ルールは，わが国では労働力が過剰で労働市場が閉鎖的であり，また長期雇用と年功賃金の慣行が広く行われているという認識にもとづいて形成されたものである。つまり，特定企業における地位の喪失は生活不安を招き，ほとんど回復不可能な損失をもたらすものゆえ解雇権の濫用は厳しく抑制されねばならないと考えられたのであった。とはいえ，いわゆる日本的雇用の特質も中・大企業の従業員の中心部分にのみ見出されるものであったし，高度経済成長期以降において状況はかなり変化している。とくに長期雇用を予定しない「非正規雇用」の労働者が増加した。他方，失業給付や生活保護の制度も整備されてきている。解雇権濫用法理を支えてきた社会的基礎が弱められており，解雇に関する法の制度・理論も変化することになるであろう，と。

しかし，今日でもなお，解雇権濫用法理の存在の重さはそれほど減少していないようである。それは，わが国では企業の成長実現に不可欠な人材育成には長期雇用システムが依然として重要であるからであり（荻野・前掲40頁），経営者には株主よりも労働者との利害の共通性が大きいというコーポレート・ガバナンスのあり方（「座談会・雇用ルールの立法化をめぐって」大竹＝大内＝山川編・前掲17頁〔山川〕）のゆえなのであろうか。

いずれにせよ，解雇権濫用法理の根拠を問う論議は今後も続けられなければならないであろう。また，解雇手続の規制やいわゆる金銭解決などについての立法論的な検討も重要課題である。[5] また，解雇権濫用法理の適用に関わる諸々

---

5) 解雇に関して立法による解決が望まれる問題は，手続規制や金銭解決のほかにも少なからず存在する。なかでも，解雇された労働者がいつまで「無効」を主張できるのかについて，裁判例は

の解釈論上の問題についても，さらに考察が深められる必要があると思われる。

■解雇無効と賃金支払義務

　解雇が合理的理由を欠いて無効とされると，それは使用者の「責めに帰すべき事由」にもとづく就労不能となるから，労働者は不就労期間中の賃金支払いを請求できることになる（民536条2項）。もっとも，被解雇者が勤務につく意思と能力を欠いていたことが明らかな場合は賃金請求できない（→295頁）。さらに，解雇が権利濫用で無効であっても，使用者の「責めに帰すべき事由」が否定されて賃金支払義務を負わないと解すべき場合もあろう。たとえば，除名が無効な場合のユニオン・ショップ協定による解雇は解雇権濫用として無効とされているが（前掲日本食塩製造事件＝最2小判昭50．4．25等），その場合は使用者の責めに帰すべき就労不能ではないと解して賃金支払義務を否定するほうが公平に適している（清心会山本病院事件＝最1小判昭59．3．29労判427号17頁は逆に解する）。また，懲戒事由に該当する事実はあったが懲戒解雇は重きに失して無効とされる場合についても，同様に考えるべきであろう。

　無効解雇による不就労期間中につき使用者が支払義務を負う賃金の額は，「解雇されなかったならば労働契約上確実に支給されたであろう賃金の合計額」（菅野755頁）となる。そこで，実費補償の趣旨で支給される通勤手当，現実に時間外労働をさせたことで支払うことになる残業手当等は，これに含まれない（シーテック事件＝横浜地判平24．3．29労判1056号81頁は赴任手当，「待機社員」に支給される職務担当手当も含まれないとする）。賞与については，労働者が請求できるのは「請求権として労働者に認められるだけの具体的根拠がある場合」で，「就業規則に賞与を年2回支払うという程度のことが記載されていても」使用者に支払義務はない（渡辺20頁），と解すべきであろう。コアズ事件＝東京地判平24．7．17労判1057号38頁は，解雇後に具体的査定がされなかった以上は賞与請求権が発生する余地はないとしている。賃金額が出勤率，出来高，査定等によって決まるため賃金支払時期により一定せず変動するものである場合は，「最も蓋然性の高い基準（たとえば最低評価額，当該労働者の解雇前の実績）を用いて算出すべきであろう」（菅野755頁）。解雇後に賃金規程の改定などがあって，いわゆるベースアップあるいはベースダウンがあった場合についても，同様に解するほかはない。

■解雇と不法行為

　解雇権濫用ゆえに無効とされた解雇が，さらに不法行為でもあるゆえに，使用者が損害賠償責任を負うべき場合はある。従来の裁判例は以下のようなものであった。①地位確認と併せて不法行為にもとづく損害賠償請求がなされたケースでは，違法解雇による損害は原則として労働契約上の地位確認と解雇期間中の賃金支払いによって塡補されるから，それらでは償えない特別の精神的損害が発生した場合（解雇が不当な動機・目的でなされた，

「権利失効」の法理によって処理しているが，「本来は解雇無効確認の訴えの出訴期間として，立法的に解決されるべきものである」（菅野754頁）。それから，規模の小さい企業と勤続年数の少ない労働者について解雇権濫用法理の適用除外とすることの検討もなされるべきであろう（荒木尚志＝大内伸哉＝大竹文雄＝神林龍編『雇用社会の法と経済』[2008年] 10頁参照）。

使用者が重大な判断の誤りをして合理的理由のない解雇をした等）に限って損害賠償請求が認容される，と解されている（ニュース証券事件＝東京地判平21．1．30労判980号18頁等）。②地位確認は請求せず不法行為に当たるとして賃金相当額の損害賠償請求がなされたケースでは，(i)賃金相当額の賠償請求は否定して慰謝料請求を認めたもの（吉村商会事件＝東京地判平4．9．28労判617号31頁等）と，(ii)賃金相当額の損害賠償請求を認容したもの（わいわいランド事件＝大阪高判平13．3．6労判818号73頁等）がある。②では(ii)が優勢であったといえよう。

小野リース事件＝最3小判平22．5．25労判1018号5頁は，上記②のケースに関するものであり，1審も2審も使用者には賃金相当額の損害賠償責任があるとしたが，最高裁は，当事件における解雇はやむを得なかったもので「著しく相当性を欠き，……不法行為を構成するものということはできない」として，原判決を破棄して請求棄却とした。同判決について，不法行為の成立自体を緩やかに認める下級審の流れに「一定の歯止めをかけた」と評価する見方がある（両角道代「勤務態度不良による解雇と不法行為」『平成22年度重要判例解説』[2011年] 267頁）。最近の裁判例には，懲戒解雇を無効としながらも，労働者には著しく不適切な行為があり，懲戒解雇を行った使用者の判断は不自然・不合理でなかったとして，不法行為には該当しないとしたものがある（野村證券事件＝東京地判平28．2．26労判1136号32頁）。

解雇権濫用ゆえに無効である解雇（労契16条）が常に必ず不法行為の要件（民709条）をみたすわけではない。上記②(ii)の裁判例や前掲小野リース事件＝最3小判平22．5．25の1審・2審判決（仙台地判平20．12．24労経速2078号11頁，仙台高判平21．7．30労判1018号9頁）は，「過失」や「損害の発生」という要件の成否を問題とすることなく不法行為の成立を肯定しているように見える。前掲小野リース事件＝最3小判平22．5．25は，この点に関わる一般論を示していないが，「著しく相当性を欠く」ものではないから不法行為を構成しないとしたこと（両角・前掲267頁は「過失の要件を満たさないとの趣旨であろう」という）は妥当・適切といえよう。思うに，解雇が無効であるならば労働契約が存続して労働者は賃金債権を有することになるから，損害発生という不法行為の成立要件はみたされず，賃金相当額の賠償請求は不可能となろう。また，解雇無効が主張されない場合は，労働者に労働の意思と能力が欠けるゆえに賃金請求できないのであるから，賃金相当額の逸失利益は存在しないと解すべきである。ただし，解雇無効と併せて損害賠償責任の存在が主張された場合であれ，損害賠償の請求のみがなされた場合であれ，違法・無効とされる解雇によって労働者が特別の精神的損害を被った場合には，使用者は不法行為にもとづく損害賠償責任を負うといわなければならない。

学説には，労働者の選択を尊重すべきである等として，解雇無効を主張せずに賃金相当額の損害賠償を請求することは可能とする立場が少なくないようである。解雇が「無効とはいえない場合でも，違法として損害賠償の請求を可能とする法理」を提唱する見解もある（小宮文人「解雇制限法──判例・学説の変化と国際比較」労研446号 [1997年] 27頁）。このような「法解釈論」に賛成することは筆者にはできない。もっとも，解雇に関わる争いにおいては，労働者は原職復帰を求めることなく，使用者から「解雇後の一定期間の賃金額に相当する解決金」の支払いを受けて和解をすることが多いのは周知のところである。

個別労働紛争解決法の定めにもとづく紛争調整委員による「あっせん」では，そのような内容の合意文書が作成されることが少なくないと思われる。また，労働審判においては，そのような解決の仕方こそ望ましいということになろう（労働審判1条参照）。調停においてはもちろん，調停不成立の場合に行われる労働審判においても同様なことになるのではないか（→21頁）。いずれにせよ，解雇が無効と判断されるべきものか否かはともかくとして労働者が受けた損失を使用者が一定額の金銭支払いによって補償することが，解雇紛争の処理方法として適切な場合が現実に多々あることは明らかである。

■解雇の金銭解決

　これについては，厚労省・労働政策審議会が，裁判所は解雇無効と判断したときには，当事者の申立てにもとづき労働契約を終了させて使用者に一定額の金銭支払いを命じることができるとする必要がある旨の建議を2002（平14）年に行ったが，立法はされなかった。そして，2015（平27）年に厚労省に設置された「透明かつ公正な労働紛争解決システム等の在り方に関する検討会」は2017（平29）年に報告書を出しているが，そこでは，解雇無効時の金銭解決制度を創設すべきであるとの意見がある一方，その必要は存しないとの意見もあるとされている。近年では，都道府県労働局の紛争調整委員会によるあっせん（→17頁），地方裁判所の労働審判委員会による審判（→18頁以下），被解雇者が労働契約上の地位確認を求める民事訴訟において，多くの解雇紛争が使用者による一定額の金銭支払いと労働者の退職を約する合意によって解決されている。また，被解雇者が解雇は不法行為に当たるとして使用者に損害賠償を請求し，それが認容された裁判例も見られる（→189頁以下）。そこで，「解雇の金銭解決それ自体は，わが国ではすでに制度上可能であり，実際上も盛んに行われている」（菅野759頁）といってよく，もはや立法論をする必要はないとも考えられよう。しかし，中小企業では「不当解雇であっても労働者が解決金を得られず泣き寝入りしている例が多い」（上記報告書）ようであるから，労働者に申立権を付与する解雇の金銭解決制度を創設することが望ましいと筆者は考える。

2　普通解雇と懲戒解雇

　わが国企業の就業規則は一般に，「普通解雇」（「通常解雇」と称することもある）と「懲戒解雇」の事由と手続を別個に定めている。懲戒制度そのものは第5章第3節で取り上げるが（→433頁以下），懲戒解雇は解雇の一種でもある。ほとんどの企業において懲戒解雇された者には退職金を支給しない旨が定められているが，その点に関しては後に論ずる（→301頁以下）。

　懲戒解雇の事由がある場合に普通解雇をすることは「たとえ懲戒の目的を有するとしても」許され，その場合には普通解雇の要件をそなえていれば足りると解されている（前掲高知放送事件＝最2小判昭52.1.31）。それでよいであろう。

それでは，懲戒解雇としては無効であるものについて，普通解雇としては有効であるとすること（無効行為の転換）は可能であろうか。裁判例には肯定する考えと思われるものもある（岡田運送事件＝東京地判平14.4.24労判828号22頁）が，そうでないもののほうが多いようである（第一化成事件＝東京地判平20.6.10労判972号51頁，乙山商会事件＝大阪地判平25.6.21労判1081号19頁等）。学説は一般に否定的である。筆者は懲戒解雇を，使用者による労働者の債務不履行に対する最も厳しい問責手段として約定されたものと理解する（→435頁以下）。つまり，懲戒解雇と普通解雇を全く異質なものとは考えない。また，被解雇者の行為等が退職金請求権を発生させず懲戒解雇される不名誉と社会的不利益を甘受させるに値するものではないが，労働契約関係の維持を使用者に期待できない程度には達しているという場合は，実際にしばしば存在する。そのようなケースの合理的な処理のためにも，懲戒解雇の普通解雇への転換は可能と解してもよいのではないかと考える。

　使用者が解雇の合理的理由としてあげる主要なものは，①欠勤や勤務成績の不良等の労務給付義務の不履行および傷病等による労働能力の欠如，②服務規律違反，③人員整理等の経営上の必要性などである。解雇権濫用法理（労契16条）の下で，それぞれにつき合理的理由をそなえているかどうかがテストされる。それが，当該ケースにおけるさまざまな具体的事情を検討した末の「総合判断」であることはいうまでもない。懲戒解雇は上の①と②について，普通解雇は①・②・③について行われることになる。

■**傷病を理由とする解雇**
　傷病に関わる解雇に対する規制としては，業務上傷病による療養中とその後の30日間の解雇を禁止する労基法19条がある（→503頁以下）。そこで，私傷病による勤務不能は解雇の合理的理由となり，解雇権濫用と評価されなければ有効ということになる。もっとも，傷病を理由とする解雇を厳しく規制する考え方が一般に少なくないようであり，次のようにいう学説の見解もある。傷病や健康状態の悪化は直ちには解雇事由とはならず，債務の本旨に従った労働義務の履行を期待できないほど重大であることを要し（「最後の手段の原則」），また使用者は可能な軽易業務を提供して解雇を回避する努力義務を負うので，それをしないで行った解雇は合理的理由を否定されるべきである（土田665頁）。また，片山組事件＝最1小判平10.4.9労判736号15頁は，病後に自宅療養を命じられて無給であったことの当否が争われたものであるが，労働者が命じられた業務につき十分に労務提供できない場合でも，その者を配置し得る現実的可能性がある業務については労務提供ができて，その提供を申し出ているならば債務の本旨に従った履行提供があったと解すべ

きであるとしている。傷病を理由とする解雇を違法・無効とした裁判例（全日本空輸事件＝大阪高判平13. 3. 14労判809号61頁，J学園事件＝東京地判平22. 3. 24労判1008号35頁等）は，この最高裁判決の考え方に強く影響されているのではないかと思われる。しかし，この考え方については，使用者に過度な負担を強いるものという批判が可能であろう。業務外の傷病のために勤務できないことは労働者の責めに帰すべき事由による債務不履行であり，解雇の合理的理由となるのは原則として当然のことだからである。労使双方が保険料を負担する医療保険制度があることを思えば，傷病による勤務不能を理由とする解雇をとくに厳しく規制する考え方は妥当性を欠くともいえよう。労務提供の不能や労働能力の喪失の場合には，一般に，解雇には客観的に合理的理由が認められ，特段の事情がないかぎり，社会通念上も相当と認められる（学校法人専修大学事件〔差戻審〕＝東京高判平28. 9. 12労判1147号50頁），というべきである。

それから，持病や病歴の秘匿・詐称を理由とする解雇の適法性が争われた裁判例もある（サン石油事件＝札幌高判平18. 5. 11労判938号68頁等）。ここでも，病歴等は「重要な」経歴の詐称ではない（→444頁），実際に勤務の支障が生じていない等として，解雇を違法・無効とするものが多いようである。しかし，使用者は雇用した労働者に対しては安全配慮義務を負い（→525頁），また労働者の不法行為につき使用者責任（民715条）を課される場合があることを思えば，持病・病歴の秘匿・詐称ゆえの解雇についてとくに厳しく適法性判断をすることは妥当ではないであろう。

■能力不足を理由とする解雇

ブルームバーグ・エル・ピー事件＝東京高判平25. 4. 24労判1074号75頁は，職務能力の低下を理由とする解雇が「客観的に合理的な理由」（労契16条）ありと認められるには，その能力低下が労働契約の継続を期待できないほどに重大で，使用者が改善を促して努力反省の機会を与えたのに改善されず，今後の指導による改善可能の見込みがないことを要する，という。学説では，次のように説く見解がある。能力・適格性の欠如による解雇が正当とされるのは労働契約の継続を期待し難いほど重大な程度に達している場合に限られ（「最後の手段の原則」），再三の指導や研修機会の付与によっても容易に是正し難い程度に達し，職務遂行上の支障（またはその蓋然性）を発生させていることを要する（土田666頁以下）。もっとも，この見解においても，成果主義の下で成果の発揮を求められる管理職，高度な職務遂行を求められる専門職，職種・地位を特定して雇用される中途採用者については，解雇権濫用規制は緩和され，解雇の正当性は拡大するとされている（土田669頁以下）。

これまでの裁判例を見ても，地位や職務を特定して中途採用された管理職や高度専門職の者に対する職務能力の欠如・不足を理由とする解雇は，多くの場合に有効とされている（フォード自動車事件＝東京高判昭59. 3. 30労判437号41頁，ヒロセ電機事件＝東京地判平14. 10. 22労判838号15頁等）。上記のブルームバーグ・エル・ピー事件＝東京高判平25. 4. 24も，経済・金融情報を顧客に提供する通信社に記者として中途採用された者が職務能力の低下を理由に解雇されたものであるが，判旨は前記のような一般論を述べた上で解雇を無効とした。ただし，同事件の被告会社の就業規則では，「社員の自己の職責を果た

す能力もしくは能率が著しく低下しており改善の見込みがないと判断される場合」が解雇事由の1つとされていた。それゆえ、前記の能力不足による解雇の適法性に関する厳しい一般論は、単に能力や能率が低下したことでなく、さらに改善の見込みがないときに解雇すると就業規則が定めていた場合に関するものと読むこともできよう（車東昱「職務能力低下を理由とした解雇の効力」ジュリ1481号［2015年］93頁）。

わが国企業の就業規則では、「職務能力が著しく不足または低下し、改善の見込みがない場合は解雇する」といった定めになっていることが多い。そのような就業規則の定めがあるときは、使用者が自ら解雇権行使の範囲を狭く限定する約定をしているのであるから、職務能力の不足・低下があるだけでは足らず、それが顕著であって、かつ改善される見込みが乏しい場合にのみ適法に解雇できる、と解して差し支えないであろう。しかし、就業規則に職務能力の不足・低下を理由とする解雇に関する定めが欠けているか、あるいは「職務能力が不足もしくは低下して就業に適しない者は解雇する」といった定めになっている場合においても、同じように厳しく解雇の合理的理由の存否を判断するという考え方をすべきではないと筆者は考える。もっとも、解雇の「客観的に合理的理由」は存するけれども、具体的事情に照らして「社会通念上相当であると認められない」ゆえに「権利を濫用したものとして、無効とする」（労契16条）ことになる場合が、能力の不足・低下を理由とする解雇においては比較的多いのではないかと思われる。

■解雇事由の併存と解雇権濫用

就業規則が定める複数の解雇事由に該当するとして労働者が解雇されたときに、事由のそれぞれへの該当性は認め難いが、各事由への該当性をいわば総合すれば合理的理由を有し社会通念上相当と認められるゆえに、解雇権濫用に当たらず有効であるとしてもよいのであろうか。このことについて、次のように否定する見方がある。各事由につき合理的理由の有無を検討するに当たり相互に他の事由の存在を考慮に入れることは許されるが、いずれの事由でも解雇を正当化できない場合に「合わせ技」的判断で正当化することは許されない。なぜなら、これを許容するならば個々の解雇事由の上位に位置する解雇事由を容認することになり、就業規則による規制に関する限定列挙説の趣旨に反すると思われるからである（白石編著331頁以下［伊良原恵吾］）。この考え方は筆者には理解が困難である。就業規則における解雇事由の記載に関しては「限定列挙説」（菅野752頁等）が妥当であろうが、「例示列挙説」（荒木302頁、渡辺14頁等）にも納得できるところがある。それに、多くの就業規則には「その他各号に掲げる事由に準じる重大な事由」といった包括条項が設けられているので、実際には両説のいずれによるかで相違はないに等しい。いずれにせよ、「限定列挙説」の趣旨というようなことから、「合わせ技」によって解雇権濫用に当たらないとする判断に至ることは許されない、などといえるとは思われない。論者は、解雇には「最後の手段の原則」、「解雇回避義務」といった基本原則が現行法に存するという観念を有しているようにも見える。しかし、合理的理由を欠き社会通念上相当と認められない解雇は解雇権の「濫用」に当たり無効とされる（労契16条）という法ルールの下で、そのような基本原則があるとは考えられないであろう。

3 変更解約告知

(1) 意義・効力等

　変更解約告知とは，労働契約内容の変更または新たな労働条件による新労働契約の締結の申出をともなった解雇である。より詳細にいえば，「労働条件変更を労働者が拒否することを停止条件とする（あるいは労働条件変更を労働者が承諾することを解除条件とする）解雇の意思表示」（荒木397頁）ということになろう。有期労働契約の更新拒否が解雇権濫用法理を類推適用され得る場合（→110頁以下）に，使用者が労働契約内容の変更の申出を付して雇止めを行えば変更解約告知に類するものになる。

　裁判例では，まず，使用者が新しいポジションと賃金等の条件を示して早期退職と新労働条件による再雇用を申し入れるとともに解雇通知をしたケースのものがあった。そこでは，この意思表示は「変更解約告知」であるが，労働条件変更の必要性が労働者の不利益を上回っていて，新契約締結の申込みに応じない者の解雇を正当化するものと認められ，かつ解雇回避の努力が十分に尽くされているときには，使用者は新契約締結に応じない者を解雇できるとされた（スカンジナビア航空事件＝東京地決平7. 4. 13労判675号13頁）。次に，勤務形態または労働条件の変更を拒否した者の解雇につき変更解約告知ゆえ有効であると使用者側が主張したものがあった。こちらでは，労働条件の変更は就業規則の変更によってなされるべきであり，これとは別に変更解約告知という手段を認めることは労働者に厳しい選択を迫って不利な立場におくことになるゆえ妥当でなく，整理解雇の効力要件によって処理すべきであるとされている（大阪労働衛生センター事件＝大阪地判平10. 8. 31労判751号38頁）。その後のものとしては，諭旨解雇に変更解約告知の意思表示が含まれているという使用者側の主張を斥けて解雇を無効としたもの（福島県福祉事業協会事件＝福島地判平22. 6. 29労判1013号54頁）などがある。

　また，変更解約告知に類する雇止めのケースの裁判例が少なからず見られる。すなわち，14年間も日々雇用の関係を維持してきた労働者に対する雇止めには解雇法理が類推適用されるが，労働条件変更に合理的理由があるので雇止めは有効としたもの（日本ヒルトン事件＝東京高判平14. 11. 26労判843号20頁），20年以上も期間1年の出講契約を継続更新してきた予備校講師が担当授業数

の縮減に応じなかったために雇止めされ，労働契約上の地位確認も慰謝料請求も認められなかったもの（河合塾事件＝最3小判平22.4.27労判1009号5頁），期間1年の労働契約を継続更新していたが社員区分の移行提案に応じなかった労働者に対する雇止めを，合理性が欠ける等として無効としたもの（ドコモ・サービス事件＝東京地判平22.3.30労判1010号51頁）などがある。

　以上に見たようなケースが裁判例に現れてきたのは，労働者の処遇や賃金等の労働条件が就業規則等による集合的・画一的な決定・変更を通してではなく，個々の労働者と使用者による合意にもとづく労働契約そのものによって形成される場合が稀でなくなってきたからであろう。

　変更解約告知は現行法において禁止されているとか，労働条件変更の手段として認めるべきでないとは考えられないであろう。変更解約告知は，解雇の意思表示以外のものではないけれども，その目的は解雇そのものではなく労働条件等の労働契約内容を変更することにある。使用者が労働契約の内容となっている職種や労働条件等を変更しようとする場合，労働者に配転等を命じることや就業規則を変更することによって目的を達することができる。これらがわが国企業における通常の労働条件変更の方法ではある。そして，裁判例では一般に，使用者は広い範囲において配転命令権を有すると解されているし（→142頁以下），就業規則の変更は「合理的」なものであれば，労働条件を引き下げるものであっても，労働契約の内容を変更して労働者を拘束するとされている（→415頁以下）。就業規則の変更に関しては，2008（平20）年以降は労契法10条の定めがある（→420頁）。そこで，こうした方法を用いることが不可能もしくは困難な場合，すなわち職種や勤務地が限定されている労働者の職種等を変更する場合，労働条件を大幅あるいは根本的に改めるものであるために就業規則の「合理的」変更と認められることが難しい場合，就業規則に規定がおかれていない労働条件等を変更する場合などにおいて，変更解約告知を行うことが使用者にとって意味を持つのであろう。

　変更解約告知も解雇と別種の法律行為であるわけではないから，その効力判断は解雇権濫用法理（労契16条）に則ってなされることになる。しかし，変更解約告知は労働条件変更のための解雇であるから，「労働条件の変更の必要性・相当性」と「これを解雇という手段によって行うことの相当性」の双方について（菅野764頁），客観的に合理的理由を欠くところがないかが審査されな

ければならない。もっとも，その際の「合理性」の有無については，変更解約告知は再雇用の申入れをともなった解雇なのであるから，普通の解雇についてよりも厳しくない基準によって判断することを一般的には肯定してよいと思われる。それから，変更解約告知という措置が必要となった理由に応じて妥当・適切と考えられる判断のあり方というものが存在すると思われる。たとえば，人員削減の必要性にもとづく場合は，新契約締結の申出という解雇回避努力がされていることを十分に考慮に入れながら，整理解雇法理（→202頁）によって解雇権濫用の成否を決すべきことになろう（山川271頁参照）。

■変更解約告知と就業規則変更
　変更解約告知は変更したい労働条件が個別労働契約で定められているなど，就業規則変更によって対処できない場合に初めて許容されると解すること（菅野764頁）には，十分な妥当性があるといえそうである。しかし，筆者は以下のように考えたい。変更解約告知は就業規則変更のように使用者が一方的に行うものではなく，労働者との合意を経て労働条件を変更しようとするものゆえ，より私的自治に相応した方法として望ましいものという面を有する。そこで，合理性ありといえる「内容」の労働条件変更を新契約の申込みをともなった解雇という「方法」でなすことに合理性があると認められる場合には，権利濫用に当たらない解雇として労働契約を終了させる効果を持つと解すべきである。

　変更解約告知に類する雇止め，すなわち使用者が労働条件を変更して有期労働契約を更新すると申し入れたが労働者が受け入れず契約更新に至らなかった場合は，2012（平24）年改正で新設された労契法19条（→112頁以下）の定めにより，次のようなことになる。すなわち，有期労働契約が同条1号または2号の要件をみたすものであれば，労働者から契約更新の申込みがなされ，それに対する使用者の拒絶が合理的理由を欠き社会通念上相当と認められないときは，使用者が従前の契約と同一の労働条件で申込みを承諾したものとみなされて，有期労働契約が更新されたことになる。[6]

---

[6]　(1)にあげた変更解約告知に類する雇止めの裁判例は，労契法19条新設前の事例のものである。そこでは，労働条件を変更して更新したいという使用者からの申入れを労働者が拒絶した場合は雇止め法理が適用されないことになるのかどうか，が問題となっている。前掲河合塾事件＝最3小判平22．4．27の原審（福岡高判平21．5．19労判989号39頁）は，労働者自身の意思により契約が締結されなかったのであるから，契約終了は雇止めには当たらず，労働者の雇用継続への合理的期待は存しないとした。これに対し，前掲日本ヒルトン事件＝東京高判平14．11．26，ドコモ・サービス事件＝東京地判平22．3．30は，労働者が労働条件の変更に応じなかったとし

(2) 留保つき承諾の可否

　変更解約告知は労働者に新しい労働条件等を承認するか，それを拒否して解雇されるかの二者択一を迫るものである。しかも，普通の解雇よりも緩やかに合理性が認められるとすれば，労働者を相当に不安定な地位に立たせることになろう。この点に関し，ドイツでは職種や勤務場所の変更は変更解約告知によって行われる必要があるとされ，それについて法律に特別の規定がおかれている。その定めによれば，労働者は変更にいったん応じた上で一定期間内に変更が社会的に相当か否かを裁判所で争うことができ，不相当と判断されたときは以前の職場に復帰し，相当とされたときは変更に従うか解雇されるかを選択することになる（荒木400頁等参照）。

　わが国の現行法にはドイツ法の制度のようなものはないので，労働者が変更解約告知に対し異議をとどめて承諾をすること，すなわち「労働条件変更に合理性がないこと（変更に合理性がないことが裁判所において確定されること）を遡及的解除条件とする承諾の意思表示」（土田道夫「変更解約告知と労働者の自己決定(下)」法時68巻3号〔1996年〕61頁）をすることによって，解雇されたにもかかわらず労働契約は存続していると主張できるかが問題となるのである。

　まず，使用者が留保付き承諾を受容した場合は労働契約存続の主張は認容され，その労働契約の内容は，裁判所が労働条件変更に合理性が欠けるとしたときは解雇以前のものに復し，逆の判断を裁判所がしたときは変更されたものとして確定する（荒木404頁）ことになる。

　では，使用者が留保付き承諾を受容しなかった場合にも，労働者は「労働条件変更に合理性がないこと」を解除条件とする労働契約の存在を主張することができるのか。前掲日本ヒルトン事件＝東京高判平14．11．26は，労働条件の変更に同意しなければ契約更新しないという使用者の申入れに対し，労働者

ても雇用継続への合理的期待の存在は認められるとして，使用者による労働条件変更の申入れに合理性が認められなければ雇止めは違法であるとしている。この点は，労契法19条の施行後においては，労働条件を変更して更新したいという使用者からの申入れがあったか否かに関わりなく，労働者から契約更新の申込みがなされて，それに対する使用者の拒絶が合理的理由を欠き社会通念上相当と認められないときは，従前と同一の労働条件で労働契約が更新されたことになるのであるから，同条1号または2号の要件がみたされている必要はあるけれども，使用者からの労働条件変更の申入れを労働者が拒絶したことによって雇止め法理が不適用になることはあり得ないのである（荒木編著・有期94頁〔池田悠〕参照）。

が従来の条件による賃金等を請求する権利は留保しつつ新条件の下で就労すると答え，それを使用者が拒否して雇止めした事例であるが，異議留保付き承諾の意思表示による雇用契約の更新を認めることはできないとされた。これは，申込みに変更を加えた承諾は申込みを拒絶して新たな申込みをしたものとみなされる（民528条）から，留保付き承諾は新たな労働契約の申込みであって，それに対し使用者が承諾をしなかった以上，労働者が労働契約の存続を主張することはできないという意味であろう。

　これに対し，学説では，労働契約内容の変更のための手段である変更解約告知には民法528条を適用する必然性はないとする立場が有力である。それは次のようにいう。民法528条による処理は，新規の契約を成立させようとする場面では紛争防止の意味で合理性を有する。しかし，既存の労働契約内容の変更申込みに対する条件を付した承諾について同条を適用することは合理的でない。留保付き承諾を変更提案に対する拒絶とみなすと，継続的契約関係では契約不成立ではなく契約解消に至ってしまう。この場合には，両当事者は契約関係の存続を欲しているのであり，契約内容について合意を模索している状況にある。この合意模索のプロセスを封ずるような法解釈は妥当ではないから，継続的契約関係たる労働契約の変更申込みには民法528条は適用されないと解すべきである。そして，変更解約告知に対し労働者が留保付き承諾を行ったときには，同告知の解除条件が成就して解雇の効力が発生しないことになると解される（荒木404頁以下）。このように考えればよいのであろう。「留保付き承諾は，労働関係を維持しつつ労働条件変更の合理性を争える点で雇用の安定・労使関係の安定に資する望ましい仕組み」（菅野763頁）といえるからである。ただ，「問題に正面から対処するために，立法によって制度整備を図るのが望ましい」（荒木406頁）のは確かである。

④ 整理解雇

(1) 整理解雇法理

　人員整理のための解雇は「整理解雇」とよばれている。それは，経営不振の打開や経営合理化の必要性を理由として余剰人員の削減のために行われる解雇である。

■整理解雇の意義

　今日,「整理解雇」とは広く「経営上の理由に起因する解雇」をすべて含むものとする見解が, 学説において多数になっている（野田進＝和田肇「整理解雇法理の再検討」労働法98号［2001年］23頁, 西谷414頁等）。裁判例でも同じ考え方が一般的なようである（山口幸雄＝三代川三千代＝難波孝一編『労働事件審理ノート〔第3版〕』［2011年］36頁参照）。

　「整理解雇」は, 労基法・労契法の定めにもとづく概念ではないし, それに該当すれば一般の解雇にはない効果が生じるようなもの（たとえば退職金請求権が発生しない懲戒解雇）を指す言葉でもないから, 厳密な定義を要するわけでもないであろう。問題は,「整理解雇法理」によって解雇権濫用の成否を決することが妥当・適切である解雇とはどのようなものか, ということにほかならない。「4要件説」を内容とする「整理解雇法理」には疑問があり（→202頁以下）,「4要素説」（→203頁以下）によるものであっても, それが広範囲にわたって適用されることになると, 解雇権濫用の成否判断を硬直化させて妥当・適切でない結果がもたらされるのではないかと思われる。それゆえ,「整理解雇」という概念については, その外延（射程ないし適用範囲）が広範に過ぎることがないように意義を把握しておくほうがよいと筆者は思う。裁判例のなかにも, 事業廃止にともなう全従業員の解雇について,「整理解雇法理」の4事項（→202頁）をもとに有効性を判断するのは適当でないとして解雇権濫用に当たらないとしたもの（三陸ハーネス事件＝仙台地決平17. 12. 15労判915号152頁）, 受注業務完了にともなう解雇は企業存続のために必要となる人員削減とは異なるから整理解雇法理の適用にはなじまないとした上で, 当事件の解雇を社会通念上相当とは認め難いとしたもの（エコスタッフ・エムズワーカース事件＝東京地判平23. 5. 30労判1033号5頁）などがある。また, 解散にともなう全員解雇を整理解雇と同一には論じられないとして,「必要性」は肯定され「回避努力」がなされるべき理由もないが,「解雇基準」と「手続」に疑問が残るとして解雇無効としたもの（グリン製菓事件＝大阪地決平10. 7. 7労判747号50頁）もある。

　筆者は, 整理解雇とは「使用者が経営不振などのために従業員数を縮減する必要に迫られたという理由により一定数の労働者を余剰人員として解雇する場合」をいうと考えて, 会社解散による解雇, 事業譲渡の際の解雇, 制度廃止（たとえば嘱託社員をなくす）にともなう解雇などは,「経営上の理由による解雇」ではあるけれども「整理解雇法理」が適用されるべきものではないとして, 解雇権濫用に当たるゆえに無効であるか否かの判断をするのがよいと考える。

■倒産時の解雇と整理解雇法理

　「清算型」の倒産手続下での解雇については, 破産手続の特殊性を根拠に整理解雇法理の適用を否定しつつ, 解雇有効とした裁判例がある（浅井運送事件＝大阪地判平11. 11. 17労判786号56頁）。これに対し,「再建型」の倒産手続下での人員削減のための解雇については,「整理解雇法理」によって効力の有無が判断すべきものとされている。すなわち, 民事再生手続の開始決定を受けて廃止した事業の従業員に対する解雇は整理解雇法理の適用を受けるとされた（山田紡績事件＝名古屋地判平17. 2. 23労判892号42頁）。そして, 会社更生手続下での整理解雇の効力が争われた近年の著名事件においても, 整理解雇

の法理を適用して判断がなされている（日本航空［運航乗務員］事件＝東京地判平24.3.29労判1055号58頁，同事件控訴審＝東京高判平26.6.5労経速2223号3頁，日本航空［客室乗務員］事件＝東京地判平24.3.30労経速2143号3頁，日本航空［客室乗務員］事件＝大阪地判平27.1.28労判2282号121頁）。

この問題については，次のようにいう見解が妥当なものなのであろう。更生・再生計画策定が倒産法の理念・目的（債権者の最大満足の達成）の観点から入念に検討されたものであっても，労働者保護（労働者の雇用保障）という視点から十分な検討を経たものとまではいえないから，整理解雇法理の適用を排除するのではなくて，適法性判断において要素とされるものの判断において，企業が倒産状態にあるという事情を十分に考慮することが必要である（荒木尚志「倒産労働法序説」『詳説・倒産と労働』［2013年］18頁。なお，池田悠「再建型倒産手続における解雇の特殊性と整理解雇法理の適用可能性」同155頁以下参照）。

筆者は，以下のように解したいと思っている。更生会社においては，裁判所が選任した管財人（会社更生67条1項）に事業経営権と財産管理処分権が専属し（会社更生72条1項），管財人は新たな経営組織の確立や事業部門の再編にともなう人員の再配置や削減を含む内容の更生計画を策定し，その更生計画は利害関係人の決議を経て裁判所の認可によって効力を生じる（会社更生184条～201条）。この更生計画を遂行するのが管財人の職務であり（会社更生209条1項），職務遂行は裁判所の監督を受けてなされ（会社更生68条1項），不適切な職務遂行がなされれば解任されることもある（同条2項）。遂行義務の範囲・内容は更生計画の内容によって決まるのであって，管財人の裁量的判断はごく限られた合理的範囲でのみ認められる。管財人が更生会社の代表機関ではなく，すべての利害関係人の利害を公正かつ衡平に調和させ，更生手続の目的を実現することを職務とする更生手続の機関であることから，このように解すべきであると考えられる。

更生手続は，事業を観念的に清算したと仮定して，各利害関係人の実体的な地位に応じて会社財産に対する権利を再配分する手続である（三ケ月章ほか『条解会社更生法（下）』〔第3次補訂版〕［1997年］548頁参照）。それゆえ，更生会社の従業員である労働者は，更生手続の開始時点において解雇されたとみることもできるのであって，会社解散による解雇と同じく，その人員削減のための解雇につき「整理解雇法理」によって適法・有効か否かを判断すべきものではないといえる。

また，更生手続における人員削減の措置は更生計画の遂行として行われるのであるが，「法的整理」である更生手続の事業再生計画たる更生計画は，その正当性が客観的に担保されているものであり，利害関係人の権利内容を強制的に変更し得るものである。「整理解雇法理」における4事項（「4要件」ないし「4要素」）の第1におかれる「人員削減の必要性」は例外的にのみ否定されるべきものと一般に解され，裁判例も経営判断を尊重する態度を示すものが大多数である（→204頁）。そのように法的倒産の手続の下にはない一般の企業についても経営判断が尊重されるべきであるならば，正当性が客観的に担保されている更生計画の遂行として行われる余剰人員整理のための解雇について，合理的理由の有無等の審査をすることが有意義とは考えられず，これを「整理解雇法理」で律すべきものとすることは妥当でないと思われる。

さらに，次のようなこともいえるのではないか。「整理解雇法理」において解雇が適

法・有効であるための「要件」ないし「要素」とされるものは，いずれも抽象的な内容のものであるため，当事者にとって予測可能性が乏しく，使用者をして企業再建のための人員整理を躊躇させるところがある。とくに，更生計画を遂行する職務執行として人員削減のための措置を行う管財人が，そのような解雇を行うことについて過度に「リスク回避」を意識して消極的となるならば，更生手続そのものが目的を達成し得ないことになる。それは会社更生法の意義を没却することになろう。その意味においても，更生手続における人員削減のための解雇の適法性判断を整理解雇法理をもってなすことは妥当ではない。

　労基法・労契法には整理解雇に関する規定は見あたらないが，裁判例はこれまでに膨大な数のものが見られている。そして，1975（昭和50）年過ぎの頃の不況期における人員整理に関わる多数の裁判例が出されるなかで，ほぼ次のように定式化される判断のルールが形成された。整理解雇は，①人員削減の必要性があること，②解雇を回避する努力が尽くされること，③被解雇者の選定が合理的であること，④解雇にいたる手続が相当であること，という4つの事項について合理性があると認められるものでなければ解雇権濫用で無効となる。[7] これら4事項のうちの①・②・③については使用者側に立証責任があり，④については労働者側が「手続の不相当性」を立証する責任を負う。[8] これが「整理解雇法理」である。

　近年までの裁判例では，これらの①～④は整理解雇が有効であるための要件であり，その1つでも欠ければ解雇権濫用で無効になるという立場のものが多かった。[9] 学説も一般には同じであったと思われる。整理解雇の効力に関する

---

[7] 代表的なものとされるのは東洋酸素事件＝東京高判昭54.10.29労民集30巻5号1002頁である（菅野746頁注34）。もっとも，同判決は「3個の要件を充足すること」を要するとしていて，4つ目の「手続の妥当性」には言及していない（渡邉24頁参照）。近年の裁判例にも，「3要素」を総合考慮して整理解雇の効力の有無を判断すべきであるとするものがある（日本通信事件＝東京地判平24.2.29労判1048号9頁）。なお，最高裁判例としては，園児の減少に対応すべくなされた保母の解雇につき，事情の説明等を一切せず，希望退職募集もしないで突如通告したものゆえ解雇権濫用で無効であるとしたもの（あさひ保育園事件＝最1小判昭58.10.27労判427号63頁）があるが，これについて整理解雇法理を明示したものと見るのは疑問であろう（山口ほか編・前掲33頁参照）。

[8] ゼネラル・セミコンダクター・ジャパン事件＝東京地判平15.8.27労判865号47頁，渡邉金属運輸（仮処分申立て）事件＝宇都宮地栃木支決平21.11.26労経速2074号39頁等。山口ほか編・前掲37頁，渡邉24頁参照。

[9] この立場を明確にしたのは大野木上事件＝長崎地大村支判昭50.12.24労判242号14頁であり，これに以後の多くの裁判例が従ったといわれている。一般論として「4要件説」を述べた近年の裁判例としては，渡邉金属運輸（保全異議）事件＝東京高決平22.5.21労判1013号82頁

「4要件説」とよばれる考え方である。しかし，これは解雇権濫用の成否についての判断ルールとして，少なくとも理論的には妥当性を欠くものといわなければならない。すなわち，法令違反でない解雇の効力判断は権利濫用か否か（労契16条）の判断，つまり当該ケースの具体的事情を勘案した「総合判断」であり，いうまでもなく整理解雇は法によって原則的に禁止された行為ではないからである。さらには，余剰人員問題を解決するための解雇について「4要件」の1つでも欠けていれば適法と認めないという厳格な規制をすることは，経営困難から脱却するための，あるいは必要な経営合理化を行うための方策に関する法による過剰な介入を意味するものであろう。また，それは現に企業等に職を得ている者の保護に強く傾斜することによって，雇用関係に関わる法政策としてバランスを失したものになると思われる。その意味では，「4要件説」は実際的にも不適切な考え方である。

今日では，「4要件説」ではなく「4要素説」とよばれる考え方に立つ裁判例が多く，それが主流といえるようである。[10] もっとも，「4要件」といいながらも「総合判断」によって解雇権濫用の成否を決するものも少なくなく，逆に「4要素」としながらも特定要素における合理性の欠如から解雇無効とするものもある。結局，「4要件説」と「4要素説」のいずれをとるかによって，当該解雇の効力についての判断が大きく左右されることはないといえる。それゆえ，要件か要素かという議論にはあまり意味はないともいえよう。[11] ただ，4つの事

があるが，当事件では4要件とも具備しているゆえ解雇は有効とされている。

10) 最初に「4要件説」を明確に否定した裁判例はナショナル・ウエストミンスター銀行（第3次仮処分）事件＝東京地決平12. 1. 21労判782号23頁で，いわゆる整理解雇の4要件は解雇権濫用の成否を判断する際の考慮要素を類型化したもので，各要件が存しなければ法律効果が発生しないという意味での法律要件ではなく，解雇権濫用の判断は本来，事案ごとの個別具体的な事情を総合考慮して行うほかはない，としている。その後は，これと同じ立場あるいは「4要素説」とよばれる考え方を示す裁判例が多数みられるようになった。前掲日本航空（運航乗務員）事件＝東京地判平24. 3. 29には次のような説示があるが，これが現在の裁判例における支配的な考え方なのであろう。当事件の解雇は使用者が経営上ないし経済上の理由によって行った解雇であるから，解雇権濫用法理の適用に当たっては，「権利濫用との評価を根拠付ける又は障害する考慮要素として，人員削減の必要性の有無及び程度，解雇回避努力の有無及び程度，解雇対象者の選定の合理性の有無及び程度，解雇手続の相当性等の当該整理解雇が信義則上許されない事情の有無及び程度というかたちで類型化された4つの要素を総合考慮して」判断するのが相当である。なお，渡辺23頁，白石編著363頁〔吉川昌寛〕参照。

11) 山川・前掲「日本の解雇法制」25頁は，4要件を原則的判断要素としてとらえ，特段の事情がある場合には，ある要素が不要となったり，その内容が修正されたりすると考えてはどうか

項は行為の適法・違法あるいは有効・無効を基礎づける「要件」ではなく，権利濫用の成否における主要な「判断要素」であることは銘記しておく必要はあると思われる。以下では，これらの判断要素のそれぞれについての考察を行う。

(2) 人員削減の必要性

これを「要件」と考えれば明確な定義を必要とするが，総合判断における考慮要素と解するのであれば定義づけをするまでもないといえよう（山口ほか編・前掲37頁参照）。「企業の運営上やむをえない必要」（前掲注7) 東洋酸素事件＝東京高判昭54. 10. 29) を意味すると解しておけばよいであろう。このようなことは法的評価の対象たり得ないとも考えられるが[12]，そうした立場の裁判例は皆無に近い。ただし，「必要性」を否定して解雇無効の結論に達したものは多くない。かつては人員削減をしなければ「倒産必至」という事情にあることを要するとした裁判例もあった。しかし，一般には使用者の経営判断を基本的には尊重して，たとえば人員整理後に新規採用をするなどの明らかに矛盾することが行われた場合に必要性が否定されている[13]。それでよいのではないかと思われる。もっとも，前記のように（→202頁）「人員削減の必要性」の立証責任が使用者側にあることを忘れてはならないであろう[14]。

この「必要性」について，「人員削減」の必要性というよりは「解雇」の必要性として論ずる裁判例がある（近年のものとしては泉州学園事件＝大阪高判平23. 7. 15労判1035号124頁）が，「次の解雇回避努力義務との関係が不明確となり適切でない」（荒木305頁）。「必要性」の有無に関して不相当に厳しい判断とな

という。また，渡辺23頁は，「4要件（要素）」は権利濫用の評価根拠事実と評価障害事実として，総合判断される考慮要素の内容を分析したものと考えるのが適切であるとする。

12) 解雇制限法を有する英国やドイツにおいては，整理解雇における人員削減についての使用者による経営上の判断に関して司法審査は及ばない，あるいは経営者の判断を尊重するという態度が示されており，裁判所が人員削減の必要性に関して踏み込んだ審査を行う点にわが国の特色がある，とされている（山川・前掲「日本の解雇法制」14頁以下参照）。

13) 前掲注7) 東洋酸素事件＝東京高判昭54. 10. 29は，企業自体が危機にあるのではない状態で合理化のために行われた特定部門閉鎖にともなう人員削減について，企業の合理的運営上やむを得ない必要によるものであるとし，それ以上に厳しい要件を課すことには賛成できないとしている。

14) 白石編著371頁〔吉川昌寛〕は，使用者には経営危機状況や経営判断の合理性の内容に関する説明責任があり，他の判断要素との総合判断がなされるのであるから，人員削減の必要性についてもある程度は踏み込んだ審理が必要である，としている。

る恐れがあるから妥当でないともいえよう。問題とすべきなのは「人員削減」の必要性であって「解雇」の必要性ではないのである。

■必要性判断の基準時

　整理解雇は，まず使用者が人員削減の実施を決定し，それから希望退職募集等をした後に解雇が行われるというものが多い。その間に多数の者が退職するなど，事態の変化が生じることは少なくないであろう。そこで，人員削減の必要性の有無は実施決定時について判断されるべきか，それとも解雇時について判断されるべきかが問題となる。前掲日本航空（運航乗務員）事件＝東京地判平24. 3. 29は解雇時について判断するという考え方のようであり，前掲日本航空（客室乗務員）事件＝東京地判平24. 3. 30は実施決定時について判断するという考え方のようであった。いずれにせよ，両判決とも当事件では人員削減の必要性は存したとしている。前掲シーテック事件＝横浜地判平24. 3. 29は，解雇前に多数の退職者があったにもかかわらず整理解雇の要否を検討していないので解雇回避努力が尽くされていないとしているが，これは解雇時には人員削減の必要性が存したとは認められないということではないかと思われる。事柄の性質から考えて，人員削減の必要性判断の基準時は整理解雇時と解すべきであろう。

　それでは，整理解雇がなされた時点では人員削減をする必要性があったと認められるが，その後に営業成績が改善ないし回復したような場合には，「必要性」はもはや存しないことになるのであろうか。前掲日本航空（運航乗務員）事件〔控訴審〕＝東京高判平26. 6. 5は，必要性判断の基準時点は解雇時であり，基準時以後の事情は，基準時における特定の状態を推認させる事情の1つとはいえるが，それ自体が人員削減の必要性を左右する要素とはいえないとしている。この考え方は妥当なものと思われる。ここでの必要性は，「人員削減」の必要性であって，「解雇」の必要性ではない。営業成績が改善ないし回復されたことによって必要な人員削減の規模（被解雇者の数）が減じられるべき場合はあり得るとしても，必要性そのものが消滅すると考えるべきではないであろう。

　それから，必要性が存する場合には，さらに必要性の「程度」ないし「強度」を問題としなければならない。というのは，必要性が高いか強い場合には解雇回避努力などの他の考慮要素については低いか弱くてもよいし，必要性が低度であれば逆に解雇回避努力等については高度のものが求められるからである（松本哲泓「整理解雇」林豊＝山川隆一編『新裁判実務大系・第16巻・労働関係訴訟法Ⅰ』〔2001年〕146頁参照）。

(3)　解雇回避努力

　この「解雇回避努力」は，1975（昭50）年頃の不況期にわが国の企業が積極的にさまざまな雇用調整の措置を講じたことから，整理解雇の「要件」の1つ

にされたりしたのであろう。具体的な措置としては，広告費・交際費等の経費削減，役員報酬のカット，新規採用の停止，昇給・賞与支給の停止，労働時間の短縮や一時帰休，臨時雇用者の雇止め，配転・出向・転籍の実施，希望退職の募集などが考えられている。そのすべてを試みていなければ回避努力に欠けると評価されるべきでないのは当然である。要するに，「当該人員整理の具体的状況のなかで全体として指名解雇回避のための真摯かつ合理的な努力と認められるか否かを判定」（菅野746頁）すればよいのである。そして，具体的にどの程度の解雇回避努力がなされるべきかは，「人員削減の必要性」の程度によって異なると考えることができよう。[15]

　希望退職の募集は，一般に最も重要な解雇回避努力の措置であり，それを経ることなく整理解雇を行った場合は回避努力を尽くしていないと判断されやすいであろう。前掲（→202頁注7））あさひ保育園事件＝最1小判昭58. 10. 27は，希望退職募集もしないで解雇したことを主な理由に解雇権濫用としている。ただし，裁判例では一般に，希望退職募集が常に不可欠であるとは考えられていない。前掲東洋酸素事件＝東京高判昭54. 10. 29でも，特定部門の廃止にともなう整理解雇に関して希望退職の募集は不要であったとされている。希望退職募集が有能・有用な人材を流出させ，かえって企業再建が困難となるような事態は容易に想像できる。また，使用者には具体的な状況に最適の雇用調整措置を主体的な判断によって選択する可能性が与えられるべきである。それゆえ，裁判例の一般的傾向は妥当なものといえよう。

　配転等も雇用調整措置として重視され，配転等によって解雇回避を図る義務が使用者にあると考えているように見える裁判例が少なくない。しかし，労働者が配転・出向・転籍を拒否した場合はもちろん，労働者の職種が限定されているとか[16]，適当な受入先が存在しないなどの事情[17]によって，配転・出向・転籍

---

15) 松本・前掲147頁は，経営が危機的状況にある場合には解雇回避努力は軽度で足りるであろうし，経営危機にはないが余剰人員の整理をする必要がある場合には最大限の解雇回避努力を必要とする，としている。

16) 前掲の日本航空関係の事件においては，整理解雇をされた労働者は職種を限定して雇用された者であったと推測されるので，「従来の整理解雇法理をそのまま適用しないと解する余地もあり得た」（池田悠「会社更生手続における整理解雇の有効性――日本航空（整理解雇）事件」『概説・倒産と労働』［2012年］178頁）のであり，原告側は職種限定者であることを理由とする主張をしていないけれども，各判決において職種限定者であることが可能な範囲で考慮されている（同179頁）ようにも思われる。

の措置がとられることを期待できないこともある。そのような場合に解雇回避努力を尽くしていないと評価されるべきではないであろう。

(4) **人選の合理性**

　被解雇者の選定における合理性は整理解雇以外の解雇では問題にならないことである。そこでは，従業員の相対的評価にもとづく被解雇者の決定における合理性の有無が判断されることになる。この点についても，法的評価になじまないとする考え方があり得よう。しかし，そのように解した裁判例はない。選定は通常，当該の人員整理のために作成された基準を用いて行われるので，その基準自体と基準の適用における合理性が問題となる。[18]

　一般に見られる人選基準は，まず，①「使用者側の事情による基準」と②「労働者側の事情による基準」に分けることができる。①には，過去における成績不良の者や貢献度の低い者を選定するための基準，将来において貢献する期待度が低いものを選定するための基準，企業内の特定の地位にある者を選定するための基準などがある。②は，たとえば「転職容易な者」といった基準である。次に，③「より抽象的な基準」と④「より具体的な基準」というとらえ方ができる。たとえば「成績不良なる者」という基準が③であり，「過去3年

---

17) とくに，企業内の特定部門が閉鎖（または休止）されて当部門の従業員が解雇された場合は，人員削減を要する状態にはない他部門への配転が解雇回避努力として問題になる。近年のある裁判例では，被解雇者は他部門でも十分に就業可能であるにもかかわらず配転が全く検討されていないゆえに解雇回避努力が尽くされていないとされている（東亜外業［本訴］事件＝神戸地判平25．2．27労判1072号20頁）。他方，会社の経営状況や業務量から見て他部門には従業員をさらに受け入れる余裕がなく，被解雇者の経歴を考慮すれば配転は著しく困難であったなどとして，整理解雇を有効とした裁判例もある（廣川書店事件＝東京地決平12．2．29労判784号50頁）。

18) たとえば前記（→201頁）の会社更生手続下での整理解雇の効力が争われた裁判例では，人選基準は，①過去および将来の会社業務への貢献度によることを基本的な考え方とし，②具体的には，（ⅰ）病気欠勤・休職・乗務離脱等の日数・期間，（ⅱ）人事考課の成績，（ⅲ）年齢順，（ⅳ）「被害度」（被解雇者の扶養家族の状況など）により人選することとし，（ⅰ）・（ⅱ）で選定しても予定人数に達しないときは（ⅲ）によって選定し，さらに（ⅳ）により一定の者を解雇対象者から除外する，というものであった。前掲日本航空（客室乗務員）事件の控訴審（＝大阪高判平28．3．24労判1126号58頁）は，将来の貢献度に着目して会社の再生過程にある至近の2．3年間にどれだけの貢献が期待できるかを重視して基準を設けたこと，過去の貢献度を評価するに際して一定期間に病気欠勤や相当日数の欠務があった事実の有無を重視したこと，現在は乗務復帰していても直近の時期に欠務があった者について将来の貢献度が相対的に劣後すると評価したことは，合理的な整理解雇の対象選定であったとしている。

間の欠勤が○○日以上の者」という基準が④である。さらに，基準の設定方法による分類が可能で，⑤複数の基準項目を並列的に掲げるもの，⑥たとえば第1次の解雇対象は「臨時雇用者」等とするもの，がある。整理解雇の人選基準としては，上記の①であって④でもあるものがより合理的で望ましいものとはいえるであろう。しかし，②に合理性が全く認められないこともないし，③と⑤は，恣意的な運用の危険をより多く含んでいるけれども，直ちに合理的でないとはいえない。なお，人選基準が違法な差別的取扱いをもたらし得るものであることを許されないのはいうまでもない。そして，基準自体は合理性を認められるものであっても，その運用が合理的でなければ人選の合理性は否定されることになる[20]。

　人選が基準なしに行われた場合は，それゆえに直ちに解雇が無効となることはないにしても，選定の合理性を欠くという評価を受けやすいとはいえるであろう[21]。いずれにせよ，人選の合理性の判断は実際には相当に微妙で難しいと思われる。たとえば，有能で貢献度が高い者を被解雇者に選定することが一般的に妥当でないのはいうまでもないが，能力・成績が劣る者は再就職が困難ゆえ優秀な者を被解雇者に選定するという措置に合理性がないとは必ずしもいえない。裁判例は一般に，使用者の主体的判断を尊重しながら，そのようなトレード・オフになるところを適切に調和させた解雇基準および基準適用を合理的なものと認めているようである。

---

19) 松本・前掲148頁は次のようにいう。企業再建にとって必要な人材を確保する必要があるから，基本的には経営側の事情を優先させることになるが，常に労働者側の事情を問わないとすることはできない。人員整理の必要性が高度な場合は労働者側の事情による基準をも考慮すべきである。
20) 特定部門の閉鎖（または休止）にともなう整理解雇（→注17））においては，解雇対象の人選に当たって他部門の従業員との公平を図る必要があるので，各部門従業員の代替性が認められる場合には部門を超えて被解雇者の選定をしなければ合理性は否定される，とする見解がある（高橋奈々「特定の部門を休止する場合の整理解雇の有効性──東亜外業（本訴）事件」ジュリ1473号［2014年］106頁）。確かに，そのように考えるべきであろう。
21) 白石編著375頁〔吉川昌寛〕は，明示的な人選基準の設定を人選の合理性の程度が一定水準以上にあることを推認させる事情の1つとして評価し，逆に明示的な人選基準の設定がない場合には，人選の合理性の程度が低く認定されるリスクを使用者側が自ら負うという経営判断をしたものと扱えばよい，とする。

(5) 手続の相当性その他

　使用者は，整理解雇を行うに当たって労働組合や労働者に対し人員整理の必要性と内容（時期・規模・方法等）について説明し，十分な協議を経て納得を得るように努力する信義則上の義務を負うというのが今日の判例・通説である。

　労働組合から人員整理についての団交申入れがあれば，いうまでもなく使用者はそれに応じなければならない（労組6条・7条2号）。そこで整理解雇についての協議義務とは，組合からの団交申入れがなくても使用者は協議の機会を設けなければならず，組合が存在しないときでも相当な方法で労働者と協議しなければならないことを意味する。このような使用者の義務を，労組法上の団交義務や労働協約の定めによる協議義務とは別に，信義則にもとづくものとして認めることにも意義はあろう。しかし，団交を申し込んできたのではない組合とどの程度の協議をすればよいのか，組合がない場合には具体的にいかなる措置を講ずべきであるのかなど，明確にすることが容易ではない問題点が少なくない。「手続の相当性」を欠くことが，「人員削減の必要性」・「解雇回避努力」・「人選の合理性」の諸点に関する評価を中心とする「総合的」な合理的理由の有無判断においてマイナス要素として働く，というように考えておくのが妥当ではないかと思われる[22]。

　以上の3ないし4つの事項以外の，当該の整理解雇に関わる諸事情も効力判断に当たって考慮されるべきことは当然である。とりわけ，「不利益軽減」あるいは「解雇打撃軽減」のための措置，すなわち退職金の割増支給，再就職するまでの経済的補償，再就職先の提供・あっせん，職業訓練機関の紹介と費用負担等を使用者が行ったか否か，あるいはどの程度の不利益軽減が試みられたかは，十分に考慮に入れるべきことである。これを，上記の3ないし4つの各

---

[22] 渡辺24頁は，「3要素」について使用者側に主張・立証させ，その他の当該整理解雇が信義則に反する事情（手続的に妥当でないことは，この事情に含まれ得る）があれば，それを労働者側に主張・立証させると解するのが適当であるとする。他方，白石編著377頁〔吉川昌寛〕は，手続の相当性は他の要素に比べて裁判所の判断になじみやすいものであり，実務上はこの要素を軽視しないほうがよく，手続の相当性を全く欠くような場合に他の要素の充足で補うのは妥当でなく，整理解雇を無効とすべきであるという。近年の裁判例を見ると，前掲日本航空（運航乗務員）事件＝東京地判平24．3．29は手続の相当性を，整理解雇が信義則上許されない事情の有無・程度の1要素と考えているようであり（池田・前掲注16)196頁参照)，前掲注17)東亜外業（本訴）事件＝神戸地判平25．2．27は手続の「相当性判断を他の3要素に比べ緩やかに行っている」（高橋・前掲注20)105頁）といえよう。

事項のそれぞれと等しい比重を持つ「考慮要素」と考えてもよいのではないかと思われる[23]。

5 労基法による解雇制限

(1) 一定期間の解雇禁止

労働者が業務上傷病の療養のために休業する期間とその後の30日間，および産前・産後の女性が労基法65条により休業する期間とその後の30日間の解雇は禁止される（労基19条1項本文）。再就職活動が最も困難な時期の解雇を制限しようとする趣旨である。解雇の理由が何であれ，次に見る除外事由に当たらない限り，この期間中に解雇することは許されないのである[24]。この期間の経過後に解雇の効果が生ずるように30日前の解雇予告（労基20条1項・2項参照）をすることは可能か。解雇禁止が休業期間中のみでなく期間経過後の30日間にも及んでいることから考えて，肯定的に解する立場（荒木290頁，注釈労基上355頁〔野田進〕等）が妥当であろう。

この解雇制限には，業務上傷病のため休業している者に労基法81条による打切補償（療養開始後3年以上経過しても治らない場合に平均賃金1200日分を支払う）がなされた場合および天災事変その他やむを得ない事由のために事業の継続が不可能となった場合には解雇が可能という適用除外がある（労基19条1項但書）。後者の除外事由が存することについては労基監督署長の認定が必要である（同条2項）。労基法19条に違反する解雇は無効とされなければならない。

---

[23] 前掲注10)ナショナル・ウエストミンスター銀行（第3次仮処分）事件＝東京地決平12. 1. 21は，使用者が合意解約の申入れに際し特別退職金の支給を約束し解雇通告時には金額の上乗せをしたこと，就職あっせん会社のサービスを受けるための金銭援助を再就職先が決まるまで無期限で行うと約束したこと，同一グループ内の他企業への転職および退職後1年間の賃金減少分の補償を提案したことを，解雇権濫用に当たらないことの，いわば強い理由として示している。使用者が相当な不利益軽減措置の提案をした場合には原則として解雇は有効になるという考え方もあり得よう。しかし，経済的補償・再就職支援措置は解雇回避措置が期待困難である場合に初めて解雇を正当化するという考え方（土田702頁）が，現在の通説であろう。白石編著385頁〔吉川昌寛〕も，あくまで2次的・付随的なものとして考慮されるにとどまるという。

[24] それでは，使用者は懲戒処分もできないのであろうか。浜松労基署長事件＝最1小判昭58. 10. 13民集37巻8号1108頁は，休日または出勤停止の懲戒処分を受けた等の理由で賃金請求権が存しない日についても休業補償給付はされるべきものとしているが，これは「懲戒解雇以外の処分は許されるとの趣旨を暗示したもの」（山口浩一郎『労災補償の諸問題〔増補版〕』〔2008年〕201頁）といえ，そのように解するのがよいと思われる。

ただし，同条2項が定める認定を受けていない場合でも，客観的に除外事由がそなわっていれば解雇の効力を肯定してよいであろう。

近年，業務上傷病による休職後の解雇・退職扱いは労基法19条違反ゆえ違法・無効か，あるいは業務上傷病で3年以上の休職後に打切補償を支払ってなす解雇は違法・無効か，が問題となった裁判例がやや数多く見られている。打切補償を支払ってする解雇は労基法19条に違反するものではないと判示した最高裁判例もある（学校法人専修大学事件＝最2小判平27. 6. 8民集69巻4号1047頁）。これらの点について，本書では第7章第2節において多少とも詳しく論じられている（→503頁以下）。

(2) 解雇予告

使用者は解雇に際して原則として少なくとも30日前に予告するか，平均賃金30日分以上の予告手当を支払わなければならない（労基20条1項・2項）。予告または予告手当を必要としないのは，労基法20条1項但書に定められた2つの場合に当たることを労基監督署長により認定された場合（同条3項）および同法21条柱書本文が定める場合のみである。もっとも，同法19条による解雇禁止の場合と同じく，除外認定を受けずにした予告なしの解雇も実際に法定の事由が存在すると認められるときは効力を否定されない。この例外的に予告義務が免除される解雇は一般に「即時解雇」とよばれる。即時解雇が可能である場合の「労働者の責に帰すべき事由」（労基20条1項但書）とは，予告または予告手当の支払いを受けずに解雇されてもやむを得ない程度の重大な事由である。適法な懲戒解雇でも，この事由が存するとは認められない場合があることに注意すべきであろう。

解雇予告制度の目的はいうまでもなく，突然の解雇による労働者の生活の破綻・混乱を避けることにある。民法627条1項においても解約申入れから2週間後に雇用契約が終了するものとされているが，労基法20条は例外をともないつつも30日に延ばして罰則付き（労基119条1号）としたのである。期間によって報酬を定めた場合につき特別の予告期間を定める民法627条2項・3項は労基法20条により「完全に排除されると解する」（注釈労基上358頁〔森戸英幸〕）のが妥当であろう。[25]

労基法20条違反の解雇は私法上いかなる効力を有するか。強行法規違反ゆ

え無効と解すると,同条に違反した使用者に対して労働者が予告手当と付加金の支払いを請求し得る旨を定める同法114条と矛盾する。行政解釈(労基局上319頁参照)および最高裁判例(細谷服装事件＝最2小判昭35・3・11民集14巻3号403頁)は,「相対的無効説」とよばれる見解に立つ。それによると,30日前の予告もせず予告手当も支払わない解雇通知は即時解雇としては効力を生じないが,使用者が即時解雇に固執する趣旨でないかぎり,通知の後に30日間が経過するか,または30日分の予告手当が支払われたときから解雇の効力が生ずる。しかし,この見解の「即時解雇に固執しないかぎり」ということの意味は明確には理解し難い。即時解雇が不可能ならば予告して解雇をするという意思表示が予備的になされていると解し得る場合は固執していないと認められる,という意味であろうか。そうでもなさそうである。

　裁判例では,上記最高裁判例を引用しつつ「即時解雇に固執している」とは認められないとして,30日経過後に解雇の効力が生ずるというものが多い。しかし,「相対的無効説」ではない考え方のものもある。学説に次のようにいう「選択権説」がある(有泉167頁)。すなわち使用者が予告期間もおかず予告手当も支払わずに解雇通知をしたときは,労働者は相当期間内に解雇無効を主張するか,それとも解雇有効を前提として予告手当の支払いを請求するかのいずれかの途を選択することができる。

　労基法20条違反の解雇といえども,合理的理由をそなえている場合は効力を否定する必要はなく,罰則の適用と労働者が予告手当と付加金を請求し得ることで十分とも考えられる。「相対的無効説」をとると,解雇後の30日間に労務提供を必要とするかどうか等の面倒な問題が発生する。その意味では,「有効説」(西村信雄「解雇」『労働法講座・第5巻・労働基準法』[1958年]1137頁)が簡明で適切ともいえる。しかし,「選択権説」は解雇予告制度の趣旨を十分に

---

25) そこで,月給制賃金の労働者への解雇通知を月の後半にした場合は翌月の末日付けで解雇になる(民627条2項)のではなく,予告をした日の30日後に解雇となる。また,年俸制賃金の労働者への解雇通知は3か月前にしなければならない(同条3項)ことはなく,30日以上前であればよいことになる。筆者は,本書〔第2版〕[1996年]までは月給制労働者に対する解雇予告は月の前半にする必要があると解していたが,それを〔第4版〕[2007年]以降では上記のように改めている。なお,2017(平29)年改正民法では民法627条2項は若干改められている(→8頁)が,労基法20条があるため労働契約については意味を有しないものとされている(潮見佳男『民法(債権関係)改正法の概要』[2017年]311頁)。

生かそうとする巧妙な解釈論であり，これでよいであろう。

　労基法21条は，その1号〜4号に掲げる労働者には同法20条を適用しない（柱書本文）が，一定の場合に解雇予告または予告手当の支払いを要する（柱書但書）と定める。このうちの「日日雇い入れられる者」（1号）には，もともと解雇ということがあり得ないともいえるが，1か月を超えて継続雇用した後に使用者が日々雇用の労働契約の締結を拒否する場合には，予告または予告手当の支払いを要するのである。2号と3号の「2箇月以内」もしくは「季節的業務に4箇月以内」の期間を定めて使用される者であるが，有期労働契約が期間満了により終了する場合に解雇予告が不要であるのは当然である。期間の途中で解雇するには「やむを得ない事由」（労契17条1項）を必要とするが，その解雇においては，労基法20条1項但書の要件をみたさない場合であっても，短期契約には解雇予告制度を適用しないという同法21条の趣旨に照らして，予告は不要と解してよいであろう。

　有期労働契約の期間満了後も，黙示更新されて（民629条1項。→106頁），あるいは契約更新がされて，引き続き雇用されている場合においては，期間の途中で解雇するには当然ながら予告が必要となる。しかし，更新後の有期労働契約についての雇止めにおいては，期間満了による契約終了である以上は，使用者に労基法20条が定める解雇予告をする義務はないということになる。

■雇止めと解雇予告
　筆者は以前，雇止めにも解雇予告の定めを適用すべき場合があるという考え方をしていた（本書〔第4版〕〔2007年〕190頁等）。しかし，罰則が設けられている（労基119条1号）ところの解雇予告について，「労働者が継続雇用を期待し実質的には期間の定めがない労働契約と同一視すべきものとなっているような場合」といった十分に明確でない基準でもって，それを契約期間の満了にも「類推適用」することは妥当でないと考えるに至った。「解釈論上は無理」ともいわれている（菅野736頁）が，そのとおりであろう。もっとも，有期労働契約が反復更新されて継続雇用されている場合の雇止めは，突然の雇用打切りであれば一般には労働者に相当な不利益をもたらすものであるから，その雇止めが適法なものである場合であっても，少なくとも30日前の予告もしくは30日分の予告手当の支払いを使用者にさせることが望ましい。労基法14条2項・3項は，厚生労働大臣は雇止め等に関わる紛争の未然防止のために基準を定めることができ，その基準に関し労基監督機関が有期労働契約を締結する使用者に助言・指導することができると定めるが，「有期労働契約の締結，更新及び雇止めに関する基準」（平15. 10. 22厚告357号）は，雇入れの日から当該契約を3回以上更新した者または1年を超えて継続勤務している者に対し更新

拒否する場合には 30 日前の予告を要するとしている。

(3) 就業規則の解雇事由列挙

労基法は解雇事由を就業規則の絶対的必要記載事項（→407 頁）としている（89 条 3 号）。これは，「解雇権濫用法理」（労基旧 18 条の 2 ［現労契 16 条］）と同じく，2003（平 15）年改正で設けられた定めである。以前は解雇事由を就業規則に定めるか否かは使用者の任意であった。この改正以後は，常時 10 人以上の労働者がいる事業場の使用者は，どのような事由に基づいて解雇するかを必ずあらかじめ労働者に明示することになったのである。

そして，この改正は解雇に際して生ずるトラブルの防止を目的とするものゆえ，使用者に解雇の原因や動機のすべてを掲げることを義務づけるものであるとして，この列挙を限定列挙と解する立場が学説の多数になっている。この改正前は，懲戒処分は就業規則の定めにもとづいてのみ可能であるから（→435 頁）懲戒解雇の事由は限定列挙とみるほかないとしても，普通解雇に関しては例示列挙と解するのが一般の考え方であった。それを労基法 89 条 3 号の改正の趣旨に鑑みて，普通解雇についても限定列挙と解することに改めるべきだというわけである。これは筋の通った考え方といえるものであろう。就業規則の作成・届出義務を負う使用者は必ず解雇事由を定めなければならず，そこに列挙されたもの以外の事由による解雇は許されないことになる。もっとも，実際には大多数の就業規則では解雇事由を列挙した上で「その他前各号に掲げる事由に準ずる事由」といった包括条項が設けられているので，限定列挙と解しても事態が大きく変わることはないとはいえる。

(4) 解雇理由の証明書交付

労働者が解雇理由の証明書を請求したときには，使用者は遅滞なく交付しなければならない（労基 22 条 1 項）。これは 2010（平 22）年改正により設けられた定めである。趣旨は，退職時証明とは別に，解雇理由をできるだけ早く開示させるようにする必要があるということであった。解雇予告を受けた労働者は，その予告日から原則として 30 日後（労基 20 条 1 項・2 項）の退職日までの間においても，使用者に対して解雇理由を記載した証明書の交付を請求できる（労基 22 条 2 項）。ただし，予告後に労働者が当該の解雇以外の事由により退職し

た場合は別である（労基22条2項但書）。解雇理由の証明書は使用者側が主張する解雇理由を示すものにすぎないから，労働者が証明書を請求して受領したからといって解雇を認めたことになるわけではない（注釈労基上〔補遺〕16頁〔森戸〕参照）。使用者は請求された証明書を「遅滞なく」交付しなければならないのであるが，原則として解雇予告時に交付できるようにしておくべきものと解する（同前）のが妥当であろう。それから，証明書に記載されていない解雇理由を訴訟において主張できるかという問題がある。[26]

II 定 年

1 定年制の適法性・合理性

今日のわが国企業の多くは定年制を設けている。通常は就業規則に定めがあるが，労働協約に規定が設けられている場合もある。形態上は2種，すなわち「定年退職制」と「定年解雇制」に分けられる。前者では一定年齢に達したことが労働契約関係の終了事由であり，後者ではそれが解雇事由である。前者は労働契約の期間ではなく期限，つまり終期（民135条2項）を定めたものということになる。

裁判例には，特定職種に関する若年定年制にもとづく解雇を解雇権濫用で無効としたもの（社会福祉法人岡保保育園事件＝福井地決平8．5．20労判703号103頁等），高年齢者雇用法によって60歳を下回る定年が違法とされる以前の55歳定年制を公序に反し無効ではないとしたもの（アール・エフ・ラジオ日本事件＝東京高判平8．8．26労判701号12頁）などがある。また，就業規則を変更して新設された定年制が以前から在籍する従業員にも適用されるか否かが争われたケースについて，当該定年制の「合理性」の有無を判断したものがある。就業規

---

26) 証明書記載以外の理由を主張し得ないとする見解は，解雇理由証明書は労働者が訴訟を提起して争うか否かの重要な判断資料であり，解雇理由の事後的追加が可能であると証明書を出させる意義が失われるという（荒木303頁等）。これと異なる立場は，解雇理由証明書は労働者が請求した場合にのみ交付されるのであり，どの程度において解雇理由を記述するかについて法律上一義的に決められているわけではないから，証明書に記載されている解雇理由は使用者が重視したものとして解雇権濫用法理の適用に当たって重要な要因になる，と考えるにとどめるべきであるとする（渡辺12頁）。

則変更の効力について「合理性」が認められるか否かを判断して処理するというルールを確立した秋北バス事件＝最大判昭43.12.25民集22巻13号3459頁（→416頁）には，定年制に関する説示がある。そこでは，定年制が存在しないことは終身雇用の保障等を意味しないから，それを新たに定めることが既得権侵害となる余地はなく，定年制は一般に人事の刷新，経営の改善等あるいは企業の組織および運営の適正化のために設けられるもので一般的にいって不合理な制度とすることはできず，55歳定年はわが国産業界の実情に照らしても低きに失するものではない，と述べられている。

定年制とは要するに，労働者が一定の暦年齢に達したことのみを理由として，すなわち各個人の能力，適格性，過去の業績，将来の貢献可能性等における差異をすべて無視して，一律無差別に雇用関係を解消させようとするものである。いわば徹底した形式的平等主義の制度である。わが国において定年制が零細規模のものを除く多数の企業に広く，しかし，一般には「正規雇用」の労働者について設けられていることには，定年年齢に達するまではよほどのことがない限り解雇は行わないという含意があると見ることができる[27]。そこで，定年制は特別の合理的理由がない場合には公序良俗に違反し無効と解することが妥当とは考えられない。けれども，定年制に疑問を投ずる考え方が説得力を増しつつあることは確かであり，労働関係における年齢を理由とする差別的取扱いを禁止する立法も考えられないものではない。一般論的に考えても，個人の能力・意欲・努力の差は高年齢者になるほど増大するから，人の評価は暦年齢よりも「機能年齢」によって行うほうが社会と企業の活性化にとって有用といえる。定年制の適法性・合理性について再考する必要があることを疑う余地はないであろう。

2　60歳以上定年の義務

わが国では，かつては55歳定年が一般的であったが，1970年代に入ってから定年延長が全般に進展して1980（昭55）年以降は60歳定年が主流となった。

---

[27]　定年制を年齢差別禁止法によって原則禁止するアメリカと違って，わが国では高年齢者雇用法も定年制廃止を義務づけてはいない。これは，「日本では，定年制の雇用保障機能が重視され」，「また，年齢という要素が大きな役割を担う日本の雇用管理の実態が考慮されてきたからでもある」（櫻庭涼子『年齢差別禁止の法理』[2008年]37頁），といえよう。

こうした状況の下で，定年延長などのための立法が行われてきた。すなわち，1986（昭61）年に中高年齢者等の雇用の促進に関する特別措置法を全面改正した高年齢者雇用法が定年年齢を60歳とすることを事業主の努力義務とすると定め，また1990（平2）年の同法改正により，定年後の継続雇用を希望する者を65歳まで雇用することが事業主の努力義務とされた。そして，同法の1994（平6）年改正によって，定年年齢が60歳を下回らないようにする法的義務が事業主に課せられることとなった（現8条）。現在は，60歳未満の定年が就業規則等に定められていても無効とされるのである。無効とされた後は，当該企業には定年制が存在しないことになると一般に考えられている（牛根漁業協同組合事件＝鹿児島地判平16.10.21労判884号30頁等）。同法には，均等法と同じく（→74頁）労基法13条や最賃法4条2項のような規定が欠けているので，そのように解するほかないようでもある。しかし，定年年齢の最低限を定めた規定を強行法規に改めた立法趣旨あるいは一般に考えられる労使の意識などを考えると，60歳定年制が定められていると解するほうが適切なように思われる。

③ 65歳までの雇用確保

(1) 雇用継続等の雇用確保措置

1994（平6）年に行われた公的年金制度の改正によって，老齢厚生年金（定額部分）の支給開始年齢は，2001（平13）年度から2013（平25）年度にかけて60歳から65歳に段階的に引き上げられることになった。これに合わせて高年齢者雇用法が改正され，前述のように60歳以上定年が事業主の法的義務となり（1994［平6］年），また継続雇用制度の導入等による65歳までの雇用確保が努力義務とされた（2000［平12］年）。そして，2004（平16）年の同法改正によって，次のような65歳までの高年齢者雇用確保措置を講じることが事業主の法的義務となっている。すなわち，65歳未満の定年を定めている事業主は，高年齢者の65歳までの雇用確保のため，①定年年齢の引上げ，②継続雇用制度

---

28) 有期労働契約を60歳未満の一定年齢に達した後は更新しないと就業規則等に定めて，その年齢になったことを理由に雇止めをすることは許されるのであろうか。これは「定年」ではないから問題はないとする考え方もあるが，当該の雇用関係が雇止めに解雇権濫用法理を類推適用すべきものである場合には（→110頁以下），高年齢者雇用法8条を類推適用して（注釈労基上348頁〔森戸〕）雇止めを違法と解すべきであろう。

の導入，③定年の廃止のいずれかの措置を講じなければならない（9条1項）。なお，2012（平24）年改正以前は，事業主が，当該事業場の過半数を組織する組合または過半数労働者の代表者との書面協定により，対象者についての基準を定めて継続雇用制度を導入したときには，②の措置を講じたものとみなされることになっていた（旧9条2項）。

　2000（平12）年の公的年金制度改正は，老齢厚生年金の報酬比例部分の支給開始年齢を2013（平25）年度から65歳に段階的に引き上げることとした。これに対応した高年齢者雇用法の2012（平24）年改正によって，上記②の継続雇用における対象者限定を認める旧9条2項は削除された[29]。定年後も雇用されることを希望する者は全員が継続雇用されるべきこと[30]になったのである。

(2) **継続雇用拒否の適法性，継続雇用後の労働条件**

　2004（平16）年の高年齢者雇用法改正後，65歳までの雇用確保措置として，大多数の企業は上記①〜③の選択肢のうちの②継続雇用制度の導入を行ったとされている。そして，65歳までの雇用確保措置を何ら講じていない使用者に対し，60歳定年で退職した労働者が労働契約上の地位確認の請求をした事件の裁判例がいくつか見られた。しかし，高年齢者雇用法9条1項は使用者の私法上の義務を定めたものではないとして，請求は認められていない（NTT西日本事件＝大阪高判平21.11.27労判1004号112頁，NTT東日本事件＝東京高判平22.

---

29) この対象者限定制度の廃止に関しては，老齢厚生年金の報酬比例部分の支給開始年齢の段階的な引上げに合わせた経過措置があり，2016（平28）年度末までは61歳以上，2019（平31）年度末までは62歳以上，2022（平34）年末までは63歳以上，2025（平37）年度末までは64歳以上の者については，継続雇用の対象限定をしても構わないことになっている（高年齢者雇用平24改正附則3項）。これは，厚生年金の支給開始年齢が引き上げられることにより，60歳定年後に再雇用されない男性の一部に無年金・無収入の期間が生じる恐れがあるので，その発生を防ぐために，年金開始年齢に達した者についてのみ労使協定に定めた基準による継続雇用の対象限定を認めるという趣旨である。そこで，たとえば60歳定年制の下で2016（平28）年度末までに60歳になる者については，60歳から61歳までの1年間は労使協定に定めた雇用基準によって継続雇用しないことは許されないのである（トヨタ自動車ほか事件＝名古屋高判平28.9.28労判1146号22頁参照）。

30) ただし，心身の故障のため業務に耐えられない，勤務状況が著しく不良で従業員としての職責を果たし得ないなど，就業規則の解雇事由または退職事由（年齢に係るものを除く）に該当する場合には継続雇用しないこともできる（平24.11.9厚労告560号）。また，継続雇用を当該企業以外のグループ企業（「特殊関係事業主」）によって行うことも可能とされている（高年齢者雇用9条2項）。

12. 22判時2126号133頁等）。現行法では，未だ60歳以上の定年は違法・無効とされていない（高年齢者雇用8条参照）のであるから，65歳までの雇用確保を事業主に義務づけた規定に強行的・補充的効力があると解するのは無理であろう。もっとも，雇用確保の措置を講じる義務を怠っている使用者が不法行為として損害賠償責任を負うべき場合はあり得る。

　それから，継続雇用における対象者限定（高年齢者雇用旧9条2項）の基準の運用に違法なところがあったとして，労働者が労働契約上の地位確認等を請求した事例が少なからずあった。津田電気計器事件＝最1小判平24．11．29労判1064号13頁は，継続雇用の基準をみたす労働者が継続雇用を期待することには合理的理由があり，雇用終了にやむを得ない事情があるとも認められないのであれば，その者を退職とすることは客観的に合理的な理由を欠き社会通念上相当と認められないゆえに許されないとしている。これは，65歳までの雇用確保を事業主に求める高年齢者雇用法9条の趣旨を考慮に入れて（水町勇一郎「高年齢者雇用安定法下での継続雇用拒否の適法性と再雇用契約の成否――津田電気計器事件」ジュリ1451号［2013年］115頁参照），定年後の継続雇用の拒否に「雇止め法理」（→110頁以下）を類推適用するものであり，まずは妥当な考え方と評価してよいであろう。

　2012（平24）年改正法の施行後は，前述のように労使協定に基準を定めて継続雇用者を選別することは許されない。そこで，労働者からの継続雇用の申込みに対して使用者は原則として承諾しなければならないことになり，使用者が継続雇用を拒否できるのは，上記の津田電気計器事件＝最1小判平24．11．29がいう「やむを得ないものとみるべき特段の事情」があるときに限られるとも考えられる。しかし，それでは使用者が65歳までの雇用確保の措置として継続雇用を選択したことの意味が無きに等しくなってしまうであろう。それは雇用関係に過度な規制をするもので，現実的な妥当性を著しく欠くとも考えられる。それゆえ，継続雇用の拒否には解雇権濫用法理（労契16条）あるいは雇止め法理（労契19条）が類推適用され，客観的に合理的理由を欠き社会通念上相当と認められなければ違法・無効になると解するのがよいと思われる。[31]

---

31) 前掲平24厚労告560号は，就業規則に定める解雇・退職事由と同一の事由を継続雇用しないことができる事由として解雇・退職の規定とは別に定めることができ，それを労使協定で定めることもできるとし，ただし継続雇用の拒否には客観的な合理的理由があり社会通念上相当で

継続雇用後の労働条件に関しては高年齢者雇用法には何らの定めもない。大多数の企業では，継続雇用後は賃金が大きく減額されるものになっていると思われるが，それを違法と解することはできない。再雇用後の賃金が以前のものより4割強の減額となったことについて，公序違反ではないとして差額請求を認めなかった裁判例がある（X運輸事件＝大阪高判平22. 9. 14労判1144号74頁）[33]。なお，定年後は期間の定めのある労働契約によって継続雇用され，職務内容等は定年前と基本的に同一であるが賃金額は大きく引き下げられているような場合に，「有期」を理由とする不合理な労働条件（労契20条）に当たり違法なものとなる可能性はある（→126頁以下）。それから，継続雇用後の労働条件を定めた就業規則が「合理的」でないゆえに「労働契約規律効」（労契7条・10条）を有しないこともある。

III　退職・解散・事業譲渡等

1　退　　職

(1)　任意退職・合意解約

解雇や定年と違って労働者の意思により労働契約を解消させるものとしては，労働契約の労働者による解約と合意解約がある。日常用語では通常，前者あるいは前者と後者を併せて「退職」と称するが，労基法は「退職」を解雇，期間満了，定年退職をも含む言葉として用いている（22条・23条・89条3号）。そこ

あることを要する，としている。

[32]　森戸英幸「高齢者雇用安定法──2004年改正の意味するもの」労研642号［2014年］は，「定年前に比べて報酬が大きく下がったとしても，……高年齢者雇用確保措置には該当する」のであり（9頁），2004（平16）年改正の目的は「賃金水準の低下については目をつぶった上での高齢者雇用促進であった，という評価も可能であろう」（11頁注16）という。裁判例も，高年齢者雇用法9条1項2号にもとづく継続雇用の下での労働条件の決定は事業主の合理的裁量に委ねられる，という（九州惣菜事件＝福岡高判平29. 9. 7労判1167号49頁等）。

[33]　もっとも，従前と全く別種の職務で，あるいは同種職務でも著しく低額の賃金となることが提示されて労働者が再雇用されなかったような場合には，高年齢者雇用法の趣旨に反する違法があったとして使用者が不法行為による損害賠償責任を負うことになろう（前掲注29）トヨタ自動車ほか事件＝名古屋高判平28. 9. 28）。定年の前後で職務と待遇が大きく変わることは，働き手には適応が容易でなくモチベーションを大きく落とす（鶴光太郎『人材覚醒経済』［2016年］203頁）から，著しく妥当性を欠くものゆえ違法ということができよう。

で，労働者による労働契約の解約は「任意退職」または「辞職」とよぶのがよいであろう。本書では任意退職という語を用いる。その任意退職は，無期労働契約であれば「いつでも」，つまり理由を要せずにすることができるが（民627条1項），有期労働契約であれば「やむを得ない事由」があることを要する（民628条）。合意解約は，無期労働契約であっても有期労働契約であっても，労働者からの解約の申込みに対する使用者の承諾があって労働契約を解消させることになる。

■解雇か，退職かという争い

　三井住友海上火災保険ほか事件＝東京高判平25.8.28判タ1420号93頁は，大幅な賃金減額その他のことがあって紛争となり，労働者が出社しなくなったというケースについて，解雇されたという形になっているが実際には労働者が自ら退職したと認められるとして，賃金減額は無効であって使用者は不法行為責任を負うが，地位確認請求には理由がないとしている。このように退職意思表示がされたと使用者が主張し，それを労働者が否定するという争いは少なからず存在するとされている（渡辺113頁）。労働審判手続で取り扱われている「個別労働関係民事紛争」（労働審判1条）にも，解雇であるのか，任意退職ないしは合意退職であるのかが争われた事例は多くみられるとのことである（竹内［奥野］寿「労働審判事例の分析」ジュリ1480号［2015年］63頁）。労働者にとって退職することは「極めて重要な意思決定」であるから（渡辺114頁）から，「賃金減額についての合意」（→277頁）あるいは「就業規則変更による労働条件の不利益変更についての合意」（→424頁）におけるのと同じく，退職意思表示があったとの認定は慎重・厳格になされるべきであり，確定的に退職（労働契約の終了）という結果を意欲する意思が表示されたと評価できるときに退職意思表示がされたと認めるべきであろう（確定的な退職意思表示があったとは認められないとした裁判例として，税理士事務所事件＝東京地判平27.12.22労経速2271号23頁）。

　雇用期間の定めのない場合（無期労働契約）に関しては，たとえば「退職願を提出した後，使用者が承諾するまで勤務しなければならない」，「退職するには会社の承認を要する」等と就業規則に定めている例が少なくない。このような場合について，任意退職は排除されて合意解約による退職のみが可能と解すべきではないであろう。民法627条1項における労働者の解約の自由を定めた部分は強行規定と解すべきだからである（この旨をいう裁判例としては，平和運送事件＝大阪地判昭58.11.22労経速1188号3頁等[34]）。また，労働者の退職について

---

34) プロシード元従業員事件＝横浜地判平29.3.30労判1159号5頁は，使用者が労働者の退職について不法行為として賠償請求をし（本訴），労働者が使用者の本訴提起が不法行為に当た

使用者が損害賠償を請求できるのは,「よほど労働者の背信性が高いような場合」に限られる（原昌登「うつ病を理由に退職した社員に対する損害賠償請求の違法性」ジュリ1517号［2018年］120頁）と考えるべきであろう。[35]

■退職期間の定めの効力

　任意退職につき2週間を超える予告期間を定めることについては，合理的なものと認められる範囲内のものならば有効と解してよいであろう。裁判例には，就業規則は3か月前までに退職届を提出すべきことと定めていたにもかかわらず1か月前に届け出たことを理由とする退職金の支給拒否は許されないとしたものがある（プラスエンジニアリング事件＝東京地判平13.9.10労経速1791号18頁）。これが1か月前までに退職届を出すことを求める定めであった場合には，労基法20条1項が解雇の予告期間を30日以上としていることとのバランスから考えて，効力を肯定してよいのではないかと思われる（同旨，恒藤武二『労働基準法』〔1971年〕59頁）。また，早期退職奨励金を受けて退職する場合には3か月前に解約告知することを要するとした定めについて，労働者に特別の利益を与えるための条件であることなどから公序に反するとはいえないとした裁判例がある（アラビア石油事件＝東京地判平13.11.9労判819号39頁）。これは妥当な法解釈といえるものであろう。

(2) 退職意思表示の撤回

　労働者が「退職願」を提出して受領された後に撤回した場合に，その労働契約は存続するのか解消されるのかが争われることは少なくない。大隈鉄工所事件＝最3小判昭62.9.18労判504号6頁は，退職承認の権限を有する人事部長が退職願を受理したのであるから合意解約により労働契約は解消されたとしている。これに対し，岡山電気軌道事件＝岡山地判平3.11.19労判613号70頁は，退職願を受け取った部長には退職承認の権限はなかったから，退職意思表示は有効に撤回されたとする。

　この問題についての判例・通説は次のようなものと考えられる。①退職意思表示が合意解約の申込みであれば，使用者が承諾するまでは撤回可能（使用者に不測の損害を与える等の信義に反する特段の事情がないかぎり）であるから，使用者による有効な承諾があった後は撤回不可能となる。②退職意思表示が労働契

　　るとして賠償請求をした（反訴）ものであるが，本訴請求は棄却され，反訴請求は一部認容されている。
35)　広告代理店A社事件＝福岡高判平28.10.14労判1155号37頁,前掲注34)プロシード元従業員事件＝横浜地判平29.3.30は，いずれも使用者からの損害賠償請求を否認している。

約の解約（任意退職）であれば，それが使用者に到達した後は撤回不可能となる（意思の不存在・瑕疵により無効または取消し得る場合もあるが）。③退職意思表示が「合意解約の申込み」と「任意退職」のいずれであるかが明確でない場合は少なくないが，労働者保護の観点から一般には前者と解して，使用者の有効な承諾があるまでは退職意思表示の撤回は可能と考えるべきである。

わが国の企業では一般に，労働者の退職は「依願退職」，すなわち退職願が提出されて使用者が受理するという方式で行われる。これは法的には任意退職ではなく合意解約のように見える。そこで，退職意思表示は使用者の有効な承諾があるまでは撤回可能（有効な退職承諾があった後は撤回不可能）とする判例・通説は妥当なものといえそうである。しかし，「依願退職」が就業規則等に定められている場合には任意退職による労働契約の解消は排除されると解すべきではない。[36] 退職意思表示の撤回の可否について，筆者は以下のように考えている。

契約法の一般原則からすれば，退職申出はいつでも撤回できるとはいえない。契約の解約は単独行為であるし，契約の申込みは一定期間につき撤回不可能という原則がある（民521条1項・524条）。[37] 合意解約の申込みであれば撤回は原則として自由であると簡単にいうこともできないであろう。しかし，労働者が職を辞することの結果の重大さと，退職の申出が撤回された場合に使用者が受ける不利益が一般にそれほどのものでないことを考えれば，やはり撤回は原則として許されると解すべきである。[38] すなわち，合意解約の申込みのみでなく任意退職の意思表示も，前者については使用者の承諾があるまで，後者については原則として2週間経過するまでの間は，信義則に反する事情がないかぎり労働

---

36) 判例・通説は，撤回可能といえるための理論構成をすべく，退職申出は一般に任意退職でなく合意解約であるとするのであろう。しかし，そのように解すると，多くの場合に，使用者の承諾なくしては労働者の意思により労働契約を解消できないという不都合な結果がともなうことになる。そこで，労働者の退職申出の性質が明らかでない場合には，合意解約の申込みに任意退職の意思表示が予備的に含まれると解して（小西國友「辞職をめぐる各種の法律問題(1)」労判434号［1984年］8頁），問題を処理すればよいと思われる。

37) なお，2017（平29）年改正民法では，承諾の期間を定めてした申込みは撤回できないが，申込者が撤回する権利を留保したときは別とされている（改正後523条）。

38) なお，国家公務員の辞職願は免職辞令の交付があるまでは信義に反する場合でないかぎり撤回できるものとされている（最2小判昭34. 6. 26民集13巻6号846頁）。近年の裁判例には，地方公務員の退職意思表示の撤回につき信義に反する特段の事情も認められず有効としたものがある（旭川地判平25. 9. 17判時2213号125頁）。

第4節 解雇・退職等　　223

者は撤回できると解すべきである。

 (3) 退職における意思の不存在・瑕疵

　任意退職であれ合意解約の申込みであれ，それが意思の不存在（欠缺）あるいは瑕疵のゆえに無効もしくは取り消し得るものであるかが問題となることは少なくない。裁判例には，退職申出が民法93条但書の場合に当たるゆえに無効とされたもの（昭和女子大事件＝東京地決平4.2.6判時610号72頁），強迫によって退職の意思表示をしたとは認められないから取り消され得ないとしたもの（ネスレ日本事件＝東京高判平13.9.12労判817号46頁），要素の錯誤があるゆえに退職の意思表示は無効であるとしたもの（富士ゼロックス事件＝東京地判平23.3.30労判1028号5頁等）などがある。

　このうちの錯誤無効を肯定した裁判例では，解雇が無効であったにもかかわらず労働者は有効と誤信して退職の申出をしたのであり，それは動機の錯誤ではあるが表示されていたから要素の錯誤による意思表示に当たるので無効になる，というような説示がされている。これは民法95条についての旧来の解釈論を用いたものであり，少なくとも理論構成として適切なものではない。結果

---

39) 民法95条についての「旧来の解釈論」とは次のようなものである。錯誤には「表示行為の錯誤」と「動機の錯誤」があるが，後者は原則として要素の錯誤ではなく，動機が表示されて意思表示の内容となった場合に要素の錯誤となる。要素の錯誤とは「因果関係」（その錯誤がなければ意思表示をしないであろうということ）および「重要性」（錯誤がなければ意思表示をしないであろうことが通常人の基準からみて，もっともであるほどの重要性）という2つの要件をみたす錯誤をいう（四宮和夫＝能見善久『民法総則〔第9版〕』[2018年] 243頁以下，内田貴『民法Ⅰ・総則・物権総論〔第4版〕』[2008年] 64頁以下参照）。これに対し，今日の学説における一般的な考え方では，次のようにいわれている。「表示行為の錯誤」と「動機の錯誤」の明確な区別は困難であり，動機は表示されなければ意思表示の内容にならないというが，表示行為の錯誤でも効果意思は表示されない。意思決定をするまでの段階で原因・動機・目的に関して誤解・誤判断があった場合が「動機の錯誤」であり，意思決定の後に表示行為をするまでの段階で誤解・誤判断があった場合が「表示行為の錯誤」である。錯誤による意思表示を無効とすべきかの判断では相手方の事情も考慮に入れるべきであり，相手方の認識可能性（表意者の錯誤を認識していたか，または認識することを期待できたこと）を錯誤無効の要件と考えるか，あるいは要素の錯誤の要件にプラスして相手方が悪意または有過失のときにのみ無効になると解すべきである（四宮＝能見・前掲247頁以下，内田・前掲70頁以下参照）。

　なお，2017（平29）年改正民法は，「意思表示に対応する意思を欠く錯誤」（表示錯誤）および「表意者が法律行為の基礎とした事情についてのその認識が真実に反する錯誤」（動機錯誤）が，「法律行為の目的及び取引上の社会通念に照らして重要なものであるときは，取り消すことができる」が，動機錯誤にもとづく意思表示は「その事情が法律行為の基礎とされていることが表示されていたときに限り」取り消すことができる，とする（改正後95条1項・2

の妥当性の観点で考えても，これは表意者（労働者）の保護に著しく傾斜し，相手方（使用者）の利益をほとんど考慮にいれない考え方という批判を免れ得ないものであろう。[40]

　意思の不存在・瑕疵による意思表示の無効・取消しに関する民法の規定を労働契約に関わる意思表示に適用する場合には，労働者の利益保護を重視して使用者の利益をそれほど考慮しなくてもよい，と考えることは間違いではないであろう。その根拠は，社会的には一般に存在することが明らかな，いわゆる労使の地位優劣・情報不均等ということである。そこで，労働者の退職における意思の不存在・瑕疵については，どのような考え方をすべきであるのか。

　まず，労働者の退職意思表示が「真意」によるものでないことは実際にしばしば存在するが[41]，そのようなものについては，相手方が悪意もしくは善意・有過失であったために真意によらない意思表示が無効となる場合（民93条但書）[42]を広く，あるいは緩やかな判断基準によって認めるのがよいであろう。これを錯誤無効の場合（民95条）と解して処理しようとすると，動機の錯誤はどのようにして要素の錯誤になるのか，使用者の利益との調整をどのようにして図るかといった難度の高い問題が関わってくるために，妥当な結論を得ることも，説得的な説明をすることも容易ではないことになろう。

　次に，使用者からの強い退職要求に労働者が負けて退職意思表示をすること

項）。

40）　退職意思表示を要素の錯誤によるものゆえ無効とした裁判例（前掲富士ゼロックス事件＝東京地判平23．3．30等）は，動機の錯誤が民法95条の「要素の錯誤」であるための「因果関係」と「重要性」の要件の充足をあまりにも容易に認めているように見える。労働者が誤解・誤判断したのは解雇無効の蓋然性というべきものであるが，そのようなものについての錯誤が「法律状態の錯誤」（四宮＝能見・前掲注39）258頁）として「要素の錯誤」になり得るのかは大いに疑問であろう。解雇もしくは懲戒解雇が無効とされるか否かは，当事者にとって予測可能性が一般にごく低いものである。そのような事柄について誤解・誤判断があったことをもって法律行為の無効原因とすることは，表意者（労働者）の利益のみを厚く保護し相手方（使用者）の利益を全く考慮しない紛争処理のあり方として，妥当性を欠くというほかないように思われる。

41）　前掲昭和女子大事件＝東京地決平4．2．6では，労働者は「詫び状」の受領を拒否されたので，退職の意思は全くなかったが「反省の意」を示すために退職願いを出したと認定されている。退職するつもりはないのに，とりあえず「使用者との話合いの機会を持つために」，あるいは「相手の怒りを鎮めるために」退職意思表示をするという事例は少なくないようである（学校法人徳心学園事件＝横浜地決平7．11．8労判701号70頁等）。

42）　2017（平29）年改正民法では，現行の民法93条は基本的に維持されている（改正後93条1項）。

も少なくないであろう。この場合は，強迫によるものとして意思表示を取り消すことができる制度が用意されている（民96条1項）が，この「強迫」については，強迫行為（害意の告知）と畏怖による意思表示と故意を要件とし，その強迫行為が違法性を帯びていることを要すると解されている（四宮＝能見・前掲注39）276頁等参照）。これでは，労働者が退職意思表示を強迫によるものとして取り消し得る場合が稀になってしまうであろう[43]。民法学説では，「強迫」概念を拡張すべきであり，とくに「経済的威迫」をも加えることを考える必要があるといわれている（同278頁等参照）が，退職意思表示における「強迫」には「経済的威迫」や「状況の濫用」が含まれると解して，より容易に労働者による取消しを認めるのが公平に適するのではないか[44]。労働者が何かの事柄について誤解・誤判断をして，退職意思表示をすることもあると考えられる。その場合は，要素の錯誤によるものであって労働者に重過失がなければ退職意思表示は無効になる（民95条本文・但書）[45]わけであるが，その錯誤がなければ労働者は退職意思表示をしなかったであろうこと，使用者が労働者の錯誤を認識していたか認識を期待され得たこと，誤解・誤判断は重大な過失によるものでないことが認められるのでなければ，労働者は退職意思表示の無効を主張し得ないと考えるべきであろう[46]。

(4) 退職勧奨の適法性

　企業が人員削減をするための方策のうちで最も一般的なものは解雇，とくに整理解雇（→199頁以下）である。しかし，わが国の企業では，実際には「退職勧奨」や「早期退職優遇」[47]や「希望退職募集」[48]を行うことによって，労働者か

---

43) 現に，前掲ネスレ日本事件＝東京高判平13. 9. 12，ソニー事件＝東京地判平14. 4. 9労判829号56頁は，退職申出を強迫による意思表示には該当しないとしている。
44) なお，2017年（平29）年改正民法では，現行の96条1項はそのまま維持されている。
45) 2017（平29）改正民法は，錯誤が表意者の重大な過失によるものであった場合は，相手方が表意者に錯誤があることについて知り，または重過失により知らなかったとき，および相手方が表意者と同一の錯誤に陥っていたときを除いて，意思表示を取り消すことはできない，とする（改正後95条3項）。
46) 要するに，意思の不存在・瑕疵による意思表示の無効・取消しに関する民法の規定を労働契約に関わる意思表示に適用する場合には，心理留保と強迫に関する93条・96条を用いて労働者の保護を図りながら処理するのがベターで，錯誤無効の規定（95条）によることは望ましくないと筆者は考えるのである。
47) 「早期退職優遇」とは，定年年齢よりも相当に早い一定の時期に退職金支給等につき優遇を与

らの任意退職や合意解約の申込みを得て目的を達しようとすることが多い。

近年，退職勧奨に関わる労使の紛争が多発しているようである。裁判例には，労働者に退職せざるを得なくさせた使用者の損害賠償責任を認めたものがあり[49]，また，配転または出向が退職を強いるためのものゆえ違法・無効になるかどうかが争われたものが見られる。さらに，精神障害の増悪が違法な退職勧奨に起因するとして，休職期間経過後の退職扱いを違法としたもの（エム・シー・アンド・ピー事件＝京都地判平26. 2. 27労判1092号6頁[50]）などがある。

■退職勧奨に応じなかった者の配転・出向

使用者が労働契約上の配転命令権を有していても，それが濫用されることは許されず，配転を命ずる業務上の必要性がある場合でも「他の不当な動機・目的をもってなされたものであるとき」は権利濫用で無効になるものとされている（東亜ペイント事件＝最2小判昭61. 7. 14労判477号6頁。→147頁以下）。新和産業事件＝大阪高判平25. 4. 25労判1076号19頁は，配転命令は退職勧奨を拒否したことへの報復等の不当な動機・目的によるもので無効としている。退職勧奨に応じない者に対し，使用者が解雇を回避すべく配転を命じることもあり得るから，退職を拒否する者への「報復」といった動機・目的の存在を安

えて退職させようとするものである。裁判例には，この制度による退職申込みに対し使用者が承認しなかった場合に，労働者が特別退職金等を請求した事例が見られるが，使用者の承諾がなければ労働契約は解約されないとして請求を認容しなかったものが多い。早期退職優遇を受けるのに使用者の承認を要することは人材流失を回避するために不合理ではなく，公序に反しないとしたものがある（大和銀行事件＝大阪地判平12. 5. 12労判785号31頁）。もっとも，早期退職優遇の適用を認めないことが「信義に反する特段の事情がある」と認められる（前掲注43）ソニー事件＝東京地判平14. 4. 9）場合には，使用者は特別退職金等を支払う義務を負うことになろう。

48) 希望退職募集は，それを使用者が「解雇回避努力」の具体的な措置として行ったか否かが，整理解雇の適法性判断において重視すべきものとされている（→206頁）。
49) 前掲三井住友海上火災保険ほか事件＝東京高判平25. 8. 28は，労働者は解雇されたのではなく自ら退職したとしながらも（→221頁），使用者は大幅賃下げなどによって労働者を退社せざるを得ない状況に追い込んだのであるから，不法行為責任を免れないとしている。また，転籍先での別室に配置して隔離するなどの嫌がらせが退職に追い込む動機でなされたとして，転籍元と転籍先の共同不法行為責任を認めた裁判例がある（大和証券ほか1社事件＝大阪地判平27. 4. 24労判1123号133頁）。
50) 同判決は，執拗に退職勧奨が行われて労働者に強い心理的負荷を与え，うつ病が自然経過を超えて悪化したのであるから業務起因性が認められ，それゆえ休職期間満了により退職とすることは許されない，とする。これは労基法19条1項の類推適用により退職扱いが違法になるという意味であろう。退職勧奨が，精神障害の業務起因性についての認定基準（平23. 12. 26基発1226第1号）がいう，発病前6か月間に強い心理的負荷があり，業務以外の心理的負荷および個体要因により発病したのではない，という要件（→500頁以下）をみたすことは稀ではないであろう。

易に認めるべきではないであろう。出向に関しては，それを命ずることができる場合でも権利濫用と認められるときは無効とされる（労契14条）。兵庫県商工会連合会事件＝神戸地姫路支判平24．10．29労判1066号28頁は，不法行為に当たる退職勧奨をした後の出向・転籍命令を違法として，使用者の損害賠償責任を認めている。リコー［子会社出向］事件＝東京地判平25．11．12労判1085号19頁は，退職勧奨は正当な業務行為であったとしながらも，退職を断った者に対する出向命令は労働者が翻意して自主退職することを期待してなされたものであり，出向先での業務負担が大きく，人選の合理性も認められないので，人事権濫用に当たり無効としている。当該の労働者を退職させようとしたことに合理性があり，退職勧奨が不法行為を成立させるような不当な方法・態様のものでなく，出向は労働者に著しく不利益を被らせるものでもないのであれば，退職を承認しなかった者への出向命令は「解雇回避」の努力と評価することが可能であり，それゆえ権利濫用で無効なものと解すべきではないと思われる。

　退職勧奨について使用者の損害賠償責任を認めたものとしては，公務員の事例であるが，手段・方法が社会通念上相当と認められる範囲を逸脱しているとした最高裁判例がある（下関商業事件＝最1小判昭55．7．10労判345号20頁）。近年の裁判例では，一般論として次のようにいわれている。退職勧奨の態様が，不当な心理的圧迫を加えたり名誉感情を害するなど，退職に関する労働者の自由な意思決定を促す行為として許容される限度を超えて，労働者の自由な退職意思の形成を妨げるものであった場合には，使用者は不法行為にもとづく損害賠償義務を負う（日本アイ・ビー・エム事件＝東京高判平24．10．31労経速2172号3頁，前掲リコー［子会社出向］事件＝東京地判平25．11．12等）。[51]

　そして，損害賠償責任を肯定した裁判例では，侮蔑的な言動（前掲兵庫県商工会連合会事件＝神戸地姫路支判平24．10．29等），勧奨に応じない場合の不利益のことさらな強調（日本航空事件＝東京高判平24．11．29労判1074号88頁等），頻繁あるいは長時間の面談（全日本空輸事件＝大阪高判平13．3．14労判809号61頁等），退職拒絶意思の表明後の執拗な勧奨（前掲エム・シー・アンド・ピー事件＝京都地判平26．2．27等）などの違法行為があったとされている。これに対し，損害賠償責任を否定したものでは，退職勧奨の対象者の選定基準には合理性があり，面談は時間・回数とも常識的な範囲内でなされ，労働者はいつでも面談

---

[51] 退職勧奨が違法な行為で，それが反復継続される恐れがあるときには，労働者は差止めをも請求できることになろう。前掲リコー（子会社出向）事件＝東京地判平25．11．12は，当事件では面談以外の退職勧奨は行われていないとして，差止めの請求を棄却している。

を終了させることが可能であったから違法ではなかったとされている（前掲日本アイ・ビー・エム事件＝東京高判平 24. 10. 30）。また，やや執拗な退職勧奨ではあったが，相当額の退職金割増の条件があり，時限的な希望退職募集であるゆえに慎重に退職意思を確かめようとしたものであるので，説得活動として社会通念上相当と認められる範囲内の正当な業務行為であった，としたものもある（前掲リコー［子会社出向］事件＝東京地判平 25. 11. 12）。

　なお，退職強要という人格権侵害が起こる背景には解雇ルールの不明確さと厳格性がある，解雇法制の見直しの必要性は労働者の保護という点からも根拠づけられる，と説く見方がある（大内伸哉『解雇改革――日本型雇用の未来を考える』［2013 年］72 頁以下）。これに筆者は同感である。

2　解散・事業譲渡等

(1)　解散等

　これまでに取り上げたもの以外の労働契約関係の終了原因としては当事者の消滅，つまり死亡，法人の解散，事業譲渡（以前は「営業譲渡」と称されていたが，2005［平 17］年制定の会社法により「事業」譲渡と改められた）等がある。労働者または使用者という契約当事者たる地位は，一身専属的なものゆえ相続の対象とはなり得ない（民 896 条但書）。したがって死亡により労働契約関係は消滅する。

　会社等の法人が解散した場合は清算手続の完了時に労働契約関係は消滅する。解散から清算結了までの間の解雇については，使用者には原則として予告をする義務があり（労基 20 条），解雇権濫用法理が適用除外されると解することもできない。もっとも，解散による解雇が「客観的に合理的な理由を欠き，社会通念上相当であると認められない場合」（労契 16 条）に当たることは一般にあり得ないであろう。「整理解雇法理」（→199 頁以下）については，裁判例は修正して適用する考え方をするようである。[52] しかし，解散による解雇は「企業が存

---

[52]　グリン製菓事件＝大阪地決平 10. 7. 7 労判 747 号 50 頁は，解散にともなう解雇にも整理解雇の趣旨を参照して効力判断をすべきであり，「人員整理の必要性」は原則として肯定され，使用者が「解雇回避努力」をすべき理由も原則としてないが，「整理基準の合理性」と「手続の相当性」は考慮されるべきであるとして，解雇無効としている。また，三陸ハーネス事件＝仙台地決平 17. 12. 15 労判 915 号 152 頁は，整理解雇の 4 要件を基礎とするのでなく，事業廃止の必要性と解雇手続の妥当性を総合的に検討して判断すべきであるとして，当事件の解雇は濫用に当たらないとしている。

続しつつ人員削減措置をとる整理解雇とは異なるので」(菅野714頁),倒産時の解雇について(→200頁以下)と同じく,同法理は適用されないと考えるほうがよいであろう。[53]

解散による解雇が「偽装解散」[54]ではない「真実解散」であるかぎり,それが労働組合の壊滅・弱体化を意図するなどの違法・不当な動機によるものであっても,解雇無効とされることは原則としてないと考えられよう。とはいえ,解散した会社とその親会社等について「法人格否認の法理」を適用し得る場合には,解散した会社に解雇された労働者が親会社に対し責任を問うことができる(→38頁以下)。また,解散および解雇が不当労働行為(労組7条1号)に当たることなどにより不法行為となって,使用者が損害賠償責任を負うべき場合があり得ることはいうまでもない。[55]

(2) 合　併

合併は2つ以上の会社が契約により1つの会社になることであるが,そこでは権利義務関係は包括的に承継される(会社2条27号・28号・750条1項・754条1項)。したがって,労働契約関係も当然に合併後の会社に包括的に移転するのであって,合併によって従業員たる地位が消滅するとか,労働条件が変わるということはない。しかし,合併の前後に人員削減のための解雇が行われることは稀ではないし,使用者が合併前の会社での労働条件を変更しようとすることも少なくない(とくに「平準化」のための変更を要することが多いであろう)。その

---

53) もっとも,解散による解雇においても,使用者は解散と解雇に関して従業員に対し説明をすべきであり,そのような手続的配慮を著しく欠いたまま解雇がされたとして解雇権濫用とされる場合もあろう(菅野714頁)。石川タクシー富士宮ほか事件＝東京高判平26. 6. 12判時2294号102頁は,従業員に対する説明等の手続をとることが困難であり,とったとしても見合う効果が期待できないのであれば,解雇権濫用にはならないとしている。

54) 労働組合の壊滅・弱体化を狙って会社の解散がなされたが「実質的同一性」を有すると認められる新会社が設立された場合は,「偽装解散」として不当労働行為についての行政救済がなされる(菅野990頁等参照)。そして,解散した会社の労働者が親会社もしくは新会社に対し労働契約上の責任を問うことができる場合もあり,その場合には「法人格否認の法理」が適用されることになる(→38頁以下)。

55) ワイケーサービス(九州定温輸送)事件＝福岡地小倉支判平21. 6. 11労判989号20頁は,解散した子会社の従業員からの地位確認請求は「法人格否認の法理」を適用し得ないとして認めなかったが,損害賠償については,解散と解雇は親会社による不当労働行為であって不法行為になるとして請求を認容している。

ような場合の争いは，法的には整理解雇あるいは就業規則変更の効力判断のルール（→199頁以下，415頁以下）によって処理されることになる。

(3) 事業譲渡

　事業譲渡とは「事業」，すなわち一定の事業目的のために組織化されて有機的一体として機能する財産（最大判昭40. 9. 22民集19巻6号1600頁）を契約によって譲渡することである（会社467条以下参照）。そこでは，権利義務関係は合併のような「包括承継」ではなく「特定承継」，すなわち各財産について個別的に契約（事業譲渡契約）によって承継されるのが原則である（江頭憲治郎『株式会社法〔第7版〕』[2017年] 958頁等参照）。それゆえ，労働契約は事業譲渡の当事者である2つの企業が合意し，さらに労働者の同意が得られること（民625条1項）によって譲渡企業から譲受企業へ承継される。労働者が譲渡企業から譲受企業への移転（転籍）に同意しなかった場合は，転籍を拒否したことを理由とする解雇が解雇権濫用になるか否かが問題となる（→159頁）。逆に，事業譲渡に際し労働契約が承継の対象から外されている場合，つまり労働者の全部または一部を譲受企業が受け入れなかった場合には，労働契約は承継されたとして譲受企業との間に労働契約関係が存することを労働者が主張し得るか否かが問題となる。

　以前の裁判例には，事業譲渡により当然に，あるいは原則として労働契約は承継されるとしたものが少なくなかった。近年の裁判例の多くは，事業譲渡の場合は特定承継であることを前提として，譲渡・譲受企業間において労働契約関係の承継を含む事業譲渡の合意がされたものと意思解釈し得る場合に，労働者と譲受企業との間に労働契約が存することを認めることができるとしている（中労委［青山会］事件＝東京高判平14. 2. 27労判824号17頁，ショウ・コーポレーション事件＝東京高判平20. 12. 25労判975号5頁等）。

　現行法の解釈として，事業譲渡により労働契約が「当然に」承継され個別労働者の排除は許されないとすることは無理である（池田悠「事業譲渡と労働契約関係」野川忍＝土田道夫＝水島郁子編『企業変動における労働法の課題』[2016年] 74頁以下参照）。労働契約関係が引き継がれるかどうかは譲渡・譲受企業間の約定によって決まるというほかはない。しかし，この原則的なルールが文字どおりに適用されるならば妥当・公平を欠く結果になることが少なくないであろう。

労働者にとっては、事業譲渡の際に雇用関係が承継されないことの利益は大きくないが、承継から排除されることの不利益はきわめて大きいのが一般であると考えられるからである。そこで、たとえば大部分の労働者は承継されているのに一部の者が合理的な理由もなく排除されているとか、労働契約の承継を前提としながら労働条件の引下げに異議を唱える者が排除されているなどの場合には、その事業譲渡契約における一部労働者を排除する部分を公序違反ゆえ無効と解して、譲渡企業の労働者全員の労働契約を譲受企業が承継する合意があったものと「意思解釈」すべきであろう。また、譲渡企業と譲受企業とは「法人格否認の法理」によって律せられるべき関係を有する（→39頁）として、事業譲渡契約では承継されないことになっている労働者と譲受企業との間に労働契約関係が存することを認めるべき場合が少なからずあると思われる[56][57]。

■事業譲渡後の労働条件

　事業譲渡によって労働契約が承継された場合、譲渡企業との労働契約の内容であったもの、とくに労働条件は変わることなく譲受企業との労働契約の内容になるのか。譲受企業は労働者を新たに雇用したのではなく雇用関係を譲受したのであるから従来の労働条件がそのまま承継される、という考え方もあり得よう。裁判例には、事業譲渡にともない譲受会社の従業員となる際に新人事制度等に同意する旨の誓約書を提出していた者が給与改定により降給となったケースについて、譲受会社の就業規則によることを個別に認識した上で労働契約が締結されたものゆえ新人事制度の適用を受けるとしたものがある（エーシーニールセン・コーポレーション事件＝東京地判平 16. 3. 31 労判 873 号 33 頁）。これは、事業譲渡により労働契約が承継された場合に譲渡企業の労働条件が当然に承継されるとはいえ

---

[56] 日本言語研究所ほか事件＝東京地判平 21. 12. 10 労判 1000 号 35 頁は、事業譲渡が未払賃金等の債務免脱を目的とするものであったとして、譲受企業は法人格否認の法理により譲渡企業と並んで解雇された労働者に対して責任を負うとする。また、サカキ運輸ほか事件＝長崎地判平 27. 6. 16 労判 1121 号 20 頁は、組合員排除の目的で事業譲渡をしたもので法人格が濫用されているとして、譲渡企業に解雇された労働者からの譲受企業への労働契約上の地位確認請求を認容している（同事件控訴審＝福岡高判平 28. 2. 9 労判 1143 号 67 頁は原審の判断を維持した）。それから、前掲中労委（青山会）事件＝東京高判平 14. 2. 27 は、組合員の不採用は不当労働行為であるとして譲受企業に採用を命じた労委命令を適法としている。

[57] なお、2016（平 28）年に、「事業譲渡等指針」（平 28. 8. 17 厚労告 318 号）が出されている。同指針には、事業譲渡における労働契約の承継には個別労働者の承諾が必要なこと、その承諾を得る際には真意による承諾が得られるよう十分な説明をし、承諾に向けた協議を行うことが適当であること、とくに労働条件を変更して承諾させる場合には変更についての労働者の同意を得る必要があること、承継を承諾しなかったことのみを理由とする解雇は合理的理由を欠き社会通念上相当と認められないこと、事業譲渡を理由とする解雇には解雇権濫用法理が適用されることなどが定められている。

ないが，雇用を承継された者は譲受企業の就業規則等が定める労働条件を承認して労働契約を締結したと解される場合が多い，ということであろう。その考え方でよいと思われる。

③ 会社分割

(1) 会社分割制度

会社分割制度は2000（平12）年の商法改正によって創設されたが，2005（平17）年の会社法制定時には若干の修正が加えられて同法の制度となった（会社757条～766条）。商法改正と同時に制定された「会社分割に伴う労働契約の承継等に関する法律」（労契承継法）も，2005（平17）年に多少の部分について改正されている。

「会社分割」とは，会社がその事業に関して有する権利義務の全部または一部を分割後に他の会社に承継させることである。既存の他の会社（承継会社）に承継させる「吸収分割」（会社2条29号・757条～761条・782条～802条）と，新たに設立する会社（新設会社）に承継させる「新設分割」（会社2条30号・762条～766条・803条～816条）とがある。会社（分割会社）が事業に関して有する権利義務のどの部分が承継されるかは，吸収分割契約あるいは新設分割計画の定めによって決まる。承継会社または新設会社は，この契約あるいは計画の定めに従って，分割会社の権利義務を承継する（会社759条1項・761条1項・764条1項・766条1項）が，それは当該権利義務に関する分割会社の地位の承継，すなわち「包括承継」（いわば部分的包括承継）である。

(2) 会社分割と労働契約の承継

会社分割によって権利義務関係は個別的にではなく包括的に承継されるとすると，労働契約関係は労働者の同意を要することなく（民625条1項は不適用）当然に承継され，承継・新設会社へ移転することを望まない労働者も転籍を拒否できないことになる。また，会社は分割契約（吸収分割の場合）あるいは分割

---

58) 以前は事業自体の承継が必要とされていた（2005［平17］年改正前商法373条・374条の16）が，会社法では「事業に関して有する権利義務の……承継」と改められて，「事業」自体の承継は要件でなくなっている。会社分割の対象に事業（＝営業）財産の有機的一体性等は不要（江頭・前掲893頁注2参照）ということなる。

計画（新設分割の場合）に記載することで承継対象を決めることができるので，承継・新設会社への移転を望んでいるのに転籍を拒否される労働者も存することになる。このような労働者に生じ得る不利益（「承継される不利益」と「承継されない不利益」）への対処が必要と考えられて，2000（平12）年の商法改正と同時に労契承継法が制定されたのである。同法は，権利義務承継の特例としての労働契約承継ルールのほか，労働協約の承継，労働者の理解と協力を得る手続，労働者・労働組合への通知の各事項について規定している。

　労契承継法が定める基本ルールは以下のようなものである。まず，承継事業に「主として従事する」労働者（2条1項1号）については，分割契約・計画に記載されている場合には労働契約は当然に承継・新設会社に承継され（3条），記載されていない場合には当該労働者は一定期間内に異議を申し立てることができ，異議申立てがなされたときには労働契約は承継・新設会社に承継される（4条1項・4項）。承継事業に主として従事する労働者は，「承継される不利益」についての保護は受けないが，「承継されない不利益」についての保護は受けることになる。次に，承継事業に主として従事する者以外の労働者（2条1項2号）は，分割契約・計画に記載されていれば労働契約は承継・新設会社に承継されるが，承継対象とされた労働者は一定期間内に異議を申し立てることができ，異議申立てがなされたときには労働契約は承継・新設会社に承継されない（5条1項・3項）。承継事業に主として従事していない労働者は，「承継されない不利益」についての保護は受けないが，「承継される不利益」についての保護は受けるのである。

　このように，承継事業に主として従事する労働者に当たるか否かによって労働契約が承継されるか否かが左右されるので，「主として」従事する労働者への該当性の有無をどのような基準によって決すべきかが重要な問題となる。わが国の企業では職務を限定しないで労働契約を締結し，また転勤や配置換えを頻繁に行うのが一般であるから，これは相当に難しい問題であろう。労契承継法施行規則2条および「労働契約承継指針」（平12. 12. 27労告127号第2の2(3)）には詳細な判断基準が示されている。

　会社分割による労働契約の承継は「包括承継」であるから，労働契約の内容はそのまま維持されることになる。上記の「労働契約承継指針」は会社分割を理由とする一方的な労働条件の変更は許されないとしている（第2の2(4)）。

もっとも，分割の前後に労働者との合意（労契 8 条）もしくは就業規則の合理的変更（労契 10 条）により，労働条件の変更をすることは可能である。

■「解約型転籍合意」による労働条件変更
　会社分割に際し，労働契約以外（事業設備等）は分割契約・計画に記載して承継・新設会社に承継させるが，労働契約については，労契承継法が定める方法によらずに，分割会社との労働契約の合意解約と承継・新設会社への転籍によって移転させることは可能か。会社分割の対象は「事業に関して有する権利義務の全部又は一部」（会社 2 条 29 号・30 号）であるから，このやり方自体が違法・無効ということはない。では，そのような「解約型転籍合意」（成田史子「障害に対する配慮の合意と会社分割による承継の有無」『平成 26 年度重要判例解説』[2015 年] 237 頁）によって労働契約を移転させることで，労働条件を労働者の不利益に変更することは許されるのであろうか。阪神バス（本訴）事件＝神戸地尼崎支判平 26. 4. 22 労判 1096 号 44 頁は，分割会社との労働契約を合意解約して承継会社に転籍させるという手続は労契承継法の趣旨を潜脱するもので公序に反し無効であり，また，同法 2 条 1 項所定の通知がなされず，そのため異議申出を行う機会が失われた場合は，労働者は適法な異議申出が行われた場合と同様の効果を主張できるとして，分割会社との労働契約における労働条件がそのまま承継会社との労働契約における労働条件になるとしている。同（保全抗告）事件＝大阪高決平 25. 5. 23 労判 1078 号 5 頁も，「転籍同意方式」による契約は労契承継法の趣旨を潜脱するものであるという。
　前述のように，会社分割では，承継事業に主として従事する労働者は分割契約・計画に記載されれば労働契約が当然に（労働者の「承諾」[民 625 条] は不要）承継・新設会社に移転することになるが，その記載がない場合には労働者は異議申出によって労働契約を移転させることができる（「承継されない不利益」についての保護）。「解約型転籍合意」による労働契約では，分割会社との労働契約は合意によって消滅し，承継・新設会社との労働契約が合意により成立するのであって，労働者に何らの不利益をもたらすものではないから，これらの合意が意思の欠缺・瑕疵により無効または取り消し得るものでないかぎり，これを無効と解すべき理由はないとも考えられよう（岩出誠「労働契約承継法の実務的検討（上）」商事法務 1570 号 [2000 年] 8 頁参照）。これに対し，前掲阪神バス（本訴）事件＝神戸地尼崎支判平 26. 4. 22 は，労契承継法により，「労働者が希望しさえすれば，分割会社との間の従前の労働契約がそのまま承継会社に承継されることが保障されている」が，そのような労働者の利益を解約型転籍合意は一方的に奪うものゆえ公序に反して無効であるとする。
　会社分割により労働契約は包括承継されるのであるから，原則として労働契約の内容はそのまま維持されることになる。しかし，会社分割に際して労働条件が引き下げられないことを労契承継法が保障しているとは解し得ないであろう。同法は，承継業務に主として従事している労働者の「承継されない不利益」についての保護および承継業務に主として従事しているのではない労働者の「承継される不利益」についての保護を図るものだからである。とはいえ，分割会社と承継・新設会社の使用者が労働条件を引き下げることを意図して，労契承継法が定める方法によらずに，会社分割に際しての労働契約の移転を「解

約型転籍合意」という方法で行おうとすることは十分に考えられよう。その場合には，労働者が不相当に大きな不利益を受ける可能性があるし，就業規則の改定による労働条件の不利益変更には合理的理由を要するというルール（労契10条）の回避を可能とすることになるであろう。そこで，転籍合意により移籍時に既存の労働条件を不利益に変更することは禁止されていないが，承継業務に主として従事する労働者が異議申出権（労契承継4条1項）を行使した場合には，承継会社での採用時に労働条件の不利益変更をともなう転籍合意は無効となり，分割会社との旧労働契約がその労働条件を維持して承継される（同条4項）（土岐将仁「会社分割時の労働条件引下げを伴う転籍と労働契約承継法」ジュリ1484号［2015年］133頁），と解するのがベストであるように思われる。もっとも，すでに分割会社との労働契約を解約した労働者が異議を申し出ることができるのかという疑問などがあり，今後の課題として労契承継法のあり方を検討することが求められている（成田・前掲238頁）といえよう。

(3) 労働協約の承継

分割会社に労働組合と締結した労働協約が存する場合には，組合員の労働契約が承継されたにもかかわらず，分割契約・計画に労働協約を承継する旨が記載されていないと，組合員である労働者が労働協約によって得ていた利益，たとえば就業規則に定められたものを上回る労働条件や組合事務所を供与される等の利益を失うことになるのかという問題がある。また，分割契約・計画に労働協約が承継の対象として記載されているときに，労働協約の使用者側の当事者が承継・新設会社となって，分割会社は無関係になるので，分割会社に残留している組合員が労働協約の適用を受け得ないことになってしまうのかという問題がある。

そこで，労契承継法は，組合員の労働契約が分割会社から承継・新設会社に承継された場合には，分割会社と労働組合間で締結されていたものと同一内容の労働協約が，承継・新設会社と労働組合の間において締結されたとみなすこととする（労契承継6条3項）。分割会社が使用者側の当事者である労働協約が承継されて承継・新設会社を当事者とする労働協約になるのではなくて，同一内容の労働協約を承継・新設会社と労働組合が新たに締結したものとみなされるのである。それは，分割契約・計画に労働協約の承継が記載されていなくても，組合員の労働契約が承継・新設会社に承継されれば当然に生じる効果として定められている。

このように分割会社に存したものと同一内容の労働協約が承継・新設会社と

労働組合の間で締結されたと擬制することは，規範的効力（労組16条）のある定め（規範的部分）に関しては全く合理的である。しかし，規範的効力を有しない定め（債務的部分）に関しては，同一内容の労働協約が締結されたとするよりも，労働協約の一部分が承継・新設会社と労働組合の間の労働協約になるとするほうが合理的な場合がある。そこで，労働協約の一部分のみを承継する旨を分割契約・計画に記載できるものとされている（労契承継6条1項）。そして，分割会社と労働組合との間で労働協約の債務的部分の全部または一部について承継・新設会社に承継させる旨の合意があった場合は，その部分は承継される（同条2項）。この承継させる部分と承継させない部分の振分けについて労働組合との合意が得られない場合には，債務的部分を含めて同一内容の労働協約が承継・新設会社と労働組合の間に締結されたとみなされることになる（同条3項）。

(4) 労働者全体の理解・協力

分割会社は，分割に当たっては雇用する労働者の理解と協力を得るように努めるものとされている（労契承継7条）。「その雇用する労働者」とあるので，承継される事業に従事している者のみではない労働者全体の理解と協力を得るように努めなければならないのであり，「7条措置」とよばれている。具体的には過半数労働組合や過半数代表者と協議することなどが考えられている（労契承継則4条）。「労働契約承継指針」には7条措置の対象事項が示されている（前掲平12労告127号第2の4(2)ロ）。この7条措置は，「5条協議」（商平12改正附則5条1項。(5)参照）や「通知義務」（労契承継2条）と異なって，努力義務に過ぎないものである。[60]

---

59) 荒木444頁は，たとえば分割会社に①・②の2部門があって組合事務所が2個提供されていたが①・②が分割されたという場合には，①と②の労働組合にそれぞれ組合事務所が提供されるのが合理的であるとする。
60) 日本アイ・ビー・エム事件＝最2小判平22. 7. 12民集64巻5号1333頁は，労契承継法7条違反は労働契約承継の効力を左右する事由とはならず，7条措置において情報提供が不十分であったために商法平成12年改正附則5条の協議が実質を欠くことになったという特段の事情がある場合に，5条義務違反の有無を判断する1つの事情になるという。

(5) 個別労働者との事前協議

会社分割制度を創設した2000(平12)年改正の商法は，分割会社は分割にともなう労働契約の承継に関して，その通知をなすべき日(株主総会の2週間前の前日)までに労働者と協議するものと定めている(改正附則5条1項)。これは個別労働者と協議することを分割会社に義務づけるものであり，「5条協議」とよばれる。その趣旨は，労働契約の承継は労働者の地位に重大な変更をもたらし得るものゆえ，分割会社は事前に，承継される事業に従事する個々の労働者と協議を行って，労働者の希望等をも斟酌しながら承継の対象とするかどうかの決定をすべきである，というようなことであろう(前掲注60)日本アイ・ビー・エム事件＝最2小判平22. 7. 12参照)。「労働契約承継指針」は協議すべき事項等を提示している(前掲平12労告127号第2の4(2)イ)。[61]

この「5条協議」が行われなかった場合は，会社分割無効の原因となり得る(前掲平12労告127号第2の4(1)ヘ)。しかし，会社分割無効の提訴権者には分割を承認しなかった債権者は含まれる(会社828条2項9号・10号)が，将来の労働契約上の債権を有するに過ぎない労働者は債権者異議手続の対象ではないから，分割無効の訴えの提起権はないと解されている(江頭・前掲933頁注2)。そこで，学説により，協議義務違反の状態で労働契約承継の扱いを受けた労働者は分割会社または承継・新設会社における労働契約上の地位確認訴訟を提起できる，とする立場が主張され(菅野724頁等)，それを判例が取り入れたようである。以下のようにいわれている。労契承継法3条は適正に「5条協議」が行われていることを当然の前提とするものと解されるから，特定の労働者との関係において「5条協議」が全く行われなかったときには，労働者は同条の定める労働契約承継の効力を争うことができる。また，「5条協議」が行われた場合でも，分割会社からの説明や協議の内容が著しく不十分であるため，法が「5条協議」を求めた趣旨に反することが明らかな場合には，労働者は労契承継法3条の定める労働契約承継の効力を争うことができる(前掲日本アイ・ビー・エム事件＝最2小判平22. 7. 12)。

---

[61] 以前の指針では個別協議の対象は承継事業に従事する労働者であったが，2016(平28)年8月に指針が改正されて，承継事業に主として従事していたのではないが承継対象とされる労働者をも個別協議の対象とすべきものとされている。また，同改正により，「分割会社及び承継会社等の債務の履行の見込みに関する事項」が説明し協議すべき事項に加えられた(同指針第2の4(1)イ)。

では，このように労働者が労働契約承継の効力を争うことができるとして，その場合に分割による労働契約の承継を否定する事由となり得るのは分割無効原因に限定されるのか。限定されるという考え方の裁判例もあった（前掲日本アイ・ビー・エム事件の1審＝横浜地判平19. 5. 29労判942号5頁）が，対世効を持つ分割無効の訴えとは別個の労働契約承継の効果を争う訴えが可能と解するのであれば，そのように限定する必然性はない（荒木447頁）といえよう。そこで，分割無効原因がある場合のみでなく，「5条協議」の趣旨を没却し通常想定される程度を超える不利益を労働者が被ることになる場合にも，労働契約承継の効果を争い得るとされた（前掲日本アイ・ビー・エム事件の控訴審＝東京高判平20. 6. 26労判963号16頁）。これに対し，前掲日本アイ・ビー・エム事件＝最2小判平22. 7. 12は，上記のように，「5条協議」が全くなされなかった場合のみでなく，協議はなされても説明や協議の内容が著しく不十分で「5条協議」を求めた法の趣旨に反することが明らかな場合にも，労働契約承継の効果を争うことができるとしている。これは，労働契約承継の無効事由が分割無効原因に限定されないことを意味しているものと解される。労働契約の承継が無効となるのは，「通常生じると想定される事態がもたらす可能性のある不利益を超える不利益を被ることとなる場合」（前掲日本アイ・ビー・エム事件〔控訴審〕＝東京高判平20. 6. 26）というようなことでなく，「法が5条協議を求めた趣旨に反することが明らかな場合」としているところは，より有用かつ明瞭な基準を提示したものと評価してよいであろう。

　この「5条協議」の条項は，当初の政府原案にはなく国会での修正によって設けられたものであるが，会社分割制度を創設する必要性を認めた上で労働者保護の要請にも一定程度において応えようとする趣旨であろう。とすれば，最高裁判例が示した解釈論，すなわち同条項違反があった場合には労働者は会社分割無効の訴えとは別個に労働契約承継の無効を主張することができ，そこでの無効事由は分割無効原因である「5条協議」が全くなされなかった場合に限定されるものではないが，「5条協議」がなされていれば，説明や協議の内容

62）　最近の裁判例には，個別協議といっても労組脱退と引換えに分割会社での地位を与えるといった話がされたもので，法が「5条協議」を求めた趣旨に反することが明らかゆえ，労働者は労働契約承継の効力を争い得るとしたものがある（エイボン・プロダクツ事件＝東京地判平29. 3. 29労経速2317号3頁）。

が著しく不十分で法が協議を求めた趣旨に反することが明らかでないかぎり労働契約の承継が無効とされることはないという考え方は，まずは妥当なものといえるのであろう。もっとも，「協議」(「合意」でも「交渉」でもない) を「するものとする」(「しなければならない」ではない) という文言の定めについて，民法625条1項の一般原則を修正した特別法である労契承継法3条にもとづく労働契約承継を否定する効力を有する，と「法解釈」することに筆者は疑問を禁じ得ない。

(6) **労働者・労働組合への通知**

会社分割を行う会社は，分割契約・計画を承認する株主総会の2週間前の日の前日までに，承継事業に主として従事する労働者および承継事業に主として従事していない労働者で承継対象とされた労働者に対して (労契承継2条1項・3項)，また，労働協約を締結している労働組合に対して (同条2項)，所定通知事項を書面により通知しなければならない。この労働者・労働組合に通知すべき事項については労契承継法施行規則1条・3条に，訴訟により通知義務違反の承継の効力を争い得る場合については「労働契約承継指針」(前掲平12労告127号第2の2(3)ニ) に，それぞれ定められている。

第5節　労働者・使用者の権利・義務

I　労働契約上の権利・義務

　労働契約は，他人の指揮監督下で行われる労働に対価が支払われる関係の法的形態である（→86頁以下）。そこで，労働契約関係の最も主要な内容をなすのは，労働者にとっての労働義務と使用者にとっての賃金支払義務，つまり使用者の労働履行請求権と労働者の賃金請求権ということになる（労契6条，民623条）。このうちの労働履行は，労働者にとって義務であるのみでなく権利でもある性格を持つのかどうか。それが「就労請求権」の問題である。また，労働契約には，この2つの主要義務のほかに，いくつかの付随義務があると考えられる。使用者にとっての付随義務として代表的なものは「安全配慮義務」である（→525頁以下）が，さらに「人格的利益を尊重する義務」がある。労働者にとっての付随義務としては，「企業秩序を乱す行為をしない義務」と「使用者の利益を害する行為をしない義務」をいうことができる。これらの労働者の付随義務への違反は解雇もしくは懲戒処分の理由とされることが多い（→192頁以下，441頁以下）。

■労働者の損害賠償責任
　労働者による労働契約上の義務違反に対し，使用者は一般に解雇や懲戒処分を行うが，債務不履行として損害賠償責任を問うことも可能である（民415条・416条）。また，不法行為の要件をみたすならば損害賠償を請求できるし（民709条），損害を受けた第三者への使用者責任（民715条）を負う場合には労働者に対して求償することができる（同条3項）。ただし，労働契約の不履行について損害賠償の予定をすることは労基法16条によって禁止されている（→96頁）。
　労働者の義務違反から生じた損害につき，債務不履行もしくは不法行為の要件をみたす場合には使用者は常に全損害の賠償を労働者に求め，あるいは第三者に支払った損害の全額を求償できる，と考えるべきではないであろう。判例も，「諸般の事情に照らし，損害の公平な分担という見地から信義則上相当と認められる限度において」，使用者は労働者に対し損害賠償または求償を請求できるとしている（茨石事件＝最1小判昭51. 7. 8民集30巻7号689頁）。この最高裁判決は請求額の4分の1を限度として認容した原審の判断を是認したものであるが，裁判例には，損害の公平な分担という見地から信義則上相当と認められる限度で労働者は賠償義務を負うとして，損害額の約4分の1に責任を限定する

もの（N興業事件＝東京地判平15.10.29労判867号46頁），就業規則に故意・重過失により会社に損害を与えたときは賠償させると定めてあった場合について，故意・重過失によって損害を生じさせたときでも損害の公平な分担という見地から事情により責任は軽減されるとして，賠償請求を損害額の2分の1に限定して認容したもの（株式会社G事件＝東京地判平15.12.12労判870号42頁），リスク管理体制を構築していなかった使用者に損害の多くを負担させるべきであるとして，労働者は損害額の4分の1につき賠償責任を負うとしたもの（X大学事件＝東京地判平26.12.24労経速2238号3頁）などがある。

　学説では，労働者の過失（軽過失）は使用者があらかじめ想定しておくべき事柄であるから，そこから生じた損害は使用者が責任を負担すべきであり，重過失によるものについては労働者も責任を免れないが，それも諸事情を考慮して適切な範囲に限定されるべきであるという見解が多いようである（西谷202頁等）。裁判例にも，使用者は労働者の過失にもとづく事故については損害賠償請求権を行使できないとしつつ，当事件では労働者に重大な過失があったとして損害額の4分の1に責任を限定したもの（大隈鉄工所事件＝名古屋地判昭62.7.27労判505号66頁），労働者に故意または重過失があったと認められないことを理由の1つとして損害賠償責任を否定したもの（エーディディ事件＝大阪高判平24.7.27労判1062号63頁）などがある。

　故意・重過失がなければ労働者は損害賠償責任を負わないと解することは，その旨を定める法規定（国家賠償1条2項，失火ノ責任ニ関スル法律等）が存しないので無理であろう。また，「利益あるところに損失も帰する」ということで，労働者の損害賠償責任の否定または軽減がいわれることもあるが，この「報償責任」論は無過失でも加害者は賠償責任を負うべきことをいうものであるから，故意・重過失がなければ労働者は責任を負わないことの理由にはなり得ない。とはいえ，労働者の損害賠償責任を原則として狭く限定されたものと解すべきことに疑問はないであろう。そのように考えなければ，多くの場合に資力に欠ける労働者に過酷な結果をもたらすことになるし，現実に生じた損害において労働者の加害行為と相当因果関係のあるものは狭い範囲にのみ及ぶのが通常であり，あるいは使用者の行為等が損害発生に寄与している部分が多大である場合が少なくないからである。なお，秘密保持義務あるいは競業避止義務の違反による労働者の損害賠償責任については後述する（→263頁以下）。

■人格的利益の尊重，安全配慮，職場環境整備，公正評価等々の義務

　労働契約関係においては，使用者の指揮監督の下で，多くの場合に企業組織に組み込まれた状態で労働義務の履行がなされるので，労働者の人格的利益が使用者の措置・言動・態度等によって侵害される可能性が一般に相当な程度において存在する。今日，それがより強度なものになっているといえよう（竹地潔「スマート化する職場と労働者のプライバシー」労研663号［2015年］47頁以下等参照）。それゆえ，使用者は労働者の生命・身体・健康・自由・名誉・プライバシー等の人格的利益を尊重する義務を労働契約上，当然に負っていると解しなければならない。具体的には，私生活への干渉，特定の思想信条ゆえの差別的処遇，「セクシュアル・ハラスメント」，「パワー・ハラスメント」，「マタニティ・ハラスメント」，健康情報の不当な取扱い等が使用者による同義務の違反となる。そして，

それらのことが使用者に損害賠償責任を生じさせるか，懲戒処分を違法・無効なものとするか，業務命令が労働者を拘束し得ないものになるかなどとして争われることになる。あるいは，労働契約に定められた事項が無効とされるべきか，就業規則の内容が無効もしくは「合理性」を欠くゆえに労働契約の内容となり得ないか（労契7条・10条参照）が問題となるのである。

イビデン事件＝最2小判平30. 2. 15労判1181号5頁は，グループ会社の従業員等のためにコンプライアンス相談窓口を設けている親会社に対し，子会社の労働者からの上司によるパワハラ行為についての相談に適切な対応をしなかったとして，債務不履行にもとづく損害賠償請求がされたものであった。原審（名古屋高判平28. 7. 20労判1157号63頁）は，使用者の付随義務として就業環境に関し労働者の相談に適切に対応すべき義務を負うとし，親会社にも相応の措置を講じる義務があるとして請求を認容した。最高裁判決は，そのような労働契約上の付随義務を親会社が負うとは解し得ないので請求は棄却されるほかないが，親会社がグループ会社の従業員から法令遵守に関する相談を受ける窓口を設けているのであるから，法令違反等により被害を受けたとする申出の具体的状況によっては，親会社は対応すべき信義則上の義務を負うべき場合があるとしている。

2003（平15）年制定の「個人情報の保護に関する法律」（個人情報保護法）は，一定数以上の個人情報を取り扱う事業者に対し，利用目的の特定，目的外利用の制限，不正利用の禁止，本人への利用目的の通知などを義務づけている（15条～18条）。これに対応して，厚労省は「雇用管理分野における個人情報保護に関するガイドライン」（平24. 5. 14厚労告357号）を策定している。個人情報の保護は使用者が労働者に対して負う付随義務の1つと考えることができよう。また，障害者雇用法は，事業主は「労働者の障害の特性に配慮した職務の円滑な遂行に必要な施設の整備，援助を行う者の配置その他の必要な措置を講じなければならない」とする（36条の3）。これは同法の2013（平25）年改正が創設したもので，「合理的配慮の提供義務」とよばれている（菅野278頁等）。なお，これらの措置を講じることが事業主に過重な負担を及ぼすときは別であるとされており（障害者雇用36条の3但書），日本電気事件＝東京地判平27. 7. 29労判1124号5頁には，「労働契約の内容を逸脱する過度な負担を伴う配慮の提供義務を事業主に課するものではない」という説示がある。

それから，使用者には，労働者が指定した時季に年休がとれるように努力する（→382頁）義務，住居の移転をともなう配転や出向に際し労働者の負担が少なくなるような措置をとる（→147頁）義務，整理解雇に際し解雇以外の手段によって解雇を回避するように努力する（→206頁）義務があり，これらも安全配慮義務や人格的利益を尊重する義務と同じく，使用者が信義則にもとづいて負う労働者の利益を配慮する義務の一種である，といわれている（山川90頁）。近年の裁判例を見ると，2人体制で業務従事していて他方の同僚との間に軋轢があって上司に訴えていたが何らの措置もされなかったことを「労働者の心身の健康を損なうことがないように注意する義務」の違反としたもの（アンシス・ジャパン事件＝東京地判平31. 3. 27労経速2251号12頁），1年余にわたり長時間の残業をさせていた使用者には安全配慮義務の懈怠があったとするもの（無洲事件＝東京地判平28. 5. 30労判1149号72頁）などがある。なお，この2つの事件では労働者が心身の健康を害し

たという事実は認定されていないが、判旨は使用者には債務不履行責任があるとしている。それから、昇格等に関して行われる人事評価や査定においては公正な評価がなされるべきであり、使用者は労働契約上の義務として「公正評価義務」を負うとする学説の見解がある（毛塚勝利「賃金処遇制度の変化と労働法学の課題」労働法89号［1997年］5頁以下）。

　これらのこと、たとえば住居移転をともなう配転等を命じるときは労働者の負担が少ないものにする措置を使用者は講じるべきで、それが怠られている場合には配転命令等が権利濫用ゆえに無効とされるべきこと、同僚と不和で業務遂行に支障が生じているのに放置されていたために退職せざるを得なかった労働者が、使用者の不法行為責任を問うことができることに筆者には何らの異論もない。もっとも、上記のアンシス・ジャパン事件＝東京地判平27. 3. 27には、企業における人事・労務管理のあり方に法が過剰な介入をするところがあるので妥当でないと思う。また、あれもこれも使用者の労働契約上の義務違反であるとして、いわば契約の内容をなす権利義務のカタログを際限なく積み増す考え方には違和感を覚える。「権利義務論」としては、使用者が労働契約によって当然に負う付随義務は「安全配慮義務」と「労働者の人格的利益を尊重する義務」である（後述Ⅱの就労請求権を肯定すれば「労働受領義務」も付随義務となる）、としておけばよいのではないか。

　以下では、就労請求権、業務命令（使用者の労働履行請求権および上記の労働者の付随義務に根拠を持つ）、休職（労働履行の権利義務を一定期間消滅させる制度）について論じ、さらに「使用者の利益を害する行為をしない義務」に関連する兼職禁止・競業避止と秘密保持義務についてやや詳しく見ることにする。

■職務発明に関わる権利

　「職務発明」とは、従業者等（従業者、法人役員、公務員）が、その性質上、当該従業者等と雇用関係等を有する使用者等（使用者、法人、国・地方公共団体）の業務範囲に属し、かつ、その発明をするに至った行為がその使用者等における従業者等の現在または過去の職務に属するところの発明である（特許35条1項）。「従業者」は労働法上の「労働者」と「ほぼ同義」（菅野154頁）と解される。2015（平27）年の改正前の特許法においては、職務発明をした従業者等は特許を受ける権利を有するが、その者（もしくはその者から特許を受ける権利を承継した者）が特許を受けたときは、その特許権について使用者等は通常実施権（特許権者から差止め・損害賠償の請求をされることなく特許を実施する権利）を無償で有するものとされ、また、使用者等は「契約、勤務規則その他の定め」により、職務発明につき特許を受ける権利もしくは特許権を自らに承継させ、また専用実施権（特許発明を独占的に実施する権利）を設定できるが、その場合には従業者等は「相当の対価」の支払いを受ける権利を有する、とされていた。そして、「相当の対価」の算定は発明により使用者等が受けるべき利益と発明への使用者等の貢献度を考慮すべきものとされていたが、それは2004（平16）年の法改正により大きく改められたものであった。

　2015（平27）年の特許法改正は、職務発明について特許を受ける権利は発明をした従業者等に帰属し、従業者等が特許を受けたときには使用者等は通常実施権を有するという原

則は維持しつつも（35条1項），「契約，勤務規則その他の定めにおいてあらかじめ使用者等に特許を受ける権利を取得させることを定めたときは，その特許を受ける権利は，その発生した時から当該使用者等に帰属する」こととしている（同条3項）。従来は，あらかじめ定めておくことができるのは特許を受ける権利もしくは特許権の「承継」に限られていたのであるから，重要な制度改革がなされたものといえる。また，従業者等は，職務発明について契約・勤務規則等の定めにより使用者等に特許を受ける権利を取得させ，または特許権を承継させ，もしくは専用実施権を設定したときは，相当の金銭その他の経済上の利益（相当の利益）を受ける権利を有するとする（同条4項）。そして，「相当の利益」については，あらかじめ契約・勤務規則等よって定めておくことはできるが，その定めたところにより相当の利益を与えることが不合理と認められるものであってはならず，不合理か否かについては，相当の利益の内容を決定するための基準の策定に際しての使用者等と従業者等との協議の状況，相当の利益の内容を決定するための基準の開示の状況，相当の利益の内容決定について行われた従業者等からの意見聴取の状況等を考慮するものとされている（同条5項）。この「相当の利益」に関する定めは，法制定時からあった「相当の対価」の定めと同じ内容である。

II　就労請求権

1　裁判例の状況

「就労請求権」の問題（「労働受領義務」の問題といってもよい）とは，労働契約関係が存続しているにもかかわらず使用者が就労を拒否した場合に，労働者は使用者に対し就労させるように請求することができるのかを問うものである。就労拒否によって生じた損害の賠償責任を使用者の債務不履行によるものと解し得るかも問題となる。

裁判例においては，主として，違法な解雇・出勤停止・自宅待機命令等を受けた労働者による就労妨害禁止等の請求は認容され得るのかが問題となってきた。かつては就労請求権を肯定する立場の裁判例が多数であったが，やがて逆になって今日に至っている。とくに読売新聞社事件＝東京高決昭33．8．2労民集9巻5号831頁の，「労働契約等に特別の定めがある場合又は業務の性質上労働者が労務の提供について特別の合理的な利益を有する場合を除いて，一般的には労働者は就労請求権を有するものでない」という立場が，以後の裁判例によって受け継がれている。もっとも，最高裁も，教育活動を止めるようにという大学教授に対する命令は業務上の必要性を欠き社会通念上著しく不合理

ゆえ無効であるとして，命令の無効確認請求を認容した１審判決を支持している（最２小判平19．7．13判タ1251号133頁）。また，労働組合に雇用されている者による自宅待機命令の無効確認と損害賠償の請求を認容した裁判例がある（全日本海員組合事件＝東京高判平24．1．25労経速2135号3頁[1]）。

上記の最高裁判決と東京高裁決定の「就労請求権」に関する考え方は次のようなものではないかと筆者は思う。すなわち，業務命令を発する権利の濫用に当たる使用者の行為は無効であり，労働者に就労請求権が属するか否かにかかわらず，無効確認の請求は認容され得るし，使用者が損害賠償責任を負うべき場合もあり得る。しかし，就労妨害の排除あるいは労務受領の強制（間接強制）の請求は，特約が存するか，業務の性質により就労することに特別の利益が存することで労働者が就労請求権を有する特別の場合にのみ認容され得る，と。要するに，就労請求権については「原則否定・例外肯定」論であるが，違法な就労拒否を受けた労働者は業務命令等の無効確認と損害賠償の請求をなし得るということである[2]。

■不就労命令の無効確認

　配転命令の無効確認という請求は，過去の法律行為の効力の確認を求める利益は認められないゆえに不適法とされている（渡辺133頁）。とすれば，業務命令の無効確認請求も不適法というほかないのであろうか。もっとも，過去の権利関係や法律行為の効力の確認がかえって現在の権利関係をめぐる紛争の解決にとって適切である場合には，確認の利益を認めて差し支えないとされている（伊藤眞『民事訴訟法〔第5版〕』〔2016年〕163頁）。出勤停止処分や自宅待機命令の無効確認は，この確認の利益を認めるのが適切な場合といえるのではないか。それに，配転命令に関しては無効確認の請求はできなくても，配転先で

---

1) 大学教員への業務禁止命令の無効確認等の請求を認めた上記の最２小判平19．7．13に関しては，就労請求権は一般には否定されるが大学教授については肯定するのが多数の下級審裁判例の立場であり，最高裁は就労請求権論に立ち入ることなく業務命令の必要性や動機・目的に着目して無効としたものである，という説明がされている（前掲判タ1251号137頁）。また，大学教員のケースではない上記の全日本海員組合事件＝東京高判平24．1．25に注目して，今後は就労請求権の有無にふれずに最高裁判決の枠組みを採用する判決も現れるであろうといわれている（神田邃「自宅待機命令の無効確認請求の適法性」労経速2135号2頁）。いずれにせよ，就労請求権の問題に関する今日の判例の立場について，あらためて検討・評価をしてみる必要があると思われる。

2) 山川243頁は，自宅待機命令が権利濫用として無効とされ，あるいは不法行為と評価され得るとするが，命令の無効を主張するのみならず就労自体を訴訟で求め得るかどうかは就労請求権の問題であるとする。そして，就労請求権については原則否定説が有力であるという（山川85頁）。これは裁判例の立場の説明として的確なものであろう。

の就労義務がないことの確認を請求することは可能であろう（渡辺133頁参照）。ところが，そのような請求を出勤停止や自宅待機の命令については考えることができないから，やはり無効確認の請求は認められ得るものと解すべきである。

2 労働契約関係と就労請求権

　就労請求権については，学説においては肯定説が多いようであるが（新屋敷恵美子「就労請求権」争点40頁以下参照），否定説もしくは「原則否定・例外肯定」説（菅野150頁，荒木273頁等）が通説であろう。

　筆者は肯定論を説いてきた一人である（下井108頁以下）。私見を略述すれば次のようになる。労務給付の用意があるにもかかわらず就労拒否された場合には，賃金支払いをもってカバーされ得ない不利益が，論理的にはすべての労働者に，実際には少なからぬ労働者に生ずる。また労働とは賃金獲得のための手段的活動であるとともに，それ自体が目的たる活動でもあると考えるべきであるから，現実の労務給付そのものが権利として保護されなければならない。そこで，使用者の就労拒否は正当事由による場合でないかぎり債務不履行に当たると解する必要がある。

　私見を含む学説の就労請求権肯定論に対しては，実務の側から，一般的・抽象的法理からのみ説くもので説得力がない等の厳しい批判が加えられている（中込秀樹「いわゆる非典型的労働仮処分の諸問題」鈴木忠一＝三ケ月章監修『新実務民事訴訟講座11・労働訴訟』［1982年］231頁，大藤敏「就労請求権」渡辺昭＝小野寺規夫編『裁判実務大系5・労働訴訟法』［1985年］149頁以下等）。債権者一般の受領義務が否定されていること（最2小判昭40.12.3民集19巻9号2090頁等）も，就労請求権について実務が消極的である理由の1つであると思われる。

　筆者の立場は，前述のように「原則肯定・例外否定」説であるが，「原則否定・例外肯定」をルールとしながらも「労働者が特別の利益を有する場合」を幅広く認めていく処理がなされるのであれば，それでよいとも思う。また，今日の判例は，前述のように（→245頁以下）違法な業務命令の無効確認請求は認

---

3) たとえば，外国人技能実習生（→51頁）に対し就労拒否や教育研修の不履行があったときには実習生は地位確認・損害賠償請求をなし得ると解され，これは技能実習生特有の就労請求権といえるであろう（早川智津子「外国人労働をめぐる法政策の展開と今後の課題」労研662号［2015年］72頁参照）。

容されるべきものとし，就労拒否が使用者の不法行為となり得ることを肯定している。これによって，現実の労働そのものを権利として保護することが相当な程度において行われていると評価することもできよう。現行法の解釈としての就労請求権論としては，ここまででよいかと思わないでもない。しかし，労働契約法上のプリンシプルとしては，筆者は就労請求権肯定説を維持したいと考える。[4]

Ⅲ　業務命令

1　業務命令の意義

　労働者の主要義務である労働履行は使用者の指揮監督下で行われるものであるから，使用者には指揮命令権があり，多くの就業規則には，業務上（ないし職務上）の指示・命令に服従しない者は懲戒処分に処するという規定がおかれ，それにもとづいて多様な内容の業務命令が発せられている。最高裁判例によれば，業務命令とは「使用者が業務遂行のために労働者に対して行う指示又は命令」であり，労働者は「使用者に対して一定の範囲での労働力の自由な処分を許諾して労働契約を締結する」のであるから，「その一定の範囲での労働力の処分に関する使用者の指示，命令としての業務命令に従う義務がある」（帯広電報電話局事件＝最１小判昭61．3．13労判470号6頁）。

---

[4]　学説における就労請求権論として，より注目に値するのは以下のように説く「キャリア権」保障の構想による就労請求権論であろう。社会経済環境と産業構造が変化し技術革新が進むなかで，雇用政策を支配する理念は「職業経歴＝キャリア」を権利として保障することになる必要がある。このキャリア権保障は労働市場政策の方向を示すのみでなく，具体的な法解釈においても意義を持つ。キャリア権の視点から把握される労働権保障は，労働者の能力・適性・意欲を考慮した質的要素を含む就労機会でなければならないから，就労請求権の問題においても従来とは異なった対応を要請する。これまでの労働権保障の考え方では雇用の保障が重視され，実際に仕事について働くこと（キャリア形成・展開・維持の機会）を求める就労請求権には関心が薄かった。しかし，キャリア権保障のためには，技能低下，職歴上の不利益，資格喪失の危険などに言及しつつ就労請求権を一般的に肯定した高北農機事件＝津地上野支決昭47．11．10判時698号107頁のような，就労請求権に関する積極論の再構成をしなければならないのである（諏訪康雄「キャリア権の構想をめぐる一試論」労研468号［1999年］54頁以下，同「労働市場法の理念と体系」講座21世紀2巻2頁以下，同『雇用政策とキャリア権』［2017年］16頁以下・144頁以下）。

■業務命令と懲戒処分

　業務命令は指揮命令権行使の一態様であるから，懲戒処分のように就業規則等の定めがなければ発出され得ない（→435頁）とは考えられない。上記の帯広電報電話局事件＝最1小判昭61．3．13も，その旨をいっているものと解される。裁判例には，職務上の命令は懲戒処分ではないから弁明の聴取や異議申立ての手続を設けることは不要であるとしたもの（学校法人V大学事件＝東京地判平24．5．31 労判1051号5頁），「自宅謹慎」と「車庫待機」について，賃金の一部不支給をともなうので業務命令としては行い得ないとしたもの（WILLER EXPRESS 西日本事件＝大阪地判平26．10．10 労判1111号17頁）などがある。

2　業務命令の拘束力

(1)　業務命令権の範囲，濫用等

　使用者の指揮命令権は形成権であるが，もとより無限定の内容のものではあり得ないから，業務命令も内容において妥当性を欠くものであれば労働者を拘束できない。業務命令が拘束力を持ち得る範囲は，理論的にはそれぞれの労働契約関係の内容によって定まる。具体的には一般に，就業規則条項の合理的解釈によって決まることになろう。前掲帯広電報電話局事件＝最1小判昭61．3．13は次のようにいう。業務命令をもって指示・命令できる事項かどうかは労働者が労働力の処分を許諾した範囲内の事項かどうかによって定まるから，結局のところ当該の具体的な労働契約の解釈に帰着するが，就業規則の規定の内容が合理的であれば当該労働契約の内容をなすものといえる。妥当な説示といえよう。[5]

■思想信条を制約する業務命令等

　業務命令が国籍・信条・性別等による差別的取扱いに当たるもの（憲14条1項・19条，労基3条，均等6条参照），あるいは労働組合の正当な行為をしたことゆえのもの（労組7条1号参照）であれば，いうまでもなく労働者を拘束することはできない。近年の最高裁判例には，公立学校教員に対し学校式典での国歌の起立斉唱を命ずる職務命令につき，

---

[5]　この帯広電報電話局事件＝最1小判昭61．3．13は，就業規則の規定が合理的なものであることにより労働契約の内容となって労働者に業務命令への服従義務を負わせるというように，就業規則と労働契約の関係についての判例理論（→398頁以下），すなわち労契法制定後は同法7条に定められているところに依拠した理論構成をしている。他方，愛知県教委事件＝最1小判平13．4．26 労判804号15頁は，労安衛法や結核予防法の定めにもとづき労働者はエックス線検査の受診義務を負い，学校では教職員の健康や結核への罹患が生徒等に大きな影響を与えるから，校長は受診命令を発し得るとしている。このように，法令の規定を業務命令への労働者の服従義務を根拠づけるものと解することができる場合もあろう。

個人の思想・良心の自由を直ちに制約するものではないが，間接的な制約となることは否定できないから，職務命令の目的・動機および制約の態様等を総合的に較量して，命令による制約を許容し得る程度の必要性・合理性があるか否かを判断すべきであるとして，当事件の職務命令は憲法 19 条に違反するものではないとしたものがある（東京都教委事件＝最 2 小判平 23.5.30 民集 65 巻 4 号 1780 頁）。この判決に関しては，「『良心的拒否』の自由が雇用契約の性質によって制約されるという」考え方が，「我が国の判例法理としてまがりなりにも認められたもの」とする評価がされている（花見忠「公立学校における教員の起立・斉唱義務と思想・良心の自由」ジュリ 1444 号［2012 年］127 頁）。

業務命令が指揮命令権の濫用に当たることによって，それへの不服従を理由とする解雇・懲戒処分が無効とされ，あるいは使用者が損害賠償責任を負うべきことは実際に少なくないであろう。以下のように，いくつもの最高裁判例がある。日本電信電話公社（千代田丸）事件＝最 3 小判昭 43.12.24 民集 22 巻 13 号 3050 頁では，業務にともなう特殊な危険のゆえに就労命令の拒否を理由とする解雇が無効とされた。富士重工業事件＝最 3 小判昭 52.12.13 民集 31 巻 7 号 1037 頁は，同僚の政治的な性格の行動に関する事情聴取につき非協力の態度をとったとして戒告処分がなされたのであるが，企業秩序違反行為に関する事情調査が可能なことは当然としても，労働者はいつ，いかなる場合にも調査に協力する義務を負うわけではなく，調査協力が労務提供義務の履行の上で必要かつ合理的と認められる場合に限られるとされている。前掲の帯広電報電話局事件＝最 1 小判昭 61.3.13 では，就業規則には心身の故障により療養・勤務軽減等の措置を受けた者は衛生管理者・医師・所属長等の指示に従って健康の回復に努めなければならないと定められていたが，頸肩腕症候群の長期罹患者を対象として総合精密検診を実施する旨の労働協約の定めにもとづく受診命令を労働者が拒否したために懲戒処分がなされた。判決は，労働者側に使用者の指示に従って総合精密検診を受診することにより健康回復に努める義務が存したとし，受診命令は具体的な治療方法についてまで指示に従う義務を課したり，別途自ら選択した医師の診療を受ける自由を制限したりするものでもないから，労働者が有する診療を受けることの自由や医師選択の自由を侵害するものではないという。以上の各事例における判断の当否はともかく，業務命令の拘束力に関する判断基準はかなり明確になっているといえよう。以下では，裁判例に現れた業務命令のいくつかのタイプに関して，若干の検討をしておこう。

(2) 他職務に従事させる業務命令

　裁判例には以下のようなケースが少なからず見られる。それは、指揮命令に従わなかった者あるいは職務遂行上の事故があった者に本来のものとは異なる他の職務につくことが命じられ、それに対して労働者が違法な業務命令であるとして損害賠償あるいは命令の撤回を請求したものである。

　国鉄鹿児島営業所事件＝最2小判平5．6．11労判632号10頁は労組員バッジの取外しを命じられたが従わなかったために降灰除去作業が命じられたもの、JR東日本事件＝最2小判平8．2．23労判690号12頁は労組マーク入りのベルト着用を禁じられたが従わなかったために会議室での就業規則の書き直し等の作業をさせられたものであった。前者では職務管理上やむを得ない措置であり社会通念上の相当性を欠くものではなかったとされ、後者では逆に、労働者の人格権を侵害するもので業務命令権を濫用した違法な命令であるとされている。

　ほかにも、高校教諭に授業と校務分掌を一切させず論文作成のみをさせたことを業務命令権の濫用に当たるとしたもの（独協学園事件＝東京地判平13．3．26労経速1783号3頁）、出札業務から外して旅客案内等をさせたことを裁量の範囲を逸脱した違法なものではないとしたもの（東日本旅客鉄道事件＝東京地判平15．12．1労判868号36頁）などがある。そして、「日勤教育」（JR各社で行われていた再教育）に違法があったとする裁判例がある。そこでは、労働者の教育をいかに行うかは使用者の裁量に委ねられており、日勤教育を行うこと自体は違法とはいえないが、いたずらに長期間労働者を賃金上不利益で不安定な地位におくことになる教育は必要かつ相当とはいえず、使用者の裁量を逸脱した違法なものとなるから、実勤務日数だけで65日にもわたった日勤教育は違法であり、また日勤教育として天井清掃や除草作業を命じたことは必要性が認められず違法である、とされている（JR西日本事件＝大阪高判平21．5．28労判987号5頁［最3小決平22．3．11判例集未登載により上告棄却・不受理］）。

　このような他職務に従事させる業務命令の適法性判断は実際には微妙で難しいものであろう。まず、本来の職務への就業を禁止して新たな他の職務につかせることについて、業務上の必要性が使用者に存しなければならない。もっとも、その就業禁止と他職務指示を実際に行うか否かが一定範囲において使用者の裁量の下にあることは当然である。次に、就業禁止と他職務指示の必要性が

存したと認められた場合でも，新たに従事させる職務は内容においても職務遂行の態様においても社会通念上の相当性をそなえたものであることを要する。とりわけ，その新たな職務につくことが職業キャリアに大きなマイナスをもたらすとか，過度に屈辱感や不名誉感を覚えさせるなど，労働者の人権を侵害すると評価されるものであってはならない。この最後の点は，使用者には労働契約上の付随義務として「労働者の人格的利益を尊重する義務」があること（→242頁）もあり，とくに重要といわなければならない。前掲JR東日本事件＝最2小判平8. 2. 23，独協学園事件＝東京地判平13. 3. 26，JR西日本事件＝大阪高判平21. 5. 28などは，本来職務への就業禁止に理由があったとしても，新たに指示された他職務が労働者の人格権を侵害する危険性が大きく不相当なものであったがゆえに，それを命ずることを違法としたのであろうが，それぞれ妥当な判断であったと評価できよう。

(3) **職務外の行為を禁ずる命令**

公務員法には「職務専念義務」，すなわち就業時間中は職務に専念し，それと抵触する行為をしない義務があるとする定めがある（国公101条1項，地公35条）。そして，公務員以外の労働者にも同様の義務ないし「誠実労働義務」があり，労働時間中は職務に専念して他の私的行動を差し控えなければならないと一般に解されている。そこで，勤務中に職務と無関係な行為をしないようにさせる業務命令は原則として適法ということになる。しかし，そのような命令が労働者の人格的利益を侵害する可能性が小さくないから，労働者を拘束し得ないとされるべき場合も少なからず存在する。

裁判例では，まず，前記(2)の「他職務に従事させる業務命令」のところでみた国鉄鹿児島営業所事件＝最2小判平5. 6. 11等にも現れたところの，労働者が勤務中に身に着けているバッジやプレートなどを取り外す命令に従わなかったことを理由とする懲戒処分の適法性が問題となっている。目黒電報電話局事件＝最3小判昭52. 12. 13民集31巻7号974頁は，旧日本電信電話公社法の規定の解釈としてではあるが，労働者には「注意力のすべてをその職務遂行のために用い職務に従事しなければならない」という義務があるとして，プレート着用行為等を理由とする懲戒処分を有効とした。国鉄鹿児島営業所事件＝最2小判平5. 6. 11は，目黒電報電話局事件＝最3小判昭52. 12. 13と同旨

の判断をした原審判決を是認している。それから，大成観光事件＝最 3 小判昭 57. 4. 13 民集 36 巻 4 号 659 頁は，労働組合のリボン闘争について，誠実に労務に服すべき労働者の義務に違背するから正当な組合活動と解する余地は全くないとした原判決を支持している。このように，判例は「極めて高度の義務」（荒木 659 頁）である職務専念義務が労働者に属するという立場であるようにも見える。もっとも，大成観光事件＝最 3 小判昭 57. 4. 13 には，「職務専念義務……も，労働者が労働契約に基づきその職務を誠実に履行しなければならないという義務であって，この義務と何ら支障なく両立し，使用者の義務を具体的に阻害することのない行動は，必ずしも職務専念義務に違背するものではない」という補足意見（伊藤正己裁判官）が付せられている。

　それから，業務用パソコンで私的なメールの送受信やウェブサイトの閲覧をしたことを理由とする懲戒解雇等の効力が争われたケースの裁判例がある（→442 頁）。また，私的メールの監視あるいはメール・ファイルの点検による不法行為の成立を否定したものがある。そこでは，次のようにいわれている。メールの監視は目的・手段・態様等を総合考慮して社会通念上相当な範囲を逸脱した場合にかぎりプライバシー侵害となるが，当事件では労働者によるパソコンの私的利用は限度を超えており，使用者による監視行為は相当な範囲内のものであった（F 社 Z 事業部事件＝東京地判平 13. 12. 3 労判 826 号 76 頁）。

　就業時間中の職務外の行為に関しては，次のように考えてはどうであろうか。使用者により禁止され得ないと社会通念上考えられるものを除いて，それは労働契約にもとづく労働履行義務の不履行（不完全履行）に該当する[6]。とはいえ，業務に支障を生じさせる恐れのあるものでなければ，直ちに解雇・懲戒処分の合理的理由になるなどの責任を労働者が負うべき義務違反にはならないと解すべきである。しかし，そのような業務支障の恐れがないものであっても，その

[6) 一般に，労働者は「誠実労働義務」と「職務専念義務」を負うといわれている（土田 108 頁以下等）。筆者は，それらのものを労働契約に含まれる「付随義務」であると，いわば取り立てていう必要はないと思う。労働義務の履行が「信義に従い誠実に」行われなければならないこと（民 1 条 2 項，労契 3 条 4 項）は当然であるし，労働者が勤務中に職務外の行為をすれば「債務の本旨に従った履行をしないとき」（民 415 条）に当たるから，原則として使用者は解雇・懲戒処分あるいは損害賠償請求をなし得ることになる。労働契約にもとづく労働者の付随義務として観念する必要があるのは「企業秩序を乱す行為をしない義務」と「使用者の利益を害する行為をしない義務」である，と考えておけばよいのではないか。]

禁止を使用者が労働者に命じた場合には，原則として労働者は行為を止めなければならず，その業務命令への不服従は労働者に義務違反の責任を生じさせる。勤務中にプレートやバッジ等をつけることについても[7]，業務用パソコンの私的利用についても，このような考え方によって業務命令の適法性や解雇・懲戒処分の効力について判断すればよいであろう。

IV　休　　職

1　休職の意義等

休職の制度を就業規則等に定めている企業は少なくない。それを設けることは使用者の義務ではないが，設けるのであれば労働条件として明示しなければならず（労基15条，労基則5条1項11号），全従業員に適用するものならば就業規則に必ず記載しておかなければならない（労基89条10号参照）。「労働者を就労させることが不能または不適当な事由が生じた場合に，労働関係を存続させつつ労務への従事を免除ないし禁止する措置」（荒木427頁）と定義するのがよいであろう[8]。

今日の企業において行われている休職は多種多様であるが，その目的から次のように分類できよう。①解雇猶予の措置である「傷病休職」，「事故欠勤休職」等。②特定事由による就労免除である「出向休職」，「留学休職」，「組合専従休職」等。③刑事事件に関与したときに判決確定まで就労させない「起訴休

---

[7]　「リボン闘争」，すなわちプレート等の着用が組合活動として行われる場合は，使用者への圧力行動としての性格を持つので，取外しの命令が出ていなくても労働義務の債務不履行となることは否定できないであろう。では，正当な組合活動（労組7条1号）もしくは争議行為（労組8条）として，一定程度までのものであれば解雇その他の不利益取扱いが不当労働行為となり，損害賠償責任が免除されることになるのか。判例では，正当な組合活動・争議行為と認められることは全くないと解されているのであろう。学説は正当な組合活動として認められることがあるとする見解が多い（菅野926頁等）。筆者も同意見である（下井・労使関係71頁，同『労働法〔第4版〕』［2009年］195頁）。

[8]　そこで，休職は一般に，使用者の一方的意思表示（形成行為）によりなされるのであるが，労働者と使用者の合意により行われることもあろう。さらに，就業規則に，就労が不能・不適である一定事由があるときは休職となり，所定の休職期間が経過したときにも不能・不適であれば「自然退職」になると定めて，休職発令をすることなく労働者を休職させ，一定期間経過後に退職とするものも見られる。

職」等。④その他の「包括的」な休職。このうちの主要なものである傷病休職，事故欠勤休職，起訴休職について，この後の項で少し詳しく見ることにする。

　休職命令が違法・無効で労働者を拘束し得ないことはあるのか。就労請求権を肯定する見解に立たなければ，休職処分には正当事由が必要であると考えることはできない。しかし，就労請求権を原則として否定する判例・通説の立場（→245頁以下）においても，休職期間中は賃金の全部または一部が支払われないとか，その期間が勤続年数に算入されないといった不利益を労働者が受けるものである場合には，合理的理由を欠く休職命令は権利濫用に当たり違法・無効と解すべきことになろう。裁判例には，無給等の不利益をともなう傷病休職の命令について休職事由が存しないから無効としたもの（富国生命事件＝東京高判平7．8．30労判684号39頁），「会社が必要と認めたとき」という事由に当たるとして成績不良者を無給の休職にした命令を無効としたもの（クレディ・スイス証券事件＝東京地判平24．1．23労判1047号74頁）などがある。では，休職命令の無効確認の請求は認容され得るか。自宅待機の命令あるいは業務従事を禁ずる命令の無効確認請求を認容した裁判例は少なからず見られる（→245頁以下）のであるが，休職命令の無効確認請求も可能ということになろう。現に，無給の休職命令を無効とした上記の2つの裁判例では無効確認の請求が認容されている。また，上記クレディ・スイス証券事件＝東京地判平24．1．23は，使用者が業務従事を禁じたことには違法性があるとして労働者は精神的損害の賠償を求め得るとしている。このような裁判例については，ほぼ妥当・適切な

---

9) 後掲クレディ・スイス証券事件＝東京地判平24．1．23における「会社が必要と認めたとき」，医療法人健進会事件＝大阪地判平24．4．13労判1053号24頁における「特別な事情があり，休職させることが適当と認められるとき」といった事由による休職である。中山慈夫『就業規則モデル条文〔第3版〕』〔2013年〕78頁は，これはさまざまな事情に対応する包括的な休職であり，このような規定を設けておくべきであるとしている。

10) 前掲注8)の後段で言及したもの，つまり休職発令を発しないものである場合は，休職扱いをしていることが違法かどうかということになる。なお，休職扱いをするには必ず発令（意思表示）をしなければならない，と解する必要はないであろう。

11) この点に関し，前掲富国生命事件の1審＝東京地八王子支判平6．5．25労判666号54頁は次のようにいう。一般に確認の訴えは現在の法律関係を対象とするが，その基礎にある過去の法律関係を確定することが現に存する紛争の直接かつ抜本的な解決のため最も適切かつ必要と認められる場合には，過去の法律関係の存否の確認を求める訴えであっても確認の利益があるものと認められる。

12) なお，上記クレディ・スイス事件＝東京地判平24．1・23は，「一般に……就労請求権を観念することはできないと解されていることを前提としても」使用者のとった措置には違法性があ

考え方がされていると評価してよいと筆者は思う。

2　傷病休職

(1)　傷病休職の適法性，休職中の賃金等

　傷病休職は，業務外の傷病による欠勤が長期に及んだり，あるいは業務従事に支障が生じたりした場合に一定期間を休職とし，その期間が経過するまでに治癒して勤務可能となれば復職させるが，そうでない場合は退職または解雇の扱いとするものである。解雇猶予の措置ではあるが，不合理な運用がなされると労働者の利益が不当に害されることがあり，解雇権濫用法理（労契16条）の潜脱にもなり得るので，休職とすることの当否，休職期間満了時の解雇あるいは退職扱いの当否が問題とされることになる。

　■休職を経ずにされた解雇の効力
　　傷病休職の制度があるにもかかわらず傷病により就労不能となった労働者を休職させずに解雇した場合は，解雇権濫用で無効になることが少なくないと思われる（白石編著242頁〔渡邉和義〕は，このことに留意すべきであるという）。裁判例には，当該の労働者は仮に休職期間を経過しても就労は不可能であったから，休職させなかったことで解雇権濫用にはならないとしたものがある（岡田運送事件＝東京地判平14．4．24労判828号22頁）。傷病休職は，使用者が制度の設置を義務づけられるものではなく，解雇猶予の措置であるから，傷病休職にすることなく行われたというだけで解雇権濫用に当たるとはいえない。しかし，傷病休職制度が存在するにもかかわらず休職を命じることなく行われた解雇については，休職することにより傷病が治癒して復職可能となる見込みが存しない場合でなければ，解雇権濫用で無効になると考えるべきであろう。

　傷病休職の要件，すなわち休職とされる事由は就業規則に定められていることが多いが，その定めは合理的な内容のものでなければならない（労契7条・10条参照）。「傷病により業務に支障が生じているとき」といった定めになって

　　ったとする。これに対し，前掲注11)富国生命事件〔1審〕＝東京地八王子支判平6．5．25は，就労請求権は否定されるとして損害賠償の請求には理由がないとしている。
13)　傷病休職は一般に，業務外の傷病（「私傷病」）による勤務不能・不適者の就労を免除ないし禁止する措置であるが，業務上傷病の者を一定期間休職させることを定める就業規則も少なくないようである。業務上傷病による休業中とその後の30日間は解雇が禁止されている（労基19条1項）ので，業務上傷病による勤務不能・不適者が休職期間満了時に勤務不能・不適である場合でも解雇あるいは退職扱いをすることは許されない（なお，労基19条1項但書・81条，労災12条の8第3項・19条参照。→506頁以下）。しかし，業務上傷病で勤務不能・不適の者を休職させて賃金を支払わないことに違法性はないと解される（→295頁）。

いる場合には，労働者に傷病があるのみでなく業務支障が存しなければ使用者は休職を命じ得ない。そして，30日前の解雇予告義務（労基20条）の潜脱を防止すべく，休職期間は30日以上でなければならないと解すべきであろう。

「私傷病」により勤務不能・不適であるとして休職させて賃金を支給せず，休職期間が経過した後に勤務可能になっていないとして労働者を解雇あるいは退職扱いにした措置が，当該傷病は業務上のものであったゆえに違法・無効とされることがある。労働者が業務上の傷病で療養のために休業している場合には，休業している期間とその後の30日間は労基法19条1項により解雇が禁止されているからである。そこで，休職事由とされた傷病が業務上傷病であったのか否かが争われるケースが見られることになる[14]。裁判例にも，うつ病で休職となり期間満了後に解雇されたが，数年後に労災補償給付の不支給決定を取り消す判決が確定し，解雇は労基法19条1項に違反して無効とされたもの（東芝事件＝東京高判平23. 2. 23労判1022号5頁），うつ病になって休職とされ，休職期間経過後に「自然退職」となった後に労災補償給付の不支給決定があったが，当該うつ病は業務に内在する危険が現実化して発症したものであるから，退職扱いは違法・無効であるとしたもの（前掲注9）医療法人健進会事件＝大阪地判平24. 4. 13）がある[15]。

傷病休職・事故欠勤休職の期間中は無給と就業規則に定められていることが多いが，病気休職については一部支給とするものも少なくない。無給としていても法的に問題はない。ただし，休職としたことが制度適用の要件をみたさない（傷病があっても就労不能・不適とは認められないなど）ために違法・無効である場合は，不就労は使用者の責めに帰すべき履行不能（民536条2項）に当たるから，休職期間中も有給でなければならない。それでは，傷病が「私傷病」ではなく業務上傷病であるために休職期間満了時の解雇ないし退職扱いが違法・無効となる場合にも，使用者には休職期間中の賃金を支払う義務があるこ

---

14) 渡辺108頁は，実務で接する休職が関わる事件では疾病の業務起因性が争点となる場合が少なくないという。
15) なお，労働者の疾病が業務上傷病であることが解雇・退職の当時には当事者にとって明らかでなかった場合にも労基法19条1項違反のゆえに解雇等を違法・無効とすることは疑問であると筆者は考えている（→506頁以下）。とりわけ，上記の2つの裁判例のケースのように，労災補償給付の不支給決定がされている場合にも休職期間満了後の解雇あるいは退職扱いを当然に無効とすることは，明らかに公平に反し妥当性を欠くと思う。

とになるのであろうか。裁判例では，この場合にも民法536条2項が適用されるから使用者は賃金支払義務を負うとされている（前掲東芝事件＝東京高判平23. 2. 23等[16]）。しかし，業務上のものとはいえ傷病によって就労が不能・不適になっているのであるから，労働者に労働の意思と能力が欠けるゆえに労務の提供が不可能であることが明らかな場合に当たり，賃金請求権は発生しないと解すべきではないか。労災補償制度における休業補償は，「療養のため，労働することができないために賃金を受けない」場合（労基76条1項，労災14条1項）に行われる。これは，業務上傷病により就労が不適・不能で労働者が休業している間は賃金請求権が原則として存しないことを前提としていると解される[17]。

(2) **傷病休職後の解雇・退職**

傷病休職の期間中に傷病が治癒すれば，休職は終了して労働者は復職することになる。この場合，就業規則上は当然に原職復帰することになっているものと，使用者による復職の措置を要するものとがあるが，後者において治癒しているのに復職措置がなされないときには，民法536条2項によって使用者に賃金支払義務が発生することになる（カントラ事件＝大阪高判平14. 6. 19労判839号47頁等[18]）。

傷病が休職期間の満了時までに治癒しないときは，使用者は復職不可として労働者を解雇または退職扱いできるのであるが，そのように復職させず解雇または退職扱いすることの適法性が争われた裁判例が数多く見られる。傷病休職

---

16) 上記東芝事件＝東京高判平23. 2. 23は，使用者の責めに帰すべき事由により労働者が労務提供の意思を形成し得なくなった場合には民法536条2項の適用があると解すべきであり，当事件で労働者が業務上疾病に罹患した状況はその場合に当たるとする。この判旨は，使用者の責めに帰すべき事由と労務の履行不能の間に相当因果関係が存すれば賃金請求権が発生する，という考え方に依拠しているのであろう。これは一般論として妥当なものといえるかもしれない。しかし，同事件や上記医療法人健進会事件＝大阪地判平24. 4. 13におけるような，休職の措置をとった時点では業務上傷病であることが明らかでなく労災補償の不支給決定もあったような場合について，就労の意思も能力も欠けていたにもかかわらず労働者は賃金請求権を有すると解するのは妥当でないと思われる（→295頁）。
17) 労働者が業務上傷病により就労できない場合における賃金に関しては，次のように解すればよいと筆者は考える。①使用者は賃金支払義務を負わない。②労働者は休業補償給付を受ける。③使用者が安全配慮義務違反の責任を負うべき場合は，労働者は賃金相当額の損害賠償請求権を有するが，休業補償の給付額が損益相殺される。
18) 復職させなかったことに使用者の責めに帰すべき事由は認められないとしたものとしては，日本テレビ放送網事件＝東京地判平26. 5. 13労経速2220号3頁がある。

が解雇猶予の措置であることからすれば，従前の職務を通常の程度に行える健康状態に復したときには復職させねばならない（平仙レース事件＝浦和地判昭40. 12. 16判時438号56頁）が，ほぼ平癒したが完治はせず，従前の職務を行うことに耐えられない状態であれば復職させなくてもよい（アロマカラー事件＝東京地決昭54. 3. 27労経速1010号25頁），と考えるべきことになろう。

■休職事由の消滅・存続の主張立証責任

　この責任を労使のいずれに課すかについては，使用者側に責任があるという考え方もあるが，近年の裁判例では労働者側に責任を課すべきものとされている（在日米軍従業員事件＝東京地判平23. 2. 9判タ1366号177頁，第一興商事件＝東京地判平24. 12. 25労判1068号5頁，伊藤忠商事事件＝東京地判平25. 1. 31労経速2185号3頁）。休職は使用者が任意に設ける解雇猶予の制度であり，健康情報は個人情報であって使用者は原則として知り得ず，また解雇権濫用の評価根拠事実の立証も労働者側に課せられるのであるから，休職事由消滅の主張立証責任は労働者にあると解すほかないであろう（岩出誠「健康配慮義務を踏まえた労働者の処遇・休職・解雇」労働法109号〔2007年〕67頁，石﨑由希子「休職期間満了時における労務提供可能性判断と主張立証責任」ジュリ1471号〔2014年〕122頁等参照）。もっとも，上記の第一興商事件＝東京地判平24. 12. 25は，配置・異動の実情や業務の難易度等の内部事情について労働者側が立証し尽くすのは困難であるから，配置される可能性のある業務について労務提供できることの立証があれば休職事由消滅の事実上の推定が働き，これに対し使用者側が配置できる現実的可能性がある業務の不存在について反証をあげないかぎり，休職事由の消滅が推認される，としている。これについては，特定業務について労務提供可能という労働者の主張を前提として，当該業務が存しないことの反証を使用者に求めることは期待不可能ではないから，立証上の負担を公平に分配するものという評価（石﨑・前掲）に筆者は賛成である。

　これに対し，近年の裁判例では，労働者が原職に復帰できるほどに傷病が治癒していなくても，使用者は可能なかぎり解雇等をせずに労働者を復職させるべきであるという考え方のものが多い。すなわち，職種・業務内容等が特定されていない場合は，休職前の業務を十全に遂行できなくても現実に配置可能な業務に従事させるべきであるから，従前の業務とは異なる業務への配置換えが可能な場合には復職拒否は許されない（東海旅客鉄道事件＝大阪地判平11. 10. 4労判771号25頁等）等とされている。これらの裁判例は，片山組事件＝最1小[19]

19）　全日空（退職強要）事件＝大阪地判平11. 10. 18労判772号9頁は，従前の業務に復帰できない場合でも，比較的短期間に復帰可能ならば準備期間の提供等をしなければ信義則に反するとする。独立行政法人N社事件＝東京地判平16. 3. 26労判876号56頁は，他の軽易な業務

判平10.4.9労判736号15頁が判示したところに強く影響されているのであろう。同事件は,現場業務は病気療養のために不可能なので事務作業につきたいと申し出たが自宅療養を命じられた労働者への賃金支払義務の有無が争われたものであるが,判旨は次のようにいう(なお,→192頁)。職種や業務を特定しない労働契約では,労働者が命じられた業務について十分に労務を提供できないときでも,その能力・経験・地位や企業の規模・業種や配置異動等における実績に照らして当該労働者を配置し得る現実的可能性がある業務について労務を提供することができ,その提供を労働者が申し出ているならば,なお債務の本旨に従った履行の提供があったと解される。

　これら裁判例が示す「使用者は傷病休職の期間が満了した労働者を可能なかぎり復職させるべきである」とする考え方については,理解不可能では決してないけれども,[20]過剰な負担を使用者に課すものという批判を免れ得ないように思われる。業務起因性が否定される傷病(私傷病)による勤務不能は,労働者の責めに帰すべき債務不履行ゆえ解雇の合理的理由となるものであり,その解雇を一定期間は猶予するのが傷病休職の制度である。そこで,休職期間の満了時に傷病から回復しているときにのみ使用者は労働者を復職させなければならない,というのが原則であろう。休職は使用者にとって設置は任意の制度であるが,同制度がない企業で私傷病により相当の長期間にわたって休業した労働者が解雇された場合において,[21]使用者は可能なかぎり労働者を復職させるべき

　　　につかせた後に従前の職務を通常に行うことが可能と予測できる場合は復職させなければならないという(ただし,当事件では復職を認めるべき程度には回復していないとした)。また,キヤノンソフト情報システム事件=大阪地判平20.1.25労判960号49頁,前掲第一興商事件=東京地判平24.12.25は,前掲全日空(退職強要)事件=大阪地判平11.10.18と同旨を述べた上で,傷病休職の期間満了後の退職扱いを違法・無効としている。これに対し,前掲伊藤忠商事事件=東京地判平25.1.31は,総合職として雇用された労働者が傷病休職後に退職扱いされたことについて,総合職の複雑な業務遂行に耐え得る程度にまで精神状態が回復していないから適法であるとした。また,日本ヒューレット・パッカード(休職期間満了)事件=東京地判平27.5.28労経速2254号3頁も,労働者の妄想性障害がなくなったことが確認されて復職可能な状態になったとは認められないので,自然退職したことになるとしている。
　20)　これら裁判例についての次のような評価は妥当・適切なものであろう。傷病休職については,休職期間満了時の回復が本来業務につく程度には達していなくても,ほどなく回復すると見込まれる場合には,裁判例上,可能なかぎり軽減業務につかせる義務が健康配慮義務の一環として樹立されているのである(菅野700頁)。
　21)　ちなみに,前掲注19)全日空(退職強要)事件=大阪地判11.10.18では4年間,キヤノンソフト情報システム事件=大阪地判平20.1.25では2年間,第一興商事件=東京地判平24.

であるから解雇は合理的理由を欠き社会通念上相当と認められず無効とされることは，原則としてはあり得ないと考えられる。そこで，不相当に短期間ではない傷病休職の期間満了時の「復職させるか否か」の決定には使用者の裁量が認められて然るべきであり，解雇または退職扱いが違法・無効となるのは裁量の範囲逸脱ないし濫用があった場合であると筆者は考える。[22]

③ 事故欠勤休職

これは，労働者の都合による欠勤が連続して一定日数に達したときは休職とし，その期間満了時に解雇または退職とするものである。事故欠勤休職の処分を行うときには解雇を相当とする事由を必要とするのか。裁判例は一般に不要と解する（岩崎通信機事件＝東京地判昭57．11．12労判398号18頁等）。事故欠勤休職が解雇の猶予を目的とすること，休職期間中に欠勤事由が解消すれば労働者は解雇または退職扱いされないことを考えると，「解雇相当性をやや緩和した程度の休職処分相当事由」（菅野701頁）という基準が最も適切であろう。それから，長期間勾留されて欠勤が続いた場合を一般の自己都合による欠勤と区別して扱うべきであるとしたものがある（石川島播磨重工業［仮処分］事件＝東京地決昭47．12．13判時695号111頁）。しかし，逮捕・勾留を違法または不当と認めるべき特段の事情がないかぎり，勾留による欠勤も労働者の責めに帰すべき事由による労務給付不能であることを否定できないから，他の自己都合による欠勤と同一に扱うことを違法とはいえない（前掲石川島播磨重工業［仮処分］事件＝東京地決昭47．12．13等）。そこで，休職期間満了後の解雇もしくは退職扱いが適法かどうかは結局，休職処分までの欠勤の期間と休職期間とを合わせた日数が解雇を相当とする程度の長さであるかどうかによって決まることになる。

④ 起訴休職

起訴休職の制度は何を目的とするものであり，それを定めた就業規則が，ど

12．25では1年間の，それぞれ休職等による不就労の後の退職扱いが違法・無効とされている。

22）アメックス事件＝東京地判平26．11．26労判1112号47頁は，休職制度を設けるか否かや制度設計については基本的に使用者の合理的な裁量に委ねられているが，当事件の使用者による復職不可の判断は裁量の範囲逸脱また濫用に当たるとしている。

のような意味において，「合理的な労働条件」（労契7条）として労働契約の内容になるのか。裁判例は，それを①犯罪嫌疑の客観化により職場秩序に障害が生じ企業信用が失墜する恐れがあること，②公判審理により勤務不能となる可能性があることに求めている（全日空事件＝東京地判平11．2．15労判760号46頁，明治学園事件＝福岡高判平14．12．13労判848号68頁等）。そこで，①と②の少なくともいずれかが具体的に存在していなければ起訴休職処分は違法とされることになる。在宅起訴や保釈がされている場合には，②の点で合理性なしと判断されることが多い（山九事件＝東京地判平15．5．23労判854号30頁等）[23]。なお，就業規則等に明確な起訴休職制度が設けられていなくても，上の①・②の要件のいずれかがみたされていれば，「休職させることを適当と認めるとき」といった定めにもとづいて使用者は起訴休職の処分をなし得ると解されている（前掲明治学園事件＝福岡高判平14．12．13，山九事件＝東京地判平15．5．23等）。

　起訴された労働者に対し期間を定めて休職させ，その期間満了時に解雇または退職扱いすることは可能か。起訴休職は解雇を猶予して一定期間を休職させるものであり，その期間に上限を設けることは合理的であって，労務提供不能等の状態が解消されるまで雇用は継続されるべきものともいえないから，その休職期間が不当に短いものでないかぎり，そして解雇または退職扱いに客観的に合理的理由があって社会的相当性が認められる場合には，使用者は期間満了時に解雇または退職扱いをすることができるとした裁判例があり（国立大学法人O大学事件＝大阪高判平30．4．19労経速2350号22頁），そのように考えればよいようにも思われる。しかし，起訴休職について解雇を一定期間「猶予」するものと見ることに筆者は疑問を禁じ得ない。傷病休職は確かに治癒・健康回復を期待して一定の期間，解雇を猶予するものであるが，起訴休職はそれとは異なる性質のものであり，起訴休職の期間に上限を付することを「合理的な労働条件」（労契7条）とは認め難いのではないか。[24]

　起訴休職と懲戒処分との関係をどのように考えるかは1つの問題である。まず起訴休職処分がなされるべきであって，懲戒処分は刑事事件の結果を見てか

---

[23] 上記の明治学園事件＝福岡高判平14．12．13では処分は適法とされ，全日空事件＝東京地判平11．2．15と山九事件＝東京地判平15．5．23では処分は無効とされている。

[24] ちなみに，公務員法には分限処分の1つとして起訴休職があるが（国公79条2号等），その期間は「その事件が裁判所に係属する間」とされている（国公80条2項等）。

ら行うべきものなのかどうか。通常，起訴休職は懲戒処分とは別個の制度として就業規則等に規定されている。起訴されたこと自体は懲戒の対象になり得ず，起訴休職は起訴の対象となった行為に対する制裁措置ではなく起訴された従業員を一時的に職場から排除する措置，つまり懲戒処分とは別個の制度として把握されなければならない。それゆえ一般論としては，懲戒処分に先だってまず起訴休職にすべきであるとはいえないであろう。とはいえ，起訴の対象となる従業員の行為は懲戒事由に当たるかどうかの問題を発生させる性質のものであることが多く，また起訴休職は現実には労働者に懲戒処分と同等の不利益をもたらす。そこで，起訴後の懲戒処分や起訴休職中の懲戒処分が権利濫用と評価されるべき場合は少なくないと思われる。

■事故欠勤休職と起訴休職
　起訴休職と事故欠勤休職（→261頁）の両制度が設けられている企業で，労働者が起訴されて勤務不能となった場合には起訴休職の処分をすべきであって，事故欠勤休職とすべきではないといえるか。前掲岩崎通信機事件＝東京地判昭57．11．12は，事故欠勤休職と起訴休職のいずれを選択するかは使用者の裁量に委ねられているというが，原則として，まず起訴休職の処分がなされるべきであり，起訴休職とせずに事故欠勤休職の処分をした上で期間満了により解雇または退職とするのは裁量権濫用に当たる，と考えるべきであろう。

V　兼職禁止・競業避止・秘密保持

1　兼職禁止の適法性

　使用者の許可なく他企業に雇用されることを禁止し，違反者を懲戒処分する旨を定める就業規則は少なくない。裁判例も学説も，無許可兼職を禁ずる就業規則の定めは合理的な限定的解釈を要するとしている（国際タクシー事件＝福岡地判昭59．1．20労判429号64頁，菅野672頁等）。労働日以外あるいは労働時間

---

25)　「兼職」のみでなく，自営の事業をすること，さらには「副業」（たとえば原稿執筆や株式投資）をも禁止あるいは許可を要するとする例も少なからず見られるようである。また，「兼職」といっても軽いアルバイトや家業の手伝いといった程度のものもあろう。これらを一括して「兼業」と称すればよいのであろうか。いずれにしても，それを禁止あるいは許可を要するものとすることの合理性の有無判断は容易なものではないと思われる。

外に他の使用者の下で勤務することは，基本的には労働者の自由である。労基法も，労働者が複数の企業において労働することを予想した規定を設けている(労基38条1項)[26]。他方，労働者は「使用者の利益を害する行為をしない義務」を労働時間以外についても何らかの程度において負っているから，兼職禁止規定を違法・無効とは解し得ず，「合理的な労働条件」(労契7条)と認められる範囲において労働者を法的に拘束すると考えることはできよう。近年，休日・休暇の増加など労働者の兼職を可能にする条件が強められつつある。また，兼職禁止には労働者が退職後の起業のために準備することを妨げるという問題がある。法解釈論としても，使用者による兼職制限の合理性よりは労働者の兼職の自由を重視すべきであると思われる[27]。

2 競業避止義務

(1) 在職中の競業避止

競業避止とは，労働者が使用者と競争関係に立つ事業を行わない，あるいは同業の他の使用者に雇用されないことである。それが在職中，すなわち労働契約の存続中は労働者にとっての義務(「使用者の利益を害する行為をしない義務」)であり，義務違反に対して使用者が解雇・懲戒処分あるいは損害賠償請求をなし得ることは一般的には当然である[28]。競業避止義務を定める就業規則の規定あるいは採用時の合意が存しなくても，在職中に関するかぎり労働者は競業避止

---

[26] なお，兼職をする労働者は複数の事業場で勤務するのであるが，異なる企業の事業場において労働するのであるから，労基法38条1項がいう労働時間の「通算」をする必要はないと解される(→317頁)。

[27] 労働者は，信義則上の誠実義務(労契3条4項にもとづく)として，就業規則等の規定がなくても「兼職禁止義務」を負う，とする見解がある(土田116頁)。もっとも，この義務は使用者の正当な利益(適正な労働履行の確保，競業他社への企業秘密の流出の防止，企業の社会的信用の維持，他の従業員への悪影響の防止等)を確保する限度で有効と解すべきであるとされている(土田117頁)。筆者は，労働者の兼職の自由を重視する考え方に立って，兼職禁止は就業規則等の規定もしくは労使の合意を要すると解するほうがよいと思う。近年の裁判例には，労働者の勤務が不能または不完全になるような事態，企業秘密が漏洩するなど経営秩序を乱す事態が生じるような場合においてのみ，例外的に就業規則をもって兼業を禁止することが許される，という考え方を示したものがある(マンナ運輸事件＝京都地判平24.7.13労判1058号21頁)。

[28] イーライフ事件＝東京地判平25.2.28労判1074号47頁は，労働者は雇用契約の継続中，使用者の利益に著しく反する競業行為および顧客等の奪取行為を差し控える義務を負うとして，競業会社の役員から依頼されて競業行為をしたことによる懲戒解雇を有効としている。

義務を負うと解してよい。もっとも，退職後に使用者と競争関係に立つ企業の設立を在職中に計画するという程度では義務違反にはならないであろう[29]。労働者は職業活動の自由を有するからである。同業の他企業に雇用された場合は上記の兼職禁止条項の適用を受けることになるが，そのときは，使用者と競争関係にない他企業への雇用の場合に比し解雇等の合理的理由が認められやすいと思われる。

(2) 退職後の競業避止

退職後における使用者と競争関係に立つ事業の経営や競争企業への勤務をめぐるトラブルは，転職・中途採用が広く行われるようになっている状況下でしばしば発生するようである。裁判例もかなり多数みられ，使用者が退職した労働者に対して損害賠償を請求したもの，使用者が退職した労働者による競業行為の差止めを請求したもの，退職金を支払う義務の存否が争われたものなどがある。

(i) 退職後の競業避止義務　　裁判例のなかには，退職後の競業避止を義務づける特約が存しなくても労働者は競業避止義務を負うという見解を示すものもある（東京リーガルマインド事件＝東京地決平7.10.16労判690号75頁等）。労働契約の付随義務である競業避止義務が，在職中より弱いとはいえ退職後も存続するという考え方もあり得るとは思われる[30]。そのような考え方をするならば，競業避止の特約がない場合でも，退職後の競業行為について使用者が損害賠償のみでなく差止めの請求をもなし得る場合があることになろう。

しかし，大多数の裁判例も学説も，退職後において労働者は当然に競業避止

---

29) 裁判例には，在職中に役員の一人と共同して競業会社を設立し，多数の従業員に退職して同会社に入社するように勧誘した者への退職金不支給について，懲戒解雇事由に当たるが永年の功績を失わせるほどの背信行為とはいえないとして違法としたものがある（日本コンベンションサービス事件＝大阪高判平10.5.29労判745号42頁）。他方，在職中に競業事業の開業準備を行い，退職届を出した後に競業会社を設立して同社の取締役に就任した者について，勤続の功を抹消または減殺する程度にまで著しく信義に反する行為があったとして，退職金の不支給を適法としたものもある（ピアス事件＝大阪地判平21.3.30労判987号60頁）。

30) 我妻栄『債権各論・上巻』[1954年] 37頁は，契約によって緊密な関係に立った者には，その終了後も相手方が契約関係にあったことのために不当な不利益を被らないようにする義務があるという。もっとも，抽象的な競業避止義務は労働契約の終了後も存続し得るが，具体的な義務は明示的な根拠がなければ発生しない，としている（同『債権各論・中巻2』[1962年] 569頁）。

義務を負うものではないと解している。すなわち，不正競争防止法にいう「営業秘密」を使用するもの（→269頁）には当たらない退職後の競業行為[31]を使用者が禁止・制限するには，競業避止の特約ないし契約上の根拠が存することを必要とし，その「特約」も，禁止・制限の目的，労働者の在職時の地位，禁止・制限の範囲，代償措置の有無等の諸点を総合考慮して合理的と認められるものでなければ公序に反し無効になると解されている（東京貨物社事件＝東京地判平 12. 12. 18 労判 807 号 32 頁，三田エンジニアリング事件＝東京地判平 21. 11. 9 労判 1005 号 25 頁，第一紙業事件＝東京地判平 28. 1. 15 労経速 2276 号 12 頁，菅野 153 頁等）。

退職後の競業避止義務を容易には認めない裁判例の立場[32]は支持に値するものである。退職後の競業行為は労働者が雇用関係のなかで獲得した職業能力の発揮という性格を有するから，それが退職後においても制約を受けるには「特約」の存在が不可欠であり，その特約の法的効力は射程が狭く限定されたものにしておく必要があろう[33]。

そして，この「特約」は労使の個別合意でなければならず，就業規則の定めは退職後の競業避止義務の根拠にはなり得ないと筆者は考える[34]。この義務は

31) 不正競争防止法による営業秘密の保護は競業を直接規制するものではないが，営業秘密を使用してなされた退職後の労働者による競業行為が「不正競争」に該当することはあり（同法2条1項7号参照），その場合には差止請求（同3条1項），損害賠償請求（同4条），信用回復請求（同14条），罰則の適用（同21条）がなされ得る。

32) なお，サクセスほか（三佳テック）事件＝最1小判平22. 3. 25民集64巻2号562頁の事案は，後記（→268頁）のように，就業規則の定めも特約もないところで使用者が「不法行為又は雇用契約に付随する信義則上の競業避止義務違反にもとづく損害賠償」を請求したケースであった。1審・2審判決とも，労働者は退職後には競業避止義務を当然に負うものではないとしたが，最高裁判決は当事件における競業行為は不法行為に当たらないとした上で，「なお，上告人ら〔労働者〕に信義則上の競業避止義務違反があるともいえない」としている。これは，傍論ではあるが，労働契約の付随義務である競業避止義務が退職後も存するという考え方を否定してはいない，と解することもできよう。

33) 幾代通＝広中俊雄編『新版注釈民法(16)・債権(7)』[1989 年] 47 頁〔幾代〕は，一般論としては，労働者が雇用継続中に知り得た使用者の業務上・技術上の秘密を不当に利用してはならないことが雇用関係終了後も信義則上の義務として残存するといえようが，この義務をあまり広く認めると労働者であった者の経済的・社会的活動を不当に制約することになるから，雇用契約終了後の競業避止義務については，雇用契約にともなって当事者間で特約された場合のみ，しかも合理的な範囲内でのみ認めるべきであろう，という。

34) 裁判例と多数の学説が退職後の競業避止義務は特約ないし契約上の根拠を要するという場合，それは就業規則に合理的な内容の定めがあれば足りるという意味と思われる。裁判例には，退職後の競業避止義務は個別の合意によってしか認められないのではなく，合理性あるものと認

「退職後の労働者に義務を課するものである」し，「職業選択の自由を制約する効果をもたらす」ものである（山川隆一「労働契約と労働協約・就業規則——労働関係における規範の重層性を背景に」法曹時報 65 巻 3 号［2013 年］575 頁）から，それを集団的・画一的に取り決めることは不適当であり，それゆえ合理的なものであれば就業規則に定めることで労働契約の内容となるところの，労契法 7 条・10 条にいう「労働条件」には含まれないと解すべきであろう。そこで，退職後の競業避止義務の根拠たり得るのは，文字どおりの特約，つまり個別合意のみとなるが，ということは他方，同特約が内容の「合理性」を求められることはないのである。もっとも，職業活動の自由を制約する内容の合意であるから，それが公序違反で無効とされるべき場合は少なくないと思われる。

　この特約が公序違反で無効とならないための（判例・通説では契約上の根拠が合理性を有するための），いわば退職後の競業避止義務の「要件」については，同義務の「効果」に応じて多様であると考えられよう（荒木 280 頁以下参照）。すなわち，同義務の違反があった場合，使用者は差止請求，損害賠償請求，退職金の減額・不支給をすることになるが，差止請求が可能となる競業避止特約は厳しい効力要件をみたすものでなければならないけれども，損害賠償請求に関してはとくに厳格な効力要件をいう必要はないし，退職金の不支給・減額についても同じであろう。

　裁判例では，退職後の競業行為の差止請求を認容しなかったものが多い。それが認められるためには競業行為により使用者が営業上の利益を現に侵害され，または侵害される具体的な恐れがあることを要するとされている（前掲東京リーガルマインド事件＝東京地決平 7. 10. 16 等）。退職後の競業行為を理由とする退職金の不支給・減額に関する裁判例としては，三晃社事件＝最 2 小判昭 52. 8. 9 労経速 958 号 25 頁がある。これは同業他社に転職した者の退職金は半額にすると就業規則および退職時の約定（誓約書）に定められていたケースであったが，判決は，当該会社が営業担当社員に対し退職後の同業他社への就職を「ある程度の期間」について制限しても不当ではないとしている。その後の裁判例には退職金の不支給・減額条項を有効としたものも，逆に無効としたものも見られる[35]。こうした競業避止の「特約」も，労働者の職業活動の自由を強く

　められる就業規則の定めによることも許される，とするものがある（モリクロ事件＝大阪地決平 21. 10. 23 労判 1000 号 50 頁）。

制約するものは公序に反し無効とされるべき場合は少なくないであろうが，使用者の差止請求の可否を判断する場合に比べれば，より緩やかな基準でもって適法・有効と認めて構わないであろう。

(ii) **退職後の競業と不法行為**　　上記のように，「契約上の根拠」ないしは特約が存しなければ労働者は退職後において競業避止義務を負わない（債務不履行責任を問われることはない）のであるが，そのような場合でも，自らの競業行為によって損害を被った使用者に対して労働者が不法行為責任を負うことがあるのは当然である。もっとも，多くの裁判例では，自由競争の範囲を逸脱する悪質な態様で競業がなされたとき，たとえば顧客を奪ったり従業員を引き抜くなどのことが行われたときにのみ，不法行為に当たるとされている。前掲（→266 頁注 32））サクセスほか（三佳テック）事件＝最 1 小判平 22．3．25 は，退職後に使用者と同種の事業を行った者に対して損害賠償請求がなされたケースであった。原判決（名古屋高判平 21．3．5 労判 1005 号 9 頁）は，労働者の違法な行為によって使用者に大きな損害を生じさせたとして不法行為の成立を肯定した。この判断を同最高裁判決は是認できないとしているが，「元従業員等の競業行為が，社会通念上自由競争の範囲を逸脱した違法な態様で元雇用者の顧客を奪取したとみられるような場合には，その行為は元雇用者に対する不法行為に当たるというべきである」という，原判決が述べたところとほぼ全く同じ内容の説示をしている。これは，就業規則の定めや特約が存しなくても退職後の競業行為が不法行為になり得ることを確認したものと見てよいであろう。[36]

---

35) 競業行為を理由とする退職金の不支給・減額を違法・無効として労働者による支払請求を認め，あるいは使用者による返還請求を認めなかったものとしては，中部日本広告社事件＝名古屋高判平 2．8．31 労判 569 号 37 頁，前掲三田エンジニアリング事件の控訴審＝東京高判平 22．4．27 労判 1005 号 21 頁等がある。

36) 当事件は，製造業の小規模会社で営業を担当していた労働者などが在職中に同種事業をすることを計画し，退職後に取引先に挨拶して受注を希望すると伝え，元使用者の売上高が相当に減少したというものである。これを自由競争の範囲を逸脱した違法なものではないとした最高裁の判断は，「他人の権利又は法律上保護される利益」（民 709 条）とは不法行為法上の救済を与えるのが妥当と認められる利益であることに照らして適切なものであり，それとは逆の原判決は「自由競争の原則，あるいは職業選択の自由の観点から見ると，不法行為性を過度に広く解する判断」をしたもの（島田陽一＝土田道夫「労働判例この 1 年の争点」労研 604 号［2010年］14 頁〔土田〕）といえるであろう。

③ 秘密保持義務

　労働者が在職中，企業秘密あるいは営業秘密とよばれるものを保持する義務を負うことに異論はあり得ない。多くの企業では就業規則に秘密保持義務の違反が懲戒処分や解雇の事由になることを定めているが，そのような定めや誓約書等による合意が存在しなくても労働者は義務を負う。使用者が労働者に損害賠償を求めることも一般に可能である。これらの点は競業避止義務におけるのと同一である[37]。なお，労働者による企業秘密の外部への開示が「内部告発」行為として正当化されて，懲戒処分等が許されない場合もある（→447頁以下）。

　では，退職後の秘密保持義務はどうか。前記のように，労働契約終了後も競業避止・秘密保持の信義則上の義務は残るとする考え方もあり得る。競業避止義務は労働者の職業活動の自由を制約するものゆえ特約なしでは認めるべきではないとしても，秘密保持義務については退職後も労働者に属するとして構わないようにも考えられよう。しかし，近年の不正競争防止法改正（2003［平15］年・2004［平16］年・2009［平21］年・2015［平27］年等）によって営業秘密の保護が強化され，労働契約終了後も，労働者による秘密の不正な使用等について使用者は法的救済を受けることができることになっている。すなわち，使用者から「示された」ところの「営業秘密」を「不正利益または加害の目的」で使用または開示してはならないというかぎりではあるが，労働者は退職後においても当然に，つまり特約あるいは就業規則の定めがなくても秘密保持義務を負うのである[38]。そこで，不正競争防止法が定める営業秘密[39]の不正使用等に該当し

---

37) メリルリンチ・インベストメント・マネージャーズ事件＝東京地判平15. 9. 17労判858号57頁は，労働者は労働契約上，業務上知り得た企業の機密をみだりに開示しない義務を負い，それは就業規則の秘密保持条項が適用されるか否かに関わりがないとする。

38) 不正競争防止法によれば，労働者が事業者から示された「営業秘密」，すなわち「秘密として管理されている生産方法，販売方法その他の事業活動に有用な技術上又は営業上の情報であって，公然と知られていないもの」（2条6項）を「不正な利益を得る目的で，又はその保有者に損害を加える目的で」使用もしくは開示する行為は，営業秘密に関する「不正競争」の一類型となる（2条1項7号）。使用者は，そのような行為について差止め（同法3条1項），損害賠償（同4条），侵害行為を組成した物の廃棄または侵害行為に供した設備の除却等（同3条2項），信用回復の措置（同14条）などの救済を求めることができる。在職中および退職後の役員・従業員の不正競争目的による営業秘密の使用・開示については罰則が設けられている（同21条1項5号）。

39) ことぶき事件＝横浜地判平20. 3. 27労判1000号17頁は，不正競争防止法上の営業秘密と

ないものについての退職後の秘密保持に関しては，労働者は特約（労使の個別合意）が存するときにのみ義務を負うと解するのがよいであろう。退職後の競業避止義務に関するのと同じく，就業規則の定めは退職後の秘密保持義務の根拠にはなり得ないと考えるべきである。[40]

して保護されるには「秘密管理性」・「有用性」・「非公知性」を要するとし，当事件において理美容店が作成し保管していた「顧客カード」は，有用性と非公知性は肯定されるが秘密管理性は認められないから，同カードを使用者に無断で持ち出して転職先で使用した労働者の行為は不正競争防止法にいう「不正競争」には当たらないとしている。この判断は控訴審でも維持されている（東京高判平 20. 11. 11 労判 1000 号 10 頁）。
[40] 裁判例と多くの学説は，就業規則の定めも「合理的」な内容のものであれば退職後の秘密保持義務の根拠になると解しているのであろう。在職中に知った企業秘密の開示・利用は，労働者の職業能力の発揮という性格において競業行為ほどに強くはなく，使用者の利益を害する可能性の点で競業行為よりも高いといえるから，就業規則の定めが退職後の秘密保持義務の根拠になると考えた場合，その「合理性」は競業避止義務を定めた就業規則よりは緩やかに認められてよいと思われる。ダイオーズサービシーズ事件＝東京地判平 14. 8. 30 労判 838 号 32 頁，トータルサービス事件＝東京地判平 20. 11. 18 労判 980 号 56 頁は，そのような考え方をしたものであろう。

第3章　賃　金

第1節　賃金の法的保護

I　賃金法制，賃金に関する法的問題

1　賃金保護の法規定

　賃金とは，法的には「労働の対償として使用者が労働者に支払うすべてのものをいう」（労基11条）。その額や形態等が最も重要な労働条件であることはいうまでもない。そこで労基法等には，賃金に関する労働者の利益を保護する諸制度が設けられている。労基法の規定を見ると，男女同一賃金の原則を定める4条（→66頁以下），平均賃金に関する12条[1]，賃金等の重要な労働条件については労働契約の締結時に明示しなければならないとする15条1項（→94頁），退職者等に対して速やかに賃金を支払うべきことを定める23条，賃金支払いの4原則を規定する24条，非常時の繰上げ払いについての25条，休業手当についての26条，出来高払制の場合の保障給に関する27条，賃金の支払方法等を就業規則の絶対的必要記載事項とする89条2号，退職金の支払方法等を就業規則の相対的必要記載事項とする89条3号の2，賃金台帳の作成を使用者に義務づける108条，賃金等の請求権の消滅時効に関する115条がある。労基法のほかには，最低賃金法（→284頁以下），「賃金の支払の確保等に関する法律」（→287頁以下）がある。

　■賃金の意義
　　この「賃金」に当たれば賃金保護規定の適用対象となる。また，それにより労働者は労

---

[1] 労基法が定める解雇予告手当，休業手当，年休日の賃金等の額は，平均賃金の一定日数分または一定割合であることが多い（労基20条1項・2項・26条・39条7項・76条～82条・91条）。その「平均賃金」の算定方式は同法12条に定められているが，算定事由の発生日から3か月遡った期間中に当該の労働者が得た賃金の総額をその期間の総日数で除したものが平均賃金になるというのが基本である。この3か月間に労働者が複数の使用者に雇用されて賃金を得た場合の「賃金の総額」とは，複数の使用者から支払われた賃金の合算額ではなく平均賃金の算定事由が発生した使用者によって支払われた賃金の総額である（昭28.10.2基収3048号参照）。また，賞与は通常，「3箇月を超える期間ごとに支払われる賃金」として平均賃金の算定基礎から除外される（労基12条4項）が，年俸制賃金において多く見られる「業績賞与」は算定基礎に含まれるものとされている（平12.3.8基収78号）。

働契約上の請求権を有することになる。

　賃金とはまず「労働の対償」であるから、「任意的恩恵的給付」、「福利厚生給付」、「実費弁償」等の性格のものは含まないとされている（労基局上 161 頁以下等）。結婚祝い金や災害見舞金等は恩恵的給付であって労働の対償ではないが、就業規則等に支給条件が明確になっている場合は賃金になるとされる（労基局上 162 頁）。しかし、それらのものを「労働の対償」と見るのはいかにも不自然であるから、書面による贈与ゆえ撤回できないもの（民 550 条参照）と考えて、賃金ではないと解すべきであろう。退職金と賞与は、就業規則等によって支給基準等が定まっていれば使用者が支払義務を負うことになる（→298 頁以下、304 頁以下）ので、そのような定めがないにもかかわらず支給されるものは任意的給付ゆえ賃金ではないことになる。社宅などは福利厚生給付であって「労働の対償」ではないが、支給基準や額が就業規則等に定められて支給される住宅手当や家族手当が賃金であることは否定されるべきではない（→311 頁）。作業服や出張旅費・社用交際費は業務遂行経費であって、使用者が負担すべきものの「実費弁償」であるから、「労働の対償」ではなく賃金に当たらない。多くの企業において支給されている通勤手当は、通勤に要する費用は原則として労務給付の債務者である労働者が負担すべきもの（民 485 条参照）であるから、それは支給基準が就業規則等に定められていれば賃金に当たることになる。労基法には家族手当や通勤手当等が賃金に当たることを予定した定めがある（37 条 5 項、労基則 21 条）が、これは支給基準を定めて支給するものを指すと解される。次に、「労働の対償」であっても「使用者が労働者に支払う」ものでなければ賃金に当たらない。そこで、ホテルなどで客から従業員に支払われるチップは賃金ではない。なお、いわゆるストック・オプションから得られる利益は労働の対償ではなく、労基法上の賃金に当たらないものとされている（→281 頁）。

■出来高払制の保障給
　労基法 27 条の「出来高払制その他の請負制」とは、労働者が製造した物の量・価格や売上げの額などに応じた一定比率で額が決まる賃金制度であるとされ、年間の労働をあらかじめ定めた目標に照らして評価する年俸制はこれに該当しないと解されている（菅野 440 頁等）。それは労働時間、職務内容、職能資格、成績査定などではなく、労働者の勤務によって得られた結果の量でもって額が決定される賃金の支払方法を指す、と考えればよいであろう。

　労基法 27 条は、そのような制度の下にある労働者について、労働時間に応じ一定額の賃金を保障することを使用者に義務づける。その趣旨は、労働者の不就労や勤務怠慢ではないところの、いわば外在的な原因によって賃金額が大きく低下することの防止にあると考えられよう。この「一定額」とは「通常の実収賃金と余りへだたらない程度」の額とされ（昭 22. 9. 13 発基 17 号）、「大体の目安としては……平均賃金の 100 分の 60 程度」が妥当（労基局上 379 頁）とされている。もっとも、同条違反には罰則の適用があり、また労基監督署等による是正指導がなされることになるが、労働者が使用者に対して保障給の支払請求権を有すると解することはできないであろう。この場合について、労基法が「定める基準に達しない労働条件を定める労働契約」ゆえに無効であり、「無効となった部分」

は労基法が定める基準によるべき場合（労基13条）に当たる，と解するのは無理だからである。ただし，出来高給の額が実労働時間数に最低賃金額（最賃3条）を乗じたものに達しない場合には，労働者は最低賃金額との差額を使用者に請求できる（最賃4条1項・2項）。

　では，「労働時間に応じ」とはどういう意味であろうか。その理解は容易でないように思われる。裁判例では，労基法27条の保障給とは時間給であり労働時間に応じていないものは固定給である（山昌事件＝名古屋地判平14. 5. 29労判835号67頁），同条は出来高払いの雇用契約について労働時間を単位として算定した賃金の一定額を最低保障給として定めさせるものである（東陽ガス事件＝東京地判平25. 10. 24労判1084号5頁），というような解釈が示されている。これらの裁判例では，売上げ等から管理費等を控除したものが一定額を下回った場合の差額を貸付金等として労働者に負担させることが，労基法27条の趣旨に照らし公序に反し無効とされている。なお，御山通商ほか1社事件＝大阪地判平19. 6. 21労判947号44頁は同種の事案につき違法性を否定している。

　しかし，出来高払制の賃金を支払っている使用者に対し，労働時間の長さに応じて額を決める賃金を支払うように法が強いることが妥当とはいえないであろう。次のように解するほかはないと筆者は考える。すなわち，欠勤等により実際に勤務した時間が不相当に短いといった事情がないにもかかわらず，出来高賃金が著しく低額になった場合には，使用者は一定額の保障給を支払わなければならない。裁判例としては，個々の労働者が成約させた契約から収受される保険料の額の多寡によって固定給・歩合給の額が左右される損害保険会社の営業社員の賃金について，収入安定に一定の配慮がなされているし，給与が無制限に減少するものではないから，労基法27条に違反しないとしたものがある（富士火災海上保険事件＝札幌地判平19. 12. 3労旬1686号38頁）。

■賃金等の消滅時効

　賃金，災害補償その他の労基法の規定による請求権の消滅時効期間は2年で，退職金については5年である（労基115条）。ところで，2017（平29）年改正民法は，職種別による債権の短期消滅時効の規定（170条～174条）を削除し，債権者が権利行使できることを知った時から5年間，権利行使できる時から10年間行使しない場合には，債権は時効によって消滅するものとし（改正後166条1項），ただし，人の生命または身体の侵害による損害賠償請求権は権利を行使できるときから20年で時効消滅するとしている（改正後167条）。労基法115条は，「使用人の給料」についての1年という短期消滅時効（改正前民174条1号）を労働者保護の趣旨で2年とする特則なのであるから，これを廃止あるいは改正すべきかどうかについて検討しなければならないと思われる（日本労働法学会編『講座労働法の再生・第1巻・労働法の基礎理論』［2017年］67頁〔山川隆一〕参照）。厚生労働省・労働政策審議会労働条件分科会の公表資料（2017〔平29〕年7月12日）は，民法の消滅時効の規定が整理されることにともない，同規定の特例である労基法115条の賃金債権等に係る消滅時効のあり方を検討する必要があるとしている。

■賃金不払い等の遅延利息
　賃金不払い等の債務不履行につき使用者が支払義務を負う遅延利息の額は一般に法定利率によっているが，それは従来，年5分の「固定利率」であった（民404条）。それが，2017（平29）年改正民法では，法改正時の法定利率を年3％とした上で，法務省令で定めるところにより，3年を1期として，1期ごとに所定のルールによって変更される「変動利率」となる（改正後404条）。この改正は，とくに解雇が無効である場合の解雇期間中の賃金の遡及支払いに直接の影響を及ぼす（菅野160頁）ことになろう。

　なお，民法の賃金先取特権（306条2号・308条・323条・324条），破産法および会社更生法の賃金債権に関する諸規定（破産98条1項・149条等，会社更生22条1項・46条3項3号・127条2号・130条・132条1項・138条・144条以下等），賞与・退職金を含む賃金についての債権差押えの限度を定める民事執行法の規定（152条1項・2項）も，賃金保護の定めといえる。民事再生法にも賃金保護の定めがある（121条1項・122条1項・2項）。

② 賃金に関する法的問題，合意による賃金減額の適法性

(1) 賃金に関する法的問題

　賃金に関する法的問題で，労基法・労契法等の規定の解釈適用によって処理することができないものは数多く存在する。そのなかの退職金・賞与や賃金カットに関しては，裁判例が形成した一定のルールがある（→298頁以下，304頁以下）。また，就業規則の賃金規定の設定・変更に関わる法的問題については，1960年代からの最高裁判決を含む多数の判例によって確立され，それが2007（平19）年制定の労契法によって成文化された「就業規則の法理」（7条・9条・10条）となっている。それら以外の問題については，かつては裁判例もあまり見られない状態であった。それが，多くの企業において賃金制度を変革する試みがなされ，また1990年代からの長期にわたる経済の不振のなかで人件費削減のための賃金引下げを行った企業が少なくなかったためであろうが，賃金減額による紛争が多発して裁判例もかなり多数出されている。
　賃金制度の変化としては，賃金決定における年功主義の後退と能力・実績主義（「成果主義」）の比重増大が目立つところであろう。具体的には，年功重視で運用されていた「職能資格制」から業績・成果の評価によって給与等級を決定する「職務等級制」あるいは「役割等級制」に移行する，生活給的な諸手当

の支給を撤廃または縮小する，退職金額の決定を勤続年数ベースから業績評価等によるポイント制に転換する，賞与の支給においては勤務成績ないし実績・成果を重視する，管理的職務や裁量労働に従事する者に年俸制を導入する，などのことが行われている。

　ここでは，労使の合意による「賃金減額の適法性」という問題の検討をしておこう。賃金減額とは，労働契約に定められて支給がされてきた賃金の額を減少させることである。それは，①配転・出向・降格等の人事異動や担当職務の変更にともなって起きることもあるが（それらについては→148頁以下，154頁，182頁以下），②そうではなく賃金減額そのものが行われることもある。後者の②には，(i)すでに請求権が発生している賃金の減額と，(ii)将来において請求権が発生する賃金の減額があると考えられる。(i)は「賃金債権の放棄」であり，(ii)は「労働条件の不利益変更」という性質のものである。そして，(ii)には(a)就業規則の制定・変更によるもの，(b)労働協約の締結・変更によるもの，(c)使用者と労働者の個別合意によるものがある。以下では，このうちの②(ii)(c)，すなわち労使の個別合意による労働条件の不利益変更としての賃金減額について論じる。この賃金減額の合意には，「具体的な変更労働条件について労働者が同意を与える場合」と「使用者に変更権限を与えることに労働者が同意する場合」がある（荒木375頁）。

■賃金債権の放棄

　次のように説示して賃金を放棄する労使の合意を無効とした最高裁判例がある。賃金全額払いの原則の趣旨に照らせば，既発生の賃金債権を放棄する意思表示の効力を肯定するには，それが労働者の自由な意思にもとづいてなされたことが明確でなければならない（北海道国際航空事件＝最1小判平15．12．18労判866号14頁）。労基法24条1項が定める賃金全額払いの原則は，労働者の過半数代表との労使協定なしでは賃金債権を受働債権とする相殺をなし得ないとするものであるから，賃金債権を放棄する意思表示の効力の有無に関係があるものとは思われない（→283頁）。退職金請求権を放棄する旨の念書の効力が争われたシンガー・ソーイング・メシーン事件＝最2小判昭48．1．19民集27巻1号27頁は，賃金全額払いの原則が退職金債権の放棄の意思表示の効力を否定する趣旨のものとは解し得ないとしている。ただ同判決も，退職金債権を放棄する意思表示が有効であるためには，自由な意思にもとづくものと認められるに足る合理的理由が客観的に存在していなければならない，としている。また，基本給の一部を時間外労働の割増賃金とする合意の効力を否定したテックジャパン事件＝最1小判平24．3．8労判1060号5頁（→371頁）は，賃金債権の放棄は自由な意思にもとづくことが明確でなければならないという。結局，

「労働条件の不利益変更」としての賃金減額についてと同じく，賃金債権を放棄する合意については，それが使用者の圧力に労働者が屈してなされたのではないかを吟味する必要がある，あるいは黙示の合意があったとする認定は慎重・厳格になされるべきである，等と考えるべきなのであろう。

(2) 変更労働条件（賃金減額）についての合意

この合意に関して，「合理的」な内容であることを要するという考え方が学説には見られるようである。しかし，それが妥当でないことは労契法8条が確認しているところから明らかであるし，同法9条の反対解釈から同じことになるともいえよう。なお，強行法規違反あるいは公序違反で合意が無効とされることがあるのは当然である。

賃金減額について「明示の合意」がされたのであれば，つまり使用者からの減額の申込みに労働者が明示的に同意をしたのであれば，労働契約が定める労働条件が有効に変更されて賃金減額は適法ということになる。ただし，その合意が意思の欠缺もしくは瑕疵のゆえに無効あるいは取り消され得るものである（民93条但書・94条・95条）場合は稀でないと思われる。[2]

裁判例に少なからず現れるのは「黙示の合意」の存否，すなわち労働者が黙示的に賃金減額に同意したと認められるか否かである。労働者が使用者の圧力の下で，いわば「本意」に反して賃金減額に異議を示さないままでいるという事態は日常的に見られるので，この黙示合意の認定は厳格・慎重でなければならないといえよう。これまでの裁判例では，黙示同意の存在を緩やかに認めるものもあるが（エイバック事件＝東京地判平11. 1. 19労判764号87頁等），多くのものは黙示同意の認定には慎重・厳格であるように見受けられる（三井埠頭事件＝東京高判平12. 12. 27労判809号82頁，NEXX事件＝東京地判平24. 2. 27労判1048号72頁等）。

賃金減額への黙示合意の存在を容易に認めるべきでないことは，就業規則の不利益変更が「合理性」を有効要件とすること（労契10条）への潜脱を防止するためにも，また使用者は労働契約内容の理解促進に努めるべきこと（労契4

---

[2] 近年の裁判例には，賃金減額への同意が不本意であったとしても意思表示に対応する内心的効果意思は存したから心裡留保には当たらず，同意しなければ解雇されると誤信したとは認められないから錯誤は成立しないとしたものがある（新生銀行事件＝さいたま地判平27. 11. 27判時2291号129頁）。

条1項）からも，そう考えなければならないといえよう。さらには，労基法によって使用者は労働契約締結時に労働条件を明示すること，とくに賃金をはじめとする重要な労働条件は書面により明示することを義務づけられていること（→94頁）[3]も，賃金減額等の労働条件の不利益変更への黙示合意の認定は厳格・慎重たるべきことを要請するものである。

■異議ない賃金受領による黙示合意

　賃金減額に関わる紛争では，労働者が減額された賃金を相当の長期にわたり異議をとどめることなく受領し続けたことから黙示の合意があったと認められるか，が問題となることが少なくないようである。裁判例では，退職までの約8か月間，抗議等をすることなく減額された賃金を受領した労働者について黙示の合意があったとしたものがある（光和商事事件＝大阪地判平14. 7. 19労判833号22頁）。他方，前掲注3)技術翻訳事件＝東京地判平23. 5. 17は，書面等による明示承諾を求めなかったことに合理的理由が存するとは認められず，また減額実施から退職まで3か月余りに過ぎないこと等からすれば，減額後の賃金が受領されて抗議等もなされていないとしても，事後的追認をしたとは認められないとしている。減額された賃金を受領し続けた場合には黙示合意があったとみなされる，などと考えることはできない。しかし，労働者が相当の長期間にわたり異議をとどめることなく減額された賃金を受領し続けた上で，賃金減額の合意をしていないとして減額されない賃金の支払いを請求することについては，信義則違反もしくは権利濫用に当たる（民1条2項・3項，労契3条4項）と評価されるべき場合が少なくないと思われる。

　これまでの多くの裁判例では，労働者の同意が自由意思によるものといえる合理的理由が客観的に存しなければ賃金減額の黙示合意があったと認めることはできない，というようにいわれている（前掲三井埠頭事件＝東京高判平12. 12. 27，NEXX事件＝東京地判平24. 2. 27等）。これは，前掲シンガー・ソーイング・メシーン事件＝最2小判昭48. 1. 19の，賃金債権を放棄する意思表示は

---

　3) 労基法15条は労働契約の締結時の労働条件明示を義務とするものゆえ，採用後の労働条件変更の際にも使用者に明示義務があるとまではいえない。しかし，労契法は「労基法15条を補足する形で，労働契約締結時に限られない労働契約内容についての理解促進措置（労契4条1項）および労働契約内容のできる限りの書面化（同2項）を要請している」（荒木331頁）のであるから，これらの労基法・労契法の条項が，賃金減額等の労働条件の不利益変更についての黙示合意は容易に認めるべきでないことの根拠になると考えてよいであろう。技術翻訳事件＝東京地判平23. 5. 17労判1033号42頁は，労基法15条と労契法4条をあげつつ，賃金減額について黙示合意があったと認められるためには「使用者が労働者に対し書面等による明示的な承諾を求めなかったことについての合理的な理由の存在等が求められる」とするが，これは納得できる考え方であるように思われる。

労働者の自由な意思にもとづくものと認められる合理的な理由が客観的に存在しなければ有効ではあり得ない，とする考え方に依拠したものなのである。[4]

　これに対し，近年の裁判例においては，賃金減額の黙示合意は労働者の「確定的」な同意があったときに認められるとするものが少なくない。すなわち，重要な労働条件の変更には意思表示の確実を期さなくてはならないから確定的合意を要する（日本構造技術事件＝東京地判平 20.1.25 労判 961 号 56 頁），賃金減額に労働者が黙示の承諾をしたと認め得るだけの積極的事情が存しなくてはならない（前掲技術翻訳事件＝東京地判平 23.5.17 頁），労働者の同意を認定するには賃金減額に関する口頭のやり取りの意味を慎重に吟味検討する必要がある（ザ・ウィンザー・ホテルズインターナショナル事件＝札幌高判平 24.10.19 労判 1064 号 37 頁），というようにいわれている。[5]

　賃金減額その他の労働条件変更についての合意の認定のあり方，つまり労働者が賃下げなどに同意したか否かの判断方法としては，「自由な意思にもとづくと認められる合理的理由の客観的な存在」の有無を問うよりは，[6]「確定的な同意があったと認められる事情」の存否を問題とするほうがベターであると筆者は考える。合意，すなわち契約は，「契約内容の本質的または重要な部分」に当事者が「確定的」な合意をすることをもって成立する（平井宜雄『債権各論（上）』[2008 年] 146 頁以下），と考えるべきだからである。

---

4)　福祉事業者 A 苑事件＝京都地判平 29.3.30 労判 1164 号 44 頁は，就業規則改定による労働条件の不利益変更への労使合意の効力についての山梨県民信用組合事件＝最 2 小判平 28.2.19 民集 70 巻 2 号 123 頁（→422 頁）を引用しつつ，労働条件の不利益変更への労働者の同意は，自由な意思にもとづくと認められる合理的な理由が客観的に存在する場合には有効であるという。

5)　山川隆一「労働条件変更における同意の認定」『労働法学の展望〈菅野和夫古稀記念〉』[2013 年] 257 頁以下は，賃金削減等の労働条件変更への同意等について，裁判例には①「自由な意思に基づくと認められる客観的合理的理由」を問題とするもの，②「確定的」な合意が成立したといえるか否かを問題とするものが見られるとし，②に属するものとして，上記の日本構造技術事件＝東京地判平 20.1.25，技術翻訳事件＝東京地判平 23.5.17 等をあげている。

6)　「自由な意思にもとづくと認められる合理的な理由の客観的な存在」の有無を問うという判断ルールは，とりわけ近年の判例がしばしば示すものである。すなわち，賃金債権を放棄する意思表示の効力についての前掲シンガー・ソーイング・メシーン事件＝最 2 小判昭 48.1.19，賃金債権を受働債権とする相殺合意についての日新製鋼事件＝最 2 小判平 2.11.26 民集 44 巻 8 号 1085 頁（→77 頁），均等法 9 条に反する不利益取扱いであるが例外として許容される場合についての広島中央保健生協（C 生協病院）事件＝最 1 小判平 26.10.23 民集 68 巻 8 号 1270 頁（→76 頁以下），賃金支給基準を定めた就業規則の不利益変更への合意についての前掲注 4）山梨県民信用組合事件＝最 2 小判平 28.2.19 において，そのようなことが説かれている。

(3) 変更権限（賃金減額をする権限）付与の合意

　この合意に関わる裁判例はあまり見られないが，近年のものに，給与条件は勤務状況等と会社の営業状況に鑑み「適宜年度ごと後年の調整を実施する」と労働契約に定められていて，3年後から減額された賃金が支給されたという事例があった（前掲NEXX事件＝東京地判平24.2.27）。同事件では，賃金減額につき黙示合意が成立したといえるためには不利益変更を真意にもとづき受け入れたと認められるに足る合理的な理由が客観的に存在することを要するから，使用者からの一方的な意思表示により賃金を改定できるとする「調整条項」は労契法8条に反し無効とされている。そして，当事件では賃金減額に反対の声を上げるのは困難であったこと，減額が20％と大幅であること，減額の必要性等を十分に説明していないことなどから，約3年間にわたり減額された賃金を労働者が受領していたとしても，賃金減額につき黙示の合意が成立していたとはいえないとして，賃金減額分の支払請求を認容している。

　この判旨には理解困難なところがあるが，要するに，労働条件を変更する権限を使用者に付与する合意はすべて違法・無効であるから，結局，問題は具体的な賃金減額への黙示合意があったと認められるか否かであり，その黙示合意は容易には存在を認められ得ない，ということなのであろう。しかし，労契法8条は当事者の合意によって契約内容を変更できるという契約法の原則を確認したものであって，変更する権限を当事者の一方に付与する約定を無効とするような効力を有する強行法規であると解することはできない[7]。ただし，公序違反の内容ゆえに無効ということもあり得るし，あるいは当該合意は労働条件変更（とくに賃金減額）の権限を使用者に付与したものとは解釈（合理的意思解釈）され得ないという場合は少なくないであろう。さらには，変更権限が使用者に付与されていると解される場合でも，その権限を行使してなされた具体的な賃金減額などが権利濫用に当たり違法ということもあり得ると思われる[8]。

---

　7) 荒木377頁は，使用者に配転命令権や時間外労働命令権のような労働条件を変更する権限を設定する就業規則が合理的なものとして労働契約内容となることが一般に承認されているから，労働条件を変更する権限を合意によって設定することは認められないということは困難とするが，そのとおりであると筆者も考える。

　8) 前記のNEXX事件＝東京地判平24.2.27のケースにおける「調整条項」については，給与条件を年度ごとに調整するというものゆえ公序違反とはいえないが，これが使用者に賃金減額を行う権限を付与したものとは解し得ないと思われるし，仮に権限付与のものと解した場合でも，

II　賃金支払いの原則

1　通貨払いの原則

　この原則を定める労基法24条1項は3つの場合を例外としている。そのうちの法令に別段の定めがある場合の「法令」は存在しない。「労働協約に別段の定めがある場合」は，全額払原則に対する例外（同項但書後段）のように「過半数労働者との協定締結」ではないため，非組合員である管理職やパート労働者等については現物給与が多くの場合に不可能ということになる。「賃金について確実な支払の方法で厚生労働省令で定めるもの」とは，賃金の口座振込みと退職金の銀行小切手払いを一定要件の下で可能とするものである（労基則7条の2参照）[9]。

2　直接払いの原則

　立法趣旨は中間搾取と賃金横取りの排除であり，例外は定められていない（労基24条1項）。労働者が賃金請求権を第三者に譲渡して使用者に通知した場合でも，賃金債権の譲渡自体は無効ではないが譲受人への賃金支払いは直接払いの原則に反することになる（小倉電話局事件＝最3小判昭43．3．12民集22巻3号562頁）。この解釈は妥当といえるが，譲受人が使用者に賃金の支払いを請求できないというのでは賃金債権の譲渡を有効と認めた意味はごく小さくなる。そこで，このような場合および労働者が第三者への債務を賃金から支払うように使用者に委任した場合につき，全額払いの原則への例外である労使協定にも

　実際に行われた賃金減額は権利濫用ゆえに違法・無効とされるべきものであったのではないか。

[9]　いわゆるストック・オプション，すなわち会社が労働者等に対し自社株式を将来においてあらかじめ設定された価格で購入できる権利を付与し，労働者等が設定価格で株式を購入した後により高い価格で売却して利益を得られるようにする制度については，行政解釈では，それは労働条件の一部として就業規則に記載すべきである（労基89条10号）が，同制度から得られる利益は発生の時期と額が労働者の判断に委ねられているので，労働の対価ではなく労基法上の賃金に当たらないとされている（平9.6.1基発412号）。他方，5年後に会社の株式を取得できる権利を付与する「株式褒賞」について，それは任意的・恩恵的給付ではなく賃金の実質を有するものであるが，労働者の自由な意思にもとづいて合意されたものゆえ通貨払いの原則に違反しないとした裁判例がある（リーマン・ブラザーズ証券事件＝東京地判平24.4.10労判1055号8頁）。

とづく賃金控除払いとして適法と認めるべきであるとする見解がある（菅野434頁）。適切な考え方といえよう。

3 全額払いの原則

　この原則に関しては，「法令に別段の定めがある場合」（給与所得税の源泉徴収など）および労働者の過半数で組織する労働組合または過半数労働者の代表との書面協定がある場合という例外が設けられている（労基24条1項但書後段）。後者の協定による労基法違反を免ずる効力は事業場の全労働者に及ぶ。

■賃金控除協定の効力
　富士火災海上保険事件＝東京地判平20．1．9労判954号5頁は，賃金を一部控除して支払う旨を定めた書面協定を過半数労働者が加入する労働組合と締結していても，賃金の一部控除に反対する少数派組合に属する労働者が控除に同意しない場合には，それらの労働者に対し使用者が賃金の一部控除をすることは許されない，という。しかし，これは労基法24条1項に関する誤った法解釈をするものである。賃金の一部控除は，使用者が有する債権を自働債権とし賃金債権を受働債権としてなす相殺である。それは単独行為であるから（民506条1項），相手方が同意しないゆえに違法・無効とされるようなことはあり得ない。同判決は，労基法24条1項但書後段の協定には刑事罰の「免罰」の効力はあるが，少数派組合とその組合員が個別に同意していない場合は効力を及ぼすことはできないという。これは三六協定，すなわち時間外・休日労働の書面協定（労基36条1項）の効力に関する判例・通説の考え方（→363頁）を「応用」したものであろう。三六協定には免罰的効果はあるが民事法的効果はないといわれるのは，使用者が個々の労働者に時間外・休日労働を命じるためには，就業規則に時間外・休日労働の定めがあるなど，労働者が労働契約において時間外・休日労働をする義務を負っていることを要するからである（→364頁）。賃金控除の労使協定に免罰的効力があるのは当然であり，民事法的効力がないことも三六協定と同じである。しかし，賃金の一部控除は単独行為である相殺であるから，それを行うために労働契約上の定めを要するとか，相手方との合意を要するということはあり得ないのである（なお，三六協定以外の労使協定の効力については→363頁）。

　通貨・直接・一定期日払いの諸原則とは違って，この賃金全額払いの原則をめぐっては少なからぬ法解釈論上の問題点がある。「賃金債権の放棄」や「退職金の不支給・減額」の適法性という問題，フレックスタイム制に関する「労働時間の貸借制」の可否という問題にも賃金全額払いの原則が関わるという考え方もあるが，これらの問題と同原則は無関係であると筆者は考える（→276頁，302頁，355頁）。ある賃金支払期における不就労についての賃金額を次期以

降の賃金から控除できるか否かは同原則の適用問題であるが，それは「賃金カットの時期」という問題として説明する（→309頁以下）。ここでは「相殺と全額払原則」について論じておく。

■調整年俸制と全額払原則
　支給額を年度の当初に仮に決めた上で業績・成果に応じて年度の途中あるいは年度末に調整するもの（「調整年俸制」）の下で行われる賃金減額について，労基法24条1項の趣旨に反し許されないとする見方がある。しかし，同条項は，使用者は支払義務を負う賃金の全額を労働者に支払わなければならず，その一部を控除して支払うには労働者の過半数を代表する者と協定を締結する必要があると定めているのであって，賃金の支給額をあらかじめ支給日前に確定しておくべき義務を使用者に課しているのではない。調整年俸制における賃金減額そのものを違法とする理由はないのである。

　使用者が労働者に対して有する債権を自働債権とし賃金債権を受働債権とする相殺は，労基法24条1項に違反するか。つまり，その場合には同項但書後段の労使協定の締結を必要とするのかどうか。判例では早くから全額払原則は相殺禁止を含むと解されている（関西精機事件＝最2小判昭31．11．2民集10巻11号1413頁，日本勧業経済会事件＝最大判昭36．5．31民集15巻5号1482頁等）。賃金債権の相殺に関しては労基法17条があり，また私法上の相殺制限（民510条，民事執行152条）があることを根拠として，全額払いの原則は賃金の「天引」を禁止するのみと解する学説もある（石川吉右衛門「賃金の『全額払』についての疑問」『裁判法の諸問題〈兼子一還暦記念〉（下）』［1970年］636頁以下）。
　今日の多数学説は判例の立場を支持している（菅野436頁等）。法解釈論としては少数説が優れているようにも思われるが，筆者も判例・通説の結論を支持したい。退職金を含む賃金からの多額の控除は労働者の生活に不安をもたらすので，労基法17条により禁止される場合でなくても，賃金債権の相殺には何らかの歯止めがかかるようなシステムにしておくのがよいと考えるからである。
　労働者と使用者が相殺の合意をした場合（相殺契約）にも，賃金全額払いの原則は適用されるのであろうか。判例はそれを否定し，労働者が相殺に同意している場合であって，その同意が「労働者の自由な意思に基づいてされたものであると認めるに足りる合理的な理由が客観的に存在するとき」は，全額払原則に違反しないと解する（前掲注6）日新製鋼事件＝最2小判平2．11．26等）。これに対し，労働者の同意があっても使用者の法違反が成立するのが労基法の強

行法規としての帰結であるとして，判例の解釈は疑問であるとする見解がある（菅野438頁）。筆者は，全額払原則は相殺禁止を含んでいないとする前述の見解にもかなりの説得力があること，労働者の過半数代表者との労使協定があれば使用者による相殺も一定範囲において許されること等を考慮し，相殺契約には労使協定は不要とする判例の立場で構わないと考える[10]。

4 一定期日払いの原則

労基法24条2項は，「毎月1回以上」および「一定の期日」支払いの原則を定める。前者は賃金支払いの間隔が開きすぎること，後者は支給日が不安定になることの防止を目的としているのであろう。他の3つの原則とは違って，「臨時の賃金等」には適用されない。

III 最低賃金法

1 最低賃金制度の概要

賃金額の決定に対する法的介入はできるかぎり避けられるべきであるが，社会的に見て明らかに不公正な低賃金は排除されなければならない。これが最低賃金制度の存在理由である。

労基法にはかつて，行政官庁が賃金審議会と公聴会の意見にもとづき最低賃金を決定する制度が設けられていたが，実際には全く空文化していた。1959（昭34）年に過渡的な制度としての「業者間協定」方式を中心とする最低賃金法（最賃法）が制定されたが，1968（昭43）年改正により，「審議会」と「労働協約拡張」のいずれかの方式によって最低賃金の決定を行う制度に改められた。そして，2007（平19）年改正によって，「地域別最低賃金」（全国各地域について時間別最低賃金を定めるもの）を原則的方式とし，「特定最低賃金」（労使の申出に

---

[10] なお，前掲注9)リーマン・ブラザース証券事件＝東京地判平24. 4. 10は，前掲注6)日新製鋼事件＝最2小判平2. 11. 26の趣旨は基本的に賃金通貨払いの原則にも妥当するとして，当事件の「株式褒賞」の形の賞与支給は，労働者の自由な意思にもとづいて合意されたと認められる合理的理由が客観的に存在するので，違法なものではないとしている。このように通貨払いの原則にも法定外の例外を認めてよいかは疑問であるが，同原則は今日では存在意義が小さいと思われるので，その考え方に賛成してよいとも考えられよう。

より産業別に地域別最低賃金を定めるもの）を補足的方式とする現行の法制度となったのである。

　最賃法における「労働者」・「使用者」・「賃金」の意義は，労基法におけるもの（9条・10条・11条）と同一である（最賃2条）。そこで，最賃法の適用範囲は労基法と同一ということになる[11]。ただし，障害により著しく労働能力が低い者，試用期間中の者，認定養成訓練中の者，軽易業務に従事する者について，使用者が都道府県労働局長の許可を受けたときは，最低賃金額に労働能力その他の事情を考慮して省令で定める率を乗じて得た額を減額した最低賃金を支払うことができる（最賃7条）。2007（平19）年改正前は，これらの4種の者と「所定労働時間の特に短い者」で許可が得られた者が「適用除外特例」とされていたが，同改正によって，このような4種の者についての「減額許可特例」の制度に改められたのである。また，使用者が最低賃金額以上を支払わなければならない「賃金」から，1か月を超える期間ごとに支払われる賃金（賞与等）や所定労働時間外の労働に対して支払われるものその他の賃金は除外される（最賃4条3項）。そこで，たとえば賞与を加えれば最低賃金額以上の額を支払ったと使用者が主張することはできないことになる。

　最低賃金額は時間によって定められる（最賃3条）。2007（平19）年改正前は時間・日・週または月によって額が示されていたが，同改正により時間額表示に一本化されたのである。日給・月給等，時間以外の期間により賃金が定められている場合は，その額を期間における所定労働時間で除した金額に換算して最低賃金額と比較される（最賃則3条1項1号～4号）。また，「出来高払制その他の請負制によって定められた賃金」は，当該賃金算定期間において計算された賃金の総額を期間中に労働した総労働時間数で除した金額が最低賃金額と比較されることになる（同項5号）。使用者は最低賃金額以上の賃金を支払わなければならず（最賃4条1項），最低賃金には強行的・補充的効力があり（同条2項），使用者には周知義務があり（最賃8条），労基署による行政監督が行われ

11）　関西医科大学研修医事件＝最2小判平17．6．3民集59巻5号938頁は，研修医は労基法9条・最賃法2条の「労働者」であるとして，「奨学金」の名目で支払われていた額と最低賃金相当額との差額に当たる賃金請求権を有するとしている（なお，この判例に関しては→30頁）。また，外国人研修生について，最賃法2条の「労働者」に当たるとして最低賃金相当額の賃金支払請求を認容した裁判例がある（スキールほか事件＝熊本地判平22．1．29労判1002号34頁，デーバー加工サービス事件＝東京地判平23．12．6労判1044号21頁）。

第1節　賃金の法的保護　　285

(最賃 31 条～34 条)，罰則も設けられている（最賃 39 条～42 条）。

■無給時間と最低賃金

　最賃法の下，使用者は「時間」によって定められた最賃額以上の賃金を支払わねばならないのであるが，それはすべての労働時間について必ず最賃額以上の賃金を支払う必要があることを意味しない（荒木 145 頁注 93）。月給賃金の場合であれば，その額を月における所定労働時間数（月によって時間数が異なるときは 1 年間の平均時間数）で除した金額が最賃額以上であればよいのであって，特定の時間について賃金不支給としても当然に最賃法違反となるわけではない。たとえばビル警備員の「仮眠時間」は労基法上の「労働時間」に当たることが多いが，その仮眠時間中は無給としていても，賃金額を所定労働時間数で除した金額が最賃額以上になっていれば法違反にはならないのである（→327 頁）。裁判例には，タクシー運転手の指定場所以外での待機時間を一部無給としたことにつき，その時間も労基法上の労働時間であるから賃金不支給にはできないとして，全勤務時間につき最低賃金額との差額支払義務が使用者にあるとしたもの（中央タクシー事件＝大分地判平 23.11.30 労判 1043 号 54 頁）があるが，これには疑問を禁じ得ない（神吉知郁子「最低賃金と労働時間」『労働法学の展望〈菅野和夫古稀記念〉』[2013 年] 294 頁参照）。では，特定時間（仮眠時間など）について最賃額より低い賃金支給とすることはどうか。労働時間である以上は最賃額を下回る額とすることは許されない（菅野 447 頁）とも考えられるが，賃金額を特定時間を含めた所定労働時間数で除したものが最賃額以上になっていれば最賃法に違反しないと解してよいであろう（神吉・前掲 295 頁参照）。

2　最低賃金の決定方式

(1)　地域別最低賃金

　これは，厚生労働大臣または都道府県労働局長が中央または地方の最低賃金審議会の審議にもとづき決定するものである（最賃 10 条）。「あまねく全国各地域について決定されなければならない」（最賃 9 条 1 項）ことになっている。最賃額は，地域における「労働者の生計費」，「賃金」，「通常の事業の賃金支払能力」を考慮して定められなければならない（同条 2 項）。そして，「労働者の生計費」の考慮に当たっては生活保護との整合性に配慮すべきものとされている（同条 3 項）。

　最低賃金として決定される賃金は，通常の労働時間・労働日に対応するもの

---

12) 最低賃金審議会は，労働者側・使用者側・公益の各同数の委員（政府による任命制）によって構成される諮問機関であるが，同審議会の「目安に関する小委員会」が出す「目安」，とりわけ公益委員の「目安」についての見解が，実際には地方最低賃金審議会の審議決定に大きな影響力を有しているようである（神吉知郁子「最低賃金の法政策」争点 97 頁等参照）。

に限定されるから，賞与や超過労働・深夜業に対する割増賃金等は除外される（最賃4条3項）。最低賃金を下回る賃金を支払っている使用者には罰金が科せられる（最賃40条）。法定最低賃金が強行的・補充的効力を持つことはいうまでもない（最賃4条2項）。地域別最低賃金は，当該都道府県のすべての労働者に適用される。派遣労働者については，派遣元ではなく派遣先の事業場，つまり就労している事業場の地域別最低賃金が適用される（最賃13条）。

(2) 特定最低賃金

これは，特定の産業について労使の申出により厚生労働大臣または都道府県労働局長が最低賃金審議会の意見を聴いて決定するものである（最賃15条）。特定最低賃金の額は，当該最賃の適用を受ける使用者の事業場が属する地域についての地域別最低賃金の額を上回るものでなければならない（最賃16条）。

Ⅳ 賃金支払確保法

1 賃確法の概要

賃金の支払の確保等に関する法律（賃金支払確保法，賃確法）は，石油ショック後の不況期に会社倒産が多発するなかで，賃金の不払いから労働者を救済するための法制度がきわめて不十分であることが認識されて，1976（昭51）年に制定された。

内容は，①社内預金の保全措置（賃確3条・4条・18条），②退職手当の保全措置（賃確5条），③退職労働者の賃金に係る遅延利息（賃確6条），④未払賃金の立替払制度（賃確7条・8条）からなる。

■退職者賃金の高率利息と例外
　退職労働者に係る未払賃金（退職金を除く）には，退職の翌日から支払いをするまでの期間について14.6％という高率の遅延利息を支払う義務が事業主に課せられる（賃確6条1項，賃確令1条）。ただし，天災その他やむを得ない事由で省令が定めるものが存する期間は除かれる（賃確6条2項，賃確則6条）。この「やむを得ない事由」の1つは，支払いが遅延している賃金の存否に関し合理的理由により裁判所または労働委員会で争っていることである（賃確則6条4号）。裁判例には，一定の事実認識にもとづき未払いの時間外労働の割増賃金を支払ったうえで，それを超える賃金支払義務の存否を争っている場合が該

当するとしたもの（医療法人大寿会事件＝大阪高判平 22. 12. 21 労判 1026 号 186 頁），使用者が裁量労働制の対象業務であるとして割増賃金の支払義務を争うことに合理的理由がないとはいえないから，遅延損害金は商事法定利率によるとしたもの（レガシィほか 1 社事件＝東京高判平 26. 2. 27 労判 1086 号 5 頁）等がある。この点に関し，渡辺 186 頁は，裁判上で争いが生じている時間外手当について賃確法所定の年率 14.6％ の遅延損害金を適用できる事例はほとんどないという。

2　未払賃金の立替払い

　賃確法の中心をなすのはこの制度である。労災法の労働福祉事業として行われる（労災 29 条 1 項 3 号）ので，立替払いの費用は全額事業主負担となる。第三者である「政府」が，事業主に代わって未払賃金のある労働者の請求にもとづき賃金債務を弁済する（賃確 7 条）。政府は，事務管理による費用償還請求権（民 702 条 1 項）および労働者の承諾を得て代位取得した賃金請求権（民 499 条 1 項・501 条）にもとづき，事業主に対して立替払費用の償還を請求できる。未払賃金の立替払いは，事業主が「裁判上の倒産」または「事実上の倒産」の状態となり，労働者がこの「倒産」前後の一定期間中に退職した場合に，退職金を含む賃金（賞与等は除く）の一定範囲のものについて行われる（賃確 7 条）。立替払いされる賃金の額は，立替払いの対象となる賃金中の未払分で年齢層別に定められた上限以内の額の 80％ である（賃確令 4 条 1 項）。立替払いの業務を実施するのは労働者健康福祉機構である（独立行政法人労働者健康福祉機構法 12 条 1 項 6 号）。

第2節　休業と賃金

1　休業と賃金請求権

　労働者の賃金請求権は，抽象的な基本債権としては労働契約の締結とともに当然に発生する。しかし，具体的な支分債権としての賃金請求権，すなわち各支払期間の賃金や賞与・退職金等の請求権は（賞与・退職金の請求権は労働契約の締結により当然に生ずるわけではないが），それぞれの労働契約において取り決められた賃金支払いの期日に発生すると解される。支払期日が定められていない場合は，賃金後払いの原則（民624条1項・2項）により，当該の支分債権たる賃金に対応する労働が完了した時に請求権が発生することになる。労働者の責めに帰すべき事由もしくは労使両当事者のいずれの責めにも帰し得ない事由によって労働が行われなかったときは，特約が存在する場合（たとえば就業規則等に私傷病休暇・慶弔休暇などが定められている場合）でないかぎり，その労働履行に対応する具体的な賃金請求権は発生しない（民536条1項）。そこで，賃金請求権は「後払の場合なら労務給付あることを停止条件として，前払の場合には労務給付のないことを解除条件として発生する」（幾代通＝広中俊雄編『新版注釈民法(16)・債権(7)』[1989年] 35頁〔幾代〕）と理論構成するのが適切であろう。

　使用者の責めに帰すべき事由によって労働が行われなかった場合には，具体的な賃金請求権が発生することになる（民536条2項前段）。さらに労基法26条

---

1) なお，2017（平29）年改正民法は「履行の割合に応じた報酬」というタイトルの規定を新設している（改正後624条の2）。これは，「一般的に承認されると思われる」ことを，「他の役務提供契約の類型と平仄を会わせる形で明確化したもの」（日本労働法学会編『講座労働法の再生・第1巻・労働法の基礎理論』[2017年] 60頁〔山川隆一〕）なのであろう。
2) 2017（平29）年改正民法の536条1項では，当事者双方の責めに帰することができない事由によって債務を履行できなくなったときは，債権者は反対給付の履行を拒むことができる（改正前民法の536条1項では「債務者は，反対給付を受ける権利を有しない」），となっている。これについては，改正前民法の危険負担制度が「債権消滅構成」であるのに対し改正法は「履行拒絶構成」で設計されたと説明されている（潮見佳男『民法（債権関係）改正法の概要』[2017年] 248頁）。
3) 2017（平29）年改正民法の536条2項前段は，改正前の「債務者は，反対給付を受ける権利を失わない」を「債権者は，反対給付の履行を拒むことができない」と改めるものになっている。そこで，使用者の責めに帰すべき事由により労働者が就労できなかった場合には，改正前民法で

は，そのような事由による「休業」の場合には使用者は平均賃金の6割以上の手当を支払う義務を負うと定める。問題は，同条の「使用者の責に帰すべき事由」を具体的にはどう解するか，および労働契約にもとづく賃金請求権と労基法26条による休業手当請求権の関係をいかにとらえるかである。また労基法26条の「休業」の意味も問題となる。

② 労基法26条の「使用者の責に帰すべき事由」

行政解釈は以下のような基準を示している。労基法26条の「使用者の責に帰すべき事由」には，たとえば親会社からの資金・資材の供給停止や行政指導を受けてなされた一時帰休等，使用者の「事業範囲内」に生じた事由は含まれるが，たとえば労安衛法66条による健康診断の結果にもとづく休業または労働時間を短縮した場合など，「事業範囲外」に原因を持つものは含まれない。争議行為による就労不能も同じく事業範囲外の事由である。要するに，「使用者の責に帰すべき事由」とは，使用者の故意・過失または信義則上これと同視すべき事由よりも範囲が広く不可抗力を含まないが，その不可抗力とは原因が事業の外部より発生し，かつ事業主が通常の経営者として最大の注意を尽くしても避け得ない事故をいう（労基局上367頁以下）。

裁判例も古くから同様に解してきた（宮崎農機事件＝宮崎地判昭26.1.30労民集3巻6号558頁等）。最高裁判例においても，労基法26条の「使用者の責に帰すべき事由」とは民法536条2項の「債権者の責めに帰すべき事由」よりも広く，「使用者側に起因する経営，管理上の障害を含む」と解されている（ノースウエスト航空事件①＝最2小判昭62.7.17民集41巻5号1283頁）。学説もほぼ同様で，「通常の意味における過失責任の原則よりも広く，使用者の支配圏から生じた事由」（有泉257頁）というように解している（菅野440頁等）。

このようにして，労基法26条の帰責事由についての一般的判断基準に関して行政解釈・判例・学説はほとんど全く同じ立場であるといってよい。しかし，より具体的な基準になると見解の相違が見られる。また，争議行為による就労

は労働者の具体的な賃金請求権が発生するが，2017（平29）年改正民法では使用者が賃金の支払いを拒絶できないことになる，という違いがあることになる。しかし，改正民法の立案担当者は，現行法におけるのと同様に具体的な賃金請求権が発生すると考えているとされている（潮見・前掲注2）249頁）。結局，改正民法において536条2項は維持されている（菅野160頁）と考えて構わないのであろう。

不能の場合については行政解釈・判例とは異なる考え方の学説が少なくない。これは、「労働契約における危険負担」という問題についての基本的な理論の相違に由来するのであろう。

■争議不参加者の賃金・休業手当請求権
　行政解釈の考え方は、争議行為により非組合員・他組合員が就労不能となったときに就労不能の程度に応じて休業させた場合には休業手当の支払いを要しないというものである（労基局上371頁以下）。裁判例においては、争議行為に至る経過について使用者にとくに非難されるべき点がある等の事情がないかぎり、労基法26条の帰責事由には該当しないという考え方が一般的である。前掲ノースウエスト航空事件①＝最2小判昭62. 7. 17では、ストライキにより就労不能となったスト不参加組合員が休業手当および賃金の請求権を有するかどうかが争われた（「部分スト」のケース）。原審は、ストライキの発生に関して使用者に過失があったとして休業手当の支払義務を肯定した。これに対し最高裁判決は、本件ストライキは労働組合が自らの判断と責任にもとづいて行ったもので使用者側に起因する事象ではないとして、労基法26条の帰責事由は認められないとしている。さらに、このケースにおける労働者側の主位的請求は賃金の支払いで予備的請求は休業手当の支払いであったが、原審は休業手当の請求を認めたが賃金請求権については否定した。最高裁判決は以下のように述べて賃金請求権を否定している。ストライキは労働者の争議権の行使であって使用者はこれに介入して制御することはできず、また団交においていかなる回答をなし、どの程度譲歩するかは使用者の自由であるから、交渉が決裂してストライキに突入したことを一般に使用者に帰責させることはできない。「したがって、労働者の一部によるストライキが原因でストライキ不参加労働者の労働義務の履行が不能となった場合は、使用者が不当労働行為の意思その他不当な目的をもってことさらストライキを行わしめたなどの特別の事情がない限り、右ストライキは民法536条2項の『債権者ノ責ニ帰スヘキ事由』には当たらず、当該不参加労働者は賃金請求権を失うと解するのが相当である」（ノースウエスト航空事件②＝最2小判昭62. 7. 17民集41巻5号1350頁）。その後の裁判例としては、併存組合の一方がストライキを行い、そのピケッティングにより就労できなかった他方の組合員からの賃金請求（「一部スト」のケース）につき、上記の最高裁判決と同旨の理由づけによりつつ棄却した高槻交通事件＝大阪地判平元. 5. 15労判556号62頁340頁がある。
　学説の考え方はかなり多様である。ここでは、ごく簡単に整理しておこう。裁判例とは違って、多くの学説は「部分スト」の場合と「一部スト」の場合とを区別して扱う。以下の諸説がある。①部分ストによる就労不能の場合は全面ストの実質を有するから賃金・休業手当の請求権は認められず、一部ストの場合も労働組合のイニシアティブによる就労不能ゆえ使用者の帰責事由には当たらない。②一部ストの場合には常に賃金請求権は失われないが、部分スト不参加者の労働が不能・無価値となったときには賃金請求権は否定され、ある程度の労働が可能な場合には使用者は労働の受領拒絶をして賃金支払いを免れることができる。③一部ストの場合であれ部分ストの場合であれ、使用者の不公正な行為によっ

て惹起されたのではないかぎり帰責事由とはならず賃金請求権は認められないが，一部ストの場合の休業手当請求権は認められる。④一部ストの場合も部分ストの場合も使用者の責めに帰すべき事由にもとづく就労不能であるが，部分ストに対して使用者はロックアウトをもって対抗できる。筆者の見解は上の②に近く，以下のようなものである。「一部スト」による労働不能については，私見による危険負担の原則をそのまま適用する。すなわち，ストライキまたは怠業により非組合員・他組合員の労働が不可能となった場合には使用者は賃金支払義務を負うが，ピケッティングまたは職場占拠により非組合員・他組合員が就労できなかった場合は逆になる。これに対して，「部分スト」によるスト不参加者の労務給付不能について危険負担の原則をそのまま適用することは公平を欠くので，ストライキ・怠業によるのであれピケッティング・職場占拠による場合であれ，賃金請求権の存在は主張され得ない。

3 休業手当と賃金請求権の関係

(1) 労基法26条と民法536条2項

　労基法26条の「休業」とは，事業の全部または一部が停止される場合であって特定労働者に対する就労拒否を含まない，あるいは「経営障害」による休業には同条のみを適用し民法の危険負担法理によるべきではないという「不競合説」は，かつて有力学説によって唱えられたものである（吾妻光俊『労働基準法・新コンメンタール』[1964年] 151頁）。裁判例では，前掲ノースウエスト航空事件①の控訴審＝東京高判昭57．7．19労判390号36頁がこの立場のようであった（使用者の帰責事由による休業について使用者は「賃金の支払いにかえて」休業手当支払いの義務を負うという）。しかし，同事件の上告審判決（前掲ノースウエスト航空事件①＝最2小判昭62．7．17）は以下のようにいう。労基法26条の趣旨は，使用者の責めに帰すべき事由による休業の場合に使用者の負担において労働者の生活を平均賃金の6割の限度で保障することにあり，民法536条2項の適用を排除するものではなく，休業の原因が同条項の債権者の帰責事由に該当するときは休業手当請求権と賃金請求権が競合する。筆者は，「不競合説」にも相当の説得力はあるが通説・判例の「競合説」でよいと考える。

(2) 労基法と民法の帰責事由の範囲

　そこで次に，労基法26条の「使用者の責に帰すべき事由」と民法536条2項の「債権者の責めに帰すべき事由」の関係をどう見るかが問題となる。行政解釈と判例は，両者の間には前者が後者よりも範囲が広いという相違があると

解している。したがって，両者の帰責事由に当たる場合は賃金全額の支払義務が使用者に生じ，そのうちの平均賃金の6割が罰則付き・強行法的・付加金付きで労働者に保障され，前者の帰責事由にのみ当たる場合は平均賃金の6割の支払義務のみが使用者に生ずることになる。前掲ノースウエスト航空事件①＝最2小判昭62.7.17は，労基法26条が労働者の生活保障のために平均賃金の6割の支払いを使用者の帰責事由の存否に関連させて定めていることから見て，同条の「使用者の責に帰すべき事由」とは取引における一般原則たる過失責任主義とは異なる概念というべきであって，民法536条2項の「債権者の責めに帰すべき事由」よりも範囲が広い，としている。

これに対し，労基法26条の帰責事由の範囲については判例の解釈を支持しながらも，民法536条2項のそれに関しても同様に解すべきであるとする立場がある。すなわち，後者といえども労働契約への適用の際は労働者保護の観点から解釈されるべきで，企業経営者として不可抗力を主張し得ないすべての事由を含むと解するのである（有泉258頁以下等）。この見解に立てば，労基法26条は民法536条2項によっても請求され得る賃金のうちの平均賃金の6割の部分を罰則付き・強行法的・付加金付きで労働者に保障しようとする趣旨ということになる。筆者は，結論的にはこれと同意見である。

(3) **労働契約における危険負担**

ここで，「休業と賃金」の問題に関する筆者の見解を述べておこう。筆者は労働契約における危険負担に関しては，労働者に労働を行う用意（意思と能力）があるにもかかわらず使用者が受領を拒否し，または受領し得なかったために労働を行うことができなかったときは，使用者は受領拒否または不能の理由のいかんを問わず賃金支払義務を負うという法原則が妥当であると考える。つまり，使用者の帰責事由を要しない意味での受領遅滞にもとづく労働義務の履行不能は，民法536条2項の「債権者の責めに帰すべき事由」にもとづく不能に属すると解するのである。そのように考えるのは，労働を行う債務は履行不能となれば追完が不可能となる性格を持つが，その際の危険をすべて労働者に負担させることは公平を欠くと思われるからである。具体的には，私傷病や交通機関の途絶による欠勤等については特約がないかぎり労働者は賃金請求権を有しないが，機械の故障や電力の供給停止や不況下の一時帰休等の「経営障害」

による労働義務の履行不能については，使用者は障害がどのような原因から生じたかにかかわりなく賃金支払義務を免れないことになる。そして前述（→293頁）のように，労基法26条は使用者によって支払われるべき賃金を平均賃金の6割の限度で罰則付き・強行法的・付加金付きで労働者に保障する趣旨の規定であると筆者は考えている。

■労働不受領時の賃金請求権

「休業」，すなわち労働者に就労の用意があるにもかかわらず使用者が受け入れなかった場合については，一般には，労働の不受領・不能に「合理性」があると認められなければ，「債権者の責めに帰すべき事由」（民536条2項）あるいは「使用者の責に帰すべき事由」（労基26条）が存することとなり，使用者は賃金・休業手当の支払義務を免れないと解されている。裁判例では，賃金を一部カットする帰休制の実施には不利益を労働者に受忍させる合理性を要する（池貝事件＝横浜地判平12.12.14労判802号27頁），労務提供があったのに受領しないことは使用者の責めに帰すべき事由にもとづくと推認され，この意味での帰責事由がないというためには休業の必要性や両当事者の状況等に照らしてやむを得ないと認められることを要する（いすゞ自動車事件＝東京地判平24.4.16判タ1405号206頁），とされている。また，この合理性については「使用者側が事実上の立証責任を負担しているもの」と解されている（上記判タ1405号208頁〔解説〕）。筆者は上記のように労働の不受領・不能による履行不能は賃金支払義務を消滅させないと考えたいのであるが，裁判例の立場は妥当・適切なもので支持に値すると考える。

それから，就業規則に労基法26条と同文の規定を設けている企業は少なくないが，それを根拠に使用者が平均賃金の6割を支払えばよく賃金全額を支払う義務はないと主張できるか。合理的意思解釈の問題ではあるが，そのような定めを民法536条2項の適用を排除するものとは解し得ない場合が一般的であろう（前掲いすゞ自動車事件の控訴審＝東京高判平27.3.26労判1121号52頁等）。

■労働不能時の労務提供の要否等

民法536条2項が適用され得る場合，すなわち労働は履行不能であったが賃金請求権は発生する場合においても，労働者は債務の本旨に従った履行の提供をしておかなければならないのが原則である（民492条・493条）。たとえば争議行為としての怠業を行う労働者に対し，使用者は債務の本旨に従った労務提供がないとして賃金支払いを免れることができる（JR東海事件＝東京地判平10.2.26労判737号51頁等）。もっとも，使用者に労働履行を受領する意思がないことが明らかな場合（解雇通告がされた場合等）には，労務の提供がされていなくても，労働債務の履行不能が使用者の責めに帰すべき事由による（解雇が違法・無効な場合など）ものであれば，労働者は賃金請求権を有することになる。債権者が弁済の受領を拒否している場合は，現実の提供はもちろん，口頭の提供（民493条但書）すらも必要ではないと解される（最大判昭32.6.5民集11巻6号915頁）からである。近年の裁判例には，育児休職後に復職拒否または解雇されると認識しての不就労について，

使用者に帰責事由があり賃金支払義務を負うとしたものがある（出水商事事件＝東京地判平27. 3. 13労判1128号84頁）。

とはいえ，使用者の拒絶意思が明らかなときであっても，労働者が当該使用者の下で労働義務を履行する意思と能力を有していたことが客観的に認められる事情が存する必要はある。裁判例には，解雇は無効であるが，解雇の2か月後に他社へ入社したことにより就労意思が確定的に放棄されたとして，その時点までの賃金請求のみを認容したものがある（ニュース証券事件＝東京地判平21. 1. 30労判980号18頁）。また，労働者は履行の意思と能力を有することについて，民法536条2項の要件事実として主張立証責任を負うとする裁判例もある（ペンション経営研究所事件＝東京地判平9. 8. 26労判734号75頁，ライトスタッフ事件＝東京地判平24. 8. 23労判1061号28頁等）。他方，使用者が労務の受領を拒否しているときは，労働者に労働の意思・能力が欠けていても民法536条2項が適用されると解しているように見える裁判例も少なからずある（ジョブアクセスほか事件＝東京高判平22. 12. 15労判1019号5頁，東芝事件＝東京高判平23. 2. 23労判1022号5頁等）。学説では，労働者に労働義務を履行する意思・能力が欠けている場合に使用者の帰責事由と履行不能の因果関係が切断されることはあるが，履行の意思・能力の欠如が使用者の責めに帰すべき事由に起因している場合は民法536条2項の帰責事由を肯定し得るのであって，それゆえ労務履行の意思・能力の存在自体を労働者側が主張立証すべき民法536条2項の要件事実と解するのは適切でないといわれている（荒木122頁以下）。この考え方は支持に値するものであろう。

では，労働者が業務上傷病のために労働できない場合も，使用者の帰責事由による履行不能ゆえ賃金支払義務があることになるのであろうか。前掲東芝事件＝東京高判平23. 2. 23は，使用者の帰責事由によって労働者が労務提供し得なくなった場合には民法536条2項が適用されるのであり，業務上の疾病によって労働不能である場合はそれに当たるのであって，労基法・労災法の定めにもとづく休業補償が給付されることによって民法536条2項の適用が排除されると解すべきではない，という。しかし，業務上傷病についての休業補償の制度は，「労働することができないために賃金を受けない」（労基76条1項，労災14条1項）場合になされるものであって，労働の意思・能力が欠けるゆえに労働者が賃金請求権を有しないことを前提としているのではないか。いうまでもなく労災補償は使用者の故意・過失を要件とするものではないから，業務上傷病による労働不能は常に使用者の帰責事由にもとづくものとすることはできない。次のような考え方をすればよいと思うが，どうであろうか。すなわち，業務上傷病による療養のために労働者が労働できないときは，①使用者は賃金支払義務を負わない（労働者は労働の意思・能力を欠き労務提供をし得ないのだから），②労働者は休業補償（使用者の無過失責任で休日についても支給されるもので「賃金」ではない）を受ける権利を有する，③安全配慮義務違反があったときには使用者は賃金相当額の損害賠償をしなければならないが，休業補償の給付額が損益相殺される（労基84条2項参照）。

4 中間収入の償還・控除

(1) 問 題

　使用者は，その帰責事由による休業中に他の使用者の下で働いて得た収入の償還を労働者に対して求めることができるか。また償還請求が可能とすれば，それを遡及払いすべき賃金から控除することを許されるのか。これが「中間収入の償還・控除」という問題である。

　「中間収入」は債務免除から直接生じた利益ではないとして，それは民法536条2項後段の「債務を免れたことによって利益を得た」ものに当たらないとする考え方もある。しかし，債権者に償還すべき利益とは債務免脱と「相当因果関係」にあるものを指すと解するかぎり，副業的なもの以外の労働による中間収入はそれに含まれると考えるのが自然であろう。副業的なものを除く勤務は休業がなければ一般に不可能だからである。とはいえ労働者にとっては，休業中，とりわけ解雇されている期間中に他の使用者の下で勤務する場合は負担がより重いのが通常であり，また中間収入は早期に費消されてしまうことが多く，さらに休業がもともと使用者の帰責事由にもとづいていることなどを考えるならば，償還されるべき中間収入の範囲に限度を設ける必要がある。

(2) 判例理論

　判例は以下のような処理をしている。すなわち，違法に解雇された労働者の中間収入は「解雇がなくても当然取得しうる等特段の事情がない限り」使用者に償還されるべきであるが，他方，使用者は労基法26条により平均賃金の6割以上の手当を支払わなければならない。そこで同条は，この決済手続を簡便ならしめるために償還利益の額を控除し得ることを前提として，その控除は平均賃金の4割までと定めた規定と解される（全駐労小倉支部山田分会事件＝最2小判昭37.7.20民集16巻8号1656頁，あけぼのタクシー事件＝最1小判昭62.4.2労判500号14頁）。この理論では，使用者が中間収入を遡及払賃金から控除する際には，労基法24条1項但書後段の協定を必要としないことになる。つまり，同法26条が同法24条1項但書後段の「法令」に当たると解されているのである。これはやや強引な法解釈であり，また労基法26条は中間収入の償還限度の趣旨を含むという理解にも疑問が生じないでもない。しかし結局，労使

の利害のバランスをとった「巧妙な創造的解釈」(菅野756頁)として支持に値するといえよう。

---

4) そこで,償還・控除の対象となし得ないのは中間収入のうちの休業手当相当分,すなわち平均賃金の6割であるから,遡及払いされるべき賃金に賞与が含まれているときには,使用者は平均賃金の4割まで控除した後にさらに賞与の全額につき控除できることになる(前掲あけぼのタクシー事件=最1小判昭62.4.2,いずみ福祉会事件=最3小判平18.3.28労判933号12頁)。もっとも,控除し得る中間収入は,その発生期間が遡及払いされるべき賃金の支給対象となる期間と時期的に対応するものであることを要する。なお,労働委員会の救済命令に関して,「バックペイからの中間収入控除の可否」,すなわち不当労働行為たる解雇につき原職復帰・賃金遡及払いの命令を出す際に中間収入を控除しない場合は違法となるかという問題があるが,これは民法536条2項後段とは関係がないと考えるべきであろう。

第3節　退職金・賞与

Ⅰ　退職金

1　退職金をめぐる法的問題

　わが国企業の多くは退職金制度を有している。もっとも，非正規雇用の者にも退職金を支給している企業は稀である。今日では退職金の全部または一部を年金とする企業も少なからず見られる。退職金の支給に関わる労使紛争はしばしば発生するようで，裁判例も数多く見られる。

　労基法等は退職金を「退職手当」と称している（労基89条1項3号の2・115条，賃確5条以下等）。法解釈論上の問題は裁判例に現れたものだけを見ても多様であるが，以下で論じるもののほかにも「競業避止義務と退職金」および「退職金支給基準の変更の効力」という重要問題がある。前者については競業避止義務を論じる際にふれた（→267頁以下）が，後者は主として「就業規則変更の効力」のところ（→420頁以下）で扱う。後者に関わるところがある裁判例として，「自社年金」の廃止あるいは支給額引下げの効力が争われたものがある。それから，退職金支給基準の引下げや退職年金の廃止・減額が労働組合との団体交渉等を経た労働協約の締結によって行われることも少なくない。これらの場合には，労働協約の締結によって組合員の労働条件を引き下げることはできるか，労組法17条にもとづく労働協約の拡張適用によって非組合員の労

---

1)　就業規則等に退職金の定めがあるのに，それが非正規雇用者には適用されていない場合には，有期労働契約であることによる不合理な労働条件の禁止（労契20条。2018［平30］年改正後はパート・有期雇用労働8条），パート労働者の不合理な待遇の禁止（パート労働8条。2018［平30］年改正後はパート・有期雇用労働8条），通常の労働者と同視すべきパート労働者の差別禁止（パート労働9条。2018［平30］年改正後はパート・有期雇用労働9条），賃金決定におけるパート労働者の均衡処遇の努力義務（パート労働10条。2018［平30］年改正後はパート・有期雇用労働10条）に違反することとなる可能性がある（→56頁以下，118頁以下）。
2)　なお，労基法23条は労働者が死亡または退職した場合は7日以内に賃金を支払うべきことを定める。退職金も使用者の支払義務が認められる場合は同法11条の「賃金」であるが，退職年金が普及しつつあることを考えるまでもなく，退職金を7日以内に支払うべく使用者に強制することは適当でない。それゆえ，退職金の支給時期に関する規定にもとづき退職後7日を過ぎてから退職金を支払っても労基法違反にはならないと解されている（労基局上340頁参照）。

働条件を引き下げることはできるか，という問題が関連してくる。[3]

■ **自社年金の廃止・減額**

　企業年金，すなわち公的年金に上乗せして企業が任意に実施する年金（いわゆる年金の3階部分）には，「厚生年金基金」（なお，2014［平26］年4月1日以降は基金の新規設立は認められない），「確定給付企業年金」，「確定拠出年金（企業型）」があるが，これらのいずれでもなく，企業が独自に設けて自ら管理運営する「自社年金」も少なからずある。その自社年金の廃止・減額について，その適法性が争われた事件の裁判例がいくつか見られる。

　多くの裁判例では廃止・減額の適法性を肯定する判断をしている。すなわち，①基金の赤字や財政逼迫を理由とする年金の廃止は，年金受給権は賃金規程の定めにもとづくものであり，当事件における就業規則の変更には合理性が認められるゆえ適法である（名古屋学院事件＝名古屋高判平7．7．19労判700号95頁），②退職一時金とは別に終身にわたって支給される退職年金が規定額を超えて支給されていたものを規定額に減額した措置は有効である（幸福銀行事件＝大阪地判平10．4．13労判744号54頁），③退職金を原資とした福祉年金をバブル崩壊後の経営悪化のなかで減額した措置は，年金規程にある「経済情勢に大幅な変動があった場合」という減額事由に該当するゆえに有効である（松下電器産業事件＝大阪高判平18．11．28労判930号13頁），④退職者に対する年金支給額を4年間に5段階で35％減額することは，将来的な制度破綻を回避するためのやむを得ない措置であって，年金規程の定めによって許容されるものである（早稲田大学事件＝東京高判平21．10．29労判995号5頁），等とされている。

　これに対し，⑤使用者が，金融整理管財人による業務・財産管理を受ける状態の下で，受給者に対し退職年金の支給契約を解約するとして年金の3か月分相当額を支払った上で以後の支給を打ち切ったことについて，この退職年金受給権は退職金規程を内容とする労働契約により退職を条件に発生するもので，功労報償の性格は強いが賃金としての性格は否定されるものではなく，退職金規程が定める使用者の改訂権も同規程の適用を受ける在職者に対する関係での権限であって，同規程の適用を受けない退職者の年金受給権を喪失させる解約権を留保したものではないし，事情変更の原則を適用して支給打切りを正当化できる場合でもないとして，違法・無効としたもの（幸福銀行［年金打切り］事件＝大阪地判平12．12．20労判801号21頁）がある。

　この⑤の判旨における退職年金請求権の発生等に関する理論構成に筆者は疑問を禁じ得ない。同判決の考えでは，退職年金請求権は退職時に確定的に発生して後は履行期が到来するだけであり，退職年金の廃止または減額をすることは，事情変更の原則が適用され得

---

3) 判例の立場は，特定または一部の組合員をことさら不利益に取り扱うことを目的とするなど労働組合の目的を逸脱して協約が締結されたという事情がなければ規範的効力が認められる（朝日火災海上保険［石堂］事件＝最1小判平9．3．27労判713号27頁等），拡張適用が著しく不合理であると認められる特段の事情があるときには規範的効力は認められない（朝日火災海上保険［高田］事件＝最3小判平8．3．26民集50巻4号1008頁），というものであろう（菅野879頁・891頁等参照）。

る場合でないかぎり不可能ということになる。しかし，それは妥当・公平を欠く結果をもたらしかねないものである。筆者は以下のように考える。当事件におけるような退職年金は，労働者の退職時に使用者との間に成立した年金支給契約（使用者は原則として締結を拒否できない）にもとづき支給されるもので，同契約は通常，就業規則（多くの場合に退職金規程）が退職年金について定めるところを内容としている。使用者が退職年金の廃止もしくは減額をしようとする場合には，合理性を有する就業規則の改定が労働契約の内容を変更するというルール（労契10条）によることはできない（退職者は労働契約の当事者ではなく就業規則の適用を受けない）から，(ⅰ)個々の受給者の同意を得る，(ⅱ)約定されている解約もしくは内容変更をなす権利を行使する，(ⅲ)事情変更の原則にもとづき発生する解約もしくは内容変更をなす権利による，という方法のいずれかによるべきこととなる。上記の②・⑤のケースでは，退職金規程の附則に本規定は「経済情勢及び社会保障制度などに著しい変動，又は銀行の都合により之を改訂することがあ」ると定められ，また退職年金受給者に交付される「年金通知書」の裏面に同旨が記載されて，そのことが退職年金契約の内容をなしていたわけであるから，使用者は上記(ⅱ)の方法によって，すなわち退職年金契約において留保された解約権を行使して年金の打切りを行ったことになるのである（もっとも，この改訂条項が支給額の変更等のみでなく年金の廃止までをも予定したものと解し得るかという問題はある）。この解約権の行使について，就業規則の不利益変更が効力を持つために必要とされるような合理性が認められなければ権利濫用となって効果は生じないと考えるべきであろう。[4]

② 退職金支払いの権利義務

退職金は，就業規則や労働協約に支給基準が定められている場合には労基法11条の「賃金」に当たり，その支払いが労働契約上の権利義務になるというのが原則である。わが国では，正規雇用の労働者に関しては零細なものを除く多数の企業に退職金制度があり，ある程度以上の長さの期間の勤務をした者には退職時の基本給に勤続年数を乗じたものを基本として算定された退職金を支払うことが，いわば企業社会の常識となっている。そこで，退職金に関する就業規則の定めはないが「内規」が存在している場合，あるいは文書化された基準はないけれども支給実績が確固としたものとして認められるような場合には，労使慣行にもとづく退職金請求権の存在を肯定してよいであろう。[5] 他方，「退

---

4) 学校法人Y大学事件＝東京地判平29. 7. 6判時2351号99頁は，自社年金における使用者と退職者の間には年金規程等が内容を規律する年金契約が存し，同規程等には「計算基礎率」等に著しい変動があった場合には合理的と考えられる範囲内で年金給付額を変更できる旨の定めがあるので，これを根拠として使用者は年金給付額を減額できるとして，年金財政が危機的状況にあるとしてなされた年金給付の減額は有効としている。筆者と同じ考え方に立つものといえようか。
5) キョーイクソフト事件＝東京高判平18. 7. 19労判922号87頁は，退職金支給基準を定めた

職金」という名称のものでも，使用者に支払義務があるものではないと解される場合もあり得る[6]。

多くの企業では，「会社都合」の退職者には「自己都合」の場合よりも多額の退職金を支払うことを退職金規定等に定めている。そこで，使用者に迫られたため意に反して退職をしたとして，労働者が「会社都合」の退職金を請求することもある。このような主張が通ることはそう多くないであろうが，請求を容認すべき場合もあると思われる（請求を認めた裁判例としてA社長野販売ほか事件＝長野地松本支判平29．5．17労判1179号63頁等，認めなかったものとしてエフピコ事件＝東京高判平12．5．24労判785号22頁，技術翻訳事件＝東京地判平23．5．17労判1033号42頁等）。なお，定年退職は一般に「会社都合」の退職であろうが，退職金規定の解釈により「会社都合」に該当しない場合もあり得る（東京新電機事件＝東京地判平11．4．20労経速1726号3頁等）。

3 退職金の不支給・減額

今日の就業規則等の退職金に関する規定には，ほとんど例外なく，懲戒解雇された者には退職金を支払わない旨が定められている[7]。また競業避止義務のと

内規があり，それにより十数年来，基本給に一定率を乗じた退職金が支給されてきたことで，退職金が支給される旨の労使慣行が存したとしている。これに対し，樋町ビルディング事件＝東京地判平27．6．23労経速2258号3頁は，退職金が一定基準により支払われているという事実の認識では足らず，規範として認識されているのでなければ，労使慣行にもとづく退職金請求権の存在は認められないという。なお，労使慣行については→9頁以下。

[6] モルガン・スタンレー証券事件＝東京高判平21．3．26労判994号52頁は，管理職に対し業績裁量賞与のうちの一定額を積み立てたものを支給する「追加退職金」を任意恩恵的な給付ゆえ賃金ではないとする。また，三菱自動車工業事件＝最2小判平19．11．16労判952号5頁は，退職する執行役員に支給される「退職慰労金」について，代表取締役の裁量的判断によって支給されるものゆえ，それを必ず支給する旨の合意や事実たる慣行が存したとはいえないとしている。

[7] 裁判例には，就業規則に規定が存在しなくても懲戒解雇された者に退職金を支払わないことは可能かどうかが問題となったものがあり，その旨が労働契約に定められているか事実たる慣習として成立していれば可能としつつ当該ケースでは不支給は許されないとしたものがある（東北ツアーズ協同組合事件＝東京地判平11．2．23労判763号46頁）。一般論としては妥当であるが，そのような内容の「労使慣行」（→9頁）に法的効力を認めることには慎重さが求められよう。それから，不支給・減額の事由が懲戒解雇に限られない場合も相当に見られる。裁判例から拾うと，「懲戒解雇事由がある場合の退職」（丸和證券事件＝東京地判平11．12．24労経速1753号3頁），「懲戒解雇または解雇並びに迷惑退職・直前退職……により退職した」場合（洛陽総合学院事件＝京都地判平17．7．27労判900号13頁），といった定めをする例がある。「職中の成果や会社の業績を考慮して減額する」ことがあると定めるものもある（PSD事件＝東京地判平20．3．28労判965号43頁）。

ころでも見たように（→267頁以下），「同業他社への転職」等につき退職金の不支給・減額条項を設ける例も見られる。

　このような条項に関して，「後払いの賃金」である退職金を懲戒解雇された者等に支給しないとする定めは賃金全額払いの原則（労基24条1項）および労働契約の不履行についての賠償予定の禁止（労基16条）に反し無効であるとする見方もある。しかし，退職金は日給や月給等として払われる賃金のように労働契約の締結によって当然に請求権が発生するものではなく，就業規則等の定めもしくは慣行にもとづいて使用者が支払義務を負うものである。退職金請求権は，抽象的債権としては就業規則の定め等にもとづき労働契約締結時に発生するが，具体的債権としては一定期間にわたり継続されてきた勤務の全体が退職時に所定の基準によって評価されつつ額が確定して請求権が発生するもの，と考えればよい。退職年金であれば，抽象的債権としては退職時に年金支給契約（多くの場合に就業規則の退職年金に関する定めを内容とする）が締結されて請求権が発生し，具体的な債権としては退職後の毎回の支給期日に請求権が発生するということになる。それゆえ，退職金の不支給・減額は賃金の全額払いや賠償予定禁止の原則とは無関係である。

　使用者は退職金を支払う義務を当然に負うわけではないから，その支給基準をどのように定めるかは基本的には自由である。「同業他社への転職」についての不支給・減額といった措置も，競業避止義務の定めとして適法といえるものであれば無効と解する理由はない。退職金の不支給・減額条項を公序良俗違反で無効と解することも無理であろう。競業避止義務のところで見た（→267頁）三晃社事件＝最2小判昭52.8.9労経速958号25頁も，退職金は「功労報償的な性格」をも有するので使用者のとった措置を不合理とはいえず，制限違反の就職により勤務中の功労に対する評価が減殺されて退職金の権利が半額の限度においてしか発生しなかったものと解している。

　とはいえ，退職金の不支給・減額は労働者にきわめて過酷な結果をもたらす可能性を持つものである。勤続年数の長い労働者についてとくに強くそれがいえよう。であるから，退職金の不支給・減額が著しく合理性を欠くゆえに違法と解される場合は少なくないと考えられる。裁判例では，懲戒解雇者等に対し退職金を不支給または減額にするという就業規則等の条項は，長期間の勤続の功を抹消してしまうほどの信義に反する行為があった場合にのみ適用されるべ

きものとする考え方が一般化している。この考え方に立てば，過去の勤務の全体に対する評価を一挙にゼロにするほどの解雇事由が認められるかどうかを勤続年数をも考慮にいれつつ判断すべきことになる。筆者は，懲戒解雇の効力判断と退職金請求権の有無判断を切り離して，解雇としては有効だが使用者は退職金支払義務を免れない場合もあるという処理の仕方が適切ではないかと思い，前述のように使用者は懲戒解雇の普通解雇への転換を主張し得ると解する（→192頁）ことで妥当な結果になると考えている。

では，労働者が任意退職した後に不支給・減額条項を適用できる事実が判明した場合に，使用者は労働者に対し退職金を不支給もしくは減額支給とすること，あるいは支給した退職金の全部または一部の返還を求めることができるか。

裁判例には，懲戒解雇以外の不支給事由が退職金規程に定められていないから，懲戒解雇事由が存することを理由に退職者への退職金の支払いを拒むことはできないとしたもの（新光ランド事件＝東京地判平9. 10. 24労経速1674号22頁等），懲戒解雇された者への退職金不支給の定めを懲戒解雇事由がある者への退職金不支給を定めるものと拡張解釈することはできないとするもの（第一紙業事件＝東京地判平28. 1. 15労経速2276号12頁）などがある。これらの裁判例は，特段の定めが就業規則等にあるかぎりで，懲戒解雇されないで任意退職した者への退職金不支給・減額が許されるという考え方をしているのであろう。これに対し，不支給条項は退職後でも懲戒解雇事由に当たる事実がある場合には適用可能という趣旨を含むと解される（大器事件＝大阪地判平11. 1. 29労判760号61頁），退職した労働者を懲戒解雇できないから退職金を不支給等とすることは許されないが，勤続の功を抹消するほどの背信行為があったときは退職金請求が権利濫用となって認められない場合がある（ピアス事件＝大阪地判平

---

8) 日本高圧瓦斯工業事件＝大阪地判昭59. 7. 25労判451号64頁，日本コンベンションサービス事件＝大阪地判平8. 12. 25労判711号30頁，トヨタ工業事件＝東京地判平6. 6. 28労判655号17頁等。また，在職中の競業行為の背信性は長年の功労を否定しつくすほどではないとして，4割5分を減じた額の退職金請求を認めたもの（東京貨物社事件＝東京地判平15. 5. 6労判857号64頁），私生活上の非行を理由とする懲戒解雇を有効としながらも，勤続の労を抹消するほどの強度の背信性はないとして退職金額の3割について請求を認めたもの（小田急電鉄事件＝東京高判平15. 12. 11労判867号5頁）もある。
9) なお，同事件では競業避止の誓約をして割増退職金付きの早期退職をした者が競業をしたのであるが，判決は，割増退職金を受けたことには法律上の原因がなく不当利得に当たるとして，労働者には退職金全額の返還義務はないが割増分を返還する義務はあるとしている。

21. 3. 30労判987号60頁等）などとして，退職金規程等に特段の定めがなくても退職後に不支給等の事由の存在が判明した場合に使用者は不支給・減額あるいは返還請求をなし得るという考え方の裁判例もある。前者の考え方のほうが労使間の公平に適するようにも思われるが，解釈論として後者の考え方を否定することは難しいであろう。とはいっても，特段の定めがない場合はもちろん，それがある場合であっても，使用者による退職金の不支給・減額あるいは返還請求が可能であるのは，過去の勤務の全体に対する評価を一挙に減殺してしまうほど信義に反する労働者の行為があった場合に限られなければならないのである。

II　賞　　与

1　賞与支給の権利義務

　賞与は「一時金」とか「期末手当」といった名称のこともあるが，労基法には「賞与」と「臨時に支払われた賃金」等に関する定めがある。すなわち，それは「労働の対償」として「賃金」に当たる（労基11条）が，一定期日払いの原則の例外とされ（労基24条2項但書），平均賃金の算定対象から除外され（労基12条4項），割増賃金額の算定基礎には含まれず（労基37条5項，労基則21条4号・5号），就業規則の相対的必要記載事項とされる（労基89条4号）。行政解釈によれば，「賞与」とは定期または臨時に原則として労働者の勤務成績に応じて支給され，その額があらかじめ確定されていないものをいう（昭22. 9. 13発基17号，平12. 3. 8基収78号）。

　賞与が，退職金と同じく（→300頁以下），使用者が労働契約にもとづき当然に支払義務を負うものでないことはいうまでもなく，賞与支払いの権利義務は労働契約や就業規則等に定めがあることによって発生する。そのような定めがなくても労使慣行（→9頁以下）による賞与請求権が存する場合もあり得るが，

10）　なお，正規雇用者には賞与が支給されるが非正規雇用者には支給されていない場合は，退職金におけるのと同じく（→298頁注1）），労契法20条，パート労働法8条・9条・10条（2018［平30］年改正後はパート・有期雇用労働8条・9条・10条）への違反となる可能性がある（→56頁以下，118頁以下）。

実際には容易に認められないであろう。[11]

　賞与については，月給や日給として支払われる賃金や退職金にはないような支給要件が設けられている場合が少なくない。すなわち，支給対象期間中の欠勤が一定程度を超えた者，戒告等の懲戒処分を受けた者，支給日以前に退職した者には支給しない，といったことが就業規則等に定められている。そうした支給要件が強行法規あるいは公序に反するものであるときには，賞与についての定めが無効となって賞与支給の権利義務そのものが発生しないことになるのではなく，その違法な要件は設けられていなかったものとして算定された額の賞与を支給する義務が使用者に属することになると解すべきであろう。

■産後休業等を理由とする賞与不支給等の適法性
　賞与について，出勤率90％以上を支給要件とし，産後休業をした日と育児のための時間短縮で就労しなかった時間も欠勤に含める扱いをしたことに関して，次のようにいう判例がある。このような出勤率条項は，それが労基法・育休法により認められた権利等の行使を抑制し，ひいては同法等による権利行使の趣旨を実質的に失わせるものであるかぎり公序に反し無効となる。当事件の「90％条項」は権利行使の抑止力が相当に強いものゆえ公序に反し無効というべきであるが，それは産後休業等による不就労を欠勤に含める部分が無効となるのであって，賞与支給の根拠条項の効力には影響を及ぼさないものと解すべきである（東朋学園事件＝最1小判平15. 12. 4労判862号14頁）。
　そして，同判決はさらに，「90％条項」のうちの産後休業等を欠勤として扱って出勤率を計算する部分は無効としても，産後休業等の時間について労働者は賃金請求権を有しないから，それらの時間を欠勤として扱って賞与減額の対象とする定めは直ちに無効となるものではないという。これは，年休取得や産前産後休業を理由とする不利益取扱いを定める就業規則等の効力について判例（日本シェーリング事件＝最1小判平元. 12. 14民集43巻12号1895頁，沼津交通事件＝最2小判平5. 6. 25民集47巻6号4585頁）が示してきたものと同様の，育児のための時間短縮等の権利を行使することに対する抑止力の強弱等の諸事情を総合して効力の有無を判断するという立場といえよう（→393頁以下，463頁以下）。筆者は，そのような条項は権利行使を抑制する可能性を強く持つものゆえ無効とすればよいと考える（→394頁）が，「一部無効」とすること，育児のための時間短縮等による不就

11）それは，賞与が一般に，一定期間における企業の営業成績と従業員の勤務成績等によって支給額が変動し，時には支給が行われない場合もある賃金だからである。裁判例も，労使慣行による賞与請求権はあり得るという一般論をいう（小暮釦製作所事件＝東京地判平6. 11. 15労判666号32頁，雙葉学園事件＝最3小判平19. 12. 18労判951号5頁，クレディ・スイス証券事件＝最1小判平27. 3. 5労時2265号120頁等）が，これらの事件では労使慣行による賞与支払義務は認められていない。なお，一時金の支給基準を従前のものとする労使慣行は成立していないとしながらも，従前の額の支給が労働契約の内容になっていたとして，その額の支給請求を認容した裁判例が見られる（立命館事件＝京都地判平24. 3. 29労判1053号38頁）。

労につき賞与減額の対象とすることは原則として違法でないとするところには，とくに異論はない。

2 賞与支給の請求権

賞与については，就業規則に「会社の営業成績，各社員の勤務成績および会社への貢献度などを考慮して支給するが，会社の業績状況などにより支給しないことがある」というように定め，一般には各年に2回，支給の実施と支給額の決定をした上で，予定日に支給することが多いようである。そこで，そのような決定がなされず不支給であった場合に，賞与支給の請求権の有無が争われることになる。判例では，支給の実施と具体的な額・算定方法についての使用者による決定または労使の合意がされて，初めて賞与請求権が発生すると解されている[12]。そして，使用者が支給決定をせず不支給であった場合，労働者は賞与支給の履行は請求し得ないけれども，使用者が裁量権を濫用して支給決定をせず不支給にしたと認められるときは，不法行為による損害賠償として賞与相当額の請求をなし得るとされている[13]。

このような賞与支給の権利義務に関する判例の考え方は妥当・適切なものと評価してよいであろう。もっとも，賞与は一般に企業の営業成績と労働者の勤務成績等によって支給額が変動し，時には支給がされないこともある賃金であるといっても，そのような「業績連動性」は実際には多種多様であろう。そうした業績連動性の強弱ないし高低が，賞与支給の決定がされず不支給であった

---

12) 前掲注11)雙葉学園事件＝最3小判平19. 12. 18は，給与規程には，勤勉手当について「その都度理事会が定める」とされ，具体的な金額・算定方法の定めがないので，理事会が支給すべき金額を定めることにより初めて具体的権利として請求権が発生するという。また，前掲注11)クレディ・スイス証券事件＝最1小判平27. 3. 5は，労働契約には，業績賞与について会社と従業員個人の業績等の諸要素を勘案して支給の有無と額を決定すると定められているので，支給の実施と支給額についての使用者の決定または労使の合意があって初めて具体的請求権が発生する，としている。これらと同旨の裁判例として，UBSセキュリティーズ・ジャパン事件＝東京地判平21. 11. 4労判1001号48頁，ブロッズ事件＝東京地判平24. 12. 27労判1069号21頁，新和産業事件＝大阪高判平25. 4. 25労判1076号19頁などがある。

13) 前掲注12)ブロッズ事件＝東京地判平24. 12. 27は，支給実績や他労働者に対する支給の有無・額等に照らし不支給が客観的・合理的理由を欠くときは不法行為になるとして，損害賠償請求の一部を認容している。また，前掲注12)新和産業事件＝大阪高判平25. 4. 25は，会社は賞与支給額の決定において使用者としての裁量権の範囲を逸脱し，正当に考課査定を受けて賞与の支給を受けるという労働者の利益を侵害したもので，不法行為を構成するとしている。

場合の不法行為の成否に少なからず影響するのではないかと思われる。[14]

③ 支給日在籍要件の効力

　賞与は一般に，たとえば6月から11月までを「成績査定期間」とし12月に支給するというようにして支払われる。その際，支給日以前に退職した従業員には通常，賞与は支給されない。それが就業規則等に明記されていることもあるが，そうでない場合も少なくないようである。[15]

　この点に関し，退職金の不支給・減額条項の無効論（→302頁）と同じ趣旨で，つまり賞与は「後払いの賃金」ゆえ支給日以前の退職者への不支給は賃金全額払いの原則等に反するとして，支給日在籍条項は無効であるとする考え方もある。しかし，賞与とは一定期間の勤務の全体を評価して毎月1回以上支給する通常の賃金に加えて支払われる賃金であり，具体的な債権としては支給日に請求権が発生するものである。そして，いかなる支給基準を設けるかは退職金の場合と同じく基本的には自由である。将来の勤務における精励を期待して付せられるのであろう「支給日在籍」という受給要件を，著しく不合理ゆえ無効と解すべきであるとは考えられない。日給・月給等として支払われる賃金について「支給日在籍」という要件を定めても有効といえる場合はごく稀であろうが，[16] 賞与についてはそのようなことにならない。判例も，支給日在籍者にのみ賞与を支給するという慣行を就業規則に明文化した措置を適法とし（大和銀行事件＝最1小判昭57. 10. 7労判399号11頁），また賞与受給権の取得につき支給日の在籍を要件とする慣行は不合理ではなく，労働者側がこれに従う意思を

---

14)　たとえば，前掲注11)立命館事件＝京都地判平24. 3. 29の事例では，賞与の「業績連動性」がゼロに近いほどに弱いか低いので，不支給は労働者の合理的な期待利益に反するゆえに使用者は不法行為責任を負うことになる可能性があるように見える。これに対し，前掲注11)クレディ・スイス証券事件＝最1小判平27. 3. 5の事例における賞与は「業績連動性」が100％といってよいものであるから，支給決定がされず不支給であることが不法行為に当たることは絶無に近いと考えられよう。

15)　支給日在籍を受給要件とする定めも慣行といえるものもない場合には，支給日以前の退職者は支給対象期間中に勤務した割合に応じて賞与の支払いを受ける権利を有することになろう（大島園事件＝東京地判昭52. 3. 30時866号177頁等）。

16)　裁判例には，賃金のうちの歩合給の部分について工事請負の成約・着工・完工時に在籍したことを支給条件とする定めの効力が問題となったものがある。判決は，当該ケースの諸事情を具体的かつ総合的に検討して判断すべきものとし，当事件では公序良俗違反とまではいえないとしている（エムディアイ事件＝東京地判平12. 3. 17労判784号43頁）。

有していたかどうかにかかわらず事実たる慣習として効力を有するとしている（京都新聞社事件＝最1小判昭60. 11. 28 労判469号6頁）。

とはいえ賞与に関しても，労働者の利益が不当に害されないように配慮した解釈論が必要である。次のような処理をした判例があるが，支持すべきであろう。すなわち，給与規程には賞与は毎年6月と12月に支給日在籍者に対して支払うと定められていたところ，ある年に労使交渉が難航して9月支給となったケースにつき，支給日在籍要件の定めおよび慣行は6月と12月の賞与支給日の不在籍者に支給しないという限度においてのみ合理性を有するとして9月退職者の賞与請求権が認められている（ニプロ医工事件＝最3小判昭60. 3. 12 労経速1226号25頁）。

17）　裁判例には以下のものなどがある。①対象期間後で支給日前の日に定年退職した者への賞与不支給に関し，給与規程に明記されている支給日在籍要件は有効であるとした（カッデン事件＝東京地判平8. 10. 29 労経速1639号3頁）。②希望退職優遇制度の利用者の退職日は労働協約によって対象期間満了より1か月前の日と定められていたケースについて，退職者への賞与不支給は違法でないとした（コープこうべ事件＝神戸地判平15. 2. 12 労判853号80頁）。③最低保障額があらかじめ定められた賞与の支給日在籍要件を整理解雇された労働者に適用することは許されないとした（リーマン・ブラザース証券事件＝東京地判平24. 4. 10 労判1055号8頁）。①については，賞与の賃金としての性格から疑問が多い等とする批判がある（菅野422頁，土田276頁）。

第4節　賃金カット

1　意　　義

「賃金カット」とは，使用者が労働者の不就労もしくは不完全就労につき賃金支払義務を負わないとして，その分をある賃金支払期において支給すべき賃金総額から差し引く措置である。賃金カットをめぐる法的問題は，これまではほとんど争議行為との関係で発生してきた。しかし，それらの諸問題には争議行為に特有のものもあるが，理論的にはそうでないもの，つまり私傷病等を理由とする欠勤や遅刻・早退等に対する賃金カットに関しても生じ得るものがある。以下では，後者に属する賃金カットの「時期」と「範囲」の問題について説明しておく。

■争議行為に対する賃金カット
　問題点としては，前述した①「争議不参加者の賃金請求権」（→291頁以下）のほか，②就業規則等の欠勤・遅刻・早退等に対する賃金カット条項との関係，③不完全就労の方法による争議行為（怠業等）に対する賃金カットの「程度」，④賃金カットの「時期」，⑤賃金カットの「範囲」，さらには⑥「ロックアウトと賃金請求権」，⑦争議行為を理由とする賞与減額の可否等がある。このうち③・④・⑤は理論的には争議行為に特有の問題点ではない。
　③については，ここで一言ふれておこう。原則的ルールはいうまでもなく不完全就労，つまり労務給付の不完全履行の「不完全さ」に対応するカット（いわゆる応量カット）が可能ということである。「不完全さ」の程度を超えるカット（たとえば30分の遅刻に対する1時間分のカット）は，一般的にも懲戒処分としての減給として正当といえる場合を除いて許されないが（労基91条），正当な争議行為に対するものであれば不当労働行為に当たる（労組7条1号）。また，そのような定めは損害賠償の予定を禁止する労基法16条の趣旨に反して無効である。もっとも，一見「不完全さ」の程度を超えるカットが適法な場合もあり得る（たとえば一定時間の労務提供の持続が賃金請求権の発生要件となっていると解されるとき）。

2　賃金カットの時期

これは，ある賃金支払期におけるストライキや欠勤等に対する賃金カットを次期以降の賃金について行うことは許されるかという問題で，前述した（→

282頁以下）賃金全額払いの原則と関係する。それゆえ労基法24条1項但書の労使協定が締結されている場合は問題にならない。

　判例は，一定の要件をみたした「調整的相殺」を全額払原則の例外として認めるという考え方をしている。以下のようにいわれている。賃金支払いの実際において計算の困難等のために過払いを生ずることは避け難く，その過払額を後に支払う賃金と精算することは形式的には賃金に対する相殺であるが実質的には適正な賃金額支払いのための調整であって，賃金と関係のない債権による相殺と同一視すべきではない。そこで，過払いのあった時期と賃金の精算調整の実を失わない程度に合理的に接着した時期になされ，その金額・方法等において労働者の経済生活を脅かす恐れのない控除は労基法24条に違反しない（福島県教組事件＝最1小判昭44.12.18民集23巻12号2495頁，群馬県教組事件＝最2小判昭45.10.30民集24巻11号1693頁等）。このルールが労基法「24条1項本文の法意を害することのないよう，慎重な配慮と厳格な態度をもって」，「みだりに右例外の範囲を拡張することは，厳につつしし」んで（前掲群馬県教組事件＝最2小判昭45.10.30）運用されるのであれば，それでよいであろう。

③　賃金カットの範囲

　わが国の多くの企業では，従業員に「家族手当」，「住宅手当」等といった名称の賃金が支払われている。そこで不就労，とくに争議行為の場合について，これらの賃金部分をもカットの対象とし得るのかどうかが争われることになる。

　かつて，生命保険会社の外務員のストライキのケースに関して以下のような考え方を示す判例があった。「ストライキによって削減し得る意義における固定給とは，労働協約等に別段の定めがある場合等のほかは，拘束された勤務時間に応じて支払われる賃金としての性格を有するものであることを必要とし」，「勤務した時間の長短にかかわらず完成された仕事の量に比例して支払わ〔れ〕るべきもの」は含まれず，また「労働の対価として支給されるものではなくして，……生活補助費の性質を有することが明らか」なものはそれに含まれない（明治生命事件＝最2小判昭40.2.5民集19巻1号52頁）。これは，かつて有力学説が唱えた「賃金二分論」の影響を受けたものであると思われる。

■「賃金二分論」

　それは以下のように説く（西村信雄ほか『労働基準法論』[1959年] 126頁以下〔本多淳亮〕）。賃金は法的にも労働ではなく労働力の対価として把握されなければならない。労働者は労働契約にもとづき，第1には従業員として企業組織の拘束下に身をおくことを，第2には自己の労働力を使用者の支配下におくことを義務づけられる。ストライキ等によりカットされ得るのは第2の義務履行に対する賃金，すなわち「交換的賃金」のみであって，家族手当や住宅手当のような第1の義務履行に対する「保障的賃金」は含まれない。

　「賃金二分論」は，賃金カットの範囲という問題の所在を明らかにした意義を持つものとして評価に値する。しかし，理論的にも実際的にも疑問が多いことは否定できない。筆者は以下のように考える。賃金とは「労働の対償」（労基11条）として労働契約にもとづき使用者が支払いを義務づけられるものであるが，わが国企業の労働関係における「労働」と「賃金」の具体的な対応のあり方は多様で，労働時間と直接に対応しない賃金が支給されることが少なくない。家族手当や住宅手当はまさにそれであり，労働者が従業員たる地位にあることを前提とし扶養家族の数や住居事情によって額を決定して支払われる。これらのものも使用者の指揮監督下で労務給付する義務の履行への対価ではあるが，所定の日時に具体的に展開される労働に直接的には対応していないから，ストライキや欠勤等による不就労につきカットの対象としないことが当事者の合理的意思であると解されるべき場合もある。そのような賃金部分が存在するかどうか，およびその部分とカットの対象となる部分との区別は，もっぱら個別的に，すなわち当該の労働契約の解釈，具体的にはそれぞれの就業規則や労働協約や慣行によって決せられるべきものである。

　最高裁も，就業規則の定めにもとづき家族手当をストライキ中についてカットした措置が適法かどうか争われたケースにおいて，以下のように判示している。「ストライキ期間中の賃金削減の対象となる部分の存否及びその部分と賃金削減の対象とならない部分の区別は，当該労働協約等の定め又は労働慣行の趣旨に照らし個別的に判断するのを相当とし」，「いわゆる抽象的一般的賃金二分論を前提とする……主張は……失当である」（三菱重工業長崎造船所事件＝最2小判昭56.9.18民集35巻6号1028頁）。

第4章 労働時間

第 1 節　労働時間法制

Ⅰ　労働時間の法規制

　「労働時間」は，広い意味では休日・休憩・休暇等をも含むが，労基法等の規定においては狭い意味，すなわち始業から終業までの休憩時間を除いた時間を指す（本書では，場合に応じて広義にも狭義にも「労働時間」という言葉を使っている）。広義であれ狭義であれ，労働時間が賃金と並ぶ重要な労働条件であることはいうまでもない。労基法第 4 章と同法施行規則 12 条〜34 条の 2 は労働時間に関する詳細な定めをしている。わが国では企業の労働時間制度が法規定に規制される度合いが強いといわれる（菅野和夫『新・雇用社会の法〔補訂版〕』〔2004 年〕198 頁）が，そのとおりであろう。そのためもあって，労基法の労働時間規定は，この 30 年ほどの間に 6 回（1987［昭 62］年・1993［平 5］年・1998［平 10］年・2003［平 15］年・2008［平 20］年・2018［平 30］）も法改正の対象になっている。

Ⅱ　労働時間法制の改革

　1987（昭 62）年の労基法改正はまさしく大改正であった。その趣旨・目的は何よりも労働時間短縮の促進にあったが，さらに労基法制定後の 40 年間に生じた労働関係の変化に労働時間法制を適応させる狙いもあった。改正内容は，法定労働時間の週 40 時間への変更とその段階的・猶予措置付き実施，新変形労働時間制とフレックスタイム制の創設，年次有給休暇の日数増加と計画休暇制度の新設，事業場外労働と裁量労働の「みなし」時間制の創設であった。次の 1993（平 5）年改正は，1987（昭 62）年改正の仕上げとともに，改正法施行後の状況を見て手直しを加えようとするものであった。改正の対象は，法定労働時間，労働時間規定の適用除外，変形労働時間制，時間外・休日労働の割増賃金，裁量労働の「みなし」時間制，年次有給休暇の各制度にわたっている。なお，この 2 つの労基法改正の間の時期には政令改正による法定労働時間の短縮と「労働時間の短縮の促進に関する臨時措置法」（2005［平 17］年に「労働時

間等の設定の改善に関する特別措置法」[労働時間等設定改善法]と改称)の制定が行われている。

　1987 (昭62) 年・1993 (平5) 年の労基法改正による労働時間制度改革の最大の眼目は法定労働時間の短縮にあり、改正前の「1日8時間・1週48時間」という法定労働時間の原則を「1週40時間・1日8時間」に改めるものであった。新変形労働時間制の創設等は、以前から存在したものを含めて3種の変形労働時間制を用意し、フレックスタイム制を法制度化する改正であった。これと裁量労働等の「みなし」時間制は、実務上の問題点があった事柄につき時代の要請に応えて合理的な方法を提供しようとしたものである。また年休制度の改革は、労基法の水準をアップさせるとともに、パートタイム労働者の年休権の問題を解決し、計画年休を法制化するものであった。さらに、林業への労働時間規定の適用排除の撤廃と超過労働の賃金割増率に関する若干の変更が行われている。

　1998 (平10) 年の労基法改正は多方面に及ぶものであったが、その半分ほどが労働時間制度の改革であり、1か月単位の変形労働時間、1年単位の変形労働時間、休憩時間、時間外労働、裁量労働、年次有給休暇の各制度について法改正がされている。この労働時間法制の改革は、1987 (昭62) 年・1993 (平5) 年のそれとは違って、時間短縮の促進よりは労働関係の変化への適応を主目的とするものであった。2003 (平15) 年改正では、「企画業務型裁量労働制」の要件・手続の緩和がなされている。2008 (平20) 年改正は、月60時間を超える時間外労働部分の割増賃金率の引上げ、時間単位での年休付与の許容を内容としている。

　それから、労働時間に関する労基法の女性保護規定は1985 (昭60) 年の均等法制定に際して変更され、さらに1997 (平9) 年の同法改正にともなって撤廃されている。これは、労基法の労働時間規定の改正に劣らない意義を持つ大きな労働時間法制改革といえるものであろう。

　以上のようにして、わが国の労働時間法制は比較的短い期間のうちに根本的なところも含めた相当に広い範囲において変化を遂げてきた。労働時間短縮を主要な目的としつつ週40時間制の確立を目指し、また男女の均等待遇を実現しようとする労働時間法制の改革は完了したといってよい。しかし、労働時間法制を今日の労働関係の現実により適応したものに改め、また労働時間をめぐ

る紛争の解決基準を設けるための法制改革がさらに行われなければならないことは明らかである。

　2010（平22）年頃からは、「過労死・過労自殺」の事例が多く見られるようになったり、それが長時間労働のゆえであることが少なくないと考えられ、また「ワーク・ライフ・バランス」が良好でない労働者が多数存在することから、労働者の健康確保のための労働時間法制の改革が必要とされるようになった。他方、「雇用の多様化」、「働き方改革の必要」等は現行の労働時間法制の現実との乖離をあらわにしており、それゆえの労働時間法制改革も不可避であった。2018（平30）年6月成立の「働き方改革法」は労働時間制度を多方面にわたって改革するものであり、時間外労働の上限設定（→358頁以下）、「高度プロフェッショナル制度」の創設（→345頁以下）、一定日数の年休付与義務（→376頁）等の労基法改正と勤務間インターバル制度の普及促進のための労働時間等設定改善法の改正（→318頁）がなされた。

第2節　労働時間・休憩・休日

I　法定労働時間

1　「1週40時間・1日8時間労働」の原則

　これは労働時間法制の最も基本的な定めであり，「法定労働時間」，すなわち法律が許容する例外に当たる場合を除いて使用者が労働者を使用することのできる最長労働時間の限度は，1週間について40時間，1日について8時間とするという意味である（労基32条1項・2項）。各企業が定めている基準労働時間である「所定労働時間」が，これより短いことが少なくないことはいうまでもない。

　■複数事業場で労働する場合
　労基法38条1項は「事業場を異にする場合」は労働時間を通算すると定めるが，これは別企業の複数事業場に勤務した場合をも含むと解されてきた（昭23. 5. 14基発769号等）。同一の日あるいは週に複数の企業に勤務するパート労働者が多くなっている現在では，これは同一企業の複数事業場で労働する場合にのみ適用すべきであると考えられよう。
　裁判例には，1日2時間半の労働をして時間給を支払われる「パート契約」と，それとほぼ同一の労働を1日7時間行って日給月給を支給される「正社員契約」を，それぞれ同一の使用者と結んで1日9時間半の労働をしていた者に対して支払われるべき時間外労働

---

1)　この例外に当たる場合とは，①変形労働時間制もしくはフレックスタイム制が行われている場合（→347頁以下），②労基法40条にもとづく省令によって特例が設けられている場合（→318頁），③同41条1号〜3号により適用除外される場合（→341頁以下），④同33条1項・3項，36条により時間外・休日労働が可能な場合（→359頁以下）である。
2)　法定労働時間は，1947（昭22）年9月の労基法施行から1988（昭63）年4月の改正法施行までは1日8時間・1週48時間であった。同改正法は，40時間を「当分の間」，「40時間を超え48時間未満の範囲内において命令で定める時間」と読み替え，また一定の規模以下または業種の事業にかぎり改正前の基準によることとしていた。そして，改正法施行時の法定労働時間は1週46時間とされ，それが1991（平3）年4月からは1週44時間となり，1994（平6）年4月施行の労基法改正によって「段階的実施」が終了して1週40時間が法定労働時間の原則となった。また，100人規模以下の製造業・商業等の4種の事業について，1988（昭63）年の改正法施行時には1週48時間，1991（平3）年4月からは1週46時間とする「猶予措置」がとられ，さらに1994（平6）年4月施行の労基法改正に際し，1997（平9）年3月まで300人以下規模の製造業・商業につき1週44時間とすることが定められた。このような経過をたどって，1997（平9）年4月1日より1週40時間制が「完全実施」（零細事業等の特例を除く）されたのである。

の割増賃金が問題となったものがある（千代田ビル管財事件＝東京地判平18．7．26労判923号25頁）。判旨は，「パート契約」による労働を時間外労働と解し，それゆえ「正社員契約」における賃金を基準単価として割増賃金が支払われるべきものとする。そのように処理するのが妥当といってよいであろう。

■「1週間」・「1日」の意義，勤務間インターバルの必要性

　労基法32条1項の「1週間」について定義した規定はなく，それが「継続した7日間」であるのか，それとも日曜日から土曜日までの「暦週」であるのかは明らかでない。就業規則等によって定められたところを「1週間」とすればよいが，そのような定めが存しない場合には暦週と解するほかないであろう（労基局上395頁）。また，同条2項の「1週間の各日」，すなわち「1日」とは継続24時間なのか，午前0時から午後12時までの「暦日」なのかも問題である。たとえば，ある日の午後5時から翌日の午前5時までの継続勤務は1日12時間の労働になるのか，それとも各日に7時間と5時間の労働をしたことになるのか。行政解釈は，「1日」とは暦日であるとした上で，継続勤務が2暦日にわたる場合は1勤務として扱われ，それが始業時刻の属する日における「1日」の労働になるとする（労基局上396頁）。上記の例であれば1日12時間労働となるが，それでよいであろうか。では，1日目は8時間の勤務後に午後12時が終業で，2日目は午前4時が始業で8時間勤務といったシフトでの労働であるときは，1日に16時間の勤務をしたことになり，8時間の時間外労働に対する割増賃金が支払われるべきであるのか。無洲事件＝東京地判平28．5．28労判1149号72頁は，そのような勤務シフトについて，途中に約3時間半の完全に労働から解放された時間があるから連続した1暦日の勤務とは認められない，とする。これを間違った法解釈をするものとはいい難いであろう。しかし，労働者が深夜に暫時の休息の後に再び就労をしなければならないのは甚だ望ましくないことである。これは「勤務間インターバル」規制，すなわち終業後の次の始業までの休息時間を一定以上の長さとする規制を立法化する必要性を知らしめるものである。2018（平30）年6月成立の「働き方改革法」は，労働時間等設定改善法を改正して，「健康及び福祉を確保するために必要な終業から始業までの時間の設定」を事業主の努力義務としている（改正後2条1項）。

② 零細企業等の特例

　法定時間を週40時間とする原則についての特例は，現在では9人規模以下の商業・映画演劇業・保健衛生業・接客娯楽業の事業における週の法定労働時間を44時間とするもののみになっている（労基40条1項，労基則25条の2第1項）。これは，2001（平13）年3月までは週46時間であったのが同年4月から44時間に改められたのである。

Ⅱ　労働時間の概念

1　「労働時間」の意義

　労基法には「労働時間」について定義をした規定はないが，休憩時間を除くこと，すなわち「実労働時間」であって「拘束時間」[3]でないことは明らかにされている（労基32条1項）。そして，「休憩時間」とは労働者が使用者の指揮命令下から解放される時間であるから（労基34条3項参照），実際の労働は行われず労働者が待機している「手待時間」は労働時間に含まれる[4]。以上のことから，労基法上の労働時間は「労働者が使用者の指揮命令下に置かれている時間」（三菱重工業長崎造船所事件＝最1小判平12．3．9民集54巻3号801頁，労基局上399頁等）と定義されることになる。これは基本的には妥当な定義といえるものである。

　■労基法上の労働時間と労働契約上の労働時間
　　「労基法上の労働時間」は，同法の定めによる労働時間規制，たとえば時間外・休日労働には使用者は割増賃金を支払うべきこと（37条1項）の適用対象とされる時間である。これに対し，「労働契約上の労働時間」は労働契約の当事者の権利義務に関わる時間であり，たとえば終業後の会合への出席が義務とされていれば「労働契約上の義務の存する時間」（荒木178頁）となり，その時間にも賃金が支払われるのであれば「賃金時間」（同前）となる。「労基法上の労働時間」への該当性は「客観的」に判断されなければならないが，「労働契約上の労働時間」については，「基本的に当事者がどのように合意したかによって決せられる」（荒木179頁）。そして，両者は「多くの場合重なるとはいえ，相互に異なり得る概念」（荒木181頁）である。

　■当事者の約定・慣行と労働時間概念
　　「労基法上の労働時間」とは労働者が使用者の指揮命令下におかれている時間ではあるが，たとえば作業服への更衣の時間などは就業規則等の定め，あるいは職場慣行によって

3）　拘束時間に関する労基法の定めはないが，「自動車運転者の労働時間等の改善のための基準」（平元．2．9労告7号）には，タクシー運転手やトラックなどによる貨物運送の運転者に関して拘束時間の上限などが示されている。
4）　なお，坑内労働については特則がある。すなわち，労働者が坑内に入ってから出るまでの時間が休憩時間を含めて労働時間とみなされる（労基38条2項本文）。そして，休憩時間の一斉付与と自由利用の原則は適用されない（同項但書）。

労働時間か否かが決せられる，という考え方もある（日野自動車工業事件＝東京高判昭56. 7. 16労判458号15頁，三菱重工業事件＝長崎地判昭60. 6. 26労判456号7頁等）。しかし，労働者保護のために労働条件の最低基準を定める労基法における基礎概念について，そのように当事者の意思等によって内容が決められ得るとすることは認め難いであろう。前掲三菱重工業長崎造船所事件＝最1小判平12. 3. 9も次のようにいう。労基法上の労働時間に該当するか否かは，「労働者の行為が使用者の指揮命令下に置かれたものと評価することができるか否かにより客観的に定まるものであって，労働契約，就業規則，労働協約等の定めのいかんにより決定されるべきものではない」。

しかし，企業の労働時間管理あるいは労働者の勤務態様が多様化し複雑化するなかで，そのようにいうのみでは処理できないケースが少なからず発生するようになっている。以下のような問題がある。①業務に付随する活動，すなわち作業の準備・後始末，ミーティング・体操等，作業服・保護帽等の着脱，通用門と作業場の間の歩行，就労場所間の移動などに費やされる時間は，労働時間に含まれるのか。②「不活動時間」，たとえばトラック運転手のフェリー乗船中，ビル管理業務につく者の仮眠時間などは，手待時間ゆえ労働時間となるのか否か。③企業外での研修や運動会等への参加，使用者の指示によらない居残り，仕事を自宅に持ち帰った場合などはどうなるのか。

[2] 判例における労働時間性の判断

裁判例では，前記の①「業務に付随する活動」と②「不活動時間」のケースに関するものが多くみられる。両者について最高裁判決があり，判例の考え方が明らかになっているといえよう。しかし，とくに②については妥当な処理が困難なケースが少なくないようである。

(1) 「業務に付随する活動」の労働時間性

前掲三菱重工業長崎造船所事件＝最1小判平12. 3. 9は，造船の現場で働く労働者のケースであった。そこでは，(i)更衣所での作業服・保護具等の着脱，(ii)更衣所から作業場までの移動，(iii)入・退場門から更衣所までの移動，(iv)資材受出しや散水等の準備行為，(v)作業終了後の手洗い・入浴等のための各時間が，労基法32条の「労働時間」に当たるか否かが問題となっている。

同判決は，労働時間とは労働者が使用者の指揮命令下にある時間であり，それは客観的に決まるのであって就業規則等の定めによるのではないとした上で，

各行為の時間についての判断を示す。まず、労働者は実作業に当たり作業服・保護具等の装着を義務づけられ、それを所定の更衣所等で行うものとされていたのであるから使用者の指揮命令下にあったと評価できるとして、(i)のうちの作業開始前と終了後および(ii)は労働時間であるとした。なお、休憩時間中の(i)は労基法上の労働時間中の行為ではないとしている。次に、業務の準備行為等を事業所内で行うことが義務づけられている場合は特段の事情がないかぎり使用者の指揮命令下にあると評価され、それに要した時間は社会通念上必要と認められるものであれば労働時間に当たるとして、(i)・(ii)および(iv)を労働時間とする。そして、(iii)の時間は指揮命令下にあったのではないから労基法上の労働時間ではなく、(v)も同じであるとした。(v)については、実作業終了後に事業場内の施設で洗身等をすることは義務づけられておらず、それをしなければ通勤が著しく困難とまではいえなかったから、その後の通勤服の着用も含めて指揮命令下にあった時間とは評価できないとしている。

その後の裁判例には、労基法上の「労働時間」とは労働者が使用者の指揮命令下におかれている時間をいうが、その判断は、(i)当該業務の提供行為の有無、(ii)労働契約上の義務づけの有無、(iii)義務づけにともなう場所的・時間的拘束性の有無・程度を総合考慮して、社会通念に照らし客観的に見て指揮命令下におかれたものと評価できるかの観点から行われるべきである、というものがある（十象舎事件＝東京地判平23．9．9労判1038号53頁、ロア・アドバタイジング事件＝東京地判平24．7．27労判1059号26頁）。

そして、「業務に付随する活動」に関するものとしては、銀行での始業前の金庫開扉等や会議出席を労働時間に当たるとしたもの（京都銀行事件＝大阪高判平13．6．28労判811号5頁）、ビル警備員の更衣と朝礼の時間を労働時間としたもの（ビル代行事件＝東京高判平17．7．20労判899号13頁）、警備員の始業30分前からの更衣・報告等と終業30分後までの報告書作成等をする時間を労働時間としたもの（東京シーエスピー事件＝東京地判平22．2．2労判1005号60頁）などがある。

また、就労場所間の移動に関しては、多数の場所に赴いて作業をする労働者の自宅から作業場所への移動は労働時間ではないが、作業場所間の移動は労働時間として扱われるべきであるとの考え方を示したもの（日本インシュアランスサービス事件＝東京地判平21．2．16労判983号51頁）、出張に伴う移動時間は一

般には労働時間に当たらないが，品物の運搬が出張の目的であるとか，ツアー参加者の引率業務のサポートのような労務提供をともなっている場合は労働時間であるとしたもの（前掲ロア・アドバタイジング事件＝東京地判平24．7．27）などがある。

(2) 「不活動時間」の労働時間性

まず，ビル警備員の仮眠時間が労働時間か否かが争われた大星ビル管理事件＝最1小判平14．2．28民集56巻2号361頁がある。このケースの労働者は，24時間勤務の途中に2時間の休憩時間のほかに連続8時間の「仮眠時間」があり，その時間は各ビルの仮眠室で睡眠等をしていてもよいが警報が鳴るなどした場合には直ちに対応して作業を行うことになっていた。判決は，労基法32条における労働時間の意義に関する前掲三菱重工業長崎造船所事件＝最1小判平12．3．9の判旨を述べた上で，以下のようにいう。不活動仮眠時間において実作業に従事していないだけでは使用者の指揮命令下から離脱しているとはいえず，労働から離れることを保障されて初めて指揮命令下におかれていないと評価できる。当事件の仮眠時間においては，労働者は仮眠室での待機と警報等に対して直ちに対応することを義務づけられ，その必要が生じることが皆無に等しいなどの事情も認められないから，全体として労働からの解放が保障されているとはいえず，使用者の指揮命令下におかれているのであって労基法上の労働時間に当たる。

次に，マンションの住込み管理人の労働時間に関する大林ファシリティーズ（オークビルサービス）事件＝最2小判平19．10．19民集61巻7号2555頁がある。このケースの労働者は，始業は9時で終業は18時となっていたが，7時と21時と22時にごみ置き場の開閉・施錠や管理人室の点灯・消灯などをするように使用者から指示され，また「管理人業務マニュアル」には所定労働時間外でもマンション住民や外来者から宅配物の受渡し等の要望があったときは随時対応すべき旨が記載されていた。そして，休日とされていた日曜・祝日も実際には平日とほとんど変わらない勤務をしていた。判決は，三菱重工業長崎造船所事件＝最1小判平12．3．9と大星ビル管理事件＝最1小判平14．2．28の判旨を述べた上で以下のようにいう。平日の7時から22時までの時間は事実上待機せざるを得ない状態であったから，管理人室の隣の居室における不

活動時間を含めて指揮命令下におかれていたものであり，労基法上の労働時間に当たる。日曜・祝日は労働からの解放が保障されていたから，使用者が指示した業務に現実に従事した時間に限り労働時間となる。また，病院への通院や飼い犬の運動に要した時間は，業務の遂行に当然にともなう行為をしたのではないから指揮命令下にあった時間ではない。

　その後の裁判例を見ると，仮眠時間に関しては，前掲大星ビル管理事件＝最1小判平14. 2. 28が示した基準によりつつ労働時間に当たるとしたものが多い（庁舎管理業務員についての青梅市事件＝東京地八王子支判平16. 6. 28労判879号50頁，守衛についてのジェイアール総研サービス事件＝東京高判平23. 8. 2労判1034号5頁，寮監についての学校法人関西学園事件＝岡山地判平23. 1. 21労判1025号47頁，警備員についてのイオンディライトセキュリティ事件＝千葉地判平29. 5. 17労判1161号5頁等）。しかし，仮眠時間中に実作業に従事する必要性が皆無に近いことなどから労働時間に当たらないとしたもの（警備員についてのビソー工業事件＝仙台高判平25. 2. 13労判1113号57頁，宿直勤務者についての新生ビルテクノ事件＝大阪地判平20. 9. 17労判976号60頁等）もある。

　マンション住込み管理人の労働時間に関しては，前掲大林ファシリティーズ（オークビルサービス）事件＝最2小判平19. 10. 19とは異なる判断をした裁判例がある。そこでは，所定労働時間外に管理員居室で過ごすのは日常生活そのものである（互光建物管理事件＝大阪地判平17. 3. 11労判898号77頁），室内灯の消灯のような軽易・短時間の行為は時間外労働とは言い難いが，ごみ収集と自治会会合の日は時間外労働があった（新日本管財事件＝東京地判平18. 2. 3労判916号64頁），などとされている。

　以上のほかの裁判例としては，残業が命令にもとづくものでなく作業のやり方に大きく左右されるので概括的に推認するほかないとして，労働者側が時間外労働したと主張するものの一部を労働時間と認めたもの（ゴムノイナキ事件＝大阪高判平17. 12. 1労判933号69頁），使用者の指示によるとは必ずしもいえない深夜までの居残りについて，ある時刻以後は許可・黙認のない持ち帰り残業ゆえ労働時間に当たらないとしたもの（前掲十象舎事件＝東京地判平23. 9. 9）などがある。

3 労働時間性の判断方法

労基法上の労働時間（→319頁）については，「使用者の作業上の指揮監督下にある時間または使用者の明示または黙示の指示によりその業務に従事する時間」と定義する（菅野478頁）のがよいと思われる。具体的には，指揮監督下にあるかどうかの判断を基本にすえながらも，業務性があるか否かの判断で補充しつつ，労基法の趣旨と社会観念を考慮して「労働時間」性の有無を決するほかないであろう。あるいは，「使用者の関与」（外部規定要因）と「職務性」（内部規定要因）の「相補的2要件」によるという，有力学説（荒木184頁，荒木尚志『労働時間の法的構造』［1991年］258頁，同「労働時間」労研597号［2010年］40頁）が唱える方法を用いるべきかとも考えられる。[5]そのような立場での筆者の見解をまとめて述べれば，以下のようになる。

前記②(1)「業務に付随する活動」に関しては，具体的には次のように解される。(i)交替時の引継ぎ，器具・設備等の点検，作業場の後始末等の時間は一般に労働時間に含まれる。(ii)朝礼，体操，ミーティング等は，参加・出席が義務づけられている場合には労働時間となる。(iii)更衣のための時間は一般には労働時間には入らないが，作業服や保護帽等の着用が義務づけられていて相当の時間を要する場合は労働時間に入る。(iv)入門後の歩行時間を労働時間に算入すべき場合は原則としてあり得ない。要するに，「業務との関連性」が相当程度に強く，使用者が労働者に「義務づけ」ていると見るべき付随活動については，その時間を労基法上の労働時間に算入すべきものと考えられるのである。

■入退場管理と労働時間性判断

今日の企業では，従業員は事業場への入退場時にICカード等による時刻の記録をするべきものとしていることが多い。そして，始業前あるいは終業後に事業場において学習等の活動をすることを認められていることも少なくない。そこで，そのような所定労働時間外の活動をした時間は労働時間であるのか否か（「労基法上の労働時間」に当たり法定労働時間を超えるのであれば，使用者は割増賃金を支払わなければならない）が争われることになる。近年の裁判例には，ICカードの履歴は会社構内における滞留時間を示すものに過ぎ

---

5) この「相補2要件説」においては，労基法上の労働時間の意義は次のようなものとなる。それは「使用者の関与の下で，労働者が職務を遂行している時間」をいい，その使用者の関与の程度と職務性の程度を相互補完的に把握して，客観的に「労働させ」たと評価できる程度に達していることを要する（荒木184頁）。

ないから，それをもって直ちに時間外労働がされたとは認められないとしたもの（オリエンタルモーター事件＝東京高判平25. 11. 21労判1086号52頁），タイムカードに記録された時刻を基準に実労働時間を推定することは相当であるが，他に客観的かつ合理的な証拠が存在する場合には当該証拠により実労働時間を認定すべきであるというもの（プロッズ事件＝東京地判平24. 12. 27労判1069号21頁）などがある。

　前記②(2)「不活動時間」6)については具体的事情からの総合判断によって処理するほかはない。すなわち，「当該時間が実作業から解放されているか否か，労働からの解放がどの程度保障されているか」（前掲大星ビル管理事件の控訴審＝東京高判平 8. 12. 5労判706号26頁）を，その時間における「職務上の義務の内容，程度及びその職務上の義務に対応する場所的，時間的制約の程度を実質的に考察して」（学校法人桐朋学園事件＝東京地八王子支判平10. 9. 17労判752号37頁），労基法32条の「労働時間」であるか否かが決せられるべきことになろう。7)

　もっとも，「業務に付随する活動」の時間や「不活動時間」，とりわけ後者の労働時間性を肯定すると，公平性・妥当性に欠ける結果となることが少なくないであろう。実際には不活動の状態であったにもかかわらず，労基法との関係では，活動の状態である「作業時間」と変わらない扱いをすることになるからである。当該時間が「労働時間」であるならば使用者は労働者に仮眠などを認めず実作業を命じても構わない，という理屈にもなる。しかし，「現行労基法上は労働時間と休憩時間の間のグレーゾーンは認められておらず」（菅野481頁），これはやむを得ないところであろうか。ここにも立法的解決を要する問

---

6) なお，遅刻・早退や勤務免除などにより就労しなかった時間は労基法上の労働時間ではない。そこで，たとえば所定労働時間が8時間の日に遅刻した時間分の居残りを使用者が命じた場合は，法定労働時間を超える労働をさせたことにはならない（昭29. 12. 1基収6143号等）。

7) そこで，出張中の列車等の乗車時間やトラック運転手のフェリー乗船時間は労働時間に当たらないと一般に解されている（労基局上402頁等参照）が，それでよいと思われる。これに対し，警備員等の「仮眠時間」は原則として労働時間に当たると見るべきであって，これまでの裁判例の判断は概ね妥当といえよう。労働時間に当たらないと解すべきであるのは「労働から離れることを保障されてい」る場合であって，それは警報等に対して直ちに対応する「必要が生じることが皆無に等しい」場合である（前掲大星ビル管理事件＝最1小判平14. 2. 28)，ということになろう。では，マンション住込み管理員に関してはどのように考えるべきか。そこでは，いわば日常生活の時間と業務を行う時間が近接し重複し混合することが多いために労働時間性の有無の判断が難しくなるのであろう。使用者は，労基法41条3号の「断続的労働」として許可を得ることで労働時間の規制を免れる（→346頁以下）ことができる。それによらずに労働時間を定めて管理員を雇用するのであれば，所定労働時間外は労働から離れることを労働者に保障しなければならず，その保障がされない「不活動時間」は労働時間に当たると解されることになる。

題が存在しているようでもある。

　労基法上の労働時間に当たるところの「業務に付随する活動」や「不活動時間」については「作業時間」についてのものと同じ賃金が支払われなければならない，ということになると，それは多くの場合にかなり不公平で妥当性を欠く結果がもたらされることになろう。この点に関しては，前掲大星ビル管理事件＝最1小判平14．2．28が妥当・適切といってよい基本的な考え方を示している。

■労基法上の労働時間と賃金支払義務
　「業務に付随する活動」の時間や「不活動時間」などが労基法上の労働時間に当たる場合，それらの時間についても当然に使用者が労働契約上の賃金支払義務を負うことになるわけではない。賃金支払いの権利義務が存するか否か，それが存する場合に賃金がいかなる内容のものかは，「当該労働契約の解釈によって定まる」(菅野482頁)からである。また，「労基法上の労働時間」と「労働契約上の労働時間」の意義が同一ではあり得ず (→ 319頁)，労基法上の労働時間に当たれば「常に賃金請求権が発生する……わけではない」(荒木179頁)のである。
　前掲大星ビル管理事件＝最1小判平14．2．28のケースでは，就業規則には仮眠時間につき賃金を支払う定めはないが，「泊り勤務手当」を支給する規定があった。前掲の原審 (東京高判平8．12．5) は，仮眠時間帯については「泊り勤務手当」の支払いのみとする旨が労働契約の内容であったとし，法定労働時間を超えた労働時間についてのみ使用者は通常賃金の125％を支払わなければならないとした。最高裁判決は以下のようにいう。労基法上の労働時間であれば当然に賃金請求権が発生するのではなく，それは当該労働契約において賃金を支払うものと合意されているか否かによって定まる。合理的解釈としては，労基法上の労働時間に該当すれば通常は労働契約上の賃金支払いの対象となるが，当事件では，仮眠時間について賃金は支払われないが「泊り勤務手当」が支給されること，賃金が月給制であること，仮眠時間の労働密度が高くないことなどを勘案すれば，労働契約においては仮眠時間に対して「泊り勤務手当」以外には賃金を支給しないと定められていたと解される。しかし，労基法13条および37条の定めにもとづき，使用者には仮眠時間につき時間外割増賃金，深夜割増賃金を支払うべき義務がある。同判決は，以上のように判示した上で，変形労働時間制の適用要件が具備されていたか否かを認定判断していないなどの違法があるとして，原判決を破棄・差戻ししている。
　このようにして，「業務に付随する活動」をした時間や「不活動時間」などであっても，労基法上の労働時間に当たるものであれば，それらの時間について使用者は原則として賃金支払義務を負うけれども，支払われるべき賃金の具体的な額等に関する労使間の約定 (合理的なものと認められ得る就業規則の定めを含む) が存しているのであれば，その約定が定めるところの賃金 (「作業時間」についての賃金より少額であるのが普通であろう) が支払われればよい，というのが判例の立場であり，それは妥当な考え方であるといえよう。

筆者には,「不活動時間」等であっても,労基法上の労働時間に当たれば通常は(その時間の賃金額等についての約定がないかぎりは)労働契約上の賃金支払いの対象になる,というところに疑問ないし不満がある。「不活動時間」等には「作業時間」について支払われる額の賃金は支払わない,というのが当事者の合理的意思と解される場合が一般ではないかと思うからである。しかし,「特別の賃金合意がない以上は,原則として所定労働時間に対して支払われる賃金(通常の賃金)が支払われると解されることになる」(梶川敦子「割増賃金の算定方法に関する一考察——仮眠時間のケースを例にとって」季労221号〔2008年〕230頁)ほかないのであろう。

　そこで,「不活動時間」等を含む労働時間の全体が法定労働時間を超える場合と「不活動時間」等が深夜労働である場合には,使用者は労基法37条の割増賃金を支払わなければならないことになるが,その割増賃金の額はどのようなものになるのであろうか。「不活動時間」等に支払われる賃金の額等に関する約定がない場合には通常の,つまり「作業時間」の賃金額を算定基礎とした額の割増賃金が支払われなければならない。これに対し,そのような約定が存する場合については,「不活動時間」等に支払われる賃金を基礎とした額の割増賃金を支払えばよいとする考え方と,この場合も通常の賃金を算定基礎とした額の割増賃金を支払わなければならないとする考え方があるといえる(梶川・前掲232頁は前者を「別途賃金説」,後者を「所定賃金説」とよぶ)。裁判例は後者の解釈をとる傾向にあるようであり,学説の見解も一般に同じといえそうであるが,なお確立されたものにはなっていないと思われる。そして,労基法37条の「割増賃金」の意味については「125%説」と「25%説」があり,前者が通説であろうが後者が妥当と考えられるところも少なくない(→367頁)。

　このような事情の下で,「不活動時間」等が労働時間に当たるもので,その時間の賃金に関する約定が存する場合に,法定時間を超える労働または深夜労働に対して支払われるべき割増賃金については,「125%説＋所定賃金説」・「125%説＋別途賃金説」・「25%説＋所定賃金説」・「25%説＋別途賃金説」という4つの処理方法があるとし,仮眠時間が労基法上の労働時間と判断された後の賃金処理は「25%説＋所定賃金説」によることが多いであろうとする学説の見解がある(梶川・前掲232頁以下)。この見解は,精細・綿密な問題分析をした上での公平に適した妥当な解釈論を探るものであり,この考え方でよいのではないかと筆者は考える。「作業時間」に行う労働より密度が低い(多くの場合,著しく低い)労働を行う「不活動時間」等の賃金をより低額とするなどの約定の効力は原則として否認され得ないから,「25%＋別途賃金説」が筋の通ったものとも考えられる。しかし,これでは法定時間外の労働をさせた使用者の負担が過小になってしまうであろう。それゆえ,「25%＋所定賃金説」が妥当と思われる。

　なお,「不活動時間」等について約定された賃金(「別途賃金」)の時間額が最低賃金額を下回ることは十分にあり得るが,日給や月給によって賃金が支払われている場合には,月給等の額を所定労働時間数で除した額が最低賃金額を上回っていれば最賃法違反にはならない(→286頁)。

　前記①の最後にあげた企業外の研修等や使用者の指示によらない居残りな

ど（→320頁）については，労働者が業務もしくは業務に関連する行為をなしているのであっても，それが私的な生活領域における自発的な行為ならば労基法の規制対象とすべきものではない。それゆえ，使用者の明示・黙示の指示によるものでなければ労働時間には含まれないと考えるほかはないであろう。[8]

III　労働時間の「みなし」制

　1960年代以降のわが国企業における労働者の勤務の多様化は，労基法の労働時間制度が妥当し得ない領域を広げることになった。労働時間の算定につき通常の方法を用いることが適当でない場合が多くなったことも，その1つである。とりわけ勤務遂行の方法が労働者の裁量に委ねられる部分が大きい労働に関して，そのことが明らかになっているといえよう。

　事業場外労働と裁量労働についての労働時間の「みなし」制は，1987（昭62）年の労基法改正によって設けられたものである。後者の裁量労働制については，制度整備を強く求める声がある一方で制度の弊害をいう意見も少なくなかったためにさまざまな議論がされ，1993（平5）年の労基法改正は裁量労働制の対象業務に関する変更を行ったが，1998（平10）年の改正では，既設の「専門業務型裁量労働制」に加えて新たに「企画業務型裁量労働制」を創設するという制度改革が行われた。そして，2003（平15）年の労基法改正によって，主として企画業務型裁量労働制について修正が加えられている。

1　事業場外労働の「みなし」時間制

(1) 現行法制

　労働が事業場の外で行われる場合には労働時間の算定が困難なことが多い。それは，常態的な事業場外労働（取材記者等）のみならず，臨時的な事業場外労働（出張等）にもいえることである。1987（昭62）年の法改正前は，使用者があらかじめ別段の指示をした場合を除き通常の労働時間労働したものとみな

---

[8] NTT西日本ほか事件＝大阪高判平22. 11. 19労判1168号105頁は，「全社員販売」の取組みとしてグループ企業の商品の友人知人への販売および会社が推奨して行っていたWEB学習への従事に要した時間について，使用者の指揮命令下にあった時間ではないから労働時間には当たらないとしている。

すと省令に定められていた。この旧規定の下では，所定労働時間を超えて労働するのが常態である場合にも所定労働時間内の労働とみなされるという不合理があった。

現行規定では次のようになっている。①労働時間の全部または一部につき事業場外で業務に従事し労働時間を算定し難いときは，所定労働時間労働したものとみなす（労基38条の2第1項本文）。②当該業務を遂行するためには通常，所定労働時間を超えて労働することが必要となる場合には，当該業務の遂行に必要な時間労働したものとみなす（同項但書）。③この場合において労使協定が締結されたときは，その協定に定める時間を当該業務に通常必要な時間とみなす（同条2項）[9]。

(2) 「労働時間を算定し難いとき」

行政解釈は，「労働時間を算定し難いとき」とは「使用者の具体的な指揮監督が及ばず，労働時間の算定が困難な業務」ということであり，それゆえ具体的な指揮監督が及んでいる場合は算定が可能であるから，「みなし」時間制は適用されないとしている（昭63. 1. 1基発1号）。

裁判例を見ると，行政解釈が労働時間の算定は可能として例示した場合に当たるとして，「みなし」時間制は適用できないとしたものが多い（ほるぷ事件＝東京地判平9. 8. 1労判722号62頁，レイズ事件＝大阪地判平22. 10. 27労判1021号39頁等）。そして，国内・海外旅行の添乗業務について，労働時間の算定は可能と認められるゆえ労働時間を算定し難い業務ではなく，「みなし」時間制の適用は許されないという判断を示した3つの高裁判決があった（阪急トラベルサポート事件①＝東京高判平23. 9. 14労判1036号14頁，同事件②＝東京高判平24.

---

9) これは「みなす」あって（労基38条の2第1項本文），「推定する」ではない。そこで，実際には所定労働時間を超えて労働したと労働者が主張・立証しても割増賃金等の請求は認められないことになる。しかし，業務遂行のために通常，所定労働時間を超えて労働する必要がある場合は，その業務遂行に必要な時間労働をしたとみなされる（同項但書）のであるから，「むしろ『推定する』に近い」（注釈労基下655頁〔和田肇〕）ところがある。すなわち，労働者が実際には「業務に通常必要な時間」である「みなし時間」を超えて労働したと主張・立証しても，それで時間外労働の割増賃金の請求等ができることになるわけではない。しかし，労働者は，使用者が定めた「業務の遂行に通常必要とされる時間」である「みなし」時間が現実と違うなど不適正なものであることを主張・立証して，時間外労働の割増賃金の支払いを請求すること等ができるのである。

3．7労判1048号6頁，同事件③＝東京高判平24．3．7労判1048号26頁）。労働時間を算定し難いゆえに「みなし」時間制の適用が許されるとした裁判例には，ほぼ「直行直帰」で勤務している者についてのもの（日本インシュアランスサービス事件＝東京地判平21．2．16労判983号51頁）などがある。

　最高裁は，添乗業務に「みなし」時間制を適用し得ないとした上記の3つの高裁判決に関し，①・③については上告棄却・不受理とし，②については以下のよう判示して上告を棄却している。本件では，(i)添乗業務の内容があらかじめ確定されていて，添乗員が自ら決定できる事項の範囲と選択の幅は限られており，(ii)旅行途中で変更を要する事態が生じたときは使用者が個別の指示をするものとされ，旅行終了後は内容の正確性を確認し得る添乗日報によって詳細な報告を受けるものとされていたのであるから，(iii)「添乗業務に……従事する添乗員の勤務の状況を具体的に把握することが困難であったとは認め難く」，労働時間を算定し難いときには当たらない（阪急トラベルサポート事件②上告審＝最2小判平26．1．24労判1088号5頁）。

　今日，「自己申告制」によって労働時間管理をしている企業は少なくないし，携帯電話・端末等の情報通信機器を利用しない企業は皆無といってよい。そこで，事業場外労働だからといって，使用者にとって従業員の労働時間を把握・算定することが「客観的」に（ないし「技術的」に）「不可能」な場合は現実にほとんど存在しないであろう。この「みなし」時間制の趣旨に関しては，事業場外労働では使用者の具体的な指揮監督が及ばないために労働時間の把握・算定が困難な場合があるので，実際の労働時間にできるだけ近づけた便宜的な算定方法を設けたもの，というように説明されている（前掲阪急トラベルサポート事件③＝東京高判平24．3．7等）。つまり，事業場外労働においては，労働者が自ら労働時間を管理することを相当程度に認めるほかないことが多く，また，業務遂行についての労働者の裁量を認めることの必要性・妥当性が高い場合が少なくないために，所定労働時間あるいは業務の遂行に通常必要な時間の労働をしたとみなすこととして「算定の便宜を図った」（菅野516頁）のである。そこで，「労働時間を算定し難いとき」とは労働時間の管理が困難もしくは不適

10）　行政解釈と裁判例（阪急トラベルサポート事件③1審＝東京地判平22．9．29労判1015号5頁等）がいう，使用者の「具体的」ないし「直接的」な指揮監督が及ばない事業場外労働とは，このような意味であろうと思われる。

な場合である，というように考えることができよう。そして，業務遂行について労働者に与えられる裁量の大きさが決め手になることが多いと思われる。

上記の阪急トラベルサポート事件②上告審＝最２小判平26．1．24は，一般的判断基準を示すことなく「事例判断」をしたものではあるが，事業場外労働とはいえ労働者の業務遂行における裁量が小さく，そして使用者が具体的に時間管理を行っていたことから，「労働時間を算定し難いとき」に当たらないとしている。労基法38条の２第１項についての妥当な解釈にもとづく判断がされていると評価してよいであろう。

(3) 「業務の遂行に通常必要とされる時間」

前記のように，「みなし」時間制が適用されると，原則としては「所定労働時間」労働したとみなされるが，当該の業務遂行には通常，所定労働時間を超えて労働する必要がある場合には，その「通常必要とされる時間」労働したものとみなされる。そして，使用者が労働者の過半数代表と書面協定を締結している場合は，その協定で定める時間が「通常必要とされる時間」になる。事業場外労働は一般により長時間となることが多いであろうから，このような定めは重要なものである。

行政解釈は，それは「通常の状態でその業務を遂行するために客観的に必要とされる時間」であるとしている（昭63．1．1基発１号）。裁判例でも，平均的にみて業務遂行に必要な時間である（阪急トラベルサポート事件②１審＝東京地判平22．7．2労判1011号５頁），基本的には平均的な業務内容および労働者を前提にして通常必要とされる時間を算定する（阪急トラベルサポート事件③１審＝東京地判平22．9．29労判1015号５頁），とされている。もっとも，両裁判例はともに旅行添乗員の業務が「みなし」時間制の適用対象であることを肯定した上で，労使協定が存しない状態での「当該業務の遂行に通常必要とされる時間」について判断したのであるが，具体的な算定においては異なった方法が用いられている。前者では，労働者が従事した２つの海外ツアーの添乗業務における概算総労働時間数を総日数で除した時間を「みなし」時間としている。これに対し後者は，「みなし」時間は現実の労働時間と大きく乖離しないように留意すべきであり，旅行添乗業務はツアー内容に応じて相当に異なるものである等として，労働者が２年半ほどの間に従事した数十回のツアーの添乗業務ごとに「み

なし」時間の算定を行っている。

「みなし」時間の算定は，杜撰なやり方でなされると労働者の利益を大きく損なう恐れがあるから，十分に妥当・適切といえる方法で行われなければならない。しかし，それを業務ごとに算定するならば，結局，実際の労働時間が何時間であったかを判断することになるのではないか。それでは「みなし」制の適用を認めた意味がないであろう。やはり，これは「平均的にみれば当該業務の遂行にどの程度の時間が必要か」（労基局上537頁）ということであり，その時間とは「経験的平均値」（渡辺章『わかりやすい改正労働時間法』［1988年］87頁）と考えるほかはないと思われる。[11]

労使協定による「みなし」時間制は，業務遂行に所定労働時間を超えて労働することが必要な場合にのみ可能なのであって，事業場外労働で労働時間を算定し難い場合について可能なわけではない。協定で定める時間が1日についての法定労働時間を超えるときは届出を要するが（労基38条の2第3項，労基則24条の2第3項），この場合の協定に定められる労働時間数は時間外・休日労働協定に定められる時間数（→361頁）の枠内に収まっているべきことになる。

② 裁量労働の「みなし」時間制

裁量労働の「みなし」時間制（一般には「裁量労働制」とよばれる）は，業務遂行につき大きな裁量を与えられて請負的性格が強い労働を行い，実績による評価でもって報酬額が支払われる度合いが大きい労働者について，旧来の労基法におけるものとは異なる考え方の下で，1987（昭62）年の労基法改正によって創設された労働時間制度である。1998（平10）年の労基法改正以後は2つの裁量労働制，すなわち「専門業務型裁量労働制」と「企画業務型裁量労働制」が併存して労基法に定められている。

(1) 専門業務型裁量労働制

まず，この「みなし」時間制の対象業務となるのは，「業務の性質上その遂

---

11) もっとも，業務に通常必要な時間である「みなし」時間の数はできるだけ実際の労働時間数に近づけるようにすべきである（菅野516頁）から，それは理論的には「経験則上の平均値」であるとしても，裁判実務の観点からは実労働時間の概括的認定に近い作業を求められることが多いとされている（白石編著98頁以下〔村田一広〕）。

行の方法を大幅に当該業務に従事する労働者の裁量にゆだねる必要があるため，当該業務の遂行の手段及び時間配分の決定等に関し使用者が具体的な指示をすることが困難なもの」である（労基38条の3第1項1号）。この「裁量労働」の定義は，企画業務型裁量労働制に関するもの（労基38条の4第1項1号）と基本は同じである。しかし，ここでは対象業務は命令で定めることになっていて，その点が企画業務型の場合と異なる。現在までに認められた業務は，新商品・新技術の開発，情報処理システム，新聞・出版の編集および放送制作の取材・編集，プロデューサー・ディレクター，コピーライター，ゲーム用ソフト開発，証券アナリスト，大学における教授研究，弁護士，不動産鑑定士，税理士等の19種類である（労基則24条の2の2第2項，平9．2．14労告7号，平12．12．25労告120号，平14．2．13厚労告22号，平15．10．22厚労告354号[12]）。

次に，事業場の労使協定によって，「みなし」時間制の対象業務を特定するとともに，その業務に従事する労働者については，遂行手段や時間配分等の決定に関して具体的指示をせず，また当該協定の定めるところにより一定時間労働したものとみなす旨を定めることを要する[13]（労基38条の3第1項）。この協定については，労働協約締結の方式による場合を除いて有効期間を定め（労基則24条の2の2第3項1号），また届出をすべきことになっている（労基38条の3第2項）[14]。

以上の要件がみたされている場合には，当該業務に従事する労働者については，実際に労働した時間の長さにかかわらず労使協定が定めた時間数を労働したものとみなされる[15]。なお，これは企画業務型裁量労働制にも共通すること

---

12) これらの専門業務の付随業務や補助業務は裁量労働制の適用対象にはなり得ないとされている（昭63．3．14基発150号）。裁判例には，プログラマーにつき裁量性が高い業務ではなく他の業務にも従事していたとして，専門業務型裁量労働制の要件がみたされていないとしたものがある（エーディーディー事件＝京都地判平23．10．31労判1041号49頁）。
13) この「みなし」時間の定め方について，行政解釈は「1日あたり」の労働時間であるとする（昭63．3．14基発150号，平12．1．1基発1号）が，1週の労働時間について「みなし」時間を設定することも可能と解すべきであろう。
14) なお，この労使協定の締結は裁量労働の「みなし」制を労基法上は適法とする（いわゆる免罰的効果）けれども，労使協定が定めるところに則した労働義務や賃金支払義務を生じさせるには，就業規則や労働協約によって労働契約の内容としておく必要がある（白石編著107頁〔村田〕）。
15) 労使協定が定めた「みなし」時間の相当性を労働者が争うことはできるのか。次のように考えるべきなのであろう。裁量労働制が「みなし」時間の設定を労使自治（労使協定または労使

であるが,「みなし」時間制は労働時間の算定にのみ適用される(労基則24条の2の2第1項)。裁量労働制は労働時間の適用除外の制度ではないのである。したがって,「みなし」時間数が法定労働時間を超えていれば時間外労働協定の締結と割増賃金の支払いを要し,使用者には休日・休憩を与える義務があり,また深夜労働については割増賃金を支払わなければならない。

(2) 企画業務型裁量労働制

まず,この「みなし」時間制は,①「事業の運営に関する事項についての企画,立案,調査及び分析の業務であって,当該業務の性質上これを適切に遂行するにはその遂行の方法を大幅に労働者の裁量にゆだねる必要があるため,当該業務の遂行の手段及び時間配分の決定等に関し使用者が具体的な指示をしないこととする業務」(労基38条の4第1項1号)に,②「対象業務を適切に遂行するための知識,経験等を有する労働者」(同項2号)をつかせる場合にのみ行うことができる。これら①・②等の諸事項に関しては指針が出されることになっている(同条3項)。その指針は,①の対象業務となり得る業務となり得ない業務の例を列挙し,②の対象労働者となし得ない例をあげるなど,詳細に具体的な基準を示している(平11. 12. 27労告149号)。

次に,「みなし」制を実施するには労使委員会において決議し,その決議を届け出なければならない。この「労使委員会」とは,「当該事業場における労働条件に関する事項を調査審議し,事業主に対し当該事項について意見を述べることを目的」として,労使の代表が構成員となって事業場に設置されるもの

委員会決議)に委ねる制度である以上,特段の事情がないかぎり,実労働時間と「みなし」時間との差異を問題とすることはできないが,通常想定し得る実労働時間を大幅に下回る「みなし」時間を定めるなどの事情が認められる場合は,それが就業規則の合理性を否定する事情となる(白石編著107頁〔村田〕)。

16) 厚労省労働政策審議会が2017(平29)年9月に概ね妥当と答申した「働き方改革法案要綱」は,企画業務型裁量労働制の対象業務について,上記の現行のもの((i))に次の(ii)と(iii)を加えることとしていた。(ii)事業運営に関する事項について繰り返し企画・立案・調査・分析を行い,その成果を活用して,当該事業の運営に関する事項の実施状況の把握・評価を行う業務。(iii)法人である顧客の事業運営に関する事項についての企画・立案・調査・分析を行い,その成果を活用して,当該顧客に対して販売・提供する商品・役務を顧客のために開発・提案する業務。しかし,2018(平30)年6月に成立した「働き方改革法」による労基法改正では,この部分が改正法案から削除されることになり,企画業務型裁量労働制の対象拡張は実現されない結果となった。

をいう（労基38条の4第1項柱書）。委員の半数は，事業場の労働者の過半数を組織する労働組合または過半数を代表する者によって任期を定めて指名されなければならない（同条2項1号）。労働時間等の規定を適用除外される管理監督者（労基41条2号）を労働者側の代表委員とすることはできない（労基則24条の2の4第1項）。委員会の議事については議事録を作成して3年間保存しなければならず，それを労働者に周知させなければならない（労基38条の4第2項2号，労基則24条の2の4第2項・3項）。使用者は委員に対する不利益な取扱いをしないようにしなければならない（労基則24条の2の4第6項）。

　企画業務型裁量労働制は，このような労使委員会が対象業務，対象労働者の具体的範囲，「みなし」時間数，対象労働者の健康・福祉を確保するために使用者が講ずる措置，対象労働者の苦情の処理手続等を5分の4以上の多数決によって決議し[17]，それを労基監督署に届け出ること[18]によって，初めて実施が可能となるのである（労基38条の4第1項柱書，同項1号～5号）。そして，労使委員会決議には「みなし」時間制の適用に当たっては労働者の同意を得るべきこと，同意しなかったゆえに不利益取扱いをすべきでないことも定めておかなければならない（同項6号）。

■裁量労働制と労働者の同意
　企画業務型裁量労働制の実施に当たって労働者の同意を得る必要があることについては，裁量労働制の適用者と不適用者が混在して処遇の公正を欠く結果になりかねないとする批判がある（馬渡淳一郎「ホワイトカラーの労働時間と法規制」神戸学院法学27巻1＝2号［1997年］16頁）。そのような面があることは否定できないであろう。しかし，筆者は次のように考えて肯定的に評価したい。すなわち，優れた成果を出して高い報酬を得るべく残業手当の支給など受けずに時にはハードで長時間に及ぶ労働をなす用意がある労働者には「みなし」時間制を適用し，そのような用意ないし覚悟がない労働者には「みなし」時間制の適用を拒否する権利があるものとする制度として，妥当性を認めることができる。前

---

17) この労使委員会は，委員の5分の4以上の多数による決議でもって，変形労働時間制，フレックスタイム制，時間外・休日労働，専門業務型裁量労働制，計画休暇等に関する労使協定の締結に代替できることになっている（労基38条の4第5項）。このうち時間外・休日労働に関する決議は労使協定と同じく届出をしなければならないが，他のものは届出を必要としない（同項）。

18) 労使委員会決議の届出は，専門業務型裁量労働制の場合等とは異なり（労基38条の3第2項等参照），時間外・休日労働協定の場合（労基36条1項参照）と同じく実施要件とされているので，決議を届け出ることなく「みなし」時間制を実施した使用者は労基法32条違反で罰せられることになる。

者のような労働者の意欲と能力の発揮を妨げないようにすべきであるから，裁量労働制を実施するための要件・手続を複雑で厳格なものにすることは避けられるべきである。とはいえ，後者のような労働者のことも十分に考慮に入れておく必要性は否定できないから，「みなし」時間制の適用に同意するか否かの意思決定をする機会を保障しておくことは望ましいであろう。

　もっとも，裁量労働制の適用要件として労働者の同意を得ることが定められているわけではないから（要件とされているのは決議をすること），この同意が得られなかったときには当該労働者について「みなし」時間制を適用することはできないと解するのは無理である。ただし，同意をしなかった労働者に対する不利益取扱い（不同意を理由とする解雇，配転，懲戒処分等）は違法・無効と解する（注釈労基下679頁〔水町勇一郎〕）のが妥当と思われる。それから，裁量労働制を適用されて勤務していた労働者を当人の同意なしで適用除外したことについて，この措置は「法的に有効」ではないとして，使用者は未払いの「裁量手当」を支払う義務を負うとした裁判例がある（日立コンサルティング事件＝東京地判平28．10．7労判1155号54頁）。同意を得て裁量労働制の適用対象としたのであるから，そこからの除外にも同意を要するとは解し得ないであろうが，合理的理由を欠く裁量労働制からの適用除外は権利濫用ゆえ不法行為になると考えることはできよう。

Ⅳ　休憩時間

1　休憩時間の原則

　労基法34条は，使用者は労働者に，①1日の労働時間が6時間を超える場合は45分以上，8時間を超える場合は1時間以上の休憩時間を労働時間の途中に（1項），②原則として一斉に与え（2項），③それを自由に利用させなければならない（3項）と定める。②についての例外は，労働者の過半数を組織する労働組合または過半数代表との書面協定によることになっている（同条2項但書）。坑内労働については，②と③が適用排除される（労基38条2項但書）。またサービス業については，①・②・③を適用除外する特例がかなり広範囲に設けられている（労基40条，労基則31条〜33条参照）。労基法34条に関しても立法論上の問題点がないとはいえないが，あまり議論されていない。解釈論上

19）　たとえば労働者がある日にA社で6時間労働した後にB社で2時間労働する場合，B社の使用者は45分以上の休憩時間を設けなければならないか。労基法38条1項につき事業主を異にする場合にも適用されると解するならば，それは肯定される（注釈労基下653頁〔和田〕）。しかし，同条項は労働者が同一使用者の別事業場で勤務した場合についての定めであると見るほうが妥当ゆえ（→317頁以下），休憩時間を設けることは不要と解してよいであろう。

の問題は③に関して発生している。

2 自由利用の原則

　労基法上の労働時間は原則として休憩時間を除く「実労働時間」である（→319頁）。それゆえ，「休憩時間」として設けられている時間であっても，労働者が使用者の指揮監督下におかれているか，もしくは使用者の明示または黙示の指示によって業務に従事している場合は，そこには休憩時間自由利用の原則への違反が存在し，当該の時間は労基法上の労働時間に当たることとなる[20]。もっとも，労基法上の労働時間であれば，その時間について当然に使用者が労働契約上の賃金支払義務を負うわけではない（→319頁）。そこで，所定労働時間と当該時間を合わせて法定労働時間を超える場合は，使用者は当該時間につき割増賃金を支払わなくてはならないが，そうでない場合は当該労働契約の解釈によって賃金支払義務の有無が決まるのであるから，少なからぬ場合において賃金支払いの対象ではないことになると思われる[21]。

　休憩時間自由利用の原則に関しては，ビラ配布等を許可制としたり，「政治活動」を禁止する就業規則の定めが休憩時間中の行為にも適用されるかという問題もある。最高裁は，政治的主張のプレートを外せという命令に抗議するビラを無許可で配布したための懲戒処分の効力が争われた事件の判決において，以下のようにいっている。職場内の政治活動は従業員相互の対立ないし抗争を生じさせ，あるいは企業施設の管理を妨げる恐れがあり，休憩時間中に行われても他従業員の休憩の自由利用を妨げるなど，企業秩序に支障を来す恐れの強

---

[20] 裁判例では，工場の休憩時間中に現場を離れるときは上司・同僚に告げねばならず，通常は雑談・軽スポーツ等をしているが不測の事態に備えている必要があった場合（住友化学名古屋製造所事件＝名古屋高判昭53. 3. 30労判299号17頁），コピーライターが「空き時間」はパソコンで遊んだりしていたが，広告代理店から指示があれば直ちに作業に従事しなければならなかった場合（山本デザイン事務所事件＝東京地判平19. 6. 15労判944号42頁）について，休憩時間自由利用の原則に反すると判断されている。それから，前記（→325頁）の「不活動時間」の労働時間性に関する判断をした裁判例において，休憩時間とされていた時間も労基法上の労働時間に当たるとしたものがある（前掲互光建物管理事件＝大阪地判平17. 3. 11等）。

[21] 前掲注20）住友化学名古屋製造所事件＝名古屋高判昭53. 3. 30では，1審（名古屋地判昭50. 12. 5労民集26巻6号1103頁）は賃金相当額の賠償請求を認容したが，2審は，休憩できなかったことによる肉体的・精神的苦痛という損害の賠償がなされるべきであるとして，慰謝料の支払いのみを命じた。これは上告審においても維持されている（最3小判昭54. 11. 13労経速1032号7頁）。

いものであるから，それを就業規則で禁止することは合理的である。また，事業場内でのビラ配布等は休憩時間中でも事業場の施設管理を妨げる恐れがあり，他の従業員の休憩時間の自由利用を妨げる恐れもあり，その内容いかんでは企業の運営に支障を来し企業秩序を乱すことになるから，事業場管理者の許可にかからせることは合理的な制約ということができる（目黒電報電話局事件＝最3小判昭52．12．13民集31巻7号974頁）。

　休憩時間は労働時間ではないから，その自由利用は自明の原則であり，労基法34条3項は当然のことを確認した規定といえる。とはいえ，労働者が事業場内で休憩時間を過ごす場合には使用者の施設管理権による拘束を受ける。また休憩時間中は休日・休暇中とは違って短時間経過後の就労再開を予定しているので，使用者の指揮命令権がごく限定された範囲においてではあるが残されていると考えることができる。そこで，使用者が休憩時間中の労働者について，事業場施設の安全・衛生の維持・管理等を妨げる行為，就労中の他の労働者・管理者・取引先・顧客等の業務あるいは業務関連行為を妨げる行為，休憩中の他の労働者の休息を妨げる行為，就労再開後における能率低下を招来せしめる恐れが明らかな行為等に対する規制を行った場合には，それが合理的な範囲内のものと認められるかぎり労基法34条3項違反ではないと解すべきである。ただし，「政治活動」の禁止あるいは「ビラ配布等」の許可制を定める就業規則自体は合理的といえるとしても，それら条項の具体的適用に当たっては限定的解釈を旨としなければならない。上記の目黒電報電話局事件＝最3小判昭52．12．13も，ビラ配布等が形式的には就業規則の許可制に反するが事業場内の秩序風紀を乱す恐れのない特別の事情が認められるときは規律違反にならないと述べている。[22]

---

[22] 明治乳業事件＝最3小判昭58．11．1労判417号21頁は，休憩時間中の会社食堂での無許可ビラ配布を「秩序を乱すおそれのない特別の事情が認められる場合」に当たるとして，戒告処分を無効とした原審の判断を是認している。

V 休　日

1 週休制の原則

　労基法35条1項は週休制の原則を定める。わが国においては週休2日制が大企業を中心に広く実施されている。現在では，9割近くの労働者が月1～3回や隔週の2日休日を含む何らかの週休2日制を適用され，6割を超える労働者が完全週休2日制の下にある。休日に関しては法制よりも現実が大きく先行しているといえよう。1980年代後半以降，労基法の労働時間制度は大きく変化してきた（→314頁以下）が，休日の規定に関しては改正の議論すら皆無に近かった。しかし，現在，とくに高度専門業務あるいは成果型労働に関する労働時間制度の改革は必ずなされるべきことであるが，そのなかで休日についての法制度の整備が行われる必要があると思われる。

　「休日」とは，労働者が労働契約にもとづく労働義務を負わない日である。その休日を，使用者は毎週少なくとも1回労働者に与えなければならない（労基35条1項）のである。労働義務のある日，すなわち労働日に使用者が労働者を就労させないときは「休業」（→289頁）となる。法定休日に労働者を就労させるには労使協定を締結し割増賃金を支払わなければならない（→360頁以下）。なお，週1回以外にも休日を設けている場合（週休2日制など）は，その日（法定外休日）に就労させても，労基法が使用者に義務づける割増賃金の支払い等を要することはない。[23]

　「1回の休日」の意味については，原則として「暦日」，つまりある日の午前0時から午後12時までと解されている（労基局上464頁等）。しかし，8時間3交替制がとられている場合については一定の要件をみたせば「継続24時間」で差し支えないとされている（昭63.3.14基発150号等）。また，旅館業務と自動車運転に関して特別の取扱基準が示されている（昭57.6.30基発446号等）。

---

[23] 裁判例には，週休2日の土曜・日曜のいずれが法定休日かについて，週休2日制の成り立ちにかんがみ日曜であると考えるのが社会通念に合致するから，その旨の黙示的な定めがあったと解されるとしたものがある（HSBCサービシーズ・ジャパン・リミテッド事件＝東京地判平23.12.27労判1044号5頁）。

労基法35条1項によれば，毎週少なくとも1回の休日でなければならない。休日は暦週に1回以上，曜日を特定して与えられることが望ましい。しかし，そのような義務を労基法が使用者に課していると解することは，次に見る変形週休制が認められることもあって不可能である（労基法89条1項1号も，休日を特定して定めることまでは規定していない）。もっとも，就業規則等にできるだけ休日を特定して規定するように行政指導することになっている（昭23. 5. 5基発682号，昭63. 3. 14基発150号）。就業規則等に特定の日を休日として定めた場合には使用者はそれに拘束され，その日に労働者を勤務させるには休日労働のための法定手続をとるか，もしくは後述の「休日の振替え」の方法によらなければならない。それから，休日を週のどの日におくかについて労基法は何も定めていないので，日曜日を法定休日とすることは義務づけられていないことになる。祝日に関しても同じである。労働者が出張先で休日を過ごした場合あるいは休日に出張先への移動をした場合には，使用者は休日を与えたことになるのか。行政解釈では，出張中の休日に旅行するなどのことがあっても，旅行中における物品の監視等の特別の指示がある場合以外は休日労働として扱わなくてよいとされている（昭23. 3. 17基発461号，昭33. 2. 13基発90号）。

2 変形週休制，休日の振替え

労基法35条2項は，「4週間を通じ4日以上の休日」をもって足りるという「変形週休制」を定めている。これは，特定の4週間において4日の休日があればよいということで，どの4週間を区切っても4日の休日があることを要するのではないとされている（昭23. 9. 20基発1384号）。変形週休制を行うためには，その「4週間」の起算日を就業規則に定めておかなければならない（労基則12条の2第2項）が，変形労働時間制におけるように（→348頁）休日を特定しておくことなどは必要とされていない。現行労基法の週休制はきわめて緩やかな規制をするものなのである。

休日の振替えとは，就業規則等により特定されている休日を労働日として，休日労働としてではなく労働者を勤務させ，その代わりに労働日として予定された日を休日とする措置をいう。もともと労基法により休日の特定が義務づけられていないのであるから，一定の要件をみたす振替えは認めてよいと考えられる。適法な振替えがなされた場合は，使用者は労基法37条にもとづく割増

賃金を支払う義務を負わないことになる。

　行政解釈によれば，休日の振替えは就業規則の定めにもとづき事前に振り替える日を特定して行う必要があり，できるかぎり振替えの具体的事由と振り替えるべき日を規定することが望ましく，振り替えるべき日があらかじめ決まっていない場合は休日到来の前に労働者に通知しなければならない（昭63.3.14基発150号等）。就業規則作成義務のない10人未満の事業場の使用者は，就業規則を制定しないのであれば労働契約に休日の振替えについて定めておかなければならない。なお，休日の振替えが行われたためにある週の労働時間が法定労働時間を超えるときは，その超えた時間は時間外労働となる（昭63.3.14基発150号等）。それから，休日の振替えと似ているが異なる「代休」とよばれるものは[24]，休日労働や深夜労働が行われた後に代償措置として与えられる休日である。振替えとは違って，休日勤務につき割増賃金が不要とならないのは当然である。

VI　労働時間・休憩・休日原則の適用除外

1　趣　　旨

　以上の労働時間・休憩・休日についての規定の適用除外が[25]，労基法41条により，①農業および畜産・水産業等の事業に従事する者（1号・別表第1），②管理・監督の地位にある者または機密の事務を取り扱う者（2号），③監視・断続的労働に従事する者（3号）について定められている。①は「事業の種類」によるもの（「事業の種類」による適用除外としては，ほかに前記［→318頁，336頁］の法定労働時間および休憩に関する特例がある），②は「労働者の地位」によるも

---

[24]　裁判例には，休日に出勤した場合は事後に「振替休日」を取得できるとする扱いが廃止されたために休日を取れなかった労働者に対し，使用者は不当利得返還義務を負うとしたものがある（ザ・スポーツコネクション事件＝東京地判平12.8.7労判804号81頁）。これは「休日振替と代休とを混同した」もの（注釈労基下595頁〔岩村正彦〕）といえよう。

[25]　適用除外されるのは，労基法の4章・6章・6章の2で定める労働時間・休憩・休日の規定である（41条柱書）から，同法32条（法定労働時間）・34条（休憩時間）・35条（休日）・40条（労働時間の特例），37条中の時間外・休日労働についての割増賃金の部分，60条（年少者の労働時間・休日），66条（妊産婦の労働時間）である，とされている（労基局上622頁）。

の，③は「作業内容の特質」によるものと称することができよう。

　そして，労働時間・休憩・休日に関する規定の適用除外であるから，年次有給休暇（労基39条）や深夜業規制（労基61条）の規定は適用除外されず，そこで使用者は適用除外者に該当する労働者にも深夜割増賃金を支払う義務を負う，と一般に解されている。[26]

■適用除外者と深夜割増賃金
　行政解釈は，深夜業の割増賃金に関する労基法37条4項と年少者の深夜業に関する同法61条は適用除外されないから，同法41条各号による適用除外者にも深夜割増賃金は支払われなければならない，とする（昭63．3．14基発150号）。判例は，割増賃金等の深夜業規制の規定が適用除外されないことについて次のようにいう。労基法の規定の多くは労働時間の長さについて規制するが，37条3項（現4項）は労働がどのような時間帯に行われるかに着目して規制する点で他の規定と趣旨・目的を異にする。また，年少者の深夜業規制を定める61条を見ると，同条4項は41条1号の労働者を使用する事業には深夜業規制の規定を適用しない旨を定めている。こうした定めは，41条の「労働時間，休憩及び休日に関する規定」には深夜業規制に関する規定は含まれないことを前提とするものと解される（ことぶき事件＝最2小判平21．12．18労判1000号5頁）。
　判例がいう深夜業規制の規定が適用除外されない理由の1つ目の，労基法37条4項は労働時間の「長さ」でなく「位置」に関する規制ということは，立法過程でいわれたところである（寺本廣作『労働基準法解説』［1948年］256頁）。しかし，それは深夜業規制が時間外・休日労働等への規制とは着目点が異なる（労働の「量」でなく「時間帯」に着目する）ことに過ぎないし，深夜業は法定時間外・休日労働のように労使協定の締結・届出がなければ禁止というような強い規制を受けるものではないから，深夜割増賃金のみを労基法41条による労働時間規定の適用除外の対象に含めないことには合理性が乏しいのではないか（梶川敦子「管理監督者における労働時間規制の適用除外の範囲」季労251号［2015年］224頁以下参照）。また，年少者の深夜労働に関する規定との関係をいう2つ目の理由は，労基法41条が深夜業規制の定めを適用除外していないからこそ，61条4項は同法別表第1の6号・7号の事業では年少者の深夜業は禁止されないことを明示する（有泉389頁，注釈労働時間802頁），ということであろう。これも筆者には納得できそうにない理屈のように思われる。
　このように，労基法41条によって深夜業規制は適用除外されないとする判例の説示には十分な説得力が欠けている。割増賃金の支払いを使用者の義務とするのは時間外・休日労働と深夜労働の可及的抑止のためのものであり，その適用除外について時間外・休日労働と深夜労働を区別することが合理的とは考えられないからである。他方，労基法第6章と第6章の2にある年少者と妊産婦の労働時間に関する規定が同法別表第1の6号・7号

---

[26]　なお，2018（平30）年の「働き方改革法」により労基法を改正して定められた新たな適用除外（「高度プロフェッショナル制度」）では，深夜割増賃金の規定も適用除外されることになっている（→345頁）。

の事業について適用除外されるべきではない。そこで，労基法41条2号の管理監督者に関するかぎり，適用除外の対象には深夜割増賃金規制も含まれると解すること（梶川・前掲227頁）ができれば，それがベストであろう。なお，行政解釈（昭63. 3. 14基発150号等）では，就業規則等によって深夜割増賃金を含めて所定賃金が定められていることが明らかな場合には，使用者は別に割増賃金を支払う必要はないとされている。上記のことぶき事件＝最2小判平21. 12. 18は，管理監督者に該当する者の賃金が一定額の深夜割増賃金を含める趣旨で定められていることが明らかな場合は，その額の限度で深夜割増賃金の支払いを受け得ないとする。そこで，就業規則等に所定賃金には深夜割増賃金が含まれると定めておけば，深夜労働が何時間になろうと別途に深夜割増賃金を支払う必要はないと考えることもできなくはない（梶川・前掲228頁参照）。しかし，ことぶき事件＝最2小判平21. 12. 18は，所定賃金が「一定額」の割増賃金を含める趣旨である場合には別途の深夜割増賃金の支払いは要しないとし，当事件では給与・手当が深夜割増賃金を含む趣旨であったか等を審理する必要があったとして原審に差し戻したのであるから，所定賃金は深夜割増分を含むと定められていれば別途の割増賃金支払いを不要と解しているとはいえない（梶川・同前参照）。結局，判例の立場は，深夜割増賃金を所定賃金に含まれるものとして支払うことは，それが「割増賃金の定額払い」として適法と認められるもの（→371頁以下）であれば許されるということなのであろう。

② 管理監督者等

労基法41条2号の「監督若しくは管理の地位にある者」について，行政解釈は法制定時から今日まで，それは労働条件その他労務管理について経営者と一体的な立場にある者をいうとし，具体的な判断においては，労働時間等の規制になじまない立場の者に限って認めるという趣旨に則して，資格・職位の名称にとらわれることなく職務内容，責任と権限，勤務態様に着目し，賃金等の待遇面の扱いにも留意しなければならないとしている（昭22. 9. 13発基17号，昭63. 3. 14基発150号）。

裁判例は，さまざまな職務・地位の労働者について管理監督者に当たるか否かの判断をしたものが多数みられるが，概ね上記の行政解釈の立場を踏襲して「管理監督者」の範囲を厳しく限定する考え方に立っている。そこでは，①職

---

27) 次のようにいわれている。労基法41条2号の管理監督者とは，労務管理について経営者と一体的な立場にある者であり，①職務内容がある部門全体の統括的立場にあり，②部下に対する労務管理上の決定権限につき一定の裁量権を有し，③特別手当を支給されて時間外手当がないことが十分に補われ，④自己の出退勤について自ら決する権限がある，という要件をみたす者である（ゲートウェイ21事件＝東京地判平20. 9. 30労判977号74頁，東和システム事件＝東京地判平21. 3. 9労判981号21頁，仁和寺事件＝京都地判平28. 4. 12労判1139号5頁，

第2節　労働時間・休憩・休日　343

務内容・権限・責任の重要性（労務管理等の企業経営の重要事項についての権限および関与の有無・程度），②勤務態様（労働時間についての自由裁量の有無・程度），③賃金等の待遇（職務内容・権限・責任に見合う賃金等の有無）の3点に着目して，個々の事案ごとに具体的事実を総合考慮して判断されているといわれる（白石編著153頁以下〔細川二朗〕）。

このようにして，「職務の要件」と「勤務の要件」と「待遇の要件」を「すべて具備している管理監督者のみが」労働時間等の規定の適用除外対象になる（渡辺章『労働法講義(上)総論・雇用関係法Ⅰ』[2009年]369頁以下）というのであるから，裁判例の大多数において管理監督者性が否定される結果になっているのは当然といえよう。管理監督者については労基法にも労基法施行規則にも具体的内容の定めはなく，また具体的な判断基準を示した最高裁判例もない（白石編著153頁〔細川〕）のであるが，その範囲を狭く限定的なものと解する立場を行政解釈も裁判例もとっているのである。[28]

その「地位」のゆえに労働時間等の規定を適用除外される「管理監督者」の意義を厳格に解し，それへの該当性の有無は勤務・処遇等の実際から個別的に決せられるという現行法の解釈運用のあり方は，行政官庁の許可等の特別の手続を要することなしに法定労働時間等の規定を適用除外される労働者に関わるのであるから，賛意を表するほかないものとも思われる。しかし，実態とのギャップが相当に大きいことは否定できず，法解釈論としての妥当性に不満・疑問があることを筆者は否定できない。[29]

　　　コナミスポーツクラブ事件＝東京地判平29. 10. 6労経速2335号3頁等）。
28)　福島政幸「管理監督者性をめぐる裁判例と実務」判タ1351号[2011年] 45頁によれば，そこに掲げられる27件の裁判例のうち，管理監督者性を肯定した例は6件に過ぎない。近年のものを見ると，いずれの裁判例でも前記の「職務」・「勤務」・「待遇」の3点に着目しての総合考慮によって判断されるべきことがいわれ，ほとんどの例において管理監督者性が否定されている（九九プラス事件＝東京地立川支判平23. 5. 31労判1030号5頁，スタジオツインク事件＝東京地判平23. 10. 25労判1041号62頁等）。もっとも，管理監督者性を肯定した例も少数ながら存在する（セントラルスポーツ事件＝京都地判平24. 4. 17労判1058号69頁等）。
29)　多数の企業において，たとえば課長以上の者あるいは職能資格の一定等級以上の者が一律に「管理監督者」として扱われている（さらに，そのような者を「非組合員」とする旨を労働組合との協定で定めている企業が多いようであるが，これまた労組法2条但書1号の建前と大きく乖離している）。管理監督者を「労務管理について経営者と一体的な立場にある者」とすることは，実態と相当に大きく遊離していると思われる。
　　　労基法制定時とは異なって，今日では労働時間管理をすることが困難であったり，業務への従事あるいは賃金の額や支給方法のあり方からして労働時間管理をすることが不適である労働

そこで，「高度プロフェッショナル制度」と称される新たな労働時間の特別規制の制度に期待したいが，現行の労基法41条2号の解釈としては，次のように考えればよいと筆者は考えている。すなわち，「監督若しくは管理の地位にある」者とは使用者のために他の労働者を指揮監督し，あるいは他の労働者の人事管理を職務とする者で，そのような職務の特質のゆえに労働時間の管理が困難あるいは不適であり，賃金は職務の特質に適応した額・方法によって支払われている者である，と。[30]

■新たな労働時間規定の適用除外——「高度プロフェッショナル制度」
　2018（平30）年の「働き方改革法」による労基法改正は，「特定高度専門業務・成果型労働制」あるいは「高度プロフェッショナル制度」と称される新たな労働時間規定の適用除外（適用除外されるのは労基法の労働時間・休憩・休日・深夜割増賃金に関する規定）を定めた（施行は2019〔平31〕年4月）。それは概ね次のようなものである。(1)対象業務：「高度の専門的知識等を必要とし，その性質上従事した時間と従事して得た成果との関連性が通常高くないと認められる」として省令で定められる業務（改正後労基41条の2第1項1号）。(2)対象労働者：使用者との間の書面その他省令で定める方法による合意にもとづき職務が明確に定められており，支払われると見込まれる賃金を年間賃金額に換算した額が基準年間平均給与額（毎月勤労統計により算定される労働者1人当たり給与の平均額）の3倍を相当程度上回る水準として省令で定める額以上である者（同2号イ・ロ）。(3)健康確保措置等：使用者は次の措置を講じなければならない。(i)労働者が「事業場内にいた時間」と「事業場外において労働した時間」との合計時間（健康管理時間）を把握する（同3号）。(ii)1年間を通じ104日以上で，4週間を通じ4日以上の休日を与える（同4号）。(iii)労使委員会の決議または就業規則等の定めにより，次のいずれかの措置を講じる。(a)労働者ごと

　　者が数多く存在している。そのような労働者について労働時間等の制度を厳格に適用し，とくに法定労働時間外の労働がされたとして使用者に割増賃金の支払いを義務づけることが，真の意味で労働者保護になるとは筆者には考えられない。もっとも，現職裁判官による以下のような見解には納得させられるものがある。すなわち，実務では「管理職」の名の下に時間外手当を不支給とする多くの事例に接し，そのような誤解をする企業が訴訟の場で厳しい状況に遭遇するのであるが，労基法が時間外労働に対して厳しい規制を加えており，社会状況等の変化にもかかわらず何らの法律上の改変がない以上，裁判例が労基法制定時の立法趣旨と軌を一にする考え方によっているのは当然である（渡辺181頁）。

30)　そのような労働者は企業における指揮命令系統上にある管理職者（ライン職）であるが，今日では部下を持たないが管理職として処遇されている者（スタッフ職）が少なからず存在している。行政解釈では，スタッフ職の「処遇の程度」によっては法の規制外においても労働者保護に欠けるところはないとして，一定範囲の者は労基法41条2号の管理監督者に当たるとしている（昭22. 9. 13基発17号，昭63. 3. 14基発150号）。しかし，多くの裁判例はスタッフ職の管理監督者性を否定している（丸栄西野事件＝大阪地判平20. 1. 11労判957号5頁，前掲注23）HSBCサービシーズ・ジャパン・リミテッド事件＝東京地判平23. 12. 27等）。

第2節　労働時間・休憩・休日　　345

に始業から 24 時間を経過するまでに省令で定める時間以上の継続した休息時間を確保し，深夜労働の回数を 1 か月について省令で定める回数以内とする（同 5 号イ）。(b)健康管理時間を 1 か月または 3 か月について省令で定める時間を超えない範囲内とする（同 5 号ロ）。(c) 1 年に 1 回以上の継続した 2 週間について休日を与える（同 5 号ハ）。(4)労使委員会決議と労働者の同意：本制度を行うには，労使委員会（使用者と事業場労働者の代表により構成）の 5 分の 4 以上の多数による決議，労基監督署への届出，書面その他の方法による対象労働者の同意が必要である（同条 1 項柱書本文）。使用者は同意をしなかった労働者に対して解雇その他の不利益取扱いをしてはならない（同条 1 項 9 号）。

労基法 41 条 2 号の「機密の事務を取り扱う者」については，秘書等，職務が経営者または管理監督者の活動と一体不可分で出・退社等につき厳格な制限を受けない者とされている（昭 22．9．13 発基 17 号）。

3 監視・断続労働の従事者

監視・断続労働の従事者として労働時間・休憩・休日の規定を適用除外されるには，使用者が許可を得なければならない（労基 41 条 3 号）。「監視労働」とは一定部署にあって監視するのを本来の業務とし，常態として身体的・精神的緊張の少ないものを指し，「断続的労働」とは休憩時間は少ないが手待時間が多いものをいう（昭 63．3．14 基発 150 号，奈良県事件＝大阪高判平 22．11．16 労判 1026 号 144 頁）。車両誘導を行う駐車場の監視等の精神的緊張の高い業務などは前者として許可されず，後者に関しては，当該の者の勤務時間を基礎として作業時間と手待時間折半の程度まで許可されるが，実労働時間の合計が 8 時間を超えるときは許可されず，断続労働と通常の労働が 1 日のなかで混在したり日によって反復する場合は，常態として断続労働に従事する者ではないから許可されないことになっている（昭和 63．3．14 基発 150 号[31]等）。

労基法施行規則 23 条は，使用者が許可を得て労働者に断続労働としての宿・日直をさせることができる旨を定める。この許可は，勤務はほとんど労働する必要がなく，相当の手当が支払われ，睡眠設備があり，頻度は適当である等の条件がみたされる場合に与えられるものとされる（昭 22．9．13 発基 17 号，

---

[31] 仮眠時間等の労働時間性が争われることが少なくない警備業務（→322 頁）に関しては，隔日勤務でビルの警備業務に従事する者について，夜間継続 4 時間以上の睡眠時間，巡回回数 10 回以下，常勤であること等々の要件をみたす場合には，勤務の全体が監視・断続労働として許可される（平 5．2．24 基発 110 号）。

昭和63. 3. 14基発150号)。そして，これは本務外に宿・日直をさせる場合についての定めとされている (昭34. 3. 9基収6763号)[32]。

VII 変形労働時間制，フレックスタイム制

1 法定労働時間の弾力化

　1987 (昭62) 年の労基法改正は，1種類しかなかった変形労働時間制を3種類に増やし，またフレックスタイム制を新設した。これは，「経済のサービス化」の進行等の状況変化に労働時間制度を適応させるとともに，第3次産業や中小零細企業等においても休日増加による労働時間短縮が容易になることを期待して法定労働時間の規制の「弾力化」を図ったものであった。そして，1993 (平5) 年改正は1987 (昭62) 年改正によって新設された3か月以内単位の変形労働時間の期間を最長1年間のものに変え，1998 (平10) 年改正は1か月以内単位の変形労働時間制を労使協定の締結によっても行えるようにし，また1年以内単位の変形労働時間制を中途採用または退職の労働者にも適用可能とするなどの手直しを行っている。

　変形労働時間制については，一定の期間における1週当たりの所定労働時間の平均が法定労働時間を超えない場合には特定の週または日の所定労働時間が法定労働時間を上回っていても法定労働時間を超えたとは扱わないもの，と定義できよう。これに対しフレックスタイム制とは，労働者が各労働日の始業と終業の時刻を選択して勤務しながら一定期間の所定総労働時間数をみたすようにする制度である。両者は，労働時間の変則的配分を容認しつつ法定労働時間の規制を緩和する点では共通している。しかし，フレックスタイム制は時間配分を個々の労働者の決定に委ねるものであり，そこに変形労働時間制にはない

---

[32] 医師等の宿・日直に関しては，「医療機関における休日及び夜間勤務の適正化について」と題する通達 (平14. 3. 19基発0319007号) が出され，原則として診療行為を行わない休日および夜間勤務につき，病室の定時巡回，少数の要注意患者の定時検脈など軽度または短時間の業務のみが行われている場合に，労基法41条3号の断続的業務である宿・日直として許可されるべきものとされている。前掲奈良県事件＝大阪高判平22. 11. 16は，この判断基準は相当なものであり，当事件の産婦人科医師の宿・日直勤務は労基法41条3号の断続的労働とは認められないとしている。

特徴があるといえよう。

2 変形労働時間制

(1) 1か月以内単位の変形労働時間制

使用者は，過半数の労働者を組織する労働組合または過半数労働者の代表者との書面協定もしくは就業規則等によって[33]，1か月以内の一定期間の1週当たりの労働時間の平均が週の法定労働時間を超えないように定めた場合は，特定の週または日に1週もしくは1日の法定労働時間を超えて労働させることができる（労基32条の2第1項）。労使協定による場合は使用者には届出義務があり（同条2項），有効期間を定めなくてはならない（労基則12条の2第1項）。

変形労働時間制の単位期間，すなわち「1箇月以内の一定の期間」とは具体的に特定された起算日からの1か月以内の期間である（労基則12条の2第1項参照）。変形労働時間制を行うには，法定労働時間を超えて労働させる週または日と，それらの週・日の所定労働時間を具体的に定めておく必要があるから（昭63.1.1基発1号，平3.1.1基発1号），結局，変形期間内の各週・各日の所定労働時間をあらかじめ特定しておかなければならないことになる[34]。そして，常時10人以上の労働者を使用する事業場では，就業規則に始業・終業の時刻を記載する必要がある（労基89条1号）ので，変形期間内の各労働日の所定労働時間を始業・終業時間とともに特定しておかなければならない。なお，後述の1年単位の変形労働時間制とは違って，1週・1日の所定労働時間の長さに

---

33) この労使協定は労使委員会および労働時間等設定改善委員会の決議でもって代替できる（労基38条の4第5項，労働時間等設定改善法7条1項）。また，「就業規則その他これに準ずるもの」とあるが，常時10人以上の労働者を使用する事業は就業規則に定めるべきであり，それ以外の使用者（労基89条柱書参照）の場合は「これに準ずるもの」の定めでよいという意味とされている（昭22.9.13発基17号）。

34) つまり，「1ヶ月を平均して，結果として週40時間内に収まっていればよいというわけではない」（荒木172頁）のである。「不活動時間」の労働時間性（→322頁）についての判断基準を示した前掲大星ビル管理事件＝最1小判平14.2.28は，1か月単位の変形労働時間制を行うには各週・各日の所定労働時間を就業規則等において特定する必要があるとし，当事件の企業では「業務の都合により暦月1ヶ月間を通じ，1週平均38時間以内の範囲内で就業させることがある」と定められていたが，そのような定めをもって直ちに変形労働時間制を行う要件が具備されているとは解し得ないとしている。近年の裁判例では，就業規則に「勤務時間については変形労働時間とし，個別に定める」と定めているのみでは変形労働時間制の要件をみたしていないとするもの（前掲学校法人関西学園事件＝岡山地判平23.1.21）などがある。

ついての制限はない。

　所定労働時間の特定は変形労働時間制の実施要件であるが，変形期間中の労働時間や始業・終業時刻をあらかじめ決めておくことが困難である事業・業務は少なくないと思われる。それは，一時的にではなく変形労働時間制を行う場合について，とくにいえることであろう。行政解釈は，月ごとに勤務割を作成する必要がある場合には，就業規則に各直勤務の始業・終業時刻，各直勤務の組合せの考え方，勤務割表の作成手続と周知方法等を定めておき，それに従って各日ごとの勤務割を変形期間の開始までに具体的に特定することで足りる，としている（昭63・3・14基発150号）。もっとも，基本となる始業・終業時刻と休憩時間は定めているが，特定の日の労働時間については使用者が任意に決めることになっているものは不適法とされている（岩手第一事件＝仙台高判平13. 8. 29労判810号11頁，Y社事件＝東京地判平27. 12. 11判時2310号139頁）。特定された労働時間の変更は，予定した業務の大幅な変動等の限定的な事由にもとづく変更であれば可能と解すべきであろう。

■特定された労働時間の変更
　　変形労働時間制の下で，特定された労働時間をさらに変更することは可能か。変形労働時間の期間中の労働時間や始業・終業の時刻を確定しておくことが困難である事業は少なくない（鉄道や航空など）から，いったん特定された労働時間の変更は一切許されないと解すべきではない。裁判例は，いったん特定された労働時間を変更することがある旨を定める就業規則の条項について，予測可能な程度に変更事由を具体的・限定的に記載するものでなければならず，「業務上の必要がある場合は指定した勤務を変更する」といったものは無効であるとしている（前掲岩手第一事件＝仙台高判平13. 8. 29，JR西日本事件〔控訴審〕＝広島高判平14. 6. 25労判835号43頁等）。妥当な考え方がされているといえよう。
　　では，その変更（いわば再変更ないし再特定）によって，ある日もしくは週の所定労働時間が法定労働時間を超えることになった場合は，使用者は時間外労働の割増賃金を支払わなければならないのであろうか。この点に関し，変形期間の開始前に特定された労働時間を就業規則の定めにもとづいて変更した場合，変更後の勤務時間が依然として労基法32条の2第1項の「特定」された労働時間といえるのであれば，たとえ変更後の労働時間が変更前のそれを超過するとしても，その超過労働時間における労働を時間外労働として割増賃金を請求することはできない，とする裁判例がある（前掲JR西日本事件の1審＝広島地判平13. 5. 30労判835号49頁）。これは，再特定された日または週の労働時間が法定労働時間を超えていても，変形労働時間の期間を平均して1週間当たりの労働時間を超えていなければ割増賃金を支払う必要はないという意味と思われるが，それでよいであろう。たとえば，再特定によって，ある日の労働時間が9時間となり，ある週の労働時間が

第2節　労働時間・休憩・休日　　349

43時間となっても，それらの日もしくは週を含む1か月の変形労働時間の期間における総労働時間が平均で1週間あたり40時間を超えていなければ，使用者は1日1時間あるいは1週3時間分の割増賃金を支払う義務を負わないのである。

　変形労働時間制が行われている場合に時間外労働として扱わなければならないのは，①所定労働時間が法定労働時間を超えて定められている日・週は所定労働時間を超える時間，②所定労働時間が法定労働時間以下に定められている日・週は法定労働時間を超える時間，③変形期間全体の総労働時間のうち，①・②を除き週平均の法定労働時間から算出される変形期間中の労働時間の枠を超える時間，となる（昭63.1.1基発1号，平6.3.31基発181号参照）。それから，休日の振替えにより時間外労働が生じる場合もある（昭63.3.14基発150号参照）。

(2) 1年以内単位の変形労働時間制

　使用者は，事業場の労働者代表（過半数を組織する労働組合または過半数の代表者）との書面協定により，1か月を超え1年以内の一定期間における1週当たりの労働時間の平均が40時間を超えないように定めた場合には，特定の週において40時間を，また特定の日において8時間を超えて労働させることができる（労基32条の4第1項）。この労使協定には有効期間の定めを要し（同項5号，労基則12条の4第1項），また届出をしなければならない（労基32条の4第4項）。

　この変形労働時間制は長期間にわたるものであるため，期間中の所定労働日数，1日または1週の所定労働時間，連続して労働させる日数に関して，それぞれの限度を命令によって定め得るものとされ（同条3項），以下のようになっている。所定労働日数は，期間が3か月を超える変形労働時間制の場合は年間280日以内でなければならない（労基則12条の4第3項）。1日・1週の所定労働時間の上限は10時間・52時間で（同条4項），連続労働日数の上限は6日（下記の「特定期間」については12日）である（同条5項）。

　変形労働時間の対象期間は，具体的に特定された起算日からの1か月を超え1年を超えない一定期間であり，それを労使協定に定めなければならない（労基32条の4第1項2号，労基則12条の2第1項）。対象期間中のとくに業務繁忙な

期間を「特定期間」として，前述のように連続労働日数につき特例を定めることができる（労基32条の4第1項3号・3項）。

　労使協定には，対象期間のほかに，対象期間中の労働日と各労働日の所定労働時間および対象となる労働者の範囲等を定めておかなければならない（同条1項1号・4号）。労働日と労働時間については，対象期間を平均して週40時間を超えないようにすべきことはもちろんであるが，さらに命令が定める上限を超えないようにして具体的に各週・各日の所定労働時間を定める必要がある。また多くの場合，就業規則に各日の始業・終業時刻を定めなければならないことになる（労基89条1号参照）。しかし，これらを全期間について最初に労使協定で定めるべきものとするのは現実的でない。そこで，対象期間を1か月以上ごとに区分することが認められ，その「最初の期間」については労働日および各日の労働時間を定めておかなければならないが，「最初の期間を除く各期間」については労働日数と総労働時間を定めておけばよいことになっている（労基32条の4第1項4号）。後者の期間における労働日と各日の労働時間は，各期間の初日の30日前までに事業場の労働者代表の同意を得て書面により決めなければならない（同条2項，労基則12条の4第2項）。それから，対象期間を1か月以上ごとに区分した場合，就業規則には始業・終業時刻の類型と組合せ方，勤務割りの作成・明示の仕方を定めておけば足りるものとされている（平11. 1. 29基発45号）。なお，「特定」の要件をどの程度厳格に解すべきか，対象期間中に特定された労働時間の変更ができるかという問題があるが，1か月以内単位の変形労働時間制の場合と同じように（→349頁以下）考えればよいと思われる。

　対象労働者の範囲に関して，以前は対象期間中に採用された者や退職した者には変形労働時間制を適用できないと定められていたが，1998（平10）年改正によって改められて適用可能となった（労基32条の4第1項1号参照）。また，それらの者の対象期間中の労働時間が平均して週40時間を超える場合には労基法37条の「規定の例により」割増賃金を支払うべきこととされた（労基32条の4の2）。

　時間外労働については，1か月以内単位の変形労働時間制に関して説明したところと同様な取扱い（→350頁）をすればよい。ただ，この変形労働時間制においては，上記のように中途採用・退職者に対して割増賃金を支払うべき場

合があり，この義務に違反した場合は賃金全額払いの原則（労基24条1項）への違反となる。

　以上に述べた要件をみたす労使協定の締結・届出によって，使用者は1年単位の変形労働時間制を実施しても法定労働時間の原則に違反しないことになる（免罰的効果）が，労働者に変形労働時間制の下での勤務を義務づけるには就業規則または労働協約に規定を設けておかなければならないと解すべきであろう。

(3) 1週間単位の変形労働時間制

　日ごとの業務に著しい繁閑の差があるため各日の労働時間を特定し難いものとして命令で定められ，かつ命令が定める規模未満である事業においては，使用者は事業場の労働者代表と書面協定を締結することによって，1日につき10時間まで労働させることができる（労基32条の5第1項）。この労使協定も届出を要する（同条3項）。1週間の各日の労働時間はあらかじめ労働者に通知されていなくてはならない（同条2項）。適用対象は，常時30人未満の労働者を使用する小売業・旅館・料理店・飲食店と定められている（労基則12条の5第1項・2項）。それらのうち常時10人未満の事業の法定労働時間は週44時間である（→318頁）が，この特例事業も変形労働時間制を行う場合は所定労働時間を週平均40時間としなければならない（労基則25条の2第4項）。そして週平均で40時間を超えて労働させた場合は，それが法定労働時間を超えていなくても割増賃金を支払わなければならない（労基附則132条2項）。以上の要件をみたす労使協定を締結すれば，あらかじめ日を特定することなく，事前の通知のみにより，1日に10時間まで労働させても，法定労働時間を超えたものとは扱われないことになる。

　この変形労働時間制は1987（昭62）年の労基法改正によって新設されたが，業種の特殊性により業務の繁閑を予測し難く，しかも零細規模であるために業務量の変動に対処することが容易でない事業の実態に適応した労働時間制度を設けるとともに，時間短縮が最も困難であろうこの種の事業においても休日増加を中心とする労働時間短縮が促進されることを期待するというのが立法趣旨であった。1か月単位および1年単位の変形制とは違って，変形期間中の各日の労働時間をあらかじめ労使協定や就業規則等に定めておく必要はないのが大きな特徴である。ただし，使用者は各日の労働時間を原則として変形労働時間

制を行う1週間の開始前に労働者に対して書面により通知しなければならない（労基則12条の5第3項）。

　この変形労働時間制により法定労働時間を超えて労働させることができるのは1日10時間までであり，10時間を超える場合には，時間外労働として労基法36条による協定の締結等を要する。その時間外労働の時間は，①8時間を超える所定労働時間が通知されている日については通知された時間を超える時間，②8時間以下の所定労働時間が通知されている日については8時間を超える時間，③変形労働時間制を実施する週の労働時間が法定労働時間を超える場合は①・②を除き40時間を超える時間となる。変形労働時間制の下での勤務を労働者に義務づけるために就業規則等の定めを要することは，1年単位の変形労働時間制の場合と同様である。

(4) **変形労働時間制の適用制限等**

　以上の3種類の変形労働時間制に関する労基法の規定は，18歳未満の年少者には適用されない（労基60条1項）。ただし，1週間の労働時間が法定労働時間を超えないかぎり，1日につき4時間以内に短縮する場合には他の日の労働時間を10時間まで延長でき（同条3項1号），また，1週48時間・1日8時間を超えない範囲内で，就業規則等による1か月以内の変形労働時間制を行うことができる（同条3項2号）。

　使用者は，変形労働時間制を実施している場合でも，妊産婦からの請求があれば1週・1日につき法定労働時間を超えて労働させることはできない（労基66条1項）。これは，実施されている変形労働時間制のうちの1週・1日の法定労働時間を超える所定労働時間の部分について，妊産婦の請求にもとづき労働義務を免除しなければならないという意味である。

　変形労働時間制の実施に際して，使用者は育児を行う者，老人等の介護を行う者，職業訓練または教育を受ける者等，特別の配慮を要する者が育児等に必要な時間を確保できるような配慮をしなければならない（労基則12条の6）。

3 フレックスタイム制

(1) **意義・要件**

　フレックスタイム制とは，一定期間の総労働時間を決めた上で労働者が各日

の始業・終業の時刻を選択して勤務し，原則として，その一定期間（清算期間）内に所定の総労働時間数をみたすようにする制度である。通常は，全労働者が必ず勤務すべき時間帯（コアタイム）と各労働者が勤務する時間を自由に決定できる時間帯（フレキシブルタイム）とが設けられる[35]。1970年代から一部の企業にフレックスタイム制は存在していたが，1987（昭62）年の労基法改正によって法制度化された。立法趣旨は，労働者が生活と勤務の都合を調和させながら効率的に働くことを可能にして，労働時間の短縮を促進するということであった。

使用者はまず，フレックスタイム制を適用しようとする労働者について始業および終業の時刻をその決定に委ねる旨を就業規則等に定めなければならない（労基32条の3柱書）。次に，一定の事項を定めた労使協定を締結する必要がある。その事項とは，①適用労働者の範囲，②1か月以内の清算期間，③清算期間における総労働時間，④標準となる1日の労働時間の長さ，⑤コアタイムを定める場合は，その時間帯の開始・終了時刻，⑥フレキシブルタイムに制限を設ける場合は，その時間帯の開始・終了時刻（労基32条の3第1号～4号，労基則12条の3）である。②については起算日を定めなければならない（労基則12条の2第1項）。③の「総労働時間」とは当該清算期間中の所定労働時間の総和で，その1週当たりの平均は週の法定労働時間を超えてはならない。④の「標準労働時間」は年休日の賃金算定の基準となり，年休が取られた際はその時間だけ労働がなされたものとして扱われる（昭63. 1. 1基発1号）。

なお，2018（平30）年の「働き方改革法」による改正労基法は（施行は2019［平31］年4月），清算期間は3か月以内とし（改正後労基32条の3第1項2号），それが1か月を超えるものである場合は，清算期間内の1か月ごとに，1週平均50時間を超えない範囲で，法定労働時間を超えて労働させることができるものとしている（同条2項）。

フレックスタイム制を採用しながらも，労使協定と就業規則に業務上の必要がある場合にはコアタイム以外にも就労させることがある等と定めて，フレキ

---

35) フレキシブルタイムが極端に短いとか，コアタイムの長さが標準となる1日の労働時間とほぼ一致しているものは，フレックスタイム制の趣旨に反するとされている（昭63. 1. 1基発1号）。なお，コアタイムがないフレックスタイム制の下で労働者の選択により全く出勤しない日（フレックスデー）もある制度にすることは可能であるが，その旨の定めがされていなければ，コアタイムが設けられていなくても出勤義務自体は存在することになろう。

シブルタイム中の会議出席・研修参加等を命じたり，あるいはフレキシブルタイムにも業務を行う必要があるような出張をさせることは可能か。また，フレックスタイム制下の労働者に対して早出・残業（フレキシブルタイムをも含む「労働時間帯」以外の時間における勤務）を命ずることはできるのか。これらの業務命令がすべて拘束力を持たないことになると，企業がフレックスタイム制の採用に消極的となる恐れがあるのは確かである。しかし，フレックスタイム制の核心は始業・終業の時刻を労働者に決定させること，つまり労働時間の配分を労働者が自己の生活上の便宜と業務上の都合を考慮してなす判断に委ねようとするところにある以上，フレキシブルタイム中の会議出席・研修参加，出張，早出・残業等は労働者の個別的な同意にもとづいてのみ可能と考えるほかないであろう。

　フレックスタイム制に関しても，労使協定はそれを労基法上適法とする効果（免罰的効果）を持つのみで，労働者にフレックスタイム制下での勤務を義務づけるには就業規則等への記載を要すると解すべきである。

(2) 労働時間の「清算」

　ある清算期間における実際の労働時間が清算期間中の「総労働時間」を超過するか不足する場合に，その過不足分を次期の清算期間に繰り越して処理することは可能か。すなわち，フレックスタイム制に関して労働時間の「貸借制」を設けることは許されるか。この点に関して行政解釈は次のようにいう。①超過の場合の「貸し」時間を次期に繰り越すことは労働の対価の一部が当該期間の賃金支払日に支払われないこととなるので，賃金全額払いの原則（労基24条1項）に違反する。②不足の場合の「借り」時間を次期の総労働時間に上積みして労働させることは，法定労働時間の総枠の範囲内であるかぎり賃金全額払いの原則に違反しない（昭63．1．1基発1号）。

　しかし，賃金全額払いの原則は賃金の一部の支払留保および相殺を原則として禁止するものにすぎず（→283頁），賃金の額が労働時間の長さに対応して決められるべきことを命ずるものではない。それゆえ，フレックスタイム制の下で実際の労働時間が清算期間内の所定総労働時間を超過したか不足したかを問題とせずに一定期間につき定額の賃金を支払い，労働時間の過不足については当該の清算期間と次期の清算期間の労働時間を「清算」して処理することには

法的な問題はない。ただし，超過時間の全部または一部が当該清算期間の法定労働時間の総枠をはみだす場合には時間外労働として割増賃金の支払請求権が発生し（労基37条1項），それが当該の期間の賃金支給日に支払われなければ全額払原則に違反するので，その「貸し」を次期に繰り越して清算することは許されないことになる。また，不足時間の清算のために次期に法定労働時間を超える労働が行われた場合には使用者は割増賃金を支払わなければならない。

(3) **時間外労働の取扱い等**

使用者は，フレックスタイム制をとる労働者については，清算期間中の週労働時間の平均が法定労働時間を超えない範囲内で1週または1日の法定労働時間を超えて「労働させる」ことができる（労基32条の3柱書）。すなわち，各労働者の選択により法定労働時間を超えることになっても時間外労働として扱う必要がない。

そこで，フレックスタイム制の下で時間外労働となるのは清算期間の労働時間の総計が法定労働時間の総枠を超える場合であり，その際には労使協定の締結と割増賃金の支払いを要することになる。それから，前記の早出・残業，つまり「労働時間帯」以外の時間における勤務が労働者の同意を得て行われた場合については，その時間が清算期間の総労働時間に算入されることを否定する理由はない。したがって，それを含めた当該清算期間中の労働時間の総計が法定労働時間の総枠を超えないかぎり，使用者は割増賃金の支払義務を負わない。フレックスタイム制がとられていても，使用者は1週に1日の休日を与える義務を負う（労基35条1項）。その日に勤務させるには，休日労働の手続と割増賃金の支払いを必要とする。

第3節　時間外・休日労働

I　時間外・休日労働への法規制

　ここでいう「時間外・休日労働」とは，労基法 32 条が定める法定労働時間を超える労働もしくは同法 35 条が定める法定休日における労働であり，「超過労働」と称されることもある。所定労働時間外・法定労働時間内の労働あるいは法定外休日の労働は，これには属しない。後者は一般に「法内超勤」とよばれるが，労基法による規制（労使協定の締結・届出と割増賃金の支払いなど）を受けるものではない。もっとも，多くの企業では，両者をともに割増賃金の支払対象とするなど，区別しないで扱っているようである。

　労基法上，時間外・休日労働が許されるのは 33 条 1 項・3 項，36 条 1 項のそれぞれによる場合であり，使用者は 37 条にもとづき割増賃金の支払義務を負う。このうち 36 条 1 項による時間外・休日労働，とりわけ終業時刻後の時間外労働である残業は多くの企業において常態に近いといえるほどに行われている。これは「ワーク・ライフ・バランス」あるいは「働き方改革」の見地からみて放置できない事態であり，法内超勤を含めた時間外・休日労働の削減が

---

1)　とりわけ「サービス残業」が広く大量に行われていることは問題である。「サービス残業」とは，広義には「賃金不払残業」，すなわち所定労働時間外の勤務に対して割増賃金が支払われていないことであるが，そのうちの法定労働時間を超える時間の部分について労基法違反になることはいうまでもない。しかし，今日において問題であるのは狭義の「サービス残業」，すなわち自己申告制がとられている労働者が実際に行われた時間よりも少なく所定労働時間外の勤務を申告するために割増賃金が支払われないことであろう。そこで，2001（平 13）年に「労働時間の適正な把握のために使用者が講ずべき措置に関する基準について」（平 13.4.6 基発 339 号），2003（平 15）年には「賃金不払残業の解消を図るために講ずべき措置等に関する指針」（平 15.5.23 基発 0523004 号）が出されて，労基署による厳しい指導・監督が行われている。これらの通達・指針では，始業・終業時刻の確認・記録は使用者自らの現認またはタイムカードや IC カード等の客観的な記録によることを原則とし，自己申告制はやむを得ない場合に限って認められるものとされている。そして，自己申告制による場合は導入前に十分な説明を行い，自己申告制によって把握されたものが実際の労働時間と合致しているか否かの実態調査を必要に応じて行うべきことなどがいわれている。

　「賃金不払残業」が厳しく取り締まられるべきことに疑問の余地はない。しかし，実際には「自発的サービス残業」，すなわち労働者が自らの判断によって残業時間を申告しないために生じる所定労働時間外の労働が相当に多く存在することは否定できない。そのような「自発的サービス残業」について，これは「賃金不払残業」であり「不払労働」であるゆえに許されないとして

不可欠であることを認識させるものである。そこで，労働時間法制の改革論議において，時間外労働の時間数に上限を設けることや賃金の割増率の引上げ等が問題とされてきたのである。

■長時間残業の放置による安全配慮義務違反
　長時間の時間外労働が常態化している場合には，そのために労働者が疾病に罹患した等のことがなくても，安全配慮義務違反があったとして使用者が損害賠償責任を負うべきことになり得る。近年の裁判例に，1年余にわたり三六協定も締結せず毎月80時間以上の時間外労働をさせた使用者には安全配慮義務違反の債務不履行責任がある，としたものがあった（無洲事件＝東京地判平28. 5. 30労判1149号72頁）。なお，この事件では，労働者が長時間労働によって心身の不調をきたした事実はないことでもあり，未払割増賃金と同額の付加金の支払いに加えて，安全配慮義務違反の損害賠償を使用者に命じるべきではなかったと筆者は考える。それから，給特法（「公立の義務教育諸学校等の教育職員の給与等に関する特別措置法」）の定めにより，三六協定も割増賃金も不要で給与の4％に相当する教職調整額を支給される公立義務教育学校の教育職員が，違法な時間外勤務を命じられたとして国家賠償法1条1項にもとづく損害賠償等を請求した事件において，学校設置者には教育職員が勤務により健康を害することがないように配慮すべき義務があるが，この配慮を欠くと評価されざるを得ない常態化した時間外勤務により，教育職員が強度のストレスによる精神的苦痛を被ったとして，慰謝料請求を認容した裁判例がある（京都市［教員・勤務管理義務違反］事件＝大阪高判平21. 10. 1労判993号25頁）。ただし，同事件の上告審（最3小判平23. 7. 12判時2130号139頁）では，教育職員は時間外に強制によらずに職務関連事務等に従事していたのであり，外部から認識し得る具体的な健康被害またはその徴候は生じていないとして，心身の健康を損なうことがないように注意すべき義務に違反した過失があるとはいえない，とされている。

■時間外労働の量的上限規制
　これまでの労基法では，使用者が労働者に法定労働時間外の労働をさせるには三六協定の締結・届出と割増賃金の支払いをしなければならないが，その時間数についての一般的制約はなかった（→362頁）。三六協定には「延長限度の基準」を記載する必要があり，その「限度」に関する「目安」が行政指導の基準として示されているが（→362頁），同基準に反する延長限度を定めた三六協定を無効と解することはできない。また，限度基準を超える労働時間延長を可能にする「特別条項」なるものもあった。「日本では長時間労働が直接禁止されない法構造」（桑村裕美子「労働時間の法政策的検討──2015年労働基準法改正案を中心として」労研679号［2017年］15頁）なのであった。割増賃金の支払いが長時間労働へのインセンティヴをともなっていること（大内伸哉『労働時間制度改革』［2015年］

厳しく取り締まるほかないと考えることも適切ではないであろう。これもまた，「自律的な労働時間制度」等と称される新たな労働時間の特別規制の創設が必要であること（→345頁以下）を知らしめるものといえよう。

190頁）を否定できないであろう。時間外労働の量的上限を明確に規制する立法をすべきことは明らかであったが，2018（平30）年の「働き方改革法」による労基法改正で，それがようやくにして実現した。概ね以下のような内容である（施行は2019［平31］年4月）。(1)三六協定には，「労働時間を延長して労働させることができる時間又は労働させることができる休日の日数」（改正後労基36条2項4号）等の事項を定めなければならない（同項1号～5号）。省令で定める事項（同項5号）としては，限度時間を超えた時間の賃金割増率などが予定されている（「働き方改革を推進するための関係法律の整備に関する法律による改正後の労働基準法の施行について」［平30．9．7基発0907第1号］第2）。(2)延長時間は事業場の業務量，時間外労働の動向等の事情を考慮して通常予見される時間外労働の範囲内で限度時間を超えない時間に限る（改正後労基36条2項3号）。(3)時間外労働の限度時間は1か月につき45時間，1年につき360時間とする（同条4項）。(4)時間外休日労働協定に，通常予見できない業務量の大幅な増加等に伴い臨時的に限度時間を超えて労働させる必要がある場合に，1か月につき労働時間を延長し，また休日に労働させることを定めることができるが，その時間は1か月に100時間未満の範囲内に限られる。また，1年について720時間を超えない延長時間を定めることができるが，その範囲で1か月につき45時間を超えることのできる月数を定めなければならず，その月数は1年につき6か月以内に限られる（同条5項）。(5)以上の定めは，新たな技術，商品または役務の研究開発に係る業務には適用されない（同条11項）。工作物の建設の事業，自動車の運転の業務，医業に従事する医師については，一定期間適用が猶予される（改正後労基附則139条1項・140条1項・141条1項）。

II 非常事由による時間外・休日労働

使用者は，「災害その他避けることのできない事由によって，臨時の必要がある場合」には，「その必要な限度」内の時間外・休日労働を行政官庁（労基署）の許可を得て労働者に行わせることができる（労基33条1項本文）。事後の遅滞のない届出で足りる場合もあり（同項但書），事情によっては行政官庁が後に休憩または休日を付与するように命ずることもできる（同条2項）。このように，この時間外・休日労働はきわめて限定的な事由にもとづいて可能となるものであるが，労基法33条3項による公務員の時間外・休日労働は「公務のために臨時の必要」があれば許可なしで行わせることができる。なお，非現業の国家公務員には労基法が適用されない（国公附則16条）ので，この規定にもとづく時間外・休日労働を行うのは実際にはほとんど非現業地方公務員である。

労基法33条1項の要件がみたされる場合は，法定時間を超える労働や法定休日の労働が行われても使用者は労基法違反に問われないことになるが（免罰

的効果），労働者が時間外・休日労働を行う義務を負うという効果はそこからは発生しない。しかし，労基法33条1項の要件をみたすような場合における時間外・休日労働の命令は一般に，労働契約にもとづく指揮命令権の範囲内にあるものとして拘束力を持つといえよう。

Ⅲ　労使協定による時間外・休日労働

これは，労働者代表との書面による協定（「三六協定」とよばれる）の締結および協定の労基署への届出によって可能となる時間外・休日労働である（労基36条1項）。労基法33条1項によるものとは違って，時間外・休日労働の事由について限定がない。なお，年少者については労基法36条による時間外・休日労働は禁止されている（労基60条1項）。

1　時間外・休日労働協定（三六協定）

(1)　三六協定の締結・届出

三六協定は各事業場単位で締結されなければならない。実際には複数の事業場を有する企業において同一内容となることも少なくないが，締結・届出そのものは事業場ごとに行う必要がある。労働者側の締結当事者は「労働者の過半数で組織する労働組合」もしくは「労働者の過半数を代表する者」であるが，この場合の「労働者」は事業場の全労働者であり，管理監督者（労基41条2号），監視・断続業務従事者（同条3号），年少者（労基60条）等の，法適用上の例外が認められている者をも含むと解されている（昭46. 1. 18基収6206号等）。

■事業場の労使協定
　三六協定は「事業場の労使協定」（菅野164頁）の1つである。事業場の労使協定は，使用者が労働者の過半数が加入する労働組合またはそのような組合が存しない場合に労働者の過半数を代表する者との間で事業場ごとに書面によって締結する協定で，労基法等の規定によって一定の法的効果（とくに法規制免除の効果）が与えられるものである。労基法制定当時は三六協定が唯一のものであったが，その後の法改正によって多数のものが加わっている（18条2項・24条1項・32条の2・38条の2第2項・39条6項等）。また，過半数組合もしくは過半数代表者の意見聴取等を使用者に義務づける規定もある（労基90条）。さらに，事業場の労使協定は就業規則等と同じように労働者に周知させるべきことになっている（労基106条1項）。三六協定は大多数の企業において締結されており，最もポピュ

ラーな「事業場の労使協定」である。なお，企画業務型裁量労働制の実施のために設置が必要とされる労使委員会（→334頁以下）もしくは労働時間等設定改善法により設置が求められる労働時間等設定改善委員会が委員の5分の4以上の多数によって決議した場合は，その決議が三六協定の締結に代替し得ることになっている（労基38条の4第5項，労働時間等設定改善法7条1項）。なお，事業場の労使協定の法的効力については後述する（→363頁）。

　「労働者の過半数で組織する労働組合」は，当該事業場の労働者のみによって組織されているものである必要はない。事業場内に複数の労働組合がある場合は過半数労働者を組織する組合と協定を結べばよく，それが他組合に属する労働者にも効力を及ぼす。

　過半数組合が存在しない事業場において協定当事者となる「労働者の過半数を代表する者」に関しては，その選出のあり方が問題になる。労基法には規定がないが，1998（平10）年の労基法改正の際に省令によって次のように定められた。すなわち，代表者は管理監督者ではなく，選出理由を明らかにして実施される投票・挙手等でもって選出されたものであることを要し，使用者は代表者であることを理由とする不利益取扱いをしないようにしなければならない（労基則6条の2）。裁判例には，親睦団体の役員が労働者側の当事者となって締結された三六協定を「労働者の自主的団体とは認めがた」い者を代表者とするものゆえ効力を持ち得ないとして，残業拒否を理由とする懲戒解雇を無効としたものがあり（トーコロ事件＝東京高判平9.11.17労判729号44頁），この判断は上告審で是認されている（最2小判平13.6.22労判808号11頁）。

　三六協定には，時間外・休日労働を必要とする具体的事由，業務の種類，予定労働者数，一定期間につき延長できる時間の限度および休日数を記載しなければならず（労基則16条1項），労働協約として締結されるものを除き協定の有

---

2) 2018（平30）年労基法改正後は，三六協定の必要記載事項は36条に定められる（改正後労基36条2項）。

3) 労働協約により三六協定が締結されている場合に有効期間の定めを要しない（労基則16条2項）のは，労働協約の期間については労組法のルール（労組15条）があるからである。三六協定等の労使協定と労働協約とは，締結目的，取り決められる内容，労働者側の当事者資格，効力の範囲・性質等において明確に相違している。しかし，労働協約の方式（労組14条参照）で締結されたものが同時に三六協定等の要件をみたしている場合には，両者の効力を兼ね備えるものとして扱っても別段の不都合はないであろう。

効期間を定めることになっている(同条2項)。有効期間の長さについての制限はないが,実際には三六協定の有効期間は1年であることが多いようである。

三六協定は労基監督署長への届出を要する。届出は,協定自体ではなく様式9号をもって行われることになっている(労基則17条1項)。三六協定以外の多くの労使協定も届出が義務づけられているが,それらの場合には届出は実施要件ではない(労基32条の2第2項・32条の4第4項・38条の2第3項・38条の3第2項)。たとえば労使協定の届出なしに1年単位の変形労働時間制を実施しても,届出義務の違反にとどまり労基法32条違反にはならない。これに対し,三六協定の届出は時間外・休日労働の実施要件とされているので,届出をすることなく労働者に時間外・休日労働をさせた使用者は36条違反の責任を負うべきことになる。同様のことは企画業務型裁量労働制を実施するための労使委員会決議についても定められている(→334頁)。

(2) 「延長時間の限度」についての基準等

前記のように,2018(平30)年改正前の労基法には,有害業務に関するもの以外は時間外労働の時間数と休日労働の日数を制限する定めは設けられていなかった。しかし,三六協定には「一定の期間についての延長することができる時間又は労働させることができる休日」(労基則16条1項)を記載して届け出るべきものとされている。この延長時間の限度等の記載は1982(昭57)年の省令改正によって使用者に義務づけられたものであるが,同時に出された告示によって「指導基準」として一定期間の延長時間の限度に関する「目安」が示され,それを用いて時間外労働の抑制を図るという行政指導が行われてきた。そして,1998(平10)年の労基法改正により,そのような方法による行政指導に法的根拠が与えられた(労基36条2項~4項[2018(平30)改正後は36条7項~10項])。改正法制定後に出された告示(平10.12.28労告154号)には,延長時間の限度に関する基準は1年間で360時間とすること等が定められていた。

② 労働者の時間外・休日労働義務

三六協定が締結され届出がされた場合には,使用者は労働者に時間外・休日労働をさせても労基法違反の責任を負わない。この効果は事業場の全労働者について生ずる。しかし,三六協定から直接生ずるのは,この「免罰的効果」だ

けであって，そこから労働者の時間外・休日労働義務が発生するわけではない。[4)]

■労使協定の効力

「事業場の労使協定」（→360頁以下）の効力については，以下のように考えればよいであろう。①まず，協定の締結または締結・届出によって，労基法違反の刑事責任（貯蓄金契約を締結する，賃金の一部を控除して支払う，1日または1週の法定労働時間を超える労働もしくは法定休日の労働をさせる，事業の正常な運営を妨げる事情がないにもかかわらず年次有給休暇を与えない，などの行為をしたことによる責任）が免除されること（免罰的効果）は当然である。②次に，協定内容をなす事項が労働契約上の権利義務に関係し労働者の義務違反の問題を発生させる可能性を持つものである場合は，労働者を拘束する効力が生ずるためには労働契約，就業規則または労働協約に規定が設けられていなくてはならない。③さらに，三六協定にもとづく時間外・休日労働に関しては，就業規則の規定は合理的限定解釈を受けて適用されるという考え方をすべきである。以上により，変形労働時間・フレックスタイム制の協定，事業場外・裁量労働の「みなし」制協定については上記②のように解し（→335頁，352頁），時間外・休日労働に関しては③のように考えるべきであるが，他の協定については①の効果を認めれば足りることになる。

　そこで，労働者が労働契約にもとづく義務の履行として時間外・休日労働の命令に拘束され，その拒否が解雇・懲戒処分等の対象となるのはいかなる場合かが問題となる。かつての裁判例には，時間外・休日労働を義務づける就業規則等の定めは労基法32条に違反するゆえに無効であり，使用者は三六協定を締結した上で，そのつど個々の労働者に時間外・休日労働の申込みを行って承諾を得たときにのみ時間外・休日労働をさせることができるとするものがあった（明治乳業事件＝東京地判昭44．5．31労民集20巻3号477頁等）。

　このような「個別的合意説」は今日の裁判例には見られない。一般的には，労働契約，就業規則または労働協約に「業務の必要があるときは時間外・休日労働を命ずることがある」旨の規定があり，かつ三六協定が締結されていれば，三六協定の定める限度で労働者に時間外・休日労働義務が発生するという立場（「包括的同意説」）がとられている。日立製作所武蔵工場事件＝最1小判平3．11．28民集45巻8号1270頁は，就業規則の法的性質に関する判例理論（→

4）　すなわち，三六協定が労働協約として結ばれても非組合員には規範的効力（労組16条）は及ばないし，過半数代表者と締結された三六協定は，過半数代表者に代理権が授与されている等の事情がないかぎり，個々の労働者に何らかの義務を発生させるものではないからである（荒木164頁）。

398頁以下）を援用しながら，以下のようにいう。「使用者が当該事業場に適用される就業規則に当該三六協定の範囲内で一定の業務上の事由があれば労働契約に定める労働時間を延長して労働者を労働させることができる旨定めているときは，当該就業規則の規定の内容が合理的なものである限り，それが具体的労働契約の内容をなすから，右就業規則の規定の適用を受ける労働者は，その定めるところに従い，労働契約に定める労働時間を超えて労働をする義務を負う」。

　かなりの企業において残業等について自己申告制がとられていること，労働時間に関する社会意識の変化等の事情を考慮するならば，時間外・休日労働について個々の労働者の意思を重視する考え方をとるほうがいわば法政策的には望ましいであろう。しかし，残業の削減が不況時の対応として一般的に行われ雇用調整策として相当な機能を発揮し，また少なからぬ労働者が自発的に残業等を行っていること等を思うと，労働者の拒否の自由を強調する考え方には現実性に乏しいという批判が向けられざるを得ないであろう。

　次のように解するのが最もよいとも思われる。労働者は一般に法定労働時間内の労働を予定して生活設計を立てているのであるから，就業規則等に時間外・休日労働義務条項が設けられていても，労働者に時間外・休日労働を義務づけるには不十分である。それゆえ，使用者は個々の労働者と「そのつど」である必要はないが時間外・休日労働をなすべき日時・業務・場所，残業の場合の延長時間の限度を明示した契約を結んでおいた場合にのみ，労働者に残業等を命ずることができる（「個別的事前合意説」）。しかし，このような個別的な契約を労使が締結することは実際にはほとんどあり得ない。とすれば，「包括的同意説」の考え方に立ちながらも，時間外・休日労働を命じる業務上の必要性が実質的に認められなければ命令は有効要件を欠き，また時間外・休日労働を行わないやむを得ない事情が労働者にあるときには命令は権利濫用となるが，とくに休日労働命令については業務上の必要性は厳格に判断すべきであるという見解（菅野492頁）が最も妥当ということになろうか。結局，就業規則等に時間外・休日労働条項が設けられている場合，残業や休日勤務等の拒否を理由とする解雇あるいは懲戒処分の効力の有無は，使用者側の残業等をさせる必要性と労働者側の残業等をしない事由の相当性の考量によって決せられるほかないと思われる。

■時間外・休日労働条項の効力

　前掲日立製作所武蔵工場事件＝最 1 小判平 3. 11. 28 は，就業規則の時間外労働条項が合理的なものであれば労働者に時間外労働の義務が発生するというが，その「合理性」の判断基準は明らかにされていない。当該のケースについての判断からすると，包括的な規定では駄目で時間外労働をさせる事由を具体的に定めている必要があると考えられているように見える。しかし，時間外労働というのは「そのときどきの様々な業務上の必要性に基づき機動的に行われる」（注釈労働時間 458 頁）ものゆえ，就業規則等に時間外労働を行わせる事由を具体的に記載せよと求めても実際には無理であろう。結局，業務上の必要性が現実に存在しなければ命令は拘束力を有しないし，労働者側に命令に従わない相当な理由があれば懲戒処分等はできないという意味において，就業規則等の包括的な時間外・休日労働条項は「合理性」を認められる範囲内で効力を持つ，と解するのがよいと筆者は考える。

　なお，「法内超勤」（→357 頁）をする義務の有無が争われることも，実際には少なからずあると思われる。裁判例には，就業規則等の規定があってもやむを得ない事由があれば労働者は法内超勤を拒否できる，という考え方を示したもの（東洋鋼鈑事件＝広島高判昭 48. 9. 25 労判 186 号 21 頁等）などがある。[5]

[3] 時間外・休日・深夜労働に対する割増賃金

(1) 割増賃金の支払義務

　時間外・休日労働または深夜労働（午後 10 時から午前 5 時までの労働）が行われた場合[6]は，使用者は「通常の労働時間又は労働日の賃金」（以下，「通常の賃金」）の，時間外労働と深夜労働の場合は「2 割 5 分以上」，休日労働の場合は「3 割 5 分以上」の率で計算した額の割増賃金を支払わなければならない[7]（労基

---

[5]　法内超勤の義務については，法定時間外・休日労働の義務のように個々の労働者との事前の合意を要するとか，就業規則等の規定は厳しい限定解釈を受けるべきであると解し得ないことは明らかである。結局，労働者は就業規則等の超勤規定にもとづく命令に原則としては応じなければならないが，相当な事由による拒否に対する不利益処分は権利濫用になることが多く，とくに超勤を命ずる使用者側の必要性が大きくないときは然りである，というように考えるほかないであろう。

[6]　労基法 37 条 1 項は同法 33 条・36 条 1 項によって時間外・休日労働をさせたときに割増賃金を支払うべきものとするが，これらの規定によらない不適法な時間外・休日労働をさせた場合にも使用者は割増賃金を支払わなければならない（小島撚糸事件＝最 1 小判昭 35. 7. 14 刑集 14 巻 9 号 1139 頁）。これは当然のことといえよう。労働者が任意に行ったように見える時間外・休日労働でも，黙示の業務命令によるものと解されて使用者が割増賃金の支払義務を負うこともある（千里山生活協同組合事件＝大阪地判平 11. 5. 31 労判 722 号 60 頁等）。

37条1項～4項,「労働基準法第37条第1項の時間外及び休日の割増賃金に係る率の最低限度を定める政令」)。そして，1か月60時間を超える時間外労働に対する割増賃金は「5割以上」の率で計算したものでなければならない(労基37条1項但書)。この「5割以上」の率による割増賃金の支払いは，中小企業については適用が猶予されている(労基附則138条[8])。それから，使用者は過半数代表と労使協定を締結して，1か月60時間を超える時間外労働に対する割増賃金に代えて，通常の賃金が支払われる休暇を労働者に付与することができる(労基37条3項[9])。

時間外労働が深夜に行われた場合の割増率は「5割以上」で，それが1か月60時間を超える時間外労働である場合は「7割5分以上」で(労基則20条1項)，休日労働が深夜に行われた場合は「6割以上」となる(同条2項)。これに対し，休日労働が1日8時間を超えても「3割5分」でよいとされている(平6. 5. 31基発181号等)。なお，法定休日の労働がなされた場合，その時間が週の労働時間にカウントされて時間外労働への割増賃金をも支払うべきことにはならないが，法定外休日(週1回以外の休日)に労働がなされた場合は，その時間は週40時間を超える時間外労働あるいは1か月60時間を超える時間外労働にカウントされることになる(平21. 5. 29基発0529001号)。

(2) **割増賃金の意味**

割増賃金とは，「通常の賃金」の25%あるいは35%以上をいうのか，それとも125%あるいは135%以上をいうのか。出来高払賃金が支払われている場合は時間当たり賃金の部分は賃金総額に含まれており，深夜労働については賃

---

7) 法内超勤(→357頁)について割増賃金を支払う義務が当然にあるわけでないことはいうまでもない。もっとも，法定時間外・休日労働に対するのと同じ割増賃金を支払っている企業は多いし，その旨の合意があったと認められて使用者が割増賃金の支払義務を負うことになる場合は少なくないであろう。前掲注6)千里山生活協同組合事件＝大阪地判平11. 5. 31では，給与規程に時間外労働につき割増賃金を支給すると定められていたところ，法内超勤にも割増賃金を支払う旨の合意があったとされている。

8) 2018(平30)年の「働き方改革法」による労基法改正で，この猶予措置は廃止されることになった。ただし，施行は2023年4月である。

9) この割増率引上げ分に相当する有給休暇代替付与の制度は，「長時間労働問題を解決する新たな施策の第一歩として評価できる」ものであり，今後，「より一般的に利用可能な制度へと発展させるべき」もの(荒木171頁)であろう。

金の100％部分はいわば支払済みであるから，これらの場合の割増賃金は25％あるいは35％以上でよいが，時間外・休日労働に対する割増賃金は125％あるいは135％以上である必要がある，と一般に解されている[10]（労基局上518頁，荒木166頁等参照）。これに対し，時間外・休日労働については125％あるいは135％以上が支払われるべきであるが，そのうちの100％分は賃金債権として労基法24条により支払いを強制されるのであって，同法37条が強行的に定めているのは25％あるいは35％以上のみであり，それゆえ付加金の額も25％あるいは35％以上になるとする見解がある（注釈労働時間491頁，注釈労基下632頁〔橋本陽子〕）。[11]

　現行法の解釈論として，前者の「125％説」よりも後者の「25％説」のほうが優れていると思われる。労基法37条の文言からも「25％説」がベターといえよう。[12]そして，法定時間外（または法定休日）に行われる労働が法定労働時間内（または労働日）に行われる労働と同一の（別種でない）ものである場合は，「125％説」であっても「25％説」であっても，使用者には「通常の賃金」の125％以上（または135％以上）の「割増賃金」を支払う義務があることになる。法定時間外（または法定休日））であるゆえに法定時間内（または労働日）よりも低額の賃金を支払うという約定は，合理性を著しく欠くものゆえ公序に反し無効というべきだからである。これに対し，法定時間外（または法定休日）に法定時間内（または労働日）におけるのと同一でない（別種である）労働をする場合，つまり「業務に付随する活動」の時間や仮眠時間等の「不活動時間」等である場合は，それが労基法上の「労働時間」に当たるものであっても，法定時間内

---

10) 　行政解釈は「割増賃金という文字は10割の賃金を含むもの」であるという（労基局上518頁）。この「125％説」が労基法制定以来の通説なのであろう。そこで，裁判所が命じ得る付加金（労基114条）の額も125％または135％ということになる。裁判例には次のようにいうものがある。労基法37条は，通常の賃金と割増部分を合わせた割増賃金の支払いを義務づけているから，付加金の基準となる「未払金」とは割増部分のみを指すのではない（セントラル・パーク事件＝岡山地判平19. 3. 27労判941号23頁）。

11) 　これが「125％説」に対する「25％説」である。なお，25％説といっても，時間外労働に対する賃金として25％部分のみを支払えばよいという意味ではない（梶川敦子「割増賃金の算定方法に関する一考察——仮眠時間のケースを例にとって」季労221号［2008年］233頁注21）。

12) 　梶川・前掲注11)234頁は，労基法37条が「2割5分以上……」の割増賃金の支払いを命じるのみであり，一般の時間外労働と25％部分の支払いでよい出来高払制などを区別せずに規定しているところから，法文の解釈として忠実なのはむしろ25％説であるという。

(または労働日）よりも低額の賃金を支払うという約定には合理性があって有効といえる（→327頁）。それゆえ，そのような場合に支払われるべき「割増賃金」については，「通常の労働時間又は労働日の賃金」の25％または35％以上と解するのが妥当であろう。

(3) 割増賃金の算定

割増賃金の算定基礎になる「通常の賃金」とは，当該の労働を通常の（法定時間内で，深夜でない）労働時間に行った場合に支払われる賃金である。月給制で賃金が支払われている場合の「通常の賃金」は，月による賃金額を「月における所定労働時間」で除して算出される（労基則19条1項4号）。

■歩合給と割増賃金

賃金が歩合給などの「出来高払い制その他の請負制」（→273頁以下）で支払われている場合は，「通常の賃金」は賃金算定期間において計算された賃金総額を総労働時間で除して算出される（労基則19条1項6号）。国際自動車事件＝最3小判平29. 2. 28労判1152号5頁は，固定給と歩合給が併用されるタクシー乗務員の賃金において，時間外・深夜労働の割増賃金は法定の方法で支払うが，歩合給は割増賃金の額を控除したものを支払うという旨の就業規則の定めは適法・有効かが争われた事例であった。原審（東京高判平27. 7. 16労判1132号82頁）は，歩合給の算定に当たり割増賃金額を控除すれば時間外労働等をした場合もしなかった場合も支給額が同一になるので，労基法37条の規制を潜脱するものゆえ公序に反し無効であるとした。最高裁判決は，労基法37条等が定める割増賃金を使用者が支払ったか否かは，通常の労働時間の賃金に当たる部分と割増賃金に当たる部分とが判別できるか，その判別ができる場合には割増賃金額が法所定の方法で算出した額を下回らないかを検討して判断すべきであり，そのような審理判断を原審はしていないとして破棄差戻しとしている。

この最高裁判旨がいうところは「割増賃金の定額払い」に関する判例・通説の考え方であり，それ自体は妥当なものである（→371頁以下）。しかし，同判決の事案は割増賃金の定額払いとしての適法性が問題となるものではなかった。当事件の会社の賃金規則には固定給と歩合給の双方について法所定の方式で残業手当等の額を算定して支払う旨が規定されているからである。問題とすべきなのは，歩合給の額を揚高（出来高額）の一定割合から時間外労働等の割増賃金の額を控除したものとすることが，割増賃金制度の趣旨に照らして違法・無効もしくは合理性を欠くゆえに労働契約の内容たり得ないのか，あるいは割増賃金額の算定基礎である「通常の労働時間又は労働日の賃金」（労基37条1項）について時間外労働等の割増賃金額を差し引いたものとすることが，労基法37条等が定める割増賃金額の算定方式と異なるもので違法なのか，ということであった。この点，最高裁判旨はやや意味不明もしくは曖昧である。

歩合給などの出来高制賃金は，その額が労働時間の長さでなく労働成果の量等によって決まるものであるから，時間外労働等への割増賃金という制度には親しまないところが多分にあり，割増賃金が支払われることが時間外労働に従事することへのインセンティヴになってしまうと考えられる。そこで，タクシー乗務員に支払われる歩合給の額を揚高の一定割合から割増賃金の額を控除したものとする約定は無効ではなく，そのような定めをする就業規則は合理的なものとして労働契約内容となり得る，と解してよいと思われる（前掲国際自動車事件の差戻審＝東京高判平30．2．15労判1173号34頁，国際自動車（第2）事件＝東京高判平30．1．18労判1177号75頁はほぼ同旨）。この2つの判決は，労働時間の長短により歩合給の額に差が生じることには合理性がある，組織率95％の労組と合意していることは合理性を裏付ける等として，歩合給の一部の額を時間外労働等への割増賃金額が控除されたものとする賃金規則の定めを適法・有効としているが，妥当な判断と評してよいであろう。[13]

　「通常の賃金」に当たらない賃金としては，①「臨時に支払われた賃金」と「1箇月を超える期間ごとに支払われる賃金」（労基則21条4号・5号）があるが，そのほかにも，②「通常の賃金」とはいえない性質のものゆえに除外されるべき賃金がある。さらに，③家族手当，通勤手当，別居手当，子女教育手当，住宅手当も「通常の賃金」から除外される（労基37条5項，労基則21条1号～3号）。この①によって，賞与は割増賃金の算定基礎に含まれないことになる。[14]
③の諸手当は労働の内容と無関係な個人的事情に左右されるものゆえに除外賃金となるのであるから，それに当たるかどうかは名称でなく実質に即して判断されなければならない。[15]

---

[13]　これらの事件における賃金規則では，歩合給の一部に関わる割増賃金の算定基礎は出来高の一定割合の額であって，歩合給から時間外労働等の割増賃金を控除したものではないから，労基法37条1項に抵触するところはない。ただ，この定めにより時間外労働等をしても歩合給の一部は額が全く増加しないことになるので，割増賃金制度を潜脱回避するものとして公序に反し違法・無効とすべきものとも考えられよう。しかし，この事例はタクシー乗務員のものであり，上記のように歩合給の一部を割増賃金の額を控除したものとすることに合理性があり，そのような歩合給額の算定をすることが労働者の大多数を組織する労組と長期にわたる多数回の協議・交渉を経て合意に達したものであることを考慮するならば，これを公序違反で無効と見るべきではなく，労働契約内容となり得る「合理的な」もの（労契7条・10条）と解してよいと思われる。

[14]　ただし，年俸制で毎月支払いの部分と賞与部分を合計してあらかじめ年俸額が確定している場合の賞与部分は，割増賃金の基礎に算定されない「賞与」には該当しない（平12．3．8基収78号）。裁判例にも同旨をいうものがある（ロア・アドバタイジング事件＝東京地判平24．7．27労判1059号26頁）。

[15]　DIPS（旧アクティリンク）事件＝東京地判平26．4．4労判1094号5頁では，「住宅手当」

上記の②の「性質」ゆえに「通常の賃金」から除外されるべき賃金としては、まず、通常は特別手当が支給される業務に従事する労働者が時間外・休日・深夜に特別手当のつかない業務を行った場合の、その特別手当が考えられる[16]。また、時間外・休日労働への対価として支払われる「超過勤務手当」といったものも、「割増賃金の定額払い」として適法であれば（→371頁以下）、その「性質」ゆえに除外賃金とされることになる[18]。

　ビル警備員の仮眠時間などの、労基法上の労働時間に当たる「不活動時間」（→322頁）が時間外・休日労働であった場合の割増賃金の額はどのように算定されるべきか。この問題は「労働時間の意義」のところで述べた（→326頁）ように、算定基礎である「通常の賃金」は「別途賃金」ではなく「所定賃金」とし、その125％でなく25％を割増賃金の額とするのが妥当と考えられる。

■「不活動時間」と割増賃金の算定
　　大星ビル管理事件＝最1小判平14. 2. 28民集56巻2号361頁は、当事件の労働契約では仮眠時間には「泊り勤務手当」以外の賃金を支給しないとされていたとし、その仮眠時間が法定労働時間外である場合の「通常の賃金」は、「当該法定時間外労働ないし深夜労働が、深夜ではない所定労働時間中に行われた場合に支払われるべき賃金」であるとしている。論旨は十分に明確でないが、不活動時間について「別途賃金」が取り決められていても、割増賃金の算定基礎はあくまで「所定賃金」であるという意味なのであろう（梶川・前掲注11) 232頁）。青梅市事件＝東京地八王子支判平16. 6. 28労判879号50頁も、宿日直手当を仮眠時間に対して支払われる賃金と解し、割増賃金の算定基礎となるものは

として支給されていたものが、従業員の住宅に要する費用に応じて支払われていたとは認められないので除外賃金に当たらないとされている。
16)　実例としては、集金業務以外で時間外労働をした場合における「集金手当」、1人乗務でなく時間外労働をした場合における「ワンマン手当」（福運倉庫事件＝福岡地判昭52. 5. 27労判278号21頁）など。
17)　前掲注15) DIPS（旧アクティリンク）事件＝東京地判平26. 4. 4は、「営業手当」につき、それを月30時間分の時間外労働に対する手当とする旨の合意の成立は認め難いとして、割増賃金の基礎賃金に算入されるべきものとする。
18)　両備運輸事件＝山口地宇部支判昭57. 5. 28労経速1123号19頁は、労使協定に定められていた「時間外手当」について、これを割増賃金の算定基礎に算入すれば二重に割増賃金を支払わせることになり妥当でないとする。深夜勤務に対して支払われる「特殊勤務手当」といったものも、「通常の賃金」に当たらないから除外賃金となろう。それから、労基法41条2号の「管理監督者」（→343頁以下）とは認められない労働者に支給される「職務手当」・「特励手当」といった名称の賃金が、超過勤務手当等の不支給についての代償という「性質」ゆえに、「通常の賃金」に含まれないとして割増賃金の算定基礎から除外されるべき場合もある（日本アイティーアイ事件＝東京地判平9. 7. 28労判724号30頁、東和システム事件＝東京高判平21. 12. 25労判998号5頁）。

「別途賃金」である宿日直手当ではなく，1時間当たりの平均賃金，つまり「所定賃金」であるという。そして，同判決は，その「所定賃金」の25％が割増賃金の額であるとしている。この「25％＋所定賃金説」（同233頁参照）が最もよいと筆者は考える。労基法上の労働時間である仮眠時間に対し一定額の宿泊手当が支給されるだけの場合は，仮眠時間については通常の賃金の請求権はないが，労基法37条に基づく深夜業手当や時間外労働の割増賃金として通常賃金の25％の額を請求できるとする見解（土田道夫＝豊川義明＝和田肇『ウォッチング労働法〔第3版〕』［2009年］107頁〔和田〕）は，同じ立場なのであろう。「25％＋別途賃金説」（梶川・前掲注11）234頁参照）は最も筋が通った考え方といえそうであるが，これでは使用者が支払義務を負う割増賃金の額が著しく低額になる可能性があり，時間外・休日労働あるいは深夜労働の可及的な抑止という割増賃金制度の目的に反する結果になる恐れがあるので，やはり妥当ではないと思われる。

(4) **割増賃金の定額払い**

労基法37条は，時間外・休日労働あるいは深夜労働が実際になされた時間もしくは日について，労基法所定の仕方によって算出された一定額の割増賃金を支払うことを使用者に命じている。しかし，法定の計算方法によらない割増賃金の支払い，すなわち「超過勤務手当」等として一定額を支給する，あるいは割増賃金は「基本給」に含まれるものとする，といったことが実際には広く行われている。このような割増賃金の支払いは適法であるのか。

今日の通説は次のようなものであろう。現実に支払われる金額が法定の方法によって計算された額以上であれば適法であるが，通常の労働時間の賃金に当たる部分と時間外・休日・深夜労働に対する割増賃金の部分が明確に区別されていることを要する。判例は，タクシー運転手の歩合給について，「通常の労働時間の賃金」の部分と「時間外および深夜の割増賃金」の部分との判別ができないから，その歩合給に割増賃金が含まれているとは解し得ないとし（高知県観光事件＝最2小判平6．6．13労判653号12頁）．また，月間総労働時間が180時間を超えたときは割増賃金を基本給とは別に支払う（そして月間総労働時間が140時間を下回らなければ欠勤控除をしない）とする労働契約の定めについて，基本給の一部が他の部分と区別されて時間外労働の割増賃金とされていたわけではないので，これは通常の月給制による賃金を定めたものであって，基本給の一部を時間外労働の割増賃金とする合意がなされたとは解し得ないとする（テックジャパン事件＝最1小判平24．3．8労判1060号5頁[20]）。そして，前掲国際自動車事件＝最3小判平29．2．28は，労基法37条は割増賃金の定めを同条等が

定める算定方法と同一にして，それにもとづいて割増賃金を支払うことを使用者に義務づけてはいないとし（日本ケミカル事件＝最1小判平30．7．19労判1186号5頁も同旨をいう），労働者に同条の定める割増賃金を支払ったか否かは，通常の労働時間の賃金部分と割増賃金の部分に判別できるか，割増賃金として支払われた金額は同条等が定める方法で算定した額を下回らないかを検討して判断すべきである，としている。

　なお，労働時間規定の適用除外者にも深夜業の割増賃金は支払われるべきものと判例は解しているが（→342頁），ことぶき事件＝最2小判平21．12．18労判1000号5頁は，所定賃金が就業規則等により深夜割増賃金を含める趣旨で定められていることが明らかな場合には，その限度では当該労働者に深夜割増賃金の支払いを受けることを認める必要はないという。これは，「割増賃金の定額払い」として適法なものであれば深夜割増賃金を基本給等に含めて支払ってもよい，という意味であろう。

　近年の裁判例を見ると，割増賃金の定額払いの適法性要件として，それが「実質的に時間外労働の対価としての性格を有していること」をいうものがある（イーライフ事件＝東京地判平25．2．28労判1074号47頁，泉レストラン事件＝東京地判平26．8．26労判1103号86頁）。これは，たとえば「営業手当」が残業や休日出勤をしない者にも支給されているときは，それを割増賃金の定額払いと解すると公平を欠くことになるから認めるべきではないという趣旨であろう。前掲日本ケミカル事件＝最1小判平30．7．19は次のようにいう。ある手当が時間外労働等への対価であるか否かは，契約書等の内容，使用者の労働者への説明，実際の労働時間等の勤務状況などの事情を考慮して判断すべきである。[21]

---

20) さらに，基本給のうちの割増賃金部分が明確に区分され，その額が労基法所定の計算方法による額を上回るときにのみ割増賃金が支払われたと認められるとする原審の判断を是認したもの（小里機材事件＝最1小判昭63．7．14労判523号6頁），固定給に割増賃金を含める実質的合意があったとは認められないとする原判決を維持したもの（徳島南海タクシー事件＝最3小決平11．12．14労判775号14頁），割増賃金を年俸に含める旨の合意があっても，通常労働時間の賃金部分と割増賃金部分とを区別できないのであれば割増賃金を支払ったとは認められないとするもの（医療法人社団康心会事件＝最2小判平29．7．7労判1168号49頁）がある。

21) 同事件の原審＝東京高判平29．2．1労判1186号11頁は，定額の支払いを法定の割増賃金の支払いとみなすことができるのは，定額を上回る額の割増賃金が発生した場合には労働者が直ちに請求できる仕組みが備わっていて，基本給と定額割増賃金の額のバランスが適切であり，その他労働者の福祉を損なう出来事の温床となる要因がない場合に限られるとして，当事件に

他方，判例・通説とは全く異なる考え方をする裁判例もある。すなわち，証券会社の「プロフェッショナル社員」について，時間外労働への対価は基本給に含まれているとし，労働時間の管理を受けず高額報酬を得ていることなどから，所定時間労働の対価と時間外労働の対価とが区別されていなくても労基法37条の制度趣旨に反しないとするものがある（モルガン・スタンレー・ジャパン事件＝東京地判平17．10．19労判905号5頁）[22]。また，前掲テックジャパン事件＝最1小判平24．3．8の原審（東京高判平21．3．25労判1060号11頁）は，労基法の規定や同法の全体的趣旨に反しないかぎり合理的な労働条件の設定は私的自治の範囲内にあるとして，当事件では割増賃金の請求権が自由意思により放棄されたとしている。

■割増賃金請求権の放棄
　前掲テックジャパン事件＝最1小判平24．3．8は，賃金債権の放棄は労働者の自由な意思にもとづくことが明確であることを要するとし，当事件では自由な意思で時間外手当の請求権を放棄する意思表示があったとは認められないとしている。そこで，労働者の自由な意思による請求権の放棄があれば使用者は割増賃金を支払わなくても労基法37条違反にはならない，と判例は解していることになる。しかし，それが「労基法37条による割増賃金を請求しない」という意味の債権放棄であるならば，そのような約定は強行法規に反するものゆえ，いうまでもなく無効である。それに対し，すでに発生した割増賃金の請求権（それは現実に時間外労働をしたことによって発生する）を放棄することは，それが労働者の自由意思によるものでなかったとして効力を否定されることはあり得るにしても（→276頁以下），強行法規違反で無効になると解するべきではないであろう。ワークフロンティア事件＝東京地判平24．9．4労判1063号65頁は，発生ずみの割増賃金を労働者が自由意思にもとづき放棄することは何ら労基法には反しないとして，受領した割増賃金以外に賃金債権はない旨の確認書によって，労働者は未払いの割増賃金の債権を放棄したと認められるとしている。

「法定の計算方法によらない割増賃金の支払い」に関しては，結局，最高裁

　　おける「業務手当」を割増賃金の支払いとはみなし得ないとした。最高裁判決は，原審判示のような事情が認められることが「必須のもの」とは解し得ないとし，当事件では契約書等に業務手当が割増賃金であると記載され，その額は実際の時間外労働等の状況と大きく乖離していないから適法としている。
[22]　前掲注20）医療法人社団康心会事件＝最2小判平29．7．7の1審判決（＝横浜地判平27．4．23労判1168号61頁）は，医師としての職務・責任，高額賃金等の高待遇，労働の質・成果で評価されるべきことから，割増賃金をあらかじめ年俸額に含ませて支払う合意は適法・有効である，とする。

判例が示しているところが妥当というほかないと思われる。次のように考えればよいのであろう。①割増賃金部分と通常賃金部分とが判別可能であり[23]、②割増賃金の定額払いをする旨が就業規則等に定められて労働者に周知され、③その額が実際になされている時間外労働等への割増賃金の額（法定基準で算定された額）と大差ないものであれば、それ自体は適法である。④ただし、実際になされた時間外労働等につき法定基準で算定した割増賃金の額が定額払いの額を超えているときは、その差額が支払われなければならない。

とはいえ、前記の「異端」ではある2つの裁判例等が、現行の労働時間法制と企業の労働時間管理のミスマッチをあらわにしているようでもある。労働時間の法原則を適用除外する制度とも関連するが（→341頁以下）、時間外・休日・深夜労働および割増賃金の制度についても、現行法制を見直す必要性は否定できないと思われる[24]。

---

[23] なお、割増賃金の定額払いといっても、「基本給に含まれる」という形態のものであると、割増賃金部分と通常賃金部分の判別可能という適法性要件をみたすことは至難であろう（前掲高知県観光事件＝最2小判平6.6.13、前掲テックジャパン事件＝最1小判平24.3.8等参照）。

[24] 前掲モルガン・スタンレー・ジャパン事件＝東京地判平17.10.19については、労基法41条2号の「管理監督者」に当たるから同法37条は適用がないと考えられているのではないか（盛誠吾＝森戸英幸「労働判例この1年の争点」労研556号〔2006年〕36頁〔森戸〕）とされ、「自己管理型専門労働者に関する時間外労働規制の適用除外を先取りした判断」と評価されてもいる（菅野522頁）。また、前掲テックジャパン事件＝最1小判平24.3.8の補足意見（櫻井龍子裁判官）は、労働時間規制の多様化・柔軟化が要請されているのは事実であり、残業をめぐる種々の状況を踏まえ、今後の立法政策が議論され対応されていくべきものであるという。これらの指摘・見解は傾聴に値するものであり、時間外・休日労働と割増賃金の法制度に関する改革の必要性を示唆するものといえよう。

第4節　年次有給休暇

I　年休制度の趣旨等

　年次有給休暇（以下，「年休」）制度の趣旨については，「まとまった休暇の付与によって労働者の心身のリフレッシュを図り，また労働者に能力啓発の機会を確保しようとするところ」にある（安枝英訷「年次有給休暇」ジュリ917号［1988年］123頁），とするのがよいであろう。

■法定外年休
　労基法39条により義務づけられるもの以外の年休（同条1項・2項等の日数を超えるもの，同条1項の要件をみたすことを要しないものなど）を就業規則等に定めている企業は少なくない。そのような年休には，労基法による規制は及ばない。ただし，労基法上の年休と同様の取扱いをする趣旨と解するのが合理的な場合が多いであろう。エス・ウント・エー事件＝最3小判平4.2.18労判609号12頁は，法定年休と法定外年休を区別せずに休暇権の成立要件と休暇中の賃金を定める就業規則について，両者を同様に取り扱う趣旨と認められるとしている。

　年休制度はILO52号条約（1936［昭11］年）を参考にして1947（昭22）年制定の労基法に定められたものであったが，1980年代に入った頃から休暇日数の少なさと現実の取得率の低さが問題とされるようになり，それから今日に至るまで，年休取得の促進がわが国の労働関係における重要課題の1つとされている。1987（昭62）年の労基法改正では付与日数の引上げと計画年休制度の導入が行われ，1993（平5）年改正では年休権成立のための継続勤務要件が1年から6か月に短縮され，また，1998（平10）年にも勤続年数による付与日数の増加の度合いを高める改正がなされた。さらには，2008（平20）年改正により時間単位の年休取得が認められることになった。
　このような法改正等によって，今日のわが国において労働者が有給休暇として与えられている日数は「国際的にみて際立って低水準というわけではな」く，かなり多数の祝日や年末・夏季等の休暇日をも含めて考えるならば「実際には諸外国と遜色のない休暇日数となっている」（野田進「長期休暇の法的課題」労研540号［2005年］30頁）。しかし，年休の取得率の低さはほとんど改善されず，

近年はより悪化して平均で5割を下回るようになっている。これは由々しき事態ともいえるであろう。より現実に即し，かつ有効に機能し得る制度とすべく，労基法の年休規定の内容をさらに改める（現行制度の根幹ともいうべき労基法39条4項の見直しを含めて）必要があることは，今や論をまたないところであろう。

■使用者の年休付与義務

現行労基法の年休制度においては，「労働者が時季指定権を行使するまで，使用者は単に受け身の立場であればよく，このことが，世界でも異例に低い年休取得率の大きな要因となっている」（荒木201頁）のは確かである。このような制度であるゆえに，使用者が労働者の年休取得を妨害し，あるいは年休取得を抑制するように仕向けるなどの行為をすることにもなる（→384頁注11））のであろう。現行法の仕組みを改めて，使用者は1年度以内に〇〇日の年休を労働者に付与する義務を負うものとし，その時季は労使協議で決めることにすべきであろう。この点に関し，畠中信夫「『過労死』防止という観点から見た年次有給休暇制度に関する一考察」『労働保護法の再生〈水野勝古稀記念〉』［2005年］199頁以下は，1954（昭29）年に削除された労基則旧25条では使用者に時季聴取義務を課していた（労働者の時季指定はその応答にすぎなかった）ことを指摘して，使用者の年休付与義務を労基法に明定すべきことを提言している。そして，2018（平30）年の「働き方改革法」による労基法改正（施行は2019［平31］年4月）は，1年に10日以上の年休が付与されなければならない労働者に対し，その年休のうちの5日については毎年，使用者が時季を指定して付与すべき義務を負うことを定めた（改正後労基39条7項）。ただし，労働者が時季指定したとき（労基39条5項）や計画付与がなされた場合（同条6項）には，それらの日数を年5日から差し引いた日数について付与すればよいことになっている（改正後労基39条8項）。これは，「従来の年休の労働者決定方式のなかに欧州諸国の年休の使用者決定方式を部分的に導入した」もの（菅野536頁）といえよう。

II 年休権の成立

1 年休権の法的性質

労基法39条によれば，使用者は同条1項・2項の要件をみたした労働者に対して，同条1項〜3項所定の日数の年休を，「事業の正常な運営を妨げる場合」でないかぎり労働者の「請求する時季」に与えなければならない（同条5項）。なお，一定要件をみたせば時間単位で年休を与えることもできる（同条4項）。

年休の時季が労働者により特定されることになっている点は，わが国の制度

の顕著な特徴といえる。かつて年休権は請求権か形成権かという議論があったが，白石営林署事件＝最2小判昭48．3．2民集27巻2号191頁，国鉄郡山工場事件＝最2小判昭48．3．2民集27巻2号210頁が「形成権説」を発展させた「時季指定権説」（「二分説」）を採用したことによって決着がつけられた。そこでは次のようにいわれている。年休権は労基法39条1項の要件がみたされることにより「法律上当然に」生ずる権利であって，労働者の請求をまって初めて生ずるものではなく，同条3項（現5項）の「請求」とは休暇の時季の「指定」にほかならない。この時季指定を労働者がしたときは，客観的に同項但書所定の事由が存在し，かつ，これを理由として使用者が時季変更権の行使をしないかぎり，その指定によって年休が成立し，当該労働日における就労義務が消滅する。すなわち，年休の時季指定の効果は使用者の適法な時季変更権の行使を解除条件として発生するのであって，年休の成立要件として，労働者による「休暇の請求」や使用者の「承認」の観念を容れる余地はない。

　このように年休をとる権利そのものと年休の時季を指定する権限とを区別してとらえるのが，労基法の年休制度の解釈として妥当・適切といえる。すなわち，前者の権利は労働者が「6箇月間継続勤務し全労働日の8割以上出勤」（労基39条1項）したという客観的事実にもとづいて発生する。この権利の性質は，発生の日から1年経過するまでの間に所定日数の休暇を原則として労働者自身の指定により取得できるというものであるから選択債権である。後者の時季指定権は，この選択債権の特定を行う権限ゆえ形成権であるが，その行使により，使用者による適法な時季変更権の行使を解除条件として年休日の特定，つまり当該休暇日における就労義務の消滅という効果が発生することになる。

2　年休権の成立要件

(1) 6か月間継続勤務

　労基法39条1項がいう「6箇月間継続勤務」の6か月間は，各労働者の雇入れの日から起算され，6か月が経過した日の翌日に年休権が発生することになる。「雇入れの日」とは，出勤率と組み合わせられていることから明らかなように，実際の就業開始日であって労働契約成立日ではない。全労働者に統一的に適用される「基準日」を設けて処理することは，その日までに継続勤務の期間が6か月に達していない者にも年休権を付与するのであれば違法ではない

(平6. 1. 4基発1号)。「継続勤務」とは労働契約の継続を意味するから，休職中あるいは出向している場合も含まれる。また「継続」の存否は実質的に判断すべきで，定年後に嘱託等として再雇用される場合，期間の定めのある労働契約が反復更新されている場合，非正社員が正社員となった場合，労契法18条1項が定める「無期転換申込権」が行使された場合（→108頁以下）等も，継続勤務に当たると解すべきである（近年の裁判例としては中津市［特別職職員・年休］事件＝大分地中津支判平28. 1. 12労判1138号19頁等）。

(2) **全労働日の8割以上出勤**

「全労働日の8割以上出勤」（労基39条1項）は，雇入れ後6か月の者のみでなく勤続1年6か月以上の者についても年休権の成立要件になる（同条2項）。この「全労働日」について，以前の行政解釈（昭33. 2. 13基発90号，昭63. 3. 14基発150号）は就業規則等で労働日として定められた日であるとし，最高裁判例（前掲エス・ウント・エー事件＝最3小判平4. 2. 18）では，「1年の総暦日数のうち労働者が労働契約上労働義務を課せられている日数」とされていた。[1][2]

八千代交通事件＝最1小判平25. 6. 6民集67巻5号1187頁は，解雇無効の判決が確定して職場復帰した労働者が「全労働日の8割以上出勤」の要件を欠くとされて年休を取得できなかった事例のものである。判旨は以下のようにいう。出勤率が8割以上という要件は，労働者の責めに帰すべき事由による欠勤率がとくに高い者を除外する趣旨で定められたものであるから，就業規則等に定められた休日以外の不就労日のうち労働者の責めに帰すべき事由によるといえないものは，当事者間の衡平の観点から出勤日数に算入すべきでなく全労働日から除かれるべきものは別として，出勤率の算定に当たっては出勤日数に

---

[1] 以前の行政解釈は，「全労働日」をこのように解しながらも，年休を取得した日，使用者の責めに帰すべき事由による休業日，不可抗力・使用者の責めに帰すべきでない事由による休業日，正当なストライキが行われた日，休日労働が行われた日を「全労働日」から除外し，これらの除外によって「全労働日が零となる場合」には年休権は発生しない，としていた（昭63. 3. 14基発150号等）。

[2] 同最高裁判例は，労働義務はあるが欠勤しても構わない「一般休暇日」を就業規則に定め，その日を全労働日に算入して，出勤率が8割未満ゆえに年休権が発生しないとすることを労基法39条1項違反とした原審の判断を是認している。なお，判旨の当該部分は判決の「要旨」とされていないが，それは「特殊な事案についての事例的判断であることが考慮された」のであろうとされている（判タ1392号58頁［最1小判平25. 6. 6解説］）。

算入すべきものとして全労働日に含まれるものと解すべきである。それゆえ，無効な解雇のように正当な理由なく就労を拒まれて就労できなかった日は，労働者の責めに帰すべき事由によるのではない不就労日であり，当事者間の衡平等の観点から出勤日数に算入するのは相当でなく全労働日から除かれるべきものでもないから，そのような日は出勤日数に算入すべきものとして全労働日に含まれる，という。同判決が出された後に，行政解釈が判旨に沿ったものに改められている。[3]

　この最高裁判例と改められた行政解釈を踏まえ，労基法39条1項の「全労働日の8割出勤」に関して，次のように考えることができよう。①「全労働日」とは，労働者が労働契約上，労働義務を課せられている日，すなわち具体的には就業規則等が定める所定休日を除いた日の総数である。この全労働日の8割以上に出勤することによって労働者に年休権が発生する。②業務上傷病等による休業，育児・介護休業，産前産後の休業をした日は，全労働日に算入され，その日に労働者が出勤したものとみなされる（労基39条8項［2018（平30）年改正後は39条10項］）。③割増賃金の代替休暇（37条3項）を取得した日は，全労働日に算入されない（平21．5．29基発0529001号）。④労基法上の年休を取得した日は全労働日に算入され，その日に労働者が出勤したものとされる。[4] ⑤無効な解雇（あるいは違法な出勤停止処分等）のような「使用者の責めに帰すべき事由」による休業の日も全労働日に算入され，その日に労働者が出勤したものとされなければならない。⑥不可抗力による休業もしくは使用者の責めに帰すべきではない事由による休業の日は，最高裁判例および改められた行政解釈の見解では全労働日から除外され，出勤日数に算入されないことになる。[5] これ

---

3)　平25．7．10基発0710第3号は次のようにいう。①全労働日とは就業規則その他によって定められた所定休日を除いた日であるから，所定の休日に労働させた日は含まれない。②労働者の責めに帰すべき事由によるとはいえない不就労日は，原則として出勤日数に算入すべきものとして全労働日に含まれる。③労働者の責めに帰すべき事由によるとはいえない不就労の日であっても，(i)不可抗力による休業日，(ii)使用者側に起因する経営・管理上の障害による休業日，(iii)正当な争議行為により労務の提供が全くなされなかった日のように，当事者間の衡平等の観点から出勤日数に参入することが相当でないものは全労働日に含まれない。④昭63．3．14基発150号の「全労働日が零となる場合の年次有給休暇」は削除する。

4)　労働者が年休時季の指定をした日には，労働日ではあるけれども労働義務は（使用者の適法な時季変更権行使という解除条件付きで）消滅する（労基39条5項）が，「有給」休暇の日ゆえ賃金請求権は存続するので，労働者が出勤したものとされなければならない。

5)　前掲八千代交通事件＝最1小判平25．6．6は，労働者の責めに帰すべき事由によるといえな

に対し，多くの学説の考え方では逆になろう。⑦正当なストライキまたはロックアウトが行われた日は，全労働日から除外される。⑧休日労働が行われた日は全労働日に含まれない。

■無効な解雇による不就労と「全労働日」・「出勤日数」
　以前の行政解釈は，使用者の責めに帰すべき事由による休業の日について，事実上労働義務が免除されていると考えられるとして，全労働日には算入されないとしていた（昭33．2．13基発90号，昭63．3．14基発150号等）。そこで，無効な解雇のような正当でない理由による就労拒否で労働者が出勤できなかったときには，多くの場合に「全労働日が零」となって年休権が発生しないことになるとされた。これに対し，学説の多くは，使用者側の事情が出勤率の計算上で労働者の不利に働くことは労基法39条の趣旨に整合しないとして，労働日に労働者が出勤したという扱いをすべきであるとしていた（注釈労基下710頁〔川田琢之〕等）。そして，前記のように，八千代交通事件＝最1小判平25．6．6は，出勤日数に算入すべきものとして全労働日に含まれるとの解釈を示し，改正された行政解釈は，労働者の責めに帰すべき事由による不就労ではないから出勤日数に算入すべきものとし，「全労働日が零」となって年休権が発生しないことになる場合を否定したのである。
　八千代交通事件＝最1小判平25．6．6の原審（東京高判平23．7．28労判1075号25頁）は，上記の学説と同じ考え方によりながら，無効な解雇による不就労の日は全労働日に算入され，かつ労働者が出勤したものと扱われるべきであるとした。この判断が上告審で是認されたのではあるが，最高裁判旨の説くところは従前の裁判例や多数学説には見られない独自のものである。すなわち，「全労働日の8割以上の出勤」という年休権の成立要件は，労働者の責めに帰すべき事由による欠勤率がとくに高い者を排除する趣旨であるから，不就労日のうち労働者の責めに帰すべき事由によるといえないものは原則として出勤日数

くても，当事者間の衡平の観点から出勤日数に算入せず全労働日から除かれるべき日があるとし，その例として不可抗力や使用者側に起因する経営・管理上の障害による休業日をあげている。
　これは，民法536条2項の「債権者の責めに帰すべき事由」による休業日は労働日に出勤したものとすべきであるが，労基法26条の「使用者の責に帰すべき事由」に当たるが民法536条2項の事由には当たらない事由による休業日については労働日に出勤したものと扱うべきではない，という意味であろう（法曹時報68巻1号〔2016年〕284頁参照）。最高裁判例（行政解釈も同じ）では，労基法26条にもとづく休業手当（平均賃金の60％以上）と民法536条2項にもとづく賃金（全額）は請求権が競合する関係にあり，そして労基法26条における帰責事由は民法536条2項における帰責事由よりも範囲が広く，使用者側に起因する経営・管理上の障害をも含むと解されている（→292頁）。そこで，「衡平等の観点」から，不可抗力による休業日のみでなく，使用者が休業手当だけを支払う義務を課せられている休業日についても，出勤日数に算入せず全労働日から除かれるべきものとしたのであろう（前掲注2）判タ1392号58頁参照）。
6）注釈労基下710頁〔川田琢之〕等。筆者も，使用者側の事情が出勤率の計算において労働者に不利益に働くことは妥当でないので，経営・管理上の障害による休業日も労働日に出勤したものとすべきであると思う。また，労基法26条と民法536条2項の帰責事由は範囲を同じくすると考える（→293頁）ことからも，判例・行政解釈の見解には反対である。

に算入すべきものとして全労働日に含まれる，という。労基法が8割以上出勤を年休権の成立要件とした趣旨は，同法制定時（終戦直後）は一般に労働意欲が低下していたため，出勤率がとくに低い者を年休付与の対象から排除することであったといわれている（注釈労働時間615頁等）。出勤率を年休権の成立要件とする立法例は他国にないようであり，それはとくに今日では合理性が乏しいものであるように思われる。しかし，現行法の説明としては最高裁判旨のようにいうほかはないであろう。

③ 年休の日数等

現行法では年休の日数は10日～20日である。すなわち，採用後6か月間継続勤務した労働者には以後の1年間において10労働日の年休をとる権利が労基法にもとづき発生するが（労基39条1項），1年6か月以上の継続勤務者については10日に加えて勤続年数1年につき年休日数が加増される（同条2項）。ただし，総日数は1年間に20日が限度である（同項）。この「加増」により，勤続6年6か月で20日に達することになる。なお，この「総日数」に繰越休暇（→393頁）の日数は含まれない。

所定労働日数が一般従業員よりも少ない労働者の年休については，1987（昭62）年改正によって比例付与の制度が設けられ，それが以後の4回の労基法改正により修正されている。すなわち，所定労働日数が週4日ないし年216日を超える者または週4日以下でも所定労働時間が週30時間以上の者の年休は通常労働者と同じ日数であるが，週4日以下で30時間未満の者または年216日以下の者の年休は，週所定労働日数または1年間の所定労働日数と雇入れの日からの勤続期間とを関連させて定められた1日から15日までの各日数である（労基39条3項，労基則24条の3）。

年休は「継続し，又は分割し」て付与されることになっている（労基39条1項）。行政解釈は，かつては1労働日以下に分割して与えることを不可能としていたが，適切に運用されるかぎりで半日単位の年休取得も問題がないものとするようになっている（昭63．3．14基発150号）。裁判例にも，使用者が進んで半日年休を付与する取扱いをすることは労基法により何ら妨げられるものではないと解したものがある（学校法人高宮学園事件＝東京地判平7．6．19労判678号18頁）。そして，2008（平20）年の労基法改正により，事業場の過半数代表との労使協定により1年に5日分を限度として時間単位の年休を取得することが可能となっている（労基39条4項）。年休日の賃金については労基法39条7

項（2018［平30］年の労基法改正後は39条9項）に定めがある。

III　年休の時期の特定

1　労働者の時季指定権

現行の労基法による年休日は労働者の時季指定によって特定されるのが原則である[7]。前記の1973（昭48）年の最高裁判決（白石営林署事件＝最2小判昭48．3．2，国鉄郡山工場事件＝最2小判昭48．3．2）によれば，「時季」とは「季節をも含めた時期」を意味する。そこで労働者による時季指定には，①季節等のまとまった日数の休暇をあらかじめ申し出て他の労働者の申出等との合理的な調整を経て全体としての計画に従って年休をとる，②具体的に始期と終期を特定して指定する，という2つの方法があることになる。実際の時季指定はほとんど②の方法（具体的時期の指定）によっているが，①の方法（季節の指定）は長期にわたる年休などのために用いられるべきものである。

時季指定権は形成権であるから「請求」や「承認」とは無関係である。年休をとるには使用者の承認・許可を要するといった就業規則等の定めは，使用者が時季変更権を行使する旨の意思表示あるいはそれを行使しない旨の確認のためのものと解すればよい。

それでは，時季指定は休暇日の一定日数ないし一定時間前に行うべきものとする就業規則等の定めはいかなる効力を持つか。此花電報電話局事件＝最1小判昭57．3．18民集36巻3号366頁は，休暇日の前々日までの届出を義務づける就業規則の規定に関して，「原則的な制限を定めたものとして」合理性を有し労基法に違反しないという。労基法は，労働者に時季指定権を与えつつ他方で使用者の時季変更権を認めている。その時季変更権の行使に際し，「事業の正常な運営を妨げる場合」（労基39条5項但書）に当たるかどうかの判断・決定・伝達のための時間が必要なことは明白である。一般論として時季指定は事前に相当の時間的余裕をもって行うべきであり，それを怠る場合には権利濫用[8]

---

7)　前記（→376頁）のように，2018（平30）年の労基法改正は使用者による時季特定を一部取り入れている。

8)　時季指定が事前に行われるべきことは使用者に時季変更権があることから見て当然である。実

となって時季指定の効果が生じないと解してよいであろう。時季指定を一定日数前等に行うべき旨の定めも日数等がリーズナブルなものであれば，それに反する時季指定を否定する効力を認めて差し支えないようにも思われる。しかし，事業場あるいは時と場合によって事情は多種多様であり，また日常的な急用による休務を年休消化で済ます慣行が広く存在するので，むしろ訓示規定と解しておくほうがよいかもしれない。筆者としては，上記此花電報電話局事件＝最1小判昭57．3．18の，「原則的な制限を定めたもの」として有効というやや曖昧ないい方の解釈を支持しておきたい。[9]

なお，以上に述べたことは前記の②「具体的時期の指定」がされる場合に関してのみ妥当することである。①「季節の指定」がされる場合は，具体的な年休時期は労働者と使用者による調整を経て特定することになるほかはなく，形成権である時季指定権が行使されて年休時期が特定するというようなことはない。

2 使用者の時季変更権

(1) 時季変更権の行使

労基法39条5項但書にもとづき，使用者は指定された時季の年休付与が事業の正常な運営を妨げる場合には他の時季に変更させることができる。ただし，労働者の時季指定が前記の①「季節の指定」の方法でなされた場合は，休暇日は労使間の協議等による調整を経て特定されるから，使用者が時季変更権を行使することはあり得ない。そこで，前記の②「具体的時期の指定」の方法で労働者が年休時季を指定した場合に，使用者による時季変更権行使の可否が問題となるのである。

この時季変更権は，「時季指定による形成的効果の発生を阻む一種の抗弁権」（山口浩一郎「年次有給休暇」現代講座11巻281頁）であるが，使用者の適法な時季変更権行使は時季指定の効果発生についての解除条件であるということができる。時季変更権を行使する際に代わりの日を指定することは不要であり，そ

際には欠勤後の年休への振替えも行われているが，就業規則等に根拠規定がある場合を除いて，労働者は振替えを要求できると解する余地はない。

9) そこで，時季指定が無効になるということではなく，代替要員確保の困難等から時季変更権行使の適法性を基礎づける要素として考慮される（荒木208頁），と考えるのがよいのであろう。

れゆえ使用者による「承認しない」という通知でも時季変更権の行使に当たることになる（前掲此花電報電話局事件＝最1小判昭57.3.18）。それから，時季指定された休暇の一部について時季変更権を行使することも可能である（時事通信社事件＝最3小判平4.6.23民集46巻4号306頁）。また，時季変更権は原則的には休暇の開始前に行使されるべきであるが，時季指定が開始時期に接着していて事前に判断する余裕がなかった場合は開始後の行使も適法とされている（前掲此花電報電話局事件＝最1小判昭57.3.18）[10]。

不適法な時季変更権の行使によって労働者が年休を取得できなかった場合に，使用者が損害賠償責任を負うことはあり得る。裁判例には，年休を付与しないことが債務不履行に当たるとしたもの（西日本ジェイアールバス事件＝名古屋高金沢支判平10.3.16労判738号32頁），不合理な時季変更権の行使が不法行為に当たるとしたもの（全日本空輸事件＝大阪地判平10.9.30労判748号80頁）がある[11]。

(2) 「事業の正常な運営を妨げる場合」

これについては，事業の規模・内容，当該労働者の担当する業務の内容・性質，業務の繁閑，代替者の配置の難易，労働慣行等，諸般の事情を考慮して，該当の有無を決すべきものとされている（名古屋鉄道郵便局事件＝名古屋高判平元.

---

[10] 時季変更権とは別に，いったん付与した休暇日に緊急の用務のために労働者を出勤させることはできるかという問題がある。労基法33条1項所定の非常事由もしくはそれに準ずる事由が生じた場合には休暇中の労働者を出勤させても労基法39条違反とはならず，労働契約上，使用者は出勤を命じ得ると解する（労基局上607頁以下）のがよいと思われる。なお，この場合に使用者が他の日に年休を付与しなければならないことは当然であり，出勤が1日の一部であっても同様に扱われなければならない（労基局上608頁）。

[11] さらに，労働者の年休取得を妨害する，あるいは年休取得を抑制させるような使用者の言動が不法行為責任を生じさせることもあり得る。住之江A病院事件＝大阪地判平20.3.6労判968号105頁は，休みは年休でなく代休で取るようにと指導するなどの行為は労基法39条の趣旨から見て相当性を欠くという（ただし，当事件では年休取得を妨害したとは認められないとしている）。また，日能研関西事件＝大阪高判平24.4.6労判1055号28頁は，課長が年休申請を取り下げさせたこと，それを支持する発言を部長と代表取締役がしたことについて，労基法が定める使用者の義務に反し，労働者の人格権を侵害する違法性の高い行為であるとしている。それから，使用者は労働者が年休権を行使することを妨害してはならない義務を労働契約上も負うとして，年休日数は6日で原則として冠婚葬祭を理由とする場合のみとする旨の「通達」を発したこと等を債務不履行に当たるとした裁判例がある（出水商事事件＝東京地判平27.2.18労経速2245号3頁）。

5. 30労判542号34頁等)。事柄の性質からして，そのような「総合判断」によるほかはない。しかし，休暇の時季は労働者の指定によって決まるのが現行法では原則である以上，使用者は「できるだけ労働者が指定した時季に休暇をとれるよう状況に応じた配慮」をしなければならず，それを怠ったままの時季変更権行使は適法と認められないこと (弘前電報電話局事件＝最2小判昭62.7.10民集41巻5号1229頁，横手統制電話中継所事件＝最3小判昭62.9.22労判503号6頁) が銘記されるべきである。また，年休時季の指定が特別の業務につくことを予定されていた時期について行われた場合でも，それは当然に「業務の正常な運営を妨げる場合」に当たると考えるべきではないであろう。

■研修期間中の年休取得と時季変更権

集合研修への参加が命じられている期間中について時季指定した場合などに，時季変更権行使が適法となる可能性が高いのは確かである。しかし，研修期間中であれば常に年休取得は不可能と解するのは年休権保障の趣旨から見て妥当でない。日本電信電話事件＝最2小判平12.3.31民集54巻3号1255頁は，社内施設での1か月弱の集合訓練期間中に1日の年休時季の指定をした者が時季変更権を行使されたにもかかわらず訓練を欠席したため，譴責処分を受けた上で減給と賃金カットをされたという事案であったが，当事件におけるような訓練の期間中に年休が請求されたときは，集合訓練に欠席しても予定された知識・技能の修得に不足を生じさせない内容のものでないかぎり，年休取得が事業の正常な運営を妨げる場合に当たるとしている。当事件の差戻審 (東京高判平13.11.28労判819号18頁) では時季変更権行使は適法とされた。最高裁判例が示した判断基準は納得し得るものであるが，このケースを「事業の正常な運営を妨げる場合」に当たるとした判断には疑問があるように思われる。

時季変更権の行使が適法であったか否かの判断に際して，「事業」をいかなる単位でとらえるかは1つの問題である。「事業場」ないし「事業所」とするのが最も常識的な解釈であろう。それでいくと場合によっては時季変更権の発生要件は稀にしかみたされないことになるが，当該労働者が属する特定部課の

---

12) そこで，各日の「欠務許容人員」を定めておくなど，業務支障の有無の判断基準をあらかじめ決めておくことには合理性が認められるが，その基準の適用は「できるだけ労働者が指定した時季に休暇をとれるように」(前掲弘前電報電話局事件＝最2小判昭62.7.10) 弾力的に行われる必要がある。勤務割りが組まれて労働者が就労している事業場において，通常の配慮をすれば代替勤務者を配置できるにもかかわらず使用者がそれをしなかったときは，事業の正常な運営を妨げる場合には当たらないと解すべきである (前掲弘前電報電話局事件＝最2小判昭62.7.10，横手統制電話中継所事件＝最3小判昭62.9.22)。

「業務」を指すと解すると逆に時季変更権があまりに容易に発生する結果となる恐れがある。結局,「業務」の遂行に支障が生ずるかどうかを代行者の配置の難易等をも考慮しつつ判断し,その支障が「事業」に及ぼす影響の程度において軽微でなければ時季変更権が行使され得ると解すべきであろう。[13]なお,「事業の正常な運営を妨げる」という事情は時季変更の意思表示をなした時点において蓋然性として存在すればよく,結果的に阻害が生じなかったからといって時季変更権行使が違法となるわけではない。

　時季変更権の行使に当たって使用者は事業の正常な運営を妨げると判断するに至った基本的な事実を労働者に告知すべきであるという考え方(山口・前掲284頁)は,支持に値する。その際,代わりの休暇日を示す必要はなく使用者が指定できるわけでもないから,労働者が改めて他の時季を指定することになる。時季指定が競合する場合,すなわち複数の労働者が同一の時季を指定したために事業の正常な運営が妨げられる場合には,一部の者について時季変更権を行使することに関して使用者は裁量権を有すると考えることができよう。時季指定の先後による等の方法もあろうが,年休をとる理由を考慮にいれて処理されたとしても,年休の使途は労働者の自由に属する(→390頁)とはいえ,合理的な範囲内では適法と解して差し支えないと思われる。

　■退職前の年休取得と時季変更権
　　労働者が退職直前になってから年休の時季指定をした場合は,使用者が時季変更権を行使すると労働者が未消化の年休を取得することができない結果になることが多い。このような時季変更権の行使について,他の時季に年休を与える可能性を失わせるので適法ではないと一般に解されている(菅野538頁ほか)。しかし,「請求された時季に休暇を与えることが事業の正常な運営を妨げる場合」(労基39条5項但書)であるにもかかわらず,使用者が時季変更権を行使できないというのは妥当性を欠くのではないか。退職前であれ解雇予告期間中であれ,労基法が定める要件がみたされるときには使用者は時季変更権を行使できると解すべきである。そのために未消化年休の取得が不可能となっても,年休の時季指定をしないままで退職等に至った労働者が不利益を負担すべきである。「残務処理」あ

---

13) 事業の「正常」な運営が妨げられるとは,通常の運営が不可能となるだけでは足らず「プラスしてなにほどか非日常的な要素」の存在を要する(山口・前掲282頁)というべきであろう。代替者確保の難易はしばしば問題となる判断要素であるが,労基法の定めにもとづき年休がとられることを予定して代替者の配置が準備されている必要があるという前提で判断が行われなければならない。この「通常の配慮をすれば代替勤務者を確保して勤務割を変更」できる場合に当たるか否かにつき,より具体的な判断基準が電電公社関東電気通信局事件=最3小判平元.7. 4民集43巻7号767頁によって示されている。

るいは「業務引継ぎ」などが退職時までに行われないために「事業の正常な運営」が妨げられることは十分にあり得るところであり，そのような場合に使用者が時季変更権を行使し得ないと解するのは「社会通念上相当」でないと筆者は思う。もっとも，労働者が在職中に年休取得をほとんどせず退職時に年休の一括時季指定をしたことに関連して，使用者の側に責められるべき事情があったと認められる場合において，時季変更権の行使が権利濫用となって効果を生じないことがあると考えることはできよう。なお，退職時に未消化年休を買い上げることは広く行われているようである。使用者に買上げの義務があるわけではないが，買上げをすることが労基法 39 条 1 項違反になることはない（→393 頁）。

時季変更権についても，その行使の時期が問題となり得る。時季指定権の場合と同じく労基法には何らの定めもないが，指定された休暇日の直前になってからの変更権行使は労働者に不利益をもたらすから，事業の正常な運営を妨げる事情の有無を判断するのに必要な合理的期間内に意思表示をすべきであり，不当に遷延した時季変更権行使は効力を生じないと解すべきである（高知郵便局事件＝最 2 小判昭 58．9．30 民集 37 巻 7 号 993 頁）。ただし，労働者の時季指定が休暇日にきわめて接近してなされ，そのために使用者が時季変更権を行使するか否かを事前に判断する時間的余裕がなかった場合には，事後の時季変更権行使すら適法と認められる（前掲此花電報電話局事件＝最 1 小判昭 57．3．18）。

(3) **長期の休暇取得と時季変更権**

以上に述べたような，使用者による時季変更権行使の適法性に関して裁判例を中心に形成された判断ルールは，前掲白石営林署事件＝最 2 小判昭 48．3．2 等がいう前記①の②の方法「具体的時季の指定」（→382 頁）を労働者がなした場合に関するものであった。これを，たとえば繰り越された年休日数を含めて 20 日を超えるような長期の時季指定がされた場合について適用するならば，多くの場合に事業の正常な運営を妨げる恐れが存したゆえに時季変更権の行使が可能であったと判断されることになろう。

前掲時事通信社事件＝最 3 小判平 4．6．23 は，そのことを明らかに示すものであった。同判決は，1 か月の休務のための 24 日にわたる年休時季の指定に対し，14 日を超える部分について時季変更権が行使されたことについて，以下のようにいう。労働者が長期・連続の年休を取得しようとする場合は，代替勤務者を確保することの困難さが増大するなど事業の正常な運営に支障を来す蓋然性が高くなり，業務計画や他の労働者の休暇予定等との事前の調整を図

第 4 節　年次有給休暇　　387

る必要が生じ，事業の正常な運営の確保にかかわる諸般の事情について正確に予測することが困難となるから，労働者が調整を図ることなく長期・連続の年休時季の指定を行った場合には，時季変更権の行使につき使用者にある程度の裁量的判断の余地を認めざるを得ない。

　この最高裁判決の説示は論旨明快とはいえないが，基本的な考え方は賛成し得るものである。現行法の定めの下では，当事件におけるような年休時季の指定に対して使用者がした時季変更権行使は適法と解するほかないであろう。とりわけ，当事件では報道事業に勤務する高い専門性を有する労働者による長期の年休取得ゆえ代替者の配置はきわめて困難であり，使用者が事業の正常な運営を妨げる蓋然性が高いと判断して時季変更権を行使したことを違法視するのは妥当でない。長期にわたる年休は，前掲白石営林署事件＝最2小判昭48. 3. 2等がいう前記1の①の「季節の指定」（→382頁）あるいは次に見る計画年休の方法によって時季指定が行われ，労使間の協議等による調整を経て具体的な休暇日が特定されるという形態をとるのが適当であって，労働者にそのような手続を踏む程度の負担を課しても構わないと考えられる。

　さらにいえば，長期休暇には「労働者による形成権行使としての時季指定と，これに対する使用者による時季変更権行使という仕組みは適合的ではな」い（菅野540頁）のであり，年休制度の趣旨から見れば本来の望ましい取得形態である長期休暇のための法制度を設けることを考えるべきなのである。

Ⅳ　計画年休

　計画年休（労基39条6項）は1987（昭62）年の法改正によって新設されたものである。この改正前にも夏季の一斉休業日に年休をあてる等の計画年休が少なからぬ企業に見られたが，労基法上は時季指定権が個々の労働者に属する以上，計画年休を定める労働協約等もそれに反対する労働者を拘束できないと解するほかなかった。そこで，計画年休は年休取得の促進に有効であるという考え方にもとづき，過半数組織の労働組合もしくは過半数従業員代表との協定の締結により各労働者の5日を超える年休日につき計画年休を実施できる制度が設けられたのである。計画年休が行われる場合には時季指定権と時季変更権の行使はあり得ないから，わが国年休制度の基本ルールに一定の修正が加えられ

たことになる。なお，前掲白石営林署事件＝最2小判昭48.3.2等がいう前記①の①の方法（→382頁），すなわち労働者が季節等のまとまった日数の指定をして使用者との協議により調整して年休日を具体的に特定するやり方も，一種の計画年休である。

■計画年休と使用者の時季変更権
　労働者がまとまった日数の指定をし，使用者との協議により調整して年休日を特定するやり方の場合は，年休計画の提出が時季指定権の行使であり，使用者による当該計画の受理が時季変更権の放棄であると解すればよい。そこで，計画年休日を使用者が時季変更権によって変更することは不可能であり，また労働者が時季指定権によって他の日に「変更」することも認められない。ただ「計画年休」と称していても，時季指定権が行使され時季変更権が放棄されたものと見ることは適当でなく，「計画」は単なる「予定」にすぎないと解すべき場合もあり，そのときには時季変更権による「変更」も時季指定権による「変更」も可能と考えられる。前掲高知郵便局事件＝最3小判昭58.9.30は，使用者による「計画年休」の日の変更を時季変更権の行使と把握した上で，その要件を事業の正常な運営を妨げる恐れがあるのみならず計画時に予測し得なかった事態発生の可能性が生じたこととしている。文字どおりの計画年休のケースであったならば同判決のいうところは適当でないが，時季指定の「予定」にすぎないケースであったならば妥当な考え方といえよう。多くの企業で行われている「カレンダー方式」，すなわち年度初めなどに各労働者に年休の計画表あるいは希望日を記入したカレンダーを提出させ，それらにつき使用者が調整を行って各人別の年休日を決定するやり方も，この後者の場合に当たることになろう。

　労基法39条6項が定める計画年休協定については，それは時間外・休日労働協定と同じく「免罰的効力」（→362頁）を有するにすぎないから，就業規則・労働協約等に計画休暇に関する定めがなければ労働者は拘束され得ない（個人が自由に行使できる時季指定権が計画休暇協定によって失われることはない），とする見解もある（渡辺章『労働法講義(上)総論・雇用関係法Ⅰ』［2009年］468頁等）。しかし，計画年休協定の内容をなす事項は，時間外・休日労働協定のそれとは違って，労働契約上の権利義務に関係して労働者の義務違反の問題を発生させる可能性を持つものではないから（→363頁），そのように解する必要はない。すなわち，計画年休に反対の労働者から別の時季が指定された場合，使用者はそれが協定により計画化されている年休であるかぎり当然に付与を拒否できる（労基局上610頁，三菱重工業長崎造船所［年休］事件＝福岡高判平6.3.24労民集45巻1＝2号123頁は同旨）。この効果以上のものが必要であるとは考えられない。

　協定によって計画化されている年休日を使用者が変更することは可能か。労

基法39条5項の時季変更権の行使は問題とならないし，原則的には変更を認めるべきではない。そこで，協定に設けられた変更に関する規定による変更はもちろん可能であるが，そのような規定がない場合には計画年休の実施が計画時に予測し得なかった業務上の重大な支障をもたらすときにのみ変更し得る，と解する（菅野542頁）のが妥当であろう。労働者側からの変更も，協定の定めによるもののみが可能ということになると思われる。

V　年休の利用目的

1　年休自由利用の原則

　前掲白石営林署事件＝最2小判昭48．3．2および国鉄郡山工場事件＝最2小判昭48．3．2は，「年次休暇の利用目的は労基法の関知しないところであり，休暇をどのように利用するかは，使用者の干渉を許さない労働者の自由である」とした。以後，利用目的（使途）の自由は年休制度の重要な原則の1つとされている。もっとも，利用目的を明らかにしないことを時季変更権行使の理由とすることは一般的には認められないが，時季変更権の行使を差し控えるために利用目的を問うことは許されると解されている（前掲此花電報電話局事件＝最1小判昭57．3．18）。

　このような判例の立場は妥当なものである。そこで，利用目的の申告を義務づけたり申告されたものとは異なる使途のゆえに年休として認めない等の処置を使用者がすれば労基法違反となる。ただし，前掲此花電報電話局事件＝最1小判昭57．3．18が認めたような取扱いは適法と解してよい。というのは，事業の正常な運営が妨げられると客観的にいえる場合に，労働者が年休をとる必要性の強さを考慮して使用者が時季変更権の行使を差し控えることは望ましいことであり，その際には使用者としては年休の利用目的を労働者に聞くほかないからである。

　年休利用目的の自由が原則であっても，何らかの例外があることは考えられよう。たとえば，年休をとって他社で働くことを使用者が容認すべきだなどとはいえない。利用目的のゆえに労働者の年休時季指定が効果を生じない場合があるとすれば，①利用目的の不当性が明らかな時季指定がなされた場合は，使

用者は事前に時季変更権を行使し得る、②不当な目的のために年休が利用されたことが判明した場合は、使用者は事後に年休権の濫用として効果発生を否定して欠勤扱いができる、と解することになろう。前掲弘前電報電話局事件＝最2小判昭62．7．10は①の可能性を否定し、当該のケースでは②も否定されるべきものとしている。筆者も、年休の利用目的と関連する使用者の時季変更権行使を適法とは認めない立場に徹するほうがよいと考える。それが労基法39条5項の素直な解釈であるし、労働者が不当な行為をなす恐れをも考慮にいれて使用者が時季変更権を行使し得ることになると、労働者に年休時季の指定権が属し利用目的は自由であるという基本原則が現実の労働関係の場において形骸化する恐れがあるからである。

2 年休と争議行為

前掲白石営林署事件＝最2小判昭48．3．2および国鉄郡山工場事件＝最2小判昭48．3．2の事案は、労働者が年休をとって同一企業の他の事業場における争議行為の支援に赴いたものであったが、年休権行使と争議行為の関係について両判決は次のようにいう。労働者が所属事業場における業務の正常な運営の阻害を目的として行う一斉休暇闘争は、実質は「年次休暇に名を藉りた同盟罷業」であって本来の年次休暇権の行使ではないから、これに対する使用者の時季変更権の行使もあり得ず労働者の賃金請求権は発生しないことになるが、他の事業場における争議行為等に休暇中の労働者が参加したか否かは何ら当該年休の成否に影響しない。

争議行為あるいは争議行為に関連する目的のための年休取得についての以後の最高裁判例では、基本的には両判決が示したルールが用いられているが、考え方としては修正され変容しているようである。すなわち、一斉休暇闘争を年休権の行使と認め得ないことについては、それが使用者の時季変更権を無視するもので年休制度の前提を欠くゆえであるとされている（道立夕張南高校事件＝最1小判昭61．12．18労判487号14頁等）。また、年休取得が「同盟罷業の実質を持つ一斉休暇闘争」に当たる場合でなくても、それが所属事業場の業務の正常な運営を阻害する目的を持つか、あるいは少なからぬ阻害をもたらす態様ないし程度のものであれば、年休制度を成り立たせている前提を欠くゆえに年休権行使とは認められないとされている（津田沼電車区事件＝最3小判平3．11．19

民集45巻8号1236頁等）。

　争議行為のための年休利用には「一斉休暇闘争」のみでなく，部分ストの不参加者が年休をとってピケ行為等をする，各事業場の一部組合員が年休をとって集会を開く，組合員が年休をとって争議に関する情宣活動をする，組合員がすでに年休日となっている日に実施されたストライキに参加する等のさまざまな形態がある。これらを年休権行使と見るべきかどうかについて，筆者は以下のように考える。年休の自由利用は労基法の年休制度における重要原則の1つであるが，争議行為のための利用に関しては年次有給休暇を取得する権利の濫用に当たるとして使用者が年休取得の効果を否定できる場合を認める必要がある。使用者に対する要求実現または意思表明を目的とする圧力行動のために年休を利用することが，労働者に心身のリフレッシュや能力開発の機会を確保させるという，年休制度の基本的趣旨に矛盾する面を持つことを否定できないからである。では，年休権の濫用に当たるか否かの判断はどのように行うべきか。争議行為のうちのストライキを行うための年休利用（上記の「一斉休暇闘争」や年休日に実施されたストへの参加など）は権利濫用になると解すべきであろう。ストライキは労働日の就労を拒否する行為であって，労働義務の免除という効果を発生させる年休権行使とは両立し得ないものであり，また賃金カットの対象とならないストライキを正当な争議行為と認めることは妥当でないからである。これに対し，ピケッティング等のための年休権行使をも権利濫用と解すると，年休をとってビラ配布等をする場合をも同様に扱わざるを得なくなるが，それでは年休自由利用の原則に関する例外をあまりに広く許容することになってしまう。ストライキ以外の，争議行為に付随もしくは関連する行為のための年休利用については，それが使用者に対する圧力行動の性格を有していても年休取得の効果は否定され得ないと考えるのがよいと思われる。

VI　年休に関わる諸問題

1　年休の繰越し等

　わが国では年休の取得率が平均で5割にも達しないのであるから，年度末に未消化年休を残す労働者が少なくないことになる。その未消化年休について，

当該年度内に年休日の特定がなされずに経過すれば特定すべき労働日がなくなり，年休権は履行不能によって消滅するとする見解もある（山口・前掲287頁等）。また，年休制度の趣旨は当該年度において法定の日数を有給で現実に休むことを保障する点にあるとして，繰越しを否定した裁判例もある（浜松機関区事件＝静岡地判昭48.3.23労民集24巻1＝2号96頁）。これらは傾聴に値する考え方といえるが，解釈論としては無理があろう。

　行政解釈や多くの学説は，年休権は労基法115条の規定により2年の消滅時効にかかり，翌年度までは繰り越されると解する（昭22.12.15基発501号，菅野544頁）。同旨をいう裁判例もある（国際協力事業団事件＝東京地判平9.12.1労判729号26頁）。時効期間の起算日は当該年度の初日となるから，翌年度の最終日に時効によって年休権が消滅することになる。そこで，未消化年休は翌年度まで繰り越されることになるが，それは妥当なことといってよいであろう。

　年休の買上げ，すなわち年休未消化の者に対して日数に応じた手当を支払う等の措置は好ましいものではないが，それ自体が労基法違反になることはない。裁判例には，退職時に未取得年休につき清算して手当を支給する旨の就業規則の定めを適法としたものがある（前掲注11)住之江A病院事件＝大阪地判平20.3.6）。もっとも，買上げを予約し，その予約された日数につき年休取得を認めないことは労基法39条違反になる（昭30.11.30基収4718号）。

② 年休取得と不利益取扱い

　使用者は年休を取得した労働者に対して不利益な取扱いを「しないようにしなければならない」（労基附則136条）。これは1987（昭62）年改正により設けられたものである（当初は134条）。この規定の私法上の効力については諸説があるが，次のようにいう最高裁判例がある。年休の取得を何らかの経済的利益と結びつけることはできるだけ避けるべきであるが，同条自体は使用者の努力義務を定めたものであって年休取得を理由とする不利益取扱いの私法上の効果を否定する効力は持たない。そのような不利益取扱いについては，その趣旨・

---

14) そこで，労働者が前年度から繰り越された年休と当年度の年休の双方を有することが少なくないことになる。その場合に，取得された年休が前年度のものか，同年度のものかが争われることもあろう。「弁済の充当」（民488条〜491条）の問題ではあるが，労働者の利益を重視して，原則として繰り越された前年度の年休から消化されたことになると解するのが妥当であろう。

目的，労働者が失う経済的利益の程度，年休取得に対する事実上の抑止力の強弱等諸般の事情を総合して公序に反し無効となるかどうかを判断すべきである（沼津交通事件＝最２小判平5．6．25民集47巻6号4585頁[15]）。

筆者はこの最高裁判例の見解に賛成できない。労基法39条は労働者に「有給」休暇の権利を保障するものであるから，この権利を行使した者について賞与額の決定，昇級・昇格，精皆勤手当の支給等において不利益に取り扱うことは私法上も違法であり，そのような措置を定める就業規則等の規定は無効と解すべきである（同旨，菅野545頁）。上記の法改正以前においても同様に解すべきであったと思われ[16]，それが労基法136条によって確固とした根拠を与えられたと見るべきであろう。

---

[15] この判例の見解によりつつ，年休取得日を欠勤日に含めて欠勤控除することを，基本給が事実上歩合給制度であることから適法とした近年の裁判例がある（宮城交通事件＝東京地判平27．9．8労判1135号86頁）。

[16] 前掲エス・ウント・エー事件＝最3小判平4．2．18は，賞与の計算において年休取得日を欠勤扱いすることは労基法39条4項（現5項）の規定の趣旨からすれば許されない，としている。

第5章　就業規則・懲戒

第 1 節　就業規則の意義と法的性質

I　就業規則の意義

　労基法89条により，常時10人以上の労働者がいる事業場の使用者は就業規則の作成・届出の義務を負うが，就業規則がわが国企業の労働関係において実際に果たしている機能は大きい。それは一般に，人事，服務規律，労働条件，教育訓練，安全衛生，災害補償，懲戒，福利厚生等，労働者の従業員としての生活に関するさまざまな事柄について詳細な定めをしている。その主要部分をとらえて一言で定義すれば，従業員の勤務に関する規律と労働条件の具体的細目を定めた規則ということになろう。ごく零細なものを除く今日の企業に就業規則が存在するのは，雇用した多数の労働者を協働させて事業経営を行うには統一的な労働条件と職場規律を定めた規則の制定が必要不可欠だからであろう。

　労基法は，就業規則に関しては，上記の作成・届出（変更時も届出を要する）義務のほかに，必要記載事項（89条1号～10号），過半数を組織する労働組合または過半数を代表する者からの意見聴取義務（90条），減給制裁を定める場合の額の制限（91条），法令・労働協約に違反し得ず違反する場合には変更命令があり得ること（92条），就業規則所定の労働条件基準に達しない労働契約は無効となること（93条）の定めをおいている。これら以外にも，労働者への周知措置を講ずる義務の規定（106条1項），労使が就業規則を遵守すべき旨の定め（2条2項）がある。

　このような労基法の就業規則法制の下で，判例により，1960年代以降において，就業規則の定めが合理的なものであれば労働契約の内容となる効力を持ち，その変更も合理的であれば労働契約の内容を変更して労働者を拘束するという，「就業規則法理」というべきものが形成・確立された。そして，2007（平19）年の労働契約法制定によって，この法理が成文法化されている（7条・9条・10条）。

Ⅱ　就業規則の法的性質

1　問題の所在

　「就業規則の法的性質」は，古くから論じられてきたわが国労働法における大問題の1つである。判例では後述のように決着がつけられているが，学説は今日でも多種多様なようである。
　問題の所在はまず，いわば原理論的に次のようにいうことができよう。すなわち，労働関係は私人間の契約関係であり，労働条件は労使が対等の立場で決定する建前である（労基2条1項，労契3条1項）にもかかわらず，ほとんどの場合に使用者によって一方的に制定され，労基法もそのことを当然の前提とするかに見える就業規則が，労働関係の内容形成において重要な役割を果たしている現実を理論的にはどのように把握し，就業規則の労働契約に対する法的効力をどのように理論構成すべきであるのか。
　次に，就業規則に関する法解釈論上の問題点は多数あるが，これまで論じられてきた主要な問題は，①労基法が定める届出・意見聴取・周知措置の義務が履行されていない就業規則の効力，②配転・出向・兼職禁止・時間外労働・懲戒処分等に関する条項の効力，③就業規則の変更の効力，に分けることができる。これらの問題，とりわけ裁判例にしばしば登場する③の問題の処理は，就業規則の性質あるいは就業規則と労働契約の関係を理論的にどのように考えるかという問題と深く密接に関連している。「就業規則の法的性質」論が理論構成の問題にとどまらない意味ないし価値を有するゆえんである。以下では，法的性質に関する学説・判例の理論を検討する。なお，上記の②に属する問題は本章ではなく，それぞれの該当の章で扱っている（→152頁，365頁，436頁等）。

2　「契約説」と「法規説」

　学説では多様な議論が行われてきたが，基本的な考え方として「契約説」と「法規説」があるといえよう。「古典的学説」によりつつ整理すれば，以下のようになる。
　まず，契約説によれば，就業規則とは労働契約の内容となるべき事項を使用

者が定めたもので，事実においては規範的に作用するが契約そのものでも法規範でもなく，労働者との明示・黙示の合意を経て労働契約の内容となって法的効力が生ずる（三宅正男『就業規則』[1952年] 80頁以下，吾妻光俊『労働法概論〔新訂版〕』[1964年] 332頁以下等）。労働契約の内容は労働者が反対の意思表示をしないかぎり就業規則によるという「事実たる慣習」が一般に成立している，とする考え方もあった（石井照久『新版労働法』[1971年] 124頁以下）。この立場からは，就業規則の改定は契約内容の変更申入れゆえ労働者の明示・黙示の同意がなければ労働契約の内容は変更され得ないことになる（石井・前掲132頁等）。意見聴取・周知措置を欠く就業規則も有効と解されることが多く（石井・前掲136頁以下等），労基法旧93条（現労契12条）の趣旨は労働契約の内容に対する国の後見的監督というように説明されている（吾妻・前掲334頁，石井・前掲130頁）。

次に，法規説には，主要なものとして「経営権説」と「保護法授権説」がある。「経営権説」によれば，使用者は企業所有権もしくは経営権にもとづき経営内法規たる就業規則を作成・変更する権限を有する。就業規則の変更は当然，労働者に不利益をもたらす場合でも労働契約に効力を及ぼすことになる（孫田秀春『現代労働法の諸問題』[1954年] 232頁等）。

「保護法授権説」は以下のようにいう。就業規則は現実にそれぞれの経営社会の規範として機能しているが，労基法旧93条（現労契12条）はその点に着目して労働保護法原理を確実に実現すべく，それ自体は法規範性を有しない就業規則に手段的・過渡的に法規範的効力を付与したと解される。就業規則の変更は労働保護法原理の真の実現に向かうもののみが容認されるので，労働条件を引き下げる場合には労働者側の同意を要する（沼田稲次郎『就業規則論』[1964年] 119頁・124頁以下・130頁以下・160頁以下・179頁以下等）。

3 判例理論

1960年代半ば頃までの裁判例には「経営権説」，「契約説」等の考え方を示すものが混在していた。そのような状況の下で，就業規則の変更によって設けられた55歳定年制の効力が争われた秋北バス事件＝最大判昭43. 12. 25民集22巻13号3459頁は，学説の諸見解のいずれとも異なる独自の法的性質論を示した。その後，就業規則の変更の効力に関しては最高裁判決を含む数多くの

裁判例が出されているが，それらは同大法廷判決の法的性質論に立脚している。変更の効力以外の問題が争われた場合も同じである。

　同判決は就業規則の法的性質について次のようにいう。労働条件の統一的・画一的決定の要請にもとづき契約内容を定型的に定める就業規則は，社会的規範としての性質を持つのみでなく，「合理的な労働条件を定めているものであるかぎり，……労働条件は，その就業規則によるという事実たる慣習が成立しているものとして，その法的規範性が認められる」。そこで，労働者は就業規則の存在および内容を知っていると否とにかかわらず，これに個別的な同意を与えたかどうかを問わず，当然にその適用を受ける。その後の最高裁判例では，業務上疾病に関する精密検診の受診を命ずる業務命令の拘束力が問題となった帯広電報電話局事件＝最１小判昭 61. 3. 13 労判 470 号 6 頁が，秋北バス事件大法廷判決の「法的性質」に関する判旨を引用した上で次のようにいう。使用者が労働契約上いかなる事項について業務命令を発し得るかは，関連する就業規則の規定が合理的なものであるかぎりにおいて労働契約の内容となることを前提として検討すべきである。また，大曲市農業協同組合事件＝最３小判昭 63. 2. 16 民集 42 巻 2 号 60 頁は，就業規則の作成・変更が合理的であるゆえに効力を持ち得る場合の「合理的」とは，「当該労使関係における当該条項の法的規範性を是認できるだけの合理性を有するものであること」をいうと述べている。それから，日立製作所武蔵工場事件＝最１小判平 3. 11. 28 民集 45 巻 8 号 1270 頁は，法定時間外労働に関する就業規則の規定は「合理的なものである限り」労働者の時間外労働義務を発生させるとしている。

　秋北バス事件＝最大判昭 43. 12. 25 の法的性質論について，学説は一般に「法規説」に立つものと解し，それを法律行為の解釈基準となるべき「事実たる慣習」の成立によって根拠づけるという理論的な誤りを含むものと批判した。同判決は，就業規則は社会的規範であるにとどまらず法的規範性が認められ，労働者はその存在と内容を知っているか否か，個別的に同意を与えたかどうかを問わずに適用を受けるというので，確かに「法規説」の立場のようである。しかし，使用者が法規制定の権能を有する，または労基法によりそれを付与されている等の言葉は全く見られない。むしろ逆に，労働条件は就業規則によるという事実たる慣習の成立から法的規範性を根拠づけるところはまさしく「契約説」の論理である。契約条項も当事者にとっての法的規範であることに間違

いはないから,「法的規範」という言葉が使われているからといって「法規説」がとられたことになるわけではない。

　筆者は,この「法的性質論」は運送契約や保険契約などの普通契約条款（いわゆる約款）に関する当時の通説的理論を就業規則に応用したものであると理解している。約款の拘束力の根拠については,判例は古くから,当事者がとくに反対の意思表示をした場合を除き約款によるという意思をもって契約を締結したと推定され,契約者が契約内容,とくに免責条項につき不知であっても意思の存在は肯定されると解してきた。学説も,判例のこの考え方を基本的には支持していたようである。理論構成として最も有力であったのは,ある種の企業取引においては一般に「約款による」という事実たる慣習または慣習法が成立していることに拘束力の根拠がある,つまり約款によることが事実たる慣習として認められれば個々の契約の締結に際して当然に約款によるという意思の存在が推論されるというものであった。また,公衆の保護のためには約款の「事前開示」と「内容の合理性」が不可欠であるという考え方が一般化していた。秋北バス事件＝最大判昭43. 12. 25は,近代企業の労働関係では労働条件は就業規則により統一的・画一的に決められるのが通常であるから,「合理的な」内容のものであるかぎり就業規則により労働条件が決定されるという事実たる慣習が成立し,それゆえ個々の労働者の知・不知およびその具体的な同意の有無にかかわりなく法的拘束力を持つと説く。これはまさしく,約款に関して形成されてきた理論に依拠した就業規則論といえよう。なお同判決は,労基法は就業規則の内容を合理的なものとすべく同法の89条〜93条と106条により後見監督的立場からの規制と監督の定めをしているとも述べるが,これは約款に関して「内容の合理性」のための立法的規制の必要性がいわれることを想起させる。

　このような筆者の理解について多くの学説は批判的なようであったが,判例の法的性質論は「契約説」の一種ともいうべき「定型契約説」と命名できるものと解する有力説もある（菅野195頁注7）。筆者も,判例の立場は「法規説」ではなく「契約説」に属すと解すべきであると思う。その後の最高裁判例はそのことを明らかにしているといえよう。すなわち,前掲帯広電報電話局事件＝最1小判昭61. 3. 13は,業務命令は就業規則の条項が合理的内容のものとして労働契約内容となることにより拘束力を持つと説き,前掲大曲市農業協同組

合事件＝最3小判昭63．2．16は，労働契約における法的規範として是認できる「合理性」が就業規則の効力要件であるという趣旨のことを述べている。前掲日立製作所武蔵工場事件＝最1小判平3．11．28の考え方も同じであろう。これは，就業規則は労働契約の内容となることを通して使用者と労働者に効力を及ぼすという理論構成をとっていることを示していると思われる。このようにして形成・確立された判例法理が，2007（平19）年制定の労働契約法によって成文法化されたのである[1]。

④ 私　　見

就業規則の法的性質に関する学説の論議における最も基本的な対立点は，就業規則は労使の合意により労働契約の内容となって法的効力を持つと解するか，それとも就業規則それ自体が法規範たる効力を有するのであって合意にもとづき効力を生ずるのではないと考えるかにあった。いうまでもなく前者は「契約説」の見解であり（ただし「事実たる慣習」説は，当事者が反対の意思を有する場合でないかぎり合意を経ることなく就業規則が労働契約の内容になるとする），「法規説」の考え方は一般的には後者である。

就業規則が労使の合意を経て初めて法的効力を持つと考えるかどうかは，「私的自治」の原則，つまり権利義務の発生根拠の基本は個人の意思におかれるべきであるという原則を労働関係のなかにどのように位置づけるかという問題である。この近代法のプリンシプルは，労働関係の現実の場では自由意思が形骸化しているというようなことで軽視されてはならないものであると筆者は思う。また，被適用者である労働者が代表者意見の提出という形でしか作成・変更に関与できない就業規則を法規とみなして使用者にその制定権が属すると解するのは，「法規」についての近代法的観念と矛盾するのではないか。もっ

---

[1] なお，2017（平29）年改正民法（→8頁等）には，「定型約款」が合意として認められるための要件，その変更が契約内容の変更として効力を生じるための要件等についての定めがある（改正後548条の2～548条の4）。就業規則に「約款」の性質があることは否定すべくもなく，また同改正民法には，就業規則の労働契約に対する効力についての労契法の規定（7条～13条）に内容が類似した定めが見られる。しかし，同改正民法の定めは「規律の対象を『定型約款』に限定し」たものであって，「『約款』一般に妥当する準則を扱うものではない」（潮見佳男『民法（債権関係）改正法の概要』［2017年］224頁以下）とされている。就業規則は同改正民法に規定される「定型約款」には該当しないと解する（菅野161頁）のが妥当であろう。

とも，就業規則は労基法旧93条（現労契12条）により適用事業場の最低労働条件基準として強行法規に等しい効力を付与されている。これは，労使の個別的な取引による労働条件の低下を労働者保護の観点から抑止しようとする趣旨と解すればよいであろう。この意味と範囲において，現行労基法・労契法の下の就業規則は確かに法規的な効力を有する。しかし，それを超えて，就業規則は合意を経ることなく，それ自体が法規のごとく労使を拘束する効力を持つと解することが妥当とは思われない。このようにして筆者は，就業規則の法的性質は「契約説」によって説明すべきであると考える。

とはいえ，就業規則を労働契約の内容たらしめる労使の合意といっても，多くの場合に「自由な意思」の合致からはほど遠いものであり，就業規則は通常，労働者の意思とは無関係に拘束力を発揮している。これは「法規説」が強調してやまない点であるが，事実としてはまさにそのとおりであろう。そこで筆者は次のように考える。就業規則の法的効力は，一般的・抽象的には労使の合意により労働契約の内容になるという論理をもって根拠づけるほかないとしても，就業規則の各条項の法的効力ないし法的妥当性というべきものの実質的ないし具体的な根拠の追究をなす必要がある。つまり，たとえば前述した（→365頁）時間外・休日労働条項や兼業禁止条項等に関して，いわば単純に「契約説」的に，労働者は当然に超過勤務命令に服する義務を負い一切の兼業をなし得ないとするような解釈態度をとることは許されない。就業規則の諸条項の解釈・適用は，それがほとんどの場合に使用者により一方的に制定されている現実を前提として行うべきである。さらに，「契約説」の論理を貫けば就業規則の変更は個々の労働者の同意なくしては効力を生じない。その点に関しては「契約説」の理論に修正を加える必要があるが，それは後に考察する（→420頁）。

それでは，判例の「定型契約説」はどのように評価されるべきであるのか。それは，わが国の労働関係には就業規則により労働条件を定めるという事実たる慣習が成立しているので，約款たる就業規則の内容に「合理性」が認められ，かつ労働者に開示されているならば，就業規則により労働条件を定めるという合意がとくになされなかった場合でも，また個々の労働者が就業規則の存在と内容を知らなかったとしても，就業規則は労働契約の内容となって法的効力を生ずるという考え方である。民法92条に関しては，当事者が反対意思を有することが明らかでないかぎり慣習によって意思解釈すべきことを定めたものと

解すべきであろう。そこで，就業規則によらない旨の約定が個々の労働者との間に存する場合は，就業規則はその労働者には拘束力が及ばない。しかし，就業規則が定める基準に達しない労働条件を定める労働契約は無効であるから（労契12条），労働契約の内容が就業規則によることなく決められるのは，労使が個別的な取決めにより就業規則の基準を上回る労働条件を約定した場合および労働協約によって労働条件が定められている場合（労組16条）ということになる。

　このような意味に了解される判例の「法的性質」論を，労働関係の現実にマッチした妥当な理論であると評価することは可能である。また，この理論は次に見る判例の「変更の効力」論と論理的に連結しているのであるが，その面からも，この「法的性質」論は是認できるものと評価してよいかもしれない。しかし，「労働条件は就業規則による」という，わが国企業社会の全体をカバーする「超企業的慣行」（→9頁以下）たる慣習の存在を前提とする論理には抵抗を覚えざるを得ない。それゆえ，「就業規則の法的性質」に関しては「契約説」の考え方に立っておきたいと思う。

第2節　就業規則の作成・内容・効力

Ⅰ　就業規則の作成手続

1　作成・届出の義務

　労基法89条1項により就業規則の作成・届出義務を課せられる[1]「常時10人以上」の労働者を雇用する使用者に当たるか否かは企業単位で決まるとする見解もあるが，労基法が一般に「事業」ごとに適用関係を定めていること，同法90条1項の定め方が示すように，就業規則を事業場ごとに作成・届出させるのが労基法の原則と考えられることからすれば，事業場単位と解するほかはあるまい。この「常時10人」にはすべての労働者が含まれ，「非正規雇用」者はカウントされないなどということはない。もっとも，派遣労働者は使用者が派遣元であるから，派遣先の使用者の労働者としてはカウントされない。

　賃金等の特定事項について別規則とすること（「給与規程」等）はよく行われているが，それらは就業規則の一部であるから使用者には届出義務があり，労基法・労契法の就業規則に関する規定の適用を受けることは当然である。「非正規雇用」者について別の就業規則を作成することにも何ら制約はないが，均等待遇の原則（労基3条・4条，均等5条以下，パート労働9条）に反するものや有期労働契約についての不合理な労働条件の禁止（労契20条）に反するものは，労働契約の内容となる効力を持ち得ない。「非正規雇用」者について就業規則の適用を除外しながら別規則を作成していないと，その使用者が就業規則の作成義務を怠っていることになる。その場合に「正規雇用」者の就業規則が当然に適用されると解すべきではない（荒木345頁）が，適用されるべきものと解されることは少なくないと思われる（大興設備開発事件＝大阪高判平9. 10. 30労判729号61頁は，中途採用の「高齢者」にも就業規則にもとづく退職金請求権がある

---

1)　常時10人以上を使用しないために作成・届出の義務を負わない使用者が作成した就業規則にも，労基法・労契法の就業規則に関する規定が適用されるか。この点に関しては，意見聴取義務は作成・届出義務を前提としているので適用はないが，他の規定は適用があるとする見解（荒木343頁）に賛成である。

とする)。

　届出がされていない就業規則には法的効力が認められるか。就業規則の届出義務の立法目的は、労基法等への違反の有無をチェックすることにあると考えられる。この義務が怠られているからといって、最低労働条件基準としての就業規則の効力(労契12条)を否定することは妥当でないから、「最低基準効」は肯定されるべきである。

　では、労働契約の内容となって労使を拘束する効力(「労働契約規律効」)についてはどうか。次にみる意見聴取義務が履行されていない場合も含めて、2007(平19)年の労契法制定前には学説に肯定・否定の両論があり、裁判例は一般に肯定する考え方であった(キャンシステム事件＝東京地判平21.10.28労判997号55頁等)。労契法は、使用者が就業規則を改定して労働契約の内容を変更する場合(9条但書・10条)には届出・意見聴取をすべきものとするが(11条)、労働契約の締結時に就業規則の定めをもって労働契約の内容とする場合(7条)については届出・意見聴取をすべきことを定めていない。届出・意見聴取という労基法が定める手続が履践されていない就業規則も、「労働契約規律効」は否定され得ないと解するのが妥当であろう。

■届出・意見聴取をしていない就業規則の効力
　労契法制定前において、学説の多くが届出・意見聴取をしていない就業規則には労働契約の内容となる効力はないと解したのは、「労働者に不利益に作用する効力を承認する以上、法が要求する全ての手続を履践させるべきである」(注釈労基下1029頁〔荒木尚志〕)と考えられたからであろう。それが労契法制定の際に「届出・意見聴取は不要とすることに立法的な決着がつけられた」として、「それら手続の履践は労働契約規律効の取得には必要ない」と解されている(菅野200頁等)。こうした労契法の考え方については、次のような説明がなされている。就業規則の変更(労契10条)では変更の全プロセスを対象として合理性が求められるが、契約締結時における合理性(労契7条)は当該労働条件内容の合理性にとどまり、届出・意見聴取は契約内容補充効を認めるための要件とされないのみならず、当該労働条件の合理性にも直接影響するものではない(荒木ほか・労契法112頁)。これに対し、労契法が基本趣旨とする「合意原則」(1条・3条1項)を尊重すべきであるとして、就業規則の法的拘束力は届出・意見聴取がなされて初めて発生するとする見解もある(土田170頁)。筆者は、労契法制定前においては、労基法89条・90条の立法趣旨に鑑みると届出・意見聴取がされていない就業規則にも労働契約の内容となる効力を認めるのが妥当な法解釈論であると考えつつも、いわば政策論的に適切なものとして労働契約規律効を否定する学説の見解に賛同する、というように考えていた(本書〔第4版〕[2007年]370頁・371頁)。労契法が制定・施行された後は、届出・意見聴取がされていな

い就業規則も労働契約内容となる効力を有すると解してよいと思う。なお，就業規則の変更につき届出・意見聴取がされていない場合の効力に関しては，後に論じる（→428頁）。

2 意見聴取義務

労基法90条は，就業規則の作成・変更の際に労働者代表の意見を聴取し，届出に当たり意見書を添付することを使用者に義務づけている。過半数代表者の選出に関しては，前述したように（→361頁）省令に規定が設けられている（労基則6条の2）。「非正規雇用」者について別規則が作成されている場合にも，事業場の全労働者の過半数を組織する労働組合または過半数労働者の代表者の意見を聴取すれば足りるが，この点に問題がないとはいえないであろう。パート労働法7条は短時間労働者の過半数代表者の意見を聴くこととしているが，これは事業主の努力義務に過ぎない。

「意見を聴く」とは要するに諮問を行うことであり，同意を得るとか協議をすることまでが求められるわけではない。[2] 労働者代表が意見表明を拒否した場合，あるいは添付されるべき意見書（労基90条2項）を提出しない場合には，意見聴取をしたことが客観的に証明できるかぎり就業規則の届出が受理されることになっている（労基局下912頁）。意見聴取義務が履行されていない就業規則の法的効力という問題については，届出義務のところで論じてある（→405頁以下）。

3 周知義務

労基法106条1項は，労基法等の法令および時間外・休日労働協定等の労使協定と同じように，就業規則を同規定と省令が定める方法によって労働者に周知させることを使用者の義務としている。労契法制定前においては周知されていない就業規則の効力が問題とされたが，同法は周知を労働契約規律効の要件とした（7条・10条）。このことに関しては後述する（→410頁，425頁）。

---

2) 「就業規則が統一的労働条件設定システムの中核的機能を果た」しているにもかかわらず，労働者の過半数代表の関与は「『意見聴取』という極めて弱い関与にとどまり，協議や共同決定という強い関与形態ではない」ことは，今後の大きな検討課題であるとされる（荒木尚志「日本における集団的労働条件設定システムの形成と展開」労研661号[2015年] 26頁）。そのとおりであると思われる。

Ⅱ　就業規則の内容・効力

① 記載事項

　就業規則の内容は，具体的にはいうまでもなく各企業あるいは事業場の事情によって決まる。労基法89条が必要記載事項を定めるので（1号～3号は「絶対的」な，3号の2号～10号は「相対的」な必要記載事項），それらの事項が記載されていない場合は使用者の作成義務違反となる。もっとも，そのような就業規則も他の要件をそなえていれば有効である。「非正規雇用」者や派遣労働者については，労働条件等を画一的に定めることが困難で，しかも画一的な扱いは適当でない場合が多い。とはいえ，これらの労働者に関する「労働条件の明確化」の必要性は一般労働者にも増して大である。就業規則には労働条件等の基本的事項とその細目の決定方法を規定させ，他方で個々の労働者ごとに労働条件等を明示させるのが適当といえよう。パート労働法は主要労働条件を記した雇入れ通知書を交付することを事業主の義務としている（6条）。派遣労働者に関しては，派遣元事業主は労働者派遣を行うに際して就業条件等をあらかじめ労働者に明示しなければならないと定められている（派遣34条）。

② 労働契約成立時の就業規則の効力

(1) 就業規則の労働契約規律効

　前述のように，1960年代以降に判例が形成・確立した「就業規則法理」は2007（平19）年制定の労契法によって成文法化された。すなわち，①労働契約の締結時に合理的内容の労働条件を定める就業規則が労働者に周知されれば，それと内容が異なる合意が労使間に存しないかぎり，就業規則が定める労働条件が労働契約の内容となる（労契7条）。そして，②労働者の不利益に労働条件を変更する就業規則も，それが労働者に周知され，かつ合理的なものであれば，就業規則の変更によっては変更されないとする合意が労使間に存しないかぎり，変更後の就業規則が定める労働条件が労働契約の内容となる（9条・10条）。これらは，就業規則の「労働契約規律効」（菅野198頁）もしくは「契約内容規律効」（荒木347頁）と称され，また①は「補充効」，②は「変更効」とよばれて

いる（荒木347頁）。本書では，ここで①「補充効」を扱い，②「変更効」については「就業規則の不利益変更」のところ（→415頁以下）で論じる。

労契法7条は，(i)労働契約を締結する場合に，(ii)使用者が就業規則に合理的な労働条件を定め，(iii)その就業規則が労働者に周知されているときは，(iv)労働契約の内容は就業規則で定めるものとなるが，(v)就業規則と内容が異なる労働条件が合意されている場合は別である，と規定している。(i)・(ii)・(iii)は「労働契約規律効」・「補充効」の要件であり，それらがみたされたときの効果が(iv)であるが，(v)の場合には(iv)の効果は生じないことになる。判例では，就業規則の労働契約内容になる効力が「事実たる慣習」（民92条）によって根拠づけられたのであった（→399頁）が，労契法7条は就業規則の労働契約規律効を「端的に」（荒木ほか・労契法117頁），明文の法規定としたのである。[3]

(2) **労働契約規律効（補充効）の要件**

(i) 要件の第1は「労働契約の締結時」ということである。そこで，労働契約が締結されたときには就業規則は存しなかったが後に就業規則が制定された場合については，労契法7条は適用されないことになる。判例の「就業規則法理」は射程範囲を労働契約締結時に限定していなかったと思われる（荒木ほか・労契法108頁）ので，同条は判例法理の時間的適用範囲を限定する修正をしたことになる。[4] それゆえ，契約締結の後に制定された就業規則の効力に関しては，それは就業規則の変更による労働条件の変更に当たると考えて，その変更について労使の合意があったと認められれば労働契約の内容は変更される（労契8条・9条）が，合意があったとは認められない「不利益変更」であれば「周

---

3) 労契法7条について，就業規則が労働者の同意を経ることなく契約内容になることを認める点で判例法理を大きく修正するもので，合意原則（労契1条・3条1項）との整合性を欠く立法であると批判する見解がある（土田162頁）。これに対し，「別段の合意」（労契7条但書）が就業規則の労働条件を上回っているときは労働契約の内容になるし，労働者が就業規則の労働条件の一部に異議を表明した場合（たとえば就業規則に包括的な配転条項があったが，労働者はそれに異議を述べた上で採用された場合）は「別段の合意」があったと解されるから，判例法理は維持されているとする見方がある（荒木ほか・労契法119頁）。筆者は後者と同じように考えている。
4) 労契法の政府原案が国会で修正され，7条の冒頭に「労働者及び使用者が労働契約を締結する場合において」という文言が付加され，同条に付されていた「労働契約の内容と就業規則の関係」というタイトルが削除されたが，これは就業規則がなかった事業場で就業規則が作成された場合にも同条が適用されるとの「懸念」が表明されたためとされている（荒木ほか・労契法107頁）。

知」・「合理性」の要件がみたされることによって労働契約内容となる（労契10条），と解するのが妥当であろう（荒木365頁・394頁参照）。

(ii) 第2は「合理的な労働条件」であるが，まず，「労働条件」とは何かが問題である。労基法上のそれは各条（3条・13条・15条等）ごとに意義を解するほかない（→11頁，→51頁，→94頁等）が，労契法7条（10条も同じ）の労働条件については，「労働契約上の権利義務として労働契約内容となり得る事項」であって，賃金や労働時間等の狭義の労働条件だけでなく，人事や災害補償や教育訓練等の事項をも含む広い範囲のもの（荒木367頁），と解すべきことになろう。労働契約終了後に関すること，たとえば年金支給の権利義務も就業規則で定める「労働条件」に含まれ得る[5]。退職後の競業避止義務・秘密保持義務はどうか。これらの義務について裁判例と多数学説は特約ないし契約上の根拠を要するというが，就業規則の定めも「契約上の根拠」たり得ると解するようであるから，合理性の有無を厳格に判断すべきではあるとはいえ，ここでの「労働条件」に含まれることになろう（荒木ほか・労契法109頁以下参照）。筆者は，退職後の競業避止義務・秘密保持義務の根拠となり得るのは労使の個別合意のみと解するので（→266頁，270頁），これらの義務についての就業規則の定めは労契法7条・10条の「労働条件」に当たらないと考える。

次に，「合理的な」労働条件とは何かであるが，個々の事案における多種多様な具体的諸事情から判断されるべきものというほかはない[6]。就業規則の変更についての労契法10条と違って，同法7条は合理性の内容ないし判断要素といったものを定めていない。そこで，契約締結時の就業規則における合理性は，変更時のものにおける合理性よりも一般には緩やかに認められると考えてよい

---

[5] すなわち，労働者の退職時に使用者との間に成立する年金支給契約の内容となる事項が労契法7条の「労働条件」として就業規則に定められる，ということである（→300頁）。
[6] 就業規則が定める労働条件の「合理性」判断に関する最高裁判例には以下のものがある。まず，帯広電報電話局事件＝最1小判昭61．3．13労判470号6頁は，業務上傷病の罹患者への精密検診の受診命令に従わなかった労働者に対する戒告処分の効力が争われたケースに関し，健康管理従事者の指示を遵守して健康回復に努めるという従業員の義務を定める就業規則の内容は合理的なものというべきであるから，それは労働契約の内容になっているとする。次に，日立製作所武蔵工場事件＝最1小判平3．11．28民集45巻8号1270頁は，時間外労働命令に従わなかった労働者に対する懲戒解雇の効力が争われたケースに関し，業務上の必要があれば労基法36条の労使協定の範囲内で残業をさせると就業規則に定められている場合は，その規定が合理的なものであるかぎり労働契約の内容をなすから，労働者はその定めに従って時間外労働をする義務を負うとする。

であろう。変更に関しては，使用者に届出・意見聴取の義務があること（労契11条）もあって，手続における合理性も問われることになるが（→428頁），それは労働契約締結時に関しては問題とならない。この点の違いもあるといえよう。

　(iii)　第3は「労働者への周知」である。労契法制定前には，労基法106条が定める周知措置が講じられていない就業規則に労働契約規律効を認めるべきか否かが議論された。「周知」とは，労働者が知ろうと思えば知り得る状態にしておくことである。近年の多数の裁判例では，就業規則は相当な方法による周知措置が講じられたときに効力を生じるとされていた。そして，懲戒解雇の効力が争われた事件に関して，就業規則が法的規範として拘束力を生ずるには適用を受ける労働者に周知させる手続がとられていることを要する，とする最高裁判例があった（フジ興産事件＝最2小判平15.10.10労判861号5頁）。学説は一般に，「実質的周知」が欠けている就業規則には最低基準効も労働契約規律効も否定されるべきであると解する立場であった（注釈労基下1028頁〔荒木〕参照）。労契法7条・10条は，このような裁判例・学説の状況を踏まえて（荒木ほか・労契法113頁），「周知」を労働契約規律効の要件と定めたのである。

■就業規則の法的性質と「周知」
　前掲フジ興産事件＝最2小判平15.10.10は，秋北バス事件＝最大判昭43.12.25民集22巻13号3459頁を引用しつつ，就業規則が拘束力を生じるには周知手続を要するという。秋北バス事件＝最大判昭43.12.25は，労働者が存在と内容を現実に知っているか否とにかかわらず，合理的な労働条件を定めた就業規則には法的規範性が認められるとするので，周知措置が講じられたかどうかで効力を左右されないと解しているようにも見える。しかし，同判決が依拠したと思われる約款についての一般的な理論においては，内容の合理性のみでなく「開示」も効力発生要件とされているのであるから，やはり何らか

7）　村中孝史「労働契約法制定の意義と課題」ジュリ1351号〔2008年〕45頁は，7条の合理性審査は公序違反の場合に限定されないとしても，きわめて例外的な規定の効力を否定する弱いコントロールにとどまるが，労働者は変更時と異なり広い選択の余地を有しているのでバランスはとれている，という。筆者もほぼ同じように考える。国立大学法人O大学事件＝大阪地判平29.9.25判タ1447号129頁は，国立大学法人化に伴い従前の公務員関係におけるものとは異なる労働条件を定めた就業規則の制定について，初めて就業規則を作成したので連続性を欠くものゆえ労働条件を変更したものではなく，したがって労契法10条所定の合理性の有無を判断する必要はない，という。しかし，これは適切でない考え方であろう。「身分の変更を伴うとはいえ，就労は継続してなされ，就労状況も基本的に異ならない」（小西康之「起訴休職期間満了後の解雇の有効性」ジュリ1519号〔2018年〕120頁）からである。

の相当な方法による周知措置が講じられていない就業規則は法的拘束力を持ち得ないことになると考えられる。就業規則の法的性質について「契約説」をとれば（→397頁以下），労働者が就業規則の存在と内容を知る機会なしには合意の存在など想定できないから同じ結論になる。ともあれ，相当な方法による周知措置（多くの学説がいう「実質的周知」）は，就業規則が労働契約の内容となる効力を認められるための要件であるといわなければならない。

「周知」の語義は「広く人の間に知れ渡ること」であるから，就業規則の周知とは事業場の労働者一般に対して行われる措置であると考えられよう。しかし，労契法7条は「労働契約を締結する場合において……労働者に周知させていた場合」という文言である。次のような解釈をするほかないであろう。同条本文における「労働者」とは事業場の労働者と当該労働契約を締結する労働者の双方を指すが，同条但書における「労働者」とは当該労働契約を締結した個々の労働者を指す（荒木370頁）。なお，「周知させていた」と過去形の表現になっているが，周知が労働契約の締結と同時である場合も含むものと解される。

使用者が労働契約締結時に就業規則の周知を怠り，その後に新たに周知させた場合には労働契約規律効はあるのか。前述（→408頁）のように，労契法7条は時間的適用範囲を限定する定めとなっているので，この場合には適用されない。次のように解するのが妥当であろう。周知が欠けたということは知り得る状態になかったということで，労働者にとっては就業規則が存在しなかった場合に等しいから，新たに実質的に周知させた時点で新規に就業規則を作成した場合に準じて扱われるべきである。それが従前の労働条件よりも不利な就業規則の周知である場合は，就業規則の新規作成によって労働条件を変更した場合と同様に，労契法10条が類推適用されることになる（荒木371頁）。

(3) 労働契約規律効（補充効）の効果

(i) 上記の「労働契約の締結時」・「合理的な労働条件」・「労働者への周知」の諸要件がみたされると，労働契約の内容は就業規則で定めるものとなる（労契7条本文）。労働契約は労働者と使用者の合意により成立したが，その内容の全部または一部について合意がなされず空白のままになっている場合には，就業規則の定めが労働契約の内容となる（補充する）のである。

(ii) ただし、労働者と使用者が就業規則の内容と異なる労働条件を合意していた部分については労働契約規律効（補充効）は生じない（労契7条但書）。労使の個別合意が就業規則に優先するのであるが、これは現行法における当然の事理を規定したものといえよう。もっとも、就業規則には「最低基準効」があるものとされている（労契12条）ので、この合意が就業規則に定められたものを下回る労働条件であると無効になる（→414頁）。

労働契約締結時に就業規則の労働条件の一部に労働者が異議を表明していた場合にも、この個別合意があったと解してよいであろう。すなわち、たとえば他企業への出向をさせる旨の定めが就業規則にあって、それに労働者が反対したにもかかわらず労働契約が締結された場合には、使用者は労働者の同意を得なければ出向を命じ得ないことになる。それから、就業規則に定められているものと同じ内容の労働条件について個別合意することはよく見られる。それは労契法7条但書の個別合意ではないが、就業規則の変更によって変更し得ないことが合意されている場合には、労契法10条但書の個別合意に当たることとなる。

3 法令・労働協約に反する就業規則

労基法92条1項は、就業規則は法令または労働協約に反してはならないとする。「法令」が強行法規のみを意味するのは当然である。法令違反がある場合に変更命令を出すことがあるとされている（同条2項）のは、法令違反の就業規則も放置しておけば事実上労働者を拘束するからであろう。

労働協約への違反となるのは、その「労働条件その他の労働者の待遇に関する基準」（労組16条）、いわゆる規範的部分に就業規則の定めが違反している場合である。労基法92条1項の文言によると、当該の労働協約の適用を受けない非組合員に関しても、就業規則は労働協約に反するゆえに無効となるかのようである。しかし、そのように解すると、労働協約は常に（少数の労働者を組織している組合が締結したものであっても）、同一事業場の非組合員に拡張適用される結果になる。それは、現行労組法の下では労働協約は同法17条・18条により効力拡張される場合でないかぎり組合員にのみ適用されるという原則に矛盾する。実際には労働協約が締結されれば就業規則も改められて両者が同一内容のものになることが多いであろうが、そのような措置を非組合員についてもと

る義務が使用者にあって改善命令も出され得る，と解することはできない。結局，労働協約に定められた「労働条件その他の労働者の待遇に関する基準」が，その規範的効力により，就業規則条項に優越して協約の適用を受ける労働者の労働契約の内容になるということにほかならない。したがって，事業場内の労働協約に抵触する就業規則条項も協約の非適用者に対しては効力を有する。

　労契法13条は，法令・労働協約に反する就業規則は，労働契約への「補充効」・「変更効」・「最低基準効」（労契7条・10条・12条）を当該の法令・労働協約の適用を受ける労働者については有しないとする。同条は労基法92条と趣旨・目的が異なることを定めたものではないから，「事業場の一部にしか労働協約が適用されない場合があることを念頭に」（荒木351頁），労働協約の適用を受けない労働者については協約に反する就業規則も効力を有することを明らかにしたものといえよう。

　また，労基法92条1項は「反してはならない」とするが，労契法13条は同法7条・10条・12条は「適用しない」としている。前者の下では，労働協約に反する就業規則は効力を喪失するのであるから協約失効後に復活することはない，という考え方をする余地がある。これに対し，後者の下では，労働協約に反する状態の就業規則には労働契約への「補充効」等が認められないということであるから，協約失効後には「そうした制約から解き放たれ」（荒木352頁），就業規則が復活すると解されることになるのである。

■労働協約失効後の就業規則の効力

　就業規則を上回る労働条件を定めていた労働協約が期間満了もしくは解約によって失効したが新労働協約は締結されておらず，また旧協約が成立したときに協約にあわせて就業規則を改定していなかったために就業規則が従前の内容のままで存在していた場合には，

---

8) では，労働協約の定めを上回る労働条件を定めた就業規則の条項も労働契約の内容になり得ないのであろうか。労働協約に「反してはならない」（労基92条1項），労働協約に「反する場合には，……適用しない」（労契13条）とは，労働者にとって有利な労働条件を定める就業規則の効力をも否定する意味かということである。労働条件が労働協約の締結によって引き下げられたときなどに問題となろう。これは労働協約について「有利性の原則」を認めるべきか否かという議論に関わるのであるが，「労組法は有利性原則の有無については，いわば白紙の立場をとっており，個々の労働協約の趣旨に委ねている」（菅野877頁），と解するのが妥当であろう。そして，就業規則と労働協約の間での有利性の原則の問題については，「労働協約が統一的な労働条件を設定するものか，それよりも有利な労働条件を許容するものか否かを認定・判断していくことになる」（山川隆一「労働契約と労働協約・就業規則──労働関係における規範の重層性を背景に」法曹時報65巻3号［2013年］582頁），というように考えるべきであろう。

その就業規則は労働契約への「補充効」等の効力を有するのか。労契法制定前は，労働協約に反するゆえに無効となった就業規則が協約の失効後に効力を回復すると見るべきではないと一般に考えられ，その旨をいう裁判例もあった（佐野第一交通事件＝大阪地岸和田支決平 14. 9. 13 労判 837 号 19 頁等）。筆者も，使用者が労働組合との交渉において合意に達するか，「誠実交渉」を尽くした後に就業規則を制定するか労働契約を締結するまでは，労働条件は失効前の労働協約により定められていると考えるべきであって，労働協約の失効により就業規則の効力が復活すると解すべきではないとしていた（本書〔第 3 版〕[2001 年] 298 頁）。しかし，「労働協約の規範的効力は協約の有効期間中に限って労働契約を（外部から）規律する特別の効力」（菅野 901 頁）であり，有効期間の定めがない就業規則は「労働協約が失効して空白となる労働契約の内容を補充する機能も有すべきもの」（香港上海銀行事件＝最 1 小判平元. 9. 7 労判 546 号 6 頁）である。それゆえ，次のように考えるべきであろう。労働協約が失効して無協約の状態となっている場合は，労働協約によって効力を「停止」されていた就業規則が再び労働契約の内容となる効力を持つことになる。労働協約が有効期間を定めるとしても 3 年を超えることができず，期間の定めがないものは 90 日前の予告をもって自由に解約できること（労組 15 条）からも，そのように解するのが適切といえるであろう。

④ 就業規則の最低基準効

　労契法制定前においては，就業規則には労基法等の労働者保護法のような強行的・補充的効力（→10 頁以下）がある旨を，労基法旧 93 条が定めていた。これが労契法制定後は同法 12 条に移行し，現行の労基法 93 条は労働契約と就業規則の関係は労契法 12 条の定めるところによるとするものになっている。

　就業規則の法的性質に関する「保護法授権説」が労基法旧 93 条を法規範性の根拠としていたこと，筆者が同条および労契法 12 条は労使の個別的取引による労働条件の低下を労働者保護の観点から抑止しようとするものと解することは前述した（→402 頁）。それから，労働条件を労働者の不利益に変更する就業規則は，個々の労働者の合意があっても，労基法旧 93 条・労契法 12 条に抵触するゆえに労働契約内容たり得ないとする見解がある。この考え方に筆者は到底賛成できないのであるが，それについては「就業規則の不利益変更」のところで論じる（→424 頁）。いずれにしても，労働者が就業規則で定めるものを下回る労働条件について合意していても，それが労契法 12 条によって無効となることは否定できない。[9]

---

[9]　北海道国際航空事件＝最 1 小判平 15. 12. 18 労判 866 号 14 頁は，就業規則の定めに反して低額の賃金を認める賃金減額の合意を無効としている。これに対し，朝日火災海上保険事件＝最 2

届出・意見聴取の義務が履行されていない就業規則にも最低基準効は認められると解すべきことは，前述のとおりである（→406頁以下）。周知がされていない就業規則にも最低基準効は認められると解してよいであろう。最低基準効の趣旨は個別取引による労働条件の低下を抑止することにあると考えられるからである。

Ⅲ　就業規則の不利益変更

1　就業規則の変更についての判例理論等

(1)　「不利益変更の効力」という問題

これは，就業規則の「法的性質論」と最も深く密接に関連するのみでなく，裁判例にもしばしば登場する実務上の重要問題である。問題をより具体的にいえば，使用者が就業規則の改定を行い（規定の新設または内容変更により），それが労働者に不利益をもたらす場合には，いかなる要件がみたされるならば改定以前から在籍している労働者も拘束されるのかということである。

先に述べたように，就業規則の法的性質についての「契約説」によれば，改定された就業規則は個々の労働者の同意を得てのみ労働契約の内容を変更することができる。「法規説」においては，「経営権説」では就業規則の変更は当然に労働契約に効力を及ぼすものとされるが，「保護法授権説」は労働条件を不利益に変更した就業規則は労働者の同意がなければ法的拘束力を持ち得ないとする。判例においては，「法的性質」論の場合と同じく，前掲の秋北バス事

小判平6.1.31労判648号12頁は，賃上げ分を退職金の算定基礎に算入しないことにつき労組とは合意し従業員への周知もされていたが就業規則の改定は行われていなかったところ，非組合員である退職者から就業規則の定めによる退職金の支給が請求されたことについて，その旨の変更が雇用契約においても黙示に合意されたとする使用者の主張の当否を審理すべきであるとして，請求を認容した原判決を破棄している。労基法旧93条・労契法12条について，筆者は法規定としての合理性に疑いを持っているが，現行法上は就業規則所定のものより低い労働条件を定めた労働契約の効力を肯定することはできないから，判旨は正しくない法解釈をするものといわざるを得ない。なお，山梨県民信用組合事件＝最2小判平28.2.19民集70巻2号123頁は，使用者が就業規則を改定することなく労働条件の不利益変更について労働者の同意を得ても，その合意は労基法旧93条により無効になるとしている。上記の北海道国際航空事件＝最1小判平15.12.18と同旨ということになろう。

件＝最大判昭43.12.25が独自の問題処理の枠組みを示し，それが以後の最高裁判例等によって次第に補完されつつ法的ルールとして確立された。その「合理的変更法理」（荒木360頁）が，労契法の制定によって成文法化された（8条・9条・10条）のである。

(2) **判例理論**

秋北バス事件＝最大判昭43.12.25は，前記の法的性質論（→399頁）に続けて以下のようにいう。「新たな就業規則の作成又は変更によって，既得の権利を奪い，労働者に不利益な労働条件を一方的に課することは，原則として，許されない」が，「労働条件の集合的処理，特にその統一的かつ画一的な決定を建前とする就業規則の性質からいって，当該規則条項が合理的なものであるかぎり，個々の労働者において，これに同意しないことを理由として，その適用を拒否することは許されない」。そして，このケースの55歳定年制の新設は不合理なものではないとされた。

この1968（昭43）年の大法廷判決以降，今日に至るまで就業規則の改定による労働条件の不利益変更に関する多数の裁判例が出されているが，初期の若干の下級審裁判例を除けば同大法廷判決の枠組みを用いて問題が処理され，最高裁判例を中心に，当該の変更が「合理的」なものかどうかを当該のケースの具体的な諸事情から「総合判断」して結論を出すという方法が一般化している。[10]

■**就業規則変更に関する最高裁判例**

以下の最高裁判例があった。①御国ハイヤー事件＝最2小判昭58.7.15労判425号75頁は，退職金支給基準が変更されたケースであるが，不利益を一方的に課する変更であるにもかかわらず代償となる労働条件が何ら提供されず，また不利益を是認させる特別事情も認められないから合理性に欠けるとした。

②タケダシステム事件＝最2小判昭58.11.25労判418号21頁では，生理休暇につき年間24日を有給としていたのを改めて月2回を限度に基本給の68％を支給することとした変更の効力が争われたが，次のようにして変更に合理性が認められるとされた。就業規

---

10) この「方法」については，次のようにいうことができよう。それは，就業規則変更の「必要性」と「内容の相当性」の，それぞれにおける程度・態様（量・質）を相関させて就業規則変更の合理性の有無を判断するというものである。図式的にいえば，「必要性」と「内容の相当性」が大きく高いほど変更の合理性が肯定され，前者も後者も小さく低いほど逆ということになる。そして，この大小・高低の判断はいわば広い視野に立って，当該のケースにおける多様な事情を考慮に入れて行われなければならないのである。

則の変更は労働者にとって不利益なものでも合理的であれば労働者の同意を要せずに適用される。変更が合理的か否かの判断には内容と必要性の両面からの考察が求められ，従業員が被る不利益の程度，関連して行われた賃金の改善状況のほか，旧規定の下で有給生理休暇の取得について濫用があり，社内規律の保持および従業員の公平な処遇のために変更が必要であったか否かを検討し，さらに労働組合との交渉の経過，他の従業員の対応，関連会社の取扱い，わが国社会における生理休暇制度の一般的状況等の諸事情を総合勘案する必要がある。

③大曲市農業協同組合事件＝最3小判昭63．2．16民集42巻2号60頁は，合併後に給与・退職金等の規程改正が行われて合併前に比し退職金支給基準が下がる結果となった労働者が旧規程による退職金額の支払いを求めたケースである。判決は，変更により労働者が被る不利益の程度を考慮しても法的規範性を是認できるだけの合理性が必要とした上で，賃金・退職金等の重要な労働条件に関し実質的な不利益を及ぼす就業規則の作成・変更は，「そのような不利益を労働者に法的に受忍させることを許容できるだけの高度の必要性に基づいた合理的な内容」のものである場合に効力を生ずるという。そして，このケースでは合併後に給与が通常の昇給分を超えて増額されたため退職金額の低減による不利益は小さく，他方で合併による労働条件の統一的・画一的処理の必要性は大であり，また合併後に他の労働条件も改善されていること等から新規程には合理性があるとしている。

④第一小型ハイヤー事件＝最2小判平4．7．13労判630号6頁は，タクシー運賃改定時に行われた歩合給の計算方法を変更する就業規則改定の効力が争われたケースについて，それを否定した原判決には変更の合理性に関する判断に審理不尽の違法性があるとした。判決は，変更された賃金計算の方法が従業員の利益をも適正に反映していれば合理性が認められるとして差戻審において確定されるべき諸点をあげているが，さらに新計算方法は会社と労組の団交で決められたものゆえ労使の利益が調整されたものという推認が可能であるか否かも確定すべきであるとしている。

⑤朝日火災海上保険［高田］事件＝最3小判平8．3．26民集50巻4号1008頁では，経営危機の克服と合併後の労働条件の統一のために57歳で定年退職するが60歳までは賃金40％減の特別社員として勤務できることとし，また勤続30年での退職金の支給率を71か月から51か月に引き下げる（経過措置あり）という就業規則変更の効力が問題となった。判決は制度改革の合理性は肯定し，定年が63歳から57歳となるが経過措置により62歳まで特別社員として雇用される者についても変更の効力は及ぶとしたが，その者の退職金が71か月分から経過措置によって60か月分に減額されることについては不利益性が大きすぎるとして合理性を否定した。

⑥第四銀行事件＝最2小判平9．2．28民集51巻2号705頁は，55歳定年で58歳まで再雇用していたのを60歳定年とするが55歳以降の賃金を減額するという就業規則変更がなされたケースについて，従業員の高齢化，変更後の賃金水準の他銀行との比較，多数従業員が加入している労組との合意等の諸事情を勘案すれば合理的な変更であったとしている。

⑦みちのく銀行事件＝最1小判平12．9．7民集54巻7号2075頁は，60歳定年の下で専任職制度を導入して55歳以降の定期昇給を停止し，さらに業績給を50％減額すること

などの就業規則改定が，従業員の70%強を組織する労組との合意を経て行われたケースであった。判決は，この就業規則変更には高度の経営上の必要性があったといえるけれども，専任職制度がもたらす賃金面の不利益はきわめて重大であって合理的な内容のものとは認められず，そのことを勘案すれば労組の同意を大きな考慮要素と評価することは相当でなく，一方的な変更によって不利益を受ける労働者について経過措置を設けて救済を図ることもないままに不利益のみを受忍させることには相当性がないとして，賃金減額の効果を有する就業規則変更の効力を否定している。

⑧羽後銀行事件＝最3小判平12.9.12労判788号23頁では，週休2日制の実施にともない1日の所定労働時間を延長する就業規則変更の効力が争われた。判決は，所定労働時間の延長による時間外労働手当の不支給による不利益は実質的に大きくなく，休日増加による利益があるとして就業規則変更の効力を認めている。

⑨函館信用金庫事件＝最2小判平12.9.22労判788号17頁も，週休2日制の実施にともなう所定労働時間の延長が問題となったケースであった。ここでも就業規則変更の効力は肯定され，次のようにいわれている。年間を通してみると所定労働時間に大差はなく，他方で休日が増加しているから実質的な不利益は大きくなく，かつ経営効率が著しく劣位であったために週日の労働時間延長の必要性が大きく，また改定された就業規則の下での所定労働時間はわが国の水準として長時間ではないから，就業規則の変更には社会的相当性があった。従業員の多数が加入する労組が強く反対し協議も不十分であったこと等を勘案しても，不利益を労働者に受忍させることもやむを得ない程度の必要性が認められる合理的な内容の就業規則変更といえる。

(3) 私 見

「就業規則の変更の効力」問題に関する判例理論について，学説の多くは批判的であるように見える。「合理性」判断によることの根拠が不明で「労働条件の集合的処理」をいうだけでは不十分である，就業規則法制は労働者の利益擁護のためにあり使用者の便宜の考慮は視界の外にある，「合理性」の有無判断は困難で恣意的になりやすく当事者の自主性を侵す危険を有する，といわれている。以下では，筆者がこれまで考えてきたところを記しておく。

労働関係，とりわけ激しい環境変化のなかにある現代の労働関係においては，労働条件を変更する必要性はいわば日常茶飯事として存在し，それは現に常時行われている。変更には労働条件を引き上げるものも逆のものもある。問題はその方法であるが，現行の労働法は労使が「対等の立場における合意に基づいて」（労契3条1項）変更することを基本とする（労契8条）が，より望ましいものとして予定していると考えられるのは，団体交渉により使用者と労働組合が合意に達して締結した労働協約の規範的効力（労組16条）によって労働契約の

内容が変更されることであろう。しかし，この方法は未組織労働者については用いることができない（労組法17条により労働協約が拡張適用される場合はあるが）。組織労働者に関しても，組合が交渉することを欲しない場合あるいは団交において使用者が「誠実交渉」義務を尽くしたにもかかわらず組合と妥結し得なかった場合にはどうすべきであるのか。こうした事態のいわば理想的な処理方法は，すべての従業員の同意を取りつけることである。しかし，それはしばしば不可能もしくは非現実的であり，また一事業場内もしくは一企業内に従前からの労働条件の者と変更された労働条件の者が混在することは企業経営にとって耐え難く，労働者側の利益に必ずしも合致しない。それでは，労働条件を変更する経営上の必要性が認められる場合に使用者は労働者を変更に同意しないという理由で解雇できるか。契約法の一般原則では期間の定めのない継続的契約の解約には理由は不要であり，まして契約内容を変更する必要性が認められる場合であれば解約権の濫用も成立し得ない。ところが，わが国の判例が形成し，今日では成文法となっている（労契16条）解雇権濫用禁止の法的ルールの下では，そのような解雇は合理的理由を欠くゆえに解雇権濫用に当たり無効とされることが多いであろう。

　問題の所在を以上のように把握するならば，学説における「経営権説」のように，使用者による就業規則の変更は常に可能であり労働者を当然に拘束すると解することもできないが，逆に「契約説」あるいは「保護法授権説」等のように，労働者にとって不利益な就業規則の変更は個々の労働者の同意が得られないかぎり効力を生じないと解するのも適切でないことが明らかになる。結局，判例が用いてきた枠組みが最も適切で有用度が高いというほかはない。次のようにいえようか。著しく不利益な労働条件を一方的に課するものでなく，しかも十分な合理性を持った就業規則の変更は，個々の労働者の同意がなくても労働契約を変更する効力を有する。この場合に当たるか否かの判断は，就業規則の変更を行う使用者側の必要性・合理性と労働条件の変更によって労働者が受ける不利益の性質・程度の考量を中心に，当該のケースの諸事情を考慮にいれた「総合判断」として，具体的な公平を図る見地から行われるべきである。この判断が予測可能性に乏しく客観性が担保されない感じが強く，また当事者の個別的事情に深く立ち入ったものとなるのは，それが多くの場合に実質的には「利益紛争における仲裁判断」（諏訪康雄「就業規則法理の構造と機能」労働法71号

［1988年］24頁）の性質を持つ以上はやむを得ないことである。

　では，それを「法的性質」論との関係ではいかに理論構成すべきであるのか。判例の考え方では，就業規則が最初に労働契約の内容となるに際して「合理的」であることを要するのと同様に，変更された就業規則の条項が労働契約の内容を変更させる場合も「合理的」でなければならないという理屈なのであろう。つまり，労働条件は就業規則によるという「事実たる慣習」により，当事者の反対意思の存在が明らかでなく内容に合理性があり開示もされていれば就業規則が労働契約の内容となって法的拘束力を持つのであるから，就業規則が変更された場合も同じように内容の合理性と開示を要件として労働契約の内容が変更されるということであると思われる。

　このような判例の「変更の効力」論にも理論的整合性を認めることはできる。しかし，「事実たる慣習」のロジックを用いた理論構成には賛成できない。とすれば，「契約説」の立場に立ちつつ以下のようにいうほかはない。労働契約においては一般に，就業規則の改定により労働契約の内容を一定の合理的範囲内で，かつ合理的方法で変更することにつき，労働者はあらかじめ使用者に黙示の承諾を与えていると解される（昭和電工事件＝東京高判昭29.8.31労民集5巻5号479頁は同旨をいう）。

② 労働条件の不利益変更と労働契約・就業規則

　先に述べたように，就業規則の不利益変更に関する判例の「合理的変更法理」は労契法8条〜10条において成文法となった。これらの「労働契約の内容の変更」（8条）と「就業規則による労働契約の内容の変更」（9条・10条）というタイトルを付せられた諸規定は，労働条件変更に関する法的ルールを定めたものとして，現行の労契法における実務上も理論上も最重要の部分である。

(1) 合意による労働条件の変更

　労契法8条は，労働者と使用者の合意によって労働条件を変更できるとする。当事者間の合意による契約内容の変更可能性は契約法の原則から当然のことであるが，同条は，労使が対等の立場で労働契約の締結・変更を行うべきであるという理念（労契3条1項）を具体的に確認すべく，このように規定しているのである。「労働条件」の意義については前述した（→409頁）。また，合意に

よる労働条件の変更に関わる問題については，「賃金に関する法的問題，合意による賃金減額の適法性」の項（→第3章第1節Ⅰ②）において多少とも詳しく論じている（→275頁以下）。

(2) 就業規則変更による労働条件の不利益変更

労契法9条は，使用者は労働者と合意することなく就業規則の変更によって労働条件を労働者の不利益に変更することはできない（本文）が，同法10条が定めるところにより就業規則を変更して労働条件の不利益変更をすることができる（但書），とする。

■労契法10条の類推適用

　Y社事件＝大阪高判平28．10．26判時2333号110頁は，相当多数の従業員を組織する労働組合と交渉して合意した労働条件の不利益変更（賃金減額）を使用者が社内報等で全従業員に周知させていても，それが就業規則の変更として労働契約に効力を及ぼすものとは認められないとしている。労基法が使用者に作成・届出を義務づける就業規則は文書の形式を必須とするものであろう。しかし，労働条件の統一的・画一的決定の要請にもとづき契約内容を定型的に定める就業規則（前掲秋北バス事件＝最大判昭43．12．25）あるいは労契法7条・10条・12条等の「就業規則」については，その作成・変更は要式行為ではない（不文の就業規則もあり得る）と解してもよいであろう。もっとも，労契法11条は，就業規則変更の手続については労基法89条・90条の定めるところによるとする。そこで，上記のY社事件＝大阪高判平28．10．26の事案のような場合について，「周知」と「合理性」の要件がみたされているならば，労契法10条が類推適用されて，労働契約への「契約変更効」が生じる（労契12条による「最低基準効」も生じる），と考えるのがよいと思われる。

(i) 労働者との合意がある場合

労契法9条本文は契約法の原則からは当然のことをいうものであり，同法8条の趣旨を就業規則による労働条件の不利益変更に関して確認したものといえる[11]。

そこで，就業規則変更による労働条件の不利益変更を使用者と労働者が合意している場合には，その就業規則変更が「合理的なもの」（労契10条本文）であることを必要としない。それは9条本文の反対解釈から導かれることでもあ

---

11) ちなみに，労契法の立法過程の途中までは9条本文は8条の原則に含まれるとして明示されていなかったが，判例法理を忠実に反映するという考え方により明文で規定することになったということである（荒木ほか・労契法122頁）。

る。これに対し，労働条件を不利益に変更する就業規則に個々の労働者が合意しても就業規則の最低基準効（労基93条・労契12条）により労働条件は変更され得ない，とする裁判例があった（協愛事件＝大阪地判平21．3．19労判989号80頁）。そして，同旨ないし類似の見解をいう学説がある。

■「合意基準説」と「合理性基準説」
　労働者が合意している以上は就業規則変更の合理性は問題にならないとする見解は「合意基準説」，就業規則変更に合理性がない場合は労働者が変更に合意しても拘束されないとする見解は「合理性基準説」といわれる（荒木379頁）。この「合理性基準説」の学説は次のようにいう。労契法10条に照らして不合理と認められる労働条件の引下げについての合意は，同法の12条と第1章「総則」および労基法の就業規則に関する監督的規制の趣旨に反する。労契法9条は，労働契約の変更は合意により行われるべきものという原則を不利益変更の場面で訓示的に確認したもので，同法10条が原則的考え方を示した規定である（淺野高宏「就業規則の最低基準効と労働条件変更（賃金減額）の問題について」『経営と労働法務の理論と実務〈安西愈古稀記念〉』［2009年］322頁・323頁）。また，イセキ開発工機事件＝東京地判平15．12．12労判869号35頁は，賃金減額をともなう職能資格への格付けを定めた新就業規則について労働者が合意したのであるから適用は拒否され得ないとしたのであるが，これを批判して次のようにいう見解がある。就業規則の不利益変更による労働条件の変更を個別の合意によって法的に容認することは，労基法上の就業規則法制の根幹をなす同法旧93条に抵触する（唐津博「就業規則変更による新資格格付け（降格）と賃金減額の効力」労判877号［2004年］5頁）。それから，労契法12条を根拠に「合理性基準説」をいうのは適切でないが，就業規則変更への合意は「労働者の『真に自由な意思』にもとづく」ものでなければならず，結局，労契法10条による合理性の審査が必要であるとする見解もある（西谷170頁）。荒木380頁は，判例法理および労契法では「合意基準説」が必然的帰結であるとするが，そのとおりであると筆者も考える。

　近年の裁判例では，労働条件の不利益変更に労働者が同意した場合は「合理性」は不要であるが，その同意は変更内容を具体的・明確に説明して得られたもの，あるいは不利益性を十分に認識した上で自由な意思にもとづいて表明されたものでなければならない，とするものが多い（協愛事件＝大阪高判平22．3．18労判1015号83頁，熊本信用金庫事件＝熊本地判平26．1．24労判1092号62頁等）。そして，山梨県民信用組合事件＝最2小判平28．2．19民集70巻2号123頁は，労働契約の内容である労働条件は労使の合意によって変更できるものであり，そのことは就業規則に定められている労働条件を労働者の不利益に変更する場合でも異なるものではない，としている。これは判例が上記の「合意基準説」に立つという意味であろう。ただし，同最高裁判例は次のようにもいう。

労働条件の変更が賃金・退職金に関するものである場合は[13]，労働者の同意の有無は慎重に判断されるべきで，①労働者にもたらされる不利益の程度・内容，②労働者が同意するに至った経緯・態様，③労働者への情報提供・説明の内容に照らして，「自由な意思に基づいてされたものと認められるに足りる合理的理由が客観的に存在するか否かという観点から」判断されるべきである[14]。

　就業規則の不利益変更に関する判例理論では，変更が合理的なものであれば労働者は不同意を理由に適用を拒否できない（前掲秋北バス事件＝最大判昭43.12.25）のであるから，合意があれば合理的であることを要しないのは当然ということになる。契約法の基本ルールをいう労契法8条と9条本文からも，そのように解すべきことは明らかであろう。就業規則の変更は使用者が合意によらず一方的に行うものであるゆえに「合理的なもの」でなければ労働契約の内容となり得ない（労契10条）のであるから，労働者が合意していても「不利益変更」であるゆえに「合理的なもの」でなければ労働契約の内容となり得ないとする考え方は，それこそ「合意原則」（労契8条・9条本文）に反するものではないかと筆者は思う。また，就業規則に最低基準効があること（労基93条・

---

12)　山梨県民信用組合事件＝最2小判平28.2.19についての調査官解説（法曹時報70巻1号〔2018年〕306頁）参照。

13)　これは，労働条件の不利益変更への労働者の同意の任意性について高度の慎重・厳格を求めることの射程を限定する意味なのであろうか。そう解しなくてもよいように思われる。同判決についての上記注12)の調査官解説は，賃金や退職金に関する労働条件の不利益変更以外の場面にも本判決の考え方が及ぶことを肯定するものとも否定するものとも解し難いという。就業規則の不利益変更に関して，賃金などの重要な労働条件の変更は高度の必要性にもとづいた合理的なものであることを要すると判例・裁判例はしばしば説示するが，高度の必要性が存しないとして変更の合理性を否定したものはあまり見られない（→429頁）ところでもある。なお，求人票記載のものとは異なる処遇について，労働条件の不利益変更がされたが合理性に欠けるゆえに労働者との合意を認め得ないとした福祉事業者A苑事件＝京都地判平29.3.30労判1164号44頁は，無期契約を有期契約に変えることも定年制を設けることも賃金・退職金基準の変更と同じく重要な労働条件の変更ゆえ，前掲山梨県民信用組合事件＝最2小判平28.2.19が示した基準に則って労働者の同意の有無を判断すべきである，という。

14)　当事件は，退職金基準を定めた就業規則の不利益変更についての労働者の同意の効力が争われたものであった。最高裁判例は，退職金基準の変更に同意するか否かについて労働者が自ら検討し判断するために必要十分な情報を与えられていなければならず，変更の必要性等について説明がされるだけでは足りず，具体的な不利益の内容や程度についても情報提供や説明がされる必要があったとして，同意書への署名押印により退職金基準の不利益変更に労働者が同意したとする原審の判断を審理不尽で不適法としている。なお，差戻審（東京高判平28.11.24労判1153号5頁）では，自由な意思にもとづく同意があったとはいえないとして，変更前の就業規則の規定による退職金の支払請求が認容されている。

労契12条)をもって,就業規則の不利益変更への合意も「合理的なもの」であることを要するとする学説もある。しかし,不利益変更であっても就業規則が変更された後において最低基準効を有するのは,旧就業規則でなく新就業規則のはずであるから,この考え方は理解し難いものである。[15]

とはいえ,労働条件の不利益変更への合意の認定が厳格になされるべきことは銘記しておかなければならない。就業規則の改定による労働条件の不利益変更に個々の労働者が反対を表明することは一般にきわめて難しく,また引き下げられた労働条件の下で労働者が不本意ながら就労し続けることは決して珍しくないからである。前記のように,山梨県民信用組合事件＝最2小判平28.2.19は,労働者の自由意思による同意と認められる「合理的な理由」が「客観的」に存在していなければならないという。そして,同事件のケースでは,労働者が自ら検討し判断するための必要十分な情報が提供されて,具体的な不利益の内容・程度の説明があったのでなければ,自由意思による同意があったとは認められないとしている。

筆者には,「自由意思によると認められる合理的理由が客観的に存在するか否か」という判断ルールには違和感があり,これは妥当・適切なものではないように思われる。しかし,最高裁判例が,就業規則の不利益変更への労働者の同意は慎重に有無判断をすべきものとして,その際に考慮されるべき諸事情を詳細に示したことは有意義であったと考える。とりわけ,労働者が自ら検討し判断するために必要十分な情報を使用者は提供すべきであるとしたところは肯定的な評価に値するといえよう。[16]

---

15) 「合理性基準説」の見解には就業規則の「最低基準効」の意義を強調するものが多い (→422頁)。しかし,労基法93条・労契法12条の立法趣旨は必ずしも明確ではない。使用者が一方的に定めるのが通常である就業規則が労働者と合意したものを否定する効力を有するのは,「合意原則」(労契8条・9条本文) と整合しないのではないか。結局,労使の個別取引による労働条件の低下を抑止する目的のものと解するほかはない。そのような「最低基準効」の定めを就業規則制度の根幹であるとし,それゆえに就業規則変更による労働条件の不利益変更についての合意にも「合理的なもの」であることが求められるとする法解釈論は,これまた「合意原則」と相容れない考え方で,筆者には理解不可能である。

16) なお,山梨県民信用組合事件＝最2小判28.2.19についての調査官解説 (前掲注12)) は,同判決がいう「自由な意思と認める合理的理由の存在」とは労働者の「自由な意思」そのものを探求するのではなく,自由な意思と認めるに足りる「合理的な理由」が「客観的に存在」するか否かによって同意の有無を判断しようとするものと解される,という (同329頁注14)。そのような意味であれば筆者にも了解可能であり,とくに異論はない。

■「自由意思によると認められる合理的理由の客観的存在」について

　このことは，数多くの裁判例において引用される①シンガー・ソーイング・メシーン事件＝最2小判昭48．1．19民集27巻1号27頁に始まって，②日新製鋼事件＝最2小判平2．11．26民集44巻8号1085頁，③広島中央保健生協（C生協病院）事件＝最1小判平26．10．23民集68巻8号1270頁においていわれ，下級審裁判例では常套句になっているようである。筆者には，客観的に合理的理由を欠く解雇は権利濫用で無効ということ（労契16条）は了解できるが，真意にもとづくと認められる合理的理由が客観的に存しない意思表示は無効ということには了解が容易でない。それに，上記の①・②・③では，強行法規に反する合意（①・②では労基法24条1項，③では均等法9条3項にそれぞれ違反する内容の合意）であるが例外的に適法とされるためには真意にもとづくと認められる合理的理由の客観的な存在を要するとされている。就業規則の不利益変更についての合意が強行法規に反するなどということはないから，その合意の有効要件を特別に厳しいものとすることが妥当・適切であるとは考えられない。労働者の合意（同意）は慎重に認定すべきであって，その旨の労働者の自由な意思を首肯させる客観的事情が存する場合にのみ肯定すべきものである（菅野202頁），といえば十分であろう。

　「賃金減額についての合意」を論じた項で述べたように，労働条件の不利益変更への労働者の同意について，裁判例には，「真意による」と認められる合理的理由の存否を問うものと，「確定的」な合意の成否を問うものがある（→278頁以下）。それは就業規則の不利益変更への労働者の同意に関しても同じであるが，最高裁判例は前者ということになるのであろう。筆者は前述（→279頁）のように後者がベターと考えている。すなわち，「労働条件の変更等という法的効果の発生につき確定的に同意する旨の効果意思が労働者により表示されたと認められる場合に，はじめて確定的な合意の成立を認める」（山川隆一「労働条件変更における同意の認定」『労働法学の展望〈菅野和夫古稀記念〉』［2013年］275頁）のが適切であろう。そして，「確定的な合意」が成立していると認められても，その合意が意思の欠缺・瑕疵のゆえに取り消され得ることもある（民95条・96条），というように考えればよいのではないか。

　(ⅱ)　**就業規則による労働条件の不利益変更**　労契法10条は，使用者が就業規則の変更により，①労働条件を労働者の不利益に変更する場合には，②変更後の就業規則を労働者に周知させ，③その変更が合理的なものであるときは，④労働条件は変更後の就業規則が定めるところによるものとする（同条本文）。ただし，⑤就業規則の変更によっては変更されないものとして合意された労働条件については別であるとされている（同条但書）。これが，判例によって確立さ

れた「合理的変更法理」の成文法化であることはいうまでもない。この①・②・③は，就業規則変更による労働条件の変更が労働契約内容となる（契約変更効）ための「要件」であるが，それらは強行法的効力を持つものと解すべきであろう。[17] ④は不利益変更の「効果」であり，⑤は「特則」である。

　まず，上記①の「不利益変更」であるが，労契法 10 条は，合意なしには労働条件を不利益に変更できないという原則（9 条本文）の例外を定めるもの（同条但書）であるから，労働者の不利益に変更するものでなければ同条は適用されない。現行法の下では，使用者が就業規則を労働者に有利に変更した場合には，就業規則の最低基準効を定める労基法 93 条・労契法 12 条によって，労働者の同意も変更の合理性も問題とされることなく，それが労働契約の内容になるのである。

　もっとも，不利益な変更であるか否かの判断が容易でない場合は少なくないであろう。たとえば，「年齢給」の比重が大きい賃金制度を「職務給」を基本とするものに改める就業規則の変更によって，労働者には賃金増額となる者も賃金減額となる者もいるような場合である（ノイズ研究所事件＝東京高判平 18. 6. 22 労判 920 号 5 頁のケースは，そのようなものであった）。裁判例では，実質的な不利益が存すると認められれば不利益変更に当たるとされ，実質的不利益を明瞭に認定できない場合は，新旧就業規則の外形的比較において不利益とみなし得る変更であれば不利益変更に当たるとされ，その実質的不利益の有無・程度が変更の「合理性」の判断において考慮される，[18] といわれる（荒木ほか・労契法 134 頁以下，荒木 384 頁）。妥当な問題処理がなされていると見てよいであろう。[19]

---

17)　前述のように（→422 頁），就業規則の変更による労働条件の不利益変更に労働者が合意した場合は，それが「合理的なもの」か否かを問われることなく労働契約は有効に変更され得る。しかし，「就業規則の変更は合理性が問われることなく有効とする」といった約定を労使が結んでも，それは公序に反し無効と解しなければならない。

18)　上記のノイズ研究所事件＝東京高判平 18. 6. 22 は，旧賃金制度の下で支給されていた額より顕著に減少した賃金額が支給される「可能性が存在する点において，就業規則の不利益変更に当たるものというべきである」としている。

19)　次のような説明・理解は的確なものと思われる。裁判上は，原告の請求に対して，被告が就業規則の変更を抗弁として提出し，原告の主張する権利の不発生や縮減を主張する以上，原則として不利益変更に該当する。そして，「不利益」変更でない場合（たとえば定年延長の際に旧定年年齢以降の労働条件を引き下げた場合は，「不利益」変更とはいいにくいが労働条件自体は従前に比し低下している）は，労契法 10 条本文を類推適用しつつ，合理性については不利益変更の場合よりも緩やかに判断することが相当である（山川隆一「労働契約法の制定」労

就業規則の「変更」には，既存の規定を変更することのみでなく，新たに規定を設けることも含まれる。定年がなかった企業で定年制を就業規則に定めるような場合（前掲秋北バス事件＝最大判昭43．12．25の事案がこれであった）である[20]。なお，就業規則が存しなかったところで作成された就業規則の効力，合意または慣行により労働契約の内容となっていた労働条件を変更する就業規則の効力については，他のところで論じてある（→408頁，421頁）。

　次に上記②の「周知」については，労契法7条が定める労働契約締結時の周知と同じように考えればよいであろう（→411頁）。なお，労基法は使用者が就業規則を変更する場合にも届出と意見聴取をすべきものとしている（労基89条・90条1項）が，労契法では，届出と意見聴取は変更された就業規則が労働契約内容となるための要件とはされず（労契10条），就業規則変更の「手続」とされている（労契11条）。これについては，労契法は届出と意見聴取を「10条の合理性審査の入口要件とせず，……合理性審査の考慮事項と位置づける」ところの制度設計をしたものと説明されている（荒木386頁）。

　上記③の「合理性」は，変更された就業規則が労働契約の内容となるための最も重要な要件である。前述のように（→416頁以下），前掲秋北バス事件＝最大判昭43．12．25以降に出された多数の最高裁判例によって「合理的変更法理」が形成・確立されたのであるが，その「到達点を示した」（荒木387頁）とされる前掲第四銀行事件＝最2小判平9．2．28は，合理性の有無は具体的には以下の諸要素を総合考慮して判断すべきものとしている。すなわち，「変更によって労働者が被る不利益の程度」，「使用者側の変更の必要性の内容・程度」，「変更後の就業規則の内容自体の相当性」，「代償措置その他関連する他の労働条件の改善状況」，「労働組合等との交渉の経緯」，「他の労働組合又は他の従業員の対応」，「同種事項に関する我が国社会における一般的状況等」である。労契法10条は，これを「労働者の受ける不利益の程度」，「労働条件の変更の必要性」，「変更後の就業規則の内容の相当性」，「労働組合等との交渉の状況その他の就業規則の変更に係る事情」というように整理して定めたものといえる[21]。

　　研576号［2008年］11頁）。
20）　近年の裁判例には，専門管理職の一般社員への降格に関する定めの新設について，専門管理職全員を一律に降格させるものではなく，会社を活性化する合理的な制度であり，労働組合の同意を得るとともに管理職に説明していること等から，就業規則の合理的な変更であったとしたものがある（ファイザー事件＝東京地判平28．5．31労経速2288号3頁）。

このうちの「労働組合等との交渉状況」[22]に関しては，多数派組合が就業規則の変更に同意していれば「合理性」が推定されるのであろうか。そのように考えてよいとも思われるが，[23]労契法は過半数組合や労使委員会の合意・決議から合理性を推定する立場は採用せず，労働組合との交渉状況全般を合理性判断要素の1つとして考慮する立場がとられたとされている（荒木ほか・労契法140頁）。

　前にもふれた（→404頁以下）ように，労基法では就業規則の作成・変更において使用者は届出・意見聴取をすべきものとされている（労基89条・90条1項）が，労契法は，就業規則の「変更に係る手続」（労契11条）としてのみ，届出・意見聴取をすべきものとしている。これは，届出・意見聴取という手続は，労働契約締結時であれ不利益変更がされたときであれ，それを欠いたからといって就業規則の「労働契約規律効」が否定されることはないが，不利益変更の合理性判断における重要要素にはなることを意味するとされている。すなわち，意見聴取は労契法10条がいう「労働組合等との交渉の状況」として，届出は同条の「その他の就業規則の変更に係る事情」として，それぞれ変更の合理性判断において考慮されるべきものとされる（荒木ほか・労契法140頁）。労働契約法の制定過程における論議等[24]に照らして，このように解するのがよいと思われる。[25]

　それから，判例理論では，賃金などの重要な労働条件について不利益をもた

---

21) これは，最高裁の判例法理に沿って規定したものであって，判例法理に変更を加えるものではないとされている（平20.1.23基発0123004号）。
22) この「労働組合等」には，従業員の多数を組織する組合のみでなく，少数派組合など労働者を代表する集団が広く含まれるのであろう。
23) 最高裁判例では，従業員の約90％を組織する労働組合と労働協約を締結して行われた就業規則変更について，労使間の利益調整がされた結果として合理性が推測できるとされている（前掲第四銀行事件＝最2小判平9.2.28）。他方，約70％が加入する組合の同意を得ていることを大きな考慮要素にすべきでないとしたものもある（前掲みちのく銀行事件＝最1小判平12.9.7）。
24) 労契法の制定過程における議論では，当初は周知，意見聴取，届出の3つの手続が合理性判断ルールの入口要件と考えられていたが，後に，意見聴取と届出を合理性審査の入口要件ではなく，同審査の考慮要素とするほうがより適切な制度設計と考えられるようになったとされている（荒木386頁）。
25) 山川・前掲注19)12頁は，労契法があえて就業規則の変更手続に関する規定をおいている以上，労基法所定の手続をとったか否かが合理性の判断において考慮されるべきであり，その場合に過半数代表者が適切に選出されたか否かも考慮の内容に含まれ得るという。

らす就業規則の変更は，そのような不利益を労働者に受忍させることを許容できるだけの高度の必要性にもとづいた合理的な内容のものでなければならない，とされている。[26] 労契法10条の合理性判断においても，重要な労働条件の不利益変更は「高度の必要性」を欠いていれば「合理的なもの」であり得ないのであろう。

さて，以上の①・②・③の要件がみたされたときは，この後の⑤で説明するものを除いて，上記④の「契約内容変更効」が生じて，変更された就業規則に定めるところが労働契約の内容である労働条件となる（労契10条本文）。すなわち，就業規則による労働条件の不利益変更に同意しない労働者も変更後の就業規則が定める労働条件に拘束される。これは「確立した判例法理を受けて労契法10条が定めた特殊な効果」（荒木391頁）といえるものである。

そこで，就業規則の変更が「周知」あるいは「合理性」の要件をみたさないものであると，その不利益変更は「契約内容変更効」を有しないのであるから，労働契約の内容である労働条件は変更前の就業規則が定めるものということになる。とはいえ，そのことにより変更後の就業規則自体が「無効」になって，契約内容補充効（労契7条）も最低基準効（労契12条）も当然に否定されることになるわけではない。「労契法10条による就業規則変更の拘束力（従前の労働者に対する変更の拘束力）と，就業規則自体の有効性とは別問題」（荒木391頁）だからである。[27]

---

26) このような説示を最初にしたのは前掲大曲市農業協同組合事件＝最3小判昭63.2.16であるが，前掲第四銀行事件＝最2小判平9.2.28，函館信用金庫事件＝最2小判平12.9.22等でも同様のことがいわれている。その後も，賃金・退職金の減額をもたらす就業規則の変更の効力が問題となったものを中心に，多くの裁判例において同様の説示が見られる。もっとも，高度の必要性まではないとして，変更の合理性を否定した裁判例は意外に少ない（白石編著186頁〔西村康一郎〕）のは確かである。近年の裁判例には，就業規則変更が高度の必要性にもとづく合理的内容のものかどうかは諸般の事情を総合的に考慮して判断されなければならず，就業規則変更をしないと事業が存続不可能というような高度の必要性が求められるのではなく，その必要性が財政上の理由に限られるともいえないとして，給与規程の変更による賃金減額は高度の必要性にもとづく合理的なものと認められるとしたものがある（国立大学法人京都大学事件＝大阪高判平28.7.13労経速2294号3頁）。

27) 淺野・前掲307頁以下は，不利益変更に合理性がないとする判決が確定した場合，就業規則の旧規定が復活するのか，それとも変更後の規定が残存するのか，労働条件は変更後の規定によるとする労働者との合意は有効なのか，を論じている。そして，旧規定が復活すると考えるべきであって，労働条件は変更後の規定によるという合意は最低基準効（労契12条）によって無効になると解するようである。しかし，不利益変更が周知あるいは合理性を欠くゆえに契

上記⑤の「特則」とは，就業規則の変更によって不利益変更をしないことが合意（個別特約）されている労働条件については，契約内容変更効は生じないということである。これは，個別合意による労働条件変更を就業規則による労働条件変更に優先させたもので，合意による労働条件の変更という原則（労契8条）からは当然のことでもあるが，それが明文をもって法的ルールとされたのである。

　その「就業規則の変更によっては変更されない労働条件として合意していた部分」（労契10条但書）に該当するためには，そのような「合意が成立していると解釈・評価されることで足り，『就業規則の変更によっては変更されない』ことを予め明文化ないし明示していることが必要なわけではない」（荒木392頁）と解される。この合意（個別特約）によって設定された労働条件の変更は，いうまでもなく就業規則の変更によってなすことは不可能で，使用者と労働者の個別合意（労契8条）によることが必要である。なお，労契法7条但書における合意（→408頁）と10条但書における合意とは，重なることも多いが同一ではない（荒木393頁）。[29]

(3) 就業規則作成による労働条件の不利益変更

　就業規則を設けていなかった使用者が，新たに就業規則を作成して，従前の

　　約内容変更効が生じない場合は，旧規定（変更前の就業規則の規定）が労働契約の内容となって存続しているゆえに労働条件は旧規定が定めるところになるのであって，変更前の就業規則そのものが復活するのではない。したがって，労働条件は新規定（変更後の就業規則の規定）によるとする合意前（変更前の就業規則の規定）の最低基準効によって無効になることはないと解すほかはない。

28) 以下のような説明（荒木ほか・労契法144頁）は適切なものである。就業規則によって変更され得ない個別特約には，就業規則（たとえば年功賃金）と異なる特約（別体系の賃金を個別に用意）もあれば，就業規則の労働条件と同一の労働条件であるが（たとえば70歳定年，就業規則によっては変更されないもとして合意されている労働条件もある（70歳までの雇用を保障する特約によって雇用した場合で，就業規則を変更して65歳に引き下げても70歳定年の特約ありと解される）。

29) 以下の説明（荒木ほか・労契法145頁）も適切である。7条但書における「就業規則の内容と異なる……合意」には，10条但書の対象にもなるもの（就業規則により変更できない個別特約）と，10条本文の対象となるもの（就業規則による変更もあり得ることを予定した合意）があることになる。また，7条但書の別段の合意は就業規則と異なる労働条件の合意であるが，10条但書の個別特約は就業規則と同一内容でも就業規則によって変更されない趣旨の特約も含む。

労働条件を労働者の不利益に変更することは可能なのであろうか。新規作成は就業規則の「変更」ではないから労契法9条・10条は適用されないと考えられるし，7条は労働契約の締結時の就業規則の効力を定めるので，この場合には適用されない。判例では，就業規則の「作成又は変更」による労働条件の変更は合理的なものであれば労働者を拘束するとされていた（前掲秋北バス事件＝最大判昭43. 12. 25)[30]ので，就業規則の新規作成による労働条件の不利益変更も合理性をそなえていれば契約内容変更効が生じることになっていた。しかし，労契法は就業規則の新規作成による労働条件の変更についての規定を設けていない[31]。そこで，使用者が就業規則の新規作成によって労働条件を不利益変更することは許されず，それは労働者との個別合意によってのみ可能と解することも不可能ではない。けれども，それでは就業規則の変更による労働条件の不利益変更の場合と比して著しく不均衡になり，公平を失することになると思われる。それゆえ，就業規則の変更による場合も新規作成による場合も，労働契約の内容を変更する点において共通しているのであるから，後者の場合については，前者の場合についてのルールを定める労契法10条を類推適用する（荒木395頁，菅野204頁）のが妥当であろう。

■就業規則による労使慣行の変更

　そこで，労働契約の内容になっていると認められる労使慣行（→10頁）を就業規則の新規作成によって変更することにも，労契法10条を類推適用すべきことになろう（荒木396頁参照）。就業規則の定めと異なる労使慣行（労働契約の内容になっていると認められることは多くないであろうが）がある場合（たとえば就業規則では9時始業であるが9時10分までに出勤すれば遅刻扱いされない場合）に，就業規則の定めが遵守されるようにするために，使用者はいかなることをなし得るのか。次の見解は説得力に富む。就業規則と異なる労使慣行が労働契約内容となっていることは，就業規則の当該条項がその限りで失効していたも

---

[30] 事業場の従業員が10人以上となったために就業規則作成義務が生じた場合，あるいは作成義務はないが就業規則を作成することにした場合などに，使用者が労働条件の不利益変更を行うことが考えられる。

[31] 秋北バス事件＝最大判昭43. 12. 25の事案は，従前は存しなかった定年制（55歳）を就業規則の定めによって新設したものであったから，まさに「就業規則の新規作成による労働条件変更」の事例であった。

[32] 労契法の立法過程では，新規作成による労働条件変更も就業規則変更によるものと同様に扱うことになっていたのが，新規作成による労働条件変更の事案に関する最高裁判例がないとして，立法化の対象から除外されたということである（荒木395頁）。これも，筆者には理解し難い事情ではある。

のと解されるので,文言上は従前と同一の就業規則を現状の労使慣行を変更する趣旨で周知させる行為が「就業規則の変更」に該当する,あるいは変更に準ずる行為とみて,労契法10条を(類推)適用することが考えられる(荒木396頁)。

第3節 懲戒処分

I 懲戒処分の意義と根拠

1 懲戒処分の意義

　零細なものを除くわが国の大多数の企業は，就業規則に「懲戒」の定めを設けている。そこには，もろもろの事由にもとづく，さまざまな形態の懲戒処分をなす旨が定められている。一般的な定義をすれば，懲戒処分とは使用者が「従業員の企業秩序違反への制裁」として労働者に対して行う不利益措置ということになろうか。それがしばしば労使間の紛争の原因となって法的な解決を要することは，本書が取り上げている諸問題のなかに懲戒処分に関わるものが多数あることにも表れている。懲戒処分に関わる事件の裁判例は，無数といってもよいほどに多数みられる。しかし，労基法には「制裁」という言葉を用いる89条1項9号と91条があるにとどまる。2007（平19）年制定の労契法には，使用者が懲戒権を濫用すれば処分は無効となる旨をいう規定がある（15条）。

2 懲戒権の根拠

(1) 判例・学説

　労基法の懲戒処分に関する前記の2つの規定（89条1項9号・91条）は，懲戒の定めをするのであれば「種類」と「程度」を就業規則に規定すべきことと，処分形態の1つである減給の額への制限を定める。労契法15条は，「使用者が労働者を懲戒できる場合において」も権利濫用し得ないことをいう。いずれにせよ，使用者が労働者に対して懲戒処分をなす権利を有するという趣旨の規定は労基法にも労契法にも存在しない。そこで，現に使用者が労働者に対して懲戒処分を行っており，労基法・労契法もそれを予定した規定を設けていることを法理論的にはどのように説明すればよいのか。これは，今日でもなお，労働法における基礎理論的な重要問題の1つである。この議論は，直接的には就業規則に規定がなくても懲戒処分は可能かという実際問題に結びつく。さらに，懲戒処分の権限の範囲・限界等についての基本的な考え方にも関連してくる場

合がある。

「懲戒権の根拠」という問題について，かつての学説には「固有権説」，すなわち企業秩序を乱す労働者の行為に対して制裁をなし得ることは企業および労働契約の本質上当然であるから，就業規則に規定がなくても使用者は相当な程度の懲戒処分をなし得るという見解もあった。今日では一般に，使用者は就業規則の規定にもとづいてのみ懲戒処分をなすことができると解され，それぞれの就業規則の法的性質論に即した理論構成がされている。さらに，就業規則の懲戒規定は多くの場合に合理的限定解釈を必要とし，また懲戒権の濫用を厳しく戒めるというのが支配的な考え方といってよいであろう。

■「懲戒権の根拠」についての諸見解
　就業規則の性質に関する「契約説」は就業規則の懲戒条項が労働者の同意を得て労働契約の内容となるゆえに懲戒処分が効力を持つと解し（花見忠『労使間における懲戒権の研究』［1959年］191頁以下等），「法規説」（保護法授権説）は使用者の定めた就業規則の懲戒条項が労基法旧93条（現労契12条）により付与された法的効力により拘束力を持つという（沼田稲次郎『就業規則論』［1964年］149頁等）。今日の学説には以下の諸見解があり，筆者が本文に記した「懲戒権の根拠」問題についての考え方は，これらの学説からも示唆を受けている。

　(1) 西谷敏「就業規則」片岡曻ほか『新労働基準法論』［1982年］515頁以下は，労基法が制裁に関する事項を就業規則の相対的必要記載事項とし，しかも就業規則に法規範的効力を付与したことに使用者の懲戒権の根拠を求めるほかないが，懲戒制度を「実質的に正当化」するには，共同作業を円滑に進めるための秩序・規律の必要性に対する労働者の規範意識における是認および契約法上予定されている解雇と損害賠償では制裁手段として不十分である点に注目すべきであるという（なお，西谷204頁参照）。

　(2) 毛塚勝利「懲戒の機能と懲戒権承認の規範的契機」労協24巻4号［1982年］21頁以下は，労働契約の組織的あるいは継続的な性格からすれば労働者が使用者の法益を侵害することはたびたびあるが，その場合に使用者をしてもっぱら「解約の自由」をもって対抗させることは労働者に重大な不利益をもたらすゆえに，解雇に至らぬ不利益措置を認めて，「解約の自由」が持つ結果的な不利益の回避を期待するところに使用者の懲戒権を承認する「規範的契機」があると説く。

懲戒処分に関する裁判例は多数あるが，「懲戒権の根拠」について一般論を示す場合は「固有権説」的な表現をすることが少なくない。労働者は労働契約の締結により労務提供義務とともに企業秩序を遵守する義務を負い，使用者は企業秩序違反行為を理由として労働者に対し制裁罰である懲戒を科すことができるとする最高裁判例があった（関西電力事件＝最1小判昭58.9.8労判415号

29頁)。また，懲戒権の行使は「労働契約関係に基づく使用者の権能」として行われる，と述べたものもある（ネスレ日本事件＝最2小判平18. 10. 6労判925号11頁）。しかし，多数の裁判例における懲戒処分の効力判断の実際を見ると，就業規則に事由と形態の基準が定められていないかぎり使用者は懲戒処分，とくに懲戒解雇をなし得ないという考え方が支配的といえる。上記の関西電力事件＝最1小判昭58. 9. 8も，従業員の行為が就業規則の懲戒事由に当たるかどうか，また懲戒権の濫用はなかったか否かが争われた事例のものであったし，就業規則の規定にもとづかない懲戒処分も適法であるといった判示は一切なされていない。他方，企業秩序を乱す者について使用者は「規則に定めるところに従い制裁として懲戒処分を行うことができる」と述べた最高裁判例がある（国鉄札幌駅事件＝最3小判昭54. 10. 30民集33巻6号647頁）。懲戒解雇を有効とする原判決を破棄した最高裁判例は，この国鉄札幌駅事件判決を引用して次のようにいう。「使用者が労働者を懲戒するには，あらかじめ就業規則において懲戒の種別及び事由を定めておくことを要する」（フジ興産事件＝最2小判平15. 10. 10労判861号5頁）。理論的に十分に明確とはいい難いけれども，懲戒処分に関わる基本的ルールが確立されていることは疑いないであろう。

(2) 私 見

「懲戒権の根拠」という問題は，「就業規則の法的性質」ほどには具体的な問題の解決と密接に結びついていないが，労働関係の法理論的な把握の基本に関わる重要論点の1つであることは間違いない。筆者は以下のように考えている。

「企業秩序違反」として懲戒処分の対象とされる労働者の行為は，労働契約にもとづく義務の不履行，つまり労働者が使用者に対して負うところの，労務給付を中心としつつ他の付随的・周辺的な義務をも含む（→241頁以下）労働契約上の作為・不作為債務の履行不能または不完全履行に当たる。このような義務の懈怠について，使用者が労働契約にもとづく指揮命令権の行使をもって対

---

1) 上記の国鉄札幌駅事件＝最3小判昭54. 10. 30は懲戒権行使の要件を定めるような判示はしていないので，同判決の引用にとどまる上記のフジ興産事件＝最2小判平15. 10. 10は論拠の説明が不十分と評されるべきものである（村中孝史＝中窪裕也「労働判例この1年の争点」労研532号［2004年］9頁以下［村中］参照）。「本来はできないはずの使用者の行為が許される点にこそ懲戒の独自の意味がある」から就業規則にきちんと種類や事由が定められていなければならない（同10頁［中窪]），として判旨に結論的に賛成するのが適切な考え方であろう。

処すれば済む場合もあろう。また，配転あるいは昇格・昇級に関する低査定の措置をとって対応することには一般に問題はない。とはいえ，指揮命令権の行使への不服従，つまり業務命令違反（→248頁）を含めて，「企業秩序違反」行為があった場合に使用者が従業員の法的責任を追及する必要が生ずることがあるのはいうまでもない。その債務不履行責任の追及方法として，契約法によって用意されているのは労働契約の解約と損害賠償の請求（民415条・540条）のみである。しかし，損害賠償請求は一般に現実的有効性に欠ける。解約，つまり解雇の有効度が高いのはもちろんであるが，労働者に過酷な結果をもたらすので解雇権濫用禁止の法原則（労契16条）により強い制約が加えられている。いずれにせよ労働者の義務違反につき，使用者には解雇するか否かという二者択一の対応の途しかないというのは，経営合理性の観点からも労働者の生活利益の面からもおよそ適切・妥当とはいい難い。ここのところに，懲戒解雇から戒告等に至る軽重の度合いがさまざまな懲戒処分が労働関係において行われることの合理性が見出される。それは，契約法にもとづき使用者が当然に有する債務不履行責任追及の方法ではない以上，事由と形態が当該の労働契約の内容となっていなければ法的な効力を持ち得ないものである。そこで，懲戒処分は就業規則の規定等にもとづいてのみ可能と考えるべきことになる。労基法89条1項9号も，このような趣旨のものとみるのが妥当であろう。また，労契法15条は，就業規則等の定めにもとづいてのみ可能な懲戒処分も権利濫用に当たれば無効という趣旨のものと解されるのである。

---

2) 履行強制（民414条）は労働者の債務については一切認めるべきでないし，同時履行の抗弁権（民533条）は労働契約においては実際上無意味であろう。
3) そこで，懲戒処分の法的性質は，「労働者の義務違反を理由として労働契約上不利益な措置を行う形成権の行使」（荒木459頁）ということになる。
4) 使用者と労働者の労働契約で懲戒処分をなし得るとすることも可能である。そのようなものが，著しく合理性を欠く内容のゆえに公序に反し無効とされることは稀ではないであろう。就業規則の懲戒処分に関する規定が「合理的」な内容のものであることを要するのはいうまでもない（→409頁）。就業規則の作成義務がない使用者が懲戒処分を行うには，就業規則を作成して懲戒処分の定めをしなければならないが，その場合には労契法10条が類推適用されることになる（→431頁）。なお，懲戒の慣行が労働契約内容となることは懲戒処分の制裁罰的な性格に照らして認めるべきではないと思われる。

Ⅱ 懲戒処分の種類

1 懲戒処分の諸形態

　労基法89条9号は就業規則に「制裁」の定めをする場合には「種類及び程度に関する事項」を定めるべきものとする。わが国の企業の就業規則が定める懲戒処分にはさまざまな種類・程度のものがある。基本的な型は戒告，減給，出勤停止，懲戒解雇であるが，それ以外にも譴責，訓戒，懲戒休職，停職，罰金，昇級停止，賞与支給停止，降格，降給，降職，諭旨解雇等がある。

■懲戒以外の制裁的措置
　　服務規律違反等に対して，懲戒処分ではない制裁的な措置がとられることは実際には少なくないようである。JR東日本（高崎西部分会）事件＝最1小判平8.3.28労判696号14頁は，就業規則に定めのない「厳重注意」の措置は一種の制裁的行為であって労働者の法的利益を侵害する性質を有するから，それが相当の根拠・理由もなしに行われた場合には不法行為が成立するとしている。それから，指揮命令への不服従等につき本来のものとは異なる他の職務につくことが命じられた場合について使用者に損害賠償責任ありとした裁判例が少なからずあることは，「業務命令」の項で述べたとおりである（→251頁以下）。

2 戒告・譴責・訓戒

　これらの形態の懲戒処分は通常，直接には何らの具体的な不利益をもたらさないから（賞与や昇格・昇級の査定で不利に扱われることは多いが），一般には事実行為である。しかし，何回か重ねて戒告処分等を受けた者にはより重い懲戒処分をすると定められていることは少なくない。そのような懲戒処分はいうまでもなく法律行為であり，無効確認の訴えの利益が認められる（富士重工業事件＝最3小判昭52.12.13民集31巻7号1037頁参照）。

　譴責には始末書提出命令をともなうことが多いが，それに従わないことを理由とする懲戒処分は可能かという問題がある。始末書の提出を要求すること自体を違法と見る必要はないが，始末書を提出するか否かは労働者の任意に委ねるのが妥当であり，懲戒処分の可否については否定的に解すべきである（福知山信用金庫事件＝大阪高判昭53.10.27労判314号65頁等）。労働者の内心に関わ

る行為をなすように強いる懲戒処分は，労働者の人格的主体性を侵害する恐れが大であるゆえに認めるべきではないからである。

③　減給・降格等

労基法は減給という処分形態について規定を設け，その額を制限している（労基91条）。「減給」とは，実際になされた労務給付への対償として支払うべき賃金額から一定額を差し引く懲戒処分である[5]。そこで，いわゆる賃金カット，すなわち遅刻・欠勤等による不就労につき賃金を不支給あるいは減額すること（→309頁以下）は，この「減給」には当たらない。しかし，不就労であった時間の程度を超えて賃金カットをする場合（たとえば30分に満たない遅刻を30分に切り上げて計算する）は，懲戒処分としての減給となるので就業規則に記載せねばならず，また労基法91条による制限の下におかれることになる。同条の「1回の額」とは懲戒事案1件についての減給額であるから，1件につき数回にわたり平均賃金の1日分の半額を減額するなどの措置をとることは許されない。また，1賃金支払期に懲戒事案が2件以上発生したときには，その数個の事案による減給の総額が当該の賃金支払期における賃金の総額の10分の1以内でなければならない。なお，就業規則作成義務のない使用者が作成した就業規則に定められた減給にも本条は適用されると解すべきことは当然であろう。

職能資格等級や職務等級における「降格」，管理職の地位を失うなどの「降職」等がなされると，賃金が将来に向けて減額されることになる。それらが懲戒処分として行われて，処分の効力が争われた裁判例もあることは昇格・降格等の項でふれている（→180頁以下）。また，懲戒事由に当たることを理由とする「賞与の不支給・減額」が行われることが少なくないことは賞与の項で述べた（→305頁）。これらの措置が懲戒処分として行われる場合には，いうまでもなく内容に合理性ありと認められる就業規則の定めにもとづいていなければならず，懲戒権濫用に当たれば処分は違法なものとなる。しかし，そのような処分は，通常の場合に支払われるべき賃金から一定額を差し引く措置である「減

---

5) そのように，減給とは通常は支払われるべき賃金から一定額を差し引くものである。そこで，労基法91条は，労働契約についての損害賠償予定の禁止（労基16条）の例外を定め，賃金全額払の原則（労基24条1項）における「別段の定め」（同項但書後段）をしたものということになる。

給」とは異なる種類・性格の懲戒処分であるから，労基法91条を適用して，一定額を超える賞与の不支給・減額を違法なものと解することはできない。

4 出勤停止等

「出勤停止」とは，労働者に対して就労を一定期間禁止し，その間の賃金を支払わない懲戒処分である。「自宅謹慎」等と称されることもある。懲戒休職・停職も同じ性格の処分であるが，出勤停止や自宅謹慎等の長さが1週間以内か10日程度までであるのに対して，こちらは2～3か月に及ぶなど長期にわたるものが多いようである。

出勤停止期間中の賃金不支給が許されるのは，適法な懲戒処分による不就労ゆえ使用者の責めに帰すべき事由にもとづく履行不能（民536条2項）に該当しないからである。そこで，解雇や懲戒解雇等を行うか否かの決定に先立ち調査・審議のために一定期間の就労を禁止する「自宅待機」など，業務命令によって出勤停止を命じた場合には，使用者は原則としてその期間中の賃金を支払わねばならない。就労禁止そのものは就労請求権が否定されるかぎり問題はなく，就労請求権を肯定する立場（→247頁）に立っても就労拒否の正当理由ありということになろう。

■業務命令による出勤停止

まず，解雇や懲戒処分に先立つ調査等のための「自宅待機」は，業務命令としての出勤停止であるから待機期間中の賃金支払義務は消滅しない。三葉興業事件＝東京地判昭63. 5. 16労判517号6頁は，休職処分に先立つ自宅待機命令は待機することをもって提供すべき労務とする旨の職務命令であるから，使用者は賃金支払義務を免れないという。また，WILLER EXPRESS西日本事件＝大阪地判平26. 10. 10労判1111号17頁は，使用者は賃金の不支給をともなう処分を業務命令として行うことはできず，懲戒処分として行わなければならないとして，「自宅謹慎」と「車庫待機」の処分を違法なものとしている。次に，労働者に出勤して業務従事させることが不適当（事故や不正行為の再発の恐れがあるなど）であるために「自宅待機」を命じる出勤停止もある。こちらは必要性に欠けるとか，不当に長期にわたるなど相当性を欠くものであれば，不法行為になり得る。賃金支払義務は原則として消滅しないが，労働者の責めに帰すべき事由による労務提供債務の履行不能（民536条2項）として，使用者が賃金支払いを免れ得る場合もあろう（山川243頁，白石編著397頁〔三浦隆志〕参照）。

長期間に及ぶ出勤停止は，賃金が支給されないこともあって過酷な処分とな

る。労基法が減給について厳しい制限を課していることとの均衡を図る必要があるともいえる。そこで，出勤停止による賃金減額は原則として労基法91条の制限に服するという考え方もある。しかし，就労したにもかかわらず賃金が減額される「減給」に関する規定を，就労をしない「出勤停止」に類推適用することには無理がある（パワーテクノロジー事件＝東京地判平15. 7. 25労判862号58頁は同旨をいう）。とすれば，出勤停止・休職等の懲戒処分については，期間の長さに着目しつつ，懲戒事由の有無および処分の相当性に関する判断を厳しい基準によって行うべきであろう。

5 懲戒解雇

懲戒解雇はいうまでもなく最も重い処分形態である。他の形態は雇用関係を維持したまま行われるもので，契約法が予定する債務不履行責任の追及方法である普通解雇よりも緩やかな措置であるが，懲戒解雇はほとんどすべての企業が退職金を不支給とするなど，より厳しい措置であり，労働者にとっては多くの場合に過酷な制裁となる。

■諭旨解雇

「諭旨解雇」（または「諭旨退職」）という処分を就業規則に定めている企業はかなり多い。これは懲戒解雇を一段階軽くした処分として位置づけられ，通常，労働者に辞表の提出を勧告して退職させる形態をとる。退職金は支給されることが多いようであるが，全部または一部を不支給とする企業もある。形式的には任意退職であるが，一定期間内に辞表を提出しないと懲戒解雇される扱いのものが多く，実質的には解雇であるから，その法的効力が争われたときは懲戒解雇に準ずる措置と見て効力の有無を判断しなければならない。前掲ネスレ日本事件＝最2小判平18. 10. 6は，一定期日までに退職願が提出されたときは自己都合退職として退職金を全額支給するが，それがなされないときは懲戒解雇するという諭旨退職処分の効力が争われた事例に関するものであった。同最高裁判決は，「実質的には懲戒解雇処分に等しい」諭旨退職処分であるとしつつ懲戒権の濫用に当たるとしている。

■懲戒解雇と損害賠償

解雇権濫用として無効とされる解雇が不法行為として使用者に損害賠償義務を生じさせる場合はあるが，それは解雇が著しく相当性を欠くものである場合であると解すべきことは解雇の項において述べた（→190頁）。懲戒解雇が無効とされた場合は不法行為成立の可能性がより高いとはいえるであろう。静岡第一テレビ事件＝静岡地判平17. 1. 18労判893号135頁は，懲戒解雇が不法行為に該当するには不当・不合理というだけでは足りず，

非違行為の不存在を知りながら,あるいは杜撰な調査や事実誤認にもとづいて懲戒解雇をしたような場合とか,懲戒解雇の相当性の判断において明白かつ重大な誤りがあった場合でなければならない,という。妥当な考え方を示すものといえよう。

懲戒解雇と普通解雇の関係,懲戒解雇者に対する退職金不支給条項の効力等の問題点についてはすでに論じた(→191頁以下,301頁以下)。後述する(→451頁以下)懲戒処分における裁量権濫用のチェックは,懲戒解雇に関してはとくに厳格さを要するといえる。

Ⅲ　懲戒処分の事由

1　懲戒事由の諸相

懲戒処分の事由は一般に,処分の形態ごとに包括的な表現をとりながら,就業規則の規定に列挙されている。内容はきわめて多様であるが,主なものには,指揮命令・業務命令違反,勤務怠慢,職場離脱,無断欠勤,経歴詐称,無許可兼職,社品の持出し・窃盗・私用,設備・器具の破損,危害防止規則違反,機密漏洩,犯罪行為,職場でのハラスメント行為,体面・名誉・信用の失墜,無許可の施設利用,企業内の政治活動等がある。繰り返し述べてきたように,就業規則の懲戒条項には合理的限定解釈を要するものが多い。本書では,これまでにもセクハラ行為(→80頁),業務命令への不服従(→249頁),配転・出向の拒否(→141頁以下,150頁以下),無許可兼職(→263頁以下),ビラ配布等禁止規定の不遵守(→252頁),時間外・休日勤務の拒否(→363頁以下)等のさまざまな種類の就業規則条項違反に対する懲戒処分について,それぞれの個所において論じてきた。ここでは,「職務懈怠・業務妨害等」,「経歴詐称」,「業務外行為」と一般によばれる懲戒事由について見て,さらに「内部告発」行為に関して考察する。

■懲戒事由としてのハラスメント
　近年は,同僚・部下等に対するハラスメントを懲戒事由として定める就業規則が少なくないようであり,裁判例にも,いわゆるセクハラ,パワハラ,マタハラを理由とする懲戒処分の効力が争われたものが少なからず見られる。代表的なものは,管理職者のセクハラ

行為を理由とする出勤停止と降格の効力を肯定した海遊館事件＝最1小判平27．2．26労判1109号5頁である（→80頁）。パワハラ行為に関するものとしては，部下4名に対する言動が「理不尽な言動により精神的苦痛を与える」という懲戒事由に該当するとしたもの（ディーコープ事件＝東京地判平28．11．16労経速2299号12頁）などがある。

2 職務懈怠・業務妨害等

「職務懈怠」とは，具体的には，無断欠勤や遅刻が多い，勤務の怠慢あるいは不良と認められる，正当理由なく職場離脱をした，などという懲戒処分の事由である。これらは，労働契約にもとづく労働者の義務の債務不履行（不完全履行）であるから，普通解雇の理由になるが，「企業秩序」を乱す結果をもたらすようなものであれば懲戒処分の事由にも当たることになる。[6]

■無断欠勤を理由とする懲戒処分

ヒューレット・パッカード事件＝最2小判平24．4．27労判1055号5頁は，精神的不調で欠勤を続けていた労働者に対する諭旨解雇について，休職等の処分を検討して経過を見るなどの対応を探ることなく，直ちに懲戒処分の措置をとったことは適切とはいい難いとして，就業規則所定の懲戒事由である「正当な理由のない無断欠勤」に当たらないゆえに無効であるとしている。無断欠勤については，「単なる債務不履行」であるから，企業秩序に具体的支障を及ぼすなどのことがなければ懲戒処分の対象とはされ得ないと説かれることが多い（菅野666頁，土田488頁等）。判例も一般に同様の立場のようである。そして，懲戒解雇が許されないのみでなく，減給や戒告等の懲戒処分も不可と解されているように見える。筆者は，無断欠勤を理由とする懲戒処分，とりわけ懲戒解雇が当該ケースの具体的事情により権利濫用ゆえ無効とされるべき場合（労契15条）は少なくないと思うけれども，無断欠勤それ自体は懲戒処分の事由に当たらないとする考え方には疑問がある。

「業務妨害」は，いわば積極的債権侵害たる不完全履行であるから，「職務懈怠」にも増して懲戒処分の事由に該当することが多いといえるであろう。近年の裁判例を見ると，使用者の業務に関連のある私的な訴訟提起，Eメールやホームページによる会社批判に対する懲戒処分の効力について判断したものが少なくない。[7]労働者による経営者や上司に対する批判が外部に向けて発信された

---

6) 裁判例には，業務用パソコンで私的メールの送受信等をしたことを理由とする懲戒処分の効力が争われたものが少なからず見られる。このことは業務命令の項においても少しふれた（→253頁）が，そうした行為は懲戒事由に当たるが懲戒解雇は相当でないとしたものが多い（K工業技術専門学校事件＝福岡高判平17．9．14労判903号68頁等）。企業における業務用パソコンの使用管理の実状に照らして，妥当な判断がされていると評価してよいのであろう。

場合，それが誹謗・中傷ではなく間違いのない事実にもとづくものであれば原則として懲戒処分の理由になり得ないと考えるべきである。ただし，使用者の体面・信用が毀損されたとか，職場の秩序が乱されたとか評価できる場合はあり得るし，労働者には一般にまず企業内部で批判の言動をすることが求められるともいえるから，「使用者の利益を害しない義務」に反するゆえに懲戒事由に該当することもあると考えられる。なお，争議行為はいわば業務妨害を本質とするが（労調7条参照），それが団体行動権（憲28条）の行使として「正当性」を認められるものであれば懲戒処分の事由とはなり得ない（労組7条1号・8条参照）。

以上のほか，「職務懈怠」でもあり「業務妨害」でもあることによって懲戒事由となるものがあろう。学校法人の事務局次長が不適正な会計処理等により懲戒免職されたケースにつき，合理的理由にもとづく社会通念上相当な処分であるとした最高裁判例がある（崇徳学園事件＝最3小判平14．1．22労判823号12頁）[8]。

③ 経歴詐称

経歴詐称は大多数の就業規則において懲戒事由とされているが，「重要な」経歴の詐称と記すものが多い。些細な経歴詐称が処分対象たり得ないのは当然であろう。学説では，経歴詐称を理由とする懲戒処分は許されないとする考え方が多い。すなわち，経歴詐称は労働契約締結時の行為であって企業秩序侵犯行為ではないから，錯誤（民95条）または詐欺（民96条）による労働契約の無

---

[7] 以下のものなどがある。日本経済新聞社事件＝東京高判平14．9．24労判844号87頁は，自己のホームページ上に記者として知り得た事実等を題材とする会社批判を含む文章を記載するなどした者に対する出勤停止処分を有効としている。モルガン・スタンレー・ジャパン・リミテッド事件＝東京高判平17．11．30労判919号83頁は，会社における自己の職務に関わる事柄につき個人として訴訟を提起し，それを取り下げるように求める業務命令に従わなかったことについて，組織体として対応すべきことに関し一従業員が自分の判断のみで訴訟提起することは許されず，使用者は訴訟取下げを命じることができる等として，懲戒解雇事由に該当し処分は有効であるとした。

[8] 同類型の事例として，銀行の副支店長が取引先からの金銭借入れや顧客紹介による謝礼受領をしたことが懲戒解雇事由に当たるとしたもの（わかしお銀行事件＝東京地判平12．10．16労判798号9頁），タクシー運転手のメーター不倒行為は懲戒解雇事由に当たるきわめて重大な行為で，使用者が主張する他の解雇事由について検討するまでもなく解雇は社会通念上相当であるとしたもの（埼京タクシー事件＝東京高判平15．4．24労判853号31頁）などがある。

効もしくは取消しの原因となるか，あるいは普通解雇の合理的理由となることはあるけれども，懲戒処分の事由には該当し得ないと説かれている（土田487頁，西谷140頁等）。

　裁判例では，経歴詐称は懲戒処分の事由になると考えられている。すなわち，労働関係は信頼関係を基盤とする継続的契約関係であるから，労働者は使用者による全人格的判断の一資料である自己の経歴について，虚偽の事実を述べたり真実を秘匿して判断を誤らせることのないよう留意すべき信義則上の義務を負うが，経歴詐称はそのような義務に違反する背信行為であり，使用者をして労働力の評価を誤らせて適正な労務配置を阻害するなどして企業秩序を乱すから懲戒処分の対象になると解されている（炭研精工事件＝東京高判平3．2．20労判592号77頁，メッセ事件＝東京地判平22．11．10労判1019号13頁等）。

　筆者は以下のように考える。懲戒処分とは労使間で約定された労働者の債務不履行に対する問責手段である（→435頁以下）が，経歴詐称も労働契約において予定されたとおりに債務が履行されていない場合に当たるから，労働者が重要な経歴を詐称しながら雇用された場合には使用者は労働者の債務不履行責任を問うことが可能である。そこで，雇用関係の維持を期待不可能とするほどに「重要な」経歴が詐称されたこと，および使用者が善意無過失であったことを要件として，使用者は労働者に対し懲戒処分をすることができると解するのがよいと思われる。懲戒処分は契約解除と同一の性格を持つ債務不履行に対する問責方法であるから，使用者が実際に損害を被っていることを必要としない。それゆえ，経歴詐称という行為自体を懲戒処分の対象とすることができる。とはいえ，上記の2つの要件がみたされている必要があることは銘記しておかなければならない。さらに，労働者が採用後の一定期間，特段の支障もなく勤務した場合には，労働契約締結時の経歴詐称は「治癒」されて懲戒事由，とくに懲戒解雇事由への該当可能性を喪失すると考えるべきであろう。なお，経歴詐称が普通解雇の合理的な理由となり得ることは当然である。[9]

---

9) 裁判例には，持病・病歴の秘匿を理由とする普通解雇のケースがみられる。サン石油事件＝札幌高判平18．5．11労判938号68頁は，視力障碍を秘して重機運転手として雇用された者の解雇を重要な経歴詐称に当たらない等として無効とした。他方，慢性心不全の持病を秘して介護職員として雇用された者の解雇について，他の諸理由と相まって適法・有効と解されるとした裁判例がある（医療法人F事件＝大阪地岸和田支決平24．6．21［平24（ヨ）17号］）。使用者が安全配慮義務を負うこと（→525頁以下）を考えると，持病・病歴の秘匿を理由とする解雇を厳し

4 業務外行為

これは「私生活上の非行」ともよばれるが,「事業場外」・「就業時間外」・「職務外」の行為が懲戒事由とされる場合である。ただし懲戒処分の対象となった行為が,事業場外・就業時間外・職務外ではあるが業務「外」とはいいきれない性格を持つ場合もある(会社業務にかかわりのある事柄についての訴訟提起,Eメールやホームページによる会社批判など)。

使用者の懲戒処分の権限は労働者の業務外行為にも及び得るのかという問題について,最高裁判例では以下のようにいわれている。①会社の社会的評価に重要な影響を与える行為については,職務遂行と直接関係のない私生活上で行われたものでも,使用者は規制を及ぼし得る(日本鋼管事件=最2小判昭49.3.15民集28巻2号265頁)。②職場外の行為にも企業秩序と直接の関連を有するものがあり,社会的評価の低下・毀損につながる恐れがあると客観的に認められる行為は,職場外でされた職務遂行に関係のないものであっても,企業秩序の維持確保のために規制の対象とすることが許される(国鉄中国支社事件=最1小判昭49.2.28民集28巻1号66頁)。③企業秩序は通常,職場内または職務遂行に関係のある行為を規制すれば維持できるが,職場外の職務遂行に関係のない労働者の行為でも,企業の円滑な運営に支障を来す恐れがあるなど企業秩序に関係を有するものもあるから,それを理由として労働者に懲戒を科することも許される(前掲関西電力事件=最1小判昭58.9.8,中国電力事件=最3小判平4.3.3労判609号10頁)。

このような判例が説く一般論からは,使用者は労働者の私生活を幅広くカバーする懲戒処分の権限を持つと解されているようにも見える。しかし,それぞれのケースの具体的な処理に即して観察するならば,一般私企業に関するかぎり,労働者の私生活の自由を尊重して業務外行為に対する使用者の懲戒権限の行使をできるだけ抑制すべく,就業規則の懲戒条項を限定的に解釈する態度がとられていると見てよいであろう。[10]

く律することは妥当でないようにも思われる。
10) すなわち,まず前掲日本鋼管事件=最2小判昭49.3.15は,基地反対闘争に参加して逮捕・起訴された労働者が「不名誉な行為をして会社の体面を著しく汚したとき」という事由に該当するとして懲戒解雇されたケースについて,この定めを会社の社会的評価を著しく毀損したと客観的に認められる場合に適用されるべきものと解して,当事件では破廉恥な動機・目的

労働関係はいわゆる人的な要素を強く持つ継続的契約関係であるから，労働者は業務外においては使用者に対し何らの義務も負わないと解することはできない。事業場外・就業時間外・職務外においても，たとえば企業秘密を競争企業に漏洩したり，企業の名誉・信用を失墜させる行為を差し控える義務，すなわち「使用者の利益を害する行為をしない義務」が労働者に属することは否定できない（→241頁）。ただし，この義務の内容は企業の規模・種類等，労働者の職務の性質や地位等によって多種多様とならざるを得ない。たとえば「正規雇用」者と「非正規雇用」者とでは大いに違うはずである。いずれにせよ，業務外行為も懲戒処分の事由となること自体は肯定される。とはいえ「使用者の利益を害する行為をしない義務」は労働契約における周辺的な義務にすぎず，また何よりも労働者の私生活の自由は十分に尊重されなければならない。それゆえ，業務外行為が懲戒処分の対象となるのは労働者の行為が使用者の業務上の利益および名誉・信用を害する恐れが相当程度において存する場合に限られるべきである。包括的な表現をとることが多い就業規則の業務外行為に関する懲戒事由の規定は，そのような観点に立つ合理的な限定解釈をされるべきものである。それから，懲戒処分の事由とされることが人格権・プライバシーに属する「私的自由」を侵害するものとして違法と評価される場合がある[11]。これも使用者が十分に意識しておくべきことであろう。

　　　の行為ではないこと，刑も軽く不名誉性が強度でないこと，労働者は大企業の一従業員にすぎないこと等をあげて，懲戒解雇事由には当たらないとしている。次に，住居侵入罪に問われて罰金刑を受けたことを理由とする懲戒解雇につき，行為が私生活の範囲内のものであること，刑罰が軽微なこと，職務上の地位が指導的なものでないことから，「不正不義の行為を犯し，会社の体面を著しく汚した者」という懲戒事由には当たらないとしたものもある（横浜ゴム事件＝最3小判昭45. 7. 28民集24巻7号1220頁）。さらに前掲関西電力事件＝最1小判昭58. 9. 8では，処分対象となった行為が業務「外」といいきれない面を持ち，また戒告処分にすぎなかったこともあって処分は適法とされているが，この判旨の後に「右のような場合を除き，労働者は，その職場外における職務遂行に関係のない行為について，使用者による規制を受けるべきいわれはない」と述べられている。これに対し，前掲国鉄中国支社事件＝最1小判昭49. 2. 28は，公共利益と密接な関係を有する事業を運営する国鉄（当時）の職員は一般労働者よりも業務外行為につき広く厳しい規制を受けると述べる。裁判例は一般に，公務員等の職務外・業務外行為を理由とする懲戒処分については労働者に厳しい態度をとるようである。もっとも，公務員については私生活上の非行を理由とする懲戒処分の適法性を緩やかに認めるという傾向が，近年の裁判例にあるとはいえないとする見方もある（島田裕子「著作権法違反の行為を理由になされた教員の懲戒免職処分が取り消された例」判時2353号［2018年］168頁）。
　11)　裁判例には，茶髪をやめるようにとの指示に従わなかったトラック運転手に対する諭旨解雇について，労働者の髪の色・型，容姿，服装についての制限は合理的な範囲にとどまるべきと

5 「内部告発」行為

(1) 内部告発と懲戒処分

　雇用されている企業の法令違反や社会的不正の外部への通報を理由とする懲戒処分は，「業務妨害」という懲戒事由のところで示した裁判例にも見られるものである（→443頁注7））。懲戒処分の事例ではないが，使用者の「不正行為」について週刊誌等に情報提供した者に対する解雇の効力が争われ，誹謗・中傷を内容とする文書等により使用者の信用を失墜させたから解雇権濫用には当たらないとした最高裁判例もある（学校法人敬愛学園事件＝最1小判平6. 9. 8労判657号12頁）。

　近年，消費者の利益を擁護すべく企業にコンプライアンス（法令遵守）を厳しく求めるという社会意識が強まるなかで，企業の不正等の外部への通報が「内部告発」として正当な行為と認められる場合には解雇・懲戒処分等は許されないとする裁判例が少なからず見られるようになっている。2004（平16）年には公益通報者保護法が制定されたが，裁判例では一般に次のようにいわれている。①内部告発事実（根幹的部分）が真実なもの，ないし労働者が真実と信ずるにつき相当の理由があるものか否か，②その目的が公益性を有しているか，③労働者が企業内で不正行為の是正に努力したが改善されないなど，手段・態様が目的達成に必要かつ相当なものであったか，などを総合考慮して当該内部告発が正当と認められる場合には，仮に内部告発行為が誠実義務等を定めた就業規則の規定に違反する場合であっても，その違法性は阻却され，これを理由とする懲戒解雇は客観的合理性を欠くことになる（学校法人田中千代学園事件＝東京地判平23. 1. 28労判1029号59頁等）。

　「内部告発」の的確な定義は難しいが，一応，次のようにいっておけばよいであろう。それは労働者が職務の内外を通じて得たところの，使用者の法令違反や社会的不正に関する情報で公知の事実となっていないものを公的機関やメディア等の外部に通報することである。そのような行為が正当なものと認めら

して解雇事由に当たらないとしたもの（株式会社東谷山家事件＝福岡地小倉支決平9. 12. 25労判732号53頁），女性の服装・容姿で出勤しないようにとの命令に従わなかったことが懲戒解雇の事由の1つであったケースについて，使用者は労働者の性同一性障害に関する事情を理解しようとする姿勢に欠けていたなどとして懲戒解雇事由には当たらないとしたもの（S社[性同一性障害者解雇]事件＝東京地決平14. 6. 20労判830号13頁）などがある。

れれば，就業規則等に定められる懲戒事由への該当性を阻却され[12]，また解雇の合理的理由とはなり得ず，他の不利益取扱いも違法になる，と解することができよう。

　内部告発が正当行為と認められるか否かは，その内容，目的，方法・態様等から「総合判断」されるほかないであろう。「内容」は，上記の裁判例がいうように，告発事実が真実であるか真実と信じるに相当な理由があったことを要する。「目的」については，それが公益性を有すべきことをいう裁判例が少なくない（甲社事件＝東京地判27. 1. 14労経速2242号3頁，A信用金庫事件＝福井地判平28. 3. 30判時2298号132頁等）。もっとも，「公益」（公共の利益）を目的とするものだけでなく，「共益」（共同の利益）を目的とするものも正当な告発行為とされるべきであろう（島田陽一＝諏訪康雄＝山川隆一「企業秘密と内部告発」労判858号〔2004年〕18頁〔諏訪〕参照）。裁判例においても，公益性は正当性判断において積極的に考慮されてはいるが，公益性がなければ内部告発が保護されないと考えられているのではない（荒木尚志＝男澤才樹＝鴨田哲郎「内部告発・公益通報の法的保護」ジュリ1304号〔2006年〕153頁〔荒木〕），と見るのが妥当であろう。

　「方法・態様」に関しては，告発に先立って企業内での通報あるいは是正努力がなされるべきかどうかが問題である。裁判例では，内部努力を欠く告発は正当行為と認められないとする考え方が強いようである。懲戒事由としての「業務妨害」に関しても述べたが（→443頁），一般的には労働者はまず内部努力をすべきであると考えられる。しかし，それが正当行為と認められるために常に必要とまで解するのは妥当ではない。内部での通報等によって使用者から不利益を課される可能性または証拠隠滅等の恐れがある場合には内部努力を要しない，ヘルプラインなどの通報制度が設けられているか否かによって内部努力の必要性の有無・程度も異なる，と解する（島田陽一「労働者の内部告発とその法的論点」労判840号〔2003年〕16頁）のがよいであろう。

---

12) 裁判例の多くは正当な「内部告発」を理由とする懲戒処分は懲戒権の濫用になるとするが，理論構成としては違法性阻却ないし懲戒事由該当性阻却とするほうが，「ルールとして明確」になる（山川隆一＝荒木尚志「労働判例この1年の争点」労研496号〔2001年〕6頁〔山川〕）であろう。公立大学法人岡山県立大学事件＝岡山地判29. 3. 29労判1164号54頁は，「違法性が阻却され，それを理由に懲戒処分を行うことが許されない」という。

(2) 公益通報者保護法

公益通報者保護法は,「公益通報」を理由とする解雇等の禁止を内容とするもの (1条) であるが, 通報先が①企業内部であるか, ②行政機関であるか, ③他の外部であるかに応じて異なる保護要件が定められている。

「公益通報」とは, 不正の目的でなしに, その「労務提供先等」(「事業者内部」) について「通報対象事実」(国民の生命・身体・財産等の利益の保護に関わる法律として同法別表に掲げられるものに規定する犯罪行為の事実および当該犯罪行為と関連する法令違反の事実) が生じるか, まさに生じようとしている旨を,「労務提供先等」(「事業者内部」), 通報対象事実につき処分等をする権限を有する行政機関 (「行政機関」), 一定範囲の外部の者 (「事業者外部」) に通報することである (公益通報者保護2条1項~3項)。このように, 公益通報者保護法によって保護される告発は, 刑事罰を受けるような一定範囲の法令違反の事実を対象とするものに限られる。前述 (→448頁) のように, 裁判例において正当行為であるゆえに懲戒処分等は不可とされている「内部告発」は, その告発される事実の「内容」においてとくに限定されてはいない。公益通報者保護法は保護対象の範囲を限定しているが, その範囲外の違法や不正についての告発も正当行為として解雇・懲戒処分等から保護され得ることに疑問の余地はない。それは, 本法による解雇禁止は労契法16条の規定の適用を妨げるものではないとする定め (公益通報者保護6条2項) によって確認されている。

公益通報をしたことを理由とする解雇は無効とされ (公益通報者保護3条), 降格・減給等の不利益取扱いをしてはならないとされる (同5条1項)。また, 派遣労働者による公益通報を理由とする労働者派遣契約の解除も無効で (同4条), 派遣労働者の交代を求めるなどの不利益取扱いも許されない (同5条2項)。これらの定めによって, 法違反の申告を理由とする解雇その他の不利益取扱いを禁ずる法規定 (労基104条2項, 労安衛97条2項, 派遣49条の3第2項) に, 新たなものが1つ加えられているのである。

前述した通報先によって異なる保護要件は次のようになっている。①「事業者内部」(「労務提供先等」) への通報では, 対象事実が生じ, または生じようとしていると「思料する場合」(公益通報者保護3条1号) であること。②「行政機関」への通報では, 対象事実が生じ, またはまさに生じようとしていると「信ずるに足りる相当の理由がある場合」であること (同条2号)[13]。③「事業者

外部」への通報では,対象事実が生じ,または生じようとしていると信ずるに足りる相当な理由があり,かつ以下のいずれかに該当する場合であること（同条3号）。(i)上記の①・②をすれば解雇等の不利益取扱いを受けると信じるに足りる相当な理由がある。(ii)上記①をすれば対象事実に係る証拠が隠滅,偽造あるいは変造される恐れがあると信ずるに足りる相当な理由がある。(iii)「労務提供先」から,上記の①・②をしないことを正当な理由なく要求されている。(iv)書面によって上記①をした日から20日を経過しても調査を行う旨の通知がないか,正当な理由なく調査が行われない。(v)個人の生命または身体に危害が発生し,または発生する急迫した危険があると信ずるに相当な理由がある。

　このように公益通報者保護法は,内部通報の場合には法令違反が客観的に真実であるか真実と信ずるに相当な理由があったことを解雇等からの保護の要件としないが,外部通報の場合にはそのような真実性・真実相当性が必要不可欠であるとし,とくに行政機関以外の外部への通報である場合には真実性・真実相当性に加えて不利益取扱いや証拠隠滅等の恐れ,あるいは生命・身体への危害発生の危険などの事態が存在することを要するとしている。これは,公益通報者の法的保護に当たっては内部通報を原則とし,外部通報,とくに行政機関以外の外部への通報を例外として位置づけることによって,企業が法令遵守のためにヘルプライン等の企業内通報制度を整備することを促すという趣旨なのであろう。

　公益通報者保護法は,公益通報について「不正の利益を得る目的,他人に損害を加える目的その他の不正な目的でな」いことを要件としている（2条1項）。「内部告発」に関して,裁判例には「公益」目的であるべきものと考える傾向があるが,公益性がなければ正当行為にならないと解すべきでないことは前述した（→448頁）。公益通報者保護法は通報の目的に公益性があることを必要としていない。しかし,公益通報の対象が上記のように刑事罰を受けるような法令違反の事実を内容とするものに限定され,さらに通報先が外部の場合には,対象事実につき処分等をする権限を有する行政機関および通報が対象事実の発生や被害の拡大防止に必要な者に限定されることによって,解雇等の不利益か

---

13) 学校法人Y事件＝東京高判平28.12.7判時2369号61頁は,私立小学校の教頭が法人理事の解任を県に求めた告発について,横領または背任の事実が生じたと信じるに足りる事実があったとは認められないとして,公益通報者保護法3条2号の適用を否定する判断をしている。

ら保護されるのは公益目的のもののみになっているのである。

以上のほか，公益通報者保護法は，公益通報者が他人の正当な利益等を害さないように努めるべきこと（8条），公益通報に対して事業者がとった是正措置等を通報者に通知するように努めるべきこと（9条），公益通報に対し行政機関は必要な調査を行い，適切な措置をとるべきこと（10条），誤って公益通報をされた行政機関は処分権限を有する機関を教示すべきこと（11条）などを定めている。

Ⅳ 懲戒権の濫用

1 相当性の原則

労働者の行為等が就業規則に規定された懲戒処分の事由に当たるにもかかわらず，懲戒処分を行うことが使用者の権利濫用で違法・無効となる場合は少なくない。懲戒処分を実際に行うかどうか，および処分をするとしても戒告等から懲戒解雇に至る軽重の度合いがさまざまな諸形態のうちからどれを選ぶかが，原則として使用者の裁量に委ねられているのは当然である。しかし，懲戒処分がしばしば労働者に大きな職業上・生活上の不利益をもたらすことはいうまでもない。それゆえ，この裁量権行使が権利濫用にわたっていないかどうかのチェックは一般の場合よりも厳しい基準によって行う必要がある。それはとくに，いかなる形態の処分をなすかの裁量に関して強くいえることである。すなわち処分の形態は規律違反等の種類・程度に応じた相当なものでなければならないのであり，「相当性の原則」と称することができよう。

判例では，次のようにいわれて，懲戒処分における使用者の裁量権濫用の有無をかなり厳格な基準によってチェックする態度がとられている。すなわち，「就業規則所定の懲戒事由に該当する事実が存在する場合であっても，当該具体的事情の下において，それが客観的に合理的な理由を欠き，社会通念上相当なものとして是認することができないときには，権利の濫用として無効になる」（前掲ネスレ日本事件＝最2小判平18. 10. 6）。そして，2007（平19）年制定[14]

[14) 前掲海遊館事件＝最1小判平27. 2. 26は，部下の女性に対しセクハラ行為をした男性管理職に対する出勤停止と降格を違法とした原審の判断を否認したものである。判旨は，セクハラ

の労契法は,「使用者が労働者を懲戒できる場合」においても,「労働者の行為の性質及び態様その他の事情に照らして,客観的に合理的な理由を欠き,社会通念上相当であると認められない場合」は,「権利を濫用したもの」として無効とすると定めている (15条)。

② 平等取扱い,適正手続の原則等

懲戒権濫用に当たるか否かの判断に際して考慮されるべきこととしては,上記の「相当性の原則」のほかに,「平等取扱いの原則」(同じ規律に違反した場合は同程度の処分が行われるべきこと),「不遡及の原則」(就業規則の懲戒規定は制定前の行為には適用されないこと),「適正手続の原則」(就業規則等が定める懲戒手続に違反する処分は許されないこと) があると考えられる。さらには,同じ懲戒事由について繰り返し処分をすることは懲戒権濫用に当たる,懲戒事由に当たる事実があってから長期間が経過したときには処分が懲戒権濫用になる,といったことがあると思われる。

■適正手続を欠く懲戒処分
　就業規則や労働協約に,労働組合との協議あるいは労使代表により構成される懲戒委員会での討議を経て処分が行われるべきことが定められている場合は,そのような手続の履践を欠いた懲戒処分は懲戒権濫用で無効となろう。懲戒処分に関する手続の定めがない場合には,処分される本人に弁明の機会を与えていなければ懲戒権濫用になると考えるべきである。裁判例には,労使代表で構成する懲罰委員会に諮った上で処分が行われているので,弁明の機会を付与しないことをもって直ちに懲戒手続に違法があったとはいえないとしたものがある (ホンダエンジニアリング事件=宇都宮地判平27. 6. 24労経速2256号3頁)。

の被害者が抗議や申告を差し控えたり躊躇するという事情を加害者に有利に斟酌すべきではなく,使用者から事前の警告・注意がなかったとしても管理職である者はセクハラ防止や懲戒に関する会社の方針・取組みを当然に認識すべきであった等として,出勤停止は懲戒権を濫用したものではなく,降格も人事権を濫用したものではないとしている。この最高裁判決については,懲戒処分における使用者の裁量権濫用の有無を厳格な基準によってチェックする態度を改めたもの,と見るべきではないであろう。そうではなく,セクシュアル・ハラスメントは均等法が防止のための適切な措置を事業主に義務づけるものであり (→79頁),使用者に職場環境配慮義務違反として不法行為ないし債務不履行責任が生ずるものゆえに (→80頁),むしろ加害者である労働者に対する懲戒処分等は厳正に行われるべきであって,いわば安易に懲戒権濫用であって処分は無効という評価をすべきではない,という考え方を示したのであろうと思われる。

■「二重処分」の違法性
　この点は,「一時不再理の原則」(憲39条,刑訴337条1号)のアナロジーとされることが多いが(平和自動車交通事件＝東京地決平10. 2. 6労判735号47頁等),二重ないし重複処分は労働者に大きな不利益を被らせるから原則として懲戒権濫用になる,というほうがよいと思われる。前掲WILLER EXPRESS西日本事件＝大阪地判平26. 10. 10は,同一の行為につき重ねて懲戒権を行使することは権利濫用に当たるとして,「自宅謹慎」を命じて4年半後になされた懲戒解雇を無効としている。たとえば,無断欠勤を理由として懲戒処分(戒告など)をしたが,その後も態度が改まらないとして再び懲戒処分(より重い処分など)をした場合については,「二重処分」ゆえに当然に懲戒権濫用と解すべきではないであろう。それから,前掲海遊館事件＝最1小判平27. 2. 26では,セクハラ行為を理由に出勤停止処分をされた者が課長代理から係長に降格されたのであるが,判旨は,有効な出勤停止処分を受けたのであるから資格等級を1等級降格されても社会通念上相当性を欠くとはいえない,としている。つまり,これは同一事由による二重の懲戒処分がされたのではなく,懲戒処分を受けた者ゆえ職能資格の等級を下げる必要があるために降格処分がされたのであるから,懲戒権の濫用あるいは人事権の濫用に当たって無効ということにはならない,という論旨なのであろう。訓告・訓戒処分を受けた者の昇給延伸について,人事権行使として二重処分に当たらず適法とした裁判例もある(郵便事業株式会社・ゆうちょ銀行事件＝東京地判平23. 9. 21労経速2126号14頁)。一応,納得できるところではある。ただ,このように処分が重ねて行われることで労働者が不相当に大きな不利益を被るゆえに,懲戒権の濫用あるいは権利濫用に当たる人事として処分は無効とされるべき場合は十分にあり得ると思われる。厳しい法規制(労基91条,労契15条など)を回避すべく懲戒の目的でなされる(あるいは実質は懲戒処分である)人事上の措置に対して,寛容であってはならないであろう。

■長期間経過後の懲戒処分
　前掲ネスレ日本事件＝最2小判平18. 10. 6の事案は,7年前に起きた職場での傷害事件が懲戒事由に該当するとして諭旨退職処分がなされたものであった。原判決(東京高判平16. 2. 25労経連1890号3頁)は処分適法としたが,最高裁判決では,当事件では長期間にわたって解雇権の行使を留保する合理的理由は見出し難い,傷害事件につき不起訴処分となったにもかかわらず重い懲戒処分を行うことは通常の対応ではない等として諭旨退職処分は客観的に合理的理由を欠くもので権利濫用に当たり無効であるとされた。また,前掲WILLER EXPRESS西日本事件＝大阪地判平26. 10. 10は,企業秩序違反行為から期間が経過するにつれて懲戒権を行使する必要性は低減していくことも考慮すべきであるとして,4年半後の懲戒処分を無効としている。
　事実発生から相当期間を経過した後の懲戒処分は無効である(ネスレ日本事件の仮処分決定である水戸地龍ケ崎支決平13. 7. 23労判813号32頁),とするルールをいうのは無理であろう。しかし,いわゆる「権利失効の原則」の考え方を参考にして,次のように考えることはできよう。懲戒事由に該当する事実があってから使用者が長期にわたって処分を行わず,そのために労働者が「もはや懲戒処分を受けることはない」いう合理的期待を持

第3節　懲戒処分　　453

つにいたったと認められる場合には，そのような労働者の期待を裏切って突然になされた懲戒処分は権利濫用のゆえに無効となる。

　使用者は懲戒処分の際に示したもの以外の事由を当該処分の根拠として主張できるか。以下のようにいう最高裁判例がある。一種の秩序罰である懲戒の適否は理由となった行為との関係において判断されるべきであるから，懲戒当時に使用者が認識していなかった非違行為は特段の事情がないかぎり当該懲戒の有効性を根拠づけることはできない（山口観光事件＝最1小判平8．9．26労判708号31頁）。基本的に支持できる考え方といえよう。[15]

　そして，この「特段の事情」がある場合とは，告知された非違行為と実質的に同一性を有するか，同種・同類型または密接な関連性がある非違行為があった場合をいうと解したと思われる裁判例がある（富士見交通事件＝東京高判平13．9．12労判816号11頁）。これでよいと筆者は考える。なお，使用者が認識しながらも懲戒処分の理由としなかった非違行為を追加して主張することも，原則的には不可能とすべきこと（白石編著394頁〔三浦隆志〕）は当然であろう。

---

[15] 普通解雇であれば，解雇時に客観的に存在した事実は，使用者が認識していなかったものでも解雇を有効ならしめる事由となり得る（山口幸雄＝三代川三千代＝難波孝一編『労働事件審理ノート〔第3版〕』〔2016年〕25頁）。しかし，懲戒処分は就業規則等に定められた事由にもとづいてのみ可能なのであるから（→435頁），使用者は懲戒処分に際して事由を労働者に明示しなければならず，また，処分時に示された事実と同一性ないし密接な関連性を有するもの以外は処分事由となり得ないと解さなければならない。

第6章 年少者・妊産婦等の保護,育児介護休業

第1節　概　　説

　労働法の歴史は一般に年少者・女性の労働条件を定めることから始まったが，すべての労働者の労働条件が規制されるようになってからは，年少者と女性を成年男性よりも厚く保護する規定を設けることが多かった。わが国の労基法も，制定時から約40年間は，第6章「女子及び年少者」に年少者・女性を特別に保護する規定を設けていた。しかし，1985（昭60）年の均等法制定時に，労基法の女性保護は内容を縮小する方向で改められ，それが第6章の2「女子」の規定となった。そして，1997（平9）年の均等法改正に際して，労働時間に関する労基法の女性保護規定（時間外・休日労働の制限，深夜業の禁止）が削除され，ほとんど母性保護のみとなったものが第6章の2「女性」の規定として存続することになった。さらに，2006（平18）年の均等法改正の際に第6章のタイトルが「妊産婦等」と改められた。年少者については，1998（平10）年の改正によって，労働者として使用することを許される最低年齢の規定に若干の改変が加えられている。

　1991（平3）年制定の育児休業法と同法を改正して1999（平11）年の4月に全面施行された育児・介護休業法（育介法）は，男女を問わず育児もしくは介護のために休業する権利を労働者に保障すること等を内容とするものである。

第2節　年少者の保護

I　最低年齢等

　心身の成長過程にある年少労働者の保護は，労働法における最も古い時代からの重要課題であった。憲法にも児童の酷使を禁止する規定があるが（27条3項），労基法には，以下で説明する諸規定および解雇された場合についての帰郷旅費の定め（64条）がある。

　労基法56条1項は，児童が満15歳に達した日以後の最初の3月31日が終了するまで労働者として使用してはならないと定める。これが「最低年齢」であるが，次の2つの例外が設けられている。①最低年齢未満の「児童」のうち満13歳以上の者を非工業的事業において義務教育課程の修学時間外（なお労基60条2項参照）に労働させることができる（労基56条2項前段）。ただし，非工業的事業であっても児童の健康・福祉に有害な業務につかせてはならない（同項，年少則8条・9条）。②満13歳未満の児童を映画または演劇の事業において①と同じ条件で労働させることができる（労基56条2項後段）。これらの例外の場合，使用者は児童の年齢を証明する戸籍証明，児童の就学に差し支えないことを証明する学校長の証明書，親権者または後見人の同意書を労基監督署長に提出して許可を得なければならない（労基56条2項前段・57条2項，年少則1条）。また，18歳に達しない者について年齢を証明する戸籍証明書を事業場に備え付ける義務が使用者に課せられている（労基57条1項）。

　「最低年齢」以上で18歳未満（「保護年齢」）の者が「年少者」であり，次に見る労働条件に関する保護の対象となる。

II　年少者の労働条件保護

1　就業制限

　年少者に固有の就業制限として以下の3つがある。①危険業務への就業の制限で（労基62条1項），重量物については16歳未満と16歳以上18歳未満にわ

け，さらに男女別および断続・継続作業別に取扱いを認められる業務が定められている（年少則7条）。②有害な業務への就業の禁止で（労基62条2項），多数の禁止業務が定められている（年少則8条）。③坑内労働は禁止される（労基63条）。

② 労働時間・深夜業の規制

年少者の労働時間に関する規制はかなり厳しく，法定労働時間の原則に対する例外はほとんど認められない。すなわち変形労働時間制とフレックスタイム制（労基32条の2〜32条の5），三六協定による時間外・休日労働（労基36条），事業の特殊性による法定労働時間・休憩の特例（労基40条）の諸規定は適用排除される（労基60条1項）。ただし，次の2つの例外がある。①1週のうちの1日を4時間以内にすれば，1週間の合計が法定労働時間を超えない範囲内で他の日の労働時間を10時間まで延長できる（同条3項1号）。②1週48時間・1日8時間を超えない範囲内で，1か月単位の変形労働時間制（労基32条の2）あるいは1年単位の変形労働時間制（労基32条の4・32条の4の2）を行うことができる（労基60条3項2号）。なお，これらの例外は許可を得て15歳未満の者を使用する場合（労基56条2項）には適用されない（労基60条3項）。この15歳未満の「児童」を労働させ得る場合の法定労働時間は，修学時間を含めて1週40時間・1日7時間である（労基60条2項）。年少者にも，非常事由による時間外・休日労働（労基33条）をさせることは可能であり，労基法41条の各号に当たる場合には労働時間・休憩・休日の規定は適用されない（労基60条1項参照）。

深夜業（午後10時から午前5時までの労働）は，満18歳以上の労働者については割増賃金の支払いを要するにすぎないが（労基37条1項），年少者については禁止される（労基61条1項。なお同条2項参照）。ただし，交替制によって使用される満16歳以上の男性については深夜業をさせることができる（同条1項但書）。許可を得て15歳未満の児童を労働させる場合の深夜業は，午後8時から午前5時までの労働となる（同条5項）。

③ 未成年者の労働契約と賃金請求権

満18歳以上20歳未満の労働者には「年少者」保護規定は適用されないが，

労基法には未成年者の労働契約と賃金に関する特別規定が設けられている。すなわち，親権者または後見人は未成年者を代理して労働契約を締結すること，未成年者の賃金を代理受領することを禁止される（労基 58 条・59 条）。民法では，未成年者を第三者から保護するために親権者等の代理権が定められ，それにより親権者等は未成年者の同意を得て労働契約を締結できることになる（民 824 条・859 条）。労基法は，民法とは逆に，未成年者を親権者等から保護する観点に立っているのである。

(1) **親権者等による労働契約の代理締結の禁止**

親権者等が未成年者を代理して労働契約を締結した場合には，使用者ではなく親権者等が罰せられる（労基 120 条 1 項）。では，そのような労働契約の民事法上の効力はどうなるのか。労基法 58 条 1 項は未成年者を親権者等から保護するための規定ゆえ，使用者は無関係と見て有効と解するのが筋であるようにも考えられる。しかし，そうであると契約期間等の点で未成年者が不当に拘束される恐れがあるとし，また労基法 58 条・59 条は「使用者をにらんでいるもの」と考えて親権者等が代理締結した労働契約を無効とする解釈（有泉 393 頁）が妥当と思われる。そこで，未成年者の労働契約は親権者等の同意を得た未成年者本人と使用者によって締結されることになる。この同意には，「少なくとも当該の労働契約に直接関連する事項についての一般的な同意」が含まれていると解される（有泉 395 頁）。したがって，たとえば出向の応諾や労働組合への加入について，あらためて親権者等の同意を要すると考える必要はない。親権者等の同意が与えられないままに締結された労働契約は，未成年者もしくは親権者等により取り消されうるものとなる（民 5 条 2 項・120 条 1 項）。

---

1) ただし，2018（平 30）年改正民法（施行は 2022 年 4 月）は成年年齢を 18 歳とする（改正後民 4 条）ので，これらの労基法の定めが満 18 歳以上 20 歳未満の労働者にとっては無意味なものとなる。
2) このように労働契約が親権者等による代理締結のゆえに無効となったり，親権者等の同意がなかったために取り消されたりした場合，労働関係がすでに現実に展開されているのであれば，契約の効力は将来に向かってのみ消滅するものとして扱われる必要がある。それは，これらの場合に限らず，労働契約が無効もしくは取り消された場合のすべてに適用されるべきルールである（「事実的契約関係」）。法律行為の無効・取消しの効果に関する一般原則をそのまま適用して労働契約が遡及的に失効するものとして扱うならば，労基法等の適用がないなど労働者の保護に著しく欠けるのみでなく，法律関係がいたずらに錯綜するという結果を招くからである。

13歳未満の者が映画製作等の事業で使用される場合（労基56条2項後段），その者が意思能力を欠いていると親権者等の同意を得て労働契約を締結できない。そこで，使用者と親権者等の間に第三者のためにする契約が結ばれて，親権者等は相手方が意思能力のない者に演技させることを容認する義務を負い，賃金請求権は意思能力のない者が取得し，労働契約関係ではないけれども労基法が類推適用されると解する（有泉401頁）のがよいであろう。

(2) **親権者等による契約解除**

労基法58条2項は，労働契約が未成年者に不利であると認められる場合には親権者等または行政官庁により将来に向かって解除され得る旨を定める。労働契約を代理締結する権限を有しない親権者等が契約解除権を持つのは一見矛盾している。しかし，労働条件や労働環境等の面で未成年者に不利益が生ずるに至った場合につき，未成年者を監護・教育する責任を負う親権者等に労働関係を解消せしめる権限を与えることは有益といえる。親権者等は「不利であると認める場合」に労働契約を解除できるのであるから，解除権行使の当・不当は原則として争うことができない。ただし，たとえば未成年者の交友関係や親権者等の家庭の事情を理由とする解除は権利濫用で無効とされなければならない（倉敷紡安城工場事件＝名古屋地判昭37．2．12労民集13巻1号76頁参照）。

(3) **未成年者の賃金請求権**

民法上は，未成年者は親権者等の同意なしには賃金を受領できず，親権者等は賃金の代理受領の権限を有する。労基法はこれを修正して，未成年者は独立して賃金を請求でき親権者等は代理受領し得ないと定めた（59条）。この点に関連して，未成年者に賃金請求の訴訟能力が認められるかという問題（民訴31条参照）がある。これは未成年者が営業を許されたときと同性質の場合と見てよいであろう。そこで営業許可があった場合の規定を類推して，未成年者は当該の労働契約上の諸行為につき成年者と同一の能力を有する（民6条1項）のであり，また当該の労働契約に関連する訴訟を遂行する能力を認められるとする見解（有泉399頁以下，菅野577頁）を妥当ということができる。なお，前述した13歳未満で意思能力が欠ける者が使用される場合については，親権者等に賃金の代理受領の権限があると解すほかはない（有泉401頁参照）。

第3節　妊産婦等の保護

I　女性保護から母性保護へ

　すでに何回かふれたように，1997（平9）年の均等法改正以前においては，①時間外・休日労働の禁止・制限，②深夜労働の禁止，③坑内労働の禁止，④危険有害業務への就業制限，⑤産前・産後休業および妊婦の業務転換，⑥妊産婦の変形労働時間制・深夜業等の制限，⑦育児時間，⑧生理日の休暇の諸制度が，労基法第6章の2「女子」に定められていた。これらのうちの①〜③，④の一部，⑧を「女性保護」と呼び，④の一部，⑤〜⑦を「母性保護」と称することができよう。1985（昭60）年の均等法制定に際しては「女性保護」を改変する労基法改正が行われたが，それは①〜④の制限・禁止を緩和し，⑧を多少改め，⑤を拡充し，⑥を新設するものであった。均等法制定前にあった帰郷旅費の定めは同法制定時に撤廃されている。さらに，労働時間制度の改革を主内容とする1997（平9）年の労基法改正に際して，⑥に一部新しい内容が加えられた。それから，1988（昭63）年と1994（平6）年には①〜④に関わる女性労働基準規則の改正があった。これらの法令改正における基本的な考え方は，「母性保護」については一層の充実を図るが，「女性保護」に関しては将来的な解消を展望しつつ一定範囲において規制を緩和するというものであった。そして，1997（平9）年の均等法改正にともなう労基法の改正によって，①と②を定めた規定が削除された。このようにして，50年にわたって労基法が定める主要制度の1つであった労働時間に関する「女性保護」は姿を消し，「母性保護」が第6章の2「妊産婦等」に定められたのである。また，男女を問わず適用されるものではあるが，小学校就学までの子を養育する者および要介護状態にある家族を介護する者が深夜業の免除を請求できる制度が，1996（平7）年制定の育介法に設けられた。さらに，同法の2001（平13）年改正によって，家族的責任を有する労働者が請求した場合に制限時間を超えて労働時間を延長してはならないこと等が定められている。

　なお，女性に関わる労働法の重要事項として均等待遇の原則，男女同一賃金の原則があることはいうまでもないが，それらについては第1章「総論」にお

いて論じている（→64頁以下）。

II　危険有害業務への就業制限等

　以前は女性の坑内労働は全面的に禁止されていたが，1985（昭60）年の労基法改正以降は，「臨時の必要のため」に行われる一定業務につき許容されることになった。そして，2006（平18）年の法改正によって，妊産婦が行う業務および作業員の一部の業務を除き，女性の坑内労働も禁止されないことになっている（労基64条の2）。
　労働者一般に関する危険有害業務への就業制限は労安衛法と関係法令に規定されている（→480頁以下）。これに対し，女性に関する特別の就業制限は労基法64条の3と女性労働基準規則に定められている。かつての労基法の考え方は，女性は男性に比し体力が劣る，皮膚が繊細・敏感で化学的有害物の影響を受けやすい，母性機能を有する，技能が不足している等の特徴を持つので広範囲の就業制限を必要とするというものであった。しかし，これは技術革新による作業態様の変化等によって現実的妥当性をほとんど失い，かえって雇用機会均等の実現にマイナス効果を及ぼすものになった。そこで，1985（昭60）年の労基法改正において就業制限の規定は「母性保護」の見地から全面的に見直され，「妊産婦」（妊娠中または産後1年未満の女性）に関する妊娠・出産・哺育等に有害な業務への就業禁止を中心とするものになっている。
　具体的には，妊婦については女性労働基準規則2条1項1号～24号に掲げられる業務が，産婦については女性が申し出たときは就業させてもよいという条件付きものを含めて同条1号～12号と15号～24号に掲げられる業務が，それぞれ就業禁止の対象として定められている。妊産婦以外の女性について就業が禁止されるのは，重量物取扱いの業務と有毒ガス等を発散する場所における業務のみである（労基64条の3第2項，女性労働基準規則3条）。

III　産前・産後の女性の保護

　出産に関する女性保護が「母性保護」のために重要なことはいうまでもない。とくに，母体の負担が大きい妊娠末期と体力回復のために休養を要する出産後

の一定期間における就業の禁止あるいは制限は必要不可欠である。そこで，労基法は以下の3つの制度を設ける。なお，前記の「危険有害業務への就業制限等」も産前・産後の女性の保護を主要目的としている。

1 産前産後の休業

　使用者は，6週間（多胎妊娠の場合は14週間）以内に出産する予定の女性から請求があれば休業させなければならず（労基65条1項），産後8週間を経過しない女性を就業させてはならない（同条2項）。産前は「任意的休業」，産後は「強制的休業」ということになる。ただし産後6週間を経過した女性が請求した場合には，医師により支障がないと認められた業務につかせることができる（同項但書）。休業期間の計算は，産前については自然の分娩予定日を，産後については現実の出産日を基準としてなされる（昭26. 4. 2婦発113号）。

　労基法にいう「出産」とは，行政解釈によれば妊娠4か月以上（1か月は28日として計算する）の分娩で死産をも含む（昭23. 12. 23基発1885号）。したがって，妊娠4か月以上であれば早産・流産・人工妊娠中絶も「出産」に該当するから，その後の8週間が休業期間となる（前掲昭26婦発113号）。産前産後休業中の賃金については労基法に何らの定めもないが，使用者の責めに帰すべき事由による休業（労基26条，民536条2項参照）といえないことは明らかであるから，就業規則・労働協約等に有給とする定めがないかぎり無給となる。ただし健康保険法により，産前・産後の一定期間につき標準報酬日額の3分の2に相当する額が「出産手当金」として支給される（健保102条・138条）。それから，産前・産後休業に関しては，前記の（→75頁，210頁，379頁）解雇禁止の規定（労基19条），年次有給休暇権の発生につき出勤したものとみなす旨の定め（労基39条8項），産前産後休業等の母性保護措置を請求・取得したことを理由とする解雇その他の不利益取扱いを禁止する規定（均等9条3項）があることを銘記しておかなければならない。

■産前産後休業と不利益取扱い
　産前産後休業の請求・取得を理由とする不利益取扱いを禁止する均等法9条3項は，2006（平18）年の同法改正によって設けられたものである。この法改正以前は，産前産後休業の日を欠勤扱いして昇給・昇格や賞与支給について不利益に取り扱うことに関して，判例は，法律が権利を保障した趣旨を実質的に失わせるものと認められる場合には公序に

反し無効になるとしていた（日本シェーリング事件＝最1小判平元. 12. 14民集43巻12号1895頁）。そして，産前産後休業のみでなく年休や生理休暇の取得等による休務をも欠勤扱いして一定出勤率に達しない者を賃上げの対象から除外する労働協約の定めが無効とされ（同前），また，賞与は出勤率が90％以上の者に支給するとして，産前産後休業の日と育児休業法の定めにもとづく勤務時間短縮の措置を受けた時間の欠勤扱いを定める就業規則は無効であるが，賞与支給額の算定において欠勤日数として扱うことは直ちに公序に反し無効とはいえないとされた（東朋学園事件＝最1小判平15. 12. 4労判862号14頁）。このような判例の考え方については，産前産後の休業等を理由として不利益取扱いをする旨の就業規則等の定めは端的に労基法65条の趣旨に反し無効と解すればよく，ただし賞与額の算定において産前産後休業等による不就労の日を欠勤として扱うことは，それらの日につき労働者は当然には賃金請求権を有しないのであるから違法とは解されない，というように筆者は考えていた（本書〔第4版〕〔2007年〕427頁）。

　均等法の2006（平18）年改正後は，同法9条3項が強行規定であることは否定すべくもないから，産前産後休業の請求・取得を理由とする不利益取扱いを定める就業規則等が無効であることに疑問の余地はない。妊娠中の軽易業務への転換を理由とする降格の適法性を否定した広島中央保健生協（C生協病院）事件＝最1小判平26. 10. 23民集68巻8号1270頁は，均等法9条3項は強行法規であって，妊娠・出産等を理由とする不利益取扱いは違法・無効であるとしている。そして，軽易業務への転換ゆえの降格は原則として均等法9条3項が禁止する不利益取扱いとなるが，①労働者が自由な意思により降格を承諾したと認めるに足る合理的理由が客観的に存在するとき，または②降格をせずに軽易業務へ転換させることには業務上の必要性から支障があり，降格させることが同項の趣旨・目的に実質的に反しない特段の事情が存するときは，同項が禁止する不利益取扱いに当たらないとして，この例外①の「合理的理由」の有無判断および②の「特段の事情」の存否判断について基準を提示している（より詳しくは→76頁）。この最高裁判例は，妊娠・出産・育休等を理由とする不利益取扱いについて新たな考え方（適法性判断の枠組み）を示したものである。そこで，産前産後休業の請求・取得を理由とする不利益取扱いについても，それは原則として違法・無効であるが，①労働者が不利益取扱いを承諾したと認められる合理的理由があるとき，②不利益取扱いをすることが法違反とならない特段の事情があるときには，例外的に適法・有効とされることになる。この例外①については，強行法規が禁ずる違法行為が「承諾」のゆえに適法・有効となることで不可解にも見えるが，「人権的な差別禁止」ではなく「政策的な差別禁止」である（富永晃一「企業内賃金格差をめぐる法学的考察——正規労働者と非正規労働者の均等待遇を中心に」労研670号［2016年］19頁）ゆえに例外が許される，ということで了解可能である。例外②の「特段の事情」が存するときは適法・有効になるということは認められて然るべきものであろう。もっとも，同判例が妊娠時の軽易業務転換を理由とする降格が適法となる「特段の事情」の存否判断について示す基準は，過度に厳格なものであるように思われる（→77頁）。今後，妊娠・出産・育休等を理由とする不利益取扱いが例外的に許される場合についての，よりモデレートな判断基準が判例によって示されることが望ましいと筆者は考える。なお，上記広島中央保健生協（C生協病院）事件の差戻審（広島高判平27. 11. 17労判1127号5頁）

は，降格は労働者が自由意思で承諾したものではなく，均等法の趣旨・目的に実質的に違反しないと認められる特段の事情もないので違法・無効であり，また不法行為もしくは債務不履行として損害賠償責任を生じさせる，としている。

②　軽易業務への転換

使用者は，妊娠中の女性が請求した場合には他の軽易な業務に転換させなければならない（労基65条3項）。これは，産前休業に入る前の妊婦の保護を図ったものである。「軽易な業務」とは何かが問題となるが，原則として女性が請求した業務に転換させる趣旨であり，業務の新設までは必要でないと解されている（昭61.3.20基発151号参照）。均等法に妊娠および出産後の健康管理のために事業主が講ずべき措置についての規定があることは前述した（→81頁）。

妊娠中の軽易業務への転換を理由とする解雇その他の不利益取扱いは均等法によって禁止されている（9条3項，均等則2条の2第6号）。前述のように（→76頁），この禁止の強行法規性を前掲広島中央保健生協（C生協病院）事件＝最1小判平26.10.23が明言している。近年の裁判例に，労働者が妊娠を理由に業務の軽減を求めたところ，勤務シフトの決定等をしていた上司が「マタハラ」的な言動をするなどの不相当な対応をしたことについて，配慮義務に違反して人格権を侵害したとして，上司の不法行為責任（民709条）と使用者の使用者責任（同715条1項）を認めたものがある（ツクイほか事件＝福岡地小倉支判平28.4.19労判1140号39頁）[1]。

③　変形労働時間制の適用制限，時間外・休日・深夜労働の禁止

使用者は，妊産婦が請求したときには，①変形労働時間制が実施されている場合でも法定労働時間を超えて労働させてはならず（労基66条1項），②労基法33条にもとづく非常事由による時間外・休日労働も同法36条1項にもとづく時間外・休日労働もさせることができず（労基66条2項），③深夜労働もさせることを許されない（同条3項）。②と③は1985（昭60）年の均等法制定にともなう労基法改正の際に，①は1987（昭62）年の労働時間制度改革のための

---

[1] なお，同事件では，重ねての要求があって業務軽減措置がとられたが，労働者との合意によることなく勤務時間が短縮され，そこで賃金（業種別時給）は減額される結果となった。判決は，これを違法とはしていないが，労働者の不利益は相当に大きいので議論の余地があろう。

労基法改正の際に,それぞれ新設されたものである。前記の「軽易業務への転換」と重複して請求することも可能である。「請求」によるのは個人差があるからであろう。

4 育児時間

労基法67条は,1歳未満の「生児」を育てる女性が休憩時間のほかに「1日2回各々少なくとも30分」の育児時間を使用者に請求できる旨を定める。

「生児」とあるが,「生みの子」に限定する必要はないであろう。労働時間がきわめて短い者にも必ず1日2回の育児時間を与えなければならないと解するのは合理的でないので,1日の労働時間が4時間以内であるような場合には1日1回で足りるとされている(昭36.1.9基収8996号)。育児時間をいつ与えるかに関しては,労基法には何の定めもない。原則として当該の女性が請求した時間と解するほかなく,勤務時間の始めまたは終わりでもよく(昭33.6.25基収4317号),1回にまとめて与えることも可能と考えられる。

5 生理日の休暇

使用者は,「生理日の就業が著しく困難な」女性の請求があったときはその者を就業させてはならない(労基68条)。以前は「生理に有害な業務に従事する女子」も休暇を請求できる定めとなっていたが,1985(昭60)年の労基法改正に際して現行法のように改められた。

休暇は半日または時間単位でも請求できると解される。「就業困難」かどうかの判断は,個人差が大きいこともあって容易ではないと思われる。使用者が医師の診断書の提出を求めたりすることは,事柄の性質上,原則として認めるべきではない。しかし,生理日の休暇を請求する権利が濫用されている疑いがあるような場合には,女性労働者の側で「就業困難」を証明すべく診断書等を提出する必要があると解すべきであろう。生理日の苦痛や就業の難易には大きな個人差があるので,就業規則等により休暇日数をたとえば2日と定めても拘束力はない。ただし,生理日の休暇中を無給としても労基法上は問題がないの

---

2) 労働者が,育児時間を勤務時間の始めまたは終わりに取って始業時刻に遅れたり終業時刻より早く退勤した場合,労働者が育児時間を取ることを事前に通知してあれば,使用者は遅刻あるいは早退として扱うことを許されないと解すべきであろう。

であるから,有給の生理休暇の日数を限定した規定を設けることは可能である（昭63. 3. 14基発150号）。

---

3) 生理日の休暇による不就労を欠勤扱いして賃金不払いを超える不利益を労働者に課すことについて，判例は以下のようにいう。生理休暇の取得日をどう扱うかは原則として労使間の合意に委ねられるが，生理休暇の取得日を欠勤扱いされて何らかの形で経済的利益を得られなくなる制度が設けられると，その内容によっては生理休暇の取得が事実上抑制される場合も生ずる。そこで，そのような制度の趣旨・目的，失われる経済的利益の程度，休暇取得に対する事実上の抑止力の強弱等の諸般の事情を総合して，生理休暇の取得を著しく困難にして労基法が女性労働者の保護を目的としてとくに規定を設けた趣旨を失わせるものと認められないかぎり違法ではないと解すべきである（エヌ・ビー・シー工業事件＝最3小判昭60. 7. 16民集39巻5号1023頁）。妥当な考え方といってよいであろう。

第4節　育児・介護休業

I　育 介 法

　わが国は，2013（平25）年に国民の4人に1人が65歳以上の高年齢者となった。これは平均寿命の伸長と出生率の低下によってもたらされたものであり，世界一の少子高齢社会となっている。このような状況下，女性・高年齢者の職業能力開発と雇用促進はきわめて重要な政策課題であり，労働者による育児と高年齢者等の介護を援助する法制度，とりわけ多くの場合に育児・介護をもっぱら担っている女性労働者に対する育児・介護のための休業を権利として保障することは必要不可欠である。

　育児休業については，1975（昭50）年に国公立の学校・施設に勤務する女性教員，看護婦，保母のための法制度が設けられ，また1985（昭60）年制定の均等法には事業主による就業援助の努力義務の1つとして規定がおかれた。そして，出生率のショッキングなほどの低下によって女性にとっての仕事と育児の両立の困難さに対する認識が深められ，男女労働者に対し育児休業を行う権利を保障する育児休業法が1991（平3）年に制定された。国家・地方公務員についても，それぞれ別個に育児休業法がある。

　介護休業の法制度化に関しては，1994（平6）年制定の「一般職の職員の勤務時間，休暇等に関する法律」に一般職国家公務員に関する介護のための休暇制度が盛り込まれた後，1995（平7）年に育児休業法を改正して介護休業を1999（平11）年4月1日から義務化する法律が制定された。育児休業法は「育児・介護休業法」（育介法）となったのである。法律の正式名称は，当初は「育児休業等育児又は家族介護を行う労働者の福祉に関する法律」であったが，1999（平11）年からは「育児休業，介護休業等育児又は家族介護を行う労働者の福祉に関する法律」と改められている。同法の介護休業制度は現業国家公務員および一般職地方公務員にも適用される（61条各項参照）。

　育介法は1995（平7）年と2001（平13）年に改正され，以前は労基法が女性保護のために定めていた深夜業の禁止と時間外・休日労働の制限について，それを育児・介護をする者の保護のための男女共通の制限として同法に定めるこ

となどがなされた。また 2004（平 16）年にも，有期雇用者が 1 年以上にわたり雇用されている場合にも同法を適用すること，育児休業の期間を 1 年 6 か月まで延長できることなどの改正が行われた。さらに，2009（平 21）年改正では，子育て中（3 歳まで）の労働者の短時間勤務制度と所定外労働免除の義務化，父親の育児休業取得の促進策（父母がともに育児休業をする場合の取得可能期間を 1 歳 2 か月に達するまでに延長する，出産後 8 週間以内に父親が休業をする場合の再度取得を可能とする，配偶者が専業主婦［夫］である場合に可能であった付与制限を廃止する），子の看護休暇制度の拡充，介護のための短期休暇制度（要介護家族が 1 人の場合は 5 日，2 人以上の場合は 10 日）の新設，勧告違反企業の公表制度，報告義務違反への過料の創設等が行われている。

そして，2016（平 28）年には，育児・介護に関わる就業環境を整備し継続就業を促すことを目的として，介護休業の分割取得，介護のための短時間勤務，介護のための所定外労働の免除，妊娠・出産・育児休業・介護休業等を理由とする不利益取扱いの防止措置義務等を定める法改正がなされた（2017［平 29］年 1 月施行）。また，2017（平 29）年には，育児休業の延長期間を 6 か月（2 歳）まで延長することを可能にする同法改正が行われている（2017［平 29］年 10 月施行）。

II 育児休業

1 歳未満の子を養育する労働者[1]（男女を問わない）は，子が 1 歳になるまでの期間を特定して育児休業を事業主に申し出ることができる（育介 5 条 1 項・6 項）。ただし，日々雇用される者は申出ができない（育介 2 条 1 号）。また，有期契約労働者は，申出時点で，①当該事業主の下での継続雇用期間が 1 年以上で，②子が 1 歳 6 か月に達する日までの間に更新されないことが明らかでない（雇用継続可能性がある）場合に，育児休業を申し出ることができる（育介 5 条 1 項，育介則 7 条）。この申出は，特別の事情がないかぎり 1 人の子につき 1 回に限られ（ただし，母親である労働者の出産後 8 週間以内に当該子を養育する者［父親など］である労働者が育児休業をする場合は再取得できる），休業は連続した 1 つの期間の

---

1) 「子」は実子・養子のほか，特別養子縁組の監護期間中の子，養子縁組里親に委託されている子等も含む（育介 2 条 1 号）。

ものでなければならない（育介5条2項，育介則5条）。

　なお，自己または配偶者が子の1歳到達日に育児休業中であって，1歳以降の期間について申し込んだ保育所に入れない場合，または1歳以降に養育を行う予定であった配偶者が死亡・傷病あるいは障害により養育困難になったこと，婚姻解消等による別居，産前産後の期間にあることのいずれかに該当する場合には，子が1歳6か月に達するまで育児休業を申し出ることができる（育介5条3項，育介則6条）。また，父母ともに育児休業をする場合には，育児休業の可能な期間が子の1歳2か月到達まで延長される。ただし，父母一人ずつが取得できる育児休業の上限は1年間である（育介9条の2）。

　育児休業の申出は，休業開始の1か月（1歳以上1歳6か月までの子については2週間）前までに行わなければならない（育介5条4項，育介則6条の2）。この申出を事業主が拒否することは許されない（育介6条1項本文）[2]。ただし，雇用後1年未満の者，申出の日から1年以内の雇用契約終了が明らかな者，1週間の所定労働日数が2日以下の者のいずれかであって，過半数代表との協定で育児休業を認めないとした場合は拒否ができる（育介6条1項但書，育介則8条）。

　育児休業の申出をし，あるいは育児休業をしたことを理由とする解雇その他の不利益取扱いは禁止されている（育介10条）。育児短時間勤務をしたことを理由とする不利益取扱いについても同じである（育介23条の2）。これらの規定は私法上の強行規定であるから，違反する行為が法律行為（解雇，配転命令等）であれば無効であり，労働者に損害を生じさせれば不法行為になり得る。

■育児休業，育児短時間勤務と不利益取扱い
　育児休業の申出・取得を理由とする不利益取扱いについては，育休法の権利保障の趣旨を実質的に失わせるほどの不利益を与える場合は公序違反で違法・無効である，とする判例がある（日本シェーリング事件＝最1小判平元.12.14民集43巻12号1895頁，東朋学園事件＝最1小判平15.12.4労判862号14頁，医療法人稲門会事件＝大阪高判平26.7.18労判1104号71頁等）。しかし，育児休業等について不利益取扱いの禁止が法定されている（育介10条・16条の4・16条の7・16条の10・20条の2・23条の2）のであるから，「解雇その他の不利益取扱いは違法・無効」と解すべきであろう。もっとも，育児休業後に出され

---

[2]　2004（平16）年の育介法改正前は有期雇用者には育児休業の権利がなかったが，有期労働契約を反復更新して長期雇用された労働者の育児休業を使用者が拒否したことにつき，無期労働契約と実質的に異ならない状態であったとして不法行為責任を認めた裁判例がある（日欧産業協力センター事件＝東京地判平15.10.31労判862号24頁）。

た配転命令や賃金減額等が，業務上の必要によるものとして合理性を有するから育児休業ゆえの不利益取扱いには当たらない，といえる場合はあり得る。裁判例には，育児休業から職場復帰した者の担当業務の変更にともなう「役割グレード」と「役割報酬」の引下げ，「成果報酬」のゼロ査定について，育介法による不利益取扱いの禁止の趣旨に反する結果になるとしながらも，「直接無効」と判断されるものではないとした上で，降格と賃金減額は就業規則に定めがなく合意もないし，ゼロ査定はあまりに硬直的である等として，人事権濫用で違法ゆえ不法行為になるとしたものがある（コナミデジタルエンタテインメント事件＝東京高判平23.12.27労判1042号15頁）。

　すでに再度ふれた（→76頁，465頁）が，広島中央保健生協（C生協病院）事件＝最1小判平26.10.23民集68巻8号1270頁は，妊娠時の軽易業務への転換ゆえの降格は原則として違法・無効であるが，①労働者が自由な意思により承諾したか，②法の趣旨・目的に反しない特段の事情があれば例外として許される，としている。この違法性判断の枠組みは，育児休業や育児短時間勤務等を理由とする不利益取扱いについても用いられるべきことになるのであろう。社会福祉法人全国重症心身障害児（者）を守る会事件＝東京地判平27.10.2労判1138号57頁は，育児短時間勤務を理由とする解雇その他の不利益取扱いは育介法23条の2に違反しないと認めるに足る合理的な特段の事情が存しないかぎり違法・無効であり，同勤務をした労働者の昇給の幅を所定労働時間数に比例して抑制した措置は違法なものであったとしている。それから，育児休業後の労働者の不就労について，使用者に帰責事由があった（復職拒否または解雇がされるという誤解を速やかに解かなかった）として，不就労期間中の賃金支払いと慰謝料請求を認容した裁判例がある（X商事事件＝東京地判平27.3.13労判1128号84頁）。

　育児休業中の賃金については法規定がなく，労基法にもとづく産前産後の休業の場合と同じく就業規則等に有給とする旨の定めがないかぎり無給となる。しかし，雇用保険から休業開始前の賃金の40％（2014［平26］年改正により，当分の間，育休開始後の6か月間は67％，その後は50％）が「育児休業給付金」として支給される（雇保61条の4，同附則12条）。

Ⅲ　介護休業

　労働者は，要介護状態（負傷，疾病または身体もしくは精神上の障害により，2週間以上の期間にわたり常時介護を必要とする状態）にある配偶者（事実婚も含む），父母および子（これらに準ずる一定範囲の者を含む），配偶者の父母を介護するために，要介護者1人につき要介護状態に至るごとに1回，通算93日まで，3回を限度として，休業を事業主に申し出ることができる（育介2条2号～4号・

11条・15条, 育介則2条)。日々雇用される者は申出ができないこと, 有期契約労働者は一定要件をみたす者が申出をできることは育児休業の場合 (→469頁) と同様である (育介11条1項但書)。休業の申出は, 対象家族が要介護状態にあることを明らかにし, また休業の開始日と終了予定日を明らかにして行う必要がある (育介11条3項)。事業主は, この申出を拒むことができない (育介12条1項)。ただし雇用後1年未満の者, その他労働省令で定める者に対しては, 過半数代表との協定で介護休業をできない者とすることによって申出を拒否できる (育介12条2項)。介護休業の申出もしくは介護休業をしたことを理由とする解雇その他の不利益取扱いが禁止される (育介16条) ことは, 育児休業の場合 (→470頁) と同じである。介護休業中の賃金も育児休業中のそれ (→471頁) と同じことになるが, 雇用保険から休業開始前の賃金の67%が「介護休業給付」として支給される (雇保61条の6, 同附則12条の2)。

Ⅳ 看護休暇, 介護休暇

1 子の看護休暇

　小学校就学前の子を養育する労働者は, 子の負傷, 疾病または疾病予防に必要な世話を行うために1年度に5労働日 (小学校就学前の子が2人以上いる場合は10労働日) を限度に子の看護休暇を取得できる (育介16条の2, 育介則35条)。半日 (所定労働時間の2分の1) 単位での休暇取得も可能である (育介16条の2第2項, 育介則34条)。事業主は申出を拒むことができない (育介16条の3第1項) が, 勤続6か月未満の労働者および1週の所定労働日数が2日以下の労働者については, 過半数代表との協定を締結した場合は申出を拒むことができる (育介16条の3第2項, 育介則36条)。事業主は看護休暇の申出・取得を理由とする解雇その他の不利益取扱いをしてはならない (育介16条の4)。

2 介護休暇

　労働者は, 要介護状態にある対象家族の介護および他の世話 (要介護状態にあるか否かを問わない対象家族の介護, 対象家族の通院等の付添い, 対象家族が介護サービスを受けるために必要な手続代行など) を行うために, 年5労働日 (要介護対

象家族が2人以上の場合は10労働日）を限度とする介護休暇を取得することができる（育介16条の5第1項，育介則38条）。半日（所定労働時間の2分の1）単位での休暇取得も可能である（育介16条の5第2項，育介則40条）。事業主は申出を拒むことはできない（育介16条の6第1項）が，子の看護休暇におけるのと同様な例外がある（育介16条の6第2項）。事業主は介護休暇の申出・取得を理由とする解雇その他の不利益取扱いをしてはならない（育介16条の7）。

V 時間外労働・深夜業の制限，勤務時間の短縮等の措置，転勤等についての配慮

　小学校就学前の子を養育する労働者または要介護状態にある一定範囲の家族を介護する労働者（いずれについても日々雇用される者，勤続期間が1年未満の者，週の所定労働日数が2日以下の者を除く）が請求したときは，事業主は1か月24時間，1年150時間を超える時間外労働をさせてはならない。ただし，事業の正常な運営を妨げる場合は別である（育介17条1項・18条，育介則52条）。請求が可能な制限時間は1か月以上1年以内であり，開始予定日の1か月前までに請求をしなければならない（育介17条2項・18条）。深夜業も，時間外労働と同じように制限される（育介19条・20条）。

　3歳未満の子を養育する労働者で育児休業をしていない者が申し出た場合は，事業主は所定労働時間の短縮（育介23条1項），所定時間外労働の免除（育介16条の8）をしなければならない。事業主は，小学校就学前の子を養育する労働者について，フレックスタイム制，時差出勤制度，託児施設等の便宜供与，育児休業に準じた制度等の措置を講じるように努めなければならない（育介24条）。

　要介護状態にある一定範囲の家族を介護する労働者（日々雇用される者を除く）で介護休業をしない者が申し出たときは，事業主は所定労働時間の短縮等の措置を講じなければならない（育介23条3項）。また，そのような労働者が請求した場合は，事業の正常な運営を妨げる場合を除き，所定労働時間を超えて労働させてはならない（育介16条の9）。

　事業主は，以上のように義務づけられた所定外労働の制限，時間外労働の免除，深夜業の制限，所定労働時間の短縮の措置を労働者が申し出たこと，また

はそれらの措置を労働者が実行したことを理由に，労働者に対し解雇その他の不利益取扱いをしてはならない（育介16条の10・18条の2・20条の2・23条の2）。

事業主は，就業場所が変わることにより子の養育や家族の介護が困難となる労働者を転勤させるときには，その労働者の子の養育あるいは家族の介護の状況に配慮しなければならない（育介26条)[3]。

---

[3] この配慮の有無・程度は配転命令権の行使が権利濫用となるかどうかの判断に影響を与える，とした裁判例がある（ネスレジャパンホールディング事件＝神戸地姫路支判平17. 5. 9労判895号5頁)。同判決は，妻の介護をする者と母親を看護する者に対する遠隔地の事業場への転勤命令を無効としたが，この判断は控訴審で維持され（大阪高判平18. 4. 14労判915号60頁［→149頁］），同控訴審判決への上告は不受理とされている（最2小決平20. 4. 18労判956号98頁）。

第7章 労働災害

第1節　安全衛生

I　労働災害と安全衛生

　近代産業の労働関係は一般に，多かれ少なかれ労働者の生命・身体にとって危険もしくは有害であるものを含む場において展開される。とりわけ現代における技術革新の急激な進行は，危険・有害性を量的にも質的にも著しく拡大・深化させている。「労働災害」とは，そのような危険・有害物によって労働者が負傷し，疾病にかかり，死亡し，あるいは障害が残る状態になることをいう。[1]

　現行法は，労働災害について，その発生防止のための「安全衛生」の制度および被災労働者に対する事後の補償のための「労災補償」の制度を用意している。前者の安全衛生制度は，かつては労基法の規定により，使用者が講ずべき労働安全衛生のための措置の最低基準として定められ，それにいくつかの付属法令があるにすぎなかった。高度経済成長過程における急速な技術革新の進展と企業活動の拡大は災害の頻発，新型の労災・職業病の出現等の事態をもたらし，わずか15か条の労基法の規定を中心とする安全衛生法制の不十分さが明白となった。そこで，1972（昭47）年に，労基法の安全衛生の規定を削除して抜本的に制度を充実させる目的で労働安全衛生法（労安衛法）が制定された。それは，安全衛生確保のために規制対象を使用者だけに限定せず拡大し，また安全衛生措置の最低基準の法定にとどまらず事業主に快適な作業環境を形成するよう努めさせることをも狙うものであった。その意味で，労安衛法は労災法と同様に，労基法の付属法規ではあるが同法を超える内容を持つ法であり，労働安全衛生に関する基本法である。同法は，今日に至るまで頻繁に改正されているが，2014（平26）年には，常時50人以上の労働者を使用する事業場に対し「ストレスチェック」等を義務づけること，受動喫煙を防止する措置を事業

---

1)　労安衛法2条1号の「労働災害」の定義によれば，それは事故によるものではない業務上の疾病をも含む。「災害」は一般にアクシデントによる災いを意味するので，「労働災害」とは事故による業務上の負傷・疾病・死亡のみをいうとすることも考えられる。その場合は「労災・職業病」という言葉遣いをしなければならない。しかし，労安衛法の「労働災害」に当たることとなる労災法の「業務災害」も職業性疾病を含んでいる（労災7条1項1号）ので，実定法規の定義に従って上記のように概念規定すればよいであろう。

主の努力義務とすることなどを内容とする改正法が成立した。また，同年，過労死等防止対策推進法が制定された。2018（平30）年6月に成立した「働き方改革法」は，産業医・産業保健師の機能強化のための労安衛法改正（施行は2019〔平31〕年4月）をしている（→479頁注2））。安全衛生関係の法令としては，労安衛法のほかに，それに付属する労働安全衛生規則，クレーン等安全規則，特定化学物質等障害予防規則，酸素欠乏症等防止規則など多数の諸規則がある。それらの多様な規則は，「その条文数は全体で1500ヶ条を超える詳細な規制群を形成している」（荒木231頁）が，これらのものも頻繁に改正されている。また，じん肺法，労働災害防止団体法等の関連法規があり，国公法，地公法，船員法等には労安衛法の特別法に当たる規定が見られる。

■労安衛法の規定の私法上の効力
　労安衛法には，労基法13条や最賃法4条2項のような強行的・補充的効力を定めた規定がない。そこで，労安衛法の諸規定は私法上の効力，すなわち労働契約の内容を規律する効力を有しないとも考えられよう。労安衛法の目的・構造，履行確保の問題等を詳細に論じて，同法は純然たる公法的性格のものであると説く見解もある（小畑史子「労働安全衛生法規の法的性質(1)〜(3・完)」法協112巻［1995年］2号212頁以下，3号355頁以下，5号613頁以下）。しかし，労働者保護法の条項は原則として私法上の効力法規であると解される（→11頁）ところ，労安衛法は「労働基準法と相まって」労働者の安全・健康を確保すること等を目的とすること（1条）を考えると，派遣法の規定が一般には効力規定でないが少なからぬ規定は強行法規と解すべきである（→166頁）のと同じように，労安衛法の諸規定のなかには「強行的効力をもって労働契約の内容や使用者の業務命令などを規律する」（菅野549頁）ものがあると考えるのがよいであろう。また，労安衛法の規定を遵守することは使用者の安全配慮義務あるいは不法行為法上の注意義務の内容をなしている（和田肇「安全（健康）配慮義務論の今日的な課題」労研601号［2010年］39頁），と解すべきである。

II　労安衛法の概要

1　安全衛生の責任者等

労安衛法上の責任主体は「事業者」である。すなわち，同法は「使用者」（労基10条）を規制対象としないのである。これは，「事業経営の利益の帰属主体そのもの」をとらえて「安全衛生上の責任を明確に」する趣旨であると説明

されている（昭47.9.18基発91号）。事業者とは「事業を行う者で，労働者を使用する者」（労安衛2条3号）であるから，結局，労基法10条の「事業主」に一致する。なお，「労働者」は労基法9条の労働者であるが，労基法と同じく同居の親族のみの事業等に使用される者と家事使用人は除かれている（労安衛2条2号）。

　法違反の処罰は，労基法の場合と同じように，故意犯につき各事項に関する責任者が「行為者」として対象とされる（労安衛116条〜121条）。事業者は両罰規定を適用される（労安衛122条）。なお，両罰規定は過失責任を定めたものゆえ，違反防止に必要な措置をした場合（労基121条1項但書）には責任は生じない（労務行政研究所編『労働安全衛生法』［2017年］882頁）。2人以上の建設業者が1つの場所で行われる事業を共同連帯して請け負った場合（ジョイント・ベンチャー）は，そのうちの1人を代表者として届け出させ，その者のみを当該事業の事業者とみなすことになっている（労安衛5条）。

　労安衛法は，その規制が広い範囲におよぶ点に特色がある。すなわち，事業者のみでなく危険な機械や有害物を製造・輸入・提供する者など，労働者の作業過程に間接的に関与する者も規制の対象とされる（労安衛3条2項・33条〜44条の2・55条〜57条の5等）。また建設物等の注文者・元請負人など，労働者に対して事実上の指揮命令権を持つ者にも危害防止の義務が課せられる（労安衛3条3項・29条〜32条等）。さらに労働者も，労働災害防止のために必要な事項を遵守する義務を負うとともに，事業者等の措置に協力するよう努めることが求められている（労安衛4条・26条）。

2　安全衛生管理体制

　労働災害の防止のためには，事業のなかで具体的にいかなる機関がどのような役割を担うかが重要な問題となる。この点につき，労安衛法はかなり詳細に安全衛生のために組織すべき管理体制を定めている。

　すなわち，①安全衛生の最高責任者としての「総括安全衛生管理者」をおくことが，一定規模以上の事業場ごとに事業者に義務づけられる。この者は，安全衛生の管理を指揮するとともに労災防止のための必要業務を総括する任務を負う（労安衛10条）。②事業者は政令が定める業種および規模の事業ごとに「安全管理者」および「衛生管理者」を有資格者のなかから所定の人数だけ選

任し，安全衛生に関わる技術的事項を管理させなければならない（労安衛11条・12条）。また，これらの管理者の選任が義務づけられていない事業では，政令の定める規模ごとに「安全衛生推進者」もしくは「衛生推進者」を選任しなければならない（労安衛12条の2）。③労働者の健康管理に当たる「産業医」[2]をおくことが，政令で定める規模の事業ごとに事業者の義務とされている（労安衛13条）。④「作業主任者」を選任する義務が事業者にはあり，高圧室内作業など危険度の高い作業につき有資格者のなかから選んで労働者の指揮に当たらせなくてはならない（労安衛14条）。⑤労働者も労働災害の防止に必要な事項を遵守しなければならない（労安衛26条）。また，事業者に設置が義務づけられている「安全委員会」，「衛生委員会」もしくは「安全衛生委員会」には，労働者の代表を参加させなければならない（労安衛17条～19条）[3]。⑥下請関係労働者の保護のために安全衛生の責任者を選任する義務で，建設業や造船業などのように1つの作業場において数次の請負により仕事が行われる業種においては，最先次の請負契約の注文者である事業者は「統括安全衛生責任者」を選んで危険防止につき各事業場ないしは作業間の連絡・調整に当たらせなければならない（労安衛15条）。また，建設業等につき「元方安全衛生管理者」（労安衛15条の2），「店社安全衛生管理者」（労安衛15条の3）をおくべきことになっ

---

2) 2018（平30）年成立の「働き方改革法」による労安衛法改正（2019〔平31〕年4月施行）は，産業医は労働者の健康管理を行うために必要な医学に関する知識にもとづいて誠実に職務を行うべきこと（改正後労安衛13条3項），事業者は産業医に対し労働者の労働時間に関するもの等の健康管理を適切に行うために必要な情報を提供しなければならないこと（同条4項），産業医は事業者に対し労働者の健康確保等のために必要な勧告をすることができ，その勧告を事業者は尊重しなければならないこと（同条5項），事業者は選任した産業医の業務内容等を省令が定める方法により労働者に周知させなければならないこと（改正後労安衛101条2項），その他のことを定める新たな規定を設けている。

3) 安全委員会は，一定の業種では常時50人以上の労働者がいる事業場，それ以外の業種では100人以上の事業場において設置が義務づけられ，衛生委員会は，常時50人以上の労働者がいる事業場において設置義務がある（労安衛令8条・9条）。両方の委員会を設置する義務がある事業場では安全衛生委員会を設置することができる（労安衛19条1項）。これらの委員会の議長となる委員は事業者が指名し，その他の委員の半数は事業場の過半数代表の推薦にもとづき事業者が指名するのであるが，事業場の労働者の過半数で組織する労働組合との労働協約に別段の定めがあるときは，その定めによることになっている（労安衛17条2項～4項・18条4項・19条4項）。この委員会制度は，1992（平4）年制定の「労働時間の短縮の促進に関する臨時措置法」（現在は「労働時間等の設定の改善に関する特別措置法」）の「労働時間短縮推進委員会」（現在は「労働時間等設定改善委員会」）や1998（平10）年の労基法改正により設けられた企画業務型裁量労働制における「労使委員会」（→334頁）の「原型ともなった」（荒木232頁）のである。

ている。それから，統括安全衛生責任者を選任する義務を負わない事業者は「安全衛生責任者」をおくことが義務づけられている（労安衛16条）。

③ 危険または健康障害防止の措置

労働者の危険または健康障害を防止するための措置を事業者等に義務づけることは，安全衛生の確保のために，まず必要な規制である。労安衛法20条～25条の2は，事業者について多種にわたる措置を規定する。ただし，諸措置の具体的な内容は政令の定めに委ねられている（労安衛27条）。そして，労働者は事業者の措置に応じて必要事項を守り，国は措置の有効・適切な実施のための指針を公表する等の義務を負う（労安衛26条・28条）。また，業務に起因する危険性・有害性の調査結果にもとづいて，労働者の危険または健康障害を防止するための措置を講ずることが事業者の努力義務とされている（労安衛28条の2）。請負事業の「元方事業者」，建設・造船業・製造業等の元方事業者である「特定元方事業者」にも，一定の義務が課されている（労安衛29条～30条の3）。さらに，注文者・請負人や機械等貸与者等が講ずべき措置も定められている（労安衛31条～35条）。

④ 機械等および有害物の規制

安全衛生のために次に必要なことは危険な機械等や有害物に対する規制であり，以下のように定められている。

まず，ボイラーなど危険性の高い機械が「特定機械等」として指定され，それらについては製造の許可および種々段階での検査（検査証の発行・裏書・更新）が行われる（労安衛37条～41条）。また，「特定機械等」以外の機械等でも危険・有害な作業を必要とするもの，危険な場所で使用するもの等は，必要な規格あるいは安全装置をそなえることが必要とされ（労安衛42条），個別検定もしくは形式検定に合格していなければならない（労安衛44条・44条の2）。さらに，動力により駆動される機械等の突起・伝導・調速部分には防護装置が必要

---

4) 使用者は，危険・健康障害の恐れのゆえに業務命令に従わない労働者を解雇・懲戒処分できず（日本電信電話公社〔千代田丸〕事件＝最3小判昭43.12.24民集22巻13号3050頁〔→250頁〕），労安衛法等が定める危険・健康障害の防止措置が講じられていない場合には労働者は就労を拒否できると考えるべきであろう。

とされ（労安衛43条），一定の機械については事業者による定期自主検査の義務がある（労安衛45条）。

有害物については，労働者に重度の健康障害を生ずる物について製造等の禁止，製造の許可，一定事項の表示や文書の交付が事業者の義務とされる（労安衛55条〜57条の2）。また，人に対する一定の危険性が確認された化学物質については，危険性・有害性等の調査（リスクアセスメント）を行うことが事業者の義務とされている（労安衛57条の3第1項）。

5 **安全衛生教育・健康管理・就業制限等**

安全衛生教育に関しては，労安衛法は新規雇入れ者に対する教育（労安衛59条1項），作業内容変更時の教育（同条2項），危険・有害物業務につかせるときの教育（同条3項），特定業種の新任職長や現場監督者に対する教育（労安衛60条）の義務を定める。

労働者の健康保持のために，事業者は有害業務を行う屋内作業場等についての作業環境測定の結果にもとづく必要な措置を講じ（労安衛65条・65条の2），健康障害を生ずる恐れがある一定業務については作業時間の基準を遵守し（労安衛65条の4），一定の伝染病にかかった者の就業を禁止すべきもの（労安衛68条）とされている。それから，事業者は受動喫煙（室内またはこれに準ずる環境において，他人のたばこの煙を吸わされること）を防止するため適切な措置を講じるよう努めるものとされている（労安衛68条の2）。

健康管理については，以下のような事業者の義務が定められている。①定期的な一般健康診断を行い（労安衛66条1項），また一定の有害業務に従事する者に対する特別健康診断を行う（同条2項）。②健康診断により異常の所見が出された者に対する事後措置につき医師または歯科医師の意見を聴き（労安衛66条の4），この意見を勘案して必要と認めるときは就業場所の変更，作業の転換，労働時間の短縮，深夜業の回数減少等の措置および作業環境の測定，施設・設備の設置・整備等の措置を講じる（労安衛66条の5）。③一般ないし特別健康診断によりとくに必要があると認める者に対しては，医師または保健師による保健指導を行うように努める（労安衛66条の7）。④一定回数以上の深夜業に従事する者が定期健康診断以外に自発的に健康診断を受けて結果を提出した場合は，上記と同様の事後措置を講じる（労安衛66条の2・66条の5）。⑤労働時間等が

一定の要件に該当する者に対しては，医師による面接指導の結果に応じた措置を講じる（労安衛66条の8）。⑥面接指導を行う者以外でも健康への配慮を要する者には必要な措置を講じるように努める（労安衛66条の9）。⑦医師等による心理的負担の程度を把握するための検査（ストレスチェック）を実施して，検査結果を通知された労働者の希望に応じて医師等による面接指導を行い，必要な場合には適切な措置を講じる（労安衛66条の10）。

■健康診断の受診義務

　労働者は，事業者が労安衛法の定めにもとづいて行う健康診断を受診しなければならない（労安衛66条5項［なお罰則はない］）。ただし，それらのものに相当する健康診断を事業者が指定した医師以外の医師から受けて，その結果を証明する書面を事業者に提出して済ますこともできる（同項但書）。これは，健康診断を受ける義務を労働者に負わせるが，自己の信頼する医師の診断を受ける途を与えて「医師選択の自由」を保障するものといえる。労働者に受診義務があるといっても受診自体を強制はできないが，受診を拒否する労働者に対して解雇・懲戒処分をなし得る場合はある。教職員には労安衛法66条5項にもとづくエックス線検査の受診義務があるとして，受診せよとの校長の職務命令に従わなかった者への懲戒処分を適法とした最高裁判例がある（愛知県教委事件＝最1小判平13.4.26労判804号15頁）。また，就業規則と労働協約が定める法定外健診について，それが合理的内容のものであれば労働者は受診を拒否できないとした最高裁判例がある（帯広電報電話局事件＝最1小判昭61.3.13労判470号6頁［→250頁］）。なお，健康診断を受ける時間は労基法上の「労働時間」に当たるかという問題がある（→324頁以下）。

■「過労死」防止の措置義務等

　いわゆる過労死，すなわち「長時間労働等の業務上の過重負荷による脳・心臓疾患死」（菅野566頁）の防止のための制度整備は，近年の労働安全法制における最重要課題の1つになっている。まず，労安衛法の1999（平11）年改正により，一定程度以上に深夜業に従事する者が定期健診以外に同様の項目につき自発的に健診を受けて，その結果を提出した場合（労安衛66条の2）には，事業者は，医師の意見を聞いた上で（労安衛66条の4），作業転換・労働時間短縮等の事後措置を講じる義務を負うことになった（労安衛66条の5）。次に，労災法の2000（平12）年改正によって，脳・心臓疾患についての「二次健康診断」（労安衛法が義務づける定期健診の結果，脳血管疾患または心臓疾患にかかわる検査項目のいずれでも異常の所見が生じた場合に，脳血管・心臓の状態を把握するために必要な検査）

---

5) 2018（平30）年6月成立の「働き方改革法」による労安衛法の改正（施行は2019〔平31〕年4月）は，時間外労働の量的規制を適用除外される「新たな技術，商品又は役務の研究開発に係る業務」（改正後労基36条11項）に従事する労働者（→359頁）で省令が定める労働時間を超える者については，事業者は医師による面接指導を行うべきものとする定めを新たに設けている（改正後労安衛66条の8の2第1項）。

および「特定保健指導」(二次健康診断の結果にもとづき疾患の予防のために医師または保健師によって行われる保健指導) を，労災保険給付として行うこととされた (労災26条1項・2項)。そして，労安衛法の2005 (平17) 年改正により，時間外労働が1か月100時間を超え疲労の蓄積が認められる労働者に対して事業者は医師の面接指導を行って結果を記録しなければならず，労働者は面接指導を受けなければならないことになった (労安衛66条の8第1項〜3項，労安衛則52条の2)。また，事業者は面接指導の結果にもとづき労働者の健康保持に必要な措置について医師の意見を聴き，その意見を勘案して必要と認めるときは就業場所の変更，作業の転換，労働時間の短縮，深夜業の回数減少等の措置を講じるべきことになっている (労安衛66条の8第4項・5項)。

2014 (平26) 年に，議員立法により過労死等防止対策推進法が制定され，「過労死等」の定義がされ (2条)，過労死防止の国の責務 (4条) などが定められている。

■ストレスチェック制度

近年，職場でのストレスによりメンタルヘルスの障害・不調を生じた労働者が大幅に増加している。2014 (平26) 年の労安衛法改正によって，「ストレスチェック」，すなわち「心理的な負担の程度を把握するための検査」を毎年実施し (労安衛66条の10第1項)，その結果が労働者に通知されるようにし (同条2項)，労働者の希望に応じて医師等による面接指導を行い (同条3項)，面接指導の結果を記録し (同条4項)，労働者の健康保持に必要な措置につき医師の意見を聴き (同条5項)，その意見を勘案して必要と認められるときは就業場所の変更，作業の転換，労働時間の短縮，深夜業の回数の減少等の適切な措置を講じる (同条6項) 等のことが，事業者の法的義務となった。ただし，従業員数50人未満の事業場については当分の間，努力義務である (労安衛附則4条)。

これらのほかにも，事業者は健康教育・健康相談の継続的・計画的実施および体育・レクリエーション活動等への便宜の供与に努めるべきものとされ (労安衛69条・70条)，これらの努力について厚生労働大臣や国が指針の公表や指導・援助を行うこととされている (労安衛70条の2・71条)。

前述した (→457頁以下，462頁) ように，年少者と女性の危険有害業務への就業制限については労基法に規定があるが，労働者一般に関する就業制限は労安衛法が定めている。クレーンの運転などの一定の危険な作業については，免許または一定の技能講習を受けた有資格者でなければ就業させてはならないとされている (労安衛61条1項)。また，労災防止のためにとくに配慮を要する中高年齢者等については，それらの者の心身の条件に応じた適正な配置をするように事業者は努めるべきものとされている (労安衛62条)。

第2節　労災補償

I　労災補償制度の意義・性格

1　労災補償の意義・沿革等

　労災補償とは，前述のように（→476頁），労働災害の被災者に対して事後の補償をする制度である。すなわち，労働者の業務上の負傷・疾病・障害・死亡（以下，労災法7条1項1号にならって「業務災害」という）およびそれに準ずる性格の傷病等につき，事業主の負担において療養を行い，あるいは労働者またはその家族に対して一定額の金銭を給付するものと定義できよう。それは何よりも，災害が加害者の故意・過失によって生じたことを必要としない点（無過失責任）および補償給付の内容が法令等により定型化されている点（定型補償）に特徴を有する。このような制度は，労働災害が激増した19世紀の末から20世紀初めの西欧諸国において創設された。わが国では，第2次世界大戦前にも鉱業法（1905［明38］年），工場法（1911［明44］年），労働者災害扶助法（1931［昭6］年）等による労災補償制度の形成がみられた。戦後においては，労基法と労災法の制定によって全労働者を適用対象とする労災補償制度が確立され，その後は主として労災法の度重なる改正を通して拡充・発展の道を歩みつつ今日に至っている。

　西欧諸国に労災補償制度が形成されてから，すでに1世紀以上が経過している。この間，交通事故，環境の破壊・汚染，医療事故，原子力・航空機等の危険物災害など，労働災害以外のさまざまな「人身損害」の補償問題が発生し，その解決のための諸制度が発達してきた。また，先進資本主義諸国では社会保障制度の目覚ましい展開があった。労災補償制度も，こうした状況のなかでさまざまな形態の発展の途をたどっている。諸外国の今日の労災補償制度を見ると，労働者の傷病等につき業務上・外の区別なしに労使双方が拠出する保険から給付を行う，労働災害についての民事損害賠償請求は不可能とする等の例があり，多様化の傾向が目立つ。ただし，補償給付を個々の使用者の災害ごとの負担によって行うのではなく，使用者等から徴収された拠出金を財源とする強

制保険のシステムによって実施することを基本とする点は，ほとんどの国の制度に共通するようである。わが国の場合は，国が管掌し使用者が費用を負担する保険制度が設けられているが，労災補償制度は労基法の災害補償規定と労災法からなるという形がとられ，わずかな範囲とはいえ労災法の適用を受けず労基法のみにより補償される労働者がなお存在している。また，労働災害につき民事損害賠償の請求が可能である点も特徴の1つである。

2 労災法の発展・変化

わが国の労災補償制度は，上述のように労災法の改正を繰り返しながら発展してきたが，それによって労災法は制定当初に有していた性格を大きく変化させ，労災補償制度自体もかなりな程度の変貌を遂げたといえる。1947（昭22）年の労基法制定の際に労災法も制定されて労災保険制度が設けられたのは，労基法の規定にもとづく無過失・定額の災害補償給付の確実・迅速な履行と事業主の負担の分散を図るためであった。そこで，労災法にもとづく補償給付の内容は労基法の規定によるものと同一もしくは多少低い程度に定められ，また，一定の業種・規模の事業が労災保険の強制加入事業とされ，他の事業は任意加入となっていた。労災保険は労基法にもとづく使用者の災害補償責任を補強する制度にほかならず，それゆえに労基法が規定する補償事由につき労災法にもとづく給付がなされた場合には，その価額の限度において使用者は補償の責めを免れると規定されていた（労基旧84条1項）。

このように「労基法の災害補償についての責任保険」として出発した労災保険制度は，1960年代以降の数次にわたる労災法の改正を経て，根本的といっても過言ではないほどに性格を変えた。いわゆる「労災保険のひとり歩き」である。具体的には次のような改革がなされている。

■労災補償責任の性格

　このような変化・発展によって，実質的には労災法が労災補償制度の基本法となり，労基法の災害補償の規定は法体系上では制度の中心にあるものの，実際上の意義をほとんど失うことになった。のみならず，労災保険制度は業務災害に対する補償給付に限られない内容を有し，「労働災害に対する総合的な社会保険」と性格づけられるべきものになった。そこで，労災補償は今や社会保障の一環として把握されねばならず，また社会保障化の方向をより積極的に推進すべきであるとする学説の見解が見られている（荒木誠之「労災補償と社会保障」民商54巻2号［1966年］139頁以下，高藤昭「労災保険における社会保障原

理」社会労働研究 17 巻 1 = 2 合併号［1971 年］1 頁以下等）。この「社会保障化」論に対しては，労災保険の法的根拠は使用者の集団的なかたちでの補償責任（集団責任ないし団体責任）であるとする「集団的責任論」の見解が批判を加えている（西村健一郎『労災補償と損害賠償』［1988 年］5 頁以下）。

「労災補償 = 社会保障化」論は傾聴に値するものである。しかし，現行の労災法が社会保障化したという評価は「理論的にも現実の機能としても事実にそぐわない」（山口浩一郎『労災補償の諸問題［増補版］』［2008 年］17 頁）し，立法としての社会保障化論は「現在のところ，個人的な述懐か願望の域を出ない」（同 19 頁）といわざるを得ないであろう。私傷病ではなく「労働」災害による傷である業務災害および業務災害に準ずる性格の傷病である通勤災害については，何よりもまず使用者が，その防止と補償の責任を負うと考えなければならない。それゆえ，労災補償制度の下における使用者の責任の性格に関しては，上記の「集団責任論」の考え方が最も妥当なものと思われる。

①労基法にもとづく労災補償の金銭給付はすべて一時金であり，労災保険のそれも当初は同様であった。しかし，1960（昭 35）年の労災法改正により長期傷病者補償給付制度が創設され（後に現行の傷病補償年金となる），また障害補償の一部が年金化された。さらに，1965（昭 40）年には，遺族補償の大部分が年金化され，障害補償の年金化の範囲が拡大された。そして，上記の労基法旧 84 条 1 項の規定から「その価額の限度において」の文言が削除された（現 84 条 1 項）。その後も，年金額の充実，スライド制の導入，介護補償給付の創設などが行われている。このようにして，労災法にもとづく給付は労基法による補償給付を大きく上回る内容のものと化して現在に至っている。②強制適用事業の範囲は次第に拡大されていたが，1972（昭 47）年以降は，経過措置によるわずかな「暫定任意適用事業」を残しているとはいえ，すべての事業が労災法を強制適用される建前となっている。③「通勤災害」が 1973（昭 48）年より，使用者が労基法により補償責任を負うことを前提とする「業務災害」とは区別されながらも，後者に対するのとほとんど同一内容の保険給付を受けることになった。④ 1965（昭 40）年以降の改正により，「非雇用労働者」の労災保険への特別加入が可能になり，[1]「海外派遣者」も特別加入をして労災保険給付を受

[1] すなわち，中小事業主等（労災 33 条 1 号・2 号・34 条等），一人親方その他の自営業者および特定作業従事者（労災 33 条 3 号〜5 号・35 条）は，労災法上の「労働者」に当たらないにもかかわらず，労災保険に任意に加入して適用を受けることができる。なお，特別加入者への労災保険給付は，労働者に関して保険関係が成立している事業の業務に起因する災害についてのみ行われる（姫路労基署長事件＝最 1 小判平 9. 1. 23 労判 716 号 6 頁）。

けることになっている。⑤付帯事業としての「労働福祉事業」(リハビリテーション施設，特別支給金等) が行われる。⑥ 1960 (昭 35) 年には費用の一部国庫負担が導入された。

■労災保険給付と労基法上の災害補償の関係
　これについて判例は次のようにいう。労災保険給付の実質は使用者の労基法上の義務を政府が保険給付の形式で行うものである (三共自動車事件＝最 3 小判昭 52. 10. 25 民集 31 巻 6 号 836 頁)。労災保険制度は，労基法により使用者が負う災害補償義務の存在を前提として，その補償負担の緩和を図りつつ被災労働者の迅速かつ公正な保護を確保するため，使用者による災害補償に代わる保険給付を行うものであり，労基法 12 条の 8 第 1 項が定める各保険給付は，これらに対する労基法上の災害補償に代わるものということができる (学校法人専修大学事件＝最 2 小判平 27. 6. 8 民集 69 巻 4 号 1047 頁)。また，業務災害で休業したが症状固定したとして労災保険の不支給決定がされた後も休業補償の支払義務があるとする原審 (神奈川都市交通事件＝東京高判平 19. 3. 22 労判 919 号 59 頁) の判断を否認した同事件の上告審＝最 1 小判平 20. 1. 24 労判 953 号 5 頁は，労働者が労災保険の休業補償を受ける場合には，休業の最初の 3 日間 (労災法 14 条 1 項参照) を除いて，使用者は「およそ」労基法 76 条にもとづく休業補償の義務を免責される，としている。
　それから，上記の学校法人専修大学事件＝最 2 小判平 27. 6. 8 は，業務災害による休職期間満了後に打切補償 (平均賃金の 1200 日分) を支払った上でなされた解雇の効力が争われたものである (→504 頁以下)。1 審・2 審とも解雇無効としたのであるが，1 審 (東京地判平 24. 9. 28 労判 1062 号 5 頁) では，労災保険と災害補償は「並行して機能する独立の制度」であるという説示がされている。2 審判決 (東京高判平 25. 7. 10 労判 1076 号 93 頁) は，労災保険給付がなされるべき場合には使用者は災害補償の義務を免れるとする労基法 84 条 1 項は，その場合に使用者が災害補償を行ったものとみなすとは規定していないから，労災保険給付を受けている労働者が労基法 81 条にいう「第 75 条の規定によって補償を受ける労働者」に当たると解することはできない，としている。
　労災保険と労基法の災害補償の関係についての最高裁判例の考え方は適正・妥当なものといえる。上記学校法人専修大学事件の 1 審・2 審判決のいうところはやや奇異といってもよいであろう。労災保険給付が行われるべき場合に使用者が災害補償の「責を免れる」ことは，労基法 84 条 1 項に明記されている。責任を免れるのであるから使用者には義務がないのであって，それは災害補償を行ったものとみなされるのと異なるところはないのである。

■労災法の適用事業，同法の「労働者」
　労災保険は政府が管掌する (労災 2 条)。「労働者を使用する事業」のすべてが適用事業である (労災 3 条 1 項) から，労働者を 1 人でも使用していれば労災保険の強制加入事業となる。ただし，国の直営事業と労基法別表第 1 が掲げる事業に該当しない官公署については適用されない (労災 3 条 2 項)。なお，一般職の国家・地方公務員には国家公務員災害補償

法・地方公務員災害補償法がある)。そして，個人経営でごく小規模な(常時使用の労働者が5人未満など)農林・畜産・水産の事業は「暫定任意適用事業」とされている(労災昭44改正附則12条等)。任意適用事業が労災保険に加入していない場合は労基法の災害補償の規定を適用されることになる。

「労働者」に関しては，労災保険法は定義規定を欠いているが，判例は労基法9条の労働者と同一と解している。横浜南労基署長(旭紙業)事件＝最1小判平8. 11. 28労判714号14頁は，労災保険法の労働者は労基法のそれに等しいとして，傭車運転手につき労働者性を否定した原審の判断を維持した。筆者は，適用の可否が問われている制度・ルールの目的・趣旨との関連において「相対的」に労働者性の有無判断をするという考え方をしている(→34頁)が，労基法と労災法の「労働者」については両者が同一という考え方で問題はないと思う。労災保険は労基法が定める災害補償に関わる責任保険であって，災害補償事由が生じた場合に労災保険給付が行われる(労災12条の8第2項)のであり，また，労基法上の「労働者」とはいえないが労災法を適用されるのが適当と考えられる者については特別加入制度が設けられているからである。

■海外勤務者への労災保険の適用

国内で事業を行う事業主が国外で行う事業に従事させるために派遣する労働者を，国内事業についての保険関係にもとづいて労災保険給付を受けることができる者とする旨の申請をし，それが政府により承認されたときは業務災害と通勤災害について保険給付がなされる(労災33条7号・36条1項)。この「海外派遣者の特別加入」の趣旨は，属地主義により労災保険の適用範囲は国内事業に限られるが，国外における労働災害保護は十分でないので，海外の事業場に派遣された労働者にも国内労働者と同様の保護を与える必要があることとされている(労災部555頁)。そして，「海外派遣者」に当たるには，海外事業が海外支店や現地法人等であるか，派遣の形態が転籍や出向等であるかなどは問われないが，「海外出張」とみなされる場合は「海外派遣者」に該当せず，労働者は当然に(特別加入を要さず)労災保険給付を受けることができる(労災部576頁)。「海外派遣」と「海外出張」のいずれであるかは，①国内の事業場に所属して，その事業場の使用者の指揮に従って勤務するのか，②海外の事業場に所属して，その事業場の使用者の指揮に従って勤務するのか，という点から勤務の実態を総合的に勘案して判定されるべきものとされる(同前)。

近年の裁判例に，会社の100％出資の現地法人の「総経理」に就任して海外で勤務していたが，労災保険の特別加入の手続はされていなかった労働者が現地で死亡し，遺族が労災保険の不支給決定の取消しを求めたケースのものがあった。1審(中央労基署長事件＝東京地判平27. 8. 28労判1146号52頁)は，独立した海外の事業所に所属して業務に従事していたのであるから「海外派遣者」であり，特別加入の手続がされていない以上は保険関係が成立しておらず不支給決定は適法であるとした。これに対し，2審(東京高判平28. 4. 28労経速2284号3頁)は，労働者は海外の事業所で勤務していたとはいえ，会社の部課への所属には変更がなく海外勤務は長期出張として処理され，主要業務に関わる契約内容の決定権限は与えられず，会社の労務管理に服していたのであり，現地法人は会社の

100%出資の完全子会社であって，会社は死亡した労働者の人件費を負担し，その労災保険料を納付していた等の事実からすれば「海外出張」に当たるとしている。海外勤務者について特別加入を要すると判断して手続をするのは事業主であって（手続が懈怠される可能性は一般に小さくないであろう），労働者は関知し得ないのであるから（手続が懈怠された場合の不利益はもっぱら労働者に生じる），「海外派遣」ではない「海外出張」の意義をなるべく広い範囲のものと解して，多くの場合に海外勤務者と国内事業の保険関係が認められる（特別加入を要しない）ようにするのが妥当と思われる。そして，現行制度をより適切なものに改める立法を考えるべきなのであろう。

II　業務災害の補償

1　業務災害の意義

労災補償制度においては，労基法上は「業務上」の負傷または疾病について使用者が補償の義務を負い（労基75条以下），労災法による補償給付は「業務上の事由又は通勤による」負傷，疾病，障害，死亡（以下，「傷病等」という）に対して行われる（労災1条）。

■労基法と労災法における「業務上」
　労基法75条以下の「業務上」と労災法1条の「業務上の事由」によるは意味が同一とされている（和歌山労基署長事件＝最3小判平5. 2. 16民集47巻2号473頁）。労災保険給付は労基法が定める災害補償の事由が生じた場合に行われる（労災12条の8第2項）のであり，災害補償の事由について労災保険の給付が行われるべき場合には使用者は補償を免責される（労基84条1項）のであるから，そのように解する（注釈労基下859頁〔岩村正彦〕）のが妥当であろう。もっとも，労災法における「業務上の事由」による傷病等か否かは，使用者に罰則付きで個別的に負担させて補償させるべきかではなく，使用者が費用を負担する社会保険のシステムを用いて補償給付をするのが相当か否かという見地から決せられるべきものであり，その意味で，労基法の「業務上」と労災法の「業務上の事由」によるとの間に差異があるという考え方もあり得ると思われる。労災保険制度における「業務上」は，「使用者の個別的な補償責任の枠をこえて，事業主に共同で負担させるのが相当であるような労働者の労務遂行に定型的に伴う危険に及ぶ」（菅野611頁），というように考えることができよう。裁判例には，転職後にくも膜下出血を発症して死亡した労働者について，発症・死亡時の使用者の下での勤務は過重ではなかったが，転職前の使用者の下での過重労働が発症・死亡と相当因果関係を有したとして，労災保険給付の不支給処分を取り消したものがある（足立労基署長〔クオーク〕事件＝東京地判平23. 4. 18労判1031号16頁）。これは，発症・死亡時の使用者に労基法上の災害補償責任はないが労災保

険給付はなされるべしというのであるから，労基法の「業務上」と労災保険法の「業務上の事由」によるとは必ずしも同一でないということになるが，これは肯定的に評価すべき考え方であると筆者は思う。

　労災法では，業務上の傷病等は「業務災害」，通勤によるものは「通勤災害」と称されるが（7条1項），前者に対する給付が主要部分であることはいうまでもない。そこで，業務上の傷病等あるいは業務災害とは何か，どのような基準を用いて，いかなる機構の下で，その判断・認定を行うべきかが労災法における最も重要な問題となる。

　「業務上」概念については，労基法にも労災法にも定義規定がないため，その意味の確定あるいは「業務上」の判断基準の設定は法解釈に委ねられることになる。その点で，これまで主導的な役割を果たしてきたのは多種多様な具体的事例について出された膨大な数の行政解釈であった。それらが労働保険審査会（→521頁）の裁決例とともに中心になって，判例・裁判例の見解や学説の論議と相互に影響しあいながら，業務災害の意義あるいは業務上・外判断の基準に関する一般的・通説的な立場を形成してきたのである。

② 「業務上」判断の一般理論

　行政解釈によれば，業務上の傷病等といえるには「業務起因性」を必要とするが，そのためにはまず「業務遂行性」が認められなければならない。「業務遂行性」とは「労働者が労働契約にもとづき事業主の支配下にある状態」であり，「業務起因性」とは「それに伴う危険が現実化したものと経験則上認められること」をいう。前者がなければ後者も認められないが，前者があっても直ちに後者が認められるわけではなく，「業務起因性」の判断を経なければならない。「業務遂行性」は具体的には3つの場合，すなわち①事業主の支配・管理下にあって業務に従事している場合，②事業主の支配・管理下にあるが業務に従事していない場合，③事業主の支配下にあるが管理下を離れて業務に従事している場合，に存在する。「業務起因性」とは業務との「相当因果関係」という意味であり，業務が傷病等の「機会的原因」にすぎないときには否定されるが，「最有力原因」である必要はなく相対的に有力な原因であることが経験則上認められれば足りる（厚生労働省労働基準局編著『解釈通覧労働基準法〔全訂7

版）』〔2008 年〕383 頁以下参照）。

　以上の業務遂行性と業務起因性という「二要件主義」および「相当因果関係説」は判例の立場でもあるといってよいであろう（十和田労基署長事件＝最 3 小判昭 59. 5. 29 労判 431 号 52 頁は，それを示すように見える[2]）。学説も一般的には，このような業務上・外ないし業務災害の認定方法の定式化の有用性を認めている（菅野 612 頁等）。これに対し，その「二要件主義」には疑問があるとして，「業務遂行性」と「業務起因性」の相関関係によって判断する，すなわち一方の要件が十分に充足されている場合は他方の要件はきわめて軽微でもよいとする「相関的判断説」が有力学説によって主張されてきた（有泉 439 頁以下，西村健一郎「業務上・外認定基準」現代講座 12 巻 158 頁）。

　業務上の傷病等ないし業務災害には，何らかの「出来事」ないし「事故」という意味での災害が介在するものと，そうではないものとがある。負傷と災害性の疾病およびそれらによる障害・死亡は前者であり，職業性の疾病とそれによる障害・死亡は後者に属する。「業務起因性」は，前者においては「業務」と「災害」および「災害」と「負傷・疾病」の二重の因果関係として問題になるが，後者では「業務」と「疾病」の因果関係のみが判断されればよい。「業務遂行性」という要件は前者，とくに負傷の場合については確かに有用度の高い判断基準である。もっとも，「業務遂行性」はないが「業務起因性」は存在するゆえに「業務上」と認めるのが相当な場合，すなわち業務との相当因果関係を肯定すべき「出来事」が労働者の私生活の領域において発生することもある（西村・前掲現代講座 12 巻 158 頁参照）。他方，疾病，とくに職業性の疾病に関しては，「業務遂行性」という基準を用いて業務上・外の判断をするといっても実際上はほとんど無意味であろう（有泉 440 頁以下）。現に労基法・労災法は，業務上の疾病については，負傷とそれによる障害・死亡の場合のようにケースごとに「業務遂行性」を第 1 の基準として次に「業務起因性」を見て判断するのではなく，業務上の疾病の範囲を法令により定めるという方法を用いている（労基 75 条 2 項，労基則 35 条）。次のようにいうべきであろう。労災補償におい

---

[2] 行橋労基署長事件＝最 2 小判平 28. 7. 8 労判 1145 号 6 頁は，業務上の事由の「要件の 1 つ」は労働者が労働契約にもとづき事業主の支配下にある状態で災害が発生したことであるとして，上記の十和田労基署長事件＝最 3 小判昭 59. 5. 29 を引用している。これは「二要件主義」の表明であろう。

て業務上・外の判断が必要となるのは，それが業務災害に対して使用者の費用負担により過失の有無を問わずに補償させようとする制度だからである。そこで，業務上か否かは当該の業務に含まれている危険の現実化といえるかどうかによって決まるが，それは結局，「業務起因性」の有無により判断されるということにほかならない。「業務遂行性」はその際の重要な，とくに負傷とそれによる障害・死亡の場合における「業務」と「災害」の因果関係判断の第1次的基準ではあるけれども，一般的にも不可欠な基準とまではいえないものである。

③ 業務上の災害

現行制度では，災害による傷病等に関してはケースごとに「業務上」の判断がなされる。そこでは「業務」と「災害」および「災害」と「傷病等」の因果関係の有無が問題となるが，判断が困難な場合が多いのはもっぱら前者である。「業務災害」とまぎらわしいけれども，「災害」が「業務」との因果関係を有するゆえに業務上の傷病等と認められる場合を「業務上の災害」としておこう。

業務上の災害は労災保険給付が行われる場合の多くの部分を占める。多数の行政解釈が出されて，前述の「業務遂行性」と「業務起因性」の二要件による判断基準のルールがほぼ完全に確立されている。略述すれば以下のようになろう（厚生労働省労働基準局編著・前掲389頁以下等参照）。

(1) 就業時間中の災害

この場合は通常，業務遂行性があるので，業務以外の事情（天災地変や労働者の個人的事情等）が原因である場合を除き（業務外の事情が「共働原因」となっている場合は別），業務上の災害と認められる。①作業中の被災，②作業中断中の被災，③作業にともなう必要または合理的な行為中の被災，④作業の準備または後始末行為中の被災，⑤緊急業務中の被災にわけることができる。②の場合は，事業主の支配・管理下にあるかぎり，業務に付随するものと認められる行為による中断であれば業務遂行性は失われない。

(2) 就業時間外の災害

労働者が事業場施設内にいるかぎり一般的には事業主の支配・管理下にある

といえるから，休憩時間中も始業前・終業後の時間も通常は業務遂行性を否定されない。ただし，災害が事業場施設の状況（欠陥等）によるのでなければ業務起因性は認められない（もっとも，就業中であれば業務行為に含まれることになる行為の際の災害は原則として業務上の災害とされる）。なお，事業場付属の寄宿舎の中に労働者がいる場合は業務遂行性が常に肯定される。

(3) **事業場外での災害**

①出張中は事業主の管理下を離れているが支配下にはあるといえるので，積極的な私的行為中は中断されるけれども，出張に当然付随する行為中を含めて全過程について業務遂行性が認められる[3]。②通勤途上は，事業主の支配下にあるとはいえず原則として業務遂行性はない。③運動競技会に出場中の災害については，それが事業運営に必要なもので労働者が事業主の命令によって参加した場合には業務上の災害と認められる。④宴会その他の社外行事に関しては，その世話を職務の一環とする者については行事参加中は業務遂行性ありとされるが，他の労働者については特別の事情がないかぎり業務遂行性は認められない。

■社外行事と業務遂行性

　宴会等に出席中の災害は，世話役等が職務として参加する場合は一般に業務遂行性を認められるが，それ以外の場合は特別の事情がないかぎり業務遂行性はないのが通例であるとされている（労災部176頁）。裁判例にも，事業運営上緊要と認められて労働者が参加を強制されている場合にかぎり，社外行事への参加が業務行為になるとして，社外の場所での宴会終了後の事故による負傷などについて業務遂行性は認められないとしたものがある（福井労基署長事件＝名古屋高金沢支判昭58. 9. 21労民集34巻5＝6号809頁，立川労基署長事件＝東京地判平11. 8. 9労判767号22頁）。

　前掲注2)行橋労基署長事件＝最2小判平28. 7. 8は，中国人研修生の歓送迎会に出席した後で研修生たちを車で送迎する途上での事故による死亡を業務外とした決定の当否が争われたものであった。判旨は，会への参加は職務上要請され，会自体が事業活動と密接に関連して行われ，研修生たちの送迎も使用者から要請されていた行動の範囲内のことであるから，被災労働者は事故の際に使用者の支配下にあったというべきであり，また事故による死亡と業務行為との間の相当因果関係が存するとしている。このように，事業活動

---

3)　大分労基署長事件＝福岡高判平5. 4. 28労判648号82頁は，出張先の宿泊施設での懇親会に出席して飲酒し転倒して死亡した事故について，被災者がとくに恣意的行為に及んだわけではないとして業務起因性を認めている。

に密接に関連する行事のために使用者が「要請」した労働者の行為であれば業務遂行性ありとすること（森戸英幸「歓送迎会終了後の送迎行為の業務遂行性――行橋労基署長事件」ジュリ1497号［2016年］4頁）は，労働者の生活保護のための社会保険制度でもある労災法における「業務上の災害」の意義に関する法解釈として，肯定的に評価されるべきものであろう。

(4) その他の災害

①天災事変による災害は，業務の性質や事業場施設の状況等が共働原因となっていると認められれば業務起因性が肯定される。[4]②同僚労働者等の第三者の暴行による災害も，職務が他人の恨みを買いやすいものであるなど加害行為が明らかに業務と関連している場合には業務起因性が認められる。[5]

④ 業務上の疾病

(1) 疾病の例示列挙

災害によらない傷病等である業務上の疾病については，労基法の委任規定（75条2項）を受けて，労基法施行規則が，医学的にみて業務により生ずる蓋然性の高い多数の疾病を列挙している（別表第1の2第1号〜9号）。また，それらの疾病のほか厚生労働大臣が指定する疾病を業務上の疾病とする（同10号）。このように列挙されたものに該当する疾病は，業務起因性が推定されて，特段の反証がないかぎり業務上の疾病と認められることになる。そして，列挙され

---

[4] 地震による災害の業務上・外判断について，行政解釈は次のようにいう。天災事変による災害は業務遂行中に発生したものでも一般的には業務起因性を認められないが，被災労働者の業務の性質・内容，作業の条件・環境，事業場施設の状況などから見て，かかる天災事変に際して災害を被りやすい事情にある場合には，天災事変による災害の危険が同時に業務にともなう危険となるので，そのような事情があって，それが天災事変を契機として現実化したものである場合にかぎり業務起因性を認めることができる（昭49. 10. 25基収2950号）。1995（平7）年の阪神・淡路大震災や2011（平23）年の東日本大震災の際の災害については，この通達の考え方によりつつ，私的行為に従事していた場合を除いては広く業務災害と認定されている。

[5] これは，暴行による災害が職場の人間関係や第三者との職務上の関係に存する「業務危険」から生じたと考えられるからである。ただし，業務に関連しているようにみえても加害者・被害者間の私的な関係に原因があるとか，あるいは被害者が職務上の限度を超えて相手方を刺激し挑発したような場合には，業務起因性を認めることはできない。倉敷労基署長事件＝最1小判昭49. 9. 2民集28巻6号1135頁は，建築現場付近での喧嘩により労働者が死亡したケースにつき，紛争は仕事に関することから端を発したけれども，被害者が加害者を刺激し嘲笑する態度をとって暴力を誘発した等の事実が認められる等として，業務上の災害による死亡とは認められないとしている。

たものに該当しない疾病も,「業務に起因することの明らか」（同11号）であれば業務上の疾病となる。

いわゆる「過労死」[6]の原因疾患の代表的なものは脳・心臓疾患であり,「過労自殺」の原因疾患は一般に精神障害である。これらの疾病は，近年までは上記の列挙疾病にはなく，業務に起因することが明らかであれば業務起因性が認められるものであった。それが，2010（平22）年の労基法施行規則改正よって，列挙疾病（別表第1の2第8号・9号）となっている。

(2) 脳・心臓疾患の業務起因性

（i）業務起因性の認定基準　かつての行政解釈は，業務に関連した異常な出来事またはとくに過重な業務への従事により脳・心臓疾患が発症または増悪したのであれば業務起因性が認められるという考え方で，過重負荷を受けたとする期間について当初は発症前の「1週間」とし（昭62. 10. 26基発620号），後にこれを「1か月」に改めた（平7. 2. 1基発38号）。しかし，これでは，長期にわたる過重業務による慢性疲労が脳・心臓疾患の発症あるいは増悪をもたらすことが見逃される恐れがあった。そのため，裁判例ではより長い期間について過重負荷の有無を判断するものが多く見られるようになり，発症前の半年間における疲労蓄積に着目して過重業務と発症の相当因果関係を認める最高裁判例（横浜南労基署長［東京海上横浜支店］事件＝最1小判平12. 7. 17労判785号6頁）があった。そこで，2001（平13）年に「過労死新認定基準」ともよばれる現在の認定基準が出され（「脳血管疾患及び虚血性心疾患等（負傷に起因するものを除く。）の認定基準について」［平13. 12. 12基発1063号］），前記のように2010（平22）年の労基法施行規則改正で脳・心臓疾患が業務起因性を推定される列挙疾病となった。

上記の認定基準は以下のようなものである。①発症直前から前日までの間に，発症状態を時間的・場所的に明確にし得る異常な出来事に遭遇したこと（「異常な出来事」），②発症に近接した時期（概ね1週間前）において，とくに過重な

---

6) 2014（平26）年制定の過労死等防止対策推進法は，同法の「過労死等」を，「業務における過重な負荷による脳血管疾患若しくは心臓疾患を原因とする死亡若しくは業務における強い心理的負荷による精神障害を原因とする自殺による死亡又はこれらの脳血管疾患若しくは心臓疾患若しくは精神障害」と定義する（2条）。

業務に従事したこと（「短期間の過重業務」），③発症前の長期間（概ね6か月）にわたって，著しい疲労の蓄積をもたらすとくに過重な業務に従事したこと（「長期間の過重業務」）の，いずれかの「業務上の過重な負荷」を受けたことにより発症した脳・心臓疾患は業務上の疾病とする。

そして，この③の「疲労の蓄積をもたらす最も重要な要因」（水島郁子「過労死」争点135頁）である労働時間について，同認定基準は，(a)発症前1か月ないし6か月間にわたり概ね月45時間を超える時間外労働がない場合は業務と発症の関連性は弱く，(b)それを超えて時間外労働が長くなると関連性が徐々に強まり，(c)発症前1か月前に概ね月100時間（または発症前2か月間ないし6か月間にわたり概ね月80時間）を超える時間外労働がなされた場合は関連性が強いと評価される，とする。なお，次のようにもいわれている。業務の過重性の具体的評価においては，労働時間以外の負荷要因（不規則な勤務，交代制勤務・深夜勤務，作業環境，精神的緊張をともなう勤務等）を十分に検討し，時間外労働時間が評価基準に達していなくても他の負荷要因により過重性が肯定されれば，業務起因性が認められる。

(ii) 「相対的有力原因説」と「共働原因説」　脳・心臓疾患の業務起因性が問題となる多くの場合においては，労働者に基礎疾病や既存疾病あるいは病的素因というべきものがあって，それが過重な業務によって発症もしくは増悪したといえるか否かが争われる。この点に関する考え方としては，「相対的有力原因説」（過重業務が他の原因と比較して相対的に有力であることを要するというもの）と「共働原因説」（基礎疾病等と過重業務とが共働原因となっていれば足りるとするもの）がある。行政解釈は一貫して「相対的有力原因説」であるとされる（荒木253頁）。近年の裁判例では，労災保険の不支給決定の取消請求事件（行政訴訟）のほか，損害賠償請求事件（労災民訴）あるいは解雇等が労基法19条違反ゆえ無効と主張された事件において，基礎疾病等がある場合の脳・心臓疾患の業務起因性の有無について判断をしたものが多数あるが，どちらの立場を裁判例がとっているのかは明らかでない。しかし，判例は「相対的有力原因説」の考え方であると見てよいであろう。[7]

---

7)　山口浩一郎「労災補償における疾病の業務上認定に関する試論」『経営と労働法務の理論と実務〈安西愈古稀記念〉』[2009年] 427頁は，品川労基署長（中央田中電機）事件＝最3小判平3.3.5労判583号6頁等の最高裁判決をあげて，判例は「相対的有力原因説」を是認していると

この両説については,「判断手法の点でもそれほど異ならず……対立的にとらえる必要は必ずしもない」(水島・前掲135頁)とも思われる。しかし,基本的な考え方としては「相対的有力原因説」であるべきものといえよう。[8]

　(iii)　**業務起因性の「総合判断」**　前掲横浜南労基署長(東京海上横浜支店)事件＝最1小判平12.7.17,大館労基署長(四戸電気工事店)事件＝最3小判平9.4.25労判722号13頁,地公災基金鹿児島県支部長(内之浦町教委職員)事件＝最2小判平18.3.3労判919号5頁等の最高裁判例は,脳・心臓疾患の業務起因性についての「総合判断の枠組み」(水島・前掲136頁)というべきものによって判断をしている。それは,①基礎疾病等が,自然的経過によって発症するほどに進行していたか,②業務の負担が,自然的経過を超えて基礎疾病等を急激に発症・増悪させるほどに過重なものであったか,③他に確たる発症因子があったか,を検討するというものである。近年では,脳・心臓疾患の業務起因性が関わる裁判例が多数みられるが,そこでは最高裁判例が示した判断枠組みが用いられ,具体的には,上記の①を肯定し②を否定することによって業務起因性なしとされたり,逆に①を否定し②を肯定することによって業務起因性ありとされたりしている。

　この「総合判断」において,一般に最も重要とされるが実際には甚だ微妙で困難であるのは上記の②の点,すなわち過重業務があったか否かの判断であろう。前掲の過労死新認定基準(平13基発1063号)では,発症直前における「異常な出来事」,発症前の短期間における「特に過重な業務」,発症前の長期間における「著しい疲労の蓄積をもたらす特に過重な業務」の,いずれかにより過重な負荷を受けたのであれば業務起因性が認められるとされている。また,時

　　いう。品川労基署長(中央田中電機)事件の原審(東京高判平2.8.8労判569号51頁)は,相当因果関係ありというためには業務が最も有力な原因である必要はないが,相対的に有力な原因であることを要し,単に並存する原因の1つに過ぎないときはそれでは足りないとして,残業中の脳障害発症による死亡の業務起因性を否定したが,最高裁はこの判断を正当としている。

8)　労災補償における業務起因性は,業務と傷病等が「条件関係」(その業務に従事しなかったら傷病等はなかったという関係)にあればよいのではなく,「相当因果関係」が存するときに認められる。その相当因果関係とは,「必然性」のある関係を意味するものではないが,いわば「高度の蓋然性」がある関係をいう。使用者に無過失で定型化された内容の補償をなす責任を負担させるための要件である業務起因性については,このように解するほかはないと思われる。「共働原因説」に立つならば,傷病等の発生に業務が何らかの程度で寄与していればよいことになって,「条件関係」があれば業務起因性が肯定されるのと同じことになろう。それが不適切であることはいうまでもない。

第2節　労災補償　497

間外労働が発症前1か月ないし6か月において月45時間を超えなければ業務と発症の関連性は「弱」であるが，月45時間を超えれば関連性は強まり，発症前1か月に100時間（または2か月ないし6か月において月80時間）を超えるときは関連性が「強」になるとされている。

　近年の脳・心臓疾患の業務起因性に関わる裁判例における「過重業務」についての判断は，この行政解釈が示した認定基準とほぼ同じ考え方によっているのであろう。ただし，裁判例の多くでは，過重業務の存在をより広く認める方向で認定基準が緩やかに適用されているようにも見える[9]。また，疾患の発症・増悪前の時期における時間外労働の時間数の多寡が「過重業務」に関してとくに重視され，認定基準が示すところの，発症前の一定期間における時間外労働時間数が一定数値を超えていた場合は直ちに業務起因性ありと判断してよいとする傾向が見られるようにも思われる[10]。脳・心臓疾患を発症・増悪させるほどの過重業務であるか否かの判断については，時間外労働の時間数にまず着目することは理解できるとしても，個々のケースにおいて多種多様である他の諸事情をも十分に考慮に入れながら，まさに「総合判断」がなされるべきではないかと思われる[11]。

　もっとも，労災補償（労災保険給付）の要件としての「業務起因性」について，脳・心臓疾患や精神障害等の疾病に関し，相当に緩やかな判断基準により

---

9) 山口・前掲注7) 429頁は，認定基準における「著しく増悪」と「特に過重」という標識が，裁判例ではいつしか曖昧になっているという。そのように感じられるのは確かである。

10) たとえば，F大学事件＝福岡高判平26.3.13労経速2208号3頁は，脳疾患により休職した後に退職となった大学助教授が労基法19条違反ゆえ解雇無効と主張して地位確認等を求めたものである。1審（福岡地判平25.4.22労経速2208号15頁）では，時間外労働時間数が認定基準に照らして過重である等として業務上疾病に当たるとされたが，2審判決は，時間外労働時間数から直ちに業務過重であったとはいえないとしている。この事件では，大学教員である原告は労働時間の管理を一切受けていなかったのであり，その労働時間数は通常の労働日に大学の研究室に入った時刻から退出した時刻までとして算定され，それが法定労働時間を超えるとされている。このような勤務態様の者について，「過重業務」であったか否かを「発症・増悪前の一定期間における時間外労働時間数の多寡」を重視して判断することが妥当・適切とはいえないであろう。

11) 前掲注10)F大学事件＝福岡高判平26.3.13は，時間外労働時間数は「量的過重性」の指標であるが，「質的過重性」についても見るべきであるとして，当事件では業務による肉体的・精神的負担は小さくなかったけれども，原告が従事する業務は教育・研究活動であって心身に過大な負担を及ぼす過重業務とは評価できないとしている。この判示は示唆に富むものではないであろうか。裁量労働の性格が強い業務に関して時間外労働数の多寡から「過重業務」性を問題にしても，あまり意味はないと思われるからである。

ながら業務と疾病の発症・増悪の相当因果関係を認めることについては，これを肯定的に評価してよいと筆者は考える。しかし，使用者の不法行為ないし安全配慮義務違反ゆえの損害賠償責任あるいは労基法19条違反ゆえの解雇等の違法性に関わるところの，業務と疾病の相当因果関係の判断においては，同じように緩やかな判断基準によることは妥当性を欠くのではないか。そのことについては，「業務災害と使用者の解雇権」および「労働災害と損害賠償」の項において，より詳しく論じることにする（→503頁以下，525頁以下）。

■相当期間経過後に発症した脳・心臓疾患の業務起因性
　業務従事の時から相当期間が経過した後に疾病が発症もしくは増悪した場合に，業務起因性ありとすべきかが問題になることがある。じん肺等のような遅発性の疾病については業務起因性を肯定するべきであるが，脳・心臓疾患に関してはどうであろうか。前掲足立労基署長（クオーク）事件＝東京地判平23. 4. 18は，過重とされた業務に従事した企業を退社して3か月後に他企業に雇用され，それから3か月後に脳疾患を発症して死亡したことについて業務起因性の存否が争われたものであった。判旨は，業務従事が発症の6か月以上も前であることから直ちに過重性判断の対象外になるものではないとし，死亡時の企業での業務は過重でなかったが前雇用先での業務は著しく過重であった等として，業務起因性なしとした労災不支給決定は取り消されるべきものとしている。菅野611頁注7は，同判決が，死亡時の企業での業務は過重でなく使用者の補償責任は生じないが，以前の企業での業務が過重であったために脳疾患による死亡について業務起因性が認められるとしたところに着目して，労災補償責任を事業主が集団的に共同で補塡する労災保険制度における「業務上」は，事業主に共同で負担させるのが相当であるような労務給付に伴う危険に及ぶと考えられ，そのように労災法上の「業務上」を解して初めて同判決の判断を理解できるという。これは示唆に富む指摘である。筆者も同事件の判断は支持に値すると思う。ただし，同一事案についての損害賠償請求を棄却した裁判例がある（K社事件＝東京高判平26. 4. 23労経速2214号3頁）が，その判決が業務と疾病の相当因果関係を否定する判断をしたことは妥当であったと考える（→489頁）。

(iv)　基準となる「労働者」，「治療機会」の問題　　業務による負荷が過重であったかの判断に関しては，どのような労働者を基準とすべきかという問題がある。前記（→495頁）の行政解釈が示した認定基準（平13. 12. 12基発1063号）は，「当該労働者と同程度の年齢，経験等を有する健康な状態にある者のほか，基礎疾患を有したとしても日常業務を支障なく遂行できる者」としている。裁判例は一般に行政解釈と同じ考え方であろうが，当該労働者（本人）あるいは「最も脆弱な者」を基準としているように思われるものもある。[12] 労働者本人を

基準とするならば，どれほどに基礎疾病が重篤で業務負担が軽微であっても過重業務という評価になってしまう（荒木254頁）ので，妥当ではないであろう。

それから，「治療機会と業務起因性」という問題がある。これはまず，業務従事が原因で労働者が基礎疾病や既存疾病の治療を受け得なかったために発症・増悪した場合には，業務起因性が認められ得るということである。そのような治療機会の「喪失」は業務に内在する危険の現実化であるとして，業務起因性を肯定した最高裁判例がある（地公災基金東京都支部長［町田高校］事件＝最3小判平8. 1. 23労判687号16頁）。他方，労働者のほうに基礎疾患等の治療を受けることの「懈怠」があった場合には，それが発症・増悪と相当因果関係にあるとされて業務起因性が認められないことがあり得る。[13]

(3) 精神障害の業務起因性

(i) 業務起因性の認定基準　　1990年代の後半以降，精神障害の労災認定の申請件数は顕著に増加しているが，1999（平11）年に「心理的負荷による精神障害等に係る業務上外の判断指針について」（平11. 9. 14基発544号）が出され，それ以後の裁判例において概ね定着したということで，前記（→495頁）のように，2010（平22）年の労基法施行規則改正により，精神障害は法令に列挙される業務上疾病の1つとなった。そして，上記の「判断指針」は「心理的負荷による精神障害の認定基準について」（平23. 12. 26基発1226第1号）によって代替されることになっている。

この「認定基準」は以下のようなものである。①対象疾病（国際疾病分類第10回修正版［ICD-10］第Ⅴ章に分類される「精神および行動の障害」であって，器質性のものおよび有害物質に起因するものを除く）を発病し，②発病前6か月間に業務による強い心理的負荷があり，③業務以外の心理的負荷および個体的要因に

---

[12] 豊橋労基署長（マツヤデンキ）事件＝名古屋高判平22. 4. 16労判1006号5頁は，一般には平均的な労働者を基準とすべきであるが，障害者であることを前提に業務に従事させていたところ基礎疾病が増悪したという場合は，当該労働者を基準として業務起因性の判断をすべきであるという。

[13] 札幌労基署長（札幌自動車運輸）事件＝札幌高判昭59. 5. 15労判433号58頁は，労働者が高血圧の治療を受けず長年放置していたため症状が悪化したとして，就業中の脳出血による死亡について業務起因性を否定している。これに対し，小樽労基署長（小樽中央自動車学校）事件＝札幌高判平21. 1. 30労判980号5頁は，労働者の治療懈怠により業務起因性を否定するのでなく，給付制限（労災12条の2の2）の事由として考慮すべきであるとする。

より発病したとは認められない，という要件のすべてをみたした場合に業務上疾病となる。そして，心理的負荷について弱・強・中の3段階に分類した「業務による心理的負荷評価表」(別表1)よる総合評価により「強」と判断されると②の要件をみたすものになり，「ひどい嫌がらせ，いじめ，又は暴行を受けた」場合は心理的負荷が「強」になり，違法行為の強要，達成困難なノルマ，顧客や取引先からの無理な注文などがあると心理的負荷が「中」になり，一定状況があると評価が「強」になる。

裁判例では，この「判断枠組みはおおむね支持され利用されている」(菅野620頁)といえよう。次のようにいわれている。上記の認定基準は，裁判所の判断を直接拘束するものではないが，近時の医学的・心理学的知見や裁判例の状況等を踏まえて，従前の判断指針等の内容を改定したものであり，労災保険制度の基礎である危険責任の法理にかなうもので，十分な合理性を有するから，業務起因性の判断に当たっては，基本的には認定基準に従いつつ，必要に応じて，これを修正する手法を採用することとする(横浜西労基署長［ヨコハマズボルタ］事件＝東京地判平24．11．28労判1069号63頁，天満労基署長［CSK］事件＝大阪高判平25．3．14労判1075号48頁等)。

「強い心理的負荷」の判断において基準となるべき「労働者」については，「認定基準」は「同種の労働者」とするが，裁判例もほぼ同じで「平均的労働者」，すなわち何らかの個体側の脆弱性を有しながらも，当該労働者と職種・職場における立場，経験等の点で同種であって，特段の業務軽減等を必要とせずに通常業務を遂行できる者としている(前掲横浜西労基署長［ヨコハマズボルタ］事件＝東京地判平24．11．28等)。ただし，「最も脆弱な労働者」を基準とすべきであるとする裁判例もある。[14]

(ii) **精神障害による自殺の業務起因性**　精神障害の業務起因性が問題となっ

---

[14] 豊田労基署長(トヨタ自動車)事件＝名古屋地判平13．6．18労判814号64頁は，うつ病に罹患して自殺した者について業務起因性ありとしたものであるが，業務上の心理的負荷の強度は同種労働者のなかで性格傾向が最も脆弱である者(ただし同種労働者の性格傾向の多様さとして通常想定される範囲内の者)を基準として判断すべきであるという。それから，東芝事件＝東京高判平23．2．23労判1022号5頁は，業務による負荷が精神障害を発症させたとして使用者の損害賠償責任を認めたものであるが，平均的労働者として通常想定される範囲内にある同種の労働者集団のなかの最も脆弱である者を基準として，発症と業務の相当因果関係を判断すべきであるとしている。

た裁判例の多くは，うつ病等に罹患した労働者が自殺したケースのものである。

労災法は，労働者が故意に傷病等または直接原因たる事故を生じさせたときは保険給付を行わないと定める（12条の2の2第1項）。故意は業務と事故の因果関係を切断するから，と説明されている（労災部294頁）。そこで，かつては精神障害のために心神喪失状態となって自殺したときにのみ業務起因性が認められるものとされていた（昭和23．5．11基収1391号）。しかし，1990年代後半には，労働者が心神喪失状態になっていなくても自殺行為は当然に故意に当たるわけではないと解して，過重業務による疲労等が原因で精神障害を発症して自殺した場合について業務起因性を肯定したもの（加古川労基署長［神戸製鋼所］事件＝神戸地判平8．4．26労判695号31頁）等の裁判例が見られるようになった。そして，1999（平11）年に従前の考え方を大きく変更する新たな「判断指針」が出された（前掲平11基発544号）。

それは次のようにいう（前掲平23基発1226第1号の「認定基準」も同じ）。業務による心理的負荷によって精神障害を発病したと認められる者が自殺を図った場合は，精神障害により正常の認識，行為選択能力が著しく阻害され，あるいは自殺行為を思いとどまる精神的な抑制力が著しく阻害されている状態と推定し，原則として業務起因性が認められる。その場合は結果の発生を意図した「故意」には該当しない。

裁判例では，精神障害の業務起因性は自殺の事例か否かを問わず，前記（→497頁）の「総合判断」の枠組みによって業務起因性の判断がされている。そして，精神障害を発症して自殺をした場合について，労災保険給付の不支給決定を取り消した裁判例が少なからず見られる（近年のものとしては前掲横浜西労基署長［ヨコハマズボルタ］事件＝東京地判平24．11．28，天満労基署長［CSK］事件＝大阪高判平25．3．14，地公災基金広島県支部長［県立高校教諭］事件＝広島高判平25．9．27労判1088号60頁，三田労基署長［シー・ヴイ・エス・ベイエリア］事件＝東京高判平28．9．1労判1151号27頁等）。それから，精神障害に罹患して自殺した労働者の遺族が使用者に対し損害賠償請求をしたものの裁判例が，とくに近年において多数あり，そこでは多様な判断あるいは考え方が示されている。それらに関しては「労働災害と損害賠償」のところで見て，問題点について論じる（→532頁）。

(iii) **職場のハラスメントによる精神障害の業務起因性**　近年においては，いわ

ゆるパワーハラスメントによる精神障害の業務起因性に関する裁判例が少なからず見られる。労災保険給付の不支給決定の適法性を争う事件もあるが，損害賠償請求の事件が多数のようである。

前記の「心理的負荷による精神障害の認定基準」(平23基発1226第1号)では，「ひどい嫌がらせ，いじめ，又は暴行を受けた場合」は心理的負担が「強」になるとされている。「職場のいじめ，嫌がらせ問題に関する円卓会議ワーキング・グループ」の報告（2012［平24］年）では，「職場のハラスメント」とは，同じ職場で働く者に対し，職務上の地位や人間関係などの職場内の優位性を背景に，業務の適正範囲を超えて，精神的・身体的苦痛を与える，または職場環境を悪化させる行為をいう，とされている。

このような「職場のハラスメント」による精神障害の業務起因性を肯定して，労災保険給付の不支給決定を取り消した裁判例がある（静岡労基署長［日研化学］事件＝東京地判平19．10．15労判950号5頁，鳥取労基署長［富国生命］事件＝鳥取地判平24．7．6労判1058号39頁，広島中央労基署長［中国新聞システム開発］事件＝広島高判平27．10．22労判1131号5頁等）。また，「職場のハラスメント」につき，使用者に損害賠償責任があるとした裁判例が少なからず見られている（A保険会社上司事件＝東京高判平17．4．20労判914号82頁，ザ・ウインザー・ホテルズインターナショナル事件＝東京高判平25．2．27労判1072号5頁，サントリーホールディングス事件＝東京高判平27．1．28労経速2284号7頁，加野青果事件＝名古屋高判平29．11．30労判1175号26頁等）。

5 業務災害と使用者の解雇権

(1) 労基法19条の解雇制限

労働者が業務上傷病のため休業している期間とその後の30日間，使用者は2つの除外事由のいずれかが存しないかぎり解雇をしてはならない（労基19条1項）。これに違反する解雇は無効と解されている[17]（→210頁）。

---

15) 同判決は，労働者に労務提供の意思と能力があるにもかかわらず，具体的な業務を担当させず，あるいは地位・能力に比し著しく軽易な業務にのみ従事させて無力感・劣等感・恥辱感を与えることが精神障害を発症させ得るとして，業務起因性を肯定する判断をしている。

16) 学校法人関東学院事件＝東京高判平28．5．19判例集未登載は，使用者は職場内のハラスメント行為によって労働者の心身の健康が損なわれないように配慮する義務を負う，という（当事件では安全配慮義務違反を否定）。

近年の裁判例には，業務上疾病で相当長期にわたって休職した後に解雇もしくは退職扱いされた労働者が，それは労基法19条違反ゆえに違法・無効であるとして地位確認・賃金支払いを請求した事件のものが相当多数みられる（前掲注14)東芝事件＝東京高判平23．2．23，前掲注17)アイフル［旧ライフ］事件＝大阪高判平24．12．13，横河電機事件＝東京高判平25．11．27労判1091号42頁，前掲注10)F大学事件＝福岡高判平26．3．13等)。また，業務上疾病で3年以上にわたって欠勤と休職をした後に平均賃金1200日分の打切補償を支払われて解雇された労働者が，労基法19条違反ゆえ解雇は無効として争ったものがある（前掲学校法人専修大学事件＝最2小判平27．6．8等)。

　まず，業務上疾病で休職後の解雇・退職のケースの裁判例を見ると，労災補償における「業務上」（労基75条，労災1条）と労基法19条1項の「業務上」は同義に解されるから，疾病に業務との相当因果関係が認められれば解雇は労基法19条1項違反ゆえ無効となり，退職扱いは同条項を類推適用されて効力を生じないものとされている（前掲東芝事件＝東京高判平23．2．23，アイフル［旧ライフ］事件＝大阪高判平24．12．13等)。それは，労働者が傷病休職をして解雇された後に労災保険給付の不支給決定がなされている場合でも同じである（前掲東芝事件＝東京高判平23．2．23等)。解雇あるいは退職扱いは無効でないとした裁判例は，基礎疾患が過重業務により自然の経過を超えて増悪したとは認められないから相当因果関係は存在せず，したがって労基法19条に違反する解雇ではない（前掲F大学事件＝福岡高判平26．3．13）等としている。それから，精神障害は過重業務と職場のハラスメントに起因するものであったが，休職期間中に寛解状態が持続されて業務と疾病の相当因果関係が減少もしくは消滅し，退職時には労基法19条1項所定の事由は不存在になっていたとして，解雇は有効としたものがある（前掲横河電機事件＝東京高判平25．11．27)。

　次に，業務上疾病で休職後に使用者が打切補償を支払って解雇した場合であるが，前掲学校法人専修大学事件＝最2小判平27．6．8の事案は，業務上疾病で欠勤・休職し，一時復職したが再び休職した労働者に対し，発症から約8

17）　そこで，業務上傷病による休業中に解雇された労働者は解雇期間の賃金請求権を有するとされる（前掲注14)東芝事件＝東京高判平23．2．23，アイフル［旧ライフ］事件＝大阪高判平24．12．13労判1072号55頁等)。しかし，これは民法536条等の妥当な解釈をするものではないと筆者は考えている（→295頁)。

年後の休職期間満了時に，使用者が打切補償（平均賃金の1200日分）を支給して解雇したものであった。原審（東京高判平25.7.10労判1076号93頁）は，労災保険給付を受けている者は労基法75条の規定により補償を受けている労働者（労基81条）に該当せず，それゆえ3年を経過しても傷病が治らない場合には打切補償をして以後の補償を行わなくてもよい（同条）ことにはならず，したがって労基法19条1項の解雇制限を解除され得ないとした。他方，病気で就労不能となった労働者を使用者が業務上疾病として扱って労基法上の災害補償を行い，3年後に打切補償をして解雇したことについて，労災保険を用いることなく業務上疾病として扱うことが合意され，療養開始後3年を経過しても治癒していないから解雇は有効とした裁判例がある（アールインベストメントアンドデザイン事件＝東京高判平22.9.16判タ1347号153頁）。

　前掲学校法人専修大学事件＝最2小判平27.6.8は以下のようにいう。労基法81条の打切補償は，使用者が相当額の補償を行うことにより以後の災害補償を打ち切ることができるものとするとともに，それを同法19条1項但書において解雇制限の除外事由として，労働者の療養が長期間に及ぶことから生じる負担を免れることができるものとする制度である。このような労災法にもとづく保険給付の実質および労基法上の災害補償との関係等によれば，労基法が使用者の義務とする災害補償は，これに代わるものとしての労災法にもとづく保険給付が行われている場合には，それによって実質的に行われているものといえるから，災害補償が行われている場合と労災保険給付が行われている場合とで，労基法19条1項但書の適用の有無につき取扱いを異にすべきものではない。また，労災保険給付が行われる場合には，打切補償として相当額の支払いがされても傷害・疾病が治るまでの間は労災法にもとづき必要な療養補償がされることなども勘案すれば，これらの場合につき同項但書の適用につき異なる取扱いがされなければ労働者の保護を欠くことになるともいえない。そうすると，労災法の療養補償給付を受ける労働者は，労基法19条1項の適用に関しては，同項但書が打切補償の根拠規定として掲げる同法81条にいう同法75条の規定によって補償を受ける労働者に含まれるとみるのが相当である。[18]

18）　同最高裁判決は，当事件の解雇は労基法19条1項に違反せず，そこで労契法16条該当性の有無等が審理されるべきものとして，原判決を破棄し差し戻した。この判決を受けて，労災法の療養補償給付を受ける労働者が療養開始後3年を経過しても疾病等が治らない場合には，労

(2) 業務上傷病で休業中の労働者の解雇・退職

　労基法19条1項の解雇制限は，再就職が困難な時期の解雇を禁止して労働者が生活に困窮することがないようにする趣旨であろう（→210頁）が，他にいかなる解雇の理由があろうとも（同項但書が定める除外事由に該当しないかぎり），その時期において使用者は労働者を適法に解雇できないのであるから，きわめて強い解雇規制をするものといえる[19]。そして，同条項によって解雇が禁止される時期は，①業務上傷病の療養のため休業する期間とその後30日間，②産前産後の女性が休業する期間とその後30日間であって，②においては期間の長さが6週間あるいは14週間と8週間あるいは6週間（労基65条1項・2項）および30日間と確定されているのに対し，①においては療養のために休業する期間および30日間であるから，その長さは不確定である。それが甚だしく長い期間になることもあり得ると考えられ，とくに疾病の治癒もしくは療養のための休業の必要性の消滅が容易には認められない精神障害による休業の場合は，そのような事態となる可能性が相当に大きいといえるであろう。

　そこで，業務上傷病で休業している労働者の解雇あるいは退職扱いが違法・無効とされることによって，使用者があまりに大きな負担を課せられる場合が少なからず存在することになる。解雇・退職が「違法・無効」であるならば，傷病が治癒するなどして休業の必要が消滅するまでの間（相当に長期で「半永久

　　基法による打切補償を支払うことにより解雇制限の除外事由（労基19条1項但書前段）の適用を受けることができる，との通達が出されている（平27．6．9基発609004号）。差戻審判決（東京高判平28．9．12労判1147号50頁）は，労基法81条の要件をみたして同条による打切補償がされたときは，解雇までの間に業務上疾病の回復のための配慮を全く欠いていたというような事情がないかぎり，解雇は社会通念上相当と認められるとして，当事件の解雇は解雇権濫用に当たらず有効としている。

19）　現行法には，他にも特定の事由による解雇の禁止が多数ある（労基3条・104条2項，労組7条1号・4号，均等6条4号・9条・17条2項等）が，それらはいずれも，特定の事柄を「理由として」（労基3条，均等6条・9条・17条等），あるいはその「故をもって」（労組7条1号）解雇してはならないとしている。解雇禁止に反するゆえに違法・無効となるかが争われることの多い不利益取扱い（労組7条1号）について見れば，使用者が不当労働行為意思（反組合的な目的ないし動機）を有していることを必要とし，解雇を正当化する事由との「理由の競合」がある場合は，組合活動事由が「決定的動機」であるか，あるいは「相当因果関係」があると認められることで，解雇が違法・無効になるものと解されている（菅野967頁以下等参照）。このようなことは労基法19条1項の解雇禁止には全く無縁である。そこでは，同項但書が定める除外事由が存しないかぎり（労契16条にいう「合理的な理由」があり「社会通念上相当」と認められるものであっても），解雇は違法・無効とされるのである。

的」ですらあり得よう），他にいかなる解雇理由があろうとも，使用者は労働者に従業員たる地位を保持させなければならないからである[20]。さらに，業務上傷病により休業している労働者は労務提供不能であるにもかかわらず賃金請求権を失わないと裁判例は解するようである（→295頁）。これは，使用者に過大な負担を課すゆえに妥当・公平を欠くことになる可能性を持つものであると筆者は考える[21]。

前掲F大学事件＝福岡高判平26．3．13と横河電機事件＝東京高判平25．11．27は，そのような妥当・公平を欠く結果を避けるべく独自の考え方を示した裁判例であるように思われる。F大学事件＝福岡高判平26．3．13では，脳内出血で2年間の休職をした後の退職について，発症前の業務従事は量的にも質的にも過重でなくもなかったが，職務の性質（大学教員）に照らすならば心身に過大な負担を及ぼしたものとはいえず，したがって業務と疾病の間に相当因果関係を認め得ないとして，退職扱いを違法・無効とする労働者側の主張を斥けている[22]。横河電機事件＝東京高判平25．11．27では，使用者の安全配

---

20) たとえば前掲注14)東芝事件＝東京高判平23．2．23では，「抑うつ状態」と診断された労働者が約3年間の欠勤・休職後に解雇され，解雇後に労災保険給付の請求をして不支給処分を受けたが，その約2年後に同処分を取り消す判決が出され，そして解雇は無効として地位確認・賃金支払いの請求が認容されている。前掲注17)アイフル（旧ライフ）事件＝大阪高判平24．12．13の事実・判旨は東芝事件とほぼ同一であった。また，前掲学校法人専修大学事件＝最2小判平27．6．8では，頸肩腕症候群に罹患した労働者が，約4年間にわたる長期欠勤と私傷病休職の後にいったん退職したものの，その後に労災保険給付の決定がされて業務災害休職になり，その2年後に平均賃金1200日分を支給して解雇する措置がなされたが，1審・2審とも解雇無効としたのである。

21) 筆者は，内容が法令により定型化された災害補償をなす義務が過失の有無を問うことなく使用者に課され，その義務履行はほぼすべての事業主が加入し国が管掌する労災保険の給付によって行われる労災補償においては，被災労働者の保護のために，緩和された判断基準によりながら「業務起因性」ないし「業務と災害の相当因果関係」を多くの場合に認めることは望ましいことであると考える。しかし，個々の使用者に大きな負担を課すことになるところの，解雇・退職の違法・無効をもたらす労基法19条1項の適用の可否および後述する（→525頁以下）使用者の損害賠償責任の存否については，労災補償責任の有無判断におけるように大きく緩和された基準によって判断することは妥当でないと考える。

22) 同事件の1審（福岡地判平25．4．22労経速2208号15頁）は，発症前に多量の時間外労働がされており（なお，当事件の大学では教職員の労働時間管理は全くなされていない），授業等や出張による肉体的・精神的負担は大きかったとして，休職期間満了後の退職は違法・無効であるとした。これに対し，2審は，授業等と研究活動による労働密度は相当に高かったし，出張業務にともなう肉体的・精神的負担は小さくなかったが，教育・研究活動は自由な活動領域に属するものであり，心身に過大な負担を及ぼすものとはいえないから，業務と疾病の間に

慮義務違反とうつ病の発症・悪化との間の相当因果関係は，発症から寛解状態が4か月継続した時までの損害についてはすべて認められ，その後に寛解状態が1年間継続した時までの損害については50%の限度で肯定できるが，後者の時以降における損害については否定されるとし，それゆえ退職時においては労基法19条1項が定める解雇制限事由は存在しないことになるから，就業規則所定の事由に該当するとしてなされた解雇は有効である，とされている。

この両裁判例のケースにおけるような場合については，使用者に労災補償の責任を課す（国に労災保険給付を行わせる）ための疾病の業務起因性は肯定されて然るべきであろう。しかし，相当の長期にわたって休職した後の解雇あるいは退職を違法・無効とすること，さらに使用者の損害賠償義務を発生させることには，筆者は大いなる疑問を持つ。それゆえ，両裁判例の判旨がいうところを肯定的に評価したい。業務起因性ないし傷病と業務の相当因果関係の有無判断のあり方は，労災補償責任の存否，解雇・退職の許否，損害賠償義務の有無のそれぞれにおいて異なるべきものと考えられるからである。

(3) 打切補償をしてなす解雇の効力

業務上傷病で休業している労働者の解雇も，使用者が労基法81条の規定によって打切補償をする場合には許される（労基19条1項但書前段）。前掲アールインベストメントアンドデザイン事件＝東京高判平22.9.16では，労基法上の災害補償を行って3年後に打切補償をしてなした解雇が有効とされた（→505頁）。これに対し，前掲学校法人専修大学事件控訴審＝東京高判平25.7.10は，休職して労災保険給付を受けていた労働者に対する打切補償をしてなした解雇を違法・無効とした（→505頁）。この点については，以下のように考えるべきであろう。

労基法81条は，個別使用者による災害補償の責任の限度を定めたものである。使用者は業務災害の補償について無過失責任を負い，その補償内容は現実の損害の多寡にかかわりなく定型化されたもので，労働者に過失等があっても減額されることはない（→520頁）。このような重く大きな責任が労働者の傷病が治癒するまで持続されるならば，それは著しく公平を欠くことになり，確実

相当因果関係が認められ得ないとして，退職扱いは違法・無効ではないとしている。

に補償義務が履行されることを期待できないことにもなろう。そこで，使用者の災害補償責任の存続期間の限度が定められ，療養開始後3年が経過したときに，平均賃金1200日分の打切補償をして災害補償義務を消滅させることができるものとされたのである。

　労災法は，前述のように（→485頁），制定後の暫時においては労基法の災害補償による救済を確実にするための使用者の責任保険の制度のみを定めるものであったが，その後の度重なる改正によって労基法には存在しない独自の保険給付等を行うものになった。1960（昭35）年の法改正以前には，労基法の打切補償に相当する「打切補償費」という保険給付があったが，同改正によって「長期傷病者補償給付」が新設されて打切補償費は廃止された。長期傷病者補償制度の創設は，「必要の存する間給付を行う」という「基本的な考え方」によるものであった（労災部453頁）。それは「改正前の打切補償費に替えて設けられたもの」であり，病院への収容を要しない場合は年金の給付を，収容を要する場合は年金および療養の給付を，「当該傷病がなおるまで（または死亡まで）行う」ことにしたものである（労働省労災補償部・職業訓練部編『労働者災害補償保険法〔改訂版〕』[1960年]159頁・172頁）。長期傷病者補償給付は，1976（昭51）年の法改正によって，療養の実施部分は療養補償給付に一本化され（→519頁），年金の部分は現行の傷病補償年金となった（→519頁）。この傷病補償年金は，業務上の傷病が療養開始後1年6か月を経過しても治癒せず，その傷病による傷害の程度が省令で定める傷病等級（1～3級）に該当するときに支給されるものである（→519頁）。

　社会保険である労災保険における保険者は「政府」である（労災2条）。その政府が，保険事故が発生した状態は止んでいないにもかかわらず，被保険者である労働者への保険給付を「打ち切る」ということは，ごく例外的な場合を除いてはあり得ない。[23]個々の使用者が労働者に対し無過失責任をもって負う労基法上の災害補償義務については，その責任の存続期間の限度を設ける必要があり，それゆえに同法81条に打切補償の制度があることは前述した（→508頁）。しかし，そのような制度が労災保険にも存在するということは考えられない。

---

[23] 社会保険において被保険者の受給権が消滅することはあるが，それは死亡，支給事由の消滅（傷病の治癒など），支給期間の満了があったときである（岩村正彦『社会保障法Ⅰ』[2001年]106頁参照）。

労災法の 1960 (昭 35) 年改正以降において，長期傷病者補償ないし傷病補償年金という労基法の災害補償にはない制度が設けられたのは，労災保険において本来は存し得ない打切補償費という制度を廃止して，傷病が治癒しないかぎり労災保険給付は行われ続けるものとし，ただ重篤な傷病の者に対して一定期間経過後は所得補償の方法を変えて年金給付にするという趣旨であった。それ以外の，業務上傷病で休業する労働者の解雇を規制する労基法 19 条とは内容の異なる制度を労災法に設ける，という趣旨では全くなかったのである。[24]

労災法 19 条によれば，労働者が業務上傷病の療養開始後 3 年を経過した日に傷病補償年金を受けている場合または同日後に同年金を受けることになった場合は，労基法 19 条 1 項の適用については，3 年経過した日または同年金を受けることになった日に打切補償が支払われたものとみなされる。この定めは「念のために」置かれたとも説明されている（労働省労災補償部・職業訓練部編・前掲 228 頁）が，次のような趣旨と解される。すなわち，社会保険では保険事故が止んでいないにもかかわらず給付が打ち切られることはあり得ず，労災保険では打切補償費が廃止されて傷病が治癒するまでは補償給付が引き続き行われるのであるが，打切補償の制度が存在しないことになったために，労基法 19 条 1 項但書前段が定める解雇禁止の解除も廃止されたと誤解される恐れがあった。そこで，このような定めがされたのである。

そのような事情は，療養開始後 3 年を経過しても治癒しないが省令が定める傷病等級に該当しないために傷病補償年金の給付を受けることがない者についても，全く同様に存する。労災保険では打切補償費は廃止されたのであるから，傷病補償年金を受けない者にも治癒するまでは療養・休業補償の給付は持続さ

---

[24] 現行の傷病補償年金の原型である長期傷病者補償が 1960 (昭 35) 年の労災法改正により創設されたのは，上記のように補償の「必要の存する間」は保険給付を行うということであり，それゆえに打切補償費が廃止されたのであった。そして，傷病補償年金が療養開始から 1 年 6 か月を経過しても治癒せず省令が定める傷病等級に該当する者に給付されるのは，「およそ疾病は 1 年も経過すれば大部分は定常化し，その帰趨が明らかになることから，そのときの症状に応じた所得補償の方法に改めようとして」，「休業補償給付から傷病補償年金に移行することとされ」たからである（労働省労働基準局編『今後の労災補償法制のあり方』[1988 年] 36 頁）。そして，障害の程度が傷病等級の 1〜3 級に該当しない者が一定期間後も治癒していない場合については，保険給付の「打切り」はあり得ないから，「引き続き，療養補償と休業補償が行われる」（同前）。ただ，傷病等級 1〜3 級に該当する場合のように 1 年経過後からは補償の「方法」が変わって年金給付に「移行」するのではなく，治癒しないかぎり従前と同様の保険給付が行われるのである。

れる。しかし，それゆえに労基法 19 条 1 項但書前段が定める解雇禁止の解除はなく，使用者はたとえ合理的理由があっても傷病が治癒するまでは解雇し得ないと解することが適切とは考えられない。傷病補償年金の給付を受ける者と受けない者の違いは，前者では療養開始後 1 年半を経過すると所得補償の「方法」が変わって年金給付になるが，後者では傷病が治癒しないかぎり療養・休業の補償給付は続けられるというところにある。しかし，業務上傷病で療養中の者に対する解雇が禁止されることに関しても差異を設けて，前者には 3 年という解雇が禁止される期間の限度があるけれども後者については期間が無限定というのは，著しく公平を欠くというほかないであろう。

　前掲学校法人専修大学事件控訴審＝東京高判平 25. 7. 10 の立場は，傷病補償年金を受ける者については労災法 19 条により労基法 19 条 1 項の解雇禁止は解除されるが，同年金を受けない者の解雇禁止は解除されないというものであった。そして，その核心にあるのは，傷病補償年金の受給者は重篤な傷病等級に該当する者で復職の可能性が低いので雇用関係の解消を認めてもよいが，そうでない者は症状が重くないために復職の可能性が高いので解雇禁止を解除すべきではない，とする考え方である。これは説得力のある見方のようでもあるが，よく考えれば妥当なものではない。

　傷病補償年金の支給要件の 1 つである傷病等級については，省令で 3 段階が定められており，傷病による障害の程度が常時介護を要する状態であれば第 1 級，随時介護を要するのであれば第 2 級，常態として労働不能であれば第 3 級とされている（労災部 330 頁）。確かに，これらの 1～3 級に該当する傷病の労働者には復職の可能性は絶無であろう。では，この傷病等級に達していない「4 級以下」（労働省労働基準局編・前掲注 24）36 頁）の者については，高い復職可能性があるから解雇禁止は解除されず，使用者はいかなる合理的理由があっても治癒までは解雇できないことにすべきであろうか。そうではないであろう。傷病等級 1～3 級に該当しない労働者は復職の可能性が高いから解雇禁止が解除されるべきではない，という命題が成立する余地はない[25]。それに，傷病で療養のために休業していた労働者が治癒後に復職できるか否かは，業務従事能力

---

25)　傷病等級には障害等級における 4～14 級（労災則別表第 1 参照）のようなものはなく，両等級には性格を異にするところがあるけれども，参考のために後者の 4 級以下の障害程度の内容を見るならば，それらの等級に属する者はすべて復職可能性が高いなどとは全く考えられない。

の回復の有無・程度のみでなく，当該の労働契約において職種や業務の特定がされているか否か等の諸事情をも勘案して決せられるべきことであり，傷病等級1～3級に該当しないというだけで復職可能性が高いなどといえないことは明らかである。

　このようにして，業務上傷病による療養のため休業している労働者のうちの傷病等級1～3級に該当しないゆえに傷病補償年金を受給していない労働者についても，使用者は療養開始後3年を経過したときには傷病が治癒していなくても，平均賃金1200日分を支払って解雇することを禁じられていないと考えなければならない。[26]労基法81条にいう「第75条の規定によって補償を受ける労働者」には，労災法にもとづく政府からの保険給付を受けている労働者のすべてが含まれると解すべきである。[27]それゆえ，前掲学校法人専修大学事件＝最2小判平27．6．8が判示するところ（→505頁）は妥当・適正なものであったといえよう。

Ⅲ　通勤災害の保護

1　労災補償と通勤途上災害

　通勤途上で発生する災害が，「業務災害」とは区別された「通勤災害」として労災保険給付の対象となることは前述した（→486頁）。行政解釈は，出勤・

---

[26]　なお，そのような解雇が当然に適法であって無効とされる余地がないということではない。法令違反がなくても，合理的理由を欠き社会通念上相当と認められない解雇は無効とされる（労契16条）からである。

[27]　前掲学校法人専修大学事件控訴審＝東京高判平25．7．10は，労基法81条は労災保険給付を受けている労働者には何らふれず，同法84条1項は使用者が災害補償をしたとみなすとは定めていないから，労災保険給付を受けている者は労基法「第75条の規定によって補償を受ける労働者」に当たらないという。しかし，そのような労基法81条・84条1項の解釈をするならば，労災保険の支給申請（国に対する保険給付の請求）をする前に使用者が労基法上の災害補償を行った上で療養開始から3年後に平均賃金1200日分を支払ってなした解雇は，労基法19条1項に反しない有効なものとなろう。あるいは，労災保険給付を受けている労働者に対して，さらに労基法上の災害補償を行っている場合，つまり「法定外補償」がなされている場合には，使用者は療養開始から3年後には打切補償をして解雇することが許されることになりそうである。これに対し，労災保険給付を受けているだけの労働者については，傷病補償年金の支給要件をみたしている者でないかぎり，打切補償をした上での解雇は許されないことになる。これは甚だしく公平に反する不合理なことであろう。

退勤の途上は事業主の支配下にあるとはいえないから，事業主提供の交通機関を利用している場合および通勤途上で業務を行う場合にのみ業務遂行性が認められて業務上の災害になると解する（労基局下780頁）。現行の通勤災害制度は1973（昭48）年の労災法改正により創設された。その考え方は，通勤途上の災害は原則として業務上の災害ではないから使用者は一般に労基法上の補償責任を負わないが，「通勤災害」として，「業務災害」に対するものと基本的に同一内容の保険給付を同一の方式・機構（適用事業・給付方法等）の下で与えることによって保護するというものである。そこで，通勤災害に関する保険給付については業務災害の場合のような「補償」という言葉は用いられない（労災21条等）。また，労基法19条による解雇制限（→503頁以下）は通勤災害には無関係ということになる。

合理的な経路と方法による通勤途上の災害については，業務遂行性はないとしても業務起因性の存在は肯定できるようにも思われる。しかし，災害と業務の因果関係の相当性が弱いことは否定できない。次のように考えて現行制度を妥当なものということができよう。通勤途上の災害を私傷病と同一視して一般の医療保険による保護に委ねるのは適当ではないが，一般に労基法にもとづく使用者の補償責任を発生させるものとまでは解し得ない。そこで，いわば業務災害に準ずるものとして（その意味で「労働災害」には含まれる），事業主が費用を負担する労災保険によって治療や年金給付等の保護を与えるべきである。

2　通勤災害の意義

業務災害の場合とは違って，労災法は「通勤災害」を詳細に定義している（労災7条1項2号・2項・3項）。それによれば，通勤災害とは「通勤による」傷病等であり，その「通勤」とは次のものをいう。①「就業に関し」，②(i)「住居と就業の場所との間の往復」，(ii)省令が定める「就業の場所から他の場所への移動」，(iii)住居・就業場所間の「往復に先行し，又は後続する住居間の移動」（省令が定める要件に該当するもののみ）を，③「合理的な経路及び方法により行うこと」で，④経路の「逸脱」もしくは「中断」がなく（ただし「日常生活上必要な行為」で省令が定めるものを「やむを得ない事由により行うための最小限度」の逸脱・中断があった場合は，その逸脱・中断の後に通常の経路に復してからの移動を「通勤」とする），⑤業務の性質を有しないもの。②の(ii)・(iii)は2005（平17）年の法

改正により新たに設けられたものである。

「通勤による」とは，通勤と相当因果関係にあること（通勤起因性），つまり通勤に通常ともなう危険が具体化することであり，一般に通勤の途中において生じた災害は通勤によるものであるが，たとえば怨恨をもって喧嘩をしかけて負傷したような場合などは，通勤途上にあることが原因ではないから，通勤による災害とは認められない（労災部187頁）。

「通勤」の意義における上記①「就業に関し」（業務災害における「業務遂行性」に当たるもので「就業関連性」といえばよいであろう）は，往復・移動が業務につくため，または業務を終えたことにより行われること，つまり業務と密接な関連を持っていることとされている。裁判例には，終業後に社内で行われた酒食をともなう会合に出席した後の帰宅途中での転倒事故による死亡について，事業場外での会合に出席してから事業場に戻った後の帰宅途中での交通事故による死亡について，いずれも通勤起因性は否定されるとしたものがある（中央労基署長［通勤災害］事件＝東京高判平20．6．25労判964号16頁，八重山労基署長事件＝東京地判平26．3．24労経速2209号9頁）。

上記③の「合理的な経路・方法」に関しては，「一般に労働者が用いるものと認められる経路及び手段等」をいうもので，通常利用する経路が複数ある場合にはいずれの経路も合理的なものとされる（労災部193頁）。そして，④の「逸脱」とは通勤の途中に就業または通勤と関係がない目的で合理的な経路をそれること，「中断」とは通勤の経路上で通勤と関係がない行為をなすことをいう（労災部195頁）。逸脱・中断の後は「通勤途上」として扱われる「日常生活上必要な行為」とは，日用品を購入する，職業訓練校へ行く，病院等で診察・治療を受ける，要介護状態にある親族等の介護を行うなどの行為である（労災則8条1号～5号）[28]。なお，通勤経路の近くにある公衆トイレを使う場合や経路上の店でタバコ等を購入するなどの「ささいな」通勤途上の行為は，「逸脱」・「中断」とは扱われない（労災部196頁）。

---

28) 裁判例には，退勤途中に合理的経路外にある義父宅へ立ち寄って約1時間40分を要する介護を行うことは「日用品の購入その他これに準ずる行為」（労災則8条1号）に該当するとしたものがある（羽曳野労基署長事件＝大阪高判平19．4．18労判937号14頁）。

Ⅳ　労災補償の内容等

繰り返し述べてきたように，現行の労災保険は全事業に強制適用される建前の下で労基法の水準を大きく超える内容の給付をなし，また労基法上の災害補償の対象とはならない「通勤災害」についても，「業務災害」に関するのと基本的には同一内容の給付を行う（労災7条1項1号・2号）。また，「二次健康診断等給付」（同項3号）がある（→482頁以下）。さらに社会復帰促進事業も行われる。今日の労災補償はすべて労災法によって内容等を定められているといってよいであろう。

1 療養補償

労基法上の療養補償は，使用者が療養給付または療養費用負担の方法により，命令が定める6種の内容の給付を「療養上相当と認められる」範囲において行うことになっている（労基75条2項，労基則36条）。これに対し，労災法では療養給付，すなわち現物給付を原則的な方法とし，一定の場合に療養費用が支給されるが，療養給付は労基法の場合と同じ6種のものが「政府が必要と認めるもの」という範囲内で行われる（労災13条2項）。

「政府が必要と認めるもの」とは，「一般的には，療養の効果が医学上一般に認められるもの」で「試験的又は研究的過程にあるもの」は含まれない（労災部344頁）。裁判例では，これは労基法上の「療養上相当と認められるもの」と同義であり，一般的医学水準を基準とする判断の範囲を超えた裁量を政府に与えたものではないと解されている（新宿労基署長事件＝東京高判平5.12.21労判646号14頁，天満労基署長［今川学園キンダーハイム］事件＝大阪高判平6.11.30労判669号28頁）。

療養補償は療養の必要がある場合に行われるもの（労基75条1項参照）ゆえ，療養補償は傷病のときから治癒のときまで行われなければならない。いったん療養は不要となっても後に再び必要になったとき（いわゆる再発）[29]は給付が再

---

[29] この「再発」について，「旧傷病が現傷病の一原因になっており，かつ，それが医学上相当程度有力な原因であることが認められ」，「旧傷病の治癒時の症状……が増悪し」，その「増悪について治療効果が期待できるもの」とした裁判例がある（大阪中央労基署長事件＝大阪地判平

開される。治癒したと認められた場合は，療養補償ではなく障害補償の必要があるか否かが問題になる。この「治癒」とは，症状が残っていても安定して治療の効果はもはや期待できない状態のことをいい（医学ないし日常の用語法と同一でない），具体的には負傷であれば創面の治癒した場合，疾病であれば急性症状が消退して慢性症状は残るが医療効果を期待できない場合（労災部344頁）である。

2 休業補償

休業補償は，労働者が療養のために労働不能となり賃金を受け得ない場合につき，平均賃金もしくは給付基礎日額の6割支給という方法で行われる（労基76条1項，労災8条・14条）。労災保険からの給付は休業の4日目からはじまるので，業務災害の場合は3日目までは使用者が労基法の規定にもとづき支払う責任を負う。労働が一部不能のときは，労基法上は平均賃金と支払われる賃金との差額の6割が支給されればよい（労基則38条）。労災法でも，所定労働時間の一部のみ労働した場合は給付基礎日額から当該労働に対して支払われる賃金の額を控除したものの6割が支給される（14条1項但書）。傷病が治癒した場合には休業補償は行われず，再発したときに給付が再開されることは療養補償と同じである。

■休日等についての休業補償
　休業補償は労働契約上の賃金請求権が存しない日についても給付されるべきか。浜松労基署長事件＝最1小判昭58・10・13民集37巻8号1108頁は，業務上の傷病による療養のために労働不能の状態にあって賃金を受けることができないという条件が具備されているかぎり，労働者が休日または出勤停止の懲戒処分を受けた等の理由で賃金請求権を有しない日についても休業補償給付は支給される，とする。休業補償は雇用関係の終了後も支給されること（労災12条の5第1項），私傷病の補償である健康保険では傷病手当金が支給されることとのバランス，休業補償は失われた賃金の補塡ではなく一時的な労働能力（稼得能力）の喪失に対する補償と解されることなどから，同判旨のように考えるのが妥当といえよう（山口・前掲『労災補償の諸問題』147頁以下参照）。

労災保険においては，さらに社会復帰促進等事業の「休業特別支給金」とし

9．11．26労判729号31頁）。

て給付基礎日額の2割が支給されるので（労災29条1項2号，労災保険特別支給金支給規則3条），実際には8割補償となっている。休業補償給付については，賃金水準の変動に応じた改定（スライド）がなされる（労災8条の2第1項2号）。それから療養開始後1年6か月を経過した者の給付基礎日額につき年齢階層別の最低・最高限度額が定められている（同条2項～4項）。

3 障害補償

障害補償は，傷病が「治った場合において，その身体に障害が存するとき」（労基77条）に行われる。労基法上は一時金の支給であるが（労基77条・別表第2），労災法による給付は，障害が重度または中度である障害等級1～7級については年金，軽度である同8～14級については一時金により行われる（労災15条・別表第1・第2，労災則14条・別表第1）[30]。それぞれ，平均賃金もしくは給付基礎日額をベースに支給額が決められている。年金に関しては，休業補償給付に関するものと同じスライド制および給付基礎日額に関する年齢階層別の最低・最高限度額の定めがある（労災8条の3第2項）ほか，受給権者が死亡した場合の「差額一時金」制度（労災附則58条），および受給権者が請求した場合の「前払一時金」制度（労災附則59条）がある。傷病が「治った場合」，すなわち「治癒」とは前述した（→516頁）ように症状が安定して治療の効果を期待し得ない状態をいう。1年6か月経過後も治癒しない者の障害の程度が傷病等級1～3級に当たるときは傷病補償年金に移行する（労災12条の8第3項）。さらに，労災保険の社会復帰促進事業として，障害特別支給金，障害特別年金，障害特別一時金の支給がある（労災保険特別支給金支給規則4条・7条・8条）。

4 遺族補償・葬祭料

被災労働者が死亡した場合に遺族に対して給付される遺族補償は，労基法上は一時金（労基79条），労災保険では，原則として遺族（「遺族」とは後記の「受給権者」およびその者と生計を同じくする「受給資格者」をいう）の人数により支給

---

[30] 園部労基署長（障害等級男女差）事件＝京都地判平22.5.27労判1010号11頁は，障害等級表が外貌の醜状障害につき男女で大きな差を設けていることは「法の下の平等」（憲14条1項）に違反するとした。2011（平23）年に，男性の等級を引き上げる規則改正が行われている。

額が異なる年金によって行われ，受給資格者がいない場合等に一時金が支給される（労災16条〜16条の9・別表第1）。さらに，社会復帰促進事業としての遺族特別支給金，遺族特別年金，遺族特別一時金がある（労災保険特別支給金支給規則5条・9条・10条）。

遺族補償の給付を受ける者に関しては，労基法では配偶者（事実上の婚姻関係にある者を含む）を先頭とする順位により，その範囲が定められている（労基則42条〜45条）。労災保険では，年金の「受給資格者」は労働者の死亡当時その収入により生計を維持していた配偶者（事実上の婚姻関係にある者を含む）[31]，子（胎児も出生後は同様に扱われる），父母，孫，祖父母，兄弟姉妹（ただし，妻以外は一定の高齢または若年もしくは一定の障害状態にあることを要する）で，この順序による最先順位者が「受給権者」となるが，受給資格が欠格となる場合および受給権が消滅する場合もある（労災16条〜16条の5・16条の9）。被災労働者の死亡当時に受給資格者がいなかった場合等には，労基法の場合とほぼ同じ順位・範囲で同一額の一時金が支給されるが，受給資格が欠格となる場合がある（労災16条の6〜16条の9）。

葬祭料は，労基法上は平均賃金の60日分が，労災保険では通常葬祭に要する費用を考慮して定められた額が，「葬祭を行う者」に支給されることになっている（労基80条，労災17条）。

5 打切補償・傷病補償年金

労基法では，療養開始3年後の打切補償の支給により以後の災害補償責任が免じられ（労基81条），それにより同法19条の解雇制限は解除される（労基19条1項但書前段）。これが使用者の災害補償責任の存続期間の限度を定めたものであることは前述した（→508頁）。

労災法では，これも前述したように（→509頁），かつて定められていた打切

---

[31] 被災労働者に法律上の配偶者が存するが他の者と事実上の夫婦関係にあるときは，遺族補償給付の受給権者はいずれの者になるのか。行政解釈は，原則として届出による婚姻関係があった者が優先するが，その関係が実体を失って形骸化し，その状態が近い将来解消される見込みがない場合に限って事実上の婚姻関係にあった者が優先するとしている（平10. 10. 30基発627号）。裁判例には，法律上の配偶者とは事実上の離婚状態にあったとして，「事実上婚姻関係と同様の事情にあった者」に受給権を認めたものがある（中央労基署長［松原工業所］事件＝東京地判平10. 5. 27労判739号65頁）。

補償費が1960 (昭35) 年に廃止されて労基法にはない長期傷病者補償給付が新設され，それが1965 (昭40) 年に長期傷病補償給付となり，さらに1976 (昭51) 年に傷病補償年金となっている。

傷病補償年金は，業務上傷病を被った労働者が療養の開始後1年6か月を経過しても傷病が治らず，かつ傷病の程度が施行規則で定める傷病等級に該当する場合に，その状態が継続している間，支給される (労災12条の8第3項)。傷病等級は1級から3級まであり (労災則別表第2)，傷病等級に応じた支給額が定められている (労災18条1項・別表第1)。傷病補償年金の支給を受ける者には休業補償給付は支給されない (同条2項) が，療養補償給付は支給される。療養の開始後3年を経過した日に傷病補償年金を受けている場合，または同日後において傷病補償年金を受けることとなった場合には，使用者は打切補償を支払ったものとみなされて労基法19条による解雇制限の適用を解除される (労災19条)。それから，社会復帰促進事業として，傷病特別支給金，傷病特別年金がある (労災保険特別支給金支給規則5条の2・11条)。

6 介護補償給付

これは，障害補償年金もしくは傷病補償年金の受給権を有する労働者が，年金の支給事由となるもので省令が定める程度の障害により常時介護を要する状態にあり，かつ常時または随時介護を受けているときに，介護を受けている間 (身体障害者療養施設等もしくは病院等に入所・入院している間は除く)，当該労働者の請求にもとづき介護補償給付が行われるものである (労災12条の8第1項7号・4項)。給付額は，常時または随時介護を受ける場合に通常要する費用を考慮して厚生労働大臣が定める (労災19条の2)。介護保険の給付が同時に支給される場合には，介護補償給付は支給されない (介保20条)。

7 給付額の算定

労基法の災害補償の給付額は同法12条による平均賃金を算定基礎とし，労災法による給付額は「給付基礎日額」によって算定される。この給付基礎日額とは，原則として平均賃金相当額であるが (労災8条1項)，それが適当でない[32]

---

32) なお，労基法12条の「支払われた賃金の総額」には未払いの賃金部分等も含まれると解されている (労基局上173頁) が，労災保険給付の支給額算定において，一定の時間外労働が存

と認められるときは省令の定めるところにより政府が決定する額とすることになっている（同条2項）。そして，これは休業補償・障害保障についてはすでに述べたことであるが，遺族・傷病の各補償年金についてもスライド制が設けられ，また年齢階層別の最低・最高限度額が定められている（労災8条の2・8条の3）。

8 給付制限

労災補償の給付は，被災労働者の側に過失等があったからといって不支給になることはないが，一定の場合には給付制限がされる。労基法では，労働者の重大な過失による業務上傷病等であることの認定を受けた場合，使用者は休業補償と障害補償につき免責される（78条）。労災法には，①故意に傷病等の直接原因となった事故を生じさせた場合，②故意の犯罪行為または重大な過失により傷病等またはその原因となった事故を生じさせた場合，③正当な理由なく診療を受けている医療機関等の療養に関する指示に従わないことにより，傷病の程度を増進させ回復を妨げた場合について，政府は保険給付の全部または一部を行わないことができると規定されている（労災12条の2の2）。上記①に関連して，精神障害による自殺の業務起因性の有無判断という重要問題があり，かつての行政解釈の考え方が大きく改められていることは前述した（→502頁）。

9 併給調整[33]

「同一の事由[34]」により労災補償の給付と他の社会保険の給付がなされる場合，

たことが明らかであれば当該労働時間を全く考慮しないことは許されないとした裁判例があり（地公災基金奈良県支部長［県立三室病院］事件＝奈良地判平22.8.26労判1085号11頁），同判決への控訴を棄却した2審判決（大阪高判平23.2.18労判1085号9頁）に対する上告は棄却・不受理となっている（最2小決平25.4.17労判1085号5頁）。

33) 社会保険においては，被保険者ないし受給権者が同時に2つ以上の保険給付の受給権を取得することがある。そのなかで，たとえば老齢年金の受給者が医療保険の療養給付を受ける場合に両給付を受給できるのは当然である。しかし，多くの場合には，衡平ないし適切な均衡を図るために，いずれかの給付を停止する，あるいは支給額を減額する，といった方法によって併給調整をする必要がある。

34) 労災補償法制において，「同一の事由」という用語は労基法84条2項，労災法12条の4第2項・14条2項に見られる。いずれも，隣接する異なった領域の制度が機能的に重なり合っているために二重の損失填補を生ずる場合があり，そこで衡平ないし適切な均衡を図るために調整が必要になるゆえの定めである。したがって，「同一の事由」とは複数の補償給付の原因が

すなわち前者の給付原因となる休業，障害，死亡について厚生年金保険や健康保険からも給付がある場合には，一定の方法による併給調整が行われる。それは概ね次のようなものである。①労基法・労災法による障害・遺族補償一時金と厚生年金の障害手当金・障害厚生年金の併給，労災保険の休業補償給付と健康保険の傷病手当金の併給の場合には，厚生年金あるいは健康保険の給付について不支給または支給停止とする（厚年38条，健保55条1項等参照）。②労災法による年金給付，休業補償給付と厚生年金等の年金の併給の場合は，前者につき一定の調整率を乗じて調整する（労災14条2項・15条2項・別表第1）。

10 給付請求権の発生・消滅時効等

(1) 労基法上の災害補償請求権は同法の各規定が定める要件をみたすことにより当然に生ずる。これに対し，労災法による保険給付を受ける権利は，被災労働者または遺族等の請求をまって行われる労働基準監督署長の決定により生ずる（労災12条の8第2項，労災則1条3項）。いわば，労災法により抽象的な支給決定を請求する権利が発生し，次にその決定にもとづき具体的な保険給付を請求する権利を被災者側が取得することになる（正木土建事件＝最2小判昭29.11.26民集8巻11号2075頁）。

(2) 保険給付に関する決定に不服のある者は，各都道府県労働局の労働者災害補償保険審査官に対して審査請求を行い，さらに，その審査決定に不服があれば厚生労働省の労働保険審査会に再審査請求をすることができる（労災38条1項）。この審査の対象となる決定とは「直接受給権者の権利に法律的効果を及ぼす処分」である（労災部640頁）。審査請求をなすことができる者は，違法または不当な決定により「直接自己の権利又は利益を侵害されたとする者」である（労災部643頁）。使用者は，労災保険の給付をなす旨の決定を争う法律上の利益を有しないから審査請求をする適格を有しない。ただし，労災保険料の「メリット制」（労働保険徴収法12条3項）の適用を受ける事業の使用者は，保険給付の不支給決定の取消訴訟に補助参加（民訴42条）できるものとされている（レンゴー事件＝最1小決平13.2.22労判806号12頁）。[35]

1つの同じ事実であるという意味になる。もっとも，労基法84条2項の「同一の事由」は意味が異なるというようにも解されているが，その点については後述する（→534頁以下）。

以前は，労働保険審査会の裁決を経た後でなければ労基署長の保険給付に関する決定の取消訴訟は提起できないことになっていた（労災旧40条）。それが，行政不服審査法が2014（平26）年に大改正されて新法となったことを受けて，労災法も次のように改正された（2016［平28］年4月施行）。すなわち，保険給付に関する決定に不服のある者は，労災保険審査官への審査請求手続を経れば，労災保険審査会への再審査請求を行わなくても取消訴訟を提起することができ（労災40条），また，労災保険審査官が審査請求後3か月を経ても決定をしないときは，審査請求を棄却したものとみなすことができる（労災38条2項）。

　(3) 保険給付を不正手段で受けた者がある場合については，不正受給者からの費用徴収のみならず，それに加担した事業主に対する制裁措置が定められている（労災12条の3第1項・2項）。

　(4) 保険給付を受ける権利は，当然のことながら労働関係の終了によっても消滅しない（労災12条の5第1項）。労基法の災害補償請求権も同様である（労基83条1項）。これらの権利は，原則として譲渡し担保に供し差し押さえることができない（同条2項，労災12条の5第2項）。また労災保険の給付は非課税である（労災12条の6）。

　(5) 労基法上の災害補償請求権の消滅時効の期間は2年である（115条）。労災法では，療養・休業補償給付と葬祭料を受ける権利については2年，障害・遺族補償給付を受ける権利は5年と定められている（42条）。これらの保険給付を受ける権利は国を債務者とする金銭債権であるから時効の援用を必要とせず，また時効利益を放棄することはできない（会計31条1項）。時効の中断に[36]

---

35) 同最高裁判決は，一定規模以上の事業では不支給決定の取消判決が確定した場合に次々年度以降の保険料が増額される可能性があるから，事業主は労基署長の敗訴を防ぐことに利害関係を有し，これを補助するために取消訴訟に参加できるとする。さらに，国・歳入徴収官神奈川労働局長（医療法人社団総生会）事件＝東京地判平29.1.31判時1176号65頁は，特定事業主（メリット制を適用される事業の事業主）は業務災害支給処分の法的効果により労働保険料の納付義務が拡大して直接具体的な不利益を受ける恐れのある者であるから，同処分の取消しを求めることにつき「法律上の利益を有する者」（行訴9条1項）として，取消訴訟の原告適格を有するとしている。

36) なお，2017（平29）年改正民法（2020年4月施行）では，消滅時効の「中断」は「更新」と

関しては民法の規定が準用されることになっている（同条2項）。しかし，この労災法上の消滅時効の特則を適用される権利とは抽象的な「支給決定を請求する権利」であり（→521頁），労基監督署長による支給決定があるまでは給付の「請求」をなし得ないのであるから，時効中断（更新）の方法は実際には存在しないのも同然である。結局，ここには支給決定の請求（保険給付請求書の提出）を一定期間内に行うべきことが定められているのであって，実際は除斥期間に近いものである（労災部662頁）。

■消滅時効の起算点

　労災保険給付を受ける権利の消滅時効期間の起算点は「権利を行使することができる時」とされている（2017［平29］年改正前の民166条1項）。すなわち，休業補償給付では休業して賃金が支払われなかった日の翌日，障害補償給付では傷病が治癒した日（障害の有無と等級認定の基準日）の翌日から消滅時効の期間が進行することになる。もっとも，障害補償給付に関しては，労働者が業務上の傷病であること等を認識できないでいる間に時効期間が経過して給付請求権が消滅してしまうという，被災労働者には酷な結果になることがあり得る。そこで，不法行為による損害賠償請求権に関する3年の短期消滅時効の起算点を「損害及び加害者を知った時」とする規定（民724条）を類推適用して，労災法42条による消滅時効の期間は労働者において傷病が業務に起因することを知った時から進行するとした裁判例が見られた（大垣労基署長事件＝岐阜地判平2. 4. 23労判562号42頁等）。しかし，傷病の治癒の時点では被災労働者には損害の認識があり，障害補償給付を受けるには加害者を認識する必要はないから，民法724条の類推適用に疑問がある（岩村・前掲注23）110頁）のは確かである。結局，次のように解するのが妥当であろう。すなわち，消滅時効の起算点は「権利を行使することができる時」，すなわち「その権利の行使につき法律上の障害がなく，かつ，権利の性質上その権利行使が現実に期待できる時」である（前掲大垣労基署長事件の控訴審＝名古屋高判平3. 4. 24労判591号48頁）が，業務上か否かの点での「権利を行使することができる時」については，各給付の権利者が，通常人であれば業務上の傷病等に当たると判断し得る基礎事実を認識した時と考えるべきである（菅野629頁）。なお，2017（平27）年改正民法（2020年4月施行）では，①権利を行使することができることを知った時から5年間行使しないとき，②権利を行使することができる時から10年間あるいは20年間行使しないときに，債権は時効によって消滅するものとされている（改正後166条1項・167条）。

　　　なる（改正後民法147条・148条・152条・153条・154条）。

第3節 労働災害と損害賠償

1 労災補償と損害賠償の関係

　労災補償制度による給付は災害が使用者の故意・過失にもとづくものか否かを全く問題とせずに行われるが，労働災害が使用者等の故意・過失によって発生することは少なくない。その場合には，被災労働者は民事損害賠償の請求権を得ることになり（いわゆる労災民訴），それと労災補償制度による給付請求権との関係をどのように扱うかが問題となる。

　この関係についての制度のあり方としては，①労災補償の給付により損害賠償責任が免除される，②労災補償と損害賠償のいずれかを被災者側に選択させる，③両者を併存させた上で「調整」する，などが考えられる（西村健一郎『労災補償と損害賠償』[1988年] 157頁以下）。多くの立法例は①または②である（注釈労基下 931頁〔岩村正彦〕等参照）が，わが国の制度は③である。使用者は労基法による補償を行うことにより同一の事由につき補償をなした価額の限度で民法上の賠償責任を免れ（労基84条2項），また，当然のことながら労災保険給付がなされるべき場合には労基法上は免責される（同条1項）。

　労災補償，とくに労災保険給付と民事損害賠償との要件・効果等における異同は以下のように整理できよう。①無過失責任と過失責任。②労災補償給付の内容は逸失利益を中心に定められているが，民事賠償は精神的損害を含む全損害を対象とする。③労災補償の給付額は賃金収入を基礎として定型的に決められるが，民事賠償の額は実際に生じた損害につき個別的に算定される。④労災補償では被災労働者に重大な過失があったときなどに前述（→520頁）の給付制限がなされるのみであるが，民事賠償に関しては過失相殺のルール（民 418条・722条2項）が適用される。⑤消滅時効の期間が異なる。⑥労災保険給付の

---

1) 労災補償では消滅時効期間は2年または5年である（→522頁）が，民事賠償では従来，消滅時効期間は3年または10年であった（2017[平29]年改正前の民724条・167条）。2017（平29）年改正民法（2020年4月施行）は，債権の消滅時効期間を5年または10年とするが（改正後166条1項），人の生命・身体の侵害による損害賠償請求権の消滅時効期間は権利を行使できるときから20年とする（改正後167条）。そして，不法行為についても，人の生命・身体の侵害による損害賠償請求権の消滅時効期間を5年または20年とする（改正後724条の2）。そこで，

主要形態は年金であるが，民事賠償は通常，一時金で行われる。

2　使用者等の損害賠償責任

(1) 賠償責任の性質

　労働災害による損害の賠償請求の相手方は，通常は被災労働者を雇用する使用者であるが，使用者以外の者のこともある。このような損害賠償責任については，まずは不法行為責任であると考えられよう。すなわち，使用者は民法709条もしくは715条，ときには717条の要件がみたされることによって，使用者以外の者は民法709条・717条，自動車損害賠償保障法3条等にもとづいて，被災労働者に対する損害賠償責任を負うことになる。労安衛法が制定された1972（昭47）年頃までの裁判例では，労基法の安全衛生規定等の違反があった場合の使用者等の損害賠償責任は民法709条・715条・717条にもとづくものとされていた。しかし，労安衛法の制定・施行の頃から，使用者の損害賠償責任は労働契約上の義務（「安全保証義務」もしくは「安全保護義務」）の不履行ゆえに生ずるとする裁判例が少なからず見られるようになった。そして，1975（昭50）年の最高裁判例（自衛隊車両整備工場事件＝最3小判昭50. 2. 25民集29巻2号143頁）は，「安全配慮義務は，ある法律関係に基づいて特別な社会的接触の関係に入った当事者間において，当該法律関係の付随義務として当事者の一方又は双方が相手方に対して信義則上負う義務として一般的に認められるべきもの」とした。以後，労働災害による損害の賠償責任について，安全配慮義務違反として構成することが裁判例の大勢となっている。2007（平19）年制定の労契法5条は，安全配慮義務を労働契約に当然にともなう義務として明文化したものと解されている（荒木260頁等）。

■**安全配慮義務の履行請求**

　安全配慮義務のような契約の付随義務はあらかじめ内容を具体的に特定することが困難であるから，その履行請求は一般に不可能と解されている（高島屋工作所事件＝大阪地判平2. 11. 28労経速1413号3頁）。安全配慮義務が労働契約に当然にともなう義務として明文法（労契5条）とされても，その点は変わらないと考えられる。もっとも，たとえば特定

2017（平29）年改正民法の下では，生命・身体の侵害による損害賠償請求権の消滅時効期間は5年または20年に統一される。すなわち，労災民事賠償における不法行為構成か債務不履行構成かによる消滅時効期間の差異は消滅することになるのである（日本労働法学会編『講座労働法の再生・第1巻・労働法の基礎理論』［2017年］65頁〔山川隆一〕参照）。

の危険業務に従事する労働契約であれば，使用者が履行すべき義務内容が明らかになっているから，履行請求は可能と解されるであろう（日鉄鉱業松尾採石所事件＝東京地判平2.3.27労判563号90頁）。

(2) 安全配慮義務の意義等

（i） **意　義**　今日の契約法一般理論においては，契約当事者は相手方の安全に対する配慮を付随義務として負うと解されている（内田貴『民法Ⅲ・債権総論・担保物権〔第3版〕』〔2005年〕13頁・131頁以下等参照）。「特別な社会的接触」関係に入った者は相手方に対し安全配慮義務を負うとした前掲自衛隊車両整備工場事件＝最3小判昭50.2.25は，国の公務員に対する安全配慮義務を「国が公務遂行のために設置すべき場所，施設もしくは器具等の設置管理又は公務員が国もしくは上司の指示のもとに遂行する公務の管理にあたって，公務員の生命及び健康等を危険から保護するよう配慮すべき義務」とする。そして，労働契約上の安全配慮義務については，「労働者が労務提供のため設置する場所，設備もしくは器具等を使用し又は使用者の指示のもとに労務を提供する過程において，労働者の生命及び身体等を危険から保護するよう配慮すべき義務」とされている（川義事件＝最3小判昭59.4.10民集38巻6号557頁）[2]。近年の裁判例には，長時間残業の放置を安全配慮義務違反とするものがある（→358頁）。

このような安全配慮義務の具体的内容は，①物的環境を整備する義務，②人的配置を適切に行う義務，③安全教育・適切な業務指示を行う義務，④安全衛生法令を実行する義務，というように類型化できよう[3]（保原喜志夫＝山口浩一

---

[2]　なお，「過労自殺」について使用者の損害賠償責任を認めた電通事件＝最2小判平12.3.24民集54巻3号1155頁は，その責任は民法715条にもとづく不法行為責任であるとしつつも，使用者は「業務遂行に伴う疲労や心理的負荷が過度に蓄積して労働者の心身の健康を損なうことがないよう注意する義務を負う」とする。これは「不法行為上の注意義務を安全配慮義務と同様の内容に構成する」（荒木261頁）ものといえよう。

[3]　前掲川義事件＝最3小判昭59.4.10では，宿直勤務中の労働者が強盗に殺害されたことについて，社屋内への盗賊の侵入を防止するための物的設備を施す等，労働者の生命・身体等に危害が及ばないように配慮する義務の不履行があったとされているので，類型①の具体例ということになる。また，前掲注2)電通事件＝最2小判平12.3.24は，安全配慮義務違反でなく不法行為に当たると構成したものではあるが，著しい長時間労働によって精神障害に陥った労働者の自殺に関して，使用者は，労働者に従事させる業務を定めて管理するに際し，業務遂行にともなう疲労や心理的負荷が過度に蓄積して心身の健康を損なうことがないよう注意する義務を負うとしている。こちらは類型②・③の具体例といえようか。なお，④に関して，安全衛生法令の定めは安全配慮義務の内容になり得るが，それらの義務の内容は「行政取締を通じて一般的に適用されることを予定した画一的なもの」で「個々の事案における安全配慮義務の内容とは一致しないこ

郎＝西村健一郎編『労災保険・安全衛生のすべて』[1998年] 298頁〔中嶋士元也〕)。

　(ii)　**立証責任**　　安全配慮義務の具体的内容は，法令あるいは労働契約によってあらかじめ決まっているわけではなく，「労働者の職種，労務内容，労務提供場所等安全配慮義務が問題となる当該具体的状況等によって異なる」(前掲川義事件＝最3小判昭59.4.10)。そこで，同義務の違反を理由とする損害賠償の請求訴訟においては，「義務の内容を特定し，かつ，義務違反に該当する事実を主張・立証する責任」は原告，すなわち労働者側にある (航空自衛隊芦屋分遣隊事件＝最2小判昭56.2.16民集35巻1号56頁) ことになる。もっとも，[4] 労働者側が労災事故について詳細な情報を得ることや技術的な事柄について知識を持つことは一般にきわめて困難である。それゆえ，特定されるべき安全配慮義務の具体的内容（主要事実）はある程度は抽象的なもので足り，労働者側が入手可能な資料によって義務違反を推認させる間接事実を立証するかぎり，使用者側がより詳細な間接事実によって反証を行うことを要する（菅野633頁，山川230頁以下)，と解するのが妥当であろう。

　(iii)　**義務・責任の主体**　　安全配慮義務は，ある法律関係にもとづいて特別な社会的接触の関係に入った当事者の義務である（→525頁）から，労働契約の当事者以外の者でも義務違反の責任を負うことがある。下請企業の従業員について元請企業が安全配慮義務を負うとした最高裁判例がある（大石塗装・鹿島建設事件＝最1小判昭55.12.18民集34巻7号888頁，三菱重工業神戸造船所事件＝最1小判平3.4.11労判590号14頁）。そこでは，下請企業の労働者が元請

とがある」（山川232頁）のは確かであろう。
4)　これに対し，安全配慮義務は「万全の措置を講じて労働者の生命・身体・健康の安全を確保し，労災職業病を発生させてはならない義務」で「手段債務」ではなく「結果債務」であるから，原告側は労働災害という結果の発生を主張・立証すれば足り，具体的な義務の存在と違反の事実についての立証責任を負わない，とする見解がある（岡村親宜「使用者・事業主の民事責任」現代講座12巻304頁）。安全配慮義務は，一般の契約にもとづく債務のように当事者の合意により内容があらかじめ明らかになっているものではないから，その内容を特定して義務の存在を証明することが容易でないのは確かである。しかし，労働災害に関しては，すべての使用者に対し過失を要することなく結果責任というべきものを負担させる労災補償制度があり，それによってカバーされ得ない損失を塡補させるために民事損害賠償の請求が認められるのである。それゆえ，債務不履行にもとづく損害賠償請求における立証に関する一般的ルールを安全配慮義務違反が主張される場合には適用しないと考えることは妥当でない。また，安全配慮義務を生命・身体の安全そのものを確保する義務と解することも，労災補償制度が整備されている現行法の下では説得力に乏しい。同義務は，労働者の安全・健康のために諸措置を講ずべき使用者の義務と考えるべきものである。

企業の事業場で労務を提供し，元請企業が管理する設備・工具等を用い，事実上，元請企業の指揮監督を受けて稼働し，作業内容は元請企業の従業員とほとんど同じであったから，元請企業は「特別な社会的接触の関係」に入った者に当たるゆえ安全配慮義務を負う，とされている（前掲三菱重工業神戸造船所事件＝最１小判平 3. 4. 11）。それから，労働者派遣の派遣先企業は，派遣労働者とは労働契約関係を持たないが（→161 頁），労安衛法等の規定にもとづく安全衛生に関する諸措置の多くが派遣先の使用者により講じられなければならないから，派遣労働者に対して安全配慮義務を負うことになる（七十七銀行［女川支店］事件＝仙台高判平 27. 4. 22 労判 1123 号 48 頁等）。

■労働者（上司）個人の不法行為責任

　近年，労働災害等の被害者が労働者である上司個人の責任を問うことが少なくないようである。裁判例を見ると，長時間残業や「パワハラ」言動等により精神障害を発症して自殺した労働者の上司（部長，営業所長等）について，管理監督者は使用者が負う安全配慮義務の内容に従って権限行使すべきである，上司は業務を適切に調整する措置を講じ指導に際し過度の心理的負担をかけないように配慮する義務がある，などとして，不法行為責任（民 709 条）を負うとしたものがある（公立八鹿病院組合ほか事件＝鳥取地米子支判平 26. 5. 26 労判 1099 号 5 頁，岡山貨物運送事件＝仙台高判平 26. 6. 27 労判 1110 号 26 頁）。また，「マタハラ」言動をした営業所長について，職場環境を整え妊婦である労働者の健康に配慮する義務に違反するとしたものもある（ツクイほか事件＝福岡地小倉支判平 28. 4. 19 労判 1140 号 39 頁）。

　前掲注 2）電通事件＝最２小判平 12. 3. 24 は，労働者に対し業務上の指揮監督を行う者は使用者の注意義務の内容に従って権限を行使すべきである，という。もっとも，同事件では上司個人に対する損害賠償請求はされていない。上司個人の不法行為責任を認める上記裁判例は，この電通事件判決が説示したところに依拠して上司個人の不法行為責任を肯定したのであろう。しかし，「労働者」（労契 2 条 1 項）である上司は「使用者」（同条 2 項）と同じく安全配慮義務を課せられ，その違反につき損害賠償責任を負う，と考えることには疑問を禁じ得ない。使用者の労働者に対する損害賠償請求あるいは求償権行使は，「損害の公平な分担という見地から信義則上相当と認められる限度」でのみ可能（茨石事件＝最１小判昭 51. 7. 8 民集 30 巻 7 号 689 頁）と，ほぼ異論なく解されていること（→241 頁以下）も想起されるべきであろう。労働契約関係にともない安全配慮義務を負うのは第１次的には使用者であり，上司個人の不法行為が成立するのは，当該上司の行為が，使用者が設けた労働時間等の管理制度から逸脱するものであるとか，労働者の精神障害発症の

---

5) 三菱重工業（下関造船所・じん肺）事件＝広島高判平 26. 9. 24 労判 1114 号 76 頁は，元請企業と下請・孫請会社の労働者が特別な社会的接触の関係にあると認められるには，前者が後者に対し，作業指示などの管理を行って「人的側面」について支配を及ぼし，また作業環境を決するなどして「物的側面」について支配を及ぼしていることを要する，という。

主たる要因であるなどの例外的場合に限られるとする見解がある（高橋奈々「労働者の自殺についての使用者および上司の損害賠償責任——公立八鹿病院組合ほか事件」ジュリ1480号「2015年」121頁）。そのように考えるのがよいと思われる。

■派遣元の安全配慮義務
　派遣元企業は派遣労働者と雇用関係にある者（→161頁）ゆえ，労働契約上の使用者の義務として安全配慮義務を負うことになる。もっとも，派遣労働者への指揮命令権を持たない派遣元が負うところの安全配慮義務は，「派遣就業が適正に行われるように，必要な措置を講ずる等適切な配慮」をする（派遣31条）というような，いわば特殊な内容のものではある（→172頁以下）。

　さらに，取締役等の役員が会社に対して負う善管注意義務には労働者の安全に配慮すべきことも含まれるので，その任務懈怠によって労働者が損害を被った場合には，取締役等に悪意・重過失があれば損害賠償義務を負うとされている（おかざき事件＝大阪高判平19.1.18労判940号58頁等）。会社役員の対第三者責任（会社429条1項）は一般に，取締役等が直接に第三者に対して負うもの（特別の法定責任）で，任務懈怠と損害の間に相当因果関係があるかぎり，第三者は取締役の悪意・重過失を立証すれば責任を追及できると解されている（→37頁）。業務上疾病による障害あるいは死亡について，取締役の賠償責任を認めた裁判例がいくつか見られるが，それらは「相当因果関係」や「悪意・重過失」をやや緩やかに過ぎる基準で肯定しているようにも思われる。[6]

　(iv)　**因果関係**　安全配慮義務違反の責任（不法行為責任と解する場合も同じ）が使用者に課せられるためには，業務と傷病等（負傷・疾病・障害・死亡）の間に因果関係が存しなければならない。この因果関係は「相当因果関係」，すなわち行為と結果の間の事実的因果関係のうちの「通常生じる」（発生の蓋然性が高い）因果関係である。その有無の判断は労基法・労災法にもとづく補償給付

---

[6]　前掲おかざき事件＝大阪高判平19.1.18では，高血圧症であった従業員が出張中に急性心臓疾患死したことにつき，代表取締役は労務の過重性について認識していたとして，会社と同一の責任を負うとしている。名神タクシー事件＝神戸地尼崎支判平20.7.29労判976号74頁は，業務中に脳梗塞を発症して後遺障害が生じたことにつき，代表取締役は労働者の健康状態と労働時間を容易に把握し得たから重過失があったとする。大庄ほか事件＝大阪高判平23.5.25労判1033号24頁は，入社間もない労働者が急性心不全で死亡したケースであるが，多数従業員の長時間労働を容易に認識し得たにもかかわらず会社に放置させ是正措置を取らせなかったことは取締役の任務懈怠であり，それによって労働者を死に至らせたのであるから悪意・重過失が認められるとしている。

がなされるための「業務起因性」の認定（→490頁以下）と同性質のものであり，とくに疾病による傷病等のケースにおいて判断が困難である点も共通している。最高裁判例としては，保育園の保母の業務と頸肩腕症候群の発症ないし増悪の間に因果関係を是認し得る高度の蓋然性が認められるとしたもの（横浜市立保育園事件＝最3小判平9.11.28労判727号14頁），過重業務の遂行とうつ病罹患による自殺との間に相当因果関係が存在するとした原審の判断を正当とした前掲電通事件＝最2小判平12.3.24等がある。

　ところで，過重業務に従事した企業から転職した後に発症もしくは増悪した疾病について業務起因性を認めた裁判例があり，その判断は肯定的に評価されてよいと考えられるが，他方，同一事案についての損害賠償請求を棄却した裁判例があることは前述した（→499頁）。後者の裁判例（K社事件＝東京高判平26.4.23労経速2214号3頁）は，業務従事と発症の「時的関係」から直ちに疾病の原因が過重労働であるとは推認され得ず，過重労働が退職後の発症まで何らかの形で残存していたと認められる必要がある等として，相当因果関係は認められないとした。そして，次のような説示をしている。一連の最高裁判決は，[7]いずれも行政訴訟において相当因果関係の存否が争点となったものであり，民事上の損害賠償請求における相当因果関係の存否について判断したものではない。また，これらの事案は，発症に近接した時期に業務による過重負担があった，発症に至るまで相当期間にわたって過重な業務に従事してきた，というものであり本件とは大いに異なる，と。

　この説示の意味については，①発症までに非就労期間があった場合の判断のあり方は異なるということに過ぎないともいえる。しかし，②業務起因性ないし相当因果関係の判断のあり方は，労災補償責任の有無（とくに労災保険給付の要否）が争われている場合と民事損害賠償責任の有無が争われている場合とで異なるべきものという意味にも解されよう。筆者は，②の意味でもあることを重視して，次のように考えるべきではないかと思う。すなわち，精神障害や脳・心臓疾病等に罹患した労働者が過重業務に従事した事実があったとしても，その後に非就労あるいは過重でない業務に従事する状態が相当期間にわたって

---

[7] 大館労基署長（四戸電気工事所）事件＝最3小判平9.4.25労判722号13頁，横浜南労基署長（東京海上横浜支店）事件＝最1小判平12.7.17労判785号6頁，地公災基金鹿児島県支部長（内之浦町教委職員）事件＝最2小判平18.3.3労判919号5頁。

存在する場合には，労災補償（労災保険給付）の責任は原則として肯定されるけれども，損害賠償責任は，原則として相当因果関係が認められないゆえに否定されるべきである。

　裁判例には，「業務と発症の因果関係の認定は，やや緩やかに認め，損害額の算定の場面で過失相殺を類推適用してバランスをとるという傾向が見られる」（荒木262頁）ようで，これは了解可能なことではある。しかし，筆者は，業務上傷病で休業中の労働者の解雇・退職に関しても述べたように（→508頁），業務起因性ないし傷病等と業務の相当因果関係の有無判断のあり方は，労災補償責任の存否（労災保険給付の要否），解雇・退職の許否，損害賠償義務の有無のそれぞれにおいて異なるべきものと考えている。[8]

(v)　帰責事由・予見可能性　　労災補償責任におけるのとは違って，業務と傷病等の間に相当因果関係が存しても，使用者がその「責めに帰すべき事由」（民415条）によらずに安全配慮義務を履行できなかったのであれば，損害賠償責任[9]は否定される。すなわち，災害の発生や疾病の発症・増悪の予見可能性がなかった，あるいは予見可能性はあったが社会通念上相当な措置をとっていた，と認められるような場合には，使用者は安全配慮義務違反による損害賠償を免責されることになる。[10]

---

[8]　相当因果関係の判断は，因果関係の存在している損害のうち，どこまでを賠償させるのが妥当かという評価にほかならない（内田貴『民法Ⅱ・債権各論〔第3版〕』[2011年] 390頁）。そこで，使用者の共同負担で，労働者の生活保障の趣旨も含めて法令が定める定型的内容の補償を行う（国が管掌する社会保険である労災保険から給付がされる）労災補償における相当因果関係の判断と，個々の使用者の負担で，労働災害について内容は多種多様であるのが当然の損失塡補をする損害賠償（労災民訴）における相当因果関係の判断とでは，そのあり方が異なって然るべきものである。前者には社会保障制度の運用という面が色濃くあるけれども，後者は純然たる私法領域での問題処理である。そして，前者では労働者保護の見地から（労基1条，労災1条参照）相当因果関係の有無判断が一般に緩やかであることに合理性があるけれども，そのようなことは後者については妥当しないと考えるべきであろう。

[9]　なお，2017（平29）年改正民法（2020年4月施行）の下では，安全配慮義務の不履行が使用者の責めに帰することができない事由によるものであるときは，となる（改正後415条1項）。

[10]　最高裁判例をみると，宿直員が盗賊に殺害されたことについて予見可能であったにもかかわらず何らの予防措置がされていないとして（前掲川義事件＝最3小判昭59. 4. 10），また，自殺した労働者が著しく長時間労働をして健康状態が悪化したことを上司が認識していながら負担軽減のための措置を講じていないとして（前掲注2）電通事件＝最2小判平12. 3. 24），使用者の賠償責任が肯定されている。他方，振動障害の発症につき，ある時期までは予見可能性がなかったが，予見が可能となってからは障害の発生防止と軽減のために種々の措置が講じられているとして，賠償責任が否定されている（林野庁高知営林局事件＝最2小判平2. 4.

精神障害に罹患した労働者の自殺についての業務起因性に関しては前述したが，その際に賠償請求事件の裁判例が多数あることにもふれた（→502頁）。それらの裁判例には予見可能性を肯定したものも否定したものもある。肯定したものでは，特定の疾患の発症を予見し得たことまでは不要で，過重労働をすれば健康が悪化するという抽象的な危険を予見し得たのであれば予見可能性は認められる（マツダ事件＝神戸地姫路支判平23．2．28労判1026号64頁），使用者が長時間労働の実態を認識し，または認識し得るかぎり予見可能性が存するのであって，精神障害の発症についての具体的認識等は要しない（医療法人雄心会事件＝札幌高判平25．11．21労判1086号22頁），というようにいわれている。これに対し，否定したものでは次のような考え方が示されている。業務と発症との相当因果関係が認められても，安全配慮義務違反に関しては，発症を具体的に予見することまでは要しないけれども，業務遂行にともなう疲労や心理的負荷が過度に蓄積することにより何らかの精神障害を来す恐れについて具体的・客観的に予見可能であることを必要とする（立正佼成会事件＝東京高判平20．10．22労経速2023号7頁）。筆者には，抽象的危険を予見し得たのであればよく，発症の恐れの具体的認識がなくても予見可能性を認めるという考え方は，安全配慮義務を「結果債務」と解するもの（→527頁注4）であるように見える。また，労働災害についての労働者保護の制度としてはまず，使用者に無過失で定型化された内容の労災補償をさせる（労災保険給付がされる）制度があることが踏まえられていないゆえに，妥当性を欠くものとなっているように思われる。[11]

20労判561号6頁）。近年の裁判例には，安全配慮義務の対象となる回避すべき危険は具体的に予見できる範囲のものとするのが相当として，東日本大震災時に使用者がとった津波からの避難措置に安全配慮義務違反があったとは認められないとしたもの（前掲七十七銀行［女川支店］事件＝仙台高判平27．4．22），うつ病罹患につき認識可能ではなかったので自殺について使用者に損害賠償責任はないが，労働者の体調不良の原因・程度等を把握して産業医の診察・指導等を受けさせるなどのことを怠っていたので慰謝料支払義務はあるとしたもの（ティー・エム・ィー事件＝東京高判平27．2．26労判1117号5頁），出向先への赴任の頃にうつ病となり出向元に復帰して自宅療養中の自殺について，使用者は過重な業務指示を短期間のうちに修正して適正な業務調整を行ったと評価されるとして安全配慮義務違反を否定したもの（四国化機ほか1社事件＝高松高判平27．10．30労判1133号47頁）などがある。

[11]　前掲公立八鹿病院組合ほか事件＝鳥取地米子支判平26．5．26は，疾患が生じる恐れがあることを具体的かつ客観的に認識し得た場合に予見可能性が認められるとした上で，当該のケースでは業務過重であることや結果として自殺に至る可能性があることは認識し得たから使用者は賠償責任を負うとしている。

それから，労働災害はしばしば被災労働者の同僚あるいは上司の行為によって発生するが，履行補助者の故意・過失は債務者の帰責事由となるので，使用者の安全配慮義務違反になり得る。この点に関し，次のようにいう最高裁判例がある。安全配慮義務は使用者が支配・管理する人的・物的環境から生じ得べき危険の防止につき負担するものゆえ，適任者を履行補助者として選任し必要な安全上の注意を与えることは同義務の内容をなすが，履行補助者が「法令に基づいて当然負うべきものとされる通常の注意義務」は含まれず，それが怠られたことについて使用者は責任を負わない（陸上自衛隊第331会計隊事件＝最2小判昭58.5.27民集37巻4号477頁）。安全配慮義務は「結果債務」ではないのであるから，この判例の考え方でよいであろう。

(vi) **過失相殺・素因減額**　労災補償の給付では被災労働者に過失があっても不支給になることはなく（→520頁），素因・基礎疾患があることは業務起因性の有無判断に影響を与えるが，給付減額の理由になることはない。これに対し，労働災害の民事損害賠償においては，被災労働者の落ち度や基礎疾患等が過失相殺（民418条・722条2項）の類推適用によって損害賠償責任を減額させることになる。とくに，脳・心臓疾患死や精神障害による自殺を過重業務によるものとして使用者の責任を認めた裁判例の大多数では，損害賠償額は被災労働者側の事情を斟酌して損害の5割とか3割とかに減額されている。[12]

　安全配慮義務違反による損害賠償の額を減ずる事由には「寄与度（素因）」と「過失相殺」があり，両者は「理論的には……区別されるべきもの」（水島郁子「採用後2ヶ月のアルバイトの突然死と安全配慮義務」民商132巻6号［2005年］1002頁）であろう。近年の最高裁判例に，①使用者は労働者からの申告がなく

---

12)　NTT東日本北海道支店事件＝最1小判平20.3.27労判958号5頁は次のようにいう。加害行為と被害者の疾患がともに原因となって損害が発生した場合，加害者に損害の全部を賠償させるのが公平を失するときは，損害賠償の額を定めるにあたり，民法722条2項の規定を類推適用して，被害者の疾患を斟酌することができるが，このことは労災事故による損害賠償請求の場合においても同様である。また，賠償義務者から過失相殺の主張がなくても，裁判所は訴訟にあらわれた資料に基づき被害者に過失があると認めるべき場合には，損害賠償の額を定めるに当たって職権をもって斟酌することができる（最3小判昭41.6.21民集20巻5号1078頁参照）。そして，同判決は，過重業務と基礎疾患が共働原因となった急性心筋虚血による死亡の場合の損害賠償額について，民法722条を類推適用しなかった原判決を違法としている。また，東加古川幼児園事件＝最3小決平12.6.27労判795号13頁は，うつ状態での自殺について使用者に安全配慮義務違反による不法行為責任ありとしたが，本人の性格や心因的要素を考慮して8割の過失相殺をした原判決を維持している。

ても健康にかかわる労働環境に注意する義務がある等として，通院等の情報を使用者に申告しなかったことをもって過失相殺することはできないとし，また，②労働者の脆弱性は個性の多様さとして想定される範囲を外れるものではないから素因減額はされ得ないとしたものがある（東芝事件＝最2小判平26．3．24労判1094号22頁[13]）。

(3) 労災補償・労災保険給付との調整

(i) 「同一の事由」についての免責，損益相殺　　前述のように（→524頁），わが国では，労災補償・労災保険給付と労災民事賠償の併存を認めた上で両者を調整するという制度がとられている。労災保険給付がなされるべき場合に使用者が労基法上は免責される（労基84条1項）のは当然ながら，使用者は，労基法による補償を行うことにより，同一の事由につき補償をなした価額の限度で民法上の損害賠償責任を免れることになる（同条2項）。この「同一の事由」の関係にあるとは，単に同一の事故から損害が生じたことではなく，労災補償と損害賠償の対象となる損害が同一の性質を有し，補償給付と賠償とが相互補完の関係にあることと解されている[14]。それゆえ，精神的損害はもとより，財産的損害のうちの積極損害も，休業補償等の労災補償給付と同一の事由によるものとはならない（青木鉛鉄事件＝最2小判昭62．7．10民集41巻5号1202頁等）。労災保険給付と民事損害賠償の関係については，明文の規定はないのであるが，労基法84条2項を類推適用して，同一の事由については，保険給付された価

---

13) 東芝事件＝最2小判平26．3．24の上記判旨①については，「過失相殺の可能性を大きく限定する判断と見る余地」もあるが，高い水準の注意や配慮を使用者に求めることを前提としなくても過失相殺は否定されるべき事案についての「事例判断」であるから，判旨の結論は妥当である（川田琢之「精神疾患に関する労災民訴事案における過失相殺・素因減額のあり方」ジュリ1476号［2015年］106頁）と見てよいのであろう。では上記判旨②はどうか。そこでは前掲注2)電通事件＝最2小判平12．3．24が引用されている。同判決は，個性の多様さとして通常想定される範囲を外れないかぎりは賠償額の減額に関して労働者の「性格」（心因的素因）を斟酌すべきでない，としたのである。東芝事件では，長期にわたって治療と薬剤投与を受けるような「病気」（病的素因）が存したのであるから，「個性の多様さとして通常想定される範囲」などとして素因減額をしない理由とすることは疑問であるように思われる。

14) 注釈労基下933頁〔岩村〕，西村健一郎『社会保障法』［2003年］82頁等。なお，これは「同一の事由」の意味そのものではなく，労災補償給付と民事損害賠償の調整をなすことが認められる「範囲」について，それが同性質で相互補完性のある損害に限定されることを説明しているのであるから，同一の事由とは「具体的には同一災害に起因する同質同一の損害を双方の制度により填補すべき場合」（労基局下858頁）という説明のほうがベターであると思われる。

額の限度で賠償責任が免じられるものとされている（三共自動車事件＝最3小判昭52. 10. 25民集31巻6号836頁等）。

そこで，安全配慮義務違反による損害賠償の算定においては，「同一の事由」について労災補償・労災保険給付がされた額は控除される（損益相殺）ことになる。そして，財産的損害のうちの消極損害（いわゆる逸失利益）は控除できるが，積極損害（たとえば入院雑費や付添看護費）および精神的損害（慰謝料）は控除できないものされている（東都観光バス事件＝最3小判昭58. 4. 19民集37巻3号321頁，前掲青木鉛鉄事件＝最2小判昭62. 7. 10）。また，休業特別支給金（→516頁）は損害塡補をするものではないから控除できないとされ（コック食品事件＝最2小判平8. 2. 23民集50巻2号249頁），将来の給付が確定されていても現実の給付が未だないものは控除できないとされている（前掲三共自動車事件＝最3小判昭52. 10. 25）。前掲東芝事件＝最2小判平26. 3. 24は，健保組合からの傷病手当金の保有分は不当利得として同組合に返還されるべきものであるから損害賠償の額から控除され得ないものであり，また，未だ支給決定を受けていない休業補償の額を損害賠償額から控除することはできないとしている。

(ii) **第三者行為災害の場合**　労働災害が第三者の行為によって生じた場合，保険給付を行った政府は，その限度において被災労働者側が第三者に対して有する損害賠償請求権を代位取得する（労災12条の4第1項）。これにより被災労働者側は保険給付の限度で損害賠償請求権を失うので，第三者はその価額を損害賠償額から控除できることになる。保険給付が行われる前に第三者が損害賠償をした場合は，政府は損害賠償として支払われた価額の限度において保険給付の義務を免れる（同条2項）。

第三者行為災害の発生につき被災労働者にも過失があった場合の損害賠償額は，①損害から過失相殺分を差し引いた額から労災保険の給付分を控除したも

---

15) この損益相殺（控除）は損害賠償の元本から先に行うべきか，遅延利息から行うべきか（前者のほうが被害者に有利）。近年の判例では元本から先に損益相殺すべきものとされている（フォーカスシステムズ事件＝最大判平27. 3. 4民集69巻2号178頁）。
16) これについては，休業特別支給金等は法定給付の上積みという実質を持ち，その財源は法定給付と同じく使用者が負担する労災保険料であることを考慮しないものであるとの批判がある（注釈労基下934頁〔岩村〕）。損益相殺は「損失と利得との同質性」が認められれば可能なのである（最2小判昭53. 10. 20民集32巻7号1500頁）から，この批判は的確であると思われる。

の，②損害から労災保険の給付分を控除した額から過失相殺分を差し引いたもの，のいずれと解すべきか。最高裁判例では①方式をとるべきものとされ，次のように説かれている。労災法12条の4は損害賠償義務と保険給付義務が相互補完の関係にあり二重塡補を認めないことを明らかにしており，保険給付が行われた場合は第三者に対する損害賠償請求権は右給付の価額の限度において国に移転して減縮すると解される。そこで，被災労働者に過失がある場合には第三者に対し右過失を斟酌して定められた額の賠償請求権を有するにすぎないから，労災法12条の4第1項により国に移転する損害賠償請求権も，過失を斟酌した後のそれを意味すると解すべきである（前掲大石塗装・鹿島建設事件＝最1小判昭55.12.18，高田建設事件＝最3小判平元.4・11民集43巻4号209頁）。①は「控除前相殺説」とよばれる考え方である。これに対し，社会保障的性格を有する労災保険法ができるだけ労働者の損害を補償しようとしていることを同法12条の4第1項の解釈にも反映させるべきであるとして，②の「控除後相殺説」によるべきであるとする立場もある（前掲高田建設事件＝最3小判平元.4.11の少数意見など）。

　被災労働者側と第三者の間に示談が成立し損害賠償請求権の全部または一部が放棄された場合は，政府の求償権はいかなる影響を受け，被災労働者側の保険給付請求権はどうなるのか。

　判例は次のように解している。①被災労働者側が第三者に対して取得する損害賠償請求権は，災害につき労災保険が付されているからといって通常の不法行為上の債権と性質を異にするものではないから，被災労働者側は第三者の損害賠償債務の全部または一部を免除する自由を有する。②この免除が行われたときは，その限度において損害賠償請求権は消滅するから，政府がその後保険給付をしても法定代位権が発生する余地はない。③他方，免除により被災労働者側が損害賠償請求権を喪失した場合に，政府がその限度において保険給付の義務を免れることは規定をまつまでもなく当然である（小野運送事件＝最3小判昭38.6.4民集17巻5号716頁）。この判決後に，示談が錯誤・詐欺等にもとづくことなく真正に成立したもので，その内容が受給権者の損害賠償請求権の全部の塡補を目的としている場合にかぎり，保険給付を行わないとする行政解釈が示されている（昭38.6.17基発687号）。

　労働災害による損害の賠償請求権も私法上の権利ゆえ原則として当事者が自

由に処分できるもので，それが示談により放棄された場合に政府の求償権が発生し得ないことは，判例のいうとおりである。しかし，「労働者の福祉の増進」（労災1条）という労災補償制度の理念に照らすと，損害賠償請求権を放棄した被災労働者側が保険給付を受ける権利を失うという結果には疑問が残る。もっとも，「労災保険給付の存在をあてにして……不用意な示談によって損害賠償を放棄した被災者には労災保険の給付がなされな」いことにする（西村・前掲『労災補償と損害賠償』203頁）必要性も否定できない。示談が被災労働者側の真意にもとづくことの認定を厳格にするのであれば，判例および行政解釈の見解でよいといえよう。

(iii) **年金給付との調整**　労災保険給付が年金により行われる場合は，将来における給付額について使用者は損害賠償責任を免れることになるのか。最高裁判例は，使用者行為災害と第三者行為災害の双方について，損害賠償額から将来の年金額は控除され得ないとしている（仁田原・中村事件＝最3小判昭25.5.27民集31巻3号427頁，前掲三共自動車事件＝最3小判昭52.10.25）。[17]

この「非控除説」については，使用者の保険利益を奪うという不合理なことになる等の批判がされ，そこで1980（昭55）年の法改正により，調整のための「暫定措置」として「前払一時金」が定められた。それは以下のようなものである。①障害補償または遺族補償の年金の受給権者が使用者から損害賠償を受けることができる場合は，使用者は前払一時金の最高限度額の法定利率による現価の限度で損害賠償の履行をしないことができ，この猶予の間に年金または前払一時金が支払われた場合には，その価額の限度で損害賠償責任を免除される（労災附則64条1項1号・2号）。②労災保険給付の受給権者が同一の事由

---

17) 最大判平5.3.24民集47巻4号3039頁は，不法行為によって死亡した地方公務員等共済組合法上の退職年金の受給者の遺族が損害賠償請求した事案について，支給を受けることが確定した額の限度で，つまり具体的には事実審の口頭弁論終結の日に受給が確定している月分まで，賠償されるべき損害額から控除すべきである，としている。これによって，将来の年金給付を控除しないという「非控除説」の基本的な考え方が変更されたと見ることはできない（中益陽子「労災保険給付と損害賠償の調整」争点133頁）であろう。しかし，同判決は変更判例として前記の仁田原・中村事件＝最3小判昭52.5.27と三共自動車事件＝最3小判昭52.10.25を引用しており，使用者行為災害と第三者行為災害の双方について，控除の範囲には既払分のほか，未だ支給を受けてはいないが支給を受けることが具体的に確定した年金をも含むものとして，非控除説の「微修正」がなされたことは確かである（納谷肇「将来の労災保険給付と損益相殺」『新裁判実務大系・第17巻・労働関係訴訟法Ⅱ』［2001年］422頁以下）。

について使用者から損害賠償を受けた場合は，政府は厚生労働大臣が定める基準により，その価額の限度で保険給付を行わないことができる（同条2項）。

なお，第三者行為災害については労災保険法附則64条のような調整規定が存しないので，次のようなことになるほかはない。①政府が保険給付をした場合，現実に給付した限度で損害賠償請求権を代位取得するにすぎないから，将来にわたる給付が確定している年金分を含めた一括求償をすることはできない。②第三者が損害賠償をする場合，受給権者の第三者に対する損害賠償額から将来の給付額を控除することはできない。

判例索引

● 最高裁判所

最2小判昭29・11・26民集8巻11号2075頁（正木土建事件）……………521
最2小判昭30・10・7民集9巻11号1616頁 ……………100
最2小判昭31・11・2民集10巻11号1413頁（関西精機事件）……………283
最大判昭32・6・5民集11巻6号915頁 ……………294
最2小判昭34・6・26民集13巻6号846頁 ……………223
最2小判昭35・3・11民集14巻3号403頁（細谷服装事件）……………13, 212
最1小判昭35・7・14刑集14巻9号1139頁（小島撚糸事件）……………365
最1小判昭36・5・25民集15巻5号1322頁（山崎証券事件）……………30
最大判昭36・5・31民集15巻5号1482頁（日本勧業経済会事件）……………283
最2小判昭37・5・18民集16巻5号1108頁（大平製紙事件）……………30
最大判昭37・7・20民集16巻8号1656頁（全駐労小倉支部山田分会事件）……………296
最3小判昭38・6・4民集17巻5号716頁（小野運送事件）……………536
最3小判昭38・6・21民集17巻5号754頁（十和田観光電鉄事件）……………83
最2小判昭40・2・5民集19巻1号52頁（明治生命事件）……………310
最大判昭40・9・22民集19巻6号1600頁 ……………231
最2小判昭40・12・3民集19巻9号2090頁 ……………247
最3小判昭41・6・21民集20巻5号1078頁 ……………533
最3小判昭43・3・12民集22巻3号562頁（小倉電話局事件）……………281
最3小判昭43・4・9民集22巻4号845頁（医療法人新光会事件）……………185
最3小判昭43・12・24民集22巻13号3050頁（日本電信電話公社（千代田丸）事件）………250, 480
最大判昭43・12・25民集22巻13号3459頁（秋北バス事件）……………216, 398, 399, 400, 410, 415, 416, 421, 423, 427, 431
最1小判昭44・2・27民集23巻2号511頁 ……………38
最大判昭44・11・26民集23巻11号2150頁 ……………37
最1小判昭44・12・18民集23巻12号2495頁（福島県教組事件）……………310
最3小判昭45・7・28民集24巻7号1220頁（横浜ゴム事件）……………446
最2小判昭45・10・30民集24巻11号1693頁（群馬県教組事件）……………310
最3小判昭46・6・15民集25巻4号516頁（山恵木材事件）……………178
最2小判昭48・1・19民集27巻1号27頁（シンガー・ソーイング・メシーン事件）………276, 278, 279, 425
最2小判昭48・3・2民集27巻2号191頁（白石営林署事件）……………377, 382, 387, 388, 389, 390, 391
最2小判昭48・3・2民集27巻2号210頁（国鉄郡山工場事件）……………377, 382, 390, 391
最大判昭48・12・12民集27巻11号1536頁（三菱樹脂事件）……………52, 53, 92, 135, 136, 139, 186
最1小判昭49・2・28民集28巻1号66頁（国鉄中国支社事件）……………445, 446
最2小判昭49・3・15民集28巻2号265頁（日本鋼管事件）……………445
最1小判昭49・7・22民集28巻5号927頁（東芝柳町工場事件）……………111, 112, 113, 116, 186

539

最1小判昭49・9・2民集28巻6号1135頁（倉敷労基署長事件）……………………494
最2小判昭50・4・25民集29巻4号456頁（日本食塩製造事件）…………………186, 187, 189
最3小判昭50・11・28民集29巻10号1554頁（ローヤル・インターオーシャン・ラインズ事件）
　　……………………………………………………………………………………………23
最1小判昭51・7・8民集30巻7号689頁（茨石事件）…………………………………241, 528
最2小判昭52・1・31労判268号17頁（高知放送事件）…………………………186, 187, 191
最3小判昭52・5・27民集31巻3号427頁（仁田原・中村事件）………………………537
最2小判昭52・8・9労経速958号25頁（三晃社事件）……………………100, 267, 302
最3小判昭52・10・25民集31巻6号836頁（三共自動車事件）……………487, 535, 537
最3小判昭52・12・13民集31巻7号974頁（目黒電報電話局事件）…………78, 252, 338
最3小判昭52・12・13民集31巻7号1037頁（富士重工業事件）……………54, 250, 437
最2小判昭53・10・20民集32巻7号1500頁………………………………………………535
最2小判昭54・7・20民集33巻5号582頁（大日本印刷事件）………129, 131, 132, 134, 186
最3小判昭54・10・30民集33巻6号647頁（国鉄札幌駅事件）……………………………435
最2小判昭55・5・30民集34巻3号464頁（電電公社近畿電通局事件）…………130, 132, 134
最1小判昭55・7・10労判345号20頁（下関商業事件）……………………………………228
最1小判昭55・12・18民集34巻7号888頁（大石塗装・鹿島建設事件）……………527, 536
最2小判昭56・2・16民集35巻1号56頁（航空自衛隊芦屋分遣隊事件）…………………527
最3小判昭56・3・24民集35巻2号300頁（日産自動車事件）……………………………69
最2小判昭56・5・11判時1009号124頁（前田製菓事件）…………………………………34
最2小判昭56・9・18民集35巻6号1028頁（三菱重工業長崎造船所事件）…………9, 311
最2小判昭56・10・16民集35巻7号1224頁（マレーシア航空事件）……………………23
最1小判昭57・3・18民集36巻3号366頁（此花電報電話局事件）………382, 383, 384, 387, 390
最3小判昭57・4・13民集36巻4号659頁（大成観光事件）………………………………253
最1小判昭57・5・27民集36巻5号777頁（東京都建設局事件）…………………………131
最1小判昭57・10・7労判399号11頁（大和銀行事件）…………………………………9, 307
最3小判昭58・4・19民集37巻3号321頁（東都観光バス事件）………………………535
最2小判昭58・5・27民集37巻4号477頁（陸上自衛隊第331会計隊事件）………………533
最2小判昭58・7・15労判425号75頁（御国ハイヤー事件）……………………………416
最1小判昭58・9・8労判415号29頁（関西電力事件）………………434, 435, 445, 446
最2小判昭58・9・30民集37巻7号993頁（高知郵便局事件）……………………387, 389
最1小判昭58・10・13民集37巻8号1108頁（浜松労基署長事件）………………210, 516
最1小判昭58・10・27労判427号63頁（あさひ保育園事件）……………………202, 206
最3小判昭58・11・1労判417号21頁（明治乳業事件）…………………………………338
最2小判昭58・11・25労判418号21頁（タケダシステム事件）…………………………416
最1小判昭59・3・29労判427号17頁（清心会山本病院事件）……………………………189
最3小判昭59・4・10民集38巻6号557頁（川義事件）……………………526, 527, 531
最3小判昭59・5・29労判431号52頁（十和田労基署長事件）……………………………491
最3小判昭60・3・12労経速1226号25頁（ニプロ医工事件）……………………………308
最2小判昭60・4・5民集39巻3号675頁（古河電気工業・原子燃料工業事件）…………157
最3小判昭60・7・16民集39巻5号1023頁（エヌ・ビー・シー工業事件）……………467

最1小判昭60・11・28労判469号6頁（京都新聞社事件）	308
最1小判昭61・3・13労判470号6頁（帯広電報電話局事件）	248, 249, 250, 399, 400, 409, 482
最2小判昭61・7・14労判477号6頁（東亜ペイント事件）	144, 147, 148, 149, 227
最1小判昭61・12・4労判486号6頁（日立メディコ事件）	111, 112, 114, 116
最1小判昭61・12・18労判487号14頁（道立夕張南高校事件）	391
最1小判昭62・4・2労判500号14頁（あけぼのタクシー事件）	296, 297
最2小判昭62・7・10民集41巻5号1202頁（青木鉛鉄事件）	534, 535
最2小判昭62・7・10民集41巻5号1229頁（弘前電報電話局事件）	385, 385, 391
最2小判昭62・7・17民集41巻5号1283頁（ノースウエスト航空事件①）	290, 291, 292, 293
最3小判昭62・9・18労判504号6頁（大隈鉄工所事件）	222
最3小判昭62・9・22労判503号6頁（横手統制電話中継所事件）	385, 385
最2小判昭63・2・5労判512号12頁（東京電力塩山営業所事件）	54
最3小判昭63・2・16民集42巻2号60頁（大曲市農業協同組合事件）	399, 400, 417, 429
最3小判平元・4・11民集43巻4号209頁（高田建設事件）	536
最1小判平元・7・4民集43巻7号767頁（電電公社関東電気通信局事件）	386
最1小判平元・9・7労判546号6頁（香港上海銀行事件）	414
最2小判平元・11・24民集43巻10号1169頁	15
最1小判平元・12・7労判554号6頁（日産自動車村山工場事件）	146
最1小判平元・12・14民集43巻12号1895頁（日本シェーリング事件）	305, 464, 470
最2小判平2・4・20労判561号6頁（林野庁高知営林局事件）	531
最3小判平2・6・5民集44巻4号668頁（神戸弘陵学園事件）	101, 137, 138
最2小判平2・11・26民集44巻8号1085頁（日新製鋼事件）	77, 279, 283, 284, 425
最3小判平3・3・5労判583号6頁（品川労基署長（中央田中電機）事件）	496
最1小判平3・4・11労判590号14頁（三菱重工業神戸造船所事件）	527, 528
最3小判平3・11・19民集45巻8号1236頁（津田沼電車区事件）	391
最1小判平3・11・28民集45巻8号1270頁（日立製作所武蔵工場事件）	363, 365, 399, 401, 409
最3小判平4・2・18労判609号12頁（エス・ウント・エー事件）	375, 378, 394
最3小判平4・3・3労判609号10頁（中国電力事件）	445
最3小判平4・6・23民集46巻4号306頁（時事通信社事件）	384, 387
最3小判平4・7・13労判630号6頁（第一小型ハイヤー事件）	417
最3小判平5・2・16民集47巻2号473頁（和歌山労基署長事件）	489
最大判平5・3・24民集47巻4号3039頁	537
最2小判平5・6・11労判632号10頁（国鉄鹿児島営業所事件）	251, 252
最2小判平5・6・25民集47巻6号4585頁（沼津交通事件）	305, 394
最2小判平6・1・31労判648号12頁（朝日火災海上保険事件）	414
最2小判平6・6・13労判653号12頁（高知県観光事件）	371, 374
最1小判平6・9・8労判657号12頁（学校法人敬愛学園事件）	447
最3小判平6・12・20民集48巻8号1496頁（倉田学園事件）	78
最3小判平7・2・28民集49巻2号559頁（朝日放送事件）	36
最1小判平7・3・9労判679号30頁（商大八戸の里ドライビングスクール事件〔上告審〕）	9
最2小判平7・6・23民集49巻6号1600頁	15

判例索引　*541*

最3小判平7・9・5労判680号28頁（関西電力事件）……………………………………53
最3小判平8・1・23労判687号16頁（地公災基金東京都支部長（町田高校）事件）…………500
最2小判平8・2・23労判690号12頁（JR東日本事件）………………………………251, 252
最2小判平8・2・23民集50巻2号249頁（コック食品事件）……………………………535
最3小判平8・3・26民集50巻4号1008頁（朝日火災海上保険（高田）事件）………299, 417
最1小判平8・3・28労判696号14頁（JR東日本（高崎西部分会）事件）………………437
最1小判平8・9・26労判708号31頁（山口観光事件）……………………………………454
最1小判平8・11・28労判714号14頁（横浜南労基署長（旭紙業）事件）………30, 35, 488
最1小判平9・1・23労判716号6頁（姫路労基署長事件）………………………………486
最3小判平9・1・28民集51巻1号78頁（改進社事件）……………………………………50
最2小判平9・2・28民集51巻2号705頁（第四銀行事件）…………………417, 427, 429
最1小判平9・3・27労判713号27頁（朝日火災海上保険（石堂）事件）………………299
最3小判平9・4・25労判722号13頁（大館労基署長（四戸電気工事店）事件）……497, 530
最3小判平9・11・11民集51巻10号4055頁（ファミリー事件）……………………………23
最3小判平9・11・28労判727号14頁（横浜市立保育園事件）……………………………530
最1小判平10・4・9労判736号15頁（片山組事件）…………………………………142, 192
最3小判平10・9・8労判745号7頁（安田病院事件）………………………………………43, 90
最1小判平10・9・10労判757号20頁（九州朝日放送事件）……………………………146
最2小判平11・7・16労判767号14頁（株式会社乙田事件）………………………………80
最3小決平11・12・14労判775号14頁（徳島南海タクシー事件）………………………372
最1小判平12・3・9民集54巻3号801頁（三菱重工業長崎造船所事件）………319, 320, 322
最2小判平12・3・24民集54巻3号1155頁（電通事件）……………526, 528, 530, 531, 534
最2小判平12・3・31民集54巻3号1255頁（日本電信電話事件）………………………385
最3小決平12・6・27労判795号13頁（東加古川幼児園事件）……………………………533
最1小判平12・7・17労判785号6頁（横浜南労基署長（東京海上横浜支店）事件）……495, 497, 530
最1小判平12・9・7民集54巻7号2075頁（みちのく銀行事件）……………………417, 428
最3小判平12・9・12労判788号23頁（羽後銀行事件）…………………………………418
最2小判平12・9・22労判788号17頁（函館信用金庫事件）……………………418, 429
最1小決平13・2・22労判806号12頁（レンゴー事件）…………………………………521
最1小判平13・4・26労判804号15頁（愛知県教委事件）……………………………249, 482
最2小判平13・6・22労判808号11頁（トーコロ事件〔上告審〕）………………………361
最3小判平14・1・22労判823号12頁（崇徳学園事件）…………………………………443
最1小判平14・2・28民集56巻2号361頁（大星ビル管理事件）………322, 323, 325, 326, 348, 370
最2小判平15・4・18労判847号14頁（新日本製鐵（日鐵運輸）事件）………………152, 154
最2小判平15・10・10労判861号5頁（フジ興産事件）……………………………410, 435
最1小判平15・12・4労判862号14頁（東朋学園事件）…………………………305, 464, 470
最1小判平15・12・18労判866号14頁（北海道国際航空事件）……………276, 414, 415
最3小判平16・4・27労判872号5頁（筑豊炭田事件）…………………………………15
最大判平17・1・26民集59巻1号128頁（東京都管理職選考受験資格事件）……………50
最2小判平17・6・3民集59巻5号938頁（関西医科大学研修医事件）………………30, 285
最2小判平18・3・3労判919号5頁（地公災基金鹿児島県支部長（内之浦町教委職員）事件）

……………………………………………………………………………………………497, 530
最3小判平18・3・28 労判 933 号 12 頁（いずみ福祉会事件）………………………297
最2小判平18・10・6 労判 925 号 11 頁（ネスレ日本事件）…………435, 440, 451, 453
最2小判平19・7・13 判タ 1251 号 133 頁……………………………………………246
最2小判平19・10・19 民集 61 巻 7 号 2555 頁（大林ファシリティーズ（オークビルサービス）事件）
……………………………………………………………………………………322, 323
最2小判平19・11・16 労判 952 号 5 頁（三菱自動車工業事件）……………………301
最3小判平19・12・18 労判 951 号 5 頁（雙葉学園事件）…………………305, 306
最1小判平20・1・24 労判 953 号 5 頁（神奈川都市交通事件〔上告審〕）……………487
最1小判平20・3・27 労判 958 号 5 頁（NTT 東日本北海道支店事件）……………533
最2小決平20・4・18 労判 956 号 98 頁（ネスレジャパンホールディング事件〔上告不受理〕）……474
最1小決平20・5・1 判例集未登載（第一交通産業（佐野第一交通）〔本案上告〕事件）………40
最2小決平21・3・27 労判 991 号 14 頁（伊予銀行・いよぎんスタッフサービス事件）……………179
最2小判平21・12・18 民集 63 巻 10 号 2754 頁（パナソニックプラズマディスプレイ（パスコ）事件）
…………………………………………………44, 45, 47, 90, 112, 164, 165, 167, 173
最2小判平21・12・18 労判 1000 号 5 頁（ことぶき事件）………………342, 343, 372
最3小決平22・3・11 判例集未登載（JR 西日本事件〔上告棄却・不受理〕）……………251
最1小判平22・3・25 民集 64 巻 2 号 562 頁（サクセスほか（三佳テック）事件）……266, 268
最3小判平22・4・27 労判 1009 号 5 頁（河合塾事件）…………………………196, 197
最3小判平22・5・25 労判 1018 号 5 頁（小野リース事件）……………………21, 190
最2小判平22・7・12 民集 64 巻 5 号 1333 頁（日本アイ・ビー・エム事件）……237, 238, 239
最3小判平23・4・12 民集 65 巻 3 号 943 頁（国・中労委（新国立劇場運営財団）事件）…………27
最3小判平23・4・12 労判 1026 号 27 頁（国・中労委（INAX メンテナンス）事件）……27
最2小判平23・5・30 民集 65 巻 4 号 1780 頁（東京都教委事件）……………………250
最3小判平23・7・12 判時 2130 号 139 頁（京都市（教員・勤務管理義務違反）事件〔上告審〕）…358
最3小判平24・2・21 民集 66 巻 3 号 955 頁（国・中労委（ビクター）事件）……………27
最1小判平24・3・8 労判 1060 号 5 頁（テックジャパン事件）…………276, 371, 373, 374
最2小判平24・4・27 労判 1055 号 5 頁（ヒューレット・パッカード事件）……………442
最1小判平24・11・29 労判 1064 号 13 頁（津田電気計器事件）……………………219
最2小決平25・4・17 労判 1085 号 5 頁（地公災基金奈良県支部長（県立三室病院）事件〔上告〕）
……………………………………………………………………………………………520
最1小判平25・6・6 民集 67 巻 5 号 1187 頁（八千代交通事件）………378, 379, 380
最2小判平26・1・24 労判 1088 号 5 頁（阪急トラベルサポート事件②〔上告審〕）……330, 331
最1小判平26・3・6 労判 1119 号 5 頁（甲野堂薬局事件）………………………13
最2小判平26・3・24 労判 1094 号 22 頁（東芝事件）…………………………534, 535
最1小判平26・10・23 民集 68 巻 8 号 1270 頁（広島中央保健生協（C 生協病院）事件）…76, 182, 279,
425, 464, 465, 471
最1小判平27・2・26 労判 1109 号 5 頁（海遊館事件）……………80, 442, 451, 453
最大判平27・3・4 民集 69 巻 2 号 178 頁（フォーカスシステムズ事件）……………535
最1小判平27・3・5 判時 2265 号 120 頁（クレディ・スイス証券事件）………305, 306, 307
最2小判平27・6・8 民集 69 巻 4 号 1047 頁（学校法人専修大学事件）……211, 487, 504, 505

判例索引　*543*

最2小判平28・2・19民集70巻2号123頁（山梨県民信用組合事件）………279, 415, 422, 423, 424
最2小判平28・7・8労判1145号6頁（行橋労基署長事件）………………………………491, 493
最1小判平28・12・1労判1156号5頁（福原学園事件）……………………………………107, 138
最3小判平29・2・28労判1152号5頁（国際自動車事件）……………………………………368, 371
最2小判平29・7・7労判1168号49頁（医療法人社団康心会事件）…………………………372, 373
最1小判平30・2・15労判1181号5頁（イビデン事件〔上告審〕）……………………………36, 243
最2小判平30・6・1民集72巻2号88頁（ハマキョウレックス事件）……119, 120, 122, 124, 126, 128
最2小判平30・6・1民集72巻2号202頁（長澤運輸事件）………119, 120, 122, 124, 125, 126, 127, 128
最1小判平30・7・19労判1186号5頁（日本ケミカル事件）……………………………………372

●高等裁判所

東京高判昭29・8・31労民集5巻5号479頁（昭和電工事件）……………………………………420
東京高判昭43・6・12労民集19巻3号791頁（三菱樹脂事件〔原判決〕）…………………………53
広島高判昭48・9・25労判186号21頁（東洋鋼鈑事件）……………………………………………365
大阪高判昭51・10・4労民集27巻5号531頁（大日本印刷事件〔原判決〕）……………………131
名古屋高判昭53・3・30労判299号17頁（住友化学名古屋製造所事件）………………………337
大阪高判昭53・8・31下民集29巻5〜8号537頁（前田製菓事件）………………………………34
大阪高判昭53・10・27労判314号65頁（福知山信用金庫事件）…………………………………437
東京高判昭54・4・17判タ388号156頁……………………………………………………………38
東京高判昭54・10・29労民集30巻5号1002頁（東洋酸素事件）………………………202, 204, 206
東京高判昭56・3・26労経速1088号17頁（東京労基局長事件）……………………………………15
札幌高判昭56・7・16労民集32巻3＝4号502頁（旭川大学事件）…………………………………103
東京高判昭56・7・16労判458号15頁（日野自動車工業事件）……………………………………320
東京高判昭57・7・19労判390号36頁（ノースウエスト航空事件①〔控訴審〕）………………292
東京高判昭58・4・26労民集34巻2号263頁（社会保険新報社事件）……………………………83
福岡高判昭58・6・7労判410号29頁（サガテレビ事件）…………………………………………43
名古屋高金沢支判昭58・9・21労民集34巻5＝6号809頁（福井労基署長事件）………………493
東京高判昭58・12・14労民集34巻5＝6号922頁（EC委員会駐日代表部事件）………………139
東京高判昭58・12・19労判421号33頁（八州測量事件）…………………………………………95, 135
大阪高判昭59・3・30労判438号58頁（布施自動車教習所（長尾商事）事件）…………………39
東京高判昭59・3・30労判437号41頁（フォード自動車事件）……………………………………193
札幌高判昭59・5・15労判433号58頁（札幌労基署長（札幌自動車運輸）事件）………………500
大阪高判昭60・12・23労判466号5頁（大東マンガン事件）………………………………………15
名古屋高判平1・5・30労判542号34頁（名古屋鉄道郵便局事件）………………………………384
大阪高判平2・3・8労判575号59頁（千代田工業事件）…………………………………………96
大阪高判平2・7・26労判572号114頁（ゴールド・マリタイム事件）…………………………152, 154
東京高判平2・8・8労判569号51頁（品川労基署長（中央冷中電機）事件〔原審〕）…………497
名古屋高判平2・8・31労判569号37頁（中部日本広告社事件）…………………………………268
大阪高判平3・1・16労判581号36頁（龍神タクシー事件）………………………………………114
東京高判平3・2・20労判592号77頁（炭研精工事件）……………………………………………444
名古屋高判平3・4・24労判591号48頁（大垣労基署長事件〔控訴審〕）………………………523

仙台高判平4・1・10 労判605号98頁（岩手銀行事件）	66, 67
東京高判平19・6・28 労判946号76頁（昭和シェル石油事件）	67
東京高判平20・1・31 労判959号85頁（兼松事件）	67
仙台高判平4・1・10 労判605号98頁（岩手銀行事件）	68
福岡高判平5・4・28 労判648号82頁（大分労基署長事件）	493
大阪高判平5・6・25 労判679号32頁（商大八戸の里ドライビングスクール事件）	9
東京高判平5・12・21 労判646号14頁（新宿労基署長事件）	515
福岡高判平6・3・24 労民集45巻1＝2号123頁（三菱重工業長崎造船所（年休）事件）	389
東京高判平6・11・24 労判714号16頁（横浜南労基署長（旭紙業）事件）	35
大阪高判平6・11・30 労判669号28頁（天満労基署長（今川学園キンダーハイム）事件）	515
名古屋高判平7・7・19 労判700号95頁（名古屋学院事件）	299
東京高判平7・8・30 労判684号39頁（富国生命事件）	255
東京高判平8・8・26 労判701号12頁（アール・エフ・ラジオ日本事件）	215
東京高判平8・12・5 労判706号26頁（大星ビル管理事件〔控訴審〕）	325, 326
名古屋高判平22・3・25 労判1003号5頁（三和サービス事件）	51
大阪高判平9・10・30 労判729号61頁（大興設備開発事件）	404
東京高判平9・11・17 労判729号44頁（トーコロ事件）	361
東京高判平9・11・20 労判728号12頁（横浜セクハラ事件）	80
大阪高判平10・2・18 労判744号63頁（安田病院事件〔原審〕）	43, 90
名古屋高金沢支判平10・3・16 労判738号32頁（西日本ジェイアールバス事件）	384
大阪高判平10・5・29 労判745号42頁（日本コンベンションサービス事件）	265
東京高判平12・4・19 労判787号35頁（日新火災海上保険事件〔控訴審〕）	13, 96, 135
東京高判平12・5・24 労判785号22頁（エフピコ事件）	301
東京高判平12・12・22 労判796号5頁（芝信用金庫事件〔控訴審〕）	69, 181, 182
東京高判平12・12・27 労判809号82頁（三井埠頭事件）	277, 278
大阪高判平13・3・6 労判818号73頁（わいわいランド事件〔控訴審〕）	96, 130, 131, 190
大阪高判平13・3・14 労判809号61頁（全日本空輸事件）	193, 228
広島高判平13・5・23 労判811号21頁（マナック事件）	181
東京高判平13・6・27 労判810号21頁（カンタス航空事件）	115
大阪高判平13・6・28 労判811号5頁（京都銀行事件）	13, 321
仙台高判平13・8・29 労判810号11頁（岩手第一事件）	349
東京高判平13・9・12 労判817号46頁（ネスレ日本事件）	224, 226
東京高判平13・11・28 労判819号18頁（日本電信電話事件〔差戻審〕）	385
東京高判平14・2・27 労判824号17頁（中労委（青山会）事件）	231, 232
大阪高判平14・6・19 労判839号47頁（カントラ事件）	258
広島高判平14・6・25 労判835号43頁（JR西日本事件〔控訴審〕）	349
東京高判平14・9・24 労判844号87頁（日本経済新聞社事件）	443
東京高判平14・11・26 労判843号20頁（日本ヒルトン事件）	195, 197, 198
福岡高判平14・12・13 労判848号68頁（明治学園事件）	262
大阪高判平15・1・30 労判845号5頁（大阪空港事業事件）	39, 43
東京高判平15・4・24 労判853号31頁（埼京タクシー事件）	443

大阪高判平 15・6・26 労判 858 号 69 頁（大阪証券取引所事件）･････････････････39
東京高判平 15・9・24 労判 864 号 34 頁（東京サレジオ学園事件）･･･････････････146
東京高判平 15・12・11 労判 867 号 5 頁（小田急電鉄事件）･･････････････････････303
東京高判平 16・1・22 労経速 1876 号 24 頁（新日鐵事件）･･･････････････････････130
東京高判平 16・2・25 労経連 1890 号 3 頁（ネスレ日本事件〔判決〕）･････････････453
広島高判平 16・9・2 労判 881 号 29 頁（下関セクハラ事件）････････････････････81
広島高岡山支判平 16・10・28 労判 884 号 13 頁（内山工業事件）･････････････････66
大阪高判平 17・1・25 労判 890 号 27 頁（日本レストランシステム事件）･････････146, 150
大阪高決平 17・3・30 労判 896 号 64 頁（第一交通産業（佐野第一交通）〔仮処分保全抗告〕事件）
･･39, 40
東京高判平 17・4・20 労判 914 号 82 頁（A 保険会社上司事件）････････････････503
東京高判平 17・7・20 労判 899 号 13 頁（ビル代行事件）････････････････････････321
福岡高判平 17・9・14 労判 903 号 68 頁（K 工業技術専門学校事件）････････････442
東京高判平 17・11・30 労判 919 号 83 頁（モルガン・スタンレー・ジャパン・リミテッド事件）･･･443
大阪高判平 17・12・1 労判 933 号 69 頁（ゴムノイナキ事件）･････････････････････323
大阪高判平 18・4・14 労判 915 号 60 頁（ネスレ日本事件）･････････････････････149, 474
札幌高判平 18・5・11 労判 938 号 68 頁（サン石油事件）････････････････････････193, 444
高松高判平 18・5・18 労判 921 号 33 頁（伊予銀行・いよぎんスタッフサービス事件）･･････43, 178, 179
高松高判平 18・5・30 労判 928 号 78 頁（日建設計事件）････････････････････････43
東京高判平 18・6・22 労判 920 号 5 頁（ノイズ研究所事件）････････････････････426
東京高判平 18・7・19 労判 922 号 87 頁（キョーイクソフト事件）････････････････300
大阪高判平 18・11・28 労判 930 号 13 頁（松下電器産業事件）････････････････････299
大阪高判平 19・1・18 労判 940 号 58 頁（おかざき事件）････････････････････････37, 529
東京高判平 19・3・22 労判 919 号 59 頁（神奈川都市交通事件）･･････････････････487
大阪高判平 19・4・18 労判 937 号 14 頁（羽曳野労基署長事件）･･････････････････514
東京高判平 19・6・28 労判 946 号 76 頁（昭和シェル石油事件）････････････････13
大阪高判平 19・10・26 労判 975 号 50 頁（第一交通産業（佐野第一交通）〔本案控訴〕事件）･･･39, 40
東京高判平 20・3・27 労判 959 号 18 頁（ノース・ウエスト航空事件）･･････････146, 150
大阪高判平 20・4・25 労判 960 号 5 頁（パナソニックプラズマディスプレイ（パスコ）事件〔原審〕）
･･44, 164
東京高判平 20・6・25 労判 964 号 16 頁（中央労基署長（通勤災害）事件）･････････514
東京高判平 20・6・26 労判 963 号 16 頁（日本アイ・ビー・エム事件〔控訴審〕）･････239
東京高判平 20・10・22 労経速 2023 号 7 頁（立正佼成会事件）････････････････････532
東京高判平 20・11・11 労判 1000 号 10 頁（ことぶき事件〔控訴審〕）･･････････････270
東京高判平 20・12・25 労判 975 号 5 頁（ショウ・コーポレーション事件）･････････231
札幌高判平 21・1・30 労判 980 号 5 頁（小樽労基署長（小樽中央自動車学校）事件）････500
名古屋高判平 21・3・5 労判 1005 号 9 頁（サクセスほか（三佳テック）事件〔原判決〕）････268
東京高判平 21・3・25 労判 981 号 13 頁（国・中労委（新国立劇場運営財団）事件）･････27
東京高判平 21・3・25 労判 1060 号 11 頁（テックジャパン事件〔原審〕）･･････････373
東京高判平 21・3・26 労判 994 号 52 頁（モルガン・スタンレー証券事件）･････････301
福岡高判平 21・5・19 労判 989 号 39 頁（河合塾事件〔原審〕）････････････････････197

大阪高判平 21・5・28 労判 987 号 5 頁（JR 西日本事件）··251, 252
大阪高判平 21・7・16 労判 1001 号 77 頁（京都市女性協会事件〔控訴審〕）···············60, 119
仙台高判平 21・7・30 労判 1018 号 9 頁（小野リース事件〔2 審〕）································190
東京高判平 21・9・15 労判 991 号 153 頁（ニュース証券事件）·································136, 137
東京高判平 21・9・16 労判 989 号 12 頁（国・中労委（INAX メンテナンス）事件）·········27
大阪高判平 21・10・1 労判 993 号 25 頁（京都市（教員・勤務管理義務違反）事件）······358
東京高判平 21・10・29 労判 995 号 5 頁（早稲田大学事件）··299
東京高判平 21・11・4 労判 996 号 13 頁（東京都自動車整備振興会事件）······················183
大阪高判平 21・11・27 労判 1004 号 112 頁（NTT 西日本事件）·····································218
東京高判平 21・12・25 労判 998 号 5 頁（東和システム事件）··370
大阪高判平 22・3・18 労判 1015 号 83 頁（協愛事件）···422
名古屋高判平 22・4・16 労判 1006 号 5 頁（豊橋労基署長（マツヤデンキ）事件）········500
大阪高判平 22・4・22 労判 1008 号 15 頁（東亜交通事件）··97, 98
東京高判平 22・4・27 労判 1005 号 21 頁（三田エンジニアリング事件〔控訴審〕）·······268
東京高決平 22・5・21 労判 1013 号 82 頁（渡邉金属運輸（保全異議）事件）················202
東京高判平 22・5・27 労判 1011 号 20 頁（藍澤證券事件）···93, 96
大阪高判平 22・9・14 労判 1144 号 74 頁（X 運輸事件）···220
東京高判平 22・9・16 判タ 1347 号 153 頁（アールインベストメントアンドデザイン事件）···505, 508
大阪高判平 22・11・16 労判 1026 号 144 頁（奈良県事件）···346, 347
大阪高判平 22・11・19 労判 1168 号 105 頁（NTT 西日本ほか事件）······························328
東京高判平 22・12・15 労判 1019 号 5 頁（ジョブアクセスほか事件）····················178, 295
大阪高判平 22・12・21 労判 1026 号 186 頁（医療法人大寿会事件）······························288
東京高判平 22・12・22 判時 2126 号 133 頁（NTT 東日本事件）·····································218
福岡高判平 23・2・16 労経速 2101 号 32 頁（コーセーアールイー事件）··········130, 131, 132
大阪高判平 23・2・18 労判 1085 号 9 頁（地公災基金奈良県支部長（県立三室病院）事件〔2 審〕）
···520
東京高判平 23・2・23 労判 1022 号 5 頁（東芝事件）················257, 258, 295, 501, 504, 507
大阪高判平 23・5・25 労判 1033 号 24 頁（大庄ほか事件）······································37, 529
大阪高判平 23・7・15 労判 1035 号 124 頁（泉州学園事件）··204
東京高判平 23・7・28 労判 1075 号 25 頁（八千代交通事件〔原審〕）···························380
東京高判平 23・8・2 判時 1034 号 5 頁（ジェイアール総研サービス事件）··················323
東京高判平 23・8・31 労判 1035 号 42 頁（オリンパス事件）···148
東京高判平 23・9・14 労判 1036 号 14 頁（阪急トラベルサポート事件①）····················329
大阪高判平 23・9・30 労判 1039 号 20 頁（日本トムソン事件）·····································167
東京高判平 23・12・20 労判 1044 号 84 頁（H 会計事務所事件）·····································13
東京高判平 23・12・27 労判 1042 号 15 頁（コナミデジタルエンタテインメント事件）········149, 183, 184, 471
東京高判平 24・1・25 労経速 2135 号 3 頁（全日本海員組合事件）·······························246
大阪高判平 24・2・10 労判 1045 号 5 頁（日本基礎技術事件）································136, 137
札幌高判平 24・2・16 労判 1123 号 121 頁（三和交通事件）··13
仙台高秋田支判平 24・1・25 労判 1046 号 22 頁（学校法人東奥義塾事件）·················105

東京高判平 24・3・7 労判 1048 号 6 頁（阪急トラベルサポート事件②）……………………329
東京高判平 24・3・7 労判 1048 号 26 頁（阪急トラベルサポート事件③）……………330, 330
大阪高判平 24・4・6 労判 1055 号 28 頁（日能研関西事件）………………………………384
大阪高判平 24・7・27 労判 1062 号 63 頁（エーディディ事件）……………………………242
東京高判平 24・9・20 労経速 2162 号 3 頁（本田技研工業事件）…………………………115
札幌高判平 24・10・19 労判 1064 号 37 頁（ザ・ウィンザー・ホテルズインターナショナル事件）
　　　　　　　　　　　　　　　　　　　　　　　　　　　　　　　　　　　　　　……279
東京高判平 24・10・31 労経速 2172 号 3 頁（日本アイ・ビー・エム事件）…………228, 229
東京高判平 24・11・29 労判 1074 号 88 頁（日本航空事件）………………………………228
大阪高判平 24・12・13 労判 1072 号 55 頁（アイフル（旧ライフ）事件）…………504, 507
名古屋高判平 25・1・25 労判 1084 号 63 頁（三菱電機ほか事件）……………………44, 167
仙台高判平 25・2・13 労判 1113 号 57 頁（ビソー工業事件）………………………………323
東京高判平 25・2・27 労判 1072 号 5 頁（ザ・ウインザー・ホテルズインターナショナル事件）…503
福岡高判平 25・2・28 判時 2214 号 111 頁（大阪西職安所長（日本インシュアランスサービス）事件）
　　　　　　　　　　　　　　　　　　　　　　　　　　　　　　　　　　　　　29, 30
大阪高判平 25・3・14 労判 1075 号 48 頁（天満労基署長（CSK）事件）……………501, 502
東京高判平 25・4・24 労判 1074 号 75 頁（ブルームバーグ・エル・ピー事件）……………193
大阪高判平 25・4・25 労判 1076 号 19 頁（新和産業事件）…………………148, 227, 306
大阪高決平 25・5・23 労判 1078 号 5 頁（阪神バス（保全抗告）事件）……………………235
東京高判平 25・7・10 労判 1076 号 93 頁（学校法人専修大学事件〔控訴審〕）…487, 505, 508, 511, 512
広島高判平 25・7・18 労経速 2188 号 3 頁（中国電力事件）…………………………………68
東京高判平 25・8・28 判タ 1420 号 93 頁（三井住友海上火災保険ほか事件）………227, 221
広島高判平 25・9・27 労判 1088 号 60 頁（地公災基金広島県支部長（県立高校教諭）事件）………502
東京高判平 25・11・21 労判 1086 号 52 頁（オリエンタルモーター事件）…………………325
札幌高判平 25・11・21 労判 1086 号 22 頁（医療法人雄心会事件）………………………532
東京高判平 25・11・27 労判 1091 号 42 頁（横河電機事件）………………………504, 507
大阪高判平 25・12・20 労判 1090 号 21 頁（東レエンタープライズ事件）…………………173
東京高判平 26・2・20 労判 1100 号 48 頁（A 式国語教育研究所代表取締役事件）…………37
東京高判平 26・2・27 労判 1086 号 5 頁（レガシィほか 1 社事件）………………………288
札幌高判平 26・3・13 労判 1093 号 5 頁（日本郵便（苫小牧支店）事件）…………………117
福岡高判平 26・3・13 労経速 2208 号 3 頁（F 大学事件）………………………498, 504, 507
東京高判平 26・4・23 労経速 2214 号 3 頁（K 社事件）……………………………499, 530
東京高判平 26・6・5 労経速 2223 号 3 頁（日本航空（運航乗務員）事件〔控訴審〕）………201, 205
東京高判平 26・6・12 判時 2294 号 102 頁（石川タクシー富士宮ほか事件）………………230
仙台高判平 26・6・27 労判 1110 号 26 頁（岡山貨物運送事件）……………………………528
大阪高決平 26・7・8 判時 2252 号 107 頁……………………………………………………19
大阪高判平 26・7・18 労判 1104 号 71 頁（医療法人稲門会事件）…………………………470
広島高判平 26・9・24 労判 1114 号 76 頁（三菱重工業（下関造船所・じん肺）事件）……528
東京高判平 27・1・28 労経速 2284 号 7 頁（サントリーホールディングス事件）…………503
東京高判平 27・2・26 労判 1117 号 5 頁（ティー・エム・イー事件）………………………532
名古屋高判平 27・2・27 労経速 2253 号 10 頁（S 社（障害者）事件）……………………49

東京高判平 27・3・26 労判 1121 号 52 頁（いすゞ自動車事件〔控訴審〕）……………………294
仙台高判平 27・4・22 労判 1123 号 48 頁（七十七銀行（女川支店）事件）……………528, 532
広島高松江支判平 27・5・27 労判 1130 号 33 頁（学校法人矢谷学園ほか事件）……………106
東京高判平 27・6・24 労判 1132 号 51 頁（A 農協事件）………………………………………113
東京高判平 27・6・24 労経速 2255 号 24 頁（日本レストランエンタプライズ事件）………113
東京高判平 27・7・16 労判 1132 号 82 頁（国際自動車事件〔原審〕）………………………368
大阪高判平 27・9・11 労判 1130 号 22 頁（NHK 神戸放送局（地域スタッフ）事件）……27, 31
大阪高判平 27・9・29 労判 1126 号 18 頁（ANA 大阪空港事件）……………………………………9
広島高判平 27・10・22 労判 1131 号 5 頁（広島中央労基署長（中国新聞システム開発）事件）……503
高松高判平 27・10・30 労判 1133 号 47 頁（四国化工機ほか 1 社事件）……………………532
東京高判平 27・11・11 労判 1129 号 5 頁（DNP ファインオプトロニクスほか事件）……44, 47, 162
広島高判平 27・11・17 労判 1127 号 5 頁（広島中央保健生協（C 生協病院）事件〔差戻審〕）…76, 464
東京高判平 27・12・3 労判 1134 号 5 頁（市進事件）…………………………………………115
福岡高判平 28・2・9 労判 1143 号 67 頁（サカキ運輸ほか事件〔控訴審〕）…………………232
大阪高判平 28・3・24 労判 1126 号 58 頁（日本航空（客室乗務員）事件〔控訴審〕）……207
東京高判平 28・4・28 労経速 2284 号 3 頁（中央労基署長事件〔2 審〕）……………………488
東京高判平 28・5・19 判例集未登載（学校法人関東学院事件）………………………………503
大阪高判平 28・7・13 労経速 2294 号 3 頁（国立大学法人京都大学事件）…………………429
名古屋高判平 28・7・20 労判 1157 号 63 頁（イビデン事件〔2 審〕）……………………36, 243
大阪高判平 28・7・29 労判 1154 号 67 頁（NHK 堺営業センター事件）………………………27
東京高判平 28・9・1 労判 1151 号 27 頁（三田労基署長（シー・ヴイ・エス・ベイエリア）事件）
　……………………………………………………………………………………………………502
東京高判平 28・9・12 労判 1147 号 50 頁（学校法人専修大学事件〔差戻審〕）……193, 506
名古屋高判平 28・9・28 労判 1146 号 22 頁（トヨタ自動車ほか事件）…………………218, 220
福岡高判平 28・10・14 労判 1155 号 37 頁（広告代理店 A 社事件）…………………………222
大阪高判平 28・10・26 判時 2333 号 110 頁（Y 社事件）………………………………………421
東京高判平 28・11・2 労判 1144 号 16 頁（長澤運輸事件〔2 審〕）…………………………127
東京高判平 28・11・24 労判 1158 号 140 頁（ネギシ事件）……………………………………78
東京高判平 28・11・24 労判 1153 号 5 頁（山梨県民信用組合事件〔差戻審〕）……………423
東京高判平 28・12・7 判時 2369 号 61 頁（学校法人 Y 事件）…………………………………450
東京高判平 29・2・1 労判 1186 号 11 頁（日本ケミカル事件〔原審〕）………………………372
広島高判平 29・9・6 労経速 2342 号 3 頁（医療法人 K 会事件）………………………………98, 99
福岡高判平 29・9・7 労判 1167 号 49 頁（九州惣菜事件）………………………………127, 220
名古屋高判平 29・11・30 労判 1175 号 26 頁（加野青果事件）………………………………503
東京高判平 30・1・18 労判 1177 号 75 頁（国際自動車（第 2）事件）………………………369
東京高判平 30・2・15 労判 1173 号 34 頁（国際自動車事件〔差戻審〕）……………………369
大阪高判平 30・4・19 労経速 2350 号 22 頁（国立大学法人 O 大学事件）…………………262

●地方裁判所

宮崎地判昭 26・1・30 労民集 3 巻 6 号 558 頁（宮崎農機事件）………………………………290
東京地判昭 34・6・20 労民集 10 巻 3 号 612 頁（萩野電機商会事件）…………………………14

名古屋地判昭37・2・12労民集13巻1号76頁（倉敷紡安城工場事件）……………………460
浦和地判昭40・12・16判時438号56頁（平仙レース事件）………………………………259
東京地判昭41・3・31労民集17巻2号368頁（日立電子事件）…………………………151
東京地判昭41・12・20労民集17巻6号1407頁（住友セメント事件）……………………68
東京地判昭44・5・31労民集20巻3号477頁（明治乳業事件）…………………………363
大阪地判昭44・12・26労民集20巻6号1806頁（日中旅行社事件）………………………54
大阪地判昭46・12・10労民集22巻6号1163頁（三井造船事件）…………………………68
津地上野支決昭47・11・10判時698号107頁（高北農機事件）…………………………248
東京地決昭47・12・13判時695号111頁（石川島播磨重工業（仮処分）事件）…………261
静岡地判昭48・3・23労民集24巻1＝2号96頁（浜松機関区事件）……………………393
横浜地判昭49・6・19労民集25巻3号277頁（日立製作所事件）…………………………50
秋田地判昭50・4・10労民集26巻2号388頁（秋田相互銀行事件）…………………66, 67, 68
徳島地判昭50・7・23労民集26巻4号580頁（船井電機（徳島船井電機）事件）………39
名古屋地判昭50・12・5労民集26巻6号1103頁（住友化学名古屋製造所事件〔1審〕）…337
長崎地大村支判昭50・12・24労判242号14頁（大村野上事件）…………………………202
東京地判昭52・3・30判時866号177頁（大島園事件）……………………………………307
福岡地判昭52・5・27労判278号21頁（福運倉庫事件）…………………………………370
東京地判平20・3・28労判965号43頁（PSD事件）………………………………………301
東京地決昭54・3・27労経速1010号25頁（アロマカラー事件）…………………………259
千葉地判昭56・5・25労判372号49頁（日立精機事件）…………………………………159
山口地宇部支判昭57・5・28労経速1123号19頁（両備運輸事件）………………………370
東京地判昭57・11・12労判398号18頁（岩崎通信機事件）…………………………261, 263
大津地判昭58・7・18労民集34巻3号508頁（森下製薬事件）……………………………83
大阪地判昭58・11・22労経速1188号3頁（平和運送事件）………………………………221
名古屋地判昭59・3・23労判439号64頁（ブラザー工業事件）…………………………136
大阪地判昭59・7・25労判451号64頁（日本高圧瓦斯工業事件）………………………303
長崎地判昭60・6・26労判456号7頁（三菱重工業事件）………………………………320
浦和地判昭61・5・30労判489号85頁（サロン・ド・リリー事件）………………………98
名古屋地判昭62・7・27労判505号66頁（大隈鉄工所事件）……………………………242
東京地判平元・11・28労判552号39頁（テレビ東京事件）…………………………………43
東京地判平2・3・27労判563号90頁（日鉄鉱業松尾採石所事件）………………………526
岐阜地判平2・4・23労判562号42頁（大垣労基署長事件）……………………………523
東京地判平2・5・18労判563号24頁（読売日本交響楽団事件）…………………………103
東京地判平2・7・4労判565号7頁（社会保険診療報酬支払基金事件）…………67, 69, 181
岡山地判平3・11・19労判613号70頁（岡山電気軌道事件）……………………………222
東京地決平4・1・31判時1416号130頁（三和機材事件）………………………………159
東京地決平4・2・6労判610号72頁（昭和女子大事件）…………………………224, 225
東京地判平4・8・27労判611号10頁（日ソ図書事件）……………………………66, 67, 68
東京地判平4・9・28労判617号31頁（吉村商会事件）…………………………………190
東京地判平5・6・11労判634号21頁（生協イーコープ・下馬生協事件）………………158
東京地八王子支判平6・5・25労判666号54頁（富国生命事件〔1審〕）……………255, 256

550

東京地判平 6・6・28 労判 655 号 17 頁（トヨタ工業事件）	303
東京地判平 6・11・15 労判 666 号 32 頁（小暮釦製作所事件）	305
東京地決平 7・4・13 労判 675 号 13 頁（スカンジナビア航空事件）	195
東京地決平 7・10・16 労判 690 号 75 頁（東京リーガルマインド事件）	265, 267
横浜地決平 7・11・8 労判 701 号 70 頁（学校法人徳心学園事件）	225
長野地上田支判平 8・3・15 労判 690 号 32 頁（丸子警器事件）	60, 119, 128
神戸地判平 8・4・26 労判 695 号 31 頁（加古川労基署長（神戸製鋼所）事件）	502
福井地決平 8・5・20 労判 703 号 103 頁（社会福祉法人岡保保育園事件）	215
東京地判平 8・10・29 労経速 1639 号 3 頁（カツデン事件）	308
東京地判平 8・11・27 労判 704 号 21 頁（芝信用金庫事件）	69, 181, 182
大阪地判平 8・12・25 労判 711 号 30 頁（日本コンベンションサービス事件）	303
佐賀地武雄支決平 9・3・28 労判 719 号 38 頁（センエイ事件）	43
京都地判平 9・4・17 労判 716 号 49 頁（京都セクハラ事件）	80
東京地判平 9・5・26 労判 717 号 14 頁（長谷工コーポレーション事件）	98
東京地判平 9・7・28 労判 724 号 30 頁（日本アイティーアイ事件）	370
東京地判平 9・8・1 労判 722 号 62 頁（ほるぷ事件）	329
東京地判平 9・8・26 労判 734 号 75 頁（ペンション経営研究所事件）	295
東京地判平 9・10・24 労経速 1674 号 22 頁（新光ランド事件）	303
東京地判平 9・11・18 労判 728 号 36 頁（医療法人財団東京厚生会事件）	183
大阪地判平 9・11・26 労判 729 号 31 頁（大阪中央労基署長事件）	515
東京地判平 9・12・1 労判 729 号 26 頁（国際協力事業団事件）	393
福岡地小倉支決平 9・12・25 労判 732 号 53 頁（株式会社東谷山家事件）	447
東京地決平 10・2・6 労判 735 号 47 頁（平和自動車交通事件）	453
東京地判平 10・2・26 労判 737 号 51 頁（JR 東海事件）	294
大阪地判平 10・4・13 労判 744 号 54 頁（幸福銀行事件）	299
東京地判平 10・5・27 労判 739 号 65 頁（中央労基署長（松原工業所）事件）	518
大阪地決平 10・7・7 労判 747 号 50 頁（グリン製菓事件）	200, 229
大阪地判平 10・8・31 労判 751 号 38 頁（大阪労働衛生センター事件）	195
東京地八王子支判平 10・9・17 労判 752 号 37 頁（学校法人桐朋学園事件）	325
東京地判平 10・9・25 労判 746 号 7 頁（新日本証券事件）	98
大阪地判平 10・9・30 労判 748 号 80 頁（全日本空輸事件）	384
大阪地判平 10・10・30 労判 750 号 29 頁（丸一商店事件）	95, 96
東京地判平 11・1・19 労判 764 号 87 頁（エイバック事件）	277
東京地判平 11・1・22 労判 759 号 45 頁（日新火災海上保険事件）	135
大阪地判平 11・1・29 労判 760 号 61 頁（大器事件）	303
東京地判平 11・2・15 労判 760 号 46 頁（全日空事件）	262
東京地判平 11・2・23 労判 763 号 46 頁（東北ツアーズ協同組合事件）	301
東京地判平 11・4・20 労経速 1726 号 3 頁（東京新電機事件）	301
大阪地判平 11・5・31 労判 722 号 60 頁（千里山生活協同組合事件）	365
東京地判平 11・8・9 労判 767 号 22 頁（立川労基署長事件）	493
大阪地判平 11・10・18 労判 772 号 9 頁（全日空（退職強要）事件）	259, 260

大阪地判平 11・11・17 労判 786 号 56 頁（浅井運送事件）……………………………200
東京地判平 11・12・24 労経速 1753 号 3 頁（丸和證券事件）…………………………301
東京地決判平 12・1・21 労判 782 号 23 頁（ナショナル・ウエストミンスター銀行（第 3 次仮処分）事件）……………………………………………………………………………………203, 210
東京地判平 12・1・31 労判 785 号 45 頁（アーク証券事件）………………………149, 183
東京地決平 12・2・29 労判 784 号 50 頁（廣川書店事件）…………………………………207
東京地判平 12・3・17 労判 784 号 43 頁（エムディアイ事件）……………………………307
大阪地判平 12・5・12 労判 785 号 31 頁（大和銀行事件）…………………………………227
大阪地判平 12・6・30 労判 793 号 49 頁（わいわいランド事件〔1 審〕）………………130
東京地判平 12・8・7 労判 804 号 81 頁（ザ・スポーツコネクション事件）……………341
東京地判平 12・10・16 労判 798 号 9 頁（わかしお銀行事件）……………………………443
大阪地判平 12・11・20 労判 797 号 15 頁（商工中金事件）…………………………………69
横浜地判平 12・12・14 労判 802 号 27 頁（池貝事件）……………………………………294
東京地判平 12・12・18 労判 807 号 32 頁（東京貨物社事件）……………………………266
大阪地判平 12・12・20 労判 801 号 21 頁（幸福銀行（年金打切り）事件）……………299
東京地判平 13・3・26 労経速 1783 号 3 頁（独協学園事件）…………………………251, 252
大阪地判平 13・3・28 労判 807 号 10 頁（住友化学工業事件）………………………………67
広島地判平 13・5・30 労判 835 号 49 頁（JR 西日本事件〔1 審〕）………………………349
名古屋地判平 13・6・18 労判 814 号 64 頁（豊田労基署長（トヨタ自動車）事件）……501
水戸地龍ケ崎支判平 13・7・23 労判 813 号 32 頁（ネスレ日本事件〔仮処分決定〕）…453
東京地判平 13・7・25 労判 813 号 15 頁（黒川建設事件）……………………………………39
東京地判平 13・9・10 労経速 1791 号 18 頁（プラスエンジニアリング事件）……………222
東京地判平 13・11・9 労判 819 号 39 頁（アラビア石油事件）……………………………222
東京地判平 13・12・3 労判 826 号 76 頁（F 社 Z 事業部事件）……………………………253
東京地判平 14・2・20 労判 822 号 13 頁（野村證券（男女差別）事件）……………………69
東京地判平 14・3・25 労判 827 号 91 頁（日本経済新聞社事件）…………………………146
東京地判平 14・4・9 労判 829 号 56 頁（ソニー事件）………………………………226, 227
東京地判平 14・4・16 労判 827 号 40 頁（野村證券（留学費用返還請求）事件）…………98
東京地判平 14・4・24 労判 828 号 22 頁（岡田運送事件）……………………………192, 256
名古屋地判平 14・5・29 労判 835 号 67 頁（山昌事件）……………………………………274
東京地決平 14・6・20 労判 830 号 13 頁（S 社（性同一性障害者解雇）事件）……………447
大阪地判平 14・7・19 労判 833 号 22 頁（光和商事事件）…………………………………278
東京地判平 14・8・9 労判 836 号 94 頁（オープンタイドジャパン事件）…………………136
東京地判平 14・8・30 労判 838 号 32 頁（ダイオーズサービシーズ事件）………………270
大阪地岸和田支決平 14・9・13 労判 837 号 19 頁（佐野第一交通事件）…………………414
東京地判平 14・10・22 労判 838 号 15 頁（ヒロセ電機事件）………………………………193
大阪地判平 14・11・1 労判 840 号 32 頁（和幸会事件）………………………………………98
福島地郡山支判平 14・11・7 労判 844 号 45 頁（NTT 東日本（配転請求等）事件）……142
東京地判平 14・12・25 労判 845 号 33 頁（日本大学事件）……………………………………9
神戸地判平 15・2・12 労判 853 号 80 頁（コープこうべ事件）……………………………308
東京地判平 15・3・31 労判 849 号 75 頁（日本ポラロイド事件）………………82, 97, 99

東京地判平 15・5・6 労判 857 号 64 頁（東京貨物社事件）・・・・・・・・・・・・・・・・・・・・・303
東京地判平 15・5・23 労判 854 号 30 頁（山九事件）・・・・・・・・・・・・・・・・・・・・・・・・・・・262
東京地判平 15・6・20 労判 854 号 5 頁（B 金融公庫事件）・・・・・・・・・・・・・・・・・・・・・92
東京地判平 15・7・25 労判 862 号 58 頁（パワーテクノロジー事件）・・・・・・・・・・・・440
東京地判平 15・8・27 労判 865 号 47 頁（ゼネラル・セミコンダクター・ジャパン事件）・・・・・・・・・202
東京地判平 15・9・17 労判 858 号 57 頁（メリルリンチ・インベストメント・マネージャーズ事件）
　　・・269
東京地判平 15・10・29 労判 867 号 46 頁（N 興業事件）・・・・・・・・・・・・・・・・・・・・・242
東京地判平 15・10・31 労判 862 号 24 頁（日欧産業協力センター事件）・・・・・・・・・470
東京地判平 15・12・1 労判 868 号 36 頁（東日本旅客鉄道事件）・・・・・・・・・・・・・・・251
東京地判平 15・12・12 労判 870 号 42 頁（株式会社 G 事件）・・・・・・・・・・・・・・・・・242
東京地判平 15・12・19 労判 873 号 73 頁（タイカン事件）・・・・・・・・・・・・・・・・・・・・106
神戸地判平 16・2・27 労判 874 号 40 頁（マンナ運輸事件）・・・・・・・・・・・・・・・・・・149
東京地判平 16・3・26 労判 876 号 56 頁（独立行政法人 N 社事件）・・・・・・・・・・・259
東京地判平 16・3・31 労判 873 号 33 頁（エーシーニールセン・コーポレーション事件）・・・・・・・232
福岡地小倉支判平 16・5・11 労判 879 号 71 頁（安川電機八幡工場事件）・・・・・117
大阪地判平 16・6・9 労判 878 号 20 頁（パソナ・ヨドバシカメラ事件）・・・・・・・131, 134
東京地八王子支判平 16・6・28 労判 879 号 50 頁（青梅市事件）・・・・・・・・・323, 370
鹿児島地判平 16・10・21 労判 884 号 30 頁（牛根漁業協同組合事件）・・・・・・・・217
大阪地判平 17・1・13 労判 893 号 150 頁（近畿コカ・コーラボトリング事件）・・・・・115
静岡地判平 17・1・18 労判 893 号 135 頁（静岡第一テレビ事件）・・・・・・・・・・・・・440
東京地判平 17・1・28 労判 890 号 5 頁（宣伝会議事件）・・・・・・・・・・・・・・・・・・・・133
名古屋地判平 17・2・23 労判 892 号 42 頁（山田紡績事件）・・・・・・・・・・・・・・・・・200
大阪地判平 17・3・11 労判 898 号 77 頁（互光建物管理事件）・・・・・・・・・・・323, 337
東京地判平 17・3・29 労判 897 号 81 頁（ジャパンタイムズ事件）・・・・・・・・・・・・・・50
大阪地判平 17・3・30 労判 892 号 5 頁（ネスレコンフェクショナリー関西支店事件）・・・・・104
神戸地姫路支判平 17・5・9 労判 895 号 5 頁（ネスレジャパンホールディング事件）・・・・・474
神戸地明石支判平 17・7・22 労判 901 号 21 頁（ナブテスコ事件）・・・・・・・・・・・・・43
京都地判平 17・7・27 労判 900 号 13 頁（洛陽総合学院事件）・・・・・・・・・・・・・・・301
大坂地判平 17・9・9 労判 906 号 60 頁（ユタカ精工事件）・・・・・・・・・・・・・・・・・・・96
東京地判平 17・10・19 労判 905 号 5 頁（モルガン・スタンレー・ジャパン事件）・・・・・373, 374
仙台地決平 17・12・15 労判 915 号 152 頁（三陸ハーネス事件）・・・・・・・・200, 229
大阪地判平 18・1・6 労判 913 号 49 頁（三都企画建設事件）・・・・・・・・・・・・・・・180
東京地判平 18・1・27 労経速 1933 号 15 頁（フジスタッフ事件）・・・・・・・・・・・・・・136
東京地判平 18・2・3 労判 916 号 64 頁（新日本管財事件）・・・・・・・・・・・・・・・・・・323
京都地判平 18・4・13 労判 917 号 59 頁（近畿建設協会（雇止め）事件）・・・・・・・114
東京地判平 18・4・25 労判 924 号 112 頁（日本曹達事件）・・・・・・・・・・・・・・・・・・49
東京地判平 18・8・30 労判 925 号 80 頁（アンダーソンテクノロジー事件）・・・・・・・34
東京地判平 18・9・29 労判 930 号 56 頁（明治ドレスナー・アセットマネジメント事件）・・・・・183
東京地判平 19・3・26 労判 941 号 33 頁（東京海上日動火災保険事件）・・・・・・146
東京地判平 19・4・24 労判 942 号 39 頁（ヤマダ電機事件）・・・・・・・・・・・・・・・・・・97

大阪地判平19・4・26労判941号5頁（パナソニックプラズマディスプレイ（パスコ）事件
　〔第一審〕）……………………………………………………………………174
長野地松本支判平29・5・17労判1179号63頁（A社長野販売ほか事件）…………301
横浜地判平19・5・29労判942号5頁（日本アイ・ビー・エム事件〔1審〕）………239
東京地判平19・6・15労判944号42頁（山本デザイン事務所事件）………………337
大阪地判平19・6・21労判947号44頁（御山通商ほか1社事件）……………………274
東京地判平19・10・15労判950号5頁（静岡労基署長（日研化学）事件）…………503
札幌地判平19・12・3労旬1686号38頁（富士火災海上保険事件）…………………274
東京地判平20・1・9労判954号5頁（富士火災海上保険事件）……………………282
大阪地判平20・1・11労判957号5頁（丸栄西野事件）………………………………345
大阪地判平20・1・25労判960号49頁（キヤノンソフト情報システム事件）………260
東京地判平20・1・25労判961号56頁（日本構造技術事件）………………………279
東京地判平20・1・28労判953号10頁（日本マクナルド事件）………………………13
大阪地判平20・3・6労判968号105頁（住之江A病院事件）……………………384, 393
横浜地判平20・3・27労判1000号17頁（ことぶき事件）……………………………269
福岡地判平20・5・15労判989号50頁（河合塾事件）…………………………………30
東京地判平20・6・4労判973号67頁（コンドル馬込交通事件）………………………99
東京地判平20・6・10労判972号51頁（第一化成事件）……………………………192
京都地判平20・7・9労判973号52頁（京都市女性協会事件）………………………60
神戸地尼崎支判平20・7・29労判976号74頁（名神タクシー事件）…………………529
東京地判平20・9・9労経速2025号21頁（浜野マネキン紹介所事件）………………179
大阪地判平20・9・17労判976号60頁（新生ビルテクノ事）…………………………323
東京地判平20・9・30労判977号74頁（ゲートウエイ21事件）……………………343
神戸地尼崎支判平20・10・14労判974号25頁（報徳学園事件）……………………115
東京地判平20・11・18労判980号56頁（トータルサービス事件）…………………270
仙台地判平20・12・24労経速2078号11頁（小野リース事件〔1審〕）……………190
東京地判平20・12・25労判981号63頁（立教女学院事件）…………………………115
大阪地判平21・1・15労判979号16頁（昭和観光事件）………………………………37
東京地判平21・1・30労判980号18頁（ニュース証券事件）……………………190, 295
東京地判平21・2・16労判983号51頁（日本インシュアランスサービス事件）…321, 330
東京地判平21・3・9労判981号21頁（東和システム事件）…………………………343
大阪地判平21・3・19労判989号80頁（協愛事件）……………………………………422
大阪地判平21・3・30労判987号60頁（ピアス事件）……………………………265, 303
福岡地小倉支判平21・6・11労判989号20頁（ワイケーサービス（九州定温輸送）事件）……230
大阪地決平21・10・23労判1000号50頁（モリクロ事件）…………………………267
東京地判平21・10・28労判997号55頁（キャンシステム事件）……………………405
東京地判平21・11・4労判1001号48頁（UBSセキュリティーズ・ジャパン事件）…306
東京地判平21・11・9労判1005号25頁（三田エンジニアリング事件）……………266
宇都宮地栃木支決平21・11・26労経速2074号39頁（渡邉金属運輸（仮処分申立て）事件）……202
東京地判平21・12・10労判1000号35頁（日本言語研究所ほか事件）……………232
甲府地判平22・1・12労判1001号19頁（国・甲府労基署長事件）……………………24

判決	頁
熊本地判平22・1・29 労判1002号34頁（スキールほか事件）	285
東京地判平22・2・2 労判1005号60頁（東京シーエスピー事件）	321
京都地判平22・3・23 労経速2072号3頁（日本電信電話ほか事件）	44, 47
東京地判平22・3・24 労判1008号35頁（J学園事件）	193
札幌地判平22・3・30 労判1007号26頁（日本ニューホランド（再雇用拒否）事件）	95
東京地判平22・3・30 労判1010号51頁（ドコモ・サービス事件）	196, 197
東京地判平22・4・13 判タ1356号166頁（JALメンテナンスサービス事件）	9
東京地判平22・4・28 労判1010号25頁（ソクハイ事件）	30
京都地判平22・5・27 労判1010号11頁（園部労基署長（障害等級男女差）事件）	517
札幌地判平22・6・3 労判1012号43頁（ウップスほか事件）	90
福島地判平22・6・29 労判1013号54頁（福島県福祉事業協会事件）	195
東京地判平22・7・2 労判1011号5頁（阪急トラベルサポート事件②〔1審〕）	331
奈良地判平22・8・26 労判1085号11頁（地公災基金奈良県支部長（県立三室病院）事件）	520
東京地判平22・9・29 労判1015号5頁（阪急トラベルサポート事件③〔1審〕）	330, 331
大阪地判平22・10・27 労判1021号39頁（レイズ事件）	329
東京地判平22・11・10 労判1019号13頁（メッセ事件）	444
岡山地判平23・1・21 労判1025号47頁（学校法人関西学園事件）	323, 348
東京地判平23・1・28 労判1029号59頁（学校法人田中千代学園事件）	447
東京地判平23・2・9 判タ1366号177頁（在日米軍従業員事件）	259
神戸地姫路支判平23・2・28 労判1026号64頁（マツダ事件）	532
東京地判平23・3・3 労経速2105号24頁（三菱スペース・ソフトウエア事件）	34
東京地判平23・3・17 労判1027号27頁（コナミデジタルエンタテインメント事件〔1審〕）	184
東京地判平23・3・30 労判1028号5頁（富士ゼロックス事件）	224, 225
東京地判平23・4・18 労判1031号16頁（足立労基署長（クオーク）事件）	489, 499
東京地判平23・5・17 労判1033号42頁（技術翻訳事件）	278, 279, 301
東京地判平23・5・30 労判1033号5頁（エコスタッフ・エムズワーカース事件）	200
東京地立川支判平23・5・31 労判1030号5頁（九九プラス事件）	344
東京地判平23・6・15 労経速2119号3頁（長谷工ライブネット事件）	156
東京地判平23・9・9 労判1038号53頁（十象舎事件）	321, 323
東京地判平23・9・21 労経速2126号14頁（郵便事業株式会社・ゆうちょ銀行事件）	453
東京地判平23・10・25 労判1041号62頁（スタジオツインク事件）	344
名古屋地判平23・11・2 労判1040号5頁（三菱電機ほか事件〔1審〕）	47
東京地判平23・11・16 労経速2131号27頁（ケン・コーポレーション事件）	131
大分地判平23・11・30 労判1043号54頁（中央タクシー事件）	286
東京地判平23・12・6 労判1044号21頁（デーバー加工サービス事件）	50, 285
東京地判平23・12・27 労判1044号5頁（HSBCサービシーズ・ジャパン・リミテッド事件）	339, 345
東京地判平24・1・23 労判1047号74頁（クレディ・スイス証券事件）	255
東京地判平24・2・27 労判1048号72頁（NEXX事件）	277, 280
東京地判平24・2・29 労判1048号9頁（日本通信事件）	202
京都地判平24・3・29 労判1053号38頁（立命館事件）	10, 305, 307

東京地判平 24・3・29 労判 1055 号 58 頁（日本航空（運航乗務員）事件）……………201, 203, 205, 209
横浜地判平 24・3・29 労判 1056 号 81 頁（シーテック事件）…………………………………189, 205
東京地判平 24・3・30 労経速 2143 号 3 頁（日本航空（客室乗務員）事件）………………201, 205
神戸地尼崎支決平 24・4・9 労判 1054 号 38 頁（阪神バス事件）………………………………49
東京地判平 24・4・10 労判 1055 号 8 頁（リーマン・ブラザーズ証券事件）……281, 284, 308
大阪地判平 24・4・13 労判 1053 号 24 頁（医療法人健進会事件）…………………255, 257, 258
東京地判平 24・4・16 判タ 1405 号 206 頁（いすゞ自動車事件）………………………………294
京都地判平 24・4・17 労判 1058 号 69 頁（セントラルスポーツ事件）………………………344
東京地判平 24・5・31 労判 1051 号 5 頁（学校法人 V 大学事件）………………………………249
大阪地岸和田支決平 24・6・21 判例集未登載（医療法人 F 事件）………………………………444
鳥取地判平 24・7・6 労判 1058 号 39 頁（鳥取労基署長（富国生命）事件）………………503
京都地判平 24・7・13 労判 1058 号 21 頁（マンナ運輸事件）…………………………………264
東京地判平 24・7・17 労判 1057 号 38 頁（コアズ事件）………………………………………189
東京地判平 24・7・27 労判 1059 号 26 頁（ロア・アドバタイジング事件）………321, 322, 369
東京地判平 24・8・23 労判 1061 号 28 頁（ライトスタッフ事件）……………………………295
東京地判平 24・8・31 労判 1059 号 5 頁（日本精工（外国人派遣労働者）事件）…………174
東京地判平 24・9・4 労判 1063 号 65 頁（ワークフロンティア事件）…………………………373
東京地判平 24・9・28 労判 1062 号 5 頁（学校法人専修大学事件〔1 審〕）…………………487
神戸地姫路支判平 24・10・29 労判 1066 号 28 頁（兵庫県商工会連合会事件）………………228
東京地判平 24・11・14 労判 1066 号 5 頁（スカイマークほか 2 社事件）………………23, 156
東京地判平 24・11・15 労判 1079 号 128 頁（国・中労委（ソクハイ）事件）……………27, 31
大阪地判平 24・11・16 労判 1068 号 72 頁（医療法人清恵会事件）……………………………114
東京地判平 24・11・28 労判 1069 号 63 頁（横浜西労基署長（ヨコハマズボルタ）事件）……501, 502
東京地判平 24・12・5 労判 1068 号 32 頁（トルコ航空ほか 1 社事件）……………………178, 179
東京地判平 24・12・25 労判 1068 号 5 頁（第一興商事件）…………………………………259, 260
東京地判平 24・12・27 労判 1069 号 21 頁（ブロッズ事件）………………………………306, 325
東京地判平 24・12・28 労経速 2175 号 3 頁（X 社事件）…………………………130, 132, 133
東京地判平 25・1・31 労経速 2180 号 3 頁（リーディング証券事件）……………………105, 137
東京地判平 25・1・31 労経速 2185 号 3 頁（伊藤忠商事事件）……………………………259, 260
東京地立川支判平 25・2・13 労判 1074 号 62 頁（福生ふれあいの友事件）………………87, 24
神戸地判平 25・2・27 労判 1072 号 20 頁（東亜外業（本訴）事件）………………………207, 209
東京地判平 25・2・28 労判 1074 号 47 頁（イーライフ事件）………………………………264, 372
東京地判平 25・3・8 判判 1075 号 77 頁（J 社ほか 1 社事件）……………………………………28
山口地判平 25・3・13 労判 1070 号 6 頁（マツダ防府工場事件）……………………………45, 47
東京地判平 25・3・25 労判 1079 号 152 頁（日本相撲協会事件）…………………………………28
福岡地判平 25・4・22 労経速 2208 号 15 頁（F 大学事件〔1 審〕）………………………498, 507
大阪地判平 25・6・21 労判 1081 号 19 頁（乙山商会事件）……………………………………192
東京地判平 25・9・11 労判 1085 号 60 頁（医療法人衣明会事件）………………………………24
旭川地判平 25・9・17 判時 2213 号 125 頁……………………………………………………………223
東京地判平 25・9・26 労判 1123 号 91 頁（ソクハイ（契約更新拒絶）事件）………………31, 31
東京地判平 25・10・24 労判 1084 号 5 頁（東陽ガス事件）………………………………31, 87, 274

東京地判平25・11・12労判1085号19頁（リコー（子会社出向）事件）	152, 154, 228, 229
大分地判平25・12・10労判1090号44頁（ニヤクコーポレーション事件）	57, 58, 59
熊本地判平26・1・24労判1092号62頁（熊本信用金庫事件）	422
京都地判平26・2・27労判1092号6頁（エム・シー・アンド・ピー事件）	227, 228
東京地判平26・3・24労経速2209号9頁（八重山労基署長事件）	514
東京地判平26・4・4労判1094号5頁（DIPS（旧アクティリンク）事件）	369, 370
さいたま地判平26・4・22労経速2209号15頁（X学園事件）	21
神戸地尼崎支判平26・4・22労判1096号44頁（阪神バス（本訴）事件）	235
東京地判平26・4・23労経速2219号3頁（日本S社事件）	173
東京地判平26・5・13労経速2220号3頁（日本テレビ放送網事件）	258
鳥取地米子支判平26・5・26労判1099号5頁（公立八鹿病院組合ほか事件）	528, 532
東京地判平26・8・13労経速2237号24頁（N社事件）	91
東京地判平26・8・26労判1103号86頁（泉レストラン事件）	372
大阪地判平26・10・10労判1111号17頁（WILLEREXPRESS西日本事件）	249, 439, 453
東京地判平26・11・26労判1112号47頁（アメックス事件）	261
東京地判平26・12・24労経速2238号3頁（X大学事件）	242
東京地判平27・1・14労経速2242号3頁（甲社事件）	448
大阪地判平27・1・28労判2282号121頁（日本航空（客室乗務員）事件）	201
東京地判平27・2・18労経速2245号3頁（出水商事事件）	384
東京地判平27・2・27労経速2240号13頁（甲総合研究所取締役事件）	37
東京地判平27・3・13労判1128号84頁（出水商事事件）	295, 471
東京地判平27・3・27労経速2251号12頁（アンシス・ジャパン事件）	243, 244
横浜地判平27・4・23労判1168号61頁（医療法人社団康心会事件〔1審〕）	373
大阪地判平27・4・24労判1123号133頁（大和証券ほか1社事件）	227
東京地判平27・5・28労経速2254号3頁（日本ヒューレット・パッカード（休職期間満了）事件）	260
長崎地判平27・6・16労判1121号20頁（サカキ運輸ほか事件）	232
東京地判平27・6・23労経速2258号3頁（横町ビルヂング事件）	301
宇都宮地判平27・6・24労経速2256号3頁（ホンダエンジニアリング事件）	452
東京地判平27・7・17労判1153号43頁（日本郵便（期間雇用社員ら・雇止め）事件）	115
東京地判平27・7・29労判1124号5頁（日本電気事件）	243
東京地判平27・7・31労判1121号5頁（シャノアール事件）	113
東京地判平27・8・28労判1146号52頁（中央労基署長事件〔1審〕）	488
東京地判平27・9・8労判1135号86頁（宮城交通事件）	394
東京地判平27・10・2労判1138号57頁（社会福祉法人全国重症心身障害児（者）を守る会事件）	471
鳥取地判平27・10・16労判1128号32頁（三洋電機事件）	113
福岡地判平27・11・11判時2312号114頁（乙神社事件）	13, 28
さいたま地判平27・11・27判時2291号129頁（新生銀行事件）	277
東京地判平27・12・11判時2310号139頁（Y社事件）	349
東京地判平27・12・22労経速2271号23頁（税理士事務所事件）	221

大分地中津支判平 28・1・12 労判 1138 号 19 頁（中津市（特別職職員・年休）事件）……………378
東京地判平 28・1・15 労経速 2276 号 12 頁（第一紙業事件）……………………………266, 303
東京地判平 28・2・26 労判 1136 号 32 頁（野村證券事件）………………………………………190
東京地判平 28・3・16 労判 1141 号 37 頁（ネットワークインフォメーションセンターほか事件）…156
東京地判平 28・3・25 判タ 1431 号 202 頁（Y 社事件）……………………………………………28
福井地判平 28・3・30 判時 2298 号 132 頁（A 信用金庫事件）…………………………………448
東京地判平 28・3・31 判タ 1438 号 164 頁（X 社事件）……………………………………28, 103
京都地判平 28・4・12 労判 1139 号 5 頁（仁和寺事件）……………………………………………343
福岡地小倉支判平 28・4・19 労判 1140 号 39 頁（ツクイほか事件）………………81, 465, 528
東京地判平 28・5・13 労判 1135 号 11 頁（長澤運輸事件〔1 審〕）…………………………120, 126
東京地判平 28・5・30 労判 1149 号 72 頁（無洲事件）……………………………………………358
東京地判平 28・5・31 労経速 2288 号 3 頁（ファイザー事件）……………………………………427
東京地判平 28・10・7 判判 1155 号 54 頁（日立コンサルティング事件）………………………336
東京地判平 28・10・14 労判 1157 号 59 頁（日本興和事件）……………………………………13
東京地判平 28・11・16 労経速 2299 号 12 頁（ディーコープ事件）………………………………442
東京地判平 29・1・31 労判 1176 号 65 頁（国・歳入徴収官神奈川労働局長（医療法人社団総生会）
　事件）…………………………………………………………………………………………………522
東京地判平 29・3・23 労判 1154 号 5 頁（メトロコマース事件）……………………………119, 126
東京地判平 29・3・29 労経速 2317 号 3 頁（エイボン・プロダクツ事件）………………………239
岡山地判平 29・3・29 労判 1164 号 54 頁（公立大学法人岡山県立大学事件）…………………448
京都地判平 29・3・30 労判 1164 号 44 頁（福祉事業者 A 苑事件）………………96, 279, 423
横浜地判平 29・3・30 労判 1159 号 5 頁（プロシード元従業員事件）………………………221, 222
千葉地判平 29・5・17 労判 1161 号 5 頁（イオンディライトセキュリティ事件）…………………323
東京地判平 29・7・6 判時 2351 号 99 頁（学校法人 Y 大学事件）………………………………300
東京地判平 29・9・11 労判 1180 号 56 頁（日本郵便（休職）事件）……………………………126
東京地判平 29・9・14 労判 1164 号 5 頁（日本郵便（東京）事件）…………………………123, 128
京都地判平 29・9・20 労判 1167 号 34 頁（京都市立浴場運営財団ほか事件）…………57, 58, 59
大阪地判平 29・9・25 判タ 1447 号 129 頁（国立大学法人 O 大学事件）………………………410
東京地判平 29・10・6 労経速 2335 号 3 頁（コナミスポーツクラブ事件）………………………344
大阪地判平 30・1・24 労判 1175 号 5 頁（学校法人大阪医科薬科大学（旧大阪医科大学）事件）…124

事項索引

*〔 〕で括ったイタリック体はコラムの箇所，ページ数のゴシック体は重要箇所であることを示す

あ 行

安全衛生 …………………………………476
安全衛生管理体制 ………………………478
安全衛生教育 ……………………………481
安全配慮義務 ………………………525, 526
　〔――の履行請求（525）〕
　〔派遣元の――（529）〕
　〔残業の放置による――違反（358）〕
　〔労働者（上司）個人の不法行為責任（528）〕
育児休業 …………………………………469
　〔――，育児短時間勤務と不利益取扱い（470）〕
育児休業，介護休業等育児又は家族介護を行
　う労働者の福祉に関する法律（育介法）
　……………………………………6, 468
　　勤務時間の短縮等の措置 ……………473
　　時間外労働・深夜業の制限 …………473
　　転勤等への配慮 ……………………473
育児時間 …………………………………466
遺族補償 …………………………………517
一時帰休（帰休制）…………………293, 294
一斉休暇闘争 ……………………………391
一定期日払いの原則 ……………………284
請　負　→業務（処理）請負
打切補償 …………………………………518
営業秘密（不正競争防止法の）…………266
延長時間の限度（限度時間）…………358, 362
　　――についての基準等（限度基準）………362
　　特別条項 ……………………………358
　〔労使協定の効力（363）〕
応　援 ……………………………………150
親会社 ……………………………………37

か 行

海外出張 …………………………………488
海外派遣者 ………………………………488
　〔海外勤務者への労災保険の適用（488）〕
解　雇 ………………………………185～
　〔――か，退職かという争い（221）〕
　〔――事由の併存と解雇権濫用（194）〕
　〔――と不法行為（189）〕
　〔――の金銭解決（191）〕
　〔――無効と賃金支払義務（189）〕
　〔傷病を理由とする――（192）〕
　〔能力不足を理由とする――（193）〕
　〔違法――の効力（187）〕
　〔休職を経ずにされた――の効力（256）〕
介護休暇 …………………………………472
介護休業 …………………………………471
戒　告 ……………………………………437
外国人技能実習生　→技能実習生
外国人労働者 ………………………………50
　〔――の就労，労基法等の適用（50）〕
解雇権濫用法理 …………………………185, 186
解雇制限（労基法 19 条の）……………503
介護補償給付 ……………………………519
解雇予告 …………………………………211
解　散 …………………………………**39**, 229～
会社分割 …………………………………233
　　――と労働契約の承継 ……………233
　　労働協約の承継 ……………………236
会社分割に伴う労働契約の承継等に関する法
　律（労契承継法）　→労働契約承継法
解約（労働者による）　→任意退職
家事使用人 ……………………………24, 25, 478
合　併 ……………………………………230
家内労働者 ………………………………29, 32
仮眠時間 …………………………………322
過労死 ………………………………482, 495
　〔――防止の措置義務等（482）〕
過労自殺 …………………………………495
過労死等防止対策推進法 ………………483, 495

559

看護休暇（子の）……………………472
監視・断続労働 ……………………346
間接差別 ……………………49, 65, **71**, 74
監督機関 ………………………………14
管理監督者 …………………………343
企画業務型裁量労働制 ……………334
期間の定めのある労働契約　→有期労働契約
企業秩序を乱す行為をしない義務 ……241, 253
帰郷旅費（年少者の）………………457
帰郷旅費（労働条件相違時の）……………95
寄宿舎 …………………………………83
基準日（年休権付与の）……………377
偽装請負 ……………44, 112, 164, 166, 174
　〔職安法44条違反となる――（164）〕
偽装解散 …………………………39, 41
起訴休職 ……………………………261
　〔事故欠勤休職と――（263）〕
技能実習生 ……………………………51
技能実習制度 …………………………51
基本労働契約（出向元・出向労働者間の）…155
希望退職（の）募集 ……………227, 206
キャリア権 …………………………248
休　業 ………………………………289
　中間収入の償還・控除 ……………296
休業手当 ……………………………180
　――と賃金請求権との関係 ……292
　使用者の責に帰すべき事由（労基法26条の）
　　………………56, 180, **290**, 292, 294, 380
　〔争議不参加者の賃金，――請求権（291）〕
　〔労働不受領時の賃金請求権（294）〕
　〔労働不能時の労務提供の要否（294）〕
休業補償 ……………………………516
　〔休日等についての――（516）〕
休憩時間 ………………………319, **336**
　自由利用の原則 …………………337
休　日 ………………………………339
　法定―― ………………………339, 366
　法定外―― ……………………339, 366
　変形週休制，――の振替え ………340
　週休制の原則 ……………………339
　代　休 ……………………………340

休日労働 ……………………………365
休　職 ……………………………254～
求人票 …………………………………95
教育訓練（派遣先の）………………173
競業避止（義務）………………100, 264
　在職中の―― ……………………264
　退職後の―― ……………………265
強行的・補充的効力
　………………10, 103, 219, 285, 287, 414, 477
　〔任意法規である労働法の規定（11）〕
強制貯金の禁止 ……………………101
強制労働の禁止 ………………………81
業務外行為（私生活上の非行）……445
業務（処理）請負 ………………43, 162
　〔――と労働者派遣（162）〕
業務災害 …………………484, 486, **489**
　業務起因性 ………………………490
　業務上の災害 ……………………492
　業務上の疾病 ……………………494
　業務遂行性 ………………………490
　〔社外行事と業務遂行性（493）〕
　〔相当期間経過後に発症した脳・心臓疾患の業務起因性（499）〕
　〔労基法と労災法における「業務上」（489）〕
業務命令 ……………………………248
　〔――と懲戒処分（249）〕
　〔思想信条を制約する――等（249）〕
均衡待遇（パート労働者の）…………59
　〔――請求の可否（74）〕
　〔丸子警報器事件＝長野地上田支判平8.8.15の評価（60）〕
均等待遇 ……………54, 55, 56, 66, 71, 118
　通常労働者と同視すべきパート労働者の差別禁止 …………………………56
勤務間インターバル ………………318
　〔――の必要性（318）〕
勤務地限定社員 ……………………145
　〔職種・勤務地の限定について（146）〕
苦情申出（派遣労働者からの）……173
クーリング期間（空白期間）………108
訓　戒 ………………………………437

軽易業務の転換（妊産婦の）…76, 464, **465**, 471
計画年休………………………………388
　〔──と使用者の時季変更権（389）〕
傾向事業………………………………54
継続雇用制度（高年齢者の）…………217
　継続雇用拒否の適法性，継続雇用後の労働
　条件………………………………218
契約期間の制限………………………101
　〔上限を超える契約期間を定めた労働契約
　（103）〕
　〔不必要に短い契約期間としない配慮（104）〕
契約労働者……………………………35
経歴詐称………………………………443
結婚退職制……………………………68
減　給…………………………………438
健康確保措置（高度プロフェッショナル制度
　の）…………………………………345
健康診断………………………………481
　〔──の受診義務（482）〕
兼　業…………………………………263
　　兼　職……………………………263
　　副　業……………………………263
兼職禁止………………………………263
限度時間　→延長時間の限度
譴　責…………………………………437
合意解約…………………………221, 220
公益通報者保護法………………447, **449**
降　格……………………………182, 438
　職能資格の引下げである──………183
　懲戒処分としての──……………182, **438**
　役職・職位の引下げである──……182
　〔──・賃金減額をともなう配転（148）〕
降　給…………………………………232
公正評価義務…………………………244
拘束時間………………………………319
高度専門職のための労働時間規制の適用除外制
　度（高度プロフェッショナル制度）
　………………………………342, **345**
　休息時間……………………………346
　健康確保措置………………………345
　健康管理時間………………………345

〔新たな労働時間規定の適用除外（345）〕
坑内労働………………………319, 336, 458, 462
公民権行使の保障……………………82
高年齢者雇用確保措置………………217
高年齢者の雇用の安定等に関する法律（高年
　齢者雇用法）……………6, 127, 217, 218
国際裁判管轄…………………………23
　労働事件の──……………………23
国籍による差別的取扱い……………50
5条協議………………………………238
個人情報の保護に関する法律（個人情報保護
　法）…………………………………243
コース制（男女別の）…………………67
個別労働紛争…………………………15
個別労働関係紛争の解決の促進に関する法律
　（個別労働紛争解決法）…………6, 16
雇　用…………………………………8
　〔──規定と労契法の統合（87）〕
　〔民法の──と労働契約，2017（平29）
　年改正民法における──規定（8）〕
雇用の分野における男女の均等な機会及び待
　遇の確保等女子労働者の福祉の増進に関す
　る法律（均等法）　→男女雇用機会均等法

さ　行

災害補償………………………………485
　〔労災保険給付と労基法上の──の関係（487）〕
最低賃金………………………………286
　地域別──…………………………286
　特定──……………………………287
　〔無給時間と──（286）〕
最低賃金法（最賃法）…………………284
サイニングボーナス………………82, 97, 99
採　用　→雇入れ
採用内定………………………………129
　→「内定取消し」も見よ
　──と労働条件……………………134
　──の取消事由……………………130
　──の法的性質…………………129, 131
　〔「就労始期つき」か「効力始期つき」か（133）〕
採用内々定……………………………130

事項索引　561

〔内々定の取消しと契約締結過程における信義則（132）〕
在留資格 ……………………………………50
裁量労働の「みなし」時間制（裁量労働制） ……………………………………………332
　企画業務型裁量労働制 ……………334
　専門業務型裁量労働制 ……………332
　〔裁量労働制と労働者の同意（335）〕
サービス残業（賃金不払残業）…………357
　自発的―― ……………………………357
　賃金不払残業の解消を図るために講ずべき措置等に関する指針 ………357
三六協定　→時間外・休日労働協定
差　別…………………………………48～
　「社会的身分」による―― ………………51
　性別を理由とする――の禁止 …………71
　〔障害者――禁止：障害者雇用法34条・35条（49）〕
　〔年齢――への規制：労働施策推進法9条(48)〕
差別禁止（障害者雇用の）…………………92
差別禁止（パート労働法の）………………57
差別的取扱い …………………………………48
　――の禁止 …………………………………48
　「国籍」による―― ………………………50
　採用時の―― ………………………………52
　思想・信条による―― ……………………53
　女性に対する―― ……………………65，68
　性別による―― ……………………65，73，75
産業医 ………………………………………479
産前産後休業 …………………………71，463
　〔――と不利益取扱い（463）〕
　〔産後休業等を理由とする賞与不支給等の適法性（305）〕
時間外・休日・深夜労働に対する割増賃金 ……………………………………………365
時間外・休日労働（超過労働）…357，367
　労働者の――義務 ……………………362
　〔――条項の効力（365）〕
時間外・休日労働協定（三六協定）……360
　延長時間の限度 ………………358，362
　特別条項 …………………………………358

〔事業場の労使協定（360）〕
〔労使協定の効力（363）〕
時間外労働 ……………………………………365
　労働時間の適正な把握のために使用者が講ずべき措置に関する基準について ………357
　〔――の量的上限規制（358）〕
　〔長時間残業の放置による安全配慮義務違反（358）〕
時季指定権（労働者の）……………………382
時季変更権（使用者の）……………………383
　長期の休暇取得と―― ……………387
　事業の正常な運営を妨げる場合 …156，384
　〔計画年休と使用者の――（389）〕
　〔研修期間中の年休取得と――（385）〕
　〔退職前の年休取得と――（386）〕
支給日在籍要件（賞与の）…………………307
事業場外労働の「みなし」時間制 ………328
　業務の遂行に通常必要とされる時間 ……331
　労働時間を算定し難いとき …………329，330
事業譲渡 ……………………………………231
　〔――後の労働条件（232）〕
事業譲渡等指針 ……………………………232
事故欠勤休職 ………………………………261
私生活上の非行　→業務外行為
辞　職　→任意退職
思想調査 ………………………………………53
　〔――の適法性（53）〕
次世代育成支援対策推進法 ………………66
自宅待機 ……………………………………439
実労働時間 …………………………………319
児　童 ………………………………………457
社会的身分（労基法3条の）………………54
就業規則 ……………………………………396
　――の法的性質 ……………………397
　意見聴取義務 ……………………………406
　契約内容規律効（労働契約規律効） ……………………………………405，407
　（契約内容）補充効 ………405，407，408，411
　（契約内容）変更効 ……………………407
　作成・届出の義務 ……………………404
　最低基準効 ……………………………405，414

周知義務 …………………………………406
　〔――による労使慣行の変更（431）〕
　〔――の法的性質と「周知」（410）〕
　〔――変更に関する最高裁判例（416）〕
　〔届出・意見聴取をしていない――の効力（405）〕
　〔労働協約失効後の――の効力（413）〕
　〔「合意基準説」と「合理性基準説」（422）〕
　〔労契法 10 条の類推適用（421）〕
就職支度金 ………………………………97, 99
就労請求権 …………………………245, **247**
　労働契約関係と―― ……………………247
　〔不就労命令の無効確認（246）〕
出勤停止 …………………………………439
　〔業務命令による――（439）〕
出　向 ……………………………………150
　雇用調整策として行われる―― …………153
　〔――の期間と復帰等（157）〕
　〔――労働関係における権利義務の「配分」(156)〕
　〔退職勧奨に応じなかった者の配転・――（227）〕
　〔民法 625 条 1 項と――（153）〕
　〔実質的には配転である――など（153）〕
　〔労働者派遣と――の差異（162）〕
　〔企業外勤務の諸形態（150）〕
出向命令権 …………………………151, **153**
　――の存否 ………………………………151
　――の濫用 ………………………………154
出向労働契約（出向先・出向労働者間の）…155
出向労働者派遣契約（出向元・出向先間の）
　　　………………………………………156
出産退職制 ………………………………68
出入国管理及び難民認定法（入管法）………50
受動喫煙 …………………………………481
準拠法 ……………………………………25
　〔労働契約に関する――（25）〕
障害者 ……………………………………92
　〔――差別の禁止：障害者雇用法 34 条・
　　35 条（49）〕
　〔――への合理的配慮の提供義務（93）〕
　〔障害者雇用の法制（92）〕
障害者の雇用の促進等に関する法律（障害者
　雇用法）………………………5, 49, 92, 93

合理的配慮指針 …………………………92
障害者差別禁止指針 ……………………92
障害補償 …………………………………517
紹介予定派遣 ……………………………169
昇　格 ………………………………180, 437
　――請求権 …………………………69, 181
試用期間 …………………………………135
　試用労働関係の法的性質 ………………138
　本採用拒否 ……………………………52, **135**
　〔有期労働契約の――，――途中の解雇等（137）〕
　〔適性判断のための期間設定（138）〕
昇　級 ………………………………180, 437
昇　給 ……………………………………94
使用者 ……………………………………35
　――概念の拡張 …………………………36
　〔労組法 7 条の――（36）〕
　〔取締役等の労働者に対する責任（37）〕
使用者の利益を害する行為をしない義務
　　　…………………………………54, 264
使用従属関係 ………………………26, **29**, 43
昇　進 ……………………………………182
　――請求権 ……………………………182
傷病休職 …………………………………256
　〔休職事由の消滅・存続の主張立証責任(259)〕
　〔休職を経ずにされた解雇の効力（256）〕
傷病補償年金 ………………………518, 519
賞　与 ……………………………………304
　支給日在籍要件の効力 …………………307
　〔産後休業等を理由とする――不支給等の
　　適法性（305）〕
除外賃金 …………………………………369
職　位 ………………………………180, 182
職能資格制度 ………………………67, 180
職務専念義務 ……………………………252
職務等級制度 ……………………………181
職務発明 …………………………………244
　〔――に関わる権利（244）〕
女性の職業生活における活躍の推進に関する
　法律（女性活躍推進法）…………………66
所定労働時間 ……………………………317
自律的な労働時間制度 …………………358

人格的利益を尊重する義務 …………………242
人事考課（査定）………………………69, 180
真実解散…………………………………………39
深夜業 ……………………………………342, 458
　　——の規制（年少者）…………………458
深夜割増賃金 ……………………………………342
　〔適用除外者と——（342）〕
深夜労働 ……………………………………365, 366
ストック・オプション ………………………281
ストレスチェック ……………………………482
　〔——制度（483）〕
「正規雇用」労働者…………………………55, 57
清算期間（フレックスタイム制の）………354
誠実労働義務 …………………………………252
整理解雇 …………………………………199, 200
　〔——の意義（200）〕
整理解雇（の）法理 …………………………199
　　解雇回避努力 …………………………205
　　人員削減の必要性 ……………………204
　　人選の合理性 …………………………207
　　手続の相当性その他 …………………209
　〔倒産時の解雇と——（200）〕
　〔必要性判断の基準時（205）〕
生理日の休暇 …………………………………466
セクシュアル・ハラスメント ……65, 79, 242
　〔——と私法上の責任（79）〕
是正勧告…………………………………………15
全額払いの原則 ………………………………282
　〔調整年俸制と全額払原則（283）〕
　〔賃金控除協定の効力（282）〕
前借金相殺の禁止 ……………………………100
専門業務型裁量労働制 ………………………332
専門的知識等を有する有期雇用労働者等に関
　する特別措置法 …………………………107
早期退職（者）優遇 …………………………226
総合労働相談コーナー ………………………17
相　殺 …………………………………………283
葬祭料 ……………………………………517, 518
即時解雇（使用者による）………………105, 211
即時解除（労働者による）……………………95
損害賠償予定の禁止 …………………………96

〔修学・研修の費用返還に関する裁判例の
　考え方（97）〕

た 行

大学の教員等の任期に関する法律 ……102, 107
代　休　→「休日」を見よ
退　職 …………………………………………220
　　——意思表示の撤回 ……………222, 223
　　——における意思の不存在・瑕疵 …224, 225
　〔——期間の定めの効力（222）〕
　〔解雇か，——かという争い（221）〕
退職勧奨 …………………………………226, 227
　〔——に応じなかった者の配転・出向（227）〕
退職金（退職手当）……………………………298
　　——の不支給・減額 ……………267, 301
　〔自社年金の廃止・減額（299）〕
退職願 …………………………………………222
短時間労働者　→パート労働者
短時間労働者及び有期雇用労働者の雇用管理
　の改善等に関する法律　→パート・有期雇
　用労働法
短時間労働者の雇用管理の改善等に関する法
　律　→パート労働法
男女共同参画社会基本法………………………66
男女雇用機会均等法（均等法） ………5, 65, 70
男女同一賃金の原則……………………………66
　〔「世帯主」条項の効力（66）〕
男女別定年制……………………………………68
断続的労働　→監視・断続労働
団体交渉 ………………………………………346
治　癒 …………………………………………258
中間搾取の排除…………………………………82
懲戒解雇 …………………………………191, 440
　　——の普通解雇への転換 ………………192
　〔——と損害賠償（440）〕
　〔諭旨解雇（440）〕
懲戒権 …………………………………………433
　　——の根拠 ………………………433, 435
　　——の濫用 ………………………………451
　　　相当性の原則 ………………………451
　　　適正手続の原則 ……………………452

平等取扱いの原則 ……………………452
　　不遡及の原則 …………………………452
　　〔──の根拠についての諸見解（434）〕
　　〔長期間経過後の懲戒処分（453）〕
　　〔適正手続を欠く懲戒処分（452）〕
　　〔「二重処分」の違法性（453）〕
懲戒処分 ……………………………………433
　　〔業務命令と──（249）〕
　　〔無断欠勤を理由とする──（442）〕
　　〔懲戒以外の制裁的措置（437）〕
　　〔懲戒事由としてのハラスメント（441）〕
超過労働　→時間外・休日労働
調整的相殺 …………………………………310
調停（労働審判手続の） ……………………20
直接雇用の原則 ……………………………45
　　〔──について（46）〕
直接払いの原則 ……………………………281
賃　金 ………………………………………272
　　〔──債権の放棄（276）〕
　　〔──等の消滅時効（274）〕
　　〔──の意義（271）〕
　　〔──不払い等の遅延利息（275）〕
　　〔出来高払制の保障給（273）〕
賃金カット …………………………………309
　　──の範囲 ……………………………310
　　〔争議行為に対する──（309）〕
　　〔「賃金二分論」（311）〕
賃金減額 ……………………………………276
　　〔異議ない賃金受領による黙示合意（278）〕
賃金時間 ……………………………………319
賃金支払いの原則 …………………………281
　　一定期日払いの原則 …………………284
　　全額払いの原則 ………………………282
　　直接払いの原則 ………………………281
　　通貨払いの原則 ………………………281
賃金の一部控除 ……………………………282
賃金の支払の確保等に関する法律（賃金支払
　　確保法、賃確法） ……………………287
　　未払賃金の立替払い …………………288
　　〔退職者賃金の高率利息と例外（287）〕
賃金不払残業　→サービス残業

通勤災害 ……………………………486, 512, 513
　　就業関連性 ……………………………514
　　通勤起因性 ……………………………514
通算契約期間 ………………………………106
「通常の労働者と同視すべき」パート労働者
　　→「パート労働者」を見よ
定　年 ………………………………………215
　　──年齢の引上げ ……………………217
　　──の廃止 ……………………………218
　　60歳以上──の義務 …………………216
定年後継続雇用（再雇用） …………………127
　　〔──の有期契約者における労働条件の相
　　違（126）〕
定年制 ………………………………………215
手待時間 ……………………………………319
転　勤 ………………………………………141
転　籍 …………………………………150, 158
　　雇用調整策として行われる── ……159
　　〔包括的合意にもとづく──（159）〕
同一労働同一賃金 ………………………55, 119
　　正規・非正規の待遇相違と── ……119
特定行為　→派遣労働者の特定を目的とする
　　行為
特定高度専門業務・成果型労働制　→高度プ
　　ロフェッショナル制度
特別加入 ……………………………………486
トライアル雇用 ……………………………138
取締役兼務従業員　→「労働者」を見よ

　　　　　　　　な　行

内定辞退 ……………………………………132
内定取消し …………………………………133
　　→「採用内定」も見よ
　　──の合理的理由 ……………………133
　　〔──と損害賠償（130）〕
　　〔「解約権留保」という構成（133）〕
　　〔誓約書等に記された取消事由について（134）〕
内々定　→採用内々定
内部告発 ……………………………………447
7条措置 ……………………………………237
任意退職 …………………………………220, 221

事項索引　565

任意貯金の規制 …………………………101
妊産婦 …………………………………461
　育児時間 ……………………………466
　危険有害業務への就業制限等 …………462
　軽易業務への転換 ………76, 464, **465**, 471
　産前産後の休業 ………………………463
　変形労働時間制の適用制限，時間外・休
　　日・深夜労働の禁止 ………………465
妊娠・出産 ……………………………71
　〔均等法9条の強行法規性，──等を理由
　　とする不利益取扱いの違法性判断 (76)〕
　〔妊娠中・産後1年未満の労働者の解雇 (78)〕
年休（年次有給休暇）…………………375
　──自由利用の原則 …………………390
　──取得と不利益取扱い ……………393
　──の買上げ …………………………393
　──の繰越し …………………………392
　〔使用者の年休付与義務 (376)〕
　〔法定外年休 (375)〕
年休権 …………………………………376
　──の成立要件 ………………………377
　　全労働日の8割以上出勤 …………378
　　6か月間継続勤務 …………………377
　──の法的性質 ………………………376
　──の濫用 ……………………………391
　〔無効な解雇による不就労と「全労働日」
　　「出勤日数」(380)〕
年少者 …………………………………457
　最低年齢 ……………………………457
　就業制限 ……………………………457
　保護年齢 ……………………………457
　労働時間・深夜業の規制 ……………458
年俸制 …………………………………369
年齢差別 ………………………………48
　〔──への規制：労働施策推進法9条 (48)〕

は　行

配置換え ………………………………141
配転（配置転換）………………………141
　〔──の法的性質・補論 (145)〕
　〔──を求める権利，──を行うべく配慮

する義務 (142)〕
　〔降格・賃金減額等をともなう── (148)〕
　〔退職勧奨に応じなかった者の──, 出向 (227)〕
　〔不当な動機による── (148)〕
　〔職種・勤務地の限定について (146)〕
配転命令 ………………………………142
　──権 …………………………………145
　──と権利濫用 ………………………147
派遣　→労働者派遣
派遣先が講ずべき措置等 ………………173
　〔直接雇用申込みみなしと私的自治 (176)〕
派遣元が講ずべき措置等 ………………171
　〔派遣元の適正就業確保の配慮義務，派遣
　　法違反の私法上の効果 (172)〕
派遣労働契約（派遣元と派遣労働者の間の）
　………………………………………166
派遣労働者 ……………………………171
　──の特定を目的とする行為（特定行為）
　…………………………………169, 170
　〔──の均等・均衡待遇 (172)〕
働き方改革を推進するための関係法律の整備
　に関する法律（働き方改革法）
　……………………………5, 345, 359, 376
罰則 ……………………………………11
　〔──なし，あるいは努力義務の労働法 (11)〕
パート労働者（短時間労働者）…………55
　──と均等待遇原則（労基法3条の）……54
　──の均等待遇（差別禁止）の義務（パート
　　労働法の）…………………………57
　──の均衡処遇 ………………………59
　──の不合理な待遇の禁止 …………61
　──のフルタイム労働者への転換等 …63
　通常の労働者と同視すべき──
　………………………………55, **56**, 118, 119
パート労働法 …………………………6, 55
パート・有期雇用労働法 ………………55
パワーハラスメント（職場のハラスメント）
　…………………………………242, 502, 503
「非正規雇用」労働者 …………………57
秘密保持義務 …………………………269
　退職後の── …………………………269

566

付加金 …………………………………13
　〔――支払義務の発生時期（13）〕
不活動時間 ………………………322, 325
　〔――と割増賃金の算定（370）〕
福利厚生給付 …………………………123
福利厚生施設 …………………………173
付随義務 ……………………54, 525, 526
　企業秩序を乱す行為をしない義務 …241, 253
　使用者の利益を害する行為をしない義務
　　　　………………………241, 253, 264
　人格的利益を尊重する義務 ……241, 242
　〔人格的利益の尊重義務，安全配慮，職場
　　環境整備，公正評価等々の義務（242）〕
不正競争防止法 ………………………266
普通解雇 ………………………………191
部分的包括承継 ………………………233
フレックスタイム制 ……………347, 353
　コアタイム ………………………354
　時間外労働の取扱い等 …………356
　清算期間 …………………………354
　フレキシブルタイム ……………354
　労働時間の清算（労働時間の「貸借制」）
　　　　………………………………355
紛争調整委員会 …………………………73
平均賃金 ………………………………304
変形労働時間制 ………………………348
　1か月以内単位の―― ……………348
　1年以内単位の―― ………………350
　1週間単位の―― …………………352
　特定期間（1年以内単位の――の）………351
　〔特定された労働時間の変更（349）〕
変更解約告知 …………………………195
　――に類する雇止め ………………197
　人員削減の必要性にもとづく―― ………197
　留保つき承諾の可否 ………………198
　〔――と就業規則変更（197）〕
法人格否認の法理 ………………………38
　法人格が形骸化している場合 ……38
　法人格が濫用されている場合 ……38
法定外休日 ………………339, 357, 366
法定休日 …………………………357, 366

法定労働時間 …………………………317
　零細企業等の特例 ………………318
　〔「1週間」・「1日」の意義（318）〕
法内超勤 …………………………357, 365
法の適用に関する通則法 ……………9, 25
保護年齢（18歳未満）　→「年少者」を見よ
ポジティブ・アクション ………………75
補充的効力 ………………11, 58, 68, 128
本採用拒否　→「試用期間」を見よ

ま　行

マタニティ・ハラスメント ………65, 81, 242
マタハラ指針 ……………………………81
未成年者 ………………………………458
　――の賃金請求権 …………………460
　――の労働契約 ……………………458
無期転換申込権 …………………64, 107, 108
　事前の放棄 …………………………109
　事後の放棄 …………………………109
無期労働契約への転換 ………………106
　〔5年無期転換ルールの特例（107）〕
免罰的効果（効力）…………352, 362, 363, 389
専ら派遣 ………………………………169

や　行

役割等級制度 …………………………181
雇入れ（採用）………………………52, 91
　――に対する法規制 ………………91
　〔「調査の自由」について（92）〕
雇止め …………………………………110
　変更解約告知に類する―― ………197
　有期労働契約の締結，更新及――に関す
　　る基準 ……………………117, 213
　〔――と解雇予告（213）〕
　〔無契約期間が介在する場合の――保護（113）〕
雇止め法理 …………………110, 112, 219
　期待保護型 ………………………114
　実質無期型 ………………………113
　〔不更新条項と「合理的期待」（114）〕
やむを得ない事由（賃確法6条Ⅱの）……287
やむを得ない事由（民628と労契17Ⅰの）

……………………………………105
有期契約であることによる不合理な労働条件の
　禁止 ………………………………………118
　〔個々の労働条件ごとの不合理性判断 (125)〕
　〔定年後継続雇用の有期契約者における労
　　働条件の相違 (126)〕
　〔労契法 7 条・10 条の「合理的」と 20 条
　　の「不合理でない」の異同 (124)〕
有期契約労働者 ……………………………56, 61
有期労働契約 ………………102, 104, 106, 137
　――の中途解約 ……………………………104
　――の締結，更新及び雇止めに関する基準
　　　……………………………………117, 213
　――の黙示更新 ……………………………106
　〔――の試用期間，試用期間途中の解雇等 (137)〕
諭旨解雇（諭旨退職）→「懲戒解雇」を見よ

ら 行

両罰規定………………………………………12, 478
療養補償 ………………………………………515
労災保険 ………………………………………485
　特別加入 …………………………………486
　〔――給付と労基法上の災害補償の関係 (487)〕
　〔海外勤務者への――の適用 (488)〕
労災補償 ………………………………………484
　――と損害賠償の関係 ……………………524
　〔――責任の性格 (485)〕
　〔消滅時効の起算点 (523)〕
労使慣行 ……………………………………8, 9
　〔――の意義・効力等 (9)〕
　〔就業規則による――の変更 (431)〕
労働安全衛生法（労安衛法）
　〔――の規定の私法上の効力 (477)〕
労働基準監督官 …………………………………14
労働契約 …………………………………………86～
　〔――内容の理解促進 (90)〕
　〔――に関する準拠法 (25)〕
　〔黙示の合意による―― (90)〕
労働契約規律効 →「就業規則」を見よ
労働契約承継指針 ……………234, 237, 238, 240
労働契約承継法 ……………………………6, 233

個別労働者との事前協議（5 条協議）……238
労働者全体の理解・協力（7 条措置）……237
労働者・労働組合への通知 ………………240
〔「解約型転籍合意」による労働条件変更 (235)〕
労働契約法（労契法）
　〔―― 10 条の類推適用 (421)〕
　〔――の性格 (89)〕
　〔雇用規定と――の統合 (87)〕
労働災害 ………………………………………476
労働時間 ………………………314, 319, 324
　――性の判断方法 …………………………324
　「業務に付随する活動」の――性…………320
　自律的な――制度 …………………………358
　「不活動時間」の――性……………………322
　〔当事者の約定・慣行と――概念 (319)〕
　〔入退場管理と――性判断 (324)〕
　〔労基法上の――と労働契約上の―― (319)〕
　〔複数事業場で労働する場合 (317)〕
労働時間等の設定の改善に関する特別措置法
　（労働時間等設定改善法）
　　……………………………6, 315, 316, 318, 361
労働時間の適正な把握のために使用者が講ず
　べき措置に関する基準について
　　→「時間外労働」を見よ
労働者…………………………………………26～
　――性判断の方法 ……………………………31
　――の責に帰すべき事由（労基 20I 但書）
　　………………………………………105, 211
　〔――の損害賠償責任 (241)〕
　〔労災法の適用事業，同法の―― (487)〕
　〔労組法上の―― (26)〕
　〔取締役兼務従業員の――性 (34)〕
労働者供給事業 ……………………………160, 165
労働者災害補償保険法（労災法）……5, 485～
労働者派遣（派遣）………………160, 161, 163
　〔――と出向の差異 (162)〕
　〔――における休業と賃金・手当の請求権 (179)〕
　〔――の可能期間 (170)〕
　〔業務処理請負と―― (162)〕
　〔二重・多重―― (163)〕
　〔労働者供給事業の禁止と―― (165)〕

労働者派遣契約（派遣元と派遣先の間の）
　……………………………………163, 170
　〔自動終了条項の有効性（179）〕
　〔派遣法27条違反と解雇の適法性（178）〕
労働者派遣事業 ………………160, 165, 167
　〔無許可者からの派遣受入れの禁止（168）〕
労働者派遣事業の適正な運営の確保及び派遣
　労働者の保護等に関する法律（派遣法）
　……………………………………………6, 160
労働条件 ……………………………51, 93, 122
　――の明示…………………………………93
　有期・無期による――の相違 …………122
　〔個々の――ごとの不合理性判断（125）〕
　〔定年後継続雇用の有期契約者における
　　――の相違（126）〕
　〔労契法 7 条・10条の「合理的」と20条
　　の「不合理」でないの異同（124）〕
労働審判 ……………………………………18, 20
　〔解雇の金銭解決をする審判の可否（21）〕

労働審判法……………………………………18
　〔――の対象となる「労働関係」（19）〕
労働施策推進法………………………48, 52, 91
労働法 …………………………………………2
　〔――の各領域の名称（2）〕
　〔罰則なし，あるいは努力義務の――（12）〕

わ 行

ワークライフバランス ……………………149
割増賃金 ………………………………365, 366
　――の意味 ………………………………366
　――の算定基礎（通常の賃金）…………368
　――の支払義務 …………………………365
　――の定額払い ……………………368, 371
　時間外・休日・深夜労働に対する――
　　……………………………………365, 371
　〔――請求権の放棄（373）〕
　〔歩合給と――（368）〕
　〔「不活動時間」と――の算定（370）〕

●著者紹介

下 井 隆 史（しもい　たかし）

1932 年　東京に生まれる
1956 年　神戸大学法学部卒業
現　在　神戸大学名誉教授
主　著　労働契約法の理論（1985 年，有斐閣）
　　　　雇用関係法（1988 年，有斐閣）
　　　　労使関係法（1995 年，有斐閣）
　　　　労働法（第 4 版，2009 年，有斐閣）

労働基準法〔第 5 版〕　　《有斐閣法学叢書》
Labor and Employment Law, 5th ed.

1990 年 1 月 30 日　初　　版第 1 刷発行
1996 年 4 月 30 日　第 2 版第 1 刷発行
2001 年 1 月 20 日　第 3 版第 1 刷発行
2007 年 11 月 10 日　第 4 版第 1 刷発行
2019 年 6 月 15 日　第 5 版第 1 刷発行

著　者　下　井　隆　史

発行者　江　草　貞　治

発行所　株式会社　有　斐　閣

郵便番号 101-0051
東京都千代田区神田神保町 2-17
電話　(03)3264-1314〔編集〕
　　　(03)3265-6811〔営業〕
http://www.yuhikaku.co.jp/

印刷・株式会社理想社／製本・牧製本印刷株式会社
© 2019, Takashi Shimoi. Printed in Japan
落丁・乱丁本はお取替えいたします。
★定価はカバーに表示してあります。
ISBN 978-4-641-24305-7

|JCOPY| 本書の無断複写（コピー）は，著作権法上での例外を除き，禁じられています。複写される場合は，そのつど事前に（一社）出版者著作権管理機構（電話03-5244-5088, FAX03-5244-5089, e-mail: info@jcopy.or.jp）の許諾を得てください。